湖南省文物考古研究所建所三十周年纪念文集

郭伟民　主编

科学出版社
北　京

内 容 简 介

湖南省文物考古研究所自成立以来的三十年时间里，在田野考古和研究方面都取得了长足进展，使湖南迅速成为全国田野考古发现和研究的重要省份，受到国内外学术界的广泛关注。本文集收录的34篇考古论文内容涵盖湖南考古历史、湖南史前和历史时期考古学文化研究、植物和动物考古、陶瓷考古、简牍研究、考古科技、文物保护、对外考古和数字化考古等多方面的课题，是湖南省文物考古研究所全体考古同仁多年工作的一个总结和回顾。

本书可供考古学、历史学等学科研究者及大专院校相关专业师生阅读、参考。

图书在版编目（CIP）数据

湖南省文物考古研究所建所三十周年纪念文集 / 郭伟民主编. —北京：科学出版社，2016.12
ISBN 978-7-03-051097-6

Ⅰ. ①湖⋯　Ⅱ. ①郭⋯　Ⅲ. ①文物–考古–湖南–文集　Ⅳ. ①K872.64-53

中国版本图书馆CIP数据核字（2016）第294857号

责任编辑：王光明 / 责任校对：彭　涛
责任印制：肖　兴 / 封面设计：美光设计

科学出版社 出版
北京东黄城根北街16号
邮政编码：100717
http://www.sciencep.com

中国科学院印刷厂 印刷
科学出版社发行　各地新华书店经销

*

2016年12月第 一 版　开本：889×1194　1/16
2016年12月第一次印刷　印张：31 1/2　插页：11
字数：908 000
定价：328.00元
（如有印装质量问题，我社负责调换）

序

湖南省文物考古研究所自1986年建立，距今已整整三十周年了。我们决定出版一本全所同仁的论文集，以兹纪念。

26年前6月的一个午后，我从湘潭大学毕业，挑着铺盖来到位于湖南省博物馆办公楼二层楼梯口左侧第一间何介钧所长办公室报到。那个时候的长沙上大垅一带，街道不宽，车不多，天空很蓝。政工科负责人徐杏国同志领着我从省博物馆出来，去到500米以外的单位新址——东风二村21栋，经过狭窄的东风北路，沿途有绸厂门口的露天菜市场、煤场、面馆和一些色彩斑驳的小商铺。由于新办公楼尚未启用，便给我这个新来的人员安排了一间办公室作为宿舍。

从此，作为湖南省文物考古研究所的一员，开始了我的考古人生。

我在湖南的考古生涯，第一次下工地是1990年9月份去大庸邮电公寓工地，发掘工作不到一个月即结束。随后是10月份去五强溪水电站淹没区沅陵县太常乡窑头村、木马岭村，抢救发掘那里的古城和墓葬，这里的发掘连续进行了3年。1993~1994年参加了国家文物局田野考古领队培训班；1994年以后，在城头山遗址工地参加了多年的考古发掘。在此期间，也发掘了湘潭堆子岭遗址、沅陵高坪、老爷台遗址、云溪道人矶遗址、澧县鸡叫城遗址、零陵泉陵侯墓、沅陵虎溪山一号汉墓等，并在湘黔铁路复线、衡阳开发区、沪昆高速醴潭段工地进行抢救性考古发掘，并主持多处基本建设工程调查勘探。截至2007年之前的大部分时间，是以田野考古调查发掘为主。田野考古水平的提高，得益于这段宝贵的经历。沅陵考古发掘时跟着胡德兴老师傅学墓葬发掘技术，认土、找墓、清理器物，手上的功夫全是从他那儿学到的。遗址发掘水平和整理能力的提高，得益于田野领队班的训练。堆子岭遗址的发掘和整理，也从研究室裴安平主任那里获益良多。而真正对自己田野水平有较大提高的是连续多年在城头山遗址的考古发掘，那是自我意识的提升与理论方法的觉悟，是蜕变。在这之后，虽也有诸如澧阳平原考古调查与杉龙岗遗址发掘，但长时间下工地的机会不多了，尤其是承担行政工作以后，就只能走马观花式地检查工地了。

我的研究，最先是从楚文化入手的，因为沅陵窑头发掘之故，早期的研究方向集中于楚文化。后来的转向，则又与工作经历有关，城头山的发掘使我将研究重点转向新石器时代考古。对于个人而言，并非我决定研究方向，而是工作岗位及考古材料牵着我的鼻子走。我的学术研究，何介钧老所长给予了很大的帮助，我的不少习作都请他过目审阅并提出意见，受益良多。后来学术的提升，当然是在北京大学从赵辉师那里得到的培养。

之所以有这样一个自我回顾，主观上是想从我个人的历程来反映我们单位的历程。我们考古所的每一位成员，如同我个人的成长一样，与单位的发展和成长是息息相关的。从第一任所长何介钧，到第二任所长袁家荣，单位的领导班子及其个人，都竭力营造良好的学术氛围，这样的氛围对于初学者来说是非常难得的。一个互帮互学、耳濡目染的环境，对彼此都很重要。久而久之，这样的环境逐渐形成一种学术的传统和营养，反哺和滋润着我们的团队，而个人与集体，已经成为不可分割的整体。

我们的工作，首先是贯彻执行《中华人民共和国文物保护法》，围绕中心，服务大局，承担湖南境内大型基本建设工程中的文物保护工作，为经济建设保驾护航。所谓基本建设中的文物保护，实际上绝大部分都是通过考古工作来实施的。建所三十年来，抢救性考古工作占了全所总体工作的绝大部分。湖南境内的交通、能源、水利及其他重点建设工程都需要实施考古，调查、勘探和发掘作为考古工作不可分割的组成部分，成为我们全体同仁的主要工作方式。很多重要的考古发现就是在基本建设抢救性考古过程中发现的，如五强溪水电站工程的沅陵窑头古城与墓葬发掘、碗米坡水电站工程的龙山里耶古城古井和秦代简牍发掘、二广高速公路建设工程的澧县优周岗遗址发掘、城区改造工程的益阳兔子山遗址发掘，以及其他建设工程中的虎溪山沅陵侯墓、泉陵侯墓、五里坪墓地发掘，等等。这些工作，从严格意义上来说，不仅仅是考古发掘，还是重要的科研和学术工作。田野考古的操作，不是挖土，也不是工程，它有一套严格的理论、技术与方法，考古工作又与文物科技保护密切相关，任何一项考古工作离开了科技保护都会寸步难行，所以考古实践又是科学研究工作的一部分。这些工作的实施，既需要理论方法的指导，又需要科研和学术人才的支持。另外，考古发掘还需要公众参与，考古工作的成果还需要公共传播，这正是当前大多数文物考古研究所成员学科背景和专业方向复杂的主要原因。正因为如此，湖南省文物考古研究所不仅仅承担基本建设中的考古发掘、科技保护，作为一个科研单位，还要开展科学技术的攻关与创新，在构建湖南人文学科体系和湖湘文化研究体系中发挥重要作用。

建所以来，一系列重要的考古工作提供了丰富的材料，填补了湖南历史的大片空白，极大地促进了湖南考古学研究的进步。在这个过程中，我们始终以构建湖南远古历史为己任，因为古代湖南留下的文献史料并不多，湖南开发的历史比较晚，单靠文献，无法说清楚湖南的过去。通过考古工作，我们找到了距今50万年前人类活动留下的工具，从那个时候起，数十万年的文化发展过程在湘北澧水流域和湘西㵲水流域有着较为完整的文化序列，不仅发现了大量的旧石器时代的石器形态，还有人骨、牙齿等对研究人类进化有重要意义的考古标本。在中国南方地区，还没有哪个省有着如此清晰完整的旧石器时代区域类型和考古学文化序列。通过考古工作，我们还找到了人类文化发展中的许多关键节点性遗存，呈现出重要的历史价值，如道县玉蟾岩遗址为稻作农业起源和新旧石器过渡提供了重要材料；洪江高庙遗址提供了距今7000年以前人类信仰和文化的生动证据；澧县城头山遗址是迄今为止中国最早的史前城址；炭河里遗址是南方青铜文明的重要代表；龙山里耶古城出土的秦简弥补了秦朝地方历史研究的阙如；楚汉古城的发掘，则为我们找到了解读帝国文明进程中边缘与内陆嬗变的轨迹；湖南简牍作为重大的考古发现，不仅使湖南占有全国出土简牍总量的60%以上，也使湖南简牍研究成为当代学术研究的热点。此外，还有一些重要的考古发现成果对研究中国文明进程有重大意义，如长沙铜官窑作为中国釉下彩的发源地，也是中国大宗外销瓷器的原产地，同时还是反映晚唐安史之乱以后中国南北社会交融与动态发展的重要证据；永顺老司城则是中华民族多元融合和国家治理智慧的有力体现。这些掩埋于地下的历史，完全是通过我们的考古工作才得以重新认识。

通过考古研究，我们了解到湖南历史的源头，要追溯到数十万年前的旧石器时代，其后薪火相传，绵延不绝。远古的湖南人到底是何种群，现在还有一些未解之谜。但是从新石器时代开始，湖南就逐渐形成两个不同的区域文化传统，其分野就在华容—南县—沅江—益阳—邵阳一线。也就是从东洞庭湖开始，沿赤山—雪峰山一线，分为东西两块，西与江汉平原联系紧密，东与鄂东及赣皖联系紧密。这两个区域从史前到商周，再到战国秦汉，乃至六朝隋唐及明清、现代，其分野都依然存在着。在文化上，是湖湘文化和溪蛮文化的分野；在语言上，是西南官话和湘方言的分野；在历史上，是楚国、秦朝洞庭、苍梧的分野，也是汉代长沙、武陵二郡的分野，更是后来常德、长沙两大行政区的分野。他们在文化和族群上各具特色又密切相关，远古的苗蛮、夷越、百濮，秦汉六朝的五溪、蛮夷、峒瑶，以及晚近的汉、土家、苗、瑶、侗等，各据其中。颇为奇异的是，历来以汉化程度较高的东部和少数民族占多数的西部在语言的分区上却反其道而行之，汉化程度高的东部以地方土著的湘方言为主体，而土著少数族群占多数的西部却是以中原华夏化程度较高的西南官话为主体。

钱基博在《近百年湖南学风》中说："湖南之为省，北阻大江，南薄五岭，西接黔蜀，群苗所萃，盖四塞之国。其地水少而山多。重山叠岭，滩河峻激，而舟车不易为交通。顽石赭土，地质刚坚，而民性多流于倔强。以故风气锢塞，常不为中原人文所沾被。抑亦风气自创，能别于中原人物以独立。人杰地灵，大德迭起，前不见古人，后不见来者，宏识孤怀，涵今茹古，罔不有独立自由之思想，有坚强不磨之志节。湛深古学而能自辟蹊径，不为古学所囿。义以淑群，行必厉己，以开一代之风气，盖地理使之然也。"这是对湖湘文化历史地理的一个基本概括，而湖湘文化的源头，总要回溯到远古，需要考古来实证。

考古是为了解我们湖南的过去，过去对于现在和未来至关重要。因为任何现象和问题，任何人与事，如果不认识它的过去，又如何理解它的现在到底代表什么意义？不理解它的现在，又如何判断它的未来？从这个意义上说，考古是一门关于历史和时间的学问，历史是通过时间传递下来的，就像我们和我们祖父辈的关系，也是通过时间传递下来的。认识考古就是认识历史，认识历史就如同认识我们的祖先。我们的一切，包括生命、思想、知识和智慧都是历史、时间和祖先赐予的，这就是考古构建历史的价值所在。譬如，我们今天谈湖湘文化，是因为我们今天就生活在湖湘文化的历史里，我们的现在也是历史的一部分，沟通过去与未来。湖湘文化就在湖南的历史里，就在湖南这块土地上生活过的祖祖辈辈的血液里流淌着。

湖南历史是中国历史的一部分，考古工作不仅要揭示湖南的考古与文化，还要在研究湖南的过程中认识中国。湖南是我们的湖南，中国是我们的中国。湖南历史进程的每一步都与中国历史的进程密切相关，湖南作为中华文化和中华民族多元一体的组成部分，从古代到今天，共同演绎着我们民族的历史。湖南旧石器文化是中国旧石器时代砾石石器文化的一个重要代表，湖南新石器文化和江汉、中原之间有着频繁的交流，湖南地区最先出现的水稻成为中国古代农业的基本粮食作物，距今8000年前的彭头山文化与淮河上游地区的贾湖文化有着交流，湖南青铜文明带有明显的中原文化印记。这些都明确地证明：湖南自古以来就与华夏文化有着血脉关联，及至楚文化南渐，秦国统一郡县建置，西汉帝国开拓疆土，魏晋侨郡设立，晚唐中原人南迁，宋元时期民族融合，湖南敞开怀抱接纳外来移民，在这样的历史进程中，湖南文化和族群都在发生着深刻的变化，原来的苗蛮血液里有源源不断来自中原的血液，加速了族群与文化的变迁。

不忘初心，是为了延续我们血脉中古老的基因，通过考古重建我们民族的历史。建所三十年来，我们围绕着这样的初衷，砥砺前行，继往开来。大致构建了湖南旧石器时代的文化区域类型，基本构建了湖南新石器时代文化时空框架，完善了商周时期区域文化序列，重建了战国秦汉时期湖南地方史，弥补了六朝至隋唐历史时期文献的缺失，填补了宋元明清时期考古遗存和民族遗存的空白。这些材料不仅为续写湖湘文化增添了丰富的资料，也为构建中国地方区域史提供了重要素材。更为重要的是，这些资料的研究、整理和保护、展示利用，在当今中国文化建设和精神文明建设中具有不可替代的作用。

考古是人民的事业，文物保护、整理研究、展示利用贯穿考古的整个过程，考古不唯单一的田野作业，而是一项复杂的科技和学术工作。从这个意义上说，考古工作者是文物保护和展示利用的排头兵。这些年来，我们在强化田野考古工作的同时，加大科技保护和文化传播的力度，在文物保护规划、保护方案设计及保护工程实施等方面发挥考古的优势和特色，实现考古与科技保护、展示利用的全面融合。承担了湖南大遗址保护、考古遗址公园建设、世界文化遗产申报等方面的大量工作。我们也注重考古成果的转化，开展公共考古，走向人民大众，将考古与文化遗产保护紧密结合，在促进地方社会经济发展中做出了我们力所能及的贡献。

湖南的考古工作永远在路上，建所三十周年取得的成绩有目共睹，但还有很多方面需要继续努力。湖南史前考古虽然已建立了基本的时空框架，但是还有很多问题有待突破。除澧水和潕水流域外，其他地区的旧石器时代考古学文化特征还不清晰，现代人及其文化遗存目前还只是在南岭山地找到一些线索。旧石器向新石器时代过渡过程中狩猎采集向稻作农业的转变，或许经过了相当长的进化程序，从地理位置和考古证据来说，湖南都有望取得突破，遗憾的是这些年并没有取得明显进展。新石器时代洞庭湖区考古学文化谱系已经较为完善，但其他区域还有不少空白需要填补，社会复杂化进程与文明起源问题还需开展更加精细化的聚落考古工作。湖南史前复杂社会的崩溃以及后续青铜文明的出现，到底经过了一个怎样的历史过程，这个过程又与以中原为中心的历史趋势以及最早中国的形成发生了怎样的互动？这是湖南作为南方地域在其华夏化进程中无法回避的问题。历史时期的考古也有许多有待完善的地方，但总的研究目标应该是全面考察湖南作为中华帝国的一个地方政体、湖南人民作为中华民族的一分子，在构建多元一体的中国历史进程中的地位和作用，以及湖南特色区域文化在中国文化中所具有的突出普遍价值和这种价值在当今社会经济发展中的作用和意义。总体而言，未来湖南考古学研究中，有三大学术重点，即以稻作农业起源与社会复杂化进程为重点的史前考古；以华夏化进程为重点的商周秦汉考古；以湖湘文化为重点的历史民族考古。要完成这样的目标，当然还有很远的距离。此外，单位在硬件、软件方面的建设还有许多有待完善的地方，特别是人才建设方面期待机制创新。悟已往之不谏，知来者之可追。前路漫漫，我们深知，唯有脚踏实地一往无前才能达到理想的彼岸。

三十年来取得的成绩，除了全体同仁的勤奋努力，也离不开各级各界的关心和支持。老一辈考古学家苏秉琦、俞伟超、张忠培、严文明、邹衡等先生多次来湖南指导。作为湖南人，张忠培、严文明、邹衡先生更是对家乡的考古事业给予了很大的关怀，其殷切之心，拳拳之意，令我们铭感五中。湖南考古工作的开展，也离不开相关单位和部门的支持和帮助，各级文博单位、行政主管部门和人士，包括建设工程部门，也为湖南考古做出了重要的贡献，在此一并致谢！

这本文集，是我们单位同事们一次集中的工作汇报，也是作为学术科研人员的一次业务成果汇报。收录的文章，除极个别外，绝大多数都是新作，文章内容也都与作者们从事的工作对象有关，主要涉及考古学研究、科技保护、文保规划等，既有理论方法的探讨，也有技术创新的尝试，代表了湖南省文物考古研究所工作业态的基本架构，反映了当前的业务实力和整体水平。有的同志虽已退休，有的同志虽已调出，但都作为湖南考古人的一员而做出贡献，因此值得纪念。

通过这本文集，我欣喜地看到，一个以发掘、研究、保护和弘扬湖湘文化为己任的公益性事业单位正在茁壮成长，一项有益于历史、有利于人民的事业正在大踏步地前进！

2016年11月26日

目 录

序 …………………………………………………………………………………… 郭伟民（ i ）
湖南考古与研究的回顾 …………………………………………………………… 袁家荣（ 1 ）
湖南与岭南旧石器文化遗存的区域传统——以澧水流域与百色盆地为中心 …… 李意愿（ 22 ）
长江中游原始文化再论 …………………………………………………………… 何介钧（ 42 ）
中国考古与酋邦 …………………………………………………………………… 裴安平（ 70 ）
试论中心聚落历史进程的连续与断裂——以城头山、石家河遗址为例 ……… 郭伟民（ 91 ）
杉龙岗遗址植物遗存分析 ……………… 顾海滨　David Joel Cohen　吴小红　Ofer Bar-Yosef（ 120 ）
华南史前屈肢葬及其相关问题 …………………………………………………… 贺　刚（ 128 ）
长江中下游地区史前鱼类遗存初步研究 ………………………………………… 莫林恒（ 153 ）
湖南史前白陶初论 ………………………………………………………………… 尹检顺（ 170 ）
洞庭湖区大溪文化四期至屈家岭文化时期聚落间陶器对比研究 ……………… 赵亚锋（ 185 ）
基于GIS的潇水中上游商周时期聚落分布研究 ……………… 王良智　唐彬彬（ 207 ）
关于岳阳铜鼓山遗址新出土青铜器的相关思考 ………………………………… 何　赞（ 228 ）
湖南商周青铜礼仪及相关问题探索 ……………………………………………… 向桃初（ 235 ）
关于湘潭青山桥铜器窖藏时代的相关思考——兼论南方青铜器断代的相关问题 …… 高成林（ 244 ）
铜瓿壶初论 ………………………………………………………………………… 盛　伟（ 253 ）
沅水中下游秦代墓葬概论 ………………………………………………………… 谭远辉（ 266 ）
里耶秦简刻齿简研究——兼论岳麓秦简《数》中的未解读简 … 张春龙　大川俊隆　籾山明（ 281 ）
读秦汉简札记 ……………………………………………………………………… 杨先云（ 302 ）
浅析南越国对湘江流域汉文化的影响——以墓葬出土陶器为视角的考古学观察 …… 陈　斌（ 309 ）
湖南六朝墓葬分期研究 …………………………………………………………… 袁　伟（ 317 ）
"舜葬九疑"考古系年 …………………………………………………………… 吴顺东（ 340 ）
佛国的盛筵——孟加拉国毗诃罗普尔（Vikrampura）佛教遗址的发掘 ……… 柴焕波（ 345 ）
再论岳州窑 ………………………………………………………………………… 周世荣（ 365 ）
宋元时期湘江中游地区窑业遗存考察与初步研究 ……………………………… 张兴国（ 378 ）
益阳羊舞岭窑的窑业技术来源和发展阶段初探
　　——兼论景德镇窑、龙泉窑的兴衰对羊舞岭窑的影响 …………………… 杨宁波（ 398 ）

城头山土遗址土壤和水的化学分析研究	李梅英	（408）
材料表征技术在大遗址保护中的应用——以老司城为例	肖亚	（418）
江永勾蓝瑶寨水龙祠壁画文物价值研究	符炫	（430）
文物保护工程竣工后的管理问题刍议	张涛	（439）
规划视野下的遗址环境研究	李说 彭婷	（456）
五里坪古墓群考古勘探及发掘中测绘技术的应用	徐佳林	（466）
浅谈三维建模于考古领域的应用与发展前瞻	贾英杰	（474）
1949年以来中国文物古迹保护原则的制度化进程	刘颂华	（477）
20世纪50年代湖南考古工作回眸	吴铭生	（487）

湖南考古与研究的回顾

袁家荣

　　湖南历史悠久，人类活动的时间可达100万年。史前为"苗蛮"活动之地，先秦为楚越多民族共处格局，秦置洞庭郡（黔中郡）及长沙郡，西汉设长沙国（吴氏、刘氏），东汉改设长沙等郡，三国属吴，之后郡州交叠，至清康熙三年置湖南布政使司，治长沙，为湖南单独设省之始。湖南古代文化积淀深厚，三湘四水埋藏着丰富的古人类文化遗产。

　　20世纪前半叶，湖南地下文物遭受破坏，被盗掘的珍贵文物，如商代双羊尊，战国楚帛书、蛇座双凤鸟鼓架和汉唐陶瓷，至今仍流散在英美等国博物馆，令人惋惜不已。考古资料及研究融于古物收藏之中。有关的考古出版物仅见商承祚的《长沙古物闻见记》、蔡季襄的《晚周缯书考证》。1951年10月，著名考古学家夏鼐率中国科学院考古研究所湖南调查发掘团来长沙，发掘了一批战国和汉代墓葬，标志着湖南近代考古发掘的开端。湖南省文物管理委员会，于1950年10月成立，负责全省文物的保护、征集和研究工作。1952年中南文化部文物专家顾铁符和中山大学教授商承祚来湖南，调集湖北、湖南、广东、广西、江西的文物干部，配合长沙近郊基建工程清理古墓，进行业务培训。1953年湖南省文物工作队成立，担负全省的考古发掘与研究工作，先后派送戴亚东、吴铭生、周世荣、高至喜、罗敦静、陈海波、王超等参加由文化部社会文物管理局、中国科学院考古研究所、北京大学历史系主办，北京大学承办的全国考古工作培训班学习，成为湖南考古最早的专业骨干。同年成立省博物馆筹备处。1956年省博物馆正式成立开放之后，全省的考古发掘与研究工作由省博物馆考古部承担。1972～1974年长沙马王堆汉墓的发掘，给湖南文物考古事业带来了生机。1982年在长沙成立湖南省考古学会，并召开第一次考古学术研讨年会。1984年湖南开始进行的全国第二次文物普查促使湖南文物考古飞速发展。1986年6月在省博物馆考古部的基础上成立了湖南省文物考古研究所，作为承担和指导全省文物保护、调查、发掘和研究的省级考古科研机构。20世纪80年代以来，全省各级市、县都成立了专门的文物管理机构文物工作队、文物局、文管所、博物馆等，配合省文物考古研究所担负一定的考古工作。目前，全省从事和参与考古工作的业务人员近200人。

　　湖南科学考古大体可以分为三个阶段。第一阶段为20世纪50～60年代。这一阶段的考古工作主要是长沙地区楚汉墓葬的发掘与研究。重要的考古发掘有长沙市近郊1951年冬至1952年春73座楚墓的发掘和1952年6～12月150余座楚墓的发掘，分别发表了专刊报告《长沙发掘报告》[1]和专题报告《长沙楚墓》[2]。典型重要的墓葬有长沙市的五里牌406号墓、仰天湖25号墓、左家公山15号墓、烈士公园3号墓、杨家湾6号墓等。其他地区其他时段的古墓葬发掘也进行了少量工作。同时在湖南境内进行了小规模的基础性考古调查，发现了一批重要的古文化遗址，如石门皂市商代遗址、长沙唐代铜官窑址、湘阴岳州窑遗址等。对一些古文化遗址进行了试掘，即长沙县烟敦冲遗址、湘阴古罗城、安仁何古山遗址、零陵菱角塘遗址、石门县古城堤城址和澧县梦溪冯家岗新石器时代遗址。除专业期刊发表的报告论文200多篇及专刊报告《长沙发掘报告》外，有关出版物主要为文物图录类，如商承祚编的《长沙出土楚漆器图录》，湖南省博物馆编的《湖南省文物图录》《湖南省铜镜图录》《湖南汉代漆器图录》等。

第二阶段为20世纪70年代。这一阶段湖南最重大的考古事件是1972～1974年长沙马王堆3座西汉墓的发掘。马王堆汉墓以完好无损的古尸，精美绝伦的漆器、纺织品，内容珍秘的帛书简牍的发现震惊中外。由此使湖南考古跃上了崭新的台阶。这一阶段无论是发掘规模还是研究领域都有了长足进展。古墓葬的发掘与研究仍然是重要内容。与长沙地区一样，其他地区都进行了较大规模的古代墓地的考古发掘，如长沙火车新站、常德德山、溆浦马田坪、益阳赫山庙、资兴旧市等地进行了系统的古代墓地的发掘。并且举办了7期针对不同对象的考古培训班，为湖南考古培养了一大批基层考古骨干，他们在以后的湖南考古事业发展中发挥了积极作用。除马王堆汉墓之外，还发掘了长沙浏城桥一号墓，杨家山一号墓，湘乡牛形山一、二号墓，临澧九里一号墓，长沙咸家湖西汉曹𢬙墓，象鼻嘴一号西汉墓等大型楚汉墓葬。古代遗址的发现与发掘研究是70年代湖南考古水平提升的重要标志。新石器时代遗址的发现已经达80余处，商周遗址的发现达20余处。先后对宁乡炭河里、澧县梦溪三元宫、平江县舵上坪、长沙月亮山、石门皂市、安乡县汤家岗、度家岗、澧县丁家岗、安乡划城岗等遗址进行了科学发掘，为湖南新石器至商周文化谱系和特征的研究奠定了基础。专业期刊发表的报告论文170多篇，专刊报告、专业书籍达14本（套），如《长沙马王堆一号汉墓》[3]《马王堆汉墓帛书（壹）》[4]《马王堆汉墓帛书（叁）》[5]《长沙马王堆一号汉墓出土动植物标本的研究》[6]等。这一期间派送了一批地市文物骨干参加了由国家文物局主办、长江流域规划办公室承办的湖北红花套考古培训班学习，湖南省博物馆委派专家参加了国家文物局组织的湖北纪南城考古会战，参与了纪南城凤凰山西汉男尸墓葬的发掘。

自20世纪至今，湖南考古处于迅速发展的阶段。根据国务院的指示，全国从1981年开始第二次文物普查。湖南从1984年开始在全省境内开展了规模宏大的第二次文物普查。80年代末结束野外普查工作，全省发现古文化遗址5000多处，古墓葬近6000座，为湖南考古工作的飞跃奠定了基础。1997年出版了《中国文物地图集·湖南分册》。这一时期，在建立与完善考古学文化谱系研究的基础上，开展多学科合作、加强国际间的学术交流与合作，围绕考古学的重要课题进行发掘和综合研究，取得了令人瞩目的丰硕成果。湖南2007年启动为期三年的第三次全国文物普查。实际工作中偏向对近现代地上文化遗产的普查，登记的地下文化遗产古遗址为4814处、古墓葬4639处；其中一批地下文物点因人为或自然破坏而被注销。

一、湖南旧石器时代考古与研究

（一）湖南旧石器的发现与研究

在20世纪80年代以前，湖南省旧石器考古工作长期近于空白状况，仅在1965年张森水先生报道了由湖南区测队提供的桂阳县釉瓷洞一件脱层的刻纹骨锥。1987年4月24日，袁家荣、舒向今、汤宗悟在对新晃县东约6里①的近似白陶片出土地点大桥溪制砖场考察过程中，于含陶片文化层的下伏地层网纹红土中发现一件一面裸露在地表的打制石器。为了确证打制石器的埋藏地层，又在断崖的网纹红土中挖出一件打制石片。从而确认了湖南境内首次发现的砾石石器。同年5月又在该县发现7处旧石器地点。6月在大桥溪进行了湖南境内的第一次旧石器考古发掘，获得近20件石制品。从此结束了湖南旧石器的空白历史。使人们将寻找旧石器的目光迅速转移到网纹红土地层，促使华南旧石器考古工作迅速发展。

1987年10月27日在洞庭湖西岸，澧县文物管理所封剑平在澧南乡栗木村砖厂鸡公垱首次于南方发现大批类似丁村文化的三棱大尖状器，还有大尖状器、石球等砾石石器，并于1988年下半年对其进行了发掘。

1988年5月，湖南省文物考古研究所发掘津市虎爪山遗址，获得20余件旧石器时代早期的打制石器。证明至少在50万年以前就有人类在湖南繁衍生息。

1989年6月，湖南省文物考古研究所发掘新晃县长乐坪遗址，获得一批潕水流域旧石器时代中期的石制品。

1989年，袁家荣的论文《略谈湖南旧石器文化的几个问题》[7]就湖南旧石器的性质、地层、时代进行了初步研究，指出湖南旧石器文化整体上表现为砾石石器工业传统，与华北以石片石器为主导的石器工业相去较远，而与华南、东南亚的砾石石器传统接近。并且将湖南西部旧石器文化划分出两个独具特点的区域性文化群，即沅水中游的"潕水文化类群"和澧水流域的"澧水文化类群"。

1990年12月、1993年3~4月湖南省文物考古研究所和石门县博物馆两次发掘石门燕耳洞遗址，出土了古人类化石左股骨残段、下颌骨残段、牙齿等。这是湖南首次发现晚期智人化石。出土石制品21件。石料分为两类。第一类为石英砂岩和砂岩。这类石器个体相对较大，有石核、砍斫器、石锤、刮削器。第二类石器为黑色燧石，有石核、刮削器。第二类石器为细小燧石器，这是湖南旧石器文化末期进一步小型化的新的石器工业。伴出的第四纪哺乳动物化石有猕猴、豪猪、熊、虎、东方剑齿象、巨貘、中国犀、猪、鹿、羊等20多种，属于华南"大熊猫-剑齿象"动物群。根据动物化石和细小燧石器特点判断，燕耳洞遗址大致属于旧石器时代晚期的晚一阶段。

1992年，湖南省文物考古研究所主持发掘了澧县乌鸦山遗址，获得一批旧石器时代晚期石制品。说明在旧石器时代晚期，华北石片石器工业因素传入，湖南北部的旧石器出现小型化的现象。

---

① 1里=500米。

1995年袁家荣撰文《湖南旧石器文化的区域性类型及其地位》[8]，系统阐述了湖南旧石器文化的谱系特点及其在中国旧石器文化中的地位。潕水文化类群主要分布在沅水中游地区，包括干流及其支流范围的河谷盆地，即湖南西部的怀化地区和湘西土家族苗族自治州。潕水文化类群已发现的旧石器遗址或地点有100余处。其中正式发掘的有新晃大桥溪、长乐坪等10处地点。潕水文化类群石器以灰色、灰黄色条带状变质砂岩为主要原料。剥片与加工的方法主要为锤击法，间有锐棱砸击法剥片和碰砧法加工砾石石器。第二步加工的石器很少。有些砾石石器的刃面疤痕叠置，可能为反复加工修理所致。石器以单面刃为主，由单面打击而成。石制品以大型为主，但与澧水流域旧石器比较，个体相对要小一些，大小多在15厘米以下。石器种类组合单调，主要为砍砸器，其次为刮削器，尖状器很少。富有特色的石制品是宽大薄石片、侧身长刃砍砸器、短身尖刃砍砸器、双边刃砍砸器等。潕水文化类群目前所见的最早的旧石器地点是靖县二卵石和会同县的叉尾巴，为旧石器时代早期的后一阶段。旧石器时代中期以新晃县大桥溪遗址和怀化市岩屋滩地点为代表，旧石器时代晚期文化以芷江县小河口和泸溪县岩坪旧石器地点为代表。值得注意的是，到目前为止，潕水文化类群的晚期石器还未见到小型化的现象。

澧水文化类群主要分布在澧水流域和洞庭湖西岸平原，包含沅水下游流段的丘陵平原地区。在行政区划上为湖南省的常德市、张家界市所辖范围。澧水文化类群的遗存达100多处。已正式发掘的有津市市虎爪山，澧县鸡公垱、乌鸦山，石门县燕耳洞、大圣庙、石家坪、胡家堡、谢家堡、王家山，临澧县竹马等地点。代表性的遗存早期有虎爪山，中期有鸡公垱文化，晚期有乌鸦山文化、燕耳洞、十里岗等地点。澧水文化类群的石器均以河床砾石为原料。早、中期器体硕大浑厚，最大径通常达28厘米以上，岩性主要为红色石英岩和石英砂岩，少量燧石、石英和硅质岩。石器组合丰富，以大型石器为主，有砍砸器、多种型式的大尖状器、似手斧、石球、石锤。小型石器基本上是刮削器，数量较少。晚期的石器向小型化演变。小型石制品急剧上升为主要地位，石片石器大量增加，并出现了长三角石片。石器中刮削器成为主流，有少量的尖状器等。退居次要位置的大型石器个体也明显缩小，通常长径不超过15厘米。各类大型石器的型式也不如早、中期多样化，似手斧、大尖状器在晚期的前段仍有保留，后段不见。晚期后段石制品的岩性以硅质岩和黑色燧石为主，其次为石英岩和石英砂岩。澧水文化类群的打片基本上只见锤击法，偶见砸击法。石器的加工有单面打击、两面打击和错向打击。第二步加工的石器在早中期较少，晚期大量出现。石片的第二步加工是以单面打击为主，既有由背面向腹面加工也有腹面向背面加工。澧水文化类群富有特色的石制品有厚大石片、各种型式的大尖状器、似手斧、石球、细小燧石器等。

1996年6~8月，湖南省文物考古研究所和临澧县博物馆发掘竹马遗址，首次清理旧石器时代末期的建筑遗迹。

1998年4月封剑平于澧县澧东乡十里岗村发现十里岗遗址，采集近200件细小石器。1999封撰文《湖南澧县十里岗旧石器时代晚期地点》[9]将十里岗遗存命名为"十里岗文化"。裴安平认为十里岗遗存不是旧石器，不同意其命名[10]。袁家荣从石器的特点、地层性质及测年结果研究，同意"十里岗文化"的命名，并进行了进一步的阐述[11]。

十里岗文化主要有以下特点：①以细小石器为主要特征，保留的砾石石器已经小型化。②石料以黑色燧石为主，其次为石英砂岩，还有脉石英、硅质岩、砂岩等。③石器的基本组合为砍砸器、刮削器、尖状器。其中以刮削器占绝对优势。④砍砸器仅3件，占石器数量的10%强，并且个体很小，意味着其经济地位下降。⑤石器的制作方法基本上为锤击法。有些细小石器刃部加工疤痕小而浅，是否采用压制加工方法，目前尚不能确定。⑥加工方法以单面打击加工为主，也有两面打击加工。⑦有第二步加工，但数量少。既有正向加工，又有反向加工。⑧出现一批较精致的细小石器，如细长石片、舌状刮削器、盘状刮削器等，表明石器制作水平的提高。新出现了以黑色燧石器为代表的细小石器工业，其精致的细小石器加工技术，表现出比乌鸦山文化更为进步的文化面貌。十里岗遗存仍然保留着砾石石器传统，其细小燧石器与乌鸦山硅质岩小石片石器有很多类似之处，反映了十里岗遗存承袭乌鸦山文化的关系。十里岗遗址^{14}C测试年代为距今14525年±55年，树轮校正后年代为17000年以上。燕耳洞遗址经北京大学^{14}C测定年代为距今14000年±120年（未校正），如果校正其年代当在16000年左右，其年代晚于十里岗遗址，应归属于十里岗文化，为旧石器时代晚期后一阶段。

（二）湖南旧石器时代文化向新石器时代文化过渡的研究

1988年9月，湖南省文物考古研究所在道县举办"湖南洞穴考古培训班"。培训班学员在对道县西部石灰岩地区进行洞穴调查时，发现了一批以螺蛳壳堆积为特征的洞穴遗址，其中从三角岩、白公岩、玉蟾岩遗址采样测年得知它们的时代为更新世末期至全新世早期，在距今一万年以上。由此展开了湖南旧石器时代文化向新石器时代文化过渡的研究课题。

1993年10～11月，湖南省文物考古研究所袁家荣主持发掘玉蟾岩、白公岩遗址。在玉蟾岩遗址获得丰富的打制石器和骨角器、第四纪哺乳动物化石，并且在文化堆积中意外发现水稻壳和陶片。由于这一重要发现与中国旧石器时代与新石器时代的划分、陶器的起源、稻作农业的起源有着密切关系，开始引起学术界关注。1994年国家文物局专家组成员张忠培、严文明教授和文物处王军处长到长沙检查玉蟾岩发掘资料，观察发掘标本，并建议进一步进行考古发掘工作。

1995年10～12月，袁家荣主持对玉蟾岩遗址的第二次发掘。发掘队由考古学、古植物学、农学等多学科专家联合组成。在进行严格操作发掘的过程中，再次发现水稻和陶片的实物标本，验证了1993年的成果，从而被评选为1995年度全国十大考古新发现，并获国家文物局颁发的田野考古二等奖。

1996年，北京大学原思训教授在美国召开的"第十四届加速器在工业与研究中应用国际会议"上正式公布了玉蟾岩遗址陶片的^{14}C测定年代距今15660～12320年的4个数据（*Applications of AMS radiocarbon dating in Chinese archaeological studies*）。

2004年、2005年，经国家文物局报国务院批准，湖南省文物考古研究所、北京大学考古文博学院、美国哈佛大学人类学系进行了"中国水稻起源的考古学研究"课题中美合作项目，对玉蟾岩遗址进行了第三次考古发掘。发掘中开展了考古学、地质学、动物学、植物学、农学、年代学等多学科研究，其中最主要的收获是对遗址进行了全面系统的^{14}C取样测年。^{14}C取样近200个，测年数据达39个。未校正年代落在距今17720～11600年范围内。因此，玉蟾岩遗址的年代（校正）可以确定在距今20000～13000年。其中2005年出土的陶片上下方8～10厘米厚度范围内的5个木炭标本数据，年代数据很集中在距今18000年（校正）。说明玉蟾岩遗址陶片最早已经距今在18000年（Radiocarbon dating of charcoal and bone collagenassociated with early pottery at Yuchanyan Cave, Hunan Province, China. *Journal of Archaeological Science*, 2009.）。

洞庭湖西岸平原旧石器时代文化向新石器时代文化过渡的研究主要围绕地层、年代、文化面貌而展开。洞庭湖西岸平原旧石器时代文化向新石器时代文化过渡的年代，一般认为距今15000～12000年[12]，也有认为是距今20000～10000年[13]。

洞庭湖西岸平原过渡阶段的埋藏地层是多样的。其中有一种在洞庭湖西岸平原广泛分布的"黑褐色黏土"引人注意。裴安平认为是过渡阶段的典型埋藏地层[14]。袁家荣从"黑褐色黏土"的地貌分布、岩性、文化遗存、^{14}C测年分析认为其时代跨度从旧石器时代晚期一直到新石器时代的早期。因此，"黑褐色黏土"中的文化遗存的时代应该具体研究[15]。

洞庭湖西岸平原旧石器文化向新石器文化过渡是以温暖气候带为气候环境背景，以河湖相冲积平原为依托，实现采集狩猎经济向稻作农业经济转化。细小燧石器工业作为基本的文化纽带贯穿于旧石器时代向新石器时代过渡阶段。稻作农业、制陶、定居建筑最早发生线索构成洞庭湖西岸平原过渡文化研究的重要内涵，应该是我们探索过渡时期社会、经济、文化演化的重要目标[16]。

二、湖南新石器时代考古与研究

湖南新石器时代考古与系统研究发端于1974年对澧县三元宫遗址的发掘。由此开始至80年代末，主要目标是建立和完善新石器时代文化谱系，故考古发掘的规模一般较小，重点解决考古地层问题；90年代初至今主要围绕考古学的重要课题进行发掘和综合研究，因此重点放在对遗址的系统连续的考古发掘和深入研究。

（一）新石器时代文化谱系的建立

通过70年代对澧县三元宫、丁家岗、平江舵上坪、安乡汤家岗、度家岗、划城岗等史前遗址的发掘，何介钧系统论述确立了湖南新石器时代文化的三个发展阶段：大溪文化—屈家岭文化—长江中游龙山文化[17]。后来"长江中游龙山文化"被改为"石家河文化"[18]。由此为湖南新石器时代文化区系类型的研究奠定了坚实的基础。

皂市下层文化是1977年和1981年两次发掘石门县皂市遗址，发现商代文化层之下的古老文化遗存而确定的。代表性遗址还有澧县黄家岗、临澧县胡家屋场。当1977年最初发现这一新的文化遗存时，对其认识还非常模糊。由于1981年对皂市遗址较大面积的发掘，使我们对皂市下层遗存有了准确、清晰的认识。经过^{14}C测定皂市下层文化遗存未校正年代为距今6920年±200年，从而确认皂市下层遗存早于大溪文化并与大溪文化有着明显发展承袭关系[19]。王文建、刘茂将其命名为"皂市下层文化"[20]。裴安平对皂市下层文化进行了详尽的阐述，其文化特点是以大圈足盘、折沿双耳罐、高领圜底罐、圜底釜等器类组合为代表，器表多红褐色，胎常夹稻壳，呈黑灰色。流行细绳纹、划纹、戳印纹、篦点纹、戳印及雕镂装饰。纹样以复杂多变的刻划图案为典型标志。彩陶很少，多见褐彩，图案为宽带、网格与弧边三角。新出现白陶。器物定型规整，胎较薄，以圜底、圈足为主，兼有平底器，三足器不见。器物样式复杂多变，折沿折壁成为器物的主导风格。生产工具仍以打制为主，磨制石器的数量明显增加，达到22%。细小燧石器盛行，比例占63%，大型砾石石器大大减少[21]。皂市下层文化的年代跨度在距今7600~6800年的范围。

彭头山文化是在20世纪80年代文物普查中发现的，以澧县彭头山遗址命名。其分布范围基本上集中在洞庭湖周围。在洞庭湖西部平原分布地点有澧县的彭头山、八十垱、李家岗、黄麻岗、胡家坟塔、刘湾、犀牛岗、皇山、双林、江西桥、曹家湾、临澧金鸡岗、沙龙等。其中对彭头山和八十垱遗址进行了重点发掘[22]。曹传松根据普查资料命名了"彭头山文化"[23]。裴安平就文化特征、文化性质、文化分期、年代源流以及与其他文化的关系对彭头山文化进行了全面系统的论述。其文化特点为：陶器质地多数无夹砂、泥质区别，原料中固有细砂，人为掺和大量稻壳、草叶等有机物，烧成后胎呈炭黑色。器壁普遍厚重，尤以底为甚。多数壁厚0.6~0.8厘米，底厚1厘米，部分厚1.5~2厘米。器表大部有细泥薄层外衣，颜色深红或红褐色。一般火候不匀，通体杂色斑驳。装饰以通体交错粗乱绳纹为主，纹理较深，绞股斜长。另还见指甲纹、戳印纹、划纹、痂瘢纹，以及少量镂空和红、白彩陶衣。器物造型风格古朴粗犷，个体较大，腹深，壁面凹凸不平，整体歪斜，类别简单，制式界限模糊。容器流行圜底，口沿斜侈或呈卷势，沿腹分界不显。罐类似有颈，长短不齐。典型器物有大口深腹罐、小口深腹罐、圆腹罐、高领双耳罐、盘、支座、钵等。此外还有少量的三足器。生产工具以打制石器为主占94%以上，其中大型的砾石石器占56%~70%，细小燧石器占26%~37%。磨制石器有斧、锛、凿等，数量与种类皆少。磨制石质装饰品如棒、管、珠等不仅数量多，而且磨制精致，形态规整。彭头山文化遗址普遍发现水稻遗物，反映出原始稻作农业已经发展到一定程度，已经进入成熟的稻作农业聚落社会。彭头山文化年代距今9000~7600年[24]。

汤家岗文化是以白陶艺术为突出标志的洞庭湖地区的考古学文化。它是因安乡县汤家岗早期遗存的发现命名的。典型遗存还有澧县丁家岗遗址早期。该文化拥有较多的泥质褐色胎的黑皮陶，黑皮薄且附着不匀。有一批夹细砂白陶。器表装饰除常见细绳纹、刻划纹、锥刺纹外，流行大量图形繁缛的由篦点、戳印、压印、模印组合而成的寓意诡谲、形同浅浮雕的图案，成为汤家岗文化最突出的特点。此外，纤细的细锯齿状堆纹也为独有特点。器物以圜底、圈足最多，平底次之。不见三足器。典型的器物组合是釜、筒形罐、折壁圈足碗、大圈足盘、斜肩圜底罐等。石质工具以磨制石器为主，细小燧石器渐少。其年代延续范围在距今6800~6300年。汤家岗文化的命名经过了长期认识讨论的过程。汤家岗遗址第一次发掘主持者何介钧早就意识到汤家岗遗址下层、丁家岗一期文化遗存"是与大溪文化有别，比大溪文化更早的一类文化遗存。由于发现还不多，材料不够丰富，可以暂不另外命名"[25]。很长一段时间将其定位为大溪文化一期。到90年代中期，郭伟民建议将其命名为"汤家岗一期文化"[26]。目前学术界普遍使用"汤家岗文化"的命名[27]。

在洞庭湖西岸平原的新石器时代文化谱系研究的基础上，湘江、沅水中游也建立了相应的文化谱系。其中大塘文化、堆子岭文化、高庙下层文化作为独立的区域性文化得到普遍认同。

1986年长沙县南托大塘遗址的发掘，发现了一批以戳印、刻划、剔刺、拍印、镂孔多种形式装饰陶器为显著特点的文化遗存。它既类似皂市下层文化，又有独特风格，陶器以夹砂红陶和泥质红褐陶为主，有少量泥质灰陶和夹炭黑陶。器表纹饰多为篦点纹连成的细线，然后构筑成水波纹、横人字纹、圆圈纹、梯格纹、雨线纹以及山峰状、塔状等各种图案。釜罐底部均饰细绳纹，亦有少量外表施红衣或外红内黑的陶器。最具特征的陶器是折沿筒腹圜底釜、鼻形双耳高领罐、敞口矮圈足折腹碗。大部分陶器为泥条叠筑法制作。该文化遗存表现为湘江下游独立的区域性文化，年代距今7000多年，因此被命名为"大塘文化"[28]，也有人主张命名为"南托文化"[29]。

1993年发掘的湘潭县堆子岭文化遗存表现出具有由汉东及皖西南、洞庭湖西部地区和土著特色的三组文化因素融合成的湘江下游地区区域性文化。堆子岭文化以红陶系为主要特征，少量夹细砂白陶。纹饰复杂，总体表现为戳印纹、按窝、连珠纹也叫圆圈纹、绳纹、弦纹、斜线纹、曲折纹，同时也流行镂孔、附加堆纹、锥刺纹、刻划纹、凹槽等装饰手法。器形以三足器鼎为主，另有圜底器与圈足器。其时代大体与洞庭湖西北岸的汤家岗文化和大溪文化相当。研究者建议将其命名为"堆子岭文化"[30]。

洪江市高庙遗址位于沅水中游右岸一级阶地，先后于1991年、2004年、2005年进行了三次考古发掘。该遗址表现为以渔猎和采集为主要生产方式的贝丘遗址。其下层文化遗存陶器以戳印篦点手法装饰纹样，图案以凤鸟纹、獠牙兽面纹、八角星纹等为主题。其精美繁缛、神秘诡谲的陶器装饰艺术令人惊叹，在中国史前文化中独树一帜。此外，其生产工具最具特色且数量巨大的各型砍砸器和用作刮削工具的各类石片石器，如大量的扁平状亚腰形石网坠、大量的石球，以及石磨盘、磨棒、石锤、石砧和砺石等，而磨制石器如斧、锛和凿等数量很少。与石器伴出的骨（刀、匕、针、锥、簪和刻纹牌饰等）、牙（锥、象牙雕饰）和蚌器（皆穿孔，当为挂饰或蚌刀）均经精磨和抛光。所出陶器皆手制，但器壁厚薄较均匀。陶器烧制火候不均，绝大部分器物的颜色是褐红色与灰褐色相杂。95%以上的陶器均夹砂，泥质陶甚少。白陶制品则均含细小的石英砂末，器表揉积成一层泥浆，打磨光滑，然后在其上制作纹饰。陶器造型主要是圜底和圈足器，不见三足器和尖底器。陶器器类主要有釜、罐、盘、钵、簋、碗和杯等，釜、罐、盘形制特别丰富，尤其是罐类，器形多达十余种。2000年贺刚将其命名为"高庙下层文化"[31]，后修改为"高庙文化"[32]。

关于湖南新石器时代考古文化的区系类型研究，何介钧划分为洞庭湖西北岸（澧水流域与沅水下游）、湘江与资水下游、沅水上游、资水上游四区。洞庭湖西北岸从距今9000年开始，先后经历了彭头山文化、皂市下层文化、汤家岗文化、大溪文化、屈家岭文化、石家河文化等几个阶段。至商文化南下，致使这一地区原始文化解体。洞庭湖西北岸的史前文化在湖南全境起着主导作用，强烈地影响着其他地区。因此，大多数地区的考古学文化序列经历了与其相似的几个发展阶段。湘江中下游从早至晚为黄家园下层遗存、南托大塘文化、堆子岭文化、岱子坪一期遗存、石家河文化。沅水中上游目前发现时代最早的是以高庙遗址下层为代表的高庙文化，时代超过距今7000年。其后是征溪口和松溪口遗存，相当于洞庭湖区汤家岗文化时期。而高庙遗址上层与大溪文化面貌相似之处甚多。怀化高坎垄遗址则为屈家岭文化的一个地方类型。至新石器时代末期，怀化市以北地区为石家河文化的分布范围，而怀化以南则以靖州市斗篷坡遗址的新石器文化遗存为代表，表现出与珠江流域古文化有诸多接近。在距今6000~5000年这一阶段，长江中游古文化通过沅水、西江通道，强烈影响到岭南乃至珠江三角洲。而至新石器时代末期，珠江流域的古文化又显示出向北扩张的态势[33]。

裴安平将洞庭湖地区的新石器时代文化序列排列为彭头山文化—皂市下层文化—汤家岗文化—丁家岗文化—划城岗文化—三元宫文化—太山庙文化。其丁家岗文化与大溪文化大体相当，划城岗文化为大溪文化第四期与屈家岭文化早期合并，三元宫文化为屈家岭文化中晚期，太山庙文化与石家河文化相当[34]。郭伟民认为湘江流域的新石器时代文化是一种受到原生地文化控制的完全次生文化，其排列的湘江流域新石器文化的发展序列为黄家园类型（彭头山文化）—大塘文化—堆子岭文化—岱子坪一期文化—磨山晚期·舵上坪类型（石家河文化）。其中岱子坪一期文化作为独立的区域性文化，与屈家岭文化时期对应[35]。

（二）稻作农业的起源与发展的研究

1988年发掘的澧县彭头山遗址，在所出红烧土块和陶器胎土中发现有炭化的稻谷谷壳，研究者认为属于栽培稻[36]。这样就把我国栽培稻的开始年代从长江下游的河姆渡文化的7000多年提前到距今9000年以前，是稻作农业起源的一项重大发现。从此长江中游稻作农业起源的观点为学术界广泛认同。

1993年开始并连续发掘了5年的澧县八十垱遗址，时代相当于彭头山遗址的中、晚期，距今已超过8000年。在紧邻该遗址距地表1米的古河道河漫滩黑色淤泥中，出土了上万粒稻谷和稻米，保存状况甚好。据张文绪初步观察和分析，它们的种类多，变异幅度大，建议定名为"八十垱古栽培稻"[37]。"八十垱古栽培稻"是一个具有广泛变异性的、独立的生物学群体，是独立于现代籼稻、粳稻和普通野生稻之外的稻类，在性状特征上表现出与籼稻的"近缘"性，在演化地位上则表现出近普通野稻的原始性和过渡性。其形成的原因是8000年以前，先民无意识的生产活动，将不同类型野稻混采、混播、混收，长期无人工选择的原始稻作方式所至[38]。与稻谷、稻米同存而在古河道淤泥中出土的还有众多的木器，其中木耒、木铲等应为农具[39]。八十垱遗址出土的稻谷数量多、保存完好、变异复杂，同时又伴出大量农具，反映出彭头山文化时期澧阳平原已经是以稻作农业为主导的经济形态。栽培稻的驯化和稻作农业起源应该发生在更早的时代。

1993年、1995年，考古工作者又在道县玉蟾岩洞穴遗址中发现了4粒完整的稻谷。2004年、2005年，中美合作进行"中国水稻起源的考古学研究"课题，对玉蟾岩遗址进行了第三次考古发掘，再次获得1粒稻谷标本。1998年中国农业大学张文绪教授通过从稻谷的粒长、粒宽和长宽比，稃毛长度和稃肩角度特征，稻谷稃面的双峰乳突形态等三个不同角度的电镜分析，玉蟾岩稻谷被鉴定为一种兼有野、籼、粳综合特征的从普通野生稻向栽培稻初期演化的最原始的古栽培稻类型，并定名为"玉蟾岩古栽培稻"[40]。稻谷遗存所处地层的^{14}C测年在13000年以上。它是目前世界上发现的时代最早的人工栽培稻标本，是探索稻作农业起源的时间、地点以及水稻演化历史的难得的实物资料。

1996年、1997年，在发掘澧县城头山古城址时，在城内又揭露出属于建城之前汤家岗文化时期聚落居民种植的数块稻田，为当时国内外发现时代最早的水稻田，同时还发现了与水稻种植配套的原始灌溉系统，表明其发展程度已远离了水稻种植的初创阶段。这对于确立洞庭湖区在稻作农业起源和发展中的重要地位无疑是一个有力的证明[41]。通过对城头山遗址的炭化米研究，研究者认为城头山遗址古稻（距今6000～5000年）具有性状变异的广域性、性状组合的独立性、非籼非粳的判断模糊性和显著差异性，将其定名为"城头山古稻"，并认为这一时期出现了大粒化演化现象[42]。城头山遗址7粒炭化米的DNA遗传学分析结果，其中4粒无水稻带型显示，3粒有水稻带型显示的具有类似现代粳稻的属性[43]。

正确判别古代栽培稻和野生稻、区分籼稻和粳稻是稻作农业起源与发展研究的基石。湖南省文物考古研究所科技考古实验室对湖南史前稻谷或炭化米进行了相关研究。顾海滨通过对城头山遗址和马王堆汉墓的水稻矿质元素对比分析，发现稻米铝元素含量城头山遗址为4.94，马王堆汉墓为痕量；稻壳硅元素含量城头山遗址为31.47%，马王堆汉墓为65.58%。这种差异有土壤环境差异的结果，也可能有物种之间的特质差异，或是两者的综合[44]。在大量实验分析的基础上，通过对稻米粒形和胚部特征的观察测量，建立了野生稻与栽培稻的判别公式[45]；通过水稻硅质体的观察与测量，提出籼稻与粳稻的判别公式[46]。对湖南距今12000～2000年考古遗址出土的炭化水稻以及水稻硅质体等遗存信息进行了分析，研究发现洞庭湖地区距今8000～5000年的新石器时代遗址中栽培稻所占比例呈明显递增趋势，如八十垱遗址为47.14%，丁家岗遗址占66.67%，城头山遗址占78.57%[47]。之后顾海滨研究员又通过湖南澧阳平原史前时期的八十垱遗址、丁家岗遗址、城头山遗址、鸡叫城遗址（时代依次为距今8000年、7000年、6000年、5000年左右）炭化水稻胚与现代栽培稻胚的研究，得出它们相似率依次为60%、70%、78%、87.1%的研究结果，推算栽培稻驯化速率为每千年8%～10%，人类开始驯化水稻的时间大概为距今1.4万年之前。这一系列研究不仅揭示出湖南史前稻作农业发展的过程与规律，同时为中国栽培稻驯化过程研究提供了丰硕的成果。

通过对澧阳平原不同时期的史前遗址陶片中稻谷稃面印痕和稃壳残片的综合分析研究，籼稻和粳稻在形态上分化为两个有显著差异的定型亚种可能发生在5000年前的历史时期，而且表现为先有籼，后有粳的迹象[48]。澧阳平原距今7000年以后的古栽培稻从已观察的性状特征来看有倾粳演化趋势[49]。

（三）史前聚落形态与古城史的研究

从1992年开始，对澧县城头山古城址进行了连续10年的考古发掘。经过对夯土城墙多处解剖，认定其始筑年代为距今6000年的大溪文化早期，一直延续到石家河文化时期。在城墙之外，是绕城一周的宽10、长1000余米的环壕。截至目前，它是所知我国时代最早的一座城址[50]。至屈家岭文化中期，在遗址东面10余千米处建起了一座更大的城——澧县鸡叫城。其使用年代也延续到石家河文化时期。1998年、2007年、2008年先后经过了三次发掘。最早的古城在洞庭湖平原出现的原因，专家认为是原始农业发展的必然产物，是聚落形态演变的合理趋向。洞庭湖平原由于所处的纬度，气候上最适宜野生稻向栽培稻的转化，最适于稻作农业的形成和发展。从彭头山文化出现规模农业到大溪文化农业经济经过了近3000年的发展，使社会上出现了剩余劳动力。从而导致制陶手工业、专门管理人员的分离，随之私有财产、资源争夺必然发生，直接结果就是防御设施的古城出现。在位于澧阳平原边缘的临澧竹马旧石器时代末期遗址就已出现了在土台上的地穴式建筑，当为短期定居居址。而至彭头山文化时期，面积较大、居民较集中、延续时间较长的聚落开始出现。到彭头山文化中、晚期，如八十垱遗址的面积已增至30000平方米，并且出现了人工开挖的300米长的壕沟将自然河道连接，从而形成了目前我国发现的时代最早的环壕中心聚落。其间经过近2000年的发展演变，在距今6000年时，出现环壕与城墙相结合起来的城，可说是水到渠成[51]。

1998年10月至2001年9月，湖南省文物考古研究所与日本国际文化研究中心进行为期三年的"澧阳平原环境考古学以及有关综合研究"合作项目，主要通过城头山遗址的考古发掘，采取城头山遗址的低空拍摄测绘，利用地下雷达进行埋葬结构和重要遗迹的物理探测，出土遗迹高速照相解析，花粉、寄生虫、昆虫、硅藻类微化石的取样、分析，动物骨骼的分析、遗物放射性碳素测定，人骨的DNA分析等多学科手段研究[52]。

裴安平将澧阳平原史前聚落形态划分为三个阶段，即彭头山和皂市下层文化阶段（第一阶段），汤家岗、大溪、屈家岭文化阶段（第二阶段），石家何文化阶段（第三阶段）。三个阶段的"中心聚落"表现为不同的社会形态：第一阶段为母系氏族和小聚落群的"中心聚落"；第二阶段为大聚落群象征性首领的"中心聚落"，以城头山古城为代表；第三阶段为大聚落群权力中心的"中心聚落"，以鸡叫城为代表[53]。

郭伟民将澧阳平原原始文化总结为乌鸦山文化—十里岗文化—华垱遗存—彭头山文化—皂市下层文化—汤家岗文化—大溪文化—油子岭文化—屈家岭文化—石家河文化发展谱系。郭伟民在其博士论文《澧阳平原与汉东地区史前聚落演进比较研究》中，通过对这两个地区的史前考古材料的全面梳理，分析比较聚落演化、文化互动的关系，认为澧阳平原早期新石器文化是本地区旧石器文化发展的结果，并作为长江中游新石器文化的一个源头向邻近地区扩散；在彭头山文化—皂市下层文化—汤家岗文化—大溪文化时期以向外扩展为主。在油子岭文化—屈家岭文化时期外来文化的影响逐渐占据主导地位。在石家河文化时期，完全融入了长江中游形成的以江汉平原石家河地区为中心的较稳定的新石器文化联合体；洞庭湖成为次一级中心。由此揭示长江中游文化一统化的形成过程和长江中游文明化的进程。这一研究对我国文明的起源和发展无疑具有十分重要的意义。同时也为将考古学文化研究升华为揭示社会复杂化进程做了很好的尝试。

三、商周时期的考古与研究

湖南是南方地区出土商代和西周早期青铜器最多的省份之一，而且不乏举世闻名的重器，如人面方鼎、四羊尊、象尊、猪尊、牛尊、戈卣、虎食人卣、枭卣、兽面纹瓿以及众多的大铜铙，总数超过了400件。研究者对这些青铜器的来源、族属有诸多推论和猜测，但终因它们均系零星出土，几无伴存陶器，更无确切地层依据，因此，长期以来在学术界成为一个难解之谜。

熊传薪将湖南商周青铜器划分为中原型，系中原传入；混合型，系南下商人在湖南就地铸造；地方型，系本地铸造的[54]。关于湘江下游出土最多的铜铙的来源问题的解决，是判明湖南青铜器族属和文化属性的关键。目前有三种意见：高至喜在《中国南方出土铜铙概论》[55]一文中认为它们是湘江流域越民族的创造。何介钧在《试论湖南出土商代青铜器及商文化向南方传播的几个问题》[56]一文中提出，南方铜铙最早出现在盛产铜矿并已由中原商人开采的赣西北、鄂东南地区，也许还包括皖南。因此湘江流域的大铜铙，不排除铸造于本地的可能，但其技术是由赣西北等地传入的。南方大铜铙应是在接受中原器形的基础上，南下的商人、商族及其后裔的再创造，其中无疑也融进了南方民族的部分文化因素。而向桃初在《湖南商代晚期青铜文化的性质及其与殷墟文化的关系》[57]中提出，它们是原来生存在江汉平原的古代三苗集团，在商末周初受周人压迫进入湖南之后带来的。

通过对遗址所反映的商代和西周早期古文化的研究，以此来寻找与出土青铜器的切合点，是20世纪80年代以来的商周考古主流。1981年冬，湖南省博物馆主持发掘了石门皂市遗址，面积达1100平方米。揭示皂市商代遗存存在商文化因素和本地文化因素，而商文化因素仅占1/4，居于次要地位，因此皂市商代遗存文化性质是受到商文化强烈影响的本地青铜文化[58]。1982年，湖南省博物馆主持发掘岳阳费家河商代遗址和窑址，其中清理了32座商代陶窑令人瞩目。费家河商代遗存时代大概相当于中原商代晚期，文化性质是代表湘江下游的一种地方性文化[59]。1987年6月，湖南省文物考古研究所主持发掘桑植县朱家台商代遗址，显示澧水上游的商代遗存不同于澧水下游的皂市商代文化遗存，朱家台商代遗存代表了湘西山区的土著民族的新的文化类型[60]。1987年11月，湖南省文物考古研究所主持发掘岳阳市北郊长江边的铜鼓山遗址。铜鼓山商代遗存是与江北荆南寺、盘龙城同属于一种区域性的商文化，也是目前商王朝势力到达湖南境内所发现的唯一考古遗址[61]。1996年、1999年向桃初先后两次主持望城县高砂脊商周遗址的发掘工作。揭露面积350平方米，含19座商周墓葬及灰坑、陶窑等。其中两座西周早、中期的青铜墓尤其重要，所出大型铜鼎系中原商文化遗物，而发现的小铜鼎、铜尊，似已开湘江流域越式青铜器的先河，同时遗址内还发现了一些表明有冶铜工业的证据。他认为高砂脊商周遗址地层中的文化堆积在时间上与湘江下游费家河类型的商代晚期文化紧相衔接，其文化属性是一种以外来因素为主体与本地土著越族文化相结合的融合性文化；其外来因素可能是接受了商周文化影响的原居于江汉地区的苗蛮文化。因此他进一步推断湖南宁乡等地出土的商周青铜器应是商末周初苗蛮系统政治集团从江汉地区带来的[62]。

2001~2005年，向桃初先后三次主持发掘宁乡县炭河里遗址，总面积达3350平方米。首次在我国南方地区发现西周城址；确认以炭河里西周城址为代表的考古学文化是一支外来势力与本地文化融合并存的地方青铜文化，命名为"炭河里文化"[63]。其研究结论：宁乡青铜器群最大可能是一部分如具有殷商文化风格的、有铭文的、动物造型的青铜器在商末周初周人灭商和开发汉水流域的背景下，商遗民及江汉地区土著势力南逃进入湖南时带来的；另一部分越式青铜器是本地后铸造的；南逃势力与本地势力结合，建立了以炭河里城为中心的政治实体或方国[64]。

在商周考古文化区系类型研究方面，何介钧在将全省商周时期古文化划分为澧水流域、沅水中上游、湘江中上游和资水流域等几个区[65]的基础上，分析了各区的特点，并重点在湘江下游做了大量的考古发掘工作。通过发掘岳阳铜鼓山、对门山、老鸦洲、樟树塘、费家河、汨罗玉笥山、望城高砂脊等遗址，将这一时期考古学文化的发展分为三个大的阶段。以岳阳铜鼓山遗址为代表的第一阶段，时代相当于二里冈下层和二里冈上层时期，具有非常强烈的商文化因素，可以称之为商文化。第二阶段以对门山和费家河遗址为代表，时代相当于整个商代晚期，文化面貌已发生巨变。第三阶段为商末至西周早期。该遗址地层中的文化堆积在时间上与湘江下游费家河类型的商代晚期文化紧相衔接，以高砂脊商周遗址为代表[66]。王文建对商时期澧水流域青铜文化进行了研究，认为澧水遗存五六百年的发展过程大致可分为三期9段。澧水遗存的陶器群可以划分为两组：甲组代表澧水遗存自身特征；乙组反映了商文化的影响，只存在于一、二期。并认为把握和分析不同文化因素共存的方式及其原因，是理解澧水流域以至整个长江中游商时期考古文化学的关键[67]。

四、东周时期的考古与研究

湖南是楚文化分布的重要地区，发掘和研究工作开展较早，迄今已发掘的楚墓总数在5000～6000座。湖南楚文化的研究主要是围绕湖南楚墓的研究展开的。临澧九里楚墓[68]、长沙浏城桥楚墓[69]、湘乡牛形山楚墓[70]是目前已发掘的最大、最重要的墓葬。

1982年，在澧县文家山遗址西周中、晚期的灰坑中出土了与东周楚墓同类器有直接渊源关系的鬲和豆[71]，何介钧认为楚人最早进入澧水流域的时间当在西周中、晚期。1986年岳阳筻口凤形嘴山发现的春秋中期铜器墓[72]，可以认定此时楚人已据有洞庭之野。高至喜、熊传薪根据湖南境内的楚墓及遗址推断楚文化势力至迟春秋中期进入湖南，湘北更早，可早到西周晚期[73]，而湘南楚墓可朔至春秋晚期[74]，这时楚应已囊括湖南全境。

湖南楚墓的分期研究开始较早，但较为粗疏[75]，客观上是受20世纪50年代中期以后发掘的墓葬资料极少发表的限制。高至喜主编的于2001年1月出版的《长沙楚墓》，收集了1954～1992年长沙地区发掘的2048座楚墓的丰富资料，依据墓葬形制、随葬日用陶器组合、仿铜陶礼器组合、铜器组合的差别，重新将长沙楚墓分为春秋晚期后段、战国早期、战国中期、战国晚期共四期9段。并以棺椁形制、随葬器物类别而与江陵楚墓相比较，列举出十多个地方特点。同时深入对各等级墓葬的棺椁制度以及所出铁器、琉璃器、漆器、铜兵器、铜镜、丝织品、天平砝码、货币等进行了分类研究，可以称之为对湖南楚墓世纪性的总结[76]。

1990～1992年，湖南省文物考古研究所主持勘探发掘沅陵窑头古城及外围战国至西汉时期的古墓葬群[77]，判断窑头古城为战国晚期城址[78]；2001～2002年，郭伟民主持对古城进行了进一步调查和试掘工作。根据窑头古城的地理位置、地势特点、城的规模、出土物情况、历史文献等综合考察，发掘者认为沅陵窑头古城很可能就是战国楚黔中郡的郡址。

五、秦汉时期的考古与研究

由于秦王朝的历史短暂，以往湖南境内反映秦文化的文物寥寥无几。2002年湖南龙山县里耶古城及里耶秦简的重大发现震惊世界，成为2002年度最显耀的全国十大考古新发现，无疑是一项考古世纪大发现。2002年4月至2003年，柴焕波主持对里耶古城进行了大规模的抢救性考古发掘，共开探方220个，发掘面积5500平方米。基本弄清了发掘部分城址的大体布局：城内、城外、城墙、城壕各种遗迹的关系，以及各个时期的文化内涵。初步认定这座古城有两个主要的建筑和使用时期：第一次为战国中期至秦朝；第二次为西汉。为该区域战国、秦、西汉三个时期的考古学文化树立了标尺。

城内发现的一号井始建于战国至秦，废弃于秦末，井内堆积由淤泥和生活遗弃物组成，最重要的堆积物为秦代简牍，统计达36000多枚，文字达10多万字，内容为官署档案，涉及社会生活的各个方面，如邮递、军备、算术、记事等，时代都在秦始皇统一中国称始皇帝后的秦朝时期，纪年由秦始皇二十六年（公元前221年）到秦始皇三十七年（公元前210年），一年不少。这批简牍的数量远远超出过去所出秦简的总和，是秦代考古继兵马俑以后的重大发现。而且内容丰富，涉及政治、军事、民族、经济、法律、文化、职官、行政设置、邮传、地理等诸多领域，极大地丰富了人们对中国历史上起承前启后作用的秦王朝有关制度的了解和认识，对秦史研究具有不可估量的意义。湘西里耶秦简所处的湘西酉水流域及武陵山区不仅战国时期是楚秦等国相继开发、对峙、征战的前沿地区，更是历史上多民族生息、繁衍、杂处之地，简牍的发现不仅有助于填补该地区历史记载缺失的空白，了解和认识该地区一些重大历史事件，更有助于该地区考古学文化与民族文化发展序列与谱系的认识和建立，使该地区在中国历史和民族发展史中的重要性得以提升。对里耶古城、古井、简牍以及与古城相对应的战国至秦汉墓葬的发掘和研究，将完整地揭示这一时期更加全面的历史信息，最终建立起这一区域独特的历史框架[79]。

1999年湖南沅陵虎溪山一号汉墓出土1500余枚竹简[80]；2003年湖南长沙走马楼10号井出土10000枚西汉木简牍，2004年长沙市东牌楼7号井出土206枚东汉简牍[81]；2003年郴州仙桥华鹤花园4号井发现200枚东汉—东吴木简；这些重要简牍的连续发现，为湖南乃至中国两汉时期的历史研究提供了丰富的、弥足珍贵的文字资料。

从慈利楚简到郴州晋简，综观湖南简牍发现以出土数量大、年代系统完整（楚、秦、西汉、东汉、东吴、西晋）、绝大部分埋藏于古井为最显著特点，从而确立了湖南简牍考古在中国考古学上的重要地位。

湖南在西汉时期属长沙诸侯国，因此留下了众多的王、侯和高级贵族及其家室的墓葬。考古调查已知长沙王陵墓主要分布在南起天马山、北至望城县玫瑰园的狭长地带，大多沿湘江西岸，顺低矮山丘蔓延。王陵目前统计有26座，经抢救性发掘5座，其中长沙陡壁山1号墓曹巽墓[82]、象鼻嘴1号墓[83]和望城坡"渔阳"墓[84]时代均属西汉前期，为吴长沙王室的墓葬，虽均因被盗而遭严重破坏，但仍可准确地复原其"黄肠题凑"的棺椁制度。属于列侯一级的墓葬有西汉前期的马王堆一、二号墓，即軚侯利苍及其夫人还；有时代和马王堆一号墓相近的沅陵虎溪山一号墓[85]，即第一代沅陵侯吴阳墓；属西汉后期的永州鹞子岭一、二号墓[86]，即第三代泉陵侯刘庆及其夫人墓。属于高级贵族的墓葬有马王堆三号墓利苍儿子墓和砂子塘一号墓[87]。这些墓葬出土的大批珍贵文物对研究西汉的漆器和铜器、汉代棺椁制度、随葬用鼎制度和衣衾制度提供了丰富材料，具有极高的研究价值。自马王堆一、二、三号墓发现以来，国内外学者对其出土的古尸、帛画、帛书、漆器等及相关问题不断开展了更加广泛深入的多学科研究[88]。2003年出版了马王堆二、三号墓考古发掘报告[89]。

望城坡"渔阳"墓、沅陵虎溪山一号墓均评选为当年全国十大考古新发现。

六、东吴—宋元时期的考古与研究

（一）简牍考古

1996年，湖南长沙走马楼J22遗址中发现10万余枚三国吴简[90]，超过此前所发现简牍的总和。这一发现震惊世界，因数量的无比巨大而被誉为世纪大发现[91]，先后被评选为全国十大考古新发现和中国20世纪100大考古发现。走马楼简牍的时代大多属于吴国嘉禾年间（232～238年），其内容大体可以分为券书、官府文书、户籍、名刺及账籍五类，涉及赋税、黄簿民籍、仓库管理、钱粮出入、军民屯田、往来书信等各个方面。具有极高的史料价值。三国史料多毁于兵燹，三国简牍不过数十，且内容甚简。长沙走马楼三国吴简的发现，弥补了文献史料之不足，对研究三国时期东吴的社会经济、政治制度、简册制度、职官沿革、历史地理、法律、书法艺术等，提供了史籍所缺失的丰富而翔实的资料。2001年8月，中国社会科学院历史研究所、中国史学会、长沙市人民政府在长沙召开了"长沙三国吴简暨百年来简帛发现与研究国际学术研讨会"，推进了对走马楼三国吴简的深入研究。《长沙走马楼三国吴简》第一、二册已于1999年、2003年由文物出版社出版。《长沙走马楼三国吴简·竹简》（上、中、下册）先后于2003年、2007年、2008年由文物出版社出版。

2004年郴州苏仙桥华鹤花园J10发现900枚西晋木简牍，其数量远远超过历年出土晋简总和。郴州晋简是300年前后西晋时桂阳郡郡府档案，记事详细到年月日，有元康、永康、太安等年号，均是晋惠帝司马衷年号。内容可分为：①桂阳郡郡政府文件，包括太守姓名、吏员设置、行政事务、祭祀仪式祝文等。②桂阳郡各县的治所、县城的规模、县城至郡的方位距离以及到邻县邻郡的道路里程、县令姓名、吏员的设置和人数。③桂阳郡辖下县乡的行政设置，村名、人丁、田亩。驿站的负责人、驿道的管理和维护。④山川田地河湖出产的动植物种类名称。⑤采矿（如炼银）。⑥具体行政事务的记载。郴州晋简为研究晋代历史提供了最为原始的珍贵资料。

（二）重要墓葬和建筑遗址考古

1991年3月，安乡县文物管理所在安乡县黄山头清理了西晋刘弘墓[92]。这座"镇南将军"的墓葬规模并不是很大，而所出"镇南将军章"、"宣成公章"金印、"刘弘"玉印、"刘和季"玉印和金带钩、玉尊、玉卮、镂空玉佩等文物堪称美艳盖世。

2002～2004年，吴顺东主持发掘宁远玉琯岩遗址。大面积揭示具有唐宋以来典型殿阁风格的宋代建筑遗存，判断其属于宋代舜庙建筑基址。同时还发现汉代祭祀坑和东汉早期的大型建筑遗迹，故发掘者推测，玉琯岩遗址是汉代以来祭祀舜帝的祠庙遗址。玉琯岩遗址位于宁远九嶷山地区，汉代以来多有关于舜帝陵庙的记载。西汉初年的长沙马王堆三号墓出土的地形图，在一山侧标出"帝舜"二字，并有九个柱状符号，符号后面有一建筑物。研究者根据司马迁《史记·五帝本纪》"舜践帝位三十九年，南巡狩，崩于苍梧之野，葬于江南九嶷"和北魏郦道元《水经·湘水注》九嶷山

"南山有舜庙，前有石碑"等记载，推测九个柱状物为九块石碑，后面的建筑物则为舜庙。考古遗存与文献记载相互印证，这是我国历史上五帝祠庙在考古上的首次发现，是目前已知时代最早的舜帝祠庙。它为古代祭祀的历史和祠庙建筑的研究，为唐宋时期古帝王陵庙建筑制度与相关祭祀制度的研究提供了重要的考古学证据[93]。

1995年10～12月，柴焕波主持勘探发掘了永顺老司城遗址。此后分别于1996年、1998年对老司城外围相关遗址进行了调查。这是湖南第一次较大规模地在湘西地区开展民族考古田野工作，并获国家文物局颁发的田野考古优秀工地三等奖。老司城为永顺土司数百年的治所，也是湘西北土家族数百年政治、经济、文化的中心。此次工作基本摸清了老司城内城区、宫城区、衙署区、街巷、墓地及外围相关遗迹的分布格局，初步了解了老司城城垣、道路、房基、排水设施等结构形态。目前考古证据能确定的最早建筑年代只能为明代初期。老司城考古发掘与研究为湘西土家族民族历史研究提供了重要的资料和全新的方法[94]。

（三）陶瓷考古研究

这一时期，考古工作投入最多的是对古窑址的发掘和陶瓷器的研究。湘阴窑系唐代陆羽在《茶经》中所记的岳州窑，其窑址在唐代隶属于岳州。1997年6～9月，湖南省文物考古研究所在湘阴县城湘江岸边的马王坎清理了一座隋代龙窑和一座被隋代龙窑打破的南朝龙窑的窑头部分。出土了数千件青瓷器，为湘阴窑的研究提供了新的线索。第一，此窑址的起始年代可以确定至迟能推溯到东晋，而位于县内的青竹寺青瓷窑出土了"汉安二年"（143年）纪年铭文青瓷片[95]，说明它们实为岳州窑的前身。第二，窑址东晋堆积层中出土的匣钵，改变了中国用匣钵装烧始于隋代的定论。第三，窑址的东晋堆积层内出土的大量口沿和器底内有釉下点彩的碗、钵，为长沙窑的釉下彩绘找到了其中的一个源头。第四，为岳州窑的研究提供了极其丰富的资料，也证明了湖南境内大量墓葬和水井中出土的晋至唐初青瓷精品，包括著名的湘阴县城"大业六年"纪年墓和长沙咸家湖初唐砖室墓中所出器物均是岳州窑的产品。

1978年长沙市文化局文物组配合石渚湖整修堤垸，发掘了两条探沟，清理了两座废弃窑址，出土长沙窑器物1928件。其中3件遗物有元和三年、大中九年、大中十年纪年，断定铜官窑时代为唐代。研究者将这批遗物分为三期：第一期为唐初至元和三年；第二期为唐元和至大中；第三期为唐咸通以后至五代[96]。1983年3～12月，湖南省博物馆、长沙市文物工作队组成联合考古队，对长沙窑遗址进行了发掘，发掘面积400平方米，发掘窑址7座、出土形制可考的陶瓷器7211件；1986年《长沙窑》被列为中国国家"七五"重点课题，课题主持人为周世荣。省考古研究所、省博物馆、市文物工作队联合于1996年发表了《长沙窑》专刊报告[97]。报告研究确认长沙窑为始创于唐代"安史之乱"后，盛于晚唐而衰于五代的民办窑场。它是在岳州窑的基础上，受唐三彩和波斯、大食、伊斯兰教、佛教艺术的影响而逐渐创造形成的一种独具特色的釉下彩陶工艺。与同类瓷窑相比，在技术上，长沙铜官窑突破了当时青、白瓷的单一色调，首创高温釉下多彩、铜红釉，以民窑的技术力量推动了陶瓷工艺的发展；在工艺上，长沙铜官窑将模印贴花、雕刻、书法、绘画、融入陶瓷装饰艺术中，铜官窑的装饰技法，为研究中国当时陶瓷生产技术、文化艺术、工艺流程提供了极其珍贵的原始资料；在艺术题材上，通过丰富多彩的图形、造型各异的花鸟走兽、人物场景、诗词谚语，将浓浓的中华风情及异域文化融合在一件件器物上。尤其烧制于器物上的诗词歌赋对研究唐代的诗词文化有极为重要的价值，它填补了我国全唐诗的空白。报告还收录了一些国内外遗址、墓葬出土的长沙窑瓷器资料，反映了长沙窑产品遍及亚洲，远至非洲，在东欧、西欧地区也有发现，说明长沙窑是我国最早烧制外销瓷的窑口之一，是与浙江越窑、河北邢窑齐名的中国唐代三大出口瓷窑之一。长沙窑不仅在中国陶瓷发展史上占有重要地位，同时也是研究历史上中外交往、文化交流、商品经济的典型代表。

1981年、1982年周世荣主持清理发掘衡山县贺家乡湘江村的渡口边、赵家堆等三座宋元窑址，并定名为"衡山窑"[98]。衡山窑是继长沙窑釉下彩瓷之后，在湘江中游兴起的以"粉上彩釉绘花"为特色而独树一帜的民窑[99]。时代有可能早到北宋末期，而成熟于南宋至元代。因其胎质呈色较深，外壁往往涂上白色底粉，然后用绿、蓝、褐三色为主的彩釉在底粉上绘花，花纹外表不再罩釉，以高温一次烧成。该窑产品中以人物堆塑瓶最为精美。这种粉上彩釉绘花装饰，当是受到山西霍县窑的影响而形成。但霍县窑为粉上单彩，而衡山窑已发展为粉上三彩或多彩。

同期，周世荣先生会同衡阳、益阳、株洲、怀化等地区文物考古工作者调查获得较丰富的不同时代不同风格的陶瓷窑口资料并进行研究。其中衡州窑、羊舞岭窑、醴陵窑具有代表性[130]。

衡州窑始烧于晚唐，盛烧于五代，终烧于宋。以蒋家窑为代表，因发现一青瓷钵上用褐彩书有"衡州白竹窑中坊"字款，正式定名为"衡州窑"。窑址主要集中在湘江沿河两岸，有180余处，重要窑口有归阳窑、云集窑、蒋家窑和茶山窑等。釉色以青绿为主，也有青黄和青灰色。也有双色和多色、花釉、彩釉、白釉等瓷器。胎色以灰白、浅灰、灰、铁灰、褐红、砖红、黑灰最为常见。胎体较薄，胎质较致密。主要器形有碗、盏、盆、钵、坛、瓶、碾、砚台等，注壶为最多。工艺特点以素釉无纹为主，辅以刻、划花和印花。仰莲瓣纹是常见的刻、划花纹样，有的莲瓣瓣尖具有浅浮雕效果。窑具多见刻文，有"大中年""政和八年""至和二年"纪年和窑工题记等。衡州窑形成一个地方性青瓷小窑系，是我国具独具特色的民窑窑口之一。

益阳羊舞岭窑分布在益阳市赫山区龙光桥与石笋乡交界的早禾、杨泗、牌楼、高岭和水井坳等几个村。早期在宋、元之间，以烧造青白瓷为主，兼烧青瓷和黑瓷，青瓷有仿龙泉窑和仿官窑制品。晚期为明、清时期，主要烧造青花瓷。

醴陵窑有粗瓷和细瓷之分。粗瓷窑位于醴陵市东15千米的沩山一带，创烧年代始于清雍正年间。其产品主要为粗青花瓷碗。细瓷创始于1906年清代末期的湖南瓷业公司的成立，延续到民国前期。醴陵细瓷以釉下五彩瓷著称，在其盛行的短短20年中在武汉、上海、南洋、巴拿马博览会上荣获一等奖。醴陵烧瓷的历史可以追溯到更早，楠木山发现有东汉时期的古窑址和姜湾元代白瓷窑。

说明：本文系应湖南学术研究史邀稿旧作，涉及的内容大体截至2010年前后。这次所庆论文集重新刊用，因家事无力梳理近年湖南考古研究进一步的发展，故没有增加新的内容，仅对原稿进行了个别调整。

注　释

[1]　中国科学院考古研究所：《长沙发掘报告》，科学出版社，1957年。

[2]　交道义：《长沙楚墓》，《考古学报》1959年第1期。

[3]　湖南省博物馆：《长沙马王堆一号汉墓》上、下集，文物出版社，1972年。

[4]　马王堆汉墓帛书整理组：《马王堆汉墓帛书（壹）》八册，文物出版社，1974年。

[5]　马王堆汉墓帛书整理组：《马王堆汉墓帛书（叁）》三册，文物出版社，1978年。

[6]　《长沙马王堆一号汉墓出土动植物标本的研究》，文物出版社，1978年。

[7]　袁家荣：《略谈湖南旧石器文化的几个问题》，《中国考古学会第七次年会论文集（1989）》，文物出版社，1992年。

[8]　袁家荣：《湖南旧石器文化的区域性类型及其地位》，《长江中游史前文化暨第二届亚洲文明学术讨论会论文集》，岳麓书社，1996年。

[9]　封剑平：《湖南澧县十里岗旧石器时代晚期地点》，《中石器文化及有关问题研讨会论文集》，广东人民出版社，1999页。

[10]　裴安平：《湘西北澧阳平原新旧石器过渡时期遗存与相关问题》，《文物》2000年第4期。

[11]　袁家荣：《湖南旧石器考古回顾》，《跋涉续集》，文物出版社，2006年；袁家荣：《洞庭湖西部平原旧石器文化向新石器文化过渡的研究》，《考古学研究》（七），科学出版社，2008年。

[12]　湖南省文物考古研究所：《彭头山与八十垱》，科学出版社，2006年；袁家荣：《洞庭湖西部平原旧石器文化向新石器文化过渡的研究》，《考古学研究》（七），科学出版社，2008年。

[13]　何介钧：《湖南考古的世纪回眸》，《考古》2001年第4期。

[14]　裴安平：《湘西北澧阳平原新旧石器时期遗存与相关问题》，《文物》2000年第4期。

[15]　袁家荣：《洞庭湖西部平原旧石器文化向新石器文化过渡的研究》，《考古学研究》（七），科学出版社，2008年。

[16]　袁家荣：《洞庭湖西部平原旧石器文化向新石器文化过渡的研究》，《考古学研究》（七），科学出版社，2008年。

[17]　何介钧：《长江中游原始文化初论》，《湖南考古辑刊》第1集，岳麓书社，1982年。

[18]　何介钧：《石家河文化浅析》，《纪念城子崖遗址发掘六十周年国际学术讨论会文集》，齐鲁书社，1993年。

[19]　王文建、刘茂：《湖南石门县皂市下层新石器遗存》，《考古》1986年第1期；何介钧：《湖南省博物馆三十年来的考古发掘与研究》，《湖南省博物馆开馆三十年暨马王堆汉墓发掘十五周年纪念文集》，湖南省博物馆，1986年。

[20]　王文建、刘茂：《湖南临澧县早期新石器文化遗存调查报告》，《考古》1986年第5期。

[21]　裴安平：《论皂市下层文化》，《苏秉琦与当代中国考古学》，科学出版社，2001年。

[22]　湖南省文物考古研究所：《彭头山与八十垱》，科学出版社，2006年。

[23]　王文建、刘茂：《湖南省澧县新石器时代早期遗址调查报告》，《考古》1989年第10期。

[24]　裴安平：《彭头山文化初论》，《长江中游史前文化暨第二届亚洲文明学术讨论会论文集》，岳麓书社，1996年。

［25］ 何介钧：《长江中游原始文化初论》，《湖南考古辑刊》第1集，岳麓书社，1982年。

［26］ 郭伟民：《洞庭湖区大溪文化研究》，《长江中游史前文化暨第二届亚洲文明学术讨论会论文集》，岳麓书社，1996年。

［27］ 何介钧：《长江中游原始文化再论》，《长江中游史前文化暨第二届亚洲文明学术讨论会论文集》，岳麓书社，1996年。

［28］ 何介钧：《湖南早期新石器时代文化遗存》，《东南亚考古论文集》，香港大学美术博物馆，1995年。

［29］ 黄纲正：《长沙南托遗址文化类型试析》，《长江中游史前文化暨第二届亚洲文明学术讨论会论文集》，岳麓书社，1996年。

［30］ 郭伟民：《湖南湘潭县堆子岭新石器时代遗址》，《考古》2000年第1期；郭伟民：《论堆子岭文化》，《江汉考古》2003年第2期。

［31］ 贺刚、向开旺：《湖南黔阳高庙遗址发掘简报》，《文物》2000年第4期。

［32］ 贺刚：《高庙遗址的发掘与相关问题的初步研究》，《湖南省博物馆馆刊》第2期，岳麓书社，2005年。

［33］ 何介钧：《湖南考古的世纪回眸》，《考古》2001年第4期。

［34］ 裴安平：《湘北洞庭湖地区新石器文化序列的再研究》，《中国考古学的跨世纪反思》，商务印书馆，1999年。

［35］ 郭伟民：《湘江流域新石器文化序列及相关问题》，《华夏考古》1999年第3期。

［36］ 裴安平：《彭头山文化的稻作遗存与中国史前稻作农业》，《农业考古》1989年第2期；裴安平、曹传松：《湖南澧县彭头山新石器时代遗址发掘简报》，《文物》1990年第8期。

［37］ 张文绪、裴安平：《澧县梦溪八十垱出土稻谷研究》，《文物》1997年第1期。

［38］ 赵笃乐、裴安平、张文绪：《湖南澧县八十垱遗址古栽培稻的再研究》，《中国水稻科学》2000年第3期。

［39］ 湖南省文物考古研究所：《彭头山与八十垱》，科学出版社，2006年。

［40］ 张文绪、袁家荣：《湖南道县玉蟾岩古栽培稻的初步研究》，《作物学报》1998年第4期。

［41］ 何介钧：《澧县城头山古城址1997～1998年度发掘简报》，《文物》1999年第6期。

［42］ 张文绪、顾海滨：《湖南澧县城头山遗址古稻研究》，《作物学报》2005年第6期。

［43］ 顾海滨、佐藤洋一郎：《城头山遗址炭化稻米的遗传学研究》，《澧县城头山——中日合作澧阳平原环境考古与有关综合研究》，文物出版社，2007年。

［44］ 顾海滨：《城头山遗址水稻的综合研究》，《澧县城头山——中日合作澧阳平原环境考古与有关综合研究》，文物出版社，2007年。

［45］ 顾海滨：《考古遗址出土稻谷遗存的鉴定方法及应用》，《湖南考古辑刊》第8集，岳麓书社，2009年。

［46］ 赵志军、顾海滨：《遗址水稻硅质体籼粳性质判别方法综述》，《湖南考古辑刊》第8集，岳麓书社，2009年。

［47］ 顾海滨：《考古遗址出土稻谷遗存的鉴定方法及应用》，《湖南考古辑刊》第8集，岳麓书社，2009年。

［48］ 张文绪、裴安平：《澧阳平原几处遗址出土陶片中稻谷稃面印痕和稃壳残片的研究》，《作物学报》1998年第2期。

［49］ 张文绪、裴安平：《湖南澧阳平原四处遗址陶片中水稻稃壳双峰乳突印痕的演变特征》，《作物学报》2005年第6期。

[50] 湖南省文物考古研究所：《澧县城头山——新石器时代遗址发掘报告》，文物出版社，2007年。
[51] 何介钧：《湖南考古的世纪回眸》，《考古》2001年第4期。
[52] 湖南省文物考古研究所等：《澧县城头山——中日合作澧阳平原环境考古与有关综合研究》，文物出版社，2007年。
[53] 裴安平：《澧阳平原史前聚落形态的研究与思考》，《庆祝张忠培先生七十岁论文集》，科学出版社，2004年。
[54] 熊传薪：《湖南商周青铜器的发现与研究》，《湖南省博物馆开馆三十周年暨马王堆汉墓发掘十五周年纪念论文集》，湖南省博物馆，1986年。
[55] 湖南省博物馆：《湖南省博物馆四十周年纪念论文集》，湖南教育出版社，1996年。
[56] 何介钧：《试论湖南出土商代青铜器及商文化向南方传播的几个问题》，《湖南先秦考古学研究》，岳麓书社，1996年。
[57] 向桃初：《湖南商代晚期青铜文化的性质及其与殷墟文化的关系》，《考古耕耘录》，岳麓书社，1999年。
[58] 湖南省文物考古研究所：《湖南石门皂市商代遗存》，《考古学报》1992年第2期。
[59] 湖南省博物馆等：《湖南岳阳费家河商代遗址和窑址的探掘》，《考古》1985年第1期。
[60] 湖南省文物考古研究所：《湖南桑植县朱家台商代遗址的调查与发掘》，《江汉考古》1989年第2期。
[61] 湖南省文物考古研究所等：《岳阳市郊铜鼓山商代遗址与东周墓发掘报告》，《湖南考古辑刊》第5集，《求索》增刊，1989年。
[62] 向桃初：《湖南望城县高砂脊商周遗址的发掘》，《考古》2001年第4期。
[63] 湖南省文物考古研究所等：《湖南宁乡炭河里西周城址与墓葬发掘简报》，《文物》2006年第6期。
[64] 向桃初：《炭河里城址的发现与宁乡铜器群再研究》，《文物》2006年第8期。
[65] 何介钧：《湖南商代晚期青铜文化的性质及其与殷墟文化的关系》，《考古耕耘录》，岳麓书社，1999年。
[66] 何介钧：《湖南考古的世纪回眸》，《考古》2001年第4期。
[67] 王文建：《商时期澧水流域青铜文化的序列和文化因素分析》，《考古类型学的理论与实践》，文物出版社，1989年。
[68] 湖南省博物馆等：《临澧九里楚墓》，《湖南考古辑刊》第3集，岳麓书社，1986年。
[69] 湖南省博物馆：《长沙浏城桥一号墓》，《考古学报》1972年第1期
[70] 湖南省博物馆：《湖南湘乡牛形山一、二号大型战国木椁墓》，《文物资料丛刊》1980年第3期。
[71] 何介钧、曹传松：《湖南澧县商周时期古遗址调查与探掘》，《湖南考古辑刊》第4集，岳麓书社，1987年。
[72] 岳阳市文物工作队等：《湖南省岳阳县凤形咀山一号墓发掘简报》，《文物》1993年第1期。
[73] 高至喜、熊传新：《楚人在湖南的活动遗迹概述——兼论有关楚文化的几个问题》，《文物》1980年第10期。
[74] 湖南省博物馆：《湖南资兴旧市战国楚墓》，《考古学报》1983年第1期。
[75] 高至喜：《试论湖南楚墓的分期与年代》，《中国考古学会第一次年会论文集》，文物出版社，1980年。
[76] 湖南省博物馆等：《长沙楚墓》，文物出版社，2001年。
[77] 湖南省文物考古研究所等：《湖南沅陵木马岭战国墓发掘简报》，《考古》1994年第8期。

［78］ 郭伟民：《沅陵县窑头东周城址及战国两汉墓葬》，《中国考古学年鉴（1993）》，文物出版社，1995年。
［79］ 湖南省文物考古研究所：《里耶考古发掘报告》，岳麓书社，2007年。
［80］ 郭伟民：《沅陵虎溪山一号墓发掘圆满结束》，《中国文物报》1999年9月15日。
［81］ 长沙市文物考古研究所：《长沙东牌楼东汉简牍》，文物出版社，2006年。
［82］ 长沙市文化局文物组：《长沙咸家湖西汉曹𢵳墓》，《文物》1979年第3期。
［83］ 湖南省博物馆：《长沙象鼻嘴一号西汉墓》，《考古学报》1981年第1期。
［84］ 宋少华、李鄂权：《西汉长沙王室墓发掘概述》，《中国考古学会第九次年会论文集》，文物出版社，1997年。
［85］ 郭伟民：《沅陵虎溪山一号墓发掘圆满结束》，《中国文物报》1999年9月15日。
［86］ 湖南省文物考古研究所：《湖南永州市鹞子岭二号西汉墓》，《考古》2001年第4期。
［87］ 湖南省博物馆：《长沙砂子塘西汉墓发掘简报》，《文物》1963年第11期。
［88］ 何介钧：《马王堆汉墓研究评述》，《湖南省博物馆》第1期，《船山学刊》杂志社，2004年；湖南省博物馆：《马王堆汉墓研究文集》，湖南出版社，1994年。
［89］ 湖南省博物馆等：《长沙马王堆二、三号汉墓·田野考古发掘报告（第一卷）》，文物出版社，2004年。
［90］ 长沙市文物工作队等：《长沙走马楼J22发掘报告》，《文物》1999年第5期。
［91］ 胡平生、宋少华：《新发现的长沙走马楼简牍的重大意义》，《新华文摘》1997年第3期。
［92］ 安乡县文物管理所：《湖南安乡西晋刘弘墓》，《文物》1993年第11期。
［93］ 吴顺东：《湖南宁远玉琯岩古舜帝陵庙遗址考古取得多项阶段性重要成果》，《中国文物报》2005年3月28日。
［94］ 湖南省文物考古研究所等：《湘西永顺老司城发掘报告》，《湖南考古2002》，岳麓书社，2004年。
［95］ 周世荣等：《湘阴县青竹寺东汉青瓷窑址》，《中国考古学年鉴（1989）》，文物出版社，1990年。
［96］ 长沙市文化局文物组：《唐代长沙铜官窑址调查》，《考古学报》1980年第1期。
［97］ 湖南省文物考古研究所等：《长沙窑》，紫禁城出版社，1996年。
［98］ 湖南省博物馆：《衡山窑发掘报告》，《湖南考古辑刊》第3集，岳麓书社，1986年。
［99］ 周世荣：《湖南陶瓷》，紫禁城出版社，1988年。
［100］ 周世荣：《湖南陶瓷》，紫禁城出版社，1988年。

湖南与岭南旧石器文化遗存的区域传统

——以澧水流域与百色盆地为中心

李意愿

自20世纪中期始，经80~90年代旧石器考古发现的"黄金时代"，华南地区迄今发现了数量众多的旧石器遗址（地点），成为中国旧石器时代南、北主工业"二元结构"的有机组成部分[1]。在华南地区，发现的大量石制品的石器工业面貌被研究者概括为砾石石器工业（或砍砸器传统），空间特点上也大致可以观察出北部、中部和南部三个亚区[2]。其中湖南澧水流域和广西右江流域的百色盆地就是地处华南两个相对独立自然地理单元内的有着丰富考古资料和鲜明石器工业特征的典型区域。在过去的数十年里，这两个地区的旧石器考古研究均取得了重要成绩[3]，但有关两者旧石器文化的对比仅有少量论述[4]，迄今尚缺少专文的详细探讨。

近年来，在这两个区域又陆续有一些新材料的发现和报道，使我们对华南旧石器文化也取得了不少新的认识，为进一步对比两地间的旧石器文化遗存提供了可能。本文从操作链角度，拟重点对两个区域的技术传统进行分析，并力图通过石器工业了解不同区域人群的行为特征和适应策略。

文中对石器工业的研究将分为中更新世（旧石器早、中期）和晚更新世（旧石器晚期）两个阶段进行论述，讨论的遗址主要选择其中经过正式发掘的典型遗址，必要时辅之以调查发现的重要地点，以此进行量化统计和观察分析。

一、考古发现与时空框架

1. 百色盆地

百色盆地位于广西壮族自治区的西部，地处云贵高原东南沿，地势自西北向东南倾斜，为北西—南东方向延伸的狭长形盆地，西起百色市，东至田东县，长约109、宽7~14千米，面积约800平方千米。西江一级大支流郁江上段——右江贯穿整个盆地，河流两岸发育了七级河流阶地，地形平坦、开阔。大量的旧石器遗址就埋藏于盆地内阶地的红土堆积中。

百色盆地旧石器遗址最早发现于1973年百色市上宋村，至2014年共发现113处（图一），经过发掘的有15处，经统计共发现石制品13421件，包括发掘出土的6620件和地面采集的6801件，其中

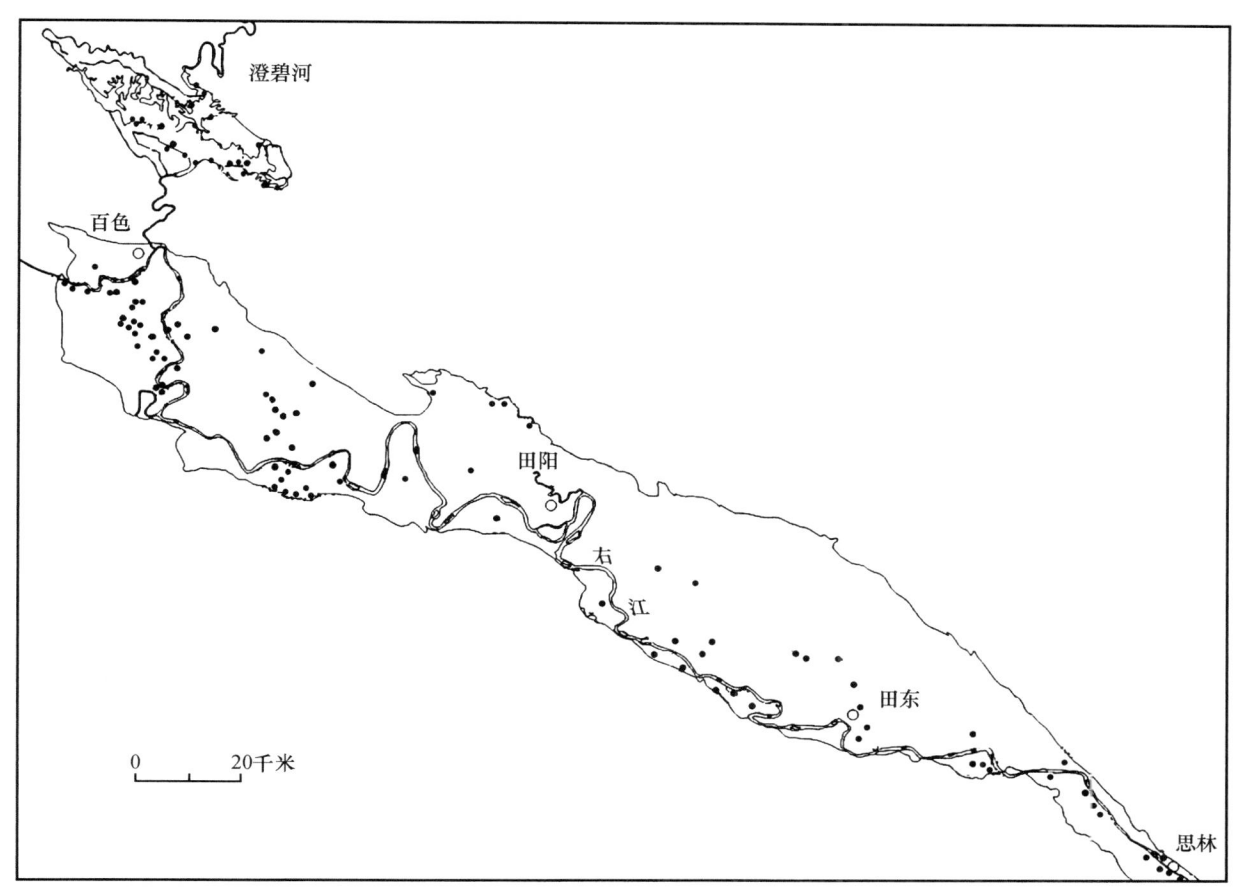

图一 百色盆地旧石器遗址分布示意图
(据Huang S M. et al. 2012[5])

手斧为280件左右[6]。据一些学者的研究，认为所有发现的旧石器标本均来自盆地右江及其支流的第四级阶地的网纹红土[7]。通过采用裂变径迹方法测定的遗址年代为0.733百万年[3]，对与石制品伴存的原地埋藏玻璃陨石$^{40}Ar/^{39}Ar$方法的测年结果显示文化层形成于0.803百万年±0.003百万年[9]。因此学术界一般认为百色盆地的旧石器遗址最早的人类活动年代可在早、中更新世之交。但是，对此前发现的所有石制品的归属地层和时代还存在一些不同的认识[10]，已有不少研究者认为百色盆地的旧石器遗址既有不同阶地的区别，也有年代上的早晚差异，笔者赞同这种观点。

目前，对百色盆地旧石器文化完整的年代发展和演化序列还在构建之中，从中更新世早期到晚更新世期间的数十万年间仍存在巨大的时空间隔。一些新发现的旧石器遗址或石制品的埋藏层位显示百色盆地至少存在早晚两套明显不同的堆积[11]，由此百色盆地的旧石器时代石器工业的文化分期较之以往的认识可能要复杂。

2. 澧水流域

澧水是湖南的"四水"之一，位于湖南省西北部，地处华南北部、长江中游南部支流的核心区域。流域所在地区为武陵山余脉向洞庭湖平原的过渡地带。水系发源于桑植县南岔以上，北、中、南三源汇合后流经桑植县、永顺县,经张家界、慈利、石门、澧县,于津市小渡口流入洞庭湖。澧水中下游地势相对开阔,河流阶地发育,是远古人类活动的主要场所。迄今,发现的旧石器时代遗址主要分布于澧水中下游及其支流的河流阶地红土堆积之中。

湘西北旧石器的发现肇始于1987年澧县鸡公垱遗址,经初步统计迄至2015年共发现遗址134处(图二),主要分布在澧县(42处)、临澧县(55处)、石门县(30处)、津市市(5处)、慈利县(1处)和桑植县(1处)。其中以埋藏于二级阶地的遗址居多,共73处,三级阶地遗址54处,四级阶地遗址2处,一级阶地遗址3处,洞穴遗址2处,共发现石制品15311件(其中早期调查发现的中更新世时期的石制品仅约1900件,大量标本出自2011年发掘的遗址中),由于仍有一些存放在文博机构中的调查采集石制品还没有正式发表,实际的石制品数量应大于这个数据。

与百色盆地相似,澧水流域旧石器的主要埋藏层位也是网纹红土,但这里的遗址尚缺少绝对年代的精确测定。但研究者根据地质地貌、阶地发育以及第四纪红土的研究成果,确定了一至六级河流阶地的形成时代,从而初步确立了澧水流域一至四级阶地堆积中埋藏的旧石器遗址的相对年代演化序列[12],因而较之百色盆地有着相对更为清晰的地层序列和文化分期。至今,澧水流域的旧石器遗存最早者约为中更新世早中期,推测约距今50万年,而最晚者距今14000年±120年(未校正)。发现的石器工业被研究者称为"澧水文化类群"[13],在这个类群中旧石器早、中期石器工业的差异并不明显,但旧石器晚期的石器工业的变化则比较显著。尽管如此,这一区域遗址年代和石器工业的性质等旧石器考古基础性工作仍然有待今后更深入的研究。

二、中更新世石器工业比较

1. 原料的种类与开发策略

百色盆地调查采集石制品的石料种类较丰富,包括石英岩、砂岩、硅质岩、石英、燧石、砾岩、火成岩,以石英岩和砂岩为主,占75%以上[14]。更能客观反映百色盆地遗址原料构成的是发掘出土品,以枫树岛遗址为例,岩性统计显示以砂岩(41%)为主,其次为石英岩(30%)和石英(26%),火成岩(1%)和角砾岩(2%)数量很少。从石制品表面保留的石皮情况可知原料应均为河流砾石,通过与阶地砾石层中的岩性比较,研究者推测百色盆地早期人类在当时河滩(现第四级阶地)暴露的河流砾石或更早的阶地出露的砾石层中获取所需的原料[15]。

澧水流域旧石器早中期石制品的原料情况在发表的调查报告中几乎均报道为砂岩(或石英砂岩),仅少数为硅质岩。但据对发掘遗址石制品的介绍,虎爪山遗址岩性以红色石英砂岩为主,鸡公垱遗址则主要为石英岩,其次为硅质岩,另有石英和燧石等[16]。总体上这一区域的遗址原料应以石英砂岩和石英岩为主,其他种类的石料均较少。与百色盆地相同,早期人类也均就近获取磨圆度较好的河滩砾石,对一些大型尖状器形制所需的特定砾石毛坯的选择还显示了古人类对原料的较高认识能力。

华南地区大部分区域森林植被茂盛,水系发达,河流两岸是早期古人类活动的主要场所,由于地质作用沿河挟带下的大量砾石成为制作工具的天然便利原料,这既给古人类的生产生活提供了有

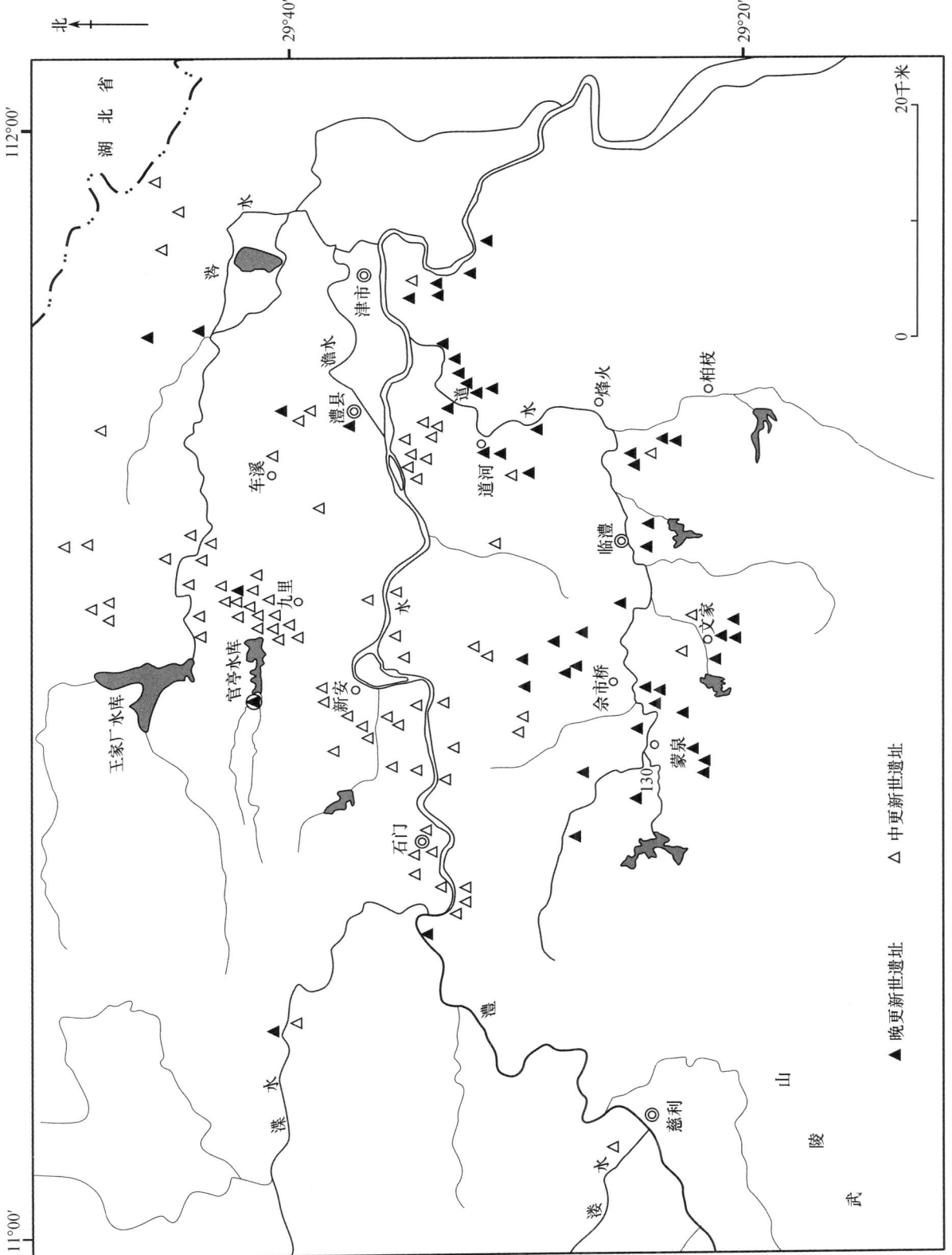

图二 澧水流域旧石器遗址分布示意图

利的资源条件，同时随周围基岩和地质条件变化而有改变的河流砾石种类、形态等方面也带给古人类在石器技术发挥上的考验，不同流域的石器工业因之而有所影响。此外，早期人类的流动特征、工具需求类型以及不同岩性砾石的力学物理特性又使古人类在石料种类的选择上在不同地区间具有相似性。

2. 石制品尺寸

华南旧石器早、中期的石制品器体粗犷、硕大而厚重是其显示出的一种浓厚的区域特色。据对部分百色盆地调查采集品的统计显示整体以大中型居多，尤其是大多数工具均在10厘米以上，20厘米以上者也不少，不过在采集的150件石片里大型标本仅占13%[17]。对六怀山遗址出土标本的尺寸统计表明总体以大型和中型为主，分别占53.7%和37%，小型和巨型较少，分别占5.2%和4.1%；重量以250~1000克居多（40%），25~250克（29%）和1000~3000克（25%）次之，小于25克和大于3000克的标本很少，分别占4%和2%[18]。这大致可代表百色盆地已发现石制品在尺寸上的基本特征。

澧水流域调查采集的石制品也以大中型占绝对多数，与百色盆地的石制品较为相近。以虎爪山北坡采集的126件石制品作为参照，大型97件（77%），中型19件（15.1%），巨型10件（7.9%），没有小型和微型标本[19]。对大圣庙遗址出土标本的统计显示，以大型为主占64.3%，中型次之占21.5%，巨型和小型各占7.1%；重量以250~1000克居多（40.7%），1000~2000克（25.9%）和25~250克（25.9%）次之，小于25克者占7.5%[20]。

长度在10厘米甚至15厘米以上的大石片的较多出现是澧水流域和百色盆地均具有的重要现象。虎爪山北坡采集的石片占总数的35%，除零星几件为中型石片外，其余均为10厘米以上的大型石片，且绝大多数均超过15厘米，超过20厘米的巨型石片占其总量的14.6%。而在报道的1988年虎爪山遗址发掘和采集品中大石片约占石制品总数的48.4%[21]。澧水流域其他地点采集的石片也基本为大型甚至巨型个体，一些还因刃部有较明显的使用痕迹而归入砍砸器。但在以往百色盆地采集的石片中，大石片的比例则相对较小（13%），如六怀山遗址中大石片仅占石片总数的21.7%；枫树岛遗址地表采集的39件石片（12.7%）中，大型石片13件，占33.3%，其中个别又为巨型，其余者均为中型；而在发掘出土的17件石片（11%）中，大小差异则更大，大型石片仅3件，约占17.6%[22]。相对来说，澧水流域大型石片在石制品总数中的比例以及占石片总量中的比例似均高于百色盆地的诸多遗址。

3. 剥片技术和策略

百色盆地调查采集的石核数量并不多，在970件石制品中仅8件，占0.8%[23]；高岭坡遗址历年的调查和发掘中也仅9件，占1%[24]；枫树岛遗址中采集19件和出土10件[25]；六怀山遗址相对较多，出土45件，占26%。据对六怀山遗址的研究，单台面石核居多，占84.4%，双台面和多台面石核均较少，石核保留石皮平均百分比为24.8%，台面角多在80°以下，显示出石核的剥片利用率较低[26]。石核的原型主要为砾石，但也有少量为石片和断块者，剥片策略表明不存在典型的预制行为，均为随机性的简单打片。但百色盆地发现有极少数量的盘状石核，如枫树岛Z007615的1件标本，在枫树岛采集的Z007628标本以及那召、江凤、公篓等被归入双面盘状砍砸器的标本应均可作为盘状石核。

澧水流域大圣庙遗址的发掘仅出土2件石核，全为单台面类型；虎爪山遗址发掘中未见石核，北坡采集的石核有24件，以单台面居多，多台面次之，双台面只有1件，另有一些因经过多次剥片后呈准球体状的石核[27]。其他调查采集的石核数量也基本与上述类似，以谢家山遗址为例[28]，35件石核全部以砾石为原型，主要为单台面石核，双台面和多台面石核数量相当。单台面石核中人工台面仅有1件，其余均为自然台面；双台面和多台面石核中有5件石核的人工台面系利用后期打片过程中新形成的剥片面。石核自然面比为80%以上者占石核总数的40%，自然面比为50%～75%者占48.6%，低于一半自然面的石核只有4件。因此，遗址中不存在修理台面行为，有意制造平坦素台面的行为也罕见，而多是直接利用较为平坦的自然砾面直接剥片，显示了剥片技术的原始性。

值得关注的是，在这两个流域内均发现了剥取大型石片的巨型石核，虽然数量不多，但足以说明两地区均应存在"大石片技术"，这种剥取大石片的技术约距今100万年前出现于东非，随后也波及西亚和欧洲地区，主要用于制作"大石片阿舍利"传统工具[29]。上述遗址中存在的厚大石片因而应是古人类有意制作的目的性石片，如津市虎爪山北坡的JH：126多台面石核，长宽厚为31厘米×28厘米×20厘米，重23.6千克，出自网纹红土中，沿石核一周多次剥片，最大片疤长宽均近22厘米（图三，1）；枫树岛遗址采集的Z009901双台面石核也与之非常相似，在石核的顶面及顶面远端的横断面上均有多个片疤，其中一个剥片面的大型片疤长约15、宽约20厘米（图三，2）。

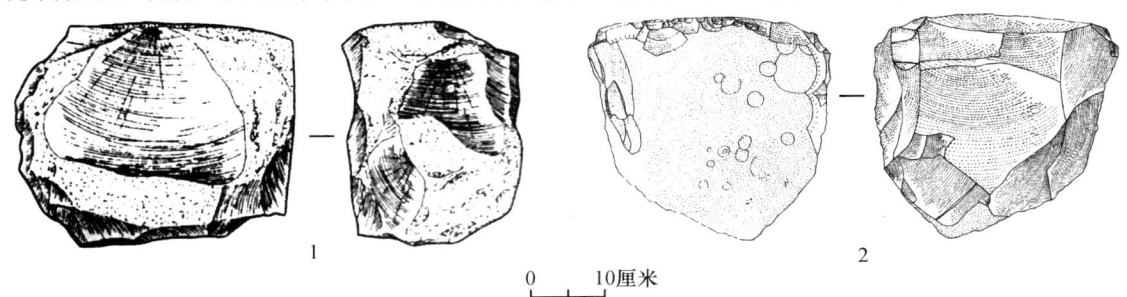

图三　澧水流域与百色盆地的"大石片技术"石核
1.津市虎爪山北坡JH：126多台面石核　2.枫树岛遗址采集Z009901双台面石核

据石核和石片的技术特征，百色盆地和澧水流域的剥片方法均主要为硬锤锤击法，在枫树岛遗址中发现了4件两极石核和13件两极石片，属百色盆地的孤例。有研究者也认为碰砧法曾广泛应用于百色盆地旧石器遗址的打制中，但是迄今多次的实验表明这类大石片及其附属的打击点、半锥体、长宽比例等特征并不能区分出锤击或碰砧[30]，在遗址中也已经发现了生产大石片的锤击石核，因此碰砧剥片技法在百色盆地的应用程度可能相当有限。

4. 工具的类型组合、性质和技术传统

工具是古人类有意识的目的性"终端"产品，因而最能反映出古人某种程式的概念型板或文

化传统。百色盆地采集品及部分典型遗址的组合统计显示，工具以砍砸器、手镐和手斧为主（表一）。采集品中被分类为薄刃斧的类型仅有少数几件较为典型，其他的应属砍砸器类。重型刮削器应有一定比例，报道涉及的刮削器中，大部分应属于中型尺寸的砍砸器，少部分应属于重型刮削器，只有少数较典型的轻型刮削器。枫树岛采集和出土的刮削器中绝大多数也均应属重型刮削器，仅少部分属轻型者；砍砸器中有5件（14.3%）为双面砍砸器（百色盆地此前采集品中比例小于5%）。

表一 百色盆地部分旧石器遗址的工具组合

类型 遗址	砍砸器		手镐		手斧		轻（重）刮削器		薄刃斧		其他	
	数量	百分比/%	数量	百分比/%	数量	百分比/%	数量	百分比/%	数量	百分比/%	数量	百分比/%
采集品	367	46.2	175	22.1	64	8.1	171	21.5	17	2.1		
南半山	25	48.1	11	21.2	2	3.8	14	26.9				
六怀山	11	68.8	5	31.2								
高岭坡	53	46.9	42	37.2	4	3.5	11	9.7			3	2.7
枫树岛采	32	13.4	32	13.4	106	44.4	69	28.8				
枫树岛出	3	25	1	8.3	6	50	2	16.7				

比较百色盆地的各个遗址，枫树岛遗址在65.3平方米探方中出土6件手斧，而在这之前已发掘的15处遗址里，坡洪遗址中仅出土1件、大梅遗址中出土2件、那赖B区出土2件。尤其是枫树岛采集品中手斧高达106件，占所有采集品的35%，这样以较高比例出现在百色盆地的遗址中是较为罕见的情况[31]。从整个百色盆地看，目前已经发现的约280件手斧占所有石制品的2.18%，而枫树岛遗址约占发现手斧的1/3以上。

澧水流域因大部分材料为调查所获，有部分经过发掘的遗址，其报告仍未出版，且对调查采集品的分类过去也存在标准不一的情况，因此本文只能粗略地进行分析。据不完全统计（表二），澧水流域石制品中工具组合包括砍砸器、手镐、手斧、石球、重型刮削器、薄刃斧和刮削器等，以砍砸器（50.5%）、手镐（18.7%）和石球（18%）比例最高，其他类型数量较少。迄今这一区域内已报道的手斧总数仅20多件，在谢家山遗址和虎爪山遗址等曾有采集，大圣庙遗址也发掘出土过1件；典型的薄刃斧仅是个别，可能系偶然性产品；而砍砸器中两面进行打制的双面砍砸器约有23件，占10.6%。用大石片加工的重型刮削器在以往的报告中亦屡有报道，但多被归类为砍砸器，这一类工具在澧水流域的旧石器遗址中应是比较重要的类型。

表二 澧水流域部分旧石器遗址的工具组合

类型 遗址	砍砸器		手镐		手斧		刮削器		重型刮削器		石球		薄刃斧	
	数量	百分比/%	数量	百分比/%	数量	百分比/%	数量	百分比/%	数量	百分比/%	数量	百分比/%	数量	百分比/%
采集/出土	216	50.5	80	18.7	23	5.4	18	4.2	11	2.6	77	18.0	3	0.7
谢家山	22	47.8	6	13.0	1	2.2	5	10.9	8	17.4	4	8.7		
虎爪山	22	41.5	12	22.6	1	1.9	2	3.8			15	28.3	1	1.9
大圣庙	3	23.1	1	7.7	1	7.7	4	3.1	4	3.1				

从工具组合构成看，百色盆地与澧水流域中砍砸器和手镐比例均很高，两者在多数情况下占了近70%；重型刮削器和轻型刮削器由于分类标准的缘故，统计并不精确，不过在两地的比例可能大致相当；目前具有较大争议的手斧在两地均有发现，且百色盆地的绝对数量和比例应明显高于澧水流域，尤其是近年新发现的枫树岛遗址中比例达到了50%，显示出百色盆地是这类工具的集中区域之一；薄刃斧在两地均少见典型者或数量太少而不足以肯定其作为一个稳定的类型存在；但是，石球的存在与否是两流域最大的差异，在岭南地区迄今未发现石球应不是偶然的现象，背后体现了早期人类有所差异的适应策略。

笼统地从形态类型学角度看，难以完全反映出百色盆地和澧水流域工具方面各自存在的特点。从技术层面观察对两流域的工具制作进行对比，可以获取有关人类行为和传统更多的信息。一般来说，工具的技术分析可以从加工技术的运用、毛坯的选择、刃缘数量及形态、加工方向、加工长度和深度以及制作的工艺程序等方面进行，不过由于不同区域发表材料的详略程度不同，下面主要着重观察不同地区工具（以最具代表性的砍砸器、手镐和手斧为例）对毛坯的选择性和制作的具体程序步骤两方面内容。

（1）砍砸器

依本文的分类标准，百色盆地和澧水流域的砍砸器均以砾石为毛坯。除两地均有一定比例的双面砍砸器外，百色盆地的单面砍砸器在制作时至少存在两种技术传统：第一种，在扁平砾石的一侧或一端，加工部位限于单边，修理的刃缘形态呈直或凸形等，如枫树岛遗址采集的几件砍砸器（图四，1、2）；第二种，多在扁平较长砾石的一端、少部分在扁平砾石的一侧进行加工，修理部位不局限于单边，还向相邻的两侧有延伸，刃缘形态多呈圆滑的弧形、多整齐匀称，一些标本与手镐呈现出过渡状态，个别难以截然分类。这类标本数量较多，如大梅、百谷、江凤等遗址中的采集品（图四，6~8），枫树岛遗址也可见到。

澧水流域的砍砸器也存在单面与双面加工，双面加工者修理部位常延伸至主要刃缘的两侧，形状近圆形或椭圆形；单面砍砸器的器形多变，随意性大，主要在扁平砾石的一侧或较长砾石的一端

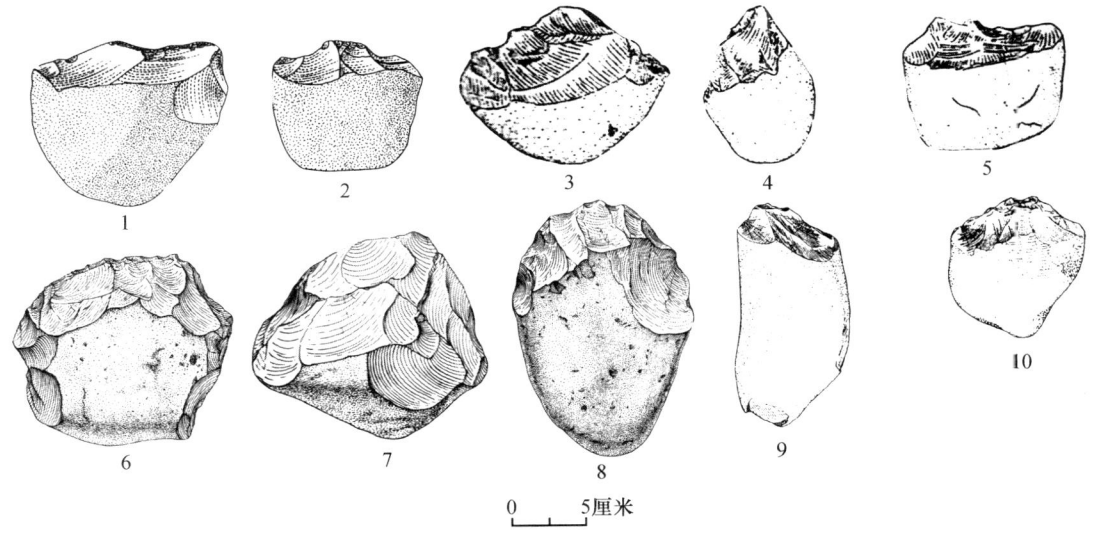

图四　百色盆地与澧水流域中更新世遗址砍砸器

1、2.枫树岛遗址采集　3~5、9、10.虎爪山北坡、大圣庙遗址　6~8.大梅、白谷、江凤等遗址采集

加工，部位多限于单边，刃缘形态有平刃、弧凸刃、尖凸刃等。一些标本与石核的区分相对较难。但这一区域基本不见百色盆地具有特色的弧形刃缘砍砸器。虎爪山北坡、大圣庙遗址中的砍砸器可作为这一流域的代表（图四，3～5、9、10）。

（2）手镐

这是大型尖状类石器中的一种重要类型。从工具制作的毛坯观察，百色盆地和澧水流域应均以长条形砾石为主。尽管澧水流域大石片数量较多，但以石片为毛坯的手镐数量很少，比例不足10%。百色盆地过去的报道也均是以砾石直接锤击加工而成，少见石片毛坯者。然而枫树岛遗址有所不同，据研究，采集的32件手镐中以石片作毛坯者为12件，占37.5%，出土的1件手镐也以石片作毛坯。显然百色盆地的这类工具中石片毛坯占了更为重要的地位，至少是在盆地中的某个更小区域具有这种明显的特征。

综合目前的材料，澧水流域的手镐存在三种不同的技术传统：第一种技术传统，以厚长条形砾石为毛坯直接加工，在一端的侧面打下一个平坦面后，以此作为台面，向背部两面打片加工成三棱尖状，虽然加工部位多限于尖部，大部分器身保留砾石面，但对尖部复向修理的意图十分明确，加工出的尖部横剖面大致呈锐角三角形，多数尖锐而修长。这类手镐是澧水流域最具特色且数量最多的标志性器物，如虎爪山遗址、鸡公垱遗址[32]、楠竹遗址[33]、大圣庙遗址、猴儿坡遗址[34]等均可见到（图五，1～4）。第二种技术传统，以相对较为宽扁的长条砾石为毛坯直接加工，修理部位也集中在一端，但主要从较平坦的一面单向打击，形成两条斜刃，两侧片疤面与背部自然砾面共同构成较钝的三角形尖部，有的背部砾面因有自然棱凸起而使形成的尖部呈菱形状。这类手镐相对较少，如虎爪山遗址、樊家铺[35]、盐井机砖厂[36]、乔家河遗址[37]、多宝寺遗址[38]中均有发现（图五，5～8）。第三种技术传统，以大石片为毛坯，在两侧锤击单向加工成尖部，一般多数由腹

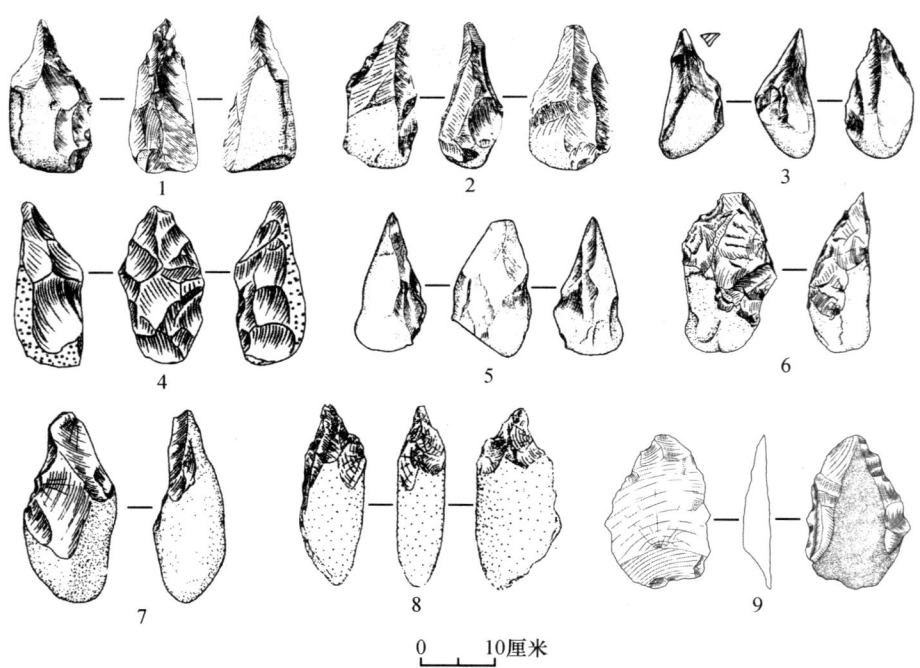

图五　澧水流域三种技术传统手镐
1～4. 第一种技术传统　　5～8. 第二种技术传统　　9. 第三种技术传统

面向背面简单修理。这类手镐在澧水流域是最少的，报道者仅见有多宝寺遗址、金鸭遗址[39]、谢家山遗址等（图五，9）。

百色盆地的手镐目前只见两种技术传统：第一种技术传统，以较扁平的砾石为毛坯直接加工，在一端的两侧单面加工出一个尖部，有的剥片直至根部，但中部保留有砾石面，大部分尖部为舌状扁尖，有的因两侧片疤较陡而相交隆起，与背部自然面呈三棱状。这类手镐与澧水流域的第二种技术传统相似，在百色盆地中数量居多，如大同遗址、江凤遗址、百谷遗址、六怀山遗址中均有大量发现（图六，1~6）。第二种技术传统，以大石片作毛坯，主要为单向锤击修理呈尖状。这类手镐以枫树岛遗址中采集及出土者最为典型（图六，7~9）。虽然这一区域的技术传统似较澧水流域略显简单，但从整体上看，百色盆地的部分手镐修理程度要更高，器身更为对称，因而也较澧水流域同类产品显得更加精致，其中舌状或鹤嘴状尖部尤具特色。

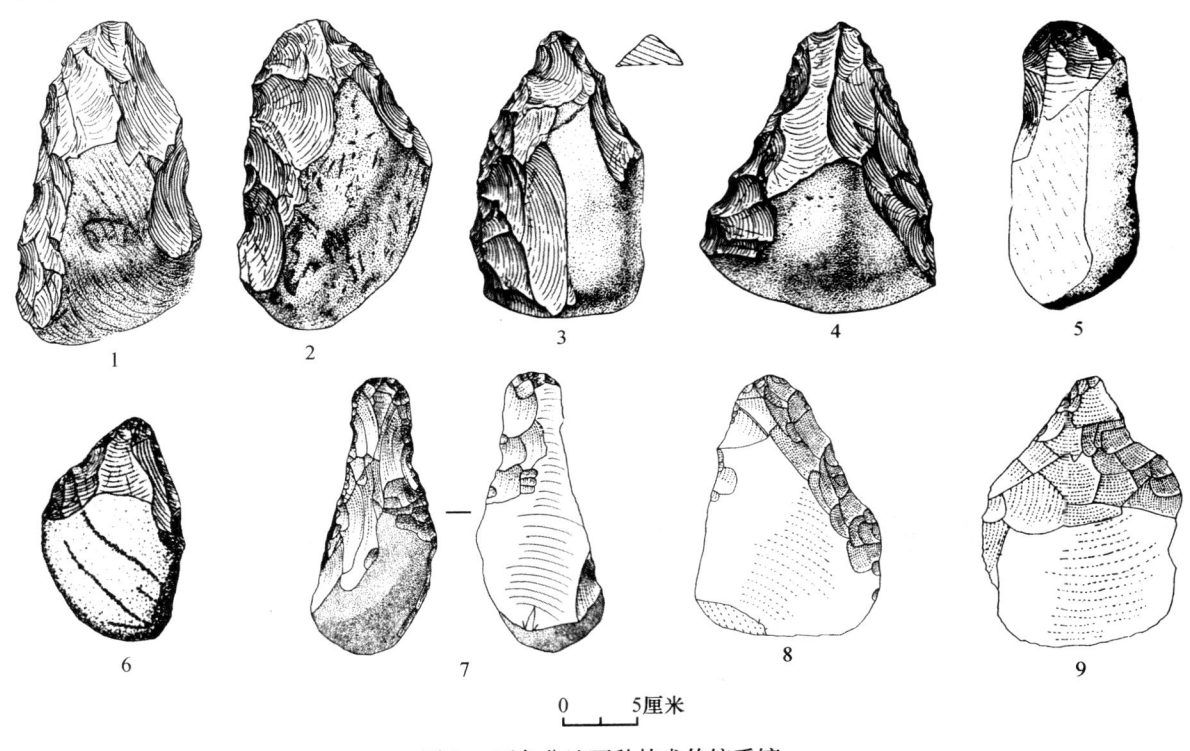

图六　百色盆地两种技术传统手镐
1~6.第一种技术传统　　7~9.第二种技术传统

（3）手斧

与手镐类似，这是大型尖状类石器的另一种重要类型，也是国际学术界热烈讨论的一个重要学术课题，对它的类型学认识目前仍存在一定的争议。百色盆地中的手斧无疑是一类较重要的工具，其技术传统有两种：第一种技术传统，以长条形砾石为毛坯直接加工，在一端的两面修理出尖部，多数与手镐在形态上较相近，但是从两面进行加工。其标本应占主要地位，在多数遗址中可占到70%以上，不过在枫树岛遗址的106件手斧中只占到32%，其原因还有待进一步研究，这种技术传统的手斧见于百谷、杨屋村、枫树岛等遗址（图七，1~3）。第二种技术传统，以剥取的大石片作毛坯，也在一端或两侧进行两面加工，多数把手不进行修理，在以往的调查中此类手斧约占28%，同

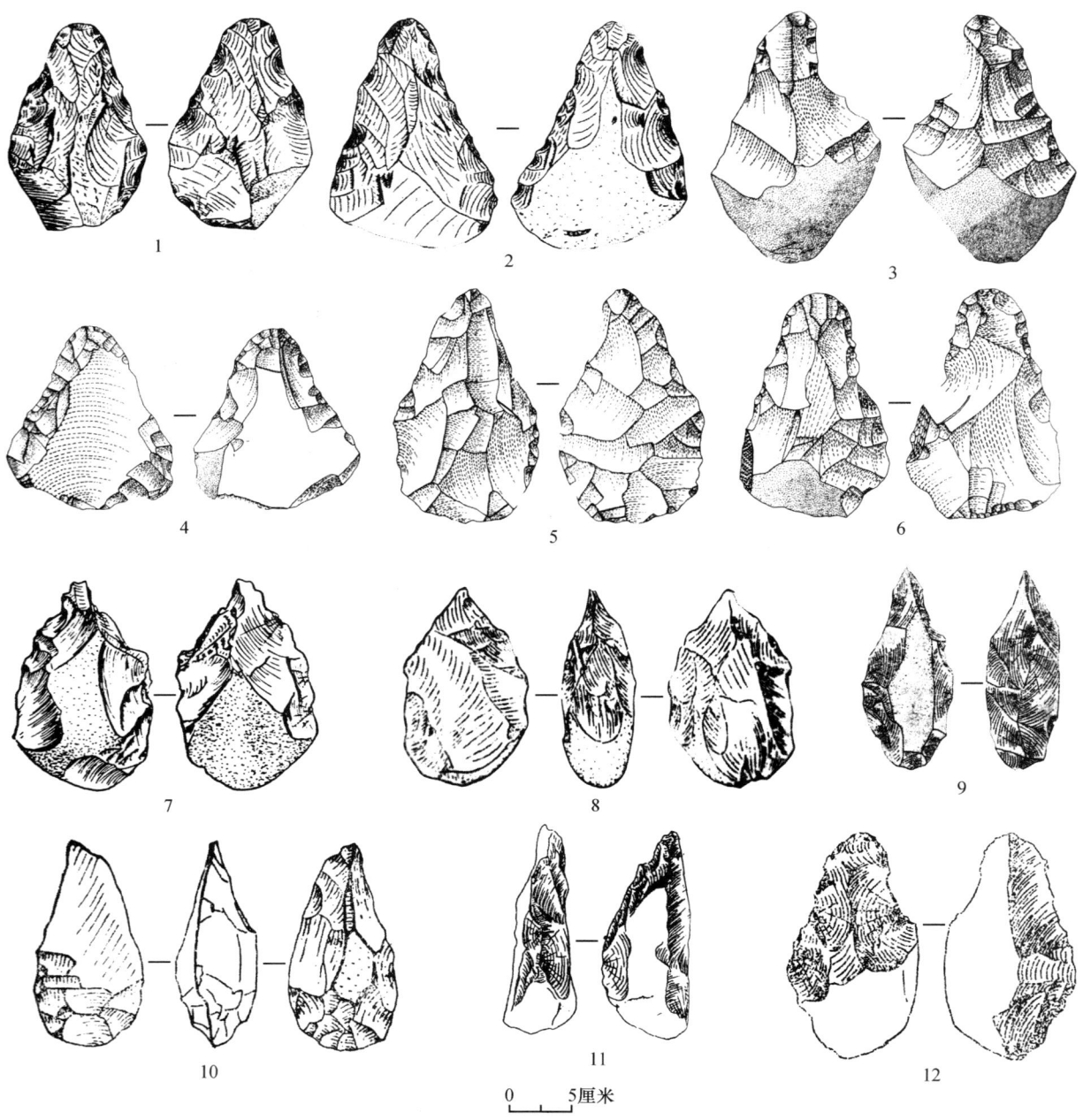

图七 百色盆地与澧水流域发现的手斧
1~3.百色盆地第一种技术传统 4~6.百色盆地第二种技术传统 7、8、10、12.澧水流域第一种技术传统
9、11.澧水流域第二种技术传统

样在枫树岛遗址中占到了68%，也以该遗址的大石片手斧最为典型（图七，4~6）。百色盆地手斧发现的绝对数量尽管较多，也占有一定比例，但绝大多数形制仍显粗糙，器身多厚钝，两面加工不均衡，缺乏软锤的去薄技术，仅少量标本加工相对较为精致、对称性良好，因而多数研究者认为应将其主要归于原手斧。

澧水流域发现的手斧数量稀少，不及百色盆地的1/10，因而其在两地石制品组合中的地位可能并不相同。这里手斧的制作也有与百色盆地相似的两种技术传统，但不同的是澧水流域以砾石作毛坯的传统占主要地位,在虎爪山遗址、鸡公垱遗址、大圣庙遗址以及石门县三级阶地调查采集品[40]中均可见到典型者(图七,7、8、10、12),以石片作毛坯者仅偶有运用,如皇山岗遗址[41]、红旗遗址[42](图七、9、11)。澧水流域的手斧除个别加工扩展到石器两面的中央部位外,基本上均仅在两侧沿着刃缘加工,属原手斧的性质更加明显。

综上可以看出,从手斧的形制和毛坯等技术使用对比观察,澧水流域和百色盆地两地有着较为明显的不太相同的技术习惯,显示出差异化的文化传统。

5. 工具的使用和废弃

手斧(阿舍利手斧)的功能在学术界是一个热烈讨论的问题。中国的手斧绝大多数均为原手斧,通常在除尖部以外的周边不具备薄锐锋利的刃口,研究者多认为其与手镐属"同质异型",不具备砍切的功能,更适合挖掘,在功能上应属"大型挖掘工具"[43]。有研究者曾对虎爪山遗址中发现的10件标本(3件石片、3件砍砸器、4件大尖状器)进行过低倍显微观察,结果显示工具多为一器多用,砍砸器、切割器、刮削器功能多有互用,砍砸器和大型尖状器的使用痕迹均与掘土、砍伐、加工竹木质材料有关,反映了植物采集经济所占的优势[44],从而在一定程度上佐证了上述观点。

石球是非洲奥杜威工业和阿舍利工业中的一种重要石器类型,且在组合中的比例常较大。中国不少旧石器遗址中也有石球的发现[45],对它的功能研究目前尚有几种不同的观点[46],但很可能在旧石器时代的使用并不是单一的,需要就不同遗址的遗存内涵具体分析。百色盆地缺少澧水流域中存在的石球,应与其地处华南最南端的地理位置有关,或许与加工制备坚果类食物行为的发生率相关。

两地流域均以砍砸器和大型尖状器为主,尤其是尖刃类工具显著,表明在很大范围内生活在这两个不同流域的早期人类形成的文化遗存均应是适应着一种相似的热带、亚热带生存环境。然而,这些工具主要是重型工具,体积大,不易携带,因此多数应是就近制作、使用和废弃。此外,虽然这两地的旧石器地点密度较大,但是面积较大、有石制品数量集中地层的遗址并不多见,因而绝大部分遗址也应是短时间的临时活动地点,迁居型流动策略应是这一阶段的主要生存适应策略。

三、晚更新世石器工业比较

1. 概况

如前所述,目前百色盆地的旧石器年代序列中还存在一定的缺环,中更新世晚期至晚更新世早期的人类活动情况不甚清楚。但有一些新的发现或现象值得继续关注:第一,在右江上游发现34处旧石器地点,调查者推测时代可能晚于百色盆地第四级阶地的旧石器[47];在百色盆地的小型附属溶蚀盆地——布兵盆地的一至四级河流阶地中发现了一些石制品,其中二、三级阶地中的石器个体均减小,石片较多且尺寸略小,尤其是二级阶地以大量的小石片为主[48],其石器工业与旧石器早期有一定区别,时代应较晚。第二,过去已经发掘的遗址有一些明确属于旧石器晚期,如百达遗址[49]、坡洪遗址[50]、那哈遗址[51]、大梅遗址[52]、八六坡遗址[53]。若将视角扩至广西百色盆地以外其他地区,旧石器晚期的遗址迄今已正式报道的还有桂林宝积岩[54]、柳州白莲洞[55]、柳州鲤鱼嘴[56]、田东定模洞[57]、南宁虎头岭遗址等[58]。第三,实际上,根据遗址石制品的埋藏层位观察,百色盆地一些过去认为属旧石器早期的遗址可能还存在层位上的早晚之别,如坡西岭遗址石器出自棕黄色黏土层之中[59],高岭坡遗址1993年发掘的石器出土层位也与之相同[60],笔者认为它们应晚于百色盆地其他出自网纹红土之中的遗存,但是否能晚至晚更新世还有待进一步分析;百渡遗址也出自一种红色亚黏土层位中,出土的石器也与大部分遗址有差异,原研究者推测其晚于中更新世早期的枫树岛、南半山等遗址[61]。因此,以上这些遗址可以让我们对百色盆地晚更新世阶段的石器工业有所了解。

澧水流域以往工作较为确定属晚更新世阶段的遗址有乌鸦山、朱家山、虎山、划山、燕耳洞、十里岗等,近年在道水流域又新发现和发掘了条头岗、伞顶盖等29处遗址或地点。研究者根据石器工业的演变特点将乌鸦山遗址等称之为"乌鸦山文化"[62],划属于旧石器晚期的早一阶段,而将十里岗遗址等命名为"十里岗文化",作为旧石器晚期的后一阶段[63]。这些遗址揭示的石器工业面貌已与早期的旧石器文化遗存显现出较为明显的差异,是认识澧水流域晚更新世文化遗存的重要材料。

2. 原料利用

百色盆地不同遗址的原料以砂岩(石英砂岩)为主,有些遗址燧石比例上升,石英岩次之,硅质岩、火成岩、花岗岩、板岩、泥岩等不多(表三)。砂岩和石英岩几乎存在于所有遗址中,燧石是一种优质硅质岩,白莲洞和鲤鱼嘴遗址均较多使用,定模洞遗址也有使用。另外,驮娘江流域调查的石器原料以火成岩、砂岩为主,硅质岩、石英岩、石英等很少。这些石料基本为磨圆度较好的砾石,主要来源于遗址附近的古河滩,但一些燧石多以条带状包含于灰岩、泥灰岩中,研究者对白莲洞遗址附近的地质调查,在遗址3~5千米范围内的出露下石炭统岩层中均含有燧石条带,可能来自于此。

表三 广西晚更新世遗址的工具类型、毛坯与原料

项目 遗址	工具类型	毛坯	原料
百利	重型刮削器、砍砸器	石片、砾石	砂岩、石英岩
百达	砍砸器、手镐、刮削器	砾石、石片	砂岩
虎头岭	砍砸器、刮削器	砾石	砂岩
宝积岩	砍砸器、刮削器	砾石	石英砂岩
定模洞	刮削器、砍砸器	石片、砾石	砂岩、燧石、硅质岩、石英
鲤鱼嘴	刮削器、砍砸器、尖状器	石片、砾石	燧石、砂岩
白莲洞	刮削器、砍砸器、尖状器、雕刻器、磨刃石器、穿孔石器	石片、砾石	燧石、砂岩、硅质岩

澧水流域乌鸦山等晚更新世遗址仍以石英砂岩和石英岩居多，但硅质板岩明显增多并成为晚期阶段遗址的一个重要特点，同时燧石、石英也有少量运用。十里岗遗址中燧石成为主要的原料（65.46%），石英也有较多的使用，石英砂岩和石英岩也同时存在。燕耳洞遗址中燧石的比例也显示有所增加[64]。近年，新发掘的条头岗遗址中原料以各类色泽的燧石为主（64.32%），石英砂岩、石英岩比例相对较少；袁家山遗址晚期地层中出土的石制品原料则以石英居多，类似情况见于八十垱遗址的下层中。由此可见，在澧水流域晚更新世中晚期阶段石器原料的开发利用发生了较明显的变化，燧石、硅质岩、石英等石料被大量运用，体现了人类在认识、文化上的提高和进步。

对比百色盆地和澧水流域这一阶段的原料利用可以发现两地的差异性大于共性：百色盆地内的遗址原料利用与旧石器早期遗址相比变化并不大，但在广西其他区域的少量遗址中燧石类优质原料比例上升，并占主要地位；而澧水流域中原料的种类已与这一地区的早期有了差别，除石英砂岩、石英岩仍旧以较小比例存在外，在大范围内较多遗址中燧石、硅质板岩、石英均已成为文化的新特点。

3. 石制品尺寸

总体上，百色盆地晚更新世遗址的石制品个体相较于早期已经变小，大部分尺寸以中型为主，小型标本和大型标本也占有一定比例，其中白莲洞和鲤鱼嘴遗址两者小型标本居主要地位，但也有一部分遗址，如被认为属旧石器晚期的驮娘江流域旧石器仍以中型、大型为主，显示出与早期更多的承继关系。值得注意的是，高岭坡1993年发掘出土品总体较小，10～30厘米的数量最多，工具长度均属中型和大型，介于76～138毫米；重量小于5克的比例达75%，小于等于1克的占36%，大于100克的标本仅占3%。按照近年重新对高岭坡遗址发掘所得到的新认识，石制品的上部层位有属晚更新世的可能。

澧水流域也存在石制品尺寸变小的发展趋势。晚更新世早一阶段的乌鸦山遗址标本总体以小型和中型为主，分别约占总数的60%和30%，大型和巨型标本不足5%；条头岗遗址的标本也以小型居多，占了80%以上；而十里岗遗址时期的标本则更小，绝大多数标本为微型和小型，约与95%。

因此，在石制品的个体尺寸上，百色盆地和澧水流域都具有个体变小、一些遗址以小型标本居多的特点，且澧水流域的发展轨迹似乎更加清晰，其大中型标本在石制品中的比例远较百色盆地要小。当然，这可能与目前在百色盆地这一阶段的发现还较少有关。

4. 剥片技术和策略

从石核和石片的特征观察，研究者认为广西的旧石器晚期遗址中使用过锤击法和锐棱砸击法，在白莲洞遗址中还有较多砸击石核。其剥片策略与旧石器早期一样不存在预制行为，仍为简单剥片技术，其中以单台面石核较多，可见部分双台面和多台面石核。石核的台面角和石片疤数量等反映石核的剥片利用率低。石片台面情况表明主要以自然的砾石面为台面直接打制，背面多为部分自然面和部分人工面，背面片疤以单向为多，与剥片方向一致，显示古人类倾向于一个方向剥片。

澧水流域在整体上与百色盆地的随意性剥片策略相近，但这一阶段在这一区域中尚未发现锐棱砸击法。与此不同的是，在澧水流域一些遗址中较为典型的双面盘状石核和剥取长石片技术因素的出现，表明先民打制技术的控制性和计划性的提高。以上表明两地的人群在剥片技术方法的层面开始表现出更多的区域性差异。

5. 工具组合和技术传统

百色盆地旧石器晚期的工具类型主要有砍砸器、刮削器，手镐较少，尖状器、雕刻器偶见，均不见手斧，有的砍砸器中还应包括一些以大石片为毛坯的重型刮削器。其中较多遗址以砍砸器为主要工具，少部分遗址刮削器居多。石器绝大多数为单面加工，两面加工者很少。以毛坯观察（表三），可以分为较为明显的两种不同技术传统：第一种为石片石器工业，多为洞穴遗址，在百色盆地目前仅有少量河流阶地遗址存在小型石片石器的迹象。以柳州白莲洞遗址为代表，石片石器比例高，出现有较多燧石小石器，刮削器数量占主要地位（图八）。第二种为传统的砾石石器工业，在百色盆地占了主流，百达遗址、宝积岩遗址以及驮娘江流域调查发现的遗址等是代表，以砾石为毛坯，器体也相对粗大，砍砸器和手镐等数量居主要地位（图九）。时代不太确定但应晚于中更新世早期的坡西岭遗址和百渡遗址均以砾石为毛坯，工具以砍砸器为主，另有手镐、刮削器等，个体绝大多数为大中型。

对澧水流域晚更新世的最新研究表明，这一阶段的石器工业以石片毛坯为主，工具种类增加，其中刮削器、尖状器、凹缺器等类型居多，以轻型的刮削器为主，也有少量的精致工具出现（图一〇），砍砸器、手镐、重型刮削器等重型工具在前一阶段还有小比例的存在，在后一阶段这种砾石工业的影响则已渐趋消失。因此，晚更新世早期阶段的石器工业可归为"早期石片石器工业"，后一阶段与北方的"小石片石器工业"更为接近[65]。

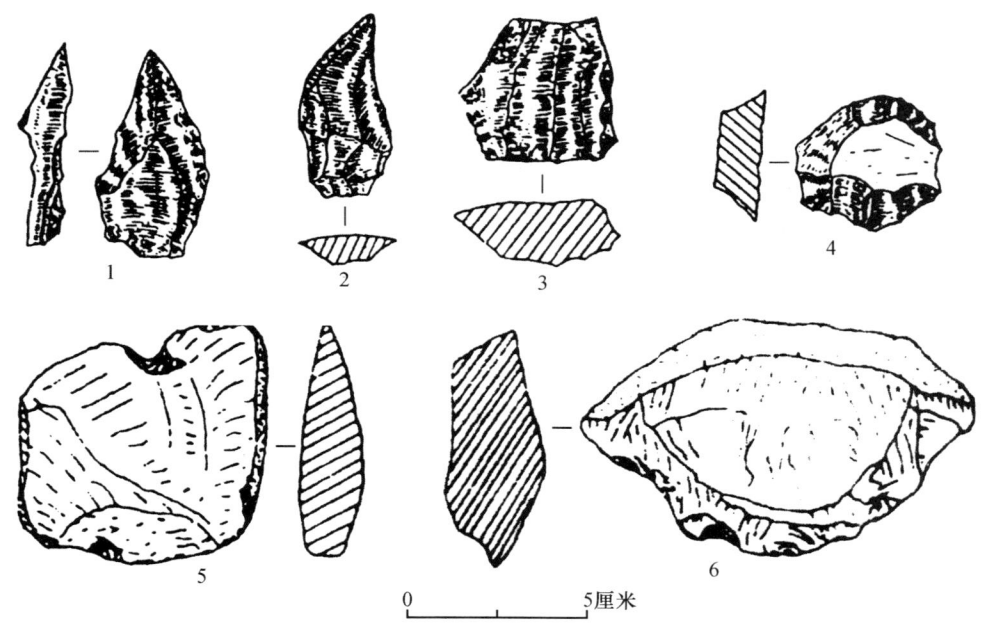

图八　广西白莲洞遗址下层石制品
1. 尖状器　2. 石片　3~6. 刮削器

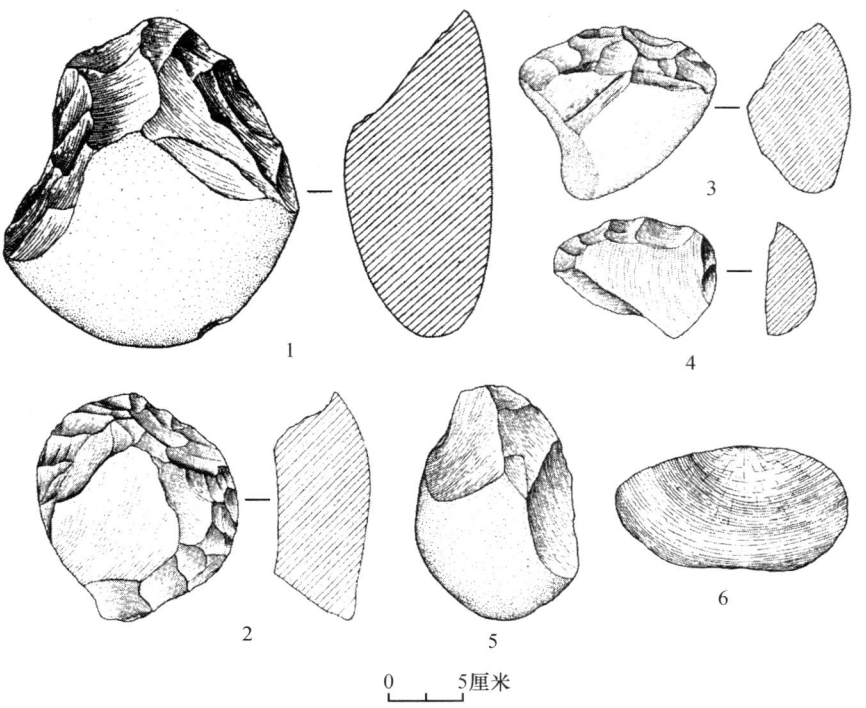

图九 百色盆地晚更新世调查发现的石制品
1、5.手稿 2、3.砍砸器 4.刮削器 6.零台面石片

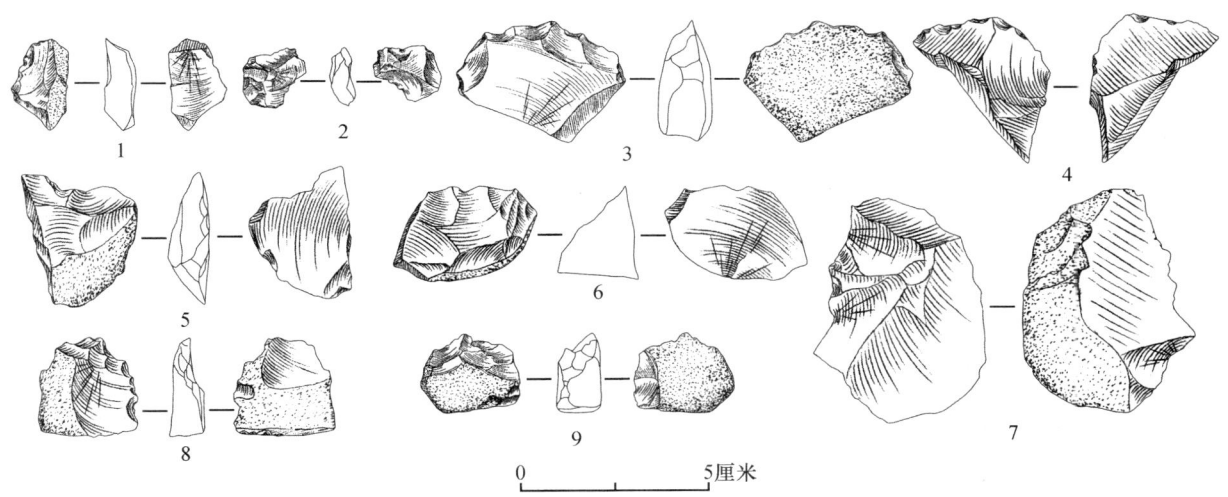

图一〇 澧水流域条头岗遗址出土刮削器
1. LT③L6：1815　2. LT③L7：1839　3. LT③L6：1700　4. LT①C：1074　5. LT②L4：1277　6. LT③L6：1636
7. LT②L5：1564　8. LT③L6：1806　9. LT③L7：1916

比较上述对百色盆地及周邻区域与澧水流域的石器技术的论述，两地均有从砾石石器工业向石片石器工业演变的现象，但广西地区这一阶段石片石器技术传统分布范围较局限，尤其在百色盆地迄今似仍主要以第二种砾石石器工业的技术传统为主，而澧水流域能够较为清楚地观察到以小石片为毛坯的石片石器技术传统的发展轨迹。可以认为在晚更新世阶段，两个流域的人群之间的技术传统相较于早期更为复杂，区域传统也进一步明显。

四、结　　语

近年来，华南尤其是岭南地区发现的旧石器地点不断增多，广东南江流域在二至四级阶地有大批旧石器遗址和石制品发现，研究者也初步建立了自中更新世早期至晚更新世的文化发展序列，其旧石器晚期的文化特点以石英岩原料居多，除砾石外，选择石片作毛坯是显著的特点，石器整体较小、加工精细，短刃手镐偶见，砍砸器小型化，出现盘状器，多见以石片作毛坯加工的刮削器和尖状器[66]。海南岛发现5处旧石器地点，经过正式发掘的钱铁洞遗址，以砾石毛坯为主，工具类型包括砍砸器、刮削器、手镐等，个体以大中型为主[67]。此外，在福建船帆洞遗址[68]、深沪湾遗址[69]，浙江银淀岗遗址[70]，湖北樟脑洞遗址[71]、鸡公山遗址[72]等区域中同样也发现有大量晚更新世时期的遗址和石制品。这些不同地区的石器工业面貌并非单一，展示了华南地区并不简单的人群和文化关系，是值得今后进一步探讨的方向。

本文以广西百色盆地和湖南澧水流域两个地区的旧石器文化遗存为研究个例，以操作链为研究理念，重点考察其技术传统，并力图了解不同区域人群的行为特征和适应策略。中更新世时期，两地在原料的开发、剥片技术和策略、工具组合等方面具有较大的相似性，砾石石器工业面貌特征显著，体现了对亚热带环境背景下的相似适应生存策略，但对工具的形制和毛坯的分析表明两地人群仍有着较为明显的不太相同的技术习惯，显示了差异化的文化传统。而晚更新世时期，两个流域在均保持相对稳定的剥片技术和策略情况下，在原料的开发利用、工具组合的变化和技术习惯等方面则有了更加明显的差异，不同地区人群之间的技术传统趋于复杂，区域传统进一步明显。

毋庸置疑，华南中更新世和晚更新世的自然环境、气候特征及其变化是不同区域旧石器工业面貌的非常重要的影响因素，也应与早期人类进化的连续性和阶段性特点有关[73]。然而更新世阶段冰期和间冰期的交替变化多次发生，但遗址所揭示的文化遗存并没有相应地演变。因而，环境因素是外因，早期人群的体质、智力的进步，以及人群间的迁徙、交流应是更为重要的内因。在很长时间内，百色盆地和澧水流域保持着相似但又有区域差异的砾石石器工业特点，正是古人类在早期进化阶段适应特定环境的体现，而不同的技术传统与不同地区人群各自长期模仿、学习和传承有着更为密切的关系。晚期随着人群规模的扩大，更多群团的分离形成，尤其是现代人的出现和扩散，使得人类的行为有了新的因素，有证据显示，这一时期人群间的交流和流动加剧，华北地区携带不同石器技术的新人群有可能不断渗入南下，地处华南北部的澧水流域则显然在人群和文化间的交流上有着更好的地缘优势，区域间的文化传统因而进一步加强，差异更加显著。随着考古发掘和研究的进一步深入，有关石器工业背后的人群行为和交流影响将能得到更为详细的解释。

注　　释

[1] 张森水：《管窥新中国旧石器考古学的重大发展》，《人类学学报》1999年第3期，第193～214页。
[2] 王幼平：《更新世环境与中国南方旧石器文化发展》，北京大学出版社，1997年，第47～94页。
[3] 谢光茂：《广西旧石器考古综述》，《第十届中国古脊椎动物学学术年会论文集》，海洋出版社，2006年，第185～193页；袁家荣：《湖南旧石器考古回顾》，《跋涉续集》，文物出版社，2006年，第

27~38页。

[4] 袁家荣：《湖南旧石器文化的区域性类型及其地位》，《第二届长江中游史前文明学术会议》，岳麓书社，1997年，第20~47页；谢光茂：《论中国南方及东南亚地区早期砾石石器》，《东南文化》1997年第2期，第51~58页。

[5] Huang S M, Wang W, Christopher J.Bae, et al. Recent Paleolithic field investigations in Bose Basin (Guangxi, China). Quaternary International, 2012, (281): 5-9.

[6] 王頠：《广西百色盆地枫树岛旧石器遗址》，科学出版社，2014年，第14~18页。

[7] 黄慰文：《广西百色旧石器遗址》，《中国考古学研究的世纪回顾（旧石器时代考古卷）》，科学出版社，2004年，第411~427页。

[8] 郭士伦、郝秀红、陈宝流等：《用裂变径迹法测定广西百色旧石器遗址的年代》，《人类学学报》1996年第4期，第347~350页。

[9] Hou Y M, Potts R, Yuan B Y, et al. Mid-Pleistocence Acheulean-like stone technology of the Baise basin, South China.Science, 2000, 287: 1622-1626.

[10] 高星：《中国旧石器时代手斧的特点与意义》，《人类学学报》2012年第2期，第97~112页。

[11] 谢光茂、陈晓颖、黄秋艳等：《广西百色盆地发现旧石器至新石器时代文化遗存》，《中国文物报》2014年7月18日第8版。

[12] 袁家荣：《略谈湖南旧石器文化的几个问题》，《中国考古学会第七次年会论文集》，文物出版社，1992年，第1~12页。

[13] 袁家荣：《略谈湖南旧石器文化的几个问题》，《中国考古学会第七次年会论文集》，文物出版社，1992年，第1~12页。

[14] 广西壮族自治区博物馆：《百色旧石器》，文物出版社，2003年，第22、23页。

[15] 王頠：《广西百色盆地枫树岛旧石器遗址》，科学出版社，2014年，第112~117页。

[16] 袁家荣：《湖南旧石器文化的区域性类型及其地位》，《第二届长江中游史前文明学术会议》，岳麓书社，1997年，第20~47页。

[17] 广西壮族自治区博物馆：《百色旧石器》，文物出版社，2003年，第26、27页。

[18] 裴树文、陈福友、张乐等：《百色六怀山旧石器遗址发掘简报》，《人类学学报》2007年第1期，第1~13页。

[19] 谭远辉：《虎爪山北坡旧石器地点调查报告》，《湖南考古辑刊》第7集，《求索》杂志社，1999年，第1~15页。

[20] 湖南省文物考古研究所：《石门大圣庙旧石器遗址发掘报告》，《湖南考古辑刊》第5集，1989年，第1~6页。

[21] 袁家荣：《湖南津市虎爪山旧石器地点》，《而立集：湖南省津市文物工作三十周年纪念文集》，岳麓书社，2015年，第7~10页。

[22] 王頠：《广西百色盆地枫树岛旧石器遗址》，科学出版社，2014年，第59~64页。

[23] 广西壮族自治区博物馆：《百色旧石器》，文物出版社，2003年，第23~26页。

[24] 高立红、袁俊杰、侯亚梅：《百色盆地高岭坡遗址的石制品》，《人类学学报》2014年第2期，第

137~148页。
- [25] 王頠：《广西百色盆地枫树岛旧石器遗址》，科学出版社，2014年，第34~58页。
- [26] 裴树文、陈福友、张乐等：《百色六怀山旧石器遗址发掘简报》，《人类学学报》2007年第1期，第1~13页。
- [27] 谭远辉：《虎爪山北坡旧石器地点调查报告》，《湖南考古辑刊》第7集，《求索》杂志社，1999年，第12~15页。
- [28] 湖南省文物考古研究所、临澧县文物局：《临澧县谢家山旧石器地点发现的石制品》，《湖南考古辑刊》第11辑，科学出版社，2015年，第1~12页。
- [29] Sharon G. Large flake Acheulian. Quaternary International, 2010, 223: 226-233.
- [30] 王益人：《碰砧石片及其实验研究之述评》，《桃李成蹊——庆祝安志敏先生八十寿辰》，香港中文大学中国考古艺术研究中心出版，2003年，第22~30页。
- [31] 王頠：《广西百色盆地枫树岛旧石器遗址》，科学出版社，2014年，第120~125页。
- [32] 袁家荣：《湖南旧石器文化的区域性类型及其地位》，《第二届长江中游史前文明学术会议》，岳麓书社，1997年，第20~47页。
- [33] 向安强：《湖南澧县楠竹旧石器遗址调查简报》，《文物春秋》1993年第1期，第8~13页。
- [34] 澧县博物馆、澧县文物管理所：《湖南澧县猴儿坡、多宝寺旧石器遗址再调查》，《江汉考古》1995年第2期，第1~6页。
- [35] 向安强：《湖南澧县北部旧石器遗址调查》，《南方文物》1992年第3期，第1~13页。
- [36] 向安强：《湖南澧县北部旧石器遗址调查》，《南方文物》1992年第3期，第1~13页。
- [37] 澧县文物管理所：《湖南澧县彭山东麓旧石器地点调查报告》，《江汉考古》1992年第1期，第1~10页。
- [38] 湖南省文物考古研究所、澧县文物管理所：《湖南澧水下游三处旧石器遗址调查报告》，《江汉考古》1992年第1期，第11~18页。
- [39] 向安强：《湖南澧县金鸭旧石器地点调查》，《东南文化》1992年第1期，第113~123页。
- [40] 石门县博物馆：《湖南省石门县旧石器遗址调查简报》，《湖南考古辑刊》第11集，科学出版社，2015年，第18~33页。
- [41] 澧县博物馆：《湖南澧县皇山岗旧石器遗址调查》，《华夏考古》1995年第2期，第1~17页。
- [42] 澧县文物管理所：《湖南澧县彭山东麓旧石器地点调查报告》，《江汉考古》1992年第1期，第1~10页。
- [43] 高星：《中国旧石器时代手斧的特点与意义》，《人类学学报》2012年第2期，第97~112页。
- [44] 袁家荣：《湖南津市虎爪山旧石器地点》，《而立集：湖南省津市文物工作三十周年纪念文集》，岳麓书社，2015年，第7~10页。
- [45] 李超荣：《石球的研究》，《文物季刊》1994年第3期，第103~108页。
- [46] 仪明杰、高星、裴树文：《石球的定义、分类与功能浅析》，《人类学学报》2012年第4期，第355~363页。
- [47] 谢光茂、黄秋燕、胡章华：《驮娘江流域发现的旧石器》，《南方文物》2011年第3期，第31~43页。
- [48] 王頠：《广西布兵盆地河流阶地新发现的史前石器》，《人类学学报》2014年第3期，第270~284页。
- [49] 谢光茂、彭长林、黄鑫等：《广西百色百达遗址考古发掘获重大发现》，《中国文物报》2006年3月4日第1版。

[50] 柳州市博物馆、广西文物考古研究所、田东县博物馆：《田东坡洪遗址A区发掘简报》，《广西考古文集》（第四集），科学出版社，2010年，第36~62页。

[51] 梧州市博物馆、广西文物考古研究所、田东县博物馆：《田阳那哈遗址A区发掘报告》，《广西考古文集》（第四集），科学出版社，2010年，第117~149页。

[52] 李大伟：《广西旧石器晚期文化初探》，《史前研究》2010年第00期，第223~229页。

[53] 南宁市文物管理委员会：《广西南宁市打制石器的发现与研究》，《广西文物》1992年第1期，第61~64页。

[54] 王令红、彭书琳、陈远璋：《桂林宝积岩发现的古人类化石和石器》，《人类学学报》1982年第1期，第30~35页。

[55] 广西柳州白莲洞洞穴科学博物馆：《柳州白莲洞》，科学出版社，2009年。

[56] 柳州市博物馆、广西壮族自治区文物工作队：《柳州市大龙潭鲤鱼嘴新石器时代贝丘遗址》，《考古》1983年第9期，第769~774页。

[57] 曾祥旺：《广西田东县定模洞人类化石及其文化遗存》，《考古与文物》1989年第4期，第1~6页。

[58] 南宁市文物管理委员会：《广西南宁市打制石器的发现与研究》，《广西文物》1992年第1期，第61~64页。

[59] 林强：《广西百色田东坡西岭旧石器时代遗址发掘简报》，《人类学学报》2002年第1期，第59~64页。

[60] 侯亚梅、高立红、黄慰文等：《百色高岭坡旧石器遗址1993年发掘简报》，《人类学学报》2011年第1期，第1~12页。

[61] 谢光茂、林强、黄鑫：《百色田东百渡旧石器遗址发掘简报》，《人类学学报》2010年第4期，第355~371页。

[62] 封剑平：《澧县乌鸦山旧石器遗址调查报告》，《湖南考古辑刊》第7集，《求索》杂志社，1999年，第26~31页。

[63] 封剑平：《湖南澧县十里岗旧石器时代晚期地点》，《中石器学术研讨会及相关问题》，广东人民出版社，1999年，第284~291页。

[64] 湖南省文物考古研究所、石门县博物馆：《石门县燕儿洞旧石器遗址试掘》，《湖南考古辑刊》第6集，1994年，第1~7页。

[65] 李意愿：《澧水流域晚更新世石器工业与人类生存适应行为》，北京大学博士学位论文，2014年，第198~202页。

[66] 刘锁强：《广东史前考古重大突破，南粤远古文化填补空白》，《中国文物报》2015年1月30日第5版。

[67] 李超荣、李钊、王大新等：《海南昌江发现旧石器》，《人类学学报》2008年第1期，第66~69页。

[68] 福建省文物局：《福建三明万寿岩旧石器时代遗址》，文物出版社，2006年。

[69] 范雪春、吴金鹏、黄运明等：《福建晋江深沪湾潮间带旧石器遗址》，《人类学学报》2011年第3期，第299~306页。

[70] 浙江省文物考古研究所、长兴县文物保护管理所：《七里亭与银淀岗》，科学出版社，2009年。

[71] 黄万波、徐晓风、李天元：《湖北房县樟脑洞旧石器时代遗址发掘报告》，《人类学学报》1987年第6期，第298~305页。

[72] 刘德银、王幼平：《鸡公山遗址发掘初步报告》，《人类学学报》2001年第2期，第102~114页。

[73] 王幼平：《更新世环境与中国南方旧石器文化发展》，北京大学出版社，1997年，第142~156页。

长江中游原始文化再论

何介钧

1980年，笔者就写了《长江中游原始文化初论》一文，发表在《湖南考古辑刊》第1集上，较为系统地阐述了当时在长江中游地区发现的大溪文化、屈家岭文化、龙山时期文化（即现在大家所称的石家河文化）的基本特征、分期、类型以及相互关系。16年过去了，长江中游地区在史前考古领域取得了令人震惊的新进展，具有学术价值的发现层出不穷。这样，在很多方面和很多问题上有了新的材料来验证笔者文中的观点或者是推测，也在一些问题上修正或补充了笔者文中的推论。当然更多的是向学术界提出了大量新的课题，展现了更加诱人的新的研究前景。本文试图利用十多年来新的发现和成果，对长江中游新石器时代文化的若干问题进一步阐述自己的观点。

一、长江中游早期新石器时代文化的发现

关庙山遗址建立起了大溪文化较为完整的分期和编年。关庙山第一期被认为是两湖地区大溪文化的最早期。1977年安乡汤家岗遗址下层和早期10座墓[1]出土了一批不见于关庙山遗址的器物，特别是出了一批精美的白陶盘和戳印、刻划纹折腹红陶碗和钵，被推定时代更早。1978年发掘的澧县丁家岗遗址[2]，文化遗存分解成了三期，第二期诸多因素与关庙山第一期相同或相近，而第一期所出器物则近似于汤家岗早期，这样，从地层关系确定了汤家岗遗址早期和丁家岗第一期遗存早于大家公认的大溪文化第一期，推定其年代距今6800～6500年，尚处于新石器时代中期的时间范围之内。

长江中游地区越过7000年的遗址首先被确认的是湖南石门皂市，其报告已发表于《考古》1986年第1期上。其器形是以宽扁双耳器和大镂孔圈足盘为大宗，而纹饰则以细绳纹、刻划、篦点纹最为流行。继后，在湖南临澧县胡家屋场[3]、南县涂家台[4]、津市罗家台[5]、钱粮湖农场坟山堡[6]、澧县黄家岗[7]等多处发现了同一类遗存，并得到了发掘或试掘。于是，一个新的考古学文化——皂市下层文化得以确立。

1984年，文物普查中发现了澧县彭头山[8]和李家岗遗址[9]，明显地表现出早于皂市下层文化的特征：夹炭陶为第一大陶系；泥片贴塑法是主要的制作方法；粗乱绳纹为基本纹饰；除极少矮三足罐外，几乎为清一色的圜底器。牛鼻形耳和半环状耳明显区别于皂市下层文化的宽扁耳，绝不见大镂孔圈足盘。1986年，在比较了两者的区别后，考古研究者建议将其独立为彭头山文化。1988年

彭头山遗址得到了发掘[10]，现在它以年代的久远，器物的独特、原始以及同出栽培稻的材料而著称于世。彭头山文化的遗址后来经过正式发掘的还有澧县八十垱[11]。

皂市下层文化和彭头山文化均有一批^{14}C测年数据。

皂市下层文化：

BK82081　皂市　T43⑤木炭

6920±200（未校正）　BC5750~5480（经校正，半衰期5730，下同）　载《文物》1984年第4期

BK8706　胡家屋场T4④木炭

7310±110（未校正）

BK87047　胡家屋场T102⑤木炭

6960±100（未校正）

BK87045　胡家屋场T102⑦扩木炭

7190±140（未校正）

上述数据，如经校正，其年代范围当在距今7700~7300年。但从地层与器物分析，胡家屋场T102⑦应早于T4④，与测年数据略有矛盾。

彭头山遗址已公布的^{14}C测年数据（均未经校正）有：

BK87022　陶片中有机物　9100±120

BK87050　T1④木炭　8200±200

BK87016　T14②木炭　7815±100

BK89017　T13③木炭　7815±100

BK89018　T14⑥木炭　7945±90

BK89019　T3①木炭　7770±160

BK89020　T1H1木炭　7945±100

BK89022　T3扩H15木炭　8135±90

数据中BK87022未经校正为9100年±120年，似太老。其余数据最新为7770年±160年，最老为8385年±115年，年代均比较集中，应是可信的。因已远远超出达曼表校正范围，只能推定应超过8000年，上限有可能逼近9000年。严文明先生在《中国史前稻作农业遗存的新发现》（载《江汉考古》1990年第3期）一文中还介绍了北京大学考古系实验室陈铁梅先生用彭头山的一块陶片在英国牛津大学考古实验室，由加速器质谱法对所含炭分离成6组后测得的各自结果：脂类物质7055年±100年，腐殖酸8005年±80年，富里酸6250年±110年，粗炭料9785年±180年，细炭料7890年±90年，极细炭末8455年±90年。严先生认为其中粗炭渣当为泥炭中物质，年代偏老应予排除；富里酸是陶片埋在地层中腐殖物质侵蚀的结果，年代明显偏近。其他数据在距今8500~7000年，与常规^{14}C测年结果比较接近，"而这里所测结果年代较早，已越出目前各种树轮年代的偏离……这种偏离大体上形成一个正弦曲线，所以我们对年代较早不能用树轮年代校正的^{14}C年代，可以用延长正弦曲线的方法去推测。由此推测的彭头山文化的年代是公元前7000~前5500年"。笔者完全同意严先生的观点，不过，按严先生的方法，实际上是在测得的数据上再加500年左右。而现在的数据除用富里酸和脂类物质的材料在距今7000~6000年外，其余均远超过7500年，因此笔者认为彭头山

文化真实的年代定为距今9000~8000年更加合适。这样也更有利于与皂市下层文化的衔接和分界。

皂市下层文化诸遗址中，胡家屋场和坟山堡地层较为丰富。胡家屋场报告的执笔者张春龙将其分为三期。第一期为T3、T4、T5之⑤层，T102⑦层和T101⑭层；第二期为T3、T4、T5之④、③层，T102⑥、⑤层，T101⑬、⑫、⑪、⑩层；第三期为T3、T4、T5之②层与F1，T102④、③层，T101⑨、⑧层。坟山堡第一次发掘报告执笔者罗仁林将其分为三期4段：第一期为T6④、T8④；第二期前段为T6、T8③B、T9③B和T6H4；第二期后段为T6，T8③A，T9③A，②，H13，M13；第三期为T76。两位均以此为基础将皂市下层文化尝试着进行分期。张春龙在《皂市文化初论》（《一剑集》，中国妇女出版社，1996年）中将整个皂市下层文化分为四期7段：第一期为坟山堡一期和胡家屋场一期；第二期前段为胡家屋场二期，后段为胡家屋场三期和皂市T41~T45的第5层；三期前段为坟山堡二期前段和皂市T41~T45的第4层，后段为坟山堡二期后段；第四期为南县涂家台遗址。因上述各遗址的出土物均已发表，故不详述各期器形。罗仁林在《湖南考古辑刊》第6集上发表的《试论皂市下层文化的分期及有关问题》中将其分为五组，即五期：第一组为坟山堡一期；第二组为坟山堡二期；第三组为坟山堡三期和胡家屋场第一期；第四组为胡家屋场二期；第五组为坟山堡T7⑥、胡家屋场三期以及皂市T41~T45的⑤、④层。笔者仔细对照比较了除坟山堡第二次发掘尚未公布资料的其余所有皂市下层文化的遗物，将其归纳为五大期：第一期为坟山堡一期，即T8④。仍保留彭头山文化的若干作风，如仍多粗乱绳纹和指甲纹，仍多夹炭粗陶，保留有半环状器耳和牛鼻形器耳。但已出现卷沿罐、圈足盘、侈口釜形器、白衣陶，以此和彭头山文化分离，从而进入皂市下层文化的范围（图一）。第二期为坟山堡二期前段，即T6H4、T8③B、T6③B、胡家屋场一期中的T102⑦和T101⑭、⑬层，因第12层未见发表材料，不敢断定能否属此期。这一期绳纹仍粗乱，但多见绳纹和粗长刻划的组合纹饰。圈足盘增多，但圈足上镂孔很少穿透。典型器物有折沿双耳罐、高领双耳罐、深腹高领罐等（图二）。第三期有胡家屋场T3~T5的

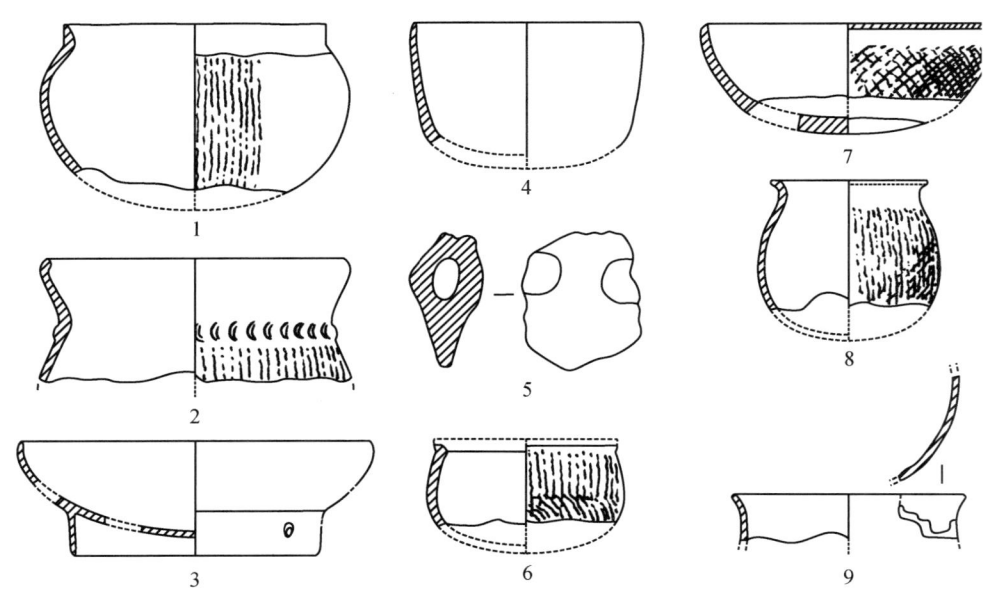

图一　皂市下层文化第一期陶器

1、8. 卷沿罐（T8④：39、T8④：6）　2. 盘口罐（T8④：23）　3. 圈足盘（T8④：30）　4、7. 钵（T8④：4、T8④：10）
5. 器耳（T8④：8）　6. 折沿罐（T8④：18）　9. 直口罐（T8④：20）（均出自坟山堡）

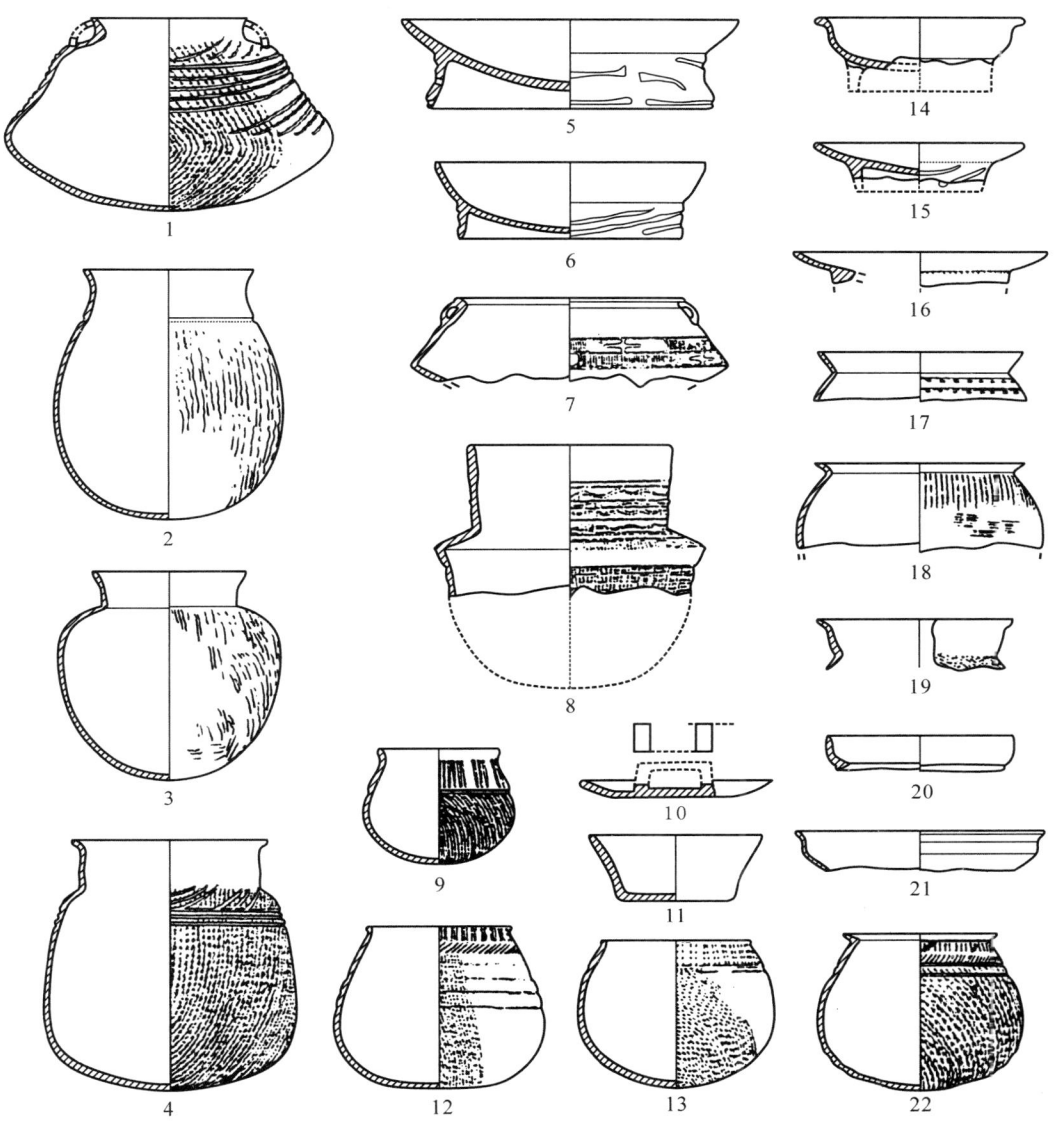

图二 皂市下层文化第二期陶器

1、7. 双耳罐（坟T6H4：15、胡T101⑭：1） 2～4. 高领罐（坟T6H4：55、胡T102⑦：1、胡T102⑦：43） 5、6、14～16. 圈足盘（胡T102⑦：41、坟T6H4：4、坟T6H4：53、坟T8③B：3、胡T102⑦：31） 8. 直口高领罐（坟T6H4：14） 9. 卷沿罐（坟T6H4：1） 10. 器盖（坟T6H4：9） 11. 钵（胡T102⑦：44） 12、13. 敛口罐（坟T6H4：39、坟T6H4：37） 17、18、22. 折沿罐（胡T102⑦：17、胡T102⑦：2、坟T6H4：25） 19、20. 盘口罐（坟T6H4：10、胡T101⑬：7） 21. 盆（胡T102⑦：33）
（坟——坟山堡，胡——胡家屋场）

④、⑤层，T101⑩、⑪层，T102⑤、⑥层，涂家台T1⑦～⑨层。此期夹砂夹炭陶和夹砂陶增加，中粗绳纹消失，细绳纹占主导地位，圈足盘出现了大而复杂的镂孔，圈足盘和双耳亚腰形釜数量增多（图三）。第四期前段为胡家屋场T3～T5的第3层，T101⑧、⑨层，T102④层；坟山堡T6、T8、T9的3A层，T9M13。此期大镂孔圈足盘发展到最高峰，数量最多，纹饰最繁复，出现了圈足与盘结合处紧靠口沿和坠底的形式，出现了盘壁内折的新式样。双耳亚腰形釜量多。夹细砂和泥质红陶增加，器壁明显变薄。绳纹细密（图四）。第四期后段，包括坟山堡T9H13；胡家屋场T3～T5

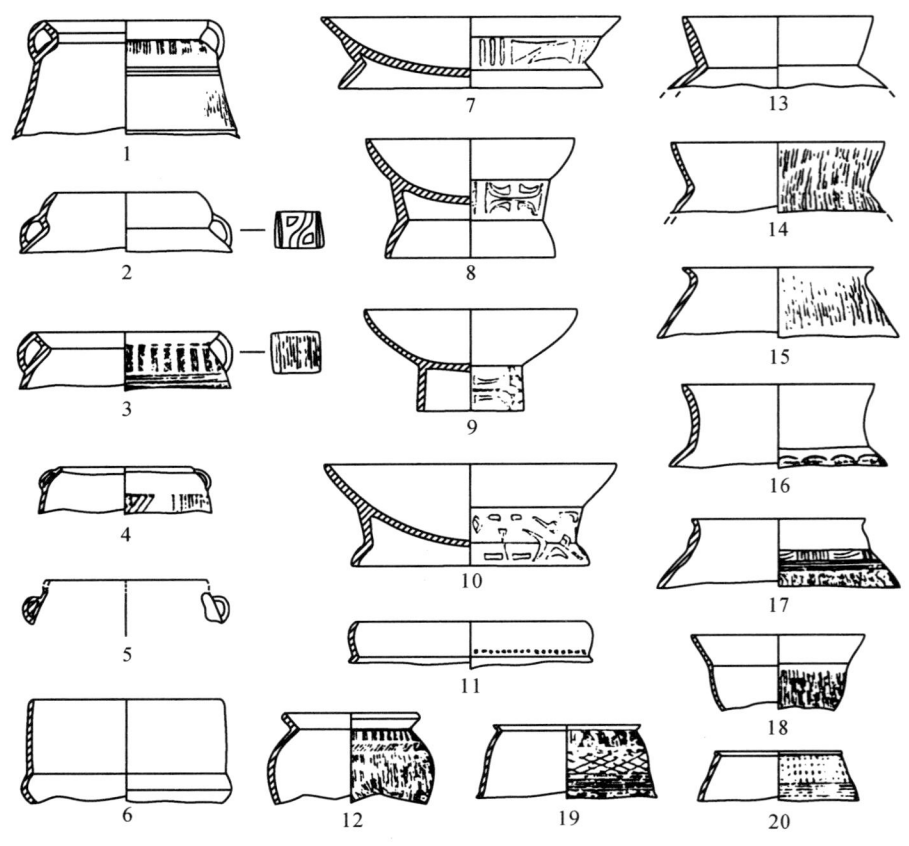

图三 皂市下层文化第三期陶器

1~5. 双耳罐（T101⑩：102、T101⑩：110、T4⑤：11、T3⑤：9、T1⑦：23） 6. 筒形罐（T101⑩：113）
7~10. 圈足盘（T4⑤：22、T5⑤：1、T102⑥：104、T102⑥：92） 11. 盘口罐（T1⑧：15） 12. 折沿罐
（T101⑩：84） 13、14、18. 敞口罐（T101⑪：46、T101⑪：54、T102⑥：61） 16. 高领罐（T101⑩：330）
17、19、20. 敛口罐（T101⑩：94、T102⑤：178、T3⑤：5）（5、11涂家台，余胡家屋场）

的第2层，T4F1，T102③，皂市T41~45④、⑤层；涂家台G1、T1④~⑥层。这期纹饰图案趋向细致整齐，篦点纹数量甚多，常用凹弦纹将器表纹饰分隔成横条带状。划纹变浅、变短，习称雨线划纹。盆、钵、直壁筒形罐数量激增，器壁转折明显成折棱，大镂孔圈足盘减少，而实足的圈足盘增多。出现了类似无底圈足盘形的器座。双耳亚腰形釜口沿大多成直口，双耳宽平折并与沿齐平（图五）。第五期，目前所见仅坟山堡T7⑥、T9②，涂家台T1③。出土物不多，可辨器形有盘口罐、罐形钵、小圈足盘、圈足碗等（图六）。盘口罐与丁家岗第一期遗存T10（三）：17Ⅳ式釜、汤家岗遗址早期Ⅰ式釜，碗和丁家岗一期M3：2Ⅰ式盘相当接近，表明已处于皂市下层文化衰微阶段，并已临近向汤家岗文化转变的前夕。

彭头山文化延续时间近千年，对其分期工作刚刚开始。裴安平将其分为三期[12]：第一期以彭头山遗址为代表，包括八十垱遗址1993~1994年发掘的第11~13层。第二期以八十垱遗址1993~1994年发掘的第10A、10B层为代表。第三期以八十垱1995年T25④层为代表，另包括澧县金鸡岗[13]、湖北城背溪遗址早期、枝城北。但截至目前，发表的材料仅有彭头山1988年发掘出土物、城背溪试掘和复查（87H1）的部分材料和金鸡岗调查的几块陶片，因此，可以感觉到有早晚

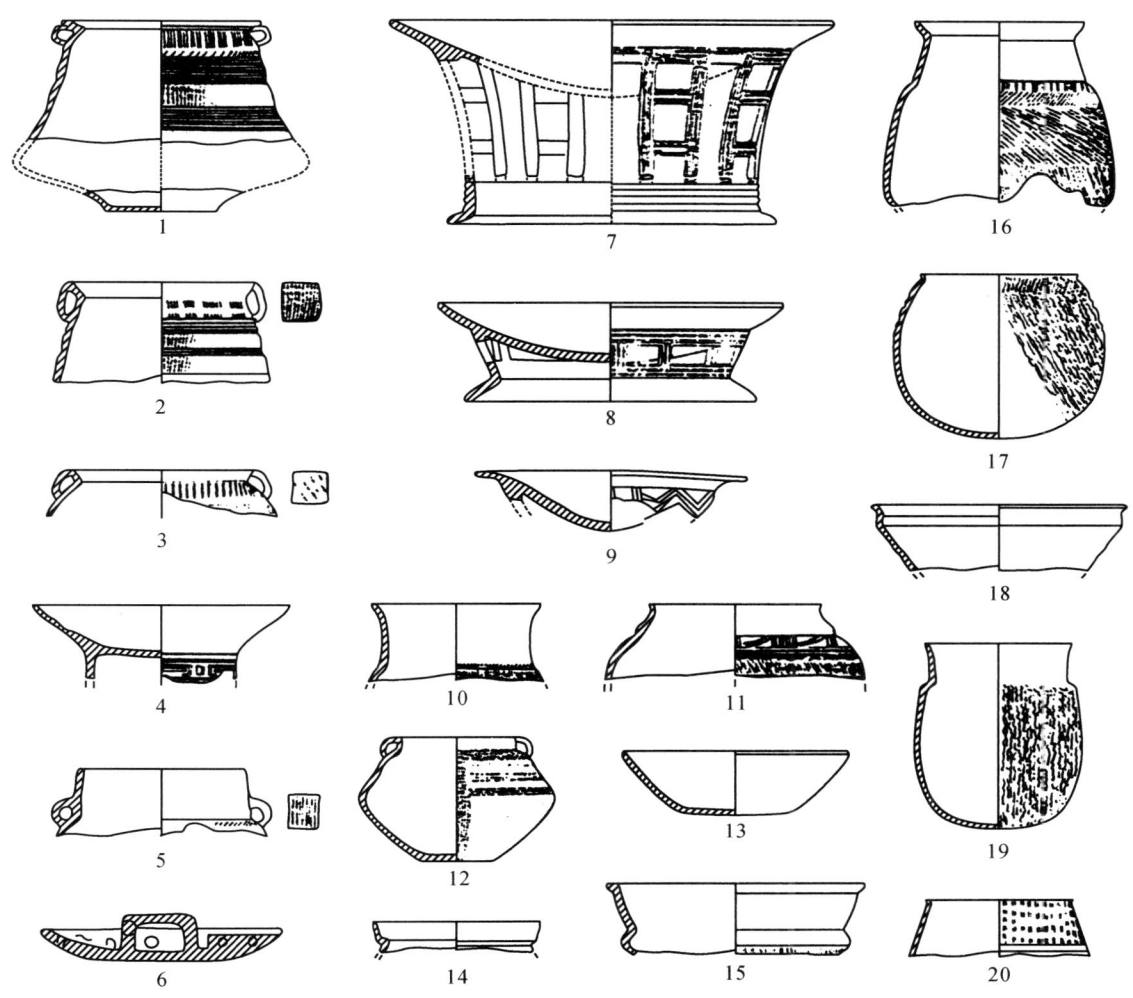

图四 皂市下层文化第四期前段陶器

1～3、5、12. 双耳罐（T3③：143、T102④：280、T3③：139、T4③：90、T6③A：9） 6. 器盖（T9③A：1） 7～9. 圈足盘（T9③A：13、T102④：332、T5③：35） 10、16、19. 高领罐（T101⑨：160、T101⑨：162、T9M13：1） 11、17、20. 敛口罐（T102④：240、T9M13：2、T101⑨：166） 14. 盘口罐（T102④：231） 15、18. 盆（T102④：306、T4③：117） 13. 钵（T102④：333）（6、7、12、17、19坟山堡，余胡家屋场）

的变化，但很难理出清晰的变化轨迹，因为变化确实相当缓慢，且往往不是表现为器物的新出和消失，而是风格细部的微小的改变。笔者认为将其划分为四期比较合适：第一期为彭头山遗址1988年发掘南区各探方第6层、5B层和F1、F2。这一期器物厚重，口沿不规整。器形仅见深腹罐、盆、钵等少数几种，多拍印压印条纹、绳纹，有的断续成痂瘢状（图七）。第二期为彭头山遗址南区各探方的第5层和试掘的T1④层。除仍有少量器物口沿不平直外，多数器物已趋向规整。圜底厚重的现象减轻，粗绳纹多竖排，也有交错。平沿上有的为锯齿状刻划或压印。罐类器内弧领修长，腹深，出现了泥突形装饰。可见双耳器。双耳罐多小口，耳置于腹上部。小口、中口、大口罐、深腹钵、浅腹大圜底盘是最多见的器形（图八）。第三期有李家岗采集品的大部分器物。彭头山南区的5A层、4层和T3M27出土物，彭头山试掘的T1②、③层和汨罗黄家园早期，即第7层，八十垱1993～1994年发掘的多数地层。这时罐类颈部变短，腹稍变浅，口沿外常贴附薄泥条，颈或腹上部

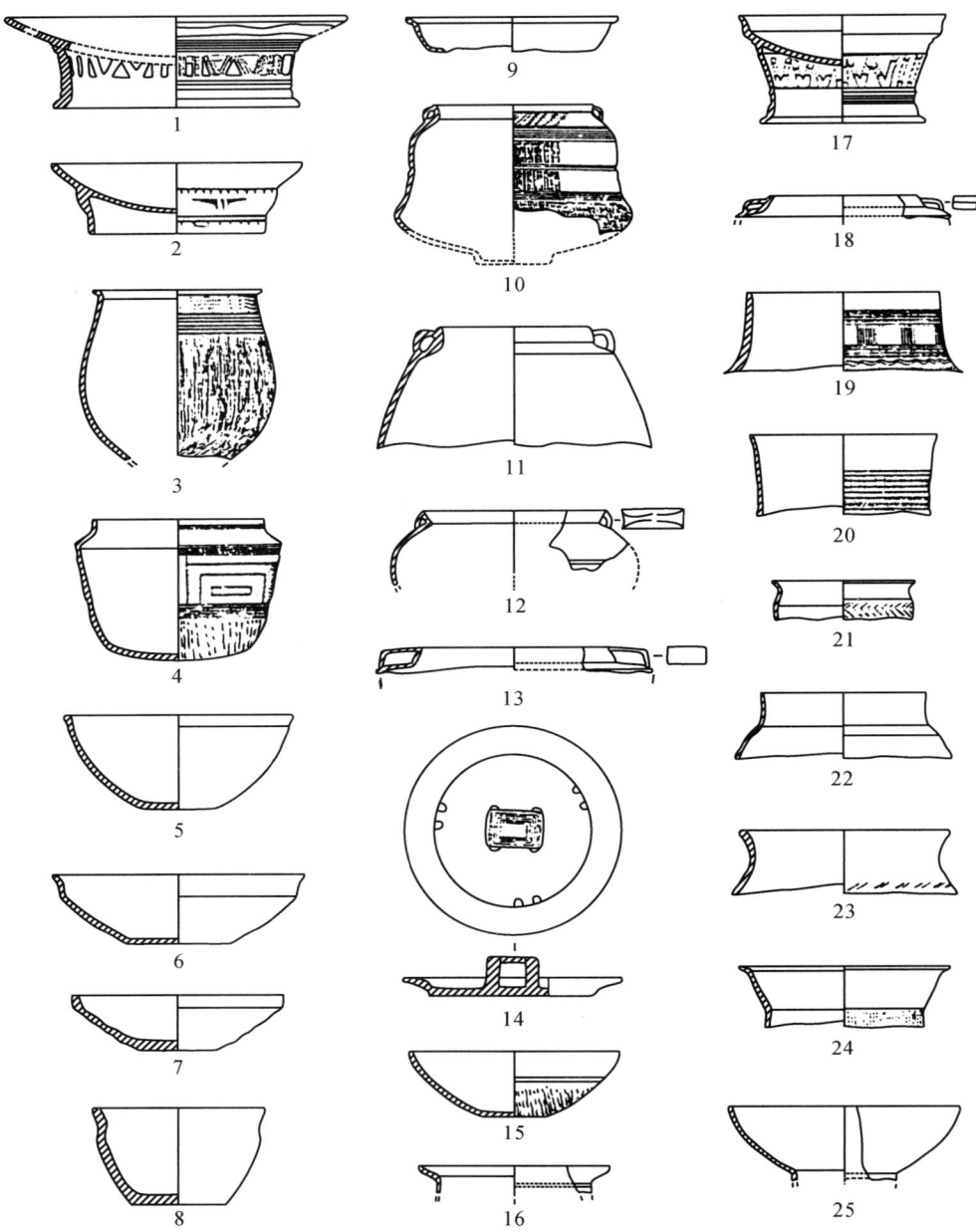

图五　皂市下层文化第四期后段陶器

1、2、17. 圈足盘（坟T9H13上：3、皂T44⑤：24、坟T9H13上：50）　3. 折沿罐（胡T5②：46）　4、22. 敛口罐（胡T5②：141、胡T3②：248）　5~9、15. 盆（胡T5②：52、胡T5②：78、坟T9H13下：2、坟T9H13下：1、胡T102③：401、胡T4②：207）　10~13、18. 双耳罐（皂T44⑤：26、胡T3②：229、皂TA⑤：48、皂T42④：6、皂TA⑤：37）　14. 器盖（坟T9H13下：9）　16、25. 器座（皂TA⑤：25、涂G1：58）　19、20. 筒形罐（胡T5②：47、胡T3②：217）　21、23. 卷沿罐（胡T4②：156、胡T4F1：281）　24. 敞口罐（胡T4F1：267）（坟——坟山堡，皂——皂市，胡——胡家屋场，涂——涂家台）

流行泥突形装饰，颈部常饰数道粗弦纹，绳纹或篮纹交错往往形似刻划网纹。小口双耳罐的双耳上移至肩部，出现牛鼻形耳，出现少量直口高颈罐、直口双耳罐、直口罐、卷沿罐。盘圜底近平，可见极少量附三或四个短圆柱足的罐形或盆形器（图九）。第四期包括彭头山南区各探方第2层，金鸡岗采集标本、黄家园各探方第6层。这时，出现了最简单的圈足盘和碗、盆等圈足器，双耳器的

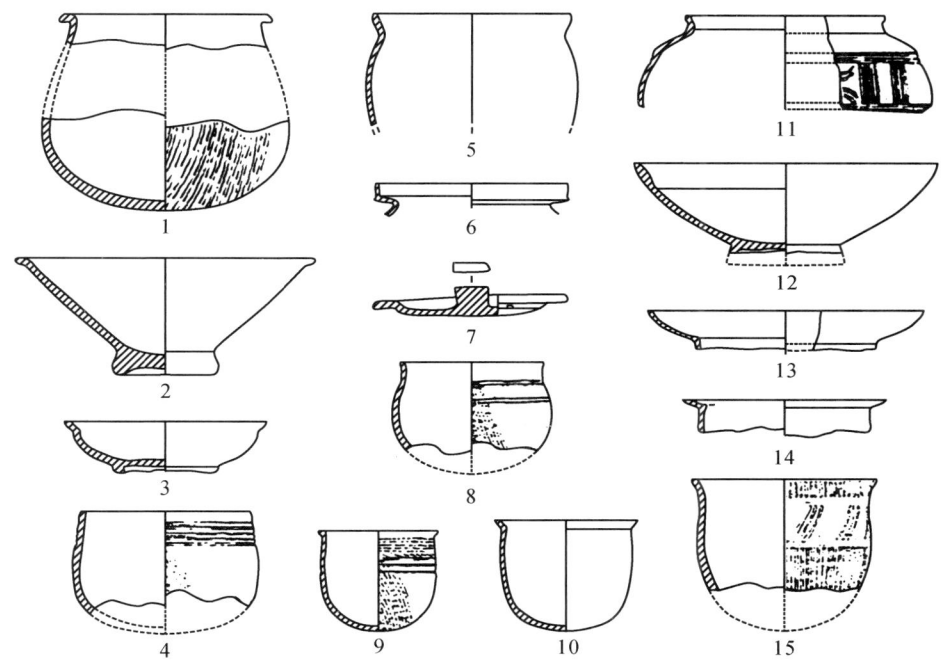

图六　皂市下层文化第五期陶器

1、14. 卷沿罐（坟T9②：36、涂T1③：5）　2、12. 碗（坟T9②：10、坟T9②：161）　3. 圈足盘（涂T1③：1）
4、8～10、15. 罐形钵（坟T9②：181、坟T9②：27、坟T7⑥：6、坟T7⑥：2、坟T9②：86）　5. 侈口罐（坟T9②：128）
6. 盘口罐（坟T7⑥：13）　7. 器盖（坟T9②：58）　11. 折沿罐（涂T1③：4）　13. 器座（涂T1③：2）
（坟——坟山堡，涂——涂家台）

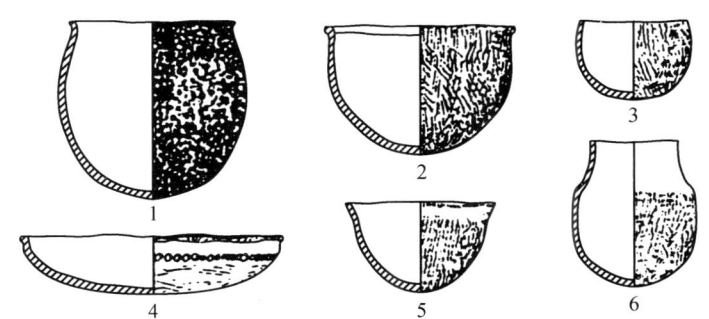

图七　彭头山文化第一期陶器

1. 深腹罐（T1⑤b：3）　2. 盆形釜（T1⑤b：5）　3、5. 钵（T1⑥：1、T3F2：3）　4. 盆（T7⑥：1）　6. 高领罐（T11⑥：3）
（均出自彭头山）

双耳呈半环状附于沿肩之间的领颈部。深腹直壁和半球形钵造型规整，初见平底的钵和盘。这些特点，可以与皂市下层文化第一期相衔接，如直壁深腹圜底钵、圆形断面半环形耳和牛鼻形耳在坟山堡第一期仍可见到，而黄家园中期（即第6层）、金鸡岗所出圈足盘更与坟山堡一期所出相同（图一〇）。过去，笔者以圈足器的出现作为进入皂市下层文化的标志，但考虑在金鸡岗、黄家园中期同出的还有侈口深腹或浅腹钵，颈部内弧的卷沿罐，且仍流行竖排或交错粗乱绳纹，而基本不见刻划、戳印纹饰，判断其包含彭头山文化的成分更多、更强烈，其变化尚未越过两个文化的临界点，因此，现在认为将其视作彭头山文化最末一期也许更为合适。

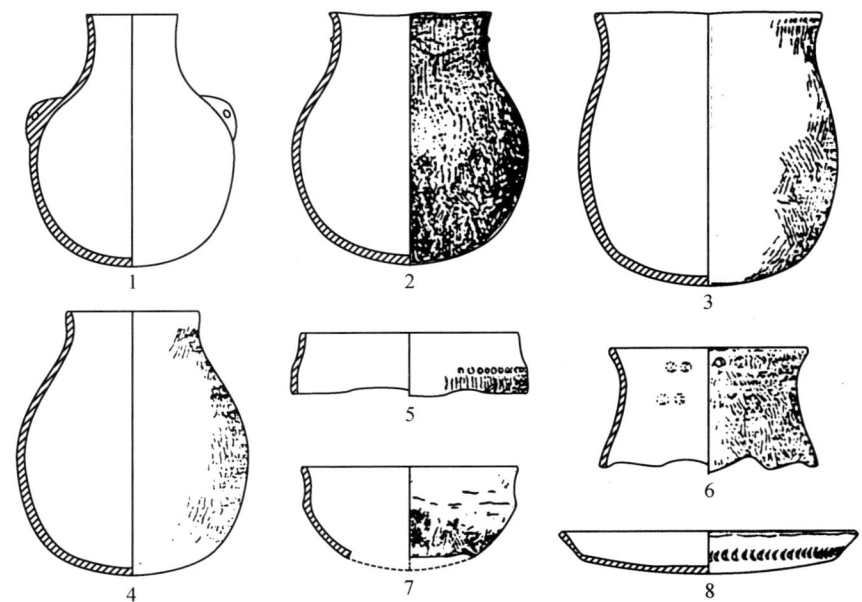

图八　彭头山文化第二期陶器

1. 双耳高领罐（T6H9∶1）　2. 小口深腹罐（T9⑤∶3）　3. 大口深腹罐（试掘T1H1∶21）　4. 中口深腹罐（试掘T1H1∶31）　5. 直口深腹钵（试掘T1④）　6. 大口罐（试掘T1④）　7. 深腹钵（T9⑤∶1）　8. 盘（T10⑤∶1）

（均出自彭头山）

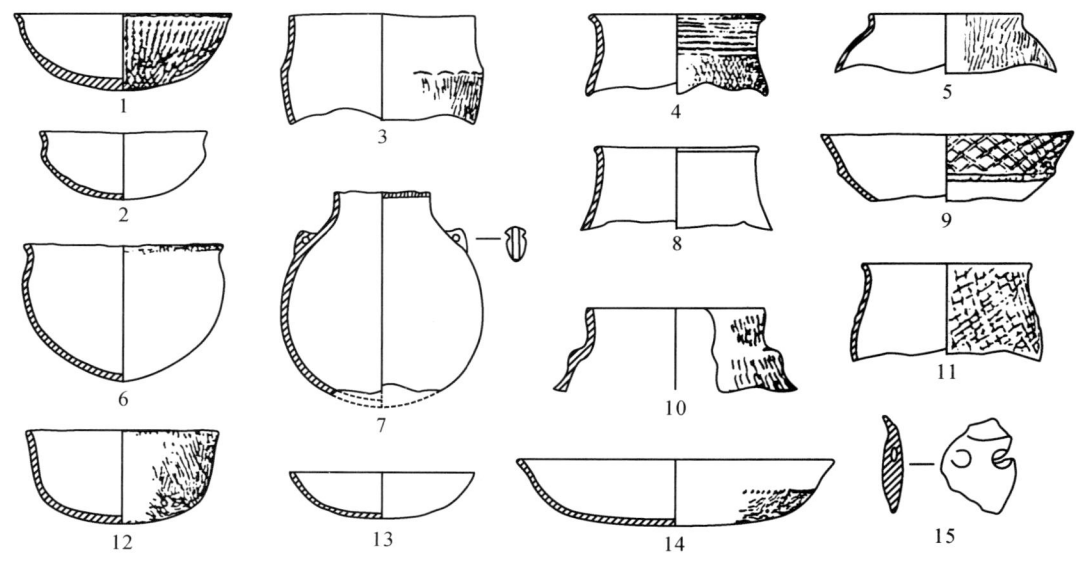

图九　彭头山文化第三期陶器

1、2、9、13、14. 钵（黄T16⑦∶5、彭T1⑤A∶3、彭试掘T1西③、彭T1⑤A∶2、彭试掘T1H4∶55）　3. 直口深腹钵（彭试掘T1②∶53）　4、8. 大口罐（彭试掘T1③∶92、彭采∶18）　5. 直口罐（彭采∶79）　6. 盆形釜（彭T3M27∶2）　7. 双耳高领罐（彭T3M27∶3）　10. 卷沿罐（李采）　11. 罐（黄T6H10∶2）　12. 深腹钵（李采∶21）　15. 器耳（李采）

（黄——黄家园，彭——彭头山，李——李家岗）

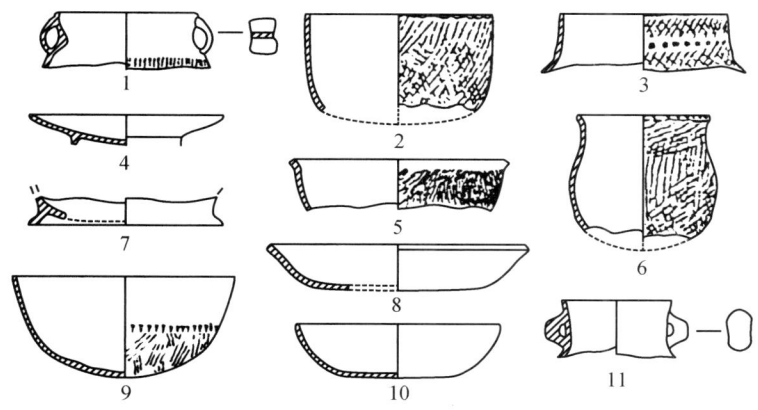

图一〇 彭头山文化第四期陶器

1、11. 双耳罐（黄T16⑥：16、金采：2） 2、9. 钵（黄T15⑥：6、彭T11②：2） 3. 高领罐（黄T16⑥：23）
4、7. 圈足盘（黄T15⑥：9、黄T16⑥：14） 5. 盆（金采：1） 6. 罐（黄T16⑥：1） 8、10. 盘（金采：4、彭T7②：1）
（黄——黄家园，金——金鸡岗，彭——彭头山）

皂市下层文化出现了大批新器形、新特点，文化面貌丰富、复杂得多。就陶器而言，无论陶质、制作方法、纹饰种类、器形器类均有非常显著的变化，表明已脱离其初始阶段甚远，而其时代也在距今8000年以后。如果新石器时代的开端定在距今12000年的话，其至此已走过了4000年的路程。因此，将皂市下层文化划作新时期时代中期更易为人们所接受。

在分别将彭头山文化和皂市下层文化进行分期并确定其分界线后，使我们更方便也更有条件对目前考古学界所称的"城背溪文化"进行了科学的分析。因为在"城背溪文化"称号之下所包含的内涵和遗存实在过于庞杂，所以首先选择出土物较多，并作为城背溪文化命名依据的枝城城背溪遗址做一番剖析。城背溪遗址的材料未全面公布，现在所能见到的是陈振裕、杨权喜《湖北宜都城背溪遗址》（载《史前研究》1989年辑刊）、杨权喜《试论城背溪文化》（载《东南文化》1991年第5期）和林春《城背溪遗址复查记》（载《江汉考古》1988年第4期）所介绍的部分出土物，包括1983年、1984年对城背溪遗址两次发掘的各探方第4层及其所压H1、G1、T6第3层的部分遗物，1987年复查时清理的H1的遗物。结果发现城背溪遗址的文化内涵依然相当复杂，既是同属T6③层（这是出土物最丰富的地层单位）的器物也不属同一时期，甚至难以归属于同一考古学文化。如以T6③出土物分析，截然可分为两群：一群为侈口罐、侈口釜、小口双耳罐、深腹或浅腹圜底钵、实圈足盘、领部附双耳的罐（图一一）。这些器物，除部分素面外，多饰交错粗绳纹，部分绳纹交错似刻划网纹，沿下多内弧，罐类器口沿部分附加薄泥片，有的腹部稍上有泥突形装饰。这些特点，均类似彭头山文化中晚期。从高领双耳罐、实圈足盘的出现和罐类器体型变矮与釜形器难以区别等特点看，更接近于彭头山文化晚期的风格和特点。这一群器物中球形腹的侈口釜多于侈口罐（又称大口罐），看似与彭头山文化有区别，实际是彭头山文化晚期发现材料太少，缺乏比较的依据。但从彭头山文化中期开始出现的变化观察，罐类腹越来越浅，最后演变为球形的侈口釜乃是必然的趋势。同时，小口双耳罐双耳上移至肩部，也是从彭头山文化中期已经开始的合乎规律的变化。而城背溪这一群中的实圈足盘、直壁深腹圜底钵、侈沿釜在属于皂市下层一期的坟山堡早期地层中还可见到，因此这一群器物的时间位置正属彭头山文化晚期。另一群器物包括数量甚多的大镂孔圈足

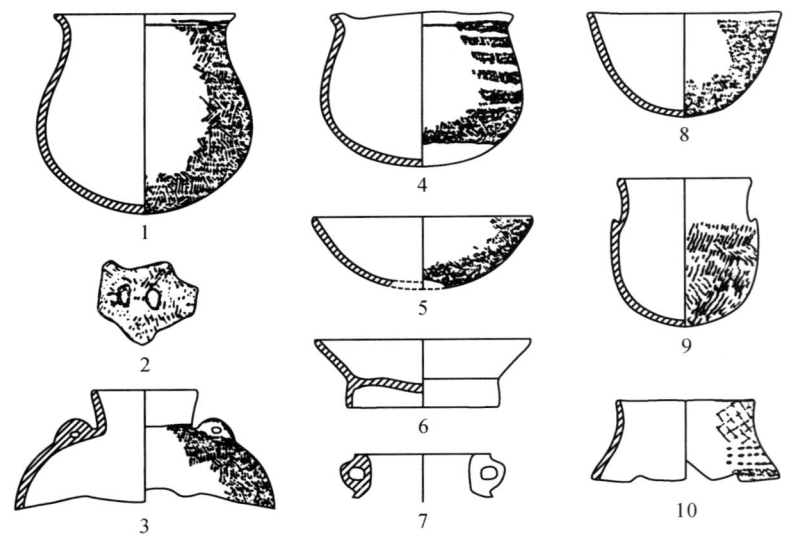

图一一　城背溪遗址甲组器物

1. 侈口罐　2. 器耳　3. 小口双耳罐　4. 侈口釜　5、8. 钵　6. 盘　7. 双耳罐　9、10. 罐
（均出自T6③）

盘、平底钵、敛口罐、侈口直领球腹罐、斜壁平底钵、浅平底碟形器盖等（图一二），无一不可以在胡家屋场一期，也就是本文划分的皂市下层文化的三期中找到基本相同甚至完全相同的器形。这时，绳纹减少变细，出现了刻划纹饰和简单的彩陶。这种变化与皂市下层文化中的变化是一致的。但由于皂市下层文化受刻划、篦点、戳印纹饰极为发达的沅水中游同时期文化强烈影响，因而刻划、戳印纹饰比起城背溪要丰富。特别是到皂市下层文化第四期，刻划、戳印纹饰更是发展到极高水平，这是城背溪难以望其项背的。但就整体来说，至少城背溪T6③的较晚一群器物与皂市下层文化三期相似点太多，而相异点明显处于次要的位置。因此笔者认为城背溪较早的部分实际上是彭头山文化，而较晚的部分实际是皂市下层文化。部分研究者将其归属于城背溪文化的秭归朝天咀A区一期[14]、柳林溪[15]，不少器物与较皂市下层文化要晚的汤家岗文化接近（图一三），最典型的

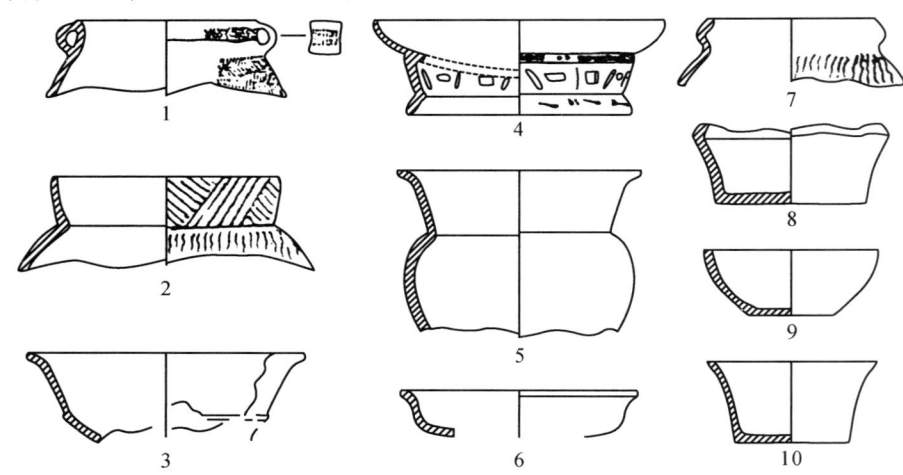

图一二　城背溪遗址乙组器物

1. 双耳罐　2. 刻划纹盘口罐　3. 折腹碗　4. 圈足盘　5. 侈口直领球腹罐　6. 盆　7. 敛口罐　8. 平底罐　9. 钵
10. 斜壁平底钵（除6出自T5③外，余均出自T6③）

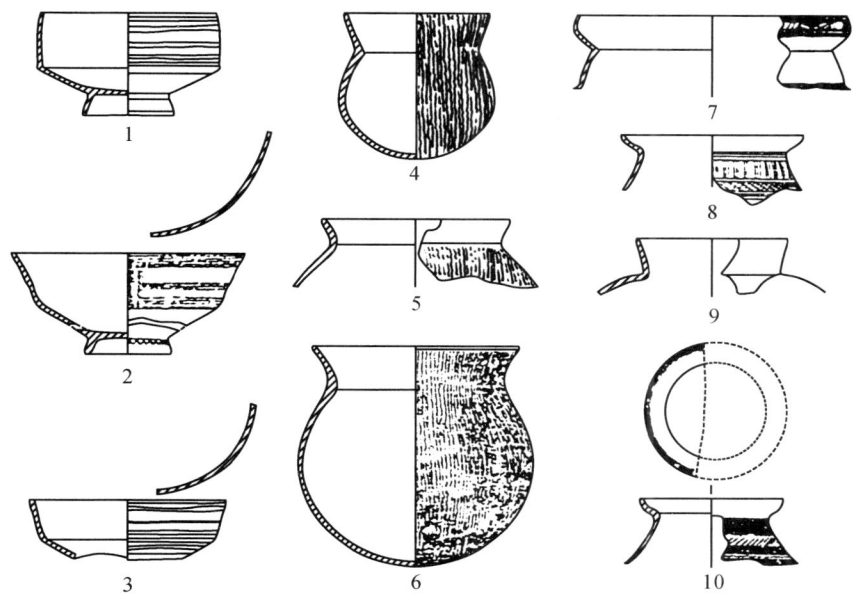

图一三　朝天咀、柳林溪遗址出土与汤家岗文化、大溪文化早期相似的陶器
1~3.刻划纹折壁碗　4~6.釜　7、8.刻划纹釜　9.罐　10.彩陶罐
(1~3出自柳林溪，余出自朝天咀A区一期)

莫过于敞口内弧壁上刻划锯齿纹、指甲纹的折腹碗。至于孙家河[16]、金子山[17]，充其量只能和柳林溪、朝天咀A区一期大略同时，而不可能更早。这些遗存统统装入"城背溪文化"这个笼子，就使得城背溪文化变得四不像，从而无从与其他文化进行比较了，看来清本正源实在有必要。

二、关于大溪文化的地域类型

在《长江中游原始文化初论》中，笔者曾经试图将大溪文化分为洞庭湖区和鄂西川东区两个类型，并分别称之为三元宫类型和红花套类型（因当时关庙山的资料尚未全面发表）。1986年第2期《考古学报》上，李文杰先生发表了《大溪文化的类型和分期》，将大溪文化分为北南两个类型，分别称之为关庙山类型和汤家岗类型。笔者和李文杰先生的意见十分接近，当代表着同一观点。最近有研究者提出：因为汤家岗遗址中包含有比大溪文化更早的遗存，因此南部的类型最好仍称三元宫类型，笔者觉得有道理。学术界对三元宫类型是否属于大溪文化存在着不同的意见。但是可以发现这些否定三元宫类型属于大溪文化的意见，都有两点经不起推敲：一是过分强调了两者的差异，把属于同一文化的不同类型之间的差异夸大成为不同文化之间的差异；二是用不同期别进行比较，往往将三元宫类型较早期的特点与关庙山类型较晚期（特别是大溪文化用以命名的大溪墓地）的特点进行比较，显然犯了比较研究中的大忌。因为大溪文化经历了一千多年的发展历程，时刻处于变化流动状态之中，有人将其分为四期，甚至五期。如果拿此类型的一期与彼类型的四、五期比较，自难看出其同宗同祖了。正确的比较方法当然只能以两个型相对应的期别，分析其占主要部分的是共同点还是不同点，其发展变化是否有共同规律、趋势甚至同步的现象。还有的文章，如《对大溪文化中几个问题的探讨》，更是在完全错误的分期基础上进行比较，出现谬误当然难免。三元宫类型亦即汤家岗类型，但并非汤家岗遗址的所有遗存，更不能以其早期作为代表。汤家岗遗址早期比关庙山一期更早，这早已成定论。而其早期的属性，笔者早在1980年《中国考古学会第二次年会论文集》中的《试论大溪文化》一文中就已做了明白的阐述："它具有了大溪文化的某些共同因素，有理由认为它是大溪文化的一个发展阶段，也就是目前所见大溪文化的最早期。但大溪文化的一些特征性因素，有好些在这类遗存中尚未具备，因而又有可能认作是与大溪文化有别，比大溪文化更早的一类原始文化遗存。由于发现还不够多，材料不够丰富，可以暂不另外命名，不过它对探索长江中游新石器时代早期文化，是一个十分值得珍视的启示和线索。"当时，大溪文化的分期研究刚刚起步，这样的论述应该具有一定的预见性和超前意识。现在，当然可以讲得更明确，汤家岗遗址早期连同丁家岗遗址的第一期遗存比大溪文化更早，应是一种新的考古学文化，有人建议正式定名为汤家岗文化，笔者认为是合适的（图一四）。在这里笔者要再一次强调，所谓大溪文化三元宫（或称汤家岗）类型不包括汤家岗遗址的早期，而现在提出的汤家岗文化也不是指大溪文化三元宫（或称汤家岗）类型。在进行比较研究时，必须将二者严格加以区别和限定。

如果在进行严密分期的基础上将两个类型加以比较的话，可以非常有把握地说：由于大部分器物在两个类型中均有出土，而且有着相同或相近的变化规律和序列，区别只是两者共有的器物在细部上表现出一定的差异，部分器物在此类型多而在彼类型少，仅见于此类型而不见于彼类型的器物仅是极少几种，因此可以认定共同点是主要的、大量的，而地域性差别是次要的。这种差别，主要表现为接受邻近地区其他文化因素的影响，如关庙山类型接受了少量的仰韶文化因素，而三元宫类型接受了部分沅水中游同时期文化的因素。因此没有理由不承认三元宫类型应归属于大溪文化。笔者认为随着考古发现的不断增多和研究的不断深入，否定三元宫类型是大溪文化一个地域类型的观点不值得再费工夫加以批驳了。

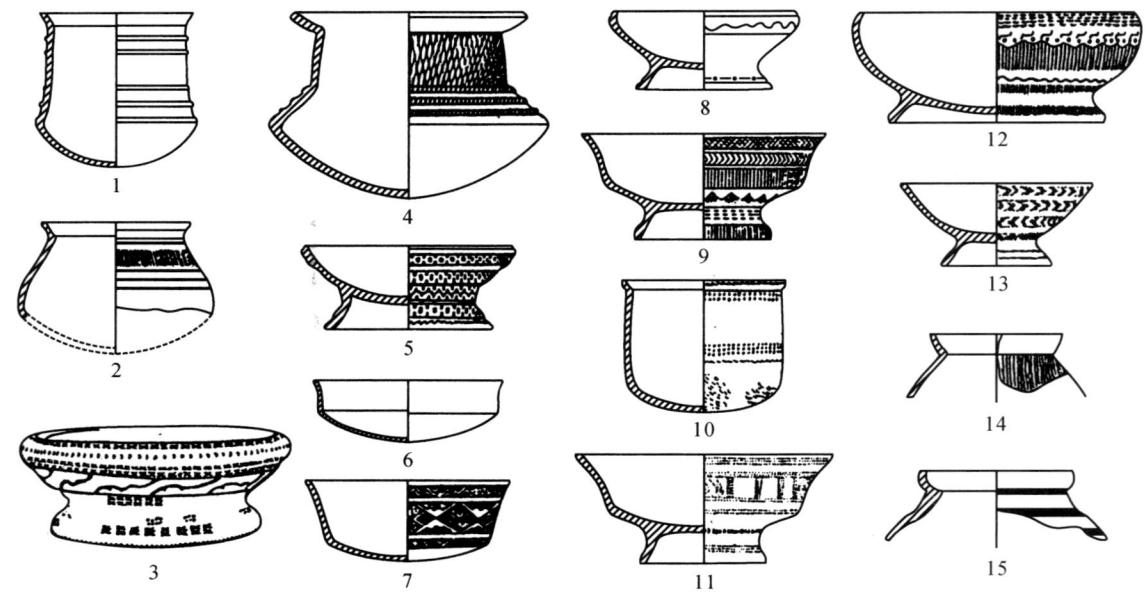

图一四　汤家岗文化陶器

1、2、4.釜　3、5、8.白陶盘　6、7.钵　9、11.碗　10、14、15.罐　12.盆　13.盘

（1、6、13～15丁家岗一期，余汤家岗下层）

20世纪80年代以来,在汉东发现了一批以红陶系为主的文化遗存,重要的有钟祥市边畈[18]、黄陂区河李湾[19]、天门市龙咀[20]、谭家岭下层[21]、屈家岭第三次发掘的第一期遗存[22]、钟祥六合下层[23]、京山油子岭下层[24]、天门石河遗址群第一期。六合、屈家岭第三次发掘的材料已发表,龙咀、油子岭有简报,而边畈的材料仅在张绪球《汉江东部新石器时代文化初论》(载《考古与文物》1987年第4期)一文和《长江中游原始文化概论》(湖北科技出版社,1992年)一书中略有介绍。虽然同是以红陶系为主的遗存,但明显可以发现早晚的质的变化。作为前段有代表性的遗存目前仅见边畈一、二期。有的研究者还列举了河李湾下层、程家墩下层[25],但依据现有资料,这两处均只能列为后段。而作为后段的代表性遗存有油子岭下层、谭家岭下层、屈家岭第三次发掘的第一期。边畈一、二期,有人认为属于仰韶文化,有人将其称为"类似黄冈螺蛳山文化类型的遗存",也有人认为它是一种新的考古学文化,可以单独命名为边畈文化。笔者分析了现在能见到的材料,并将其与下王岗遗址[26]仰韶文化第一期相比较,发现它们之间有不少相似之处。首先是均有大量的鼎。鼎在仰韶文化中并不占重要地位,但在下王岗类型中却是大宗的出土物。边畈一、二期墓葬随葬器物主要是鼎,灰坑中鼎也占一半以上。下王岗仰韶文化第一期共清理墓葬123座,其中有陶器的墓59座,有18座出了陶鼎,约占1/3。灰坑37个,其中有22个出土了陶鼎,差不多占到2/3。下王岗仰韶文化一期所出陶鼎形式与边畈一、二期有诸多相近之处:器身均为大口或小口釜形,鼎足均作细圆锥或细扁锥形。这是两个遗址最大的相似之处。另外,两个遗址里都有较多的罐、钵、盆、豆、碗和器座。当然,也有明显的差别:下王岗出细颈瓶和壶,在边畈不见。而边畈出较多的釜,却为下王岗所没有。但这种差别不占主导地位,因此笔者认为边畈一、二期遗存应为仰韶文化下王岗类型的组成部分,时代与下王岗第一期相当或略早。边畈一、二期的鼎和釜,往往遗留有极浅的绳纹,反映了较古老的时代特征,且表现出与汉水以西城背溪遗存某些相似的因素,特别是鼎的器身与城背溪所出釜形式相近,边畈大镂孔器座与城背溪大镂孔圈足盘的圈足部不无相似之处,但整体面貌显然比城背溪要晚,且更多的文化因素和面貌并不相同。这大概是由于边畈位处仰韶文化下王岗的边缘而又与当时大溪文化的分布区距离不远而形成的复杂的文化面貌。其时代可以推定相当于关庙山一期或更早一些(图一五)。

其后的边畈三期发生了质的变化。虽仍有相当多的鼎,但新出现大量的圈足碗、碟、罐,出现不少的器座,这些器座的发现,证明炊具中有不少的釜。纹饰中流行粗弦纹、戳印纹、刻划纹及少量稀疏的细绳纹,陶系以粗泥红陶为主,施红色陶衣。这些都明显地带有大溪文化早期的风格。拿所出陶器与关庙山第一期比较,发现扁腹壶与关庙山T11④:55和T23④:27几无区别,边畈M6所出足部由两侧捏深窝形成鼻眼状的陶鼎,在相当于关庙山一期的湖南澧县城头山遗址下层见到多件。至于折腹碗、圈足碗、钵、粗弦纹直筒形器座、喇叭形大器座、敛口粗弦纹和戳印纹厚胎大盆

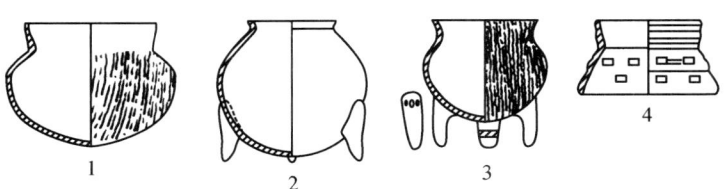

图一五 边畈一、二期陶器
1. 釜 2、3. 鼎(M14、M9) 4. 器座(T30:8)

（锅）、圆锥形上有深窝洞的鼎足、圜底碟等一批器形，在关庙山和三元宫类型大溪文化中经见。如此对比，说明边畈三期已进入大溪文化的范畴，大略相当于关庙山一期略晚。

张绪球将从边畈三期开始直至屈家岭文化出现以前的汉东古文化称为油子岭类型，它是区别于关庙山和三元宫类型的另一个大溪文化的地域类型，是以油子岭的第一期和第二期遗存为代表。从现有的资料看，程家墩和河李湾、石河遗址群第一期遗存应与油子岭第一期相当，晚于边畈三期。为什么可以判断这几处遗存时代相当呢？试将已发表的程家墩、河李湾、石河遗址群第一期的器物与油子岭的器物进行比较，发现有大量的相似之处，如河李湾Ⅱ式高领罐与油子岭T1⑤A：16、T1⑤A：23高领罐，河李湾Ⅲ式高领罐与油子岭T4③：4高领罐，程家墩下层Ⅰ式侈口罐与油子岭T3⑤B：13罐，程家墩出土器把与油子岭T4④：19盘附柄，程家墩Ⅱ式敛口盆与油子岭T2③：10B型盆，程家墩Ⅰ式钵与油子岭T1④：13、T1④：15Ab型盆，河李湾Ⅰ式敛口盆与油子岭T1⑤B：20盆，石河第一期谭家岭T1106⑥：95彩陶碗与油子岭T4③：5彩陶碗，谭家岭M17：1圈足盘与油子岭T2⑤：18E型盘，均十分相似，证明它们时间接近（图一六）。但油子岭一期时间跨度较大，这里所指应是油子岭一期的主体部分，即各探方的第3～5层，另加T2的第6层。这些层里所出一批器形在关庙山二期和相当于关庙山二期的清水滩[27]、澧县梦溪三元宫中层可以见到。尤其令人感到惊奇的是下列物品相似程度实在太高：①薄胎彩陶单耳杯、斜壁薄胎彩陶碗，无论器形、胎质、纹饰均同于关庙山、三元宫和毛家山同期所出；②粗弦纹筒形、鼓形、草帽形器座，风格极相似；③厚胎敛口盆在属油子岭一期的程家墩下层出土，在关庙山和三元宫也是多见器形；④在程家墩和河李湾所出敞口斜直壁碗和口内敛沿外形似子母口的碗，细部特征可见于三元宫和清水滩一期、关庙山二期同类器（图一七）。其他相近相同之处更是不胜枚举。说明油子岭一期名副其实是大溪文化的一部分，其时代相当于关庙山二期。自然，还保留本地原有土著文化的一些影子，如鼎和带把手的器形较多，釜的数量略少，出一定数量的红顶碗等。正是这些特点，使其区别于汉水以西和洞庭湖的大溪文化，从而构成一个新的地域类型。油子岭一期中所含几座墓葬和各探方的第2层，时代略晚，与之相当的有石家河遗址群第二期和第三期的一部分（主要指谭家岭T1106的第4层）、六合以红陶为主的较早遗存。具有可比性的有油子岭T4②B：11器座，形体较矮，束腰。这样的器座，在公安王家岗、安乡汤家岗等多处发现，无一能早于关庙山三期，谭家岭第二期已经出现多种型式的曲腹杯，也说明其时代只能相当于关庙山三期。油子岭T2②：3圈足罐C型，泥质黑陶、直领、矮圈足起棱，其形制已接近大溪墓地第一次发掘所出，也已接近屈家岭第三次发掘墓葬所出，将其认定与关庙山三期相当，应不会大错（图一八）。在汉东，相当于油子岭一期前后段落的还有屈家岭第三次发掘的第一、二期遗存。对屈家岭第三次发掘所提出的学术问题，本文将专章予以论述，在此不详论。总之，汉东从边畈三期开始，无论从器物组合，还是从主要器物的演变序列（如圈足罐、器座、翘盘式器盖、篦形器、高领罐、敛口盆、薄胎彩陶碗、薄胎彩陶杯、盘等）都与汉水以西相近，且呈同步发展变化。因此，将汉东这一时期的古文化视作大溪文化的一个地域类型，并以油子岭类型命名是恰当的。

1981年和1983年两次发掘的湖南华容车轱山遗址[28]，共出土了从大溪文化晚期至石家河文化时期的墓葬381座。其大溪文化的遗存表现出与上列三个类型一系列不同的特点，因此可以认为能构成大溪文化的第四个地域类型。车轱山紧邻洞庭湖。洞庭湖以东相当于大溪文化时期的诸遗址可

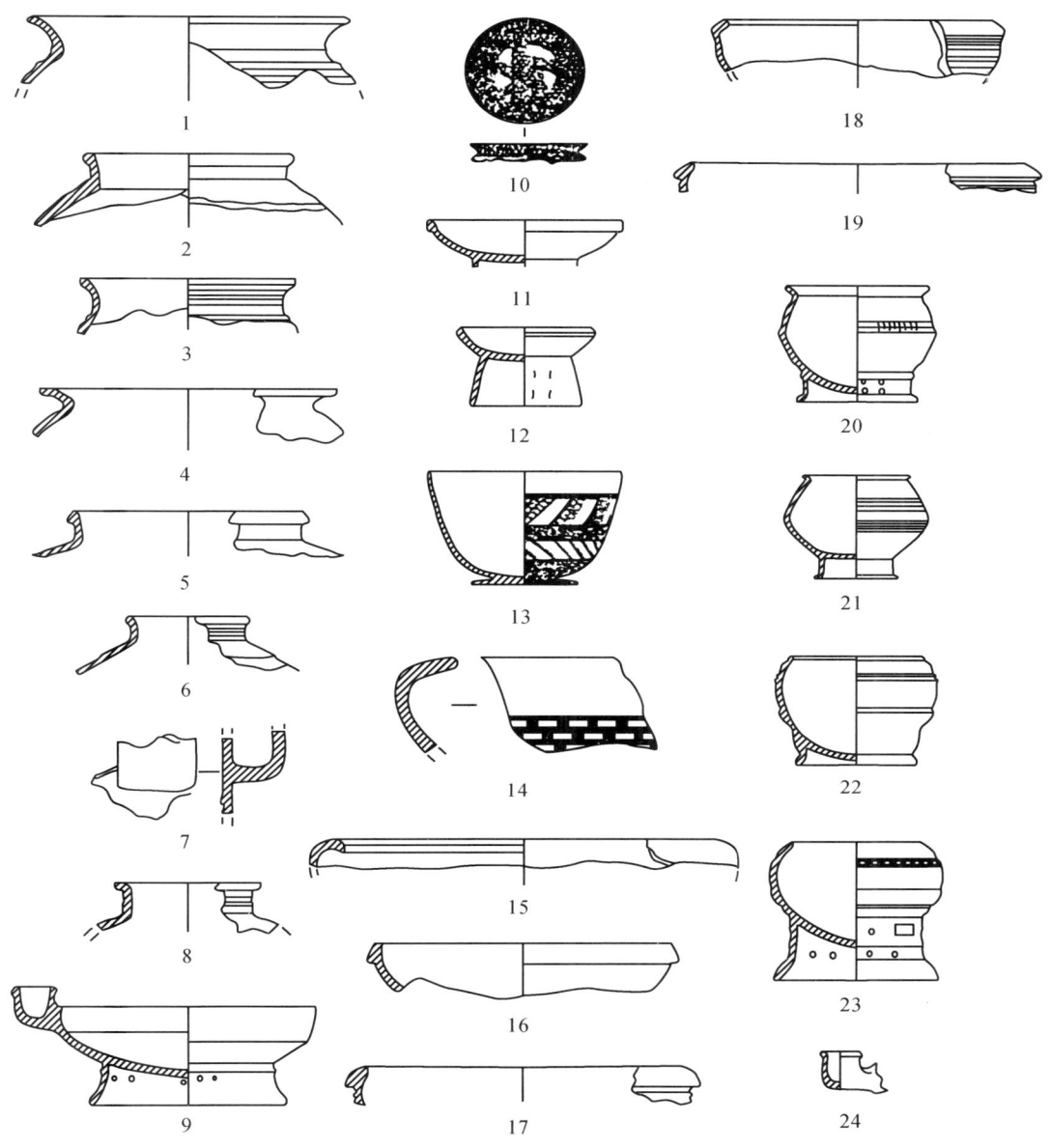

图一六 大溪文化油子岭类型早期陶器

1、4. 侈口罐（程下、油T3⑤B：13） 2、3、5、6、8. 高领罐（河上、河采、油T1⑤A：16、T3④：10、T4③：4） 7、24. 盘附件（程下、油T4④：1） 9. 有柄盘（龙咀） 10、13. 彩陶碗（油T4③：5、谭T1106⑥：95） 11、12. 盘（油T2⑤：18、谭M17：1） 14、15. 敛口盆（油T2③：10、程下） 16~19. 敛口钵（盆）（程采、油T10B：13、河下、油T1⑤B：20） 20~23. 篦形圈足罐（油T1④B：12、谭M13：4、油T3⑤：20、龙咀）（谭——谭家岭，油——油子岭，程——程家墩，河——河李湾）

以单独成为一种考古学文化，有人提议取名为堆子岭文化（以湘潭县堆子岭遗址早期遗存命名），代表性遗址除堆子岭外还有汨罗市附山园遗址中层，均处于湘江下游。考虑到新石器时代洞庭湖尚未形成浩大湖面，到处分布着零星小湖和沼泽地，因此车轱山与湘江流域诸遗址之间应存在一连串过渡性的遗存，也许因陆沉，洞庭湖面扩大而沉于水底了。目前笔者认为可以和车轱山大溪文化遗存列为同一类型的有湖北黄冈螺蛳山[29]。螺蛳山1985年发掘的墓葬中有5座较早，相当于关庙山

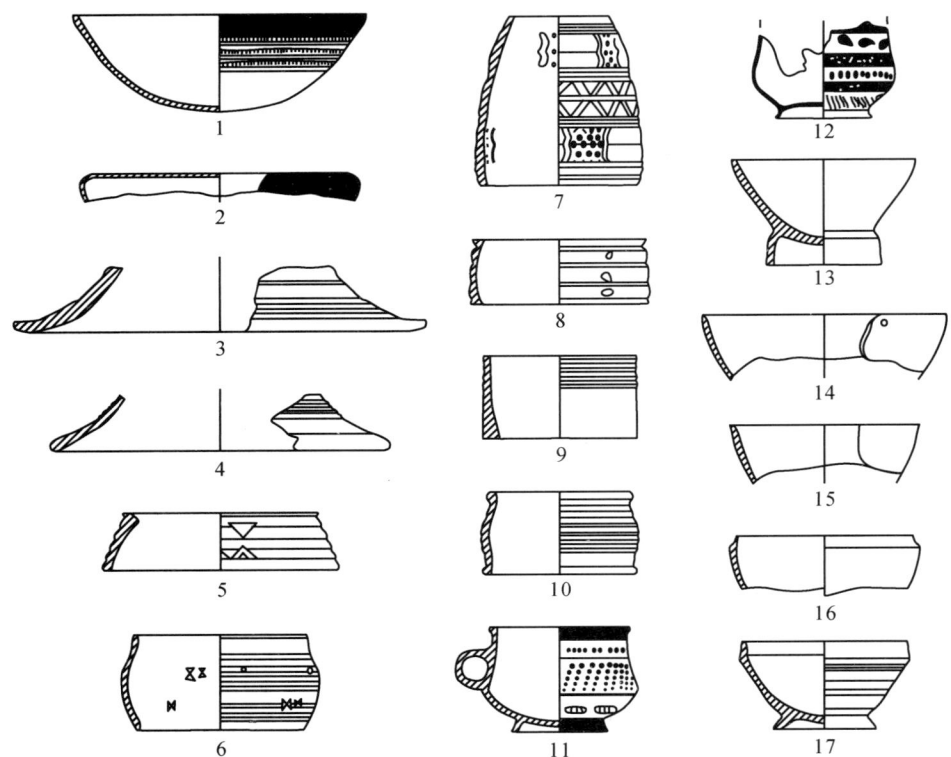

图一七 油子岭类型早期与关庙山类型二期等同时期大溪文化其他类型相似器形

1、2. 厚胎敛口盆（关H102：119、程下） 3、4. 草帽形器座（中T1⑨：425、油T1⑤A：18） 5. 座（中T11④：25） 6、7. 鼓形器座（油T2⑤：16、关H57：3） 8～10. 筒形器座（三T6②：1、河彩、油T2⑤：20） 11、12. 薄胎彩陶单耳杯（关T0④、油T2⑤：17） 13～15. 斜壁敞口碗（中H287：2、河彩、程下） 16、17. 子母口碗（河采、关H102：59）

（关——关庙山，中——中堡岛，油——油子岭，河——河李湾，程——程家墩，三——三元宫）

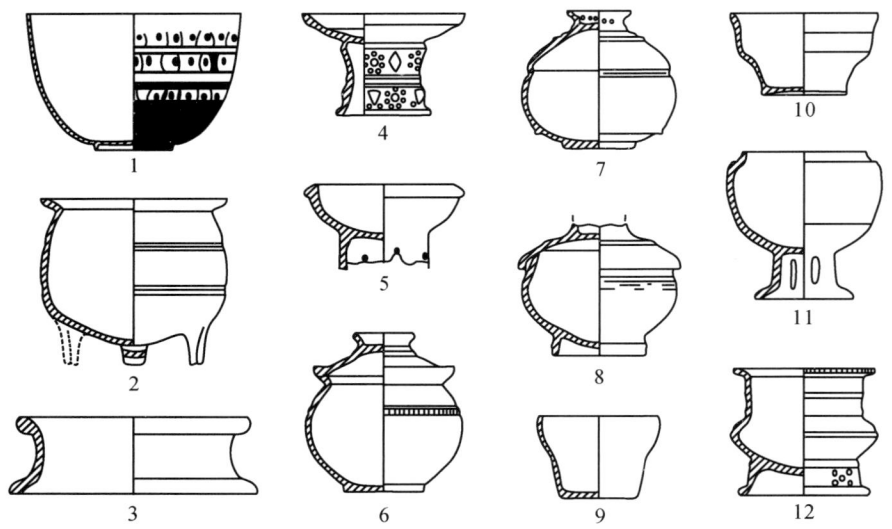

图一八 大溪文化油子岭类型晚期陶器

1. 彩陶碗（谭ⅢT1106） 2. 鼎（谭M18：2） 3. 器座（油T4②B：31） 4、5. 盘（油T2②：5、T2②：2） 6～8. 簋形器（油M10：4、M11：7、M5：2） 9、10. 曲腹杯（谭M14：11、M15：11） 11. 豆（油M3：3） 12. 圈足罐（油T2②：3）

（谭——谭家岭，油——油子岭）

四期。1957年发掘出土的蛋壳橙黄胎彩陶，与关庙山三期出土物相似，所出4座墓，其文化属性推测甚多，现在看来，与江淮地区相当于薛家岗文化第一期或略晚的宿松黄鳝咀遗址接近，应属薛家岗文化系统。关庙山三期时大溪文化沿江东下，于是鄂东的黄冈一线成了大溪文化分布的东部边界。华容车轱山目前所见大溪文化墓葬属关庙山四期。更早的几座墓如M181、M210、M331、M352，出土有彩陶平底瓮，长颈有台棱的壶、罐形长凿状足鼎、直口圜底钵、内弧壁圈足碗、直口折壁壶形器、直口或弇口盘高圈足豆、厚胎内弧壁红褐陶圈足杯、环状纽和尖锥状纽器盖、长凿状足钵形鼎，这些都不见于大溪文化，经仔细比较，与宿松黄鳝咀和薛家岗文化二期遗存不无相近之处，推定此时车轱山及其以东属长江下游大的文化区的西部边缘，至大溪文化晚期或略早才成为大溪文化的分布区。这样，笔者的结论是车轱山类型并未贯穿大溪文化的始终，它只存在于大溪文化的中晚期，也就是关庙山三、四期。车轱山大溪文化晚期墓葬和螺蛳山大溪文化晚期墓葬诸多特点是相同的，一方面出土了在其他类型大溪文化中常见的曲腹杯、矮圈足小罐、簋形器、盘等；另一方面，又出土了一批显然不同于其他几个类型的器物，主要有数道外鼓圈足的碗形豆、平沿浅腹浅盘豆式器盖，略呈双腹的盆，大量的凿形足鼎、三足式纽器盖，多种壶形器（图一九）。女性墓葬中则流行佩戴臂环（螺蛳山属大溪文化晚期的5座墓中有M7、M8能确认墓主为女性，均有两个

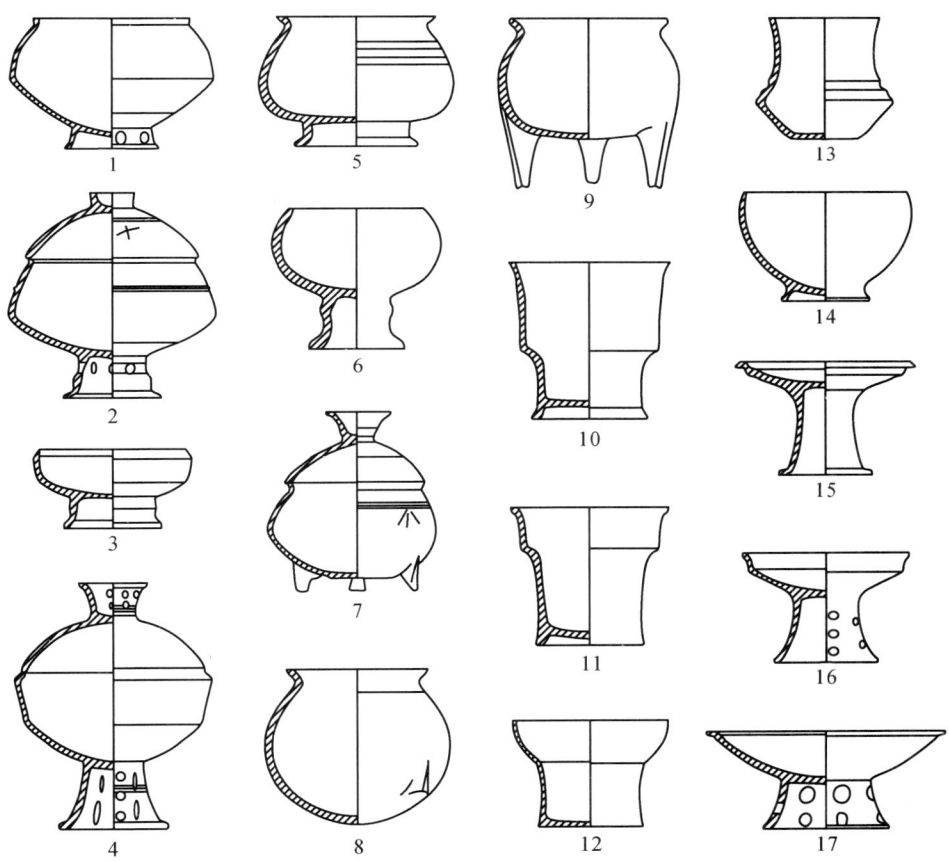

图一九 大溪文化车轱山类型陶器

1~3、5. 圈足罐（簋形器）（螺M2：1、M7：4、车M105：1、M329：1） 4、6. 豆（螺M3：3、车M270：2） 7~9. 鼎（螺M8：2、M7：6、车M327：3） 10~12. 曲腹杯（车M327：4、螺M4：4、M7：1） 13. 壶（车M111：6） 14. 碗（螺M3：7） 15、16. 豆形器盖（车M100：4、螺M2：9） 17. 盘形豆（螺M8：3）（螺——螺蛳山，车——车轱山）

石环套在臂上，车轱山大溪文化女性墓普遍出陶质臂环，如M209为12个、M213为12个、M317更出玉臂环）。至屈家岭文化早期，车轱山所出大量墓葬的器物，与澧水流域已完全融为一体了。

三、大溪文化向屈家岭文化的转变及转变过程中东方因素的作用

屈家岭文化的发现，屈指数来，已有40年。40年来，在豫、鄂、湘三省境内发现的屈家岭文化遗址数以百计，经过正式发掘的已有几十处，出土文物上万件，研究成果更是硕果累累。

但是，屈家岭文化的渊源至今仍是一个悬案。

学术界关于屈家岭文化和大溪文化关系的争论，归纳起来不外乎屈家岭文化对于大溪文化是直接继承关系还是两种平行发展的不同谱系的文化这两个根本对立的观点。在《长江中游原始文化初论》中，笔者认为屈家岭文化脱胎于大溪文化的母体，而不是平行发展的两种不同系统的文化。列举的理由有：①^{14}C年代测定数据，证明大溪文化早于屈家岭文化；②大溪文化晚期和屈家岭文化早期分布地域的大面积重合；③文化因素，包括陶器的陶系、器物组合、器形以及石器、房屋建筑、葬制等的承袭以及清晰可见的变化发展的轨迹；④屈家岭文化早期遗存压在大溪文化晚期遗存之上的地层叠压关系。

80年代以后，汉水以东的考古工作，出现了两项与屈家岭文化渊源有关的新进展，并且因为仁者见仁，智者见智，从而使一度沉寂的争论又热闹起来了。其一是前文讲过的汉东发现以红陶系为主、年代早于屈家岭文化的遗存；其二是屈家岭遗址第三次发掘，出土了一批墓葬，时代晚于以红陶系为主的地层，但又早于《京山屈家岭》报告中的早期，随葬品主要属黑陶系。

不管是主张屈家岭文化渊自大溪文化的先生们还是主张屈家岭文化与大溪文化平行发展（当然可能起始时间有先后，但有一段同时存在的时间）的先生们都认为问题得到了解决，自己的观点都得到了新发现的支持。后一种观点的主张者认为汉东的红陶系是与汉水以西大溪文化不同的另一种考古学文化，而屈家岭遗址发掘的13座墓葬所出以黑陶为主的器物是现在可以认定的最早的屈家岭文化遗存，它源自汉东的以红陶系为主的文化，时代早到相当于关庙山三期，当时汉水以西仍是以红陶为主，因此汉东以黑陶为主的屈家岭文化早期遗存自然与汉水以西以红陶为主的大溪文化三期处于同一时间范围，两个文化不是有一段同时并存发展的时间吗？屈家岭遗址第三次发掘报道的执笔者根据M2底部采集的木炭标本所测^{14}C年代数据做出"这批屈家岭文化早期墓葬的年代早于大溪文化第四期的年代"的结论，并且断言其随葬陶器中含有关庙山大溪文化第三期的一些文化因素，明白无误地表达出屈家岭文化早期与大溪文化晚期是平行发展的观点。

1990年8月，湖北省考古学会和荆州地区博物馆联合举办"新石器时代考古专题学术讨论会"，在会上，笔者第一次见到了屈家岭13座墓出土陶器的照片，向发掘主持者提出了两个问题：①这些墓葬究竟属于屈家岭文化还是属于大溪文化；②这批墓葬的年代到底相当于关庙山三期还是四期。笔者明确地提出，这批墓葬只能相当于关庙山四期而不是三期，它们不是屈家岭文化早期的遗存，而是名副其实的大溪文化四期，即最晚一期的遗存，M2底部木炭标本测定的年代不能作为依据。以后见到了发掘报告，又在湖北省文物考古研究所库房见到了全部出土实物，更加坚

定了笔者的信念。M2底部木炭^{14}C年代为距今4975年±140年，经树轮校正为距今5580年±160年，这一标本，地层既不可靠，年代测定又属孤证，且树木砍伐或经烧灼变成木炭再置于墓底，期间间隔数百年是常有的事，因此以其为依据是无法令人信服的，科学的途径是进行类型学的比较研究。其实，这批墓葬在极多方面都与关庙山第四期相同或相近，无怪乎笔者一见器物照片就犹如见到故人。比如二者均以泥质黑陶为主、灰陶次之、红陶更少的陶系构成；以小鼎、簋、矮圈足壶为基本器物组合；大宗的小型明器随葬；以凹弦纹为主要的纹饰以及基本不见彩陶等特点；甚至包括鼎的基本形态、簋的基本形态、曲腹杯的基本形态、小壶的基本形态，无不和关庙山四期以及属于关庙山四期的王家岗甲组墓葬相同。报告结论中称："墓葬出土的D、E型曲腹杯，B型壶分别与关庙山遗址文化第三期出土的曲腹杯（T63④B：25、H95：2）、圈足小罐（T63④B：13）非常相似，M12的A型瓮也与关庙山H80：1小口高领瓦纹罐基本相似（仅口沿不同）。所以可以推断，这批墓葬，年代应与关庙山大溪文化第三期相当。"是比较正确的，但结论却不准确。笔者在《江汉考古》1987年第2期上发表的《关于大溪文化关庙山类型的分期》一文中将关庙山的各地层单位做了检索，认定"属于T55～T80第4层的各个单位，时间应推迟，即与3B层同属第四期。证据是，图八、4黑陶曲腹杯（T63④B：25）与王家岗Ⅲ式敛口曲腹杯（M72：4）相似……图八、9黑陶曲腹杯（H95：2）与王家岗Ⅰ式敞口曲腹杯（M14：1）几乎没有区别。图八、13黑陶圈足小罐（T63④B：19）大量见之于大溪遗址最晚一期墓（如M106），与王家岗Ⅰ式小罐也非常接近"。因此，笔者认为将第4层和3B层同时划作大溪文化第四期，也就是最晚一期，比较符合实际。而出瓦棱小口高领罐的H80，属T64④A层，自然更应归属第四期了。怪哉，笔者在文章中经过与其他遗址的可靠地层进行比较而在关庙山第三期中分析出来的第四期所举各实例，恰恰是报告用以比较从而确定屈家岭13座墓相当于关庙山三期的主要依据（图二〇、图二一）。说怪，其实也不怪。因为报告执笔者为证实其论点，执意要将这13座墓的时代往前拉，以证明屈家岭文化早期是和大溪文化第三期同时，因而屈家岭文化与大溪文化有一段平行发展的时间。但事实往往捉弄人。这样一比，事与愿违，恰好证明屈家岭13座墓不仅时代相当于关庙山四期，而且它就是大溪文化第四期，即最晚一期在汉东的一处遗存，于是，这13座墓成为解决大溪文化与屈家岭文化关系的一把钥匙，成为证明屈家岭文化源于大溪文化的铁证，它正处于由大溪文化向屈家岭文化转变过程中的一个环节。

在承认屈家岭文化是继承大溪文化变化发展而来的研究者中，对于两种文化的分界有不同意见。一种是将王家岗所有的墓葬、安乡划城岗中一期都视作大溪文化，那么《京山屈家岭》的早期

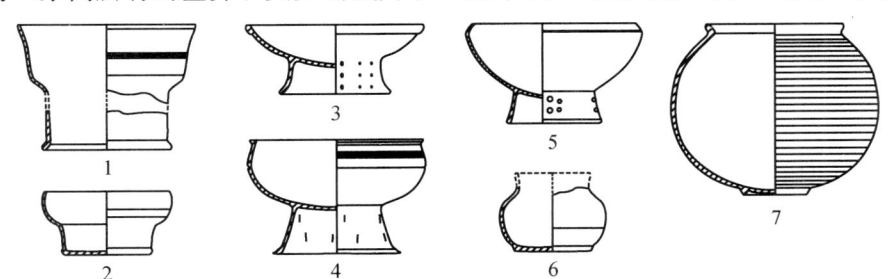

图二〇　屈家岭遗址第三次发掘墓葬出土陶器
1、2. E、D型曲腹杯（M2：11、M12：69）　3. 圈足盘（M2：5）　4. 簋（M2：4）　5. 碗（M12：31）
6. 小壶（M4：1）　7. A型瓮（M12：35）

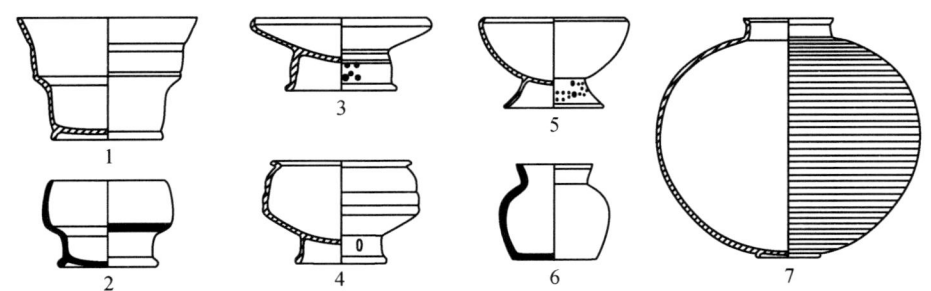

图二一　关庙山遗址第四期出土陶器
1、2. 曲腹杯（H95：2、T63④B：25）　3. 盘（H119：18）　4. 簋（T73④C：46）　5. 簋形豆（H93：3）
6. 小罐（T63④B：19）　7. 高领瓦纹罐（H80：1）

遗存自然也只能属于大溪文化，而晚一、晚二才算屈家岭文化。那么，究竟哪一类遗存才能称之为屈家岭文化的早期遗存呢？另一种意见认为，断界应在关庙山第四期之后（关庙山简报中的第四期，实际包含了一部分更晚已非大溪文化的底层单位。笔者在《关于大溪文化关庙山类型的分期》中已将其检索出来），也就是王家岗一处墓之后，安乡划城岗中一期和王家岗二组墓之前。这样，《京山屈家岭》的早期也就名副其实地应属屈家岭文化的早期。但是，不管哪一家的意见，屈家岭遗址第三次发掘的13座墓既然相当于关庙山四期，那自然也应是大溪文化（准确地说是大溪文化汉东地域类型，即有人称之为油子岭类型）中的一期，而不应视作屈家岭文化的早期。

虽然各家都倾向于将以关庙山四期为代表的遗存归属于大溪文化，但同时又感觉到它与二、三期比较起来，有巨大的差异和变化，以致它和屈家岭文化早期的联系似乎更为紧密，文化面貌更为接近。所指是：①在各陶系中，黑陶和灰陶的比例急剧增加；在墓葬中，黑陶更占据了第一陶系的地位，如屈家岭遗址第二次发掘的第三期遗存的13座墓，共出207件陶器，黑陶和黑灰陶占87.4%，其次为灰陶占12.1%，而红陶仅占0.5%。钟祥六合14座墓（报告定为屈家岭文化早期，实际相当关庙山四期）陶器126件，其中磨光黑陶和泥质黑陶117件，占93%。而关庙山一至三期遗存无一例外都是以红陶系为主。②在器类上由以圜底器、圈足器为主发展变化为以三足器、圈足器为主，并有少量平底器，而圜底器已十分罕见。炊具由以釜为主转变为以鼎为主。屈家岭第三次发掘的13座墓中，鼎103件，占全部出土陶器的50%，除M5因被推土机推土破坏，仅存簋的残片外，其余12座墓均出鼎，M2出36件、M12出26件，可见鼎在生活中的地位。钟祥六合14座墓出鼎27件，占全部出土陶器1/5以上，除M25未出外，其余13座墓均出有一至数件鼎。湖南华容车轱山第二次发掘[30]，32座大溪文化晚期墓（相当于关庙山四期）共出陶器156件，其中鼎36件，几占1/4，除一座因原已破坏未见鼎外，其余均出1或2件鼎。③壶形器大量出现。这一阶段的壶形器有两种主要形式：一是小口长颈壶，一是中口长颈圆腹壶。壶这种器形，在大溪文化早、中期十分罕见，而至晚期，突然冒出一大批来。屈家岭13座墓中出土6件，钟祥六合出15件，几占出土陶器的1/10。④大量豆形器的涌现。大溪文化早、中期豆甚少，而且实际上是圈足较高的盘或碗。至大溪文化晚期，豆的数量大增，且出现了多种形式，车轱山出40件，占全部陶器的1/4；王家岗一组10座墓（仅指组别明确者）出陶器89件，有豆9件，占1/10。大溪文化原来以釜、碗（盘）等为主的器物组合，变化为以鼎、豆、壶为主的器物组合（当然两者均有较多的罐），这是一个具有十分重大历史意义的变化。

⑤扁平穿孔石铲的出现。有人认为应称石钺,也有的根据安柄方式的不同认为其中有钺也有铲。这种扁平穿孔石钺或石铲,在大溪文化早中期不见,而在属于大溪文化晚期诸遗址都有发现,且常用以随葬。除此之外,明显的变化还有:彩陶基本消失,出现朱绘陶,出现了瓦纹、凹弦纹、刻划绹索纹等。

以上诸多变化,有些当属大溪文化自身合乎规律的必然趋势,有些应是符合时代共性的变异,但更多的则是由于外来文化因素的进入和影响。

影响来自何方?自然只能从其同时期相邻的考古学文化中去寻找。往西,是三峡峡区和川东山地,至今未找到和这些变化有任何牵连的考古学文化。往南,越过洞庭,基本上属于大溪文化的变体或受大溪文化影响的地域性文化。再往南,越过五岭,是一种受大溪文化某些因素影响,但发展变化甚为滞后的土著文化,其发展水平和力量不足以构成影响大溪文化并促使大溪文化发生根本性变化的外力。有人认为这种影响主要来自其北的中原地区。但当时的中原地区,尚处于仰韶文化中期(庙底沟期),其鲜明的特点是红陶占主要地位,彩陶正当繁荣时期,鼎的数量恰是由较多变为少见,而尚未出现另一个数量高峰的低谷期。其后的仰韶晚期,灰黑陶占到主要地位(秦王寨期),彩陶衰落,鼎的数量增加。但这个时期,长江中游地区已发展到屈家岭文化早期。中原地区发生这一历史性的变化比长江中游地区晚了数百年,而且可以清楚地看出,中原地区的变化,既包含了东方的(如大汶口文化),也包含了长江中游同时期文化(屈家岭文化)的众多因素。

至此,只能把视线转向东方,即长江下游。

长江下游地区相当于大溪文化晚期或略早的文化遗存有崧泽文化和属于薛家岗文化系统的黄鳝咀一类遗存[31]。而薛家岗文化分布区与大溪文化和屈家岭文化紧相邻接。薛家岗文化的西界,可以确定到了湖北黄梅一线,稍西的湖北黄冈螺蛳山,文化因素复杂,有人认为应归属为薛家岗文化,也有人认为其早期(指1985年发掘的10座墓)为大溪文化,晚期为屈家岭文化。依据《湖北黄冈螺蛳山遗址墓葬》(《考古学报》1987年第3期)公布的材料分析,笔者认为后一种意见是比较接近历史真实的。早期的M2~M4、M7、M8出土器物,有一定的薛家岗文化的因素,如M2出土一件长方三孔石刀,并有朱绘连弧或圆形纹,M8出土一件带柄碗,更多的则是大溪文化晚期的特点,如以鼎、壶、篮、甑、碗、曲腹杯、豆为基本的器物组合,篮、甑、曲腹杯的类型和式别等。晚期诸墓,具体形式有变异,正如报告结语所说的:"一些陶器器形的变化,可明显看出早晚两期存在着承袭和发展关系。"故此,薛家岗文化和大溪文化、屈家岭文化在鄂东发生接触,或许在个别地方存在犬牙交错的状态。

将大溪文化晚期所出现的一些特点和薛家岗第二期相比较,可以发现诸多相近因素:薛家岗二期以灰黑陶为主,鼎、豆、壶数量都多,所出23座墓,共有陶容器79件,其中鼎17件、豆11件、壶21件,为所出陶器中数量最多的三种。所出鼎,器身多为罐、釜形,与大溪文化晚期和屈家岭文化早期相近。鼎足有相当数量为凿形,类似的鼎足在黄冈螺蛳山——华容车轱山,京山屈家岭大溪文化第四期的鼎足中是数量最多的一种。豆的敛口作风和竹节形式在车轱山等地也有发现。而壶更和汉东及洞庭湖区大溪文化晚期至屈家岭文化早期诸遗址中所出可以进行类比。例如,《潜山薛家岗新石器时代遗址》(载《考古学报》1982年第3期)图一○,7、10所示Ⅲ式壶与Ⅴ式壶,其折腹作风,是屈家岭文化早期壶的典型特点,图一一所示各种实足鬶,除把手和实足极特殊,纯为东方特点外，其器身实为各种壶形。这种形式的壶，在洞庭湖区大溪文化晚期至屈家岭文化早期相似器形甚多。薛家岗二期文化基本不见彩陶，而有少量彩绘（朱绘）陶，出现相当数量的瓦纹、弦纹、刻划纹，特别是刻划的绚索纹，更与大溪文化晚期有惊人的相似。图一二，1所示石铲，在大溪文化晚期即有少量出现，而至屈家岭文化早期，更是典型器物之一。划城岗中一期（屈家岗文化早期）所出两件朱绘石铲，与薛家岗三期所出朱绘石铲更是表现出了文化上的紧密联系。石铲（石钺）从山东到浙江的整个东方沿海地区（以及沿长江上溯到安徽）的原始文化，包括大汶口文化、崧泽文化、薛家岗文化、良渚文化中都是能反映本质特征的最重要的器物。

  大溪文化发展到晚期，已经孕育了众多新文化的因素，已经接近于新的考古学文化临产的时期。而东方当时已经比较发达，在某些方面比较先进的原始文化影响的强烈西进，犹如催产，加速并促使了新的考古学文化——屈家岭文化的脱胎而出。更进一步的证据是：在大溪文化的分布区内，越是往东，大溪文化晚期诸遗存接受薛家岗文化影响的程度越强烈，而遗传给屈家岭文化早期的东方文化因素越多。不妨将鄂东、洞庭湖区和鄂西视作三个级差来进行分析。鄂东可以螺蛳山为代表，洞庭湖及相邻地区可以车轱山、王家岗为代表，而鄂西重要的发掘有中堡岛[32]、清水滩、关庙山等处。螺蛳山属于屈家岭文化早期的墓有5座，其中5座出鼎、4座出壶、3座出豆。王家岗可确认的二组墓有24座，8座墓出鼎和壶，报告中称有13座墓出豆，但部分应为罐，实际出豆的墓大概为6座。车轱山第二次发掘屈家岭文化早期墓24座，出鼎的墓20座、出壶的墓12座、出豆的墓8座。洞庭湖东岸出鼎和壶的墓葬比例数与鄂东相近，而出豆的墓比例数则与洞庭湖西北岸相近。鄂西诸遗址，则难分辨出一个单独的屈家岭早期地层，清水滩一、二期为以红陶为主的大溪文化中晚期遗存，紧接着即是以黑陶为主的屈家岭文化中晚期遗存，但两者均少鼎。中宝岛，在相当于关庙山四期之后，即为出直壁高圈足杯、薄胎彩陶杯、双腹豆的屈家岭文化中期地层。关庙山，从原来划定的大溪文化第四期中可以分析出一些属屈家岭文化早期的地层单位，按理应有一个独立的期别，但出土物太少。这些现象，是否透露出屈家岭文化是在大溪文化分布区的东部，即与薛家岗等长江下游同时期文化较为邻近的地区（鄂东、洞庭湖东岸），在大溪文化的基础上，受下游文化西进的强烈影响和冲击从而引起质变而出现的呢？笔者的回答是肯定的。三峡峡区和出三峡不远的鄂西，由于这种影响的冲击波传递时差和强度的递减，因此大溪文化延续了更长一段时间。

四、长江中游稻作农业起源和史前古城的研究

  长江中游是我国新石器时代文化出现较早，发展程度较高，对中国文明的整体进程影响较大的区域之一。彭头山文化上限达9000年，现在又有发现更早的新石器时代文化的线索，并且与旧石器时代末期衔接越来越紧，相互的演变承袭关系日益清楚，从而成为研究新旧石器时代的更替、新石器时代革命最理想的地点。距今8000~7000年的城背溪文化和皂市下层文化，出现了最早的彩陶和白陶，发展起了复杂多变的刻划、戳印纹饰，陶器已多样化，脱离了它的初始阶段。在汤家岗文化和大溪文化时期，强大的文化因素沿沅水和西江向南传播到成陆不久的珠江三角洲及邻近海岛。大溪文化晚期，在吸收了众多东方因素之后，转变为屈家岭文化。屈家岭文化时期，长江中游地区的

民族集团和文化势力发展至顶峰，对中原大地产生了强大的冲击和影响，表现出强大的生命力，以郑州大河村三、四期为代表的仰韶文化大河村类型，就吸收、融汇了大量长江中游地区屈家岭文化的因素。

近十年来，长江中游新石器时代考古已远远超出了建立文化谱系和完善编年的范围，从而朝着重建历史方面跨出了一大步，所指一是早期稻作农业文化的研究，一是史前古城址的发现。

长江中游地区史前遗址中发现的水稻栽培材料无论是就时间之早，还是就分布密集的程度来说，在全国都是无其他地区可以相比的。发现栽培稻材料的遗址有河南省西乡李家村、何家湾、淅川县黄楝树、下集、下王岗，湖北省京山屈家岭、朱家咀、天门石家河、随州冷皮垭、云梦胡家岗、龚寨、斋神堡、好石桥、秭归龚家大沟、武昌放鹰台、枝城城背溪、枝城北、红花套、枝江关庙山、江陵阴湘城、毛家山、监利福田、柳关、松滋桂花树，湖南省澧县彭头山、李家岗、八十垱、丁家岗、城头山、三元宫、都督塔、安乡县汤家岗、临澧县胡家屋场、华容县车轱山、刘补台、钱粮湖农场坟山堡、汨罗县附山园、平江县舵上坪、新晃县大洞坪、怀化县高坎垅等40余处。全国发现有栽培稻遗存的史前遗址粗略统计近100处，长江中游地区即占40%以上。其中最具价值的当推地处洞庭湖西北岸的澧县彭头山和八十垱。

彭头山首次发现了超过8000年的我国最早的栽培稻的材料。经体视显微镜观察，遗址出土陶器中夹有大量稻壳和稻谷。根据出土陶器泥料中普遍掺和稻谷、稻壳的现象，以及其后洞庭湖周围地区各时期的史前遗址均有稻谷、大米出土的事实，同时参照文化层中水稻花粉的形态和个体、萌发孔增大等佐证，判断"彭头山文化发现的稻遗存不管今后的鉴定是否有接近或属于野生稻的特点，都应属于人类稻作农业的证据"，也就是说，从农业起源的角度，它们都应是早期形态的栽培稻，"有理由把彭头山遗址的稻谷遗存作为我国8000年以前即已存在稻作农业的标志"[33]，但是，这些稻壳和稻谷均是作为掺和料与泥土一起入窑经过高温灼烧，已经完全炭化，形态不完整，体形明显缩小。据日本佐贺大学农业部和佐野喜久生教授对彭头山出土的4粒炭化稻测量，粒长分别为5.43、5.88、5.89、6.24毫米，最长的一粒也才与中国云南现在生育着的栽培稻的祖先种普通野生稻接近[34]，加之目前又无可靠的方法使之从陶胎中剥离出来，因此虽然推论应是栽培稻，但终究难以取得科学的依据，无法对其进一步做硅质体、遗传基因乃至形态学的分析。

1989年澧县李家岗遗址发掘时又发现了超过8000年的陶片中夹杂着的稻壳、稻谷。1993年对澧县八十垱遗址的发掘，不仅再次在8000年以前的陶片中发现炭化了的稻壳、稻谷，而且在灰坑土样测试中发现了极为密集的水稻孢子花粉，判断是成堆的稻草、稻壳烧过或腐烂后的遗存。这两处同属彭头山文化的遗址，距离彭头山仅几千米至十几千米，间接地证明彭头山遗址所出稻谷不是孤例。

1995年冬对八十垱遗址的第二次发掘，取得了突破性成果。八十垱遗址位于澧阳平原东北边、地处平原与岗地、河流冲积平原与湖泊沼泽三者的边缘和中界地带，古代遗存掩埋在淤泥下1~4米，遗址原地貌为湖旁高地，东面为湖沼，其余三面均有河沟环绕。1995年冬在遗址西部文化堆积与古河道接壤地带进行发掘，最西北一个探方正跨越河道与遗址，发现明显倾斜的河道坡岸，在岸边泥土中，筛选出数百粒炭化稻谷和已脱壳的大米，直接从地层中取得了可以做更深层次分析的稻谷材料，不仅强有力地支持了彭头山文化稻谷是稻作农业实物证据的观点，而且为进一步追寻原始稻作农业的线索指明了方向，为了发现更多的稻作材料，在成片发掘区西北外数十米处开了一个探索性探方，正处于古河道漫滩部位，结果是在发掘者的意料之中但又大大超出意料。地表下为黄褐色网纹土，2米深处是彭头山文化向皂市下层文化过渡的文化层，时间距今逼近8000年，相当于临澧金鸡岗和城背溪文化时期；其下，又是黄褐色网纹土；再下，在一局部出现细腻、纯净的灰色土，夹稻叶，疑是彭头山文化时期的稻田。至距地表4.5米处，发现有古河道黑色泥炭层，内有大量的有机物和可以分辨的上百种植物，如莲、菱、桃等，还有竹编物、木制品、石雕、动物骨骸，特别重要的是出有大量的稻谷，且不断随地下水涌入探方。因地下水太大，无法继续下挖，以致至今未能探到包含大量有机物和稻谷这一地层的底部。这些稻谷，有无芒和有芒的，由于是在淤泥中，有效地阻止了氧化过程，保存极好，刚出土时，有些还如同新鲜的材料。这一层出了不少陶片，器形和纹饰均同于彭头山遗址最早期，极可能逼近距今9000年。这一突破，使长江中游9000年前已出现稻作农业这一观点得以确立。

长江中游地区稻作农业早期的材料主要集中在洞庭湖区和江汉平原的南部，这里在发展早期稻作农业方面有得天独厚的条件。①为冲积和沉积平原，土质自然肥力强，疏松，雨量充足，水资源丰富；②正处于中亚热带到北亚热带的中间地带，四季分明；③从旧石器时代中晚期开始，原始人群即走向平地，以采集作为主要生活来源的手段，为谷物栽培创造了先导；④新石器时代早期诸遗址均位于湖边或湖沼地带中的高地，正是发展稻作农业的最理想的地理环境，学术界早就流行沼泽农业的说法，主张水稻或其他栽培作物首先是在潮湿的沼泽地上发展起来的（柯斯文：《原始文化史纲》，三联书店，1955年）；⑤与时代稍晚但已有较为发达的稻作农业的河姆渡、罗家角一样，彭头山、八十垱、城背溪等均处于北纬30°这个纬度线南北，如河姆渡29°58′、罗家角30°36′、彭头山29°46′、八十垱29°53′、李家岗29°44′、城背溪30°26′、枝城北30°42′。其纬度较现在还分布有普通野生稻的江西东乡高1°多，年平均气温基本接近。根据对全新世气候和环境变迁的研究，从距今9000年开始，我国东部地区进入全新世间冰期的鼎盛期，表现出温度或湿热环境特征，气温与现在持平甚至高2～3℃，长江以南广大地区在距今9000年以后，常绿阔叶树逐渐增多，形成常绿阔叶林，气候已逐渐变暖或变热[35]。这种结论，与洞庭湖区距今8000年左右大面积出现土壤网纹化现象吻合。因此距今9000～8000年这段时间，长江中下游北纬29°～30°地区作为野生稻分布的北界是完全可能的。由于有这样的气候、土质、地形等优越条件，加上有普通野生稻资源，但又不可能像在华南那样发展"富裕的食物采集文化"，因此，为取得稳定的食物来源，人们开始走上稻作农业的道路，自是情理之中的事。

笔者同意这样的观点："新石器时代初期的农业应当是就农业生产而言，而不是指人工栽培植物的开始"，"农作物的栽培最初的形态只是指人们栽培食物作物的试验，而这种试验的过程，至少应当有两个阶段，其一是栽培对象的选择，最初的栽培对象可能不只是一两种植物，而是在几种与人们的采集经济关系最密切的植物中进行选择，从而寻找出适合人工栽培的植物种属；其二是对这些植物的种属进行驯化，使其变为真正的人工栽培植物。……只有当一种植物经人工驯化而较大面积种植，从而产生了一定的经济利益之后，才会出现所谓的农耕文化或农业文化，即进入了农业的初步发展阶段"（尚民杰：《对早期原始农业的初步探索》，《农业考古》1992年第3期）。长江中游地区，特别是其江南部分，距今9000～8000年的遗址中出土稻谷材料是大量的，当然首推八十垱，笔者认为其已经进入了农业的初步发展阶段，即已出现了农业文化。而水稻驯化的开始，理应更早，地点也许在纬度更低的地方，因为那里是普通野生稻分布的中心地区。最近《中国文物报》刊载了1995年考古十大发现，其中两项与此有关：一是江西万年仙人洞和吊桶环遗址，对洞穴距今14000～9000年的新石器时代早期地层中的孢子分析，发现了类似水稻的扇形体。而更为重要的是，1995年又在湖南道县寿雁镇白石寨玉蟾岩（又称蛤蟆洞）洞穴遗址中再次发现水稻谷壳，进一步验证了1993年出土水稻谷壳时代的可靠，使水稻食物提前到14000～15000年（北京大学对出土稻谷同层位标本的^{14}C年代测定）。所出石制品全系打制，同出极其原始的陶片。水稻谷壳发现在文化胶结堆积的层面上，出土时色灰黄。1995年1粒完整，1粒1/4残片。北京农业大学张文绪教授对两次发掘所出稻壳进行电镜分析，坚定1993年所出为普通野生稻，但具人工初期干预痕迹，1995年所出稻谷栽培化特征已明显，近于现代的籼稻类型，但兼备野、籼粳特征，是一种由野生稻向栽培稻演化的古栽培稻类型，这为水稻驯化、栽培起源时间和地点的研究提供了全新材料，意义绝不可低估。道县玉蟾岩在南岭以北，北纬25°35′。但是，笔者认为这里虽已开始了对野生稻的驯化，但一则由于是石灰岩洞穴地区，难以在较早阶段形成稳定的定居聚落；二则由于气候湿热，可供作食用的野生植物资源丰富，因而不大可能在早期形成农业文化，而最具率先出现早期农业文化条件的，还是像洞庭湖区和长江中游江南部分这样纬度和自然环境的地区。

　　长江中游地区目前见到资料的史前时期古城有5座，即湖南澧县城头山、湖北石首走马岭、江陵阴湘城、荆门马家垸和天门石家河[36]。其实，已经发现未经报道的还有四五座，且有不断新发现的消息。其中时代最早的是城头山，始筑于屈家岭文化早期（按笔者的分期标准，有些研究者将其定为大溪文化第五期），距今5300年左右，这座城，经过4年大面积发掘，收获极为丰硕。阴湘城、走马岭、马家垸略晚，始筑于笔者所称之为的屈家岭文化中期，即另一些研究者所称的屈家岭文化早期。石家河城时代大体相当或再晚一点，使用时间均延续至石家河文化中期。面积在10万平方米左右，石家河古城规模宏大，面积达120万平方米，依山而筑的城墙高耸，就谷而修的护城河深峻，气势非凡。长江中游史前古城的出现，就时间来说在全国各文化区域中是较早的。城头山极可能在大溪文化中期即有筑城可能，即使就现在认定的5300年左右，也与号称中国第一城的河南郑州西山仰韶文化城相当。长江中游史前古城的数量，可与河南、山东等地区比肩。这种现象的出现，是早期农业文化发展到一定阶段的必然结果，是以农业为基础而产生的文明的早期因素。这些古城的勘探、发掘工作正在进行，相信会不断有新的发现，对其布局、发育水平及体现的社会形态，还远未认识清楚。但是，笔者认为，早在距今9000～8000年前在澧县八十垱即出现环绕遗址的壕沟；距今6000年左右，在城头山大溪文化大型遗址周围出现了宏大的围壕；距今5300年左右的屈家岭文化早期，围壕废弃了，重叠其上筑起了城垣，其外是数十米宽的护城河；到距今5000年左右的屈家岭文化中期，正当长江中游民族集团和文化发展至顶峰时，在江汉平原上出现了令人惊心动魄的石家河古城。一步步的发展变化，脉络实在清楚，这些变化，无疑标志着文明时代到来之前长江中游地区聚落形态和社会组织形态发展的几大阶段、几次飞跃。八十垱的围沟，表示了社会尚未分层的内聚式的农耕聚落的界限，城头山大围壕的开挖，表明已出现了初步分层和分化，出现了中心聚落（原始宗邑）和半从属聚落（村邑），而当城头山围壕的废墟上兀然立起城垣，无异于宣布原始社会开始走向衰亡，早期都邑出现，进入了苏秉琦先生所称的"古国"阶段。因为城垣和围壕的作用有本质的不同。围沟和环壕，主要是对外的防御，而城垣的建造，则不仅是建筑行为，也是政治行为，是"在权力居于力量这样一种政治系统中统治阶级的一种工具，它是权力的象征，也是维护权力的必要工具"（费孝通语），说明已有了凌驾于社会之上的公共权力，而这种公众性极强的事务发展的需要，又促使了早期国家统治之权的集中体现——王权的出现。屈家岭文化中晚期至石家河文化早期，长江中游的苗蛮集团开始了向北扩展的强劲态势，重心由江南地区向北推移，于是，在江汉平原——洞庭湖区内筑起了凌驾于其他城之上的城——石家河古城，规模如此宏大的城的横空出世，似乎标志着这一地区统一的权力中心形成，真正的王权出现了。

注　释

［1］　湖南省博物馆：《湖南安乡县汤家岗新石器时代遗址》，《考古》1982年第4期。

［2］　湖南省博物馆：《澧县东田丁家岗新石器时代遗址》，《湖南考古辑刊》第1集，岳麓书社，1982年。

［3］　湖南省文物考古研究所：《湖南临澧县胡家屋场新石器时代遗址》，《考古学报》1993年第2期。

［4］　益阳地区博物馆、南县文物管理所：《南县涂家台新石器时代遗址调查报告》，《湖南考古辑刊》第6集，《求索》杂志社，1994年。

［5］　津市文管所发掘资料。

［6］　岳阳市文物工作队、钱粮湖农场文管会：《钱粮湖坟山堡新石器时代遗址试掘报告》，《湖南考古辑刊》第6集，《求索》杂志社，1994年；张春龙：《洞庭湖地区新石器考古新收获——岳阳钱粮湖农场坟山堡遗址的发掘》，《中国文物报》1992年6月14日。

［7］　湖南省文物考古研究所、澧县博物馆：《湖南省澧县新石器时代早期遗址调查报告》，《考古》1989年第10期。

［8］　湖南省文物考古研究所、澧县博物馆：《湖南省澧县新石器时代早期遗址调查报告》，《考古》1989年第10期。

［9］　湖南省文物考古研究所、澧县博物馆：《湖南省澧县新石器时代早期遗址调查报告》，《考古》1989年第10期。

［10］　湖南省文物考古研究所、澧县文物管理所：《湖南澧县彭头山新石器时代遗址发掘简报》，《文物》1990年第8期。

［11］　湖南省文物考古研究所发掘资料。

［12］　裴安平：《彭头山文化初论》，《长江中游史前文化暨第二届亚洲文明学术讨论会论文集》，岳麓书社，1996年。

［13］　湖南省文物普查办公室等：《湖南临澧县早期新石器文化遗存调查报告》，《考古》1986年第5期。

［14］　国家文物局三峡考古队：《湖北秭归朝天咀遗址发掘简报》，《文物》1989年第2期。

［15］　湖北省文物考古研究所：《1982年秭归柳林溪发掘的新石器早期文化遗存》，《江汉考古》1994年第1期。

［16］　陈振裕、杨权喜：《宜都县花庙堤等四处新石器时代早期遗址》，《中国考古年鉴（1985）》，文物出版社，1985年。

[17] 陈振裕、杨权喜：《宜都县花庙堤等四处新石器时代早期遗址》，《中国考古年鉴（1985）》，文物出版社，1985年。

[18] 张绪球：《汉水东部地区新石器时代文化初论》，《考古与文物》1987年第4期。

[19] 黄陂县文化馆：《黄陂境内新石器时代文化遗存》，《江汉考古》1987年第2期。

[20] 天门县博物馆：《天门龙咀遗址调查》，《江汉考古》1984年第2期；荆州地区博物馆发掘资料。

[21] 石河考古队：《湖北省石河遗址群1987年发掘简报》，《文物》1990年第8期。

[22] 屈家岭遗址考古队：《屈家岭遗址第三次发掘》，《考古学报》1992年第1期。

[23] 荆州地区博物馆：《钟祥六合遗址》，《江汉考古》1987年第2期。

[24] 张绪球：《汉水东部地区新石器时代文化初论》，《考古与文物》1987年第4期。

[25] 黄陂县文化馆：《黄陂境内新石器时代文化遗存》，《江汉考古》1987年第2期。

[26] 河南省文物研究所等：《淅川下王岗》，文物出版社，1989年。

[27] 宜昌地区博物馆等：《湖北省宜昌县清水滩新石器时代遗址的发掘》，《考古与文物》1983年第2期；武汉大学考古专业：《清水滩遗址1984年发掘简报》，《江汉考古》1988年第3期。

[28] 岳阳地区文物工作队：《华容车轱山新石器时代遗址第一次发掘简报》，《湖南考古辑刊》第3集，岳麓书社，1986年。

[29] 黄冈地区博物馆：《湖北黄冈螺蛳山遗址墓葬》，《考古学报》1987年第3期。

[30] 湖南省文物考古研究所发掘资料。

[31] 安徽省考古研究所：《宿松黄鳝咀新石器时代遗址》，《考古学报》1987年第4期。

[32] 宜昌地区博物馆等：《宜昌中堡岛新石器时代遗址》，《考古学报》1987年第1期。

[33] 裴安平：《彭头山文化的稻作遗存和中国史前稻作农业》，《农业考古》1989年第2期。

[34] 何野喜久生：《东アミアの古代稻C稻作起源》，《东アジアの古代稻C稻作文化报告论文集》，佐贺大学农学部，1995年。

[35] 徐馨、沈志远：《全新世环境——最后一万年来环境变迁》，贵州人民出版社，1990年。

[36] 张绪球：《屈家岭文化古城的发现与初步研究》，《考古》1994年第7期。

（原载《长江中游史前文化暨第二届亚洲文明学术讨论会论文集》，岳麓书社，1996年）

中国考古与酋邦

裴安平

之所以要讨论中国考古与酋邦的关系，是因为"酋邦理论"已经成为世界范围内文明与国家起源研究的重要理论，对中国也影响很大。

一、酋邦理论对中国影响的现状

第一个使用"酋邦"（chiefdom）一词的是美国人类学家卡莱尔沃·奥博格（Kalervo Oberg）。1955年，他在一篇文章中分析了南美洲低地的一种部落社会，使用了"政治上组织起来的酋邦"（politically organized chiefdoms）这一术语[1]。

20世纪60年代，美国人类学家塞维斯（Elman R. Service）根据夏威夷群岛波利尼西亚民族原始文化的资料又提出了相对比较系统的酋邦理论[2]，从而使这一概念与认识逐渐成为国际上历史学、考古学和人类学领域流行的研究理论。

2009年11月4～5日，中国社会科学院世界历史研究所主办的"古代国家的起源与早期发展国际学术探讨会"在北京召开。来自中国、美国、日本、荷兰、俄罗斯的50多位中外学者围绕古代国家起源与早期形态等问题进行了跨学科的对话与交流。其中，关于"酋邦"的问题就是一个讨论的热点。

会后，有关"综述"从四个方面对"酋邦"理论及其对中国的影响进行了全面的分析和概括[3]。

第一，认为20世纪60～70年代，美国人类学新进化论学派提出的分层社会理论、酋邦理论，以及荷兰莱顿大学亨利·克赖森（Henri J. M. Claessen）提出的早期国家理论，逐渐成为当今文明与国家起源研究领域最重要的理论工具，在中国学术界也有较大反响。

第二，认为20世纪80～90年代，是张光直、童恩正、谢维扬率先将酋邦理论和早期国家理论介绍到中国来的，并尝试与中国古代国家起源的研究相结合。此后，一些中青年学者也表现出了对酋邦理论、早期国家理论的极大兴趣，并越来越多地在各自学科的研究中使用酋邦、分层社会、早期国家这类新名词。虽然不占主流，但渐有以西方人类社会演进新学说代替传统的马克思主义的社会演进学说的趋势。

第三，认为酋邦之所以在中国迅速传播的原因主要是具有较高的理论价值和启示作用。因为，摩尔根和恩格斯的古代社会演进学说仅仅表明从氏族社会到国家发生过一次质变——平等的氏族社会变为不平等的阶级社会，在这一演变过程中是否存在某些过渡阶段呢？20世纪60年代，美国新进化论派人类学家的研究表明，在前国家的早期社会中，确实存在着不平等的社会发展阶段。对于这一阶段，弗里德（Morton H. Fried）称之为阶等社会和分层社会，塞维斯称之为酋邦，这就弥补了传统社会进化论的理论缺口。这一研究成果对于马克思主义国家起源理论的更新与发展也是有用的，在某种程度上，二者并不矛盾。

第四，认为如何在历史学、考古学领域运用这种人类学理论，学者们的态度并不一致。

事实上，自"酋邦"一词进入中国以来，中国学者就一直存在两种截然不同的态度[4]。

易建平先生认为酋邦理论"十分有利于中国原始社会的研究，十分有利于中国文明和国家起源的研究，十分有利于近几十年来中国相关领域新的重大发现，尤其是考古学上发现的解释"。

王震中先生就不这样认为，并"称酋邦理论具有假说性，其最大的问题在于将横向的现存原始民族的诸形态排列为纵向的古代社会发展诸阶段"。他也不赞成运用美国人类学家亨利·怀特（Henry T. Wright）、蒂莫西·厄尔（Tinothy K. Earle）的"四级聚落等级的国家论"理论来区别酋邦与国家，认为这种划分带有主观性，过于绝对，与中国古代社会情况不符。

考古界对待酋邦也有两种不同的态度：一种与易建平先生一样，推广不遗余力；另一种却与王震中先生不同，这就是考古界的主流。由于"酋邦理论"，一方面涉嫌修改了中国考古学界传统经典的历史发展观，另一方面与同出欧美的"区域聚落形态"只是具体问题的认知理论与方法不同，难为我所用；所以，它没有得到"区域聚落形态"被奉为文明探源主要方法一样的待遇，而是被置之不理，既不说反对的理由，也不讲赞成的道理，任其自生自灭。

二、酋邦理论的基本内容

根据各方面的资料，欧美的酋邦理论主要有三个组成部分，或三个重点不同的研究层次。

（一）历史分期

认为人类社会的政治组织经历了游群、部落、酋邦、国家四个连续发展的阶段。

美国人类学家塞维斯1962年在《原始社会的组织》（*Primitive Social Organization*）和1975年在《国家与文明的起源》（*Origins of the State and Civilization*）中即认为，人类社会的政治组织经历了四个连续发展的阶段，即游群、部落、酋邦、国家。

应该指出的是，这一认识实际也是在为"酋邦"的存在提供历史的合理性与价值。

（二）不同时期的不同特点

酋邦理论之所以将人类历史分为四个阶段，因为各有特点。下面将以童恩正先生在《文化人类学》[5]一书中的概述为基础，简介如下。

1. 游群

由小而游动的人群所构成，是自给自足的自治团体，是人类在农业起源以前最原始的一种社会组织。

特征之一：这类社会的技术水平都停留在狩猎采集阶段，必须在各处寻找食物，或是为了追踪猎物，或是为了采集成熟时间不同的植物果实或根茎，所以就决定了他们的流动性质，以及季节性的迁徙。

特征之二：规模很小。决定游群大小的因素是他们所处的环境丰饶与否，以及他们自身技术水平的高低。有的每群约有20人，最大的400～500人。游群的人数是随季节而定的，夏天最大，因为这时食物丰富可以供养较多的人。

特征之三：是一种平等的社会，同一年龄级序的人享有同等的权利和义务。财产私有的观念是不存在的。

特征之四：游群以内并无常设的管理机构。

2. 部落

与"游群"的相似之处：一是人与人之间平等；二是没有阶级；三是没有正式的领导模式。

与"游群"的不同之处。

经济方面，部落社会一般都是从事生产经济的社会，由于作物栽培和动物驯养较狩猎采集效率更高，所以部落社会较之游群社会人口密度高，人群团体规模较大，定居亦较稳定。

组织结构方面，部落社会存在一种泛亲族组织，它能将小小的地方分支横向联系起来，组成一个部落。泛亲族组织最主要的目的，还在于团结力量以抵抗邻近部落的侵袭。因为，主要的生产资料——土地此时已变得更有价值了，受到外敌的威胁更大。

泛亲族组织有两种组织形式。

第一种，构成部落，即在氏族的基础上构成部落。

第二种，构成分支世系体系。在这种体系中，联系的基础仍然是血缘纽带。小世系群结合构成中世系群，中世系群又结合而成大世系群，依此类推，直至整个社会结合成为一个总体为止（图一）。就对外关系而言，这种制度非常有用，因为当某一单独的世系群遇到困难时，可以得到其他世系群的帮助。也有人认为分支世系制度的主要功能是一致对

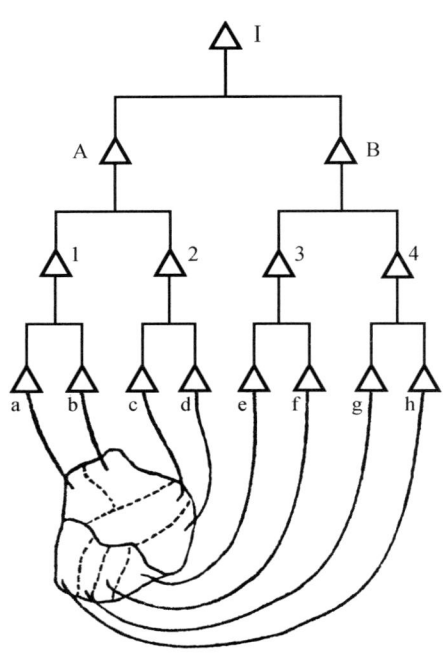

图一 尼日利亚北部蒂夫人（Tiv）世系与领土关系示意图

小世系群a和b，各有其土地，他们是中世系群1的后代。由a和b组成的中世系群1的领土，再加上由c和d组成的中世系群2的领土，构成了大世系群A的领土。A的领土，加上由中世系群3和4组成的大世系群B的领土，构成了蒂夫人的全部领土Ⅰ。所有的蒂夫人，相传都是Ⅰ的后代

（引自童恩正：《文化人类学》，上海人民出版社，1989年）

外，它常出现在本身需要扩张而周围的领土又已被邻人占据的部落之中。

3. 酋邦

在人类历史上，酋邦既不同于部落社会，又不同于以古希腊罗马为代表的奴隶社会，有可能是由原始社会到奴隶制国家之间的过渡形态。

主要有以下六个特点。

第一，酋邦社会有一固定的核心政治机构，以管理范围明确的区域之内的一切经济、社会和宗教的活动。这个政治机构可以有很多人参加，但其最高层却是一个独裁的邦主。

第二，在部落社会里，村社之间的联合是非正式的，但酋邦社会则有正式的权力机构将跨村社的政治单位联结在一起。

第三，酋邦社会也是以农业或畜牧业为其经济基础，但是其生产专门化的程度则超过部落社会。在这里可能出现一个氏族专门种植，一个氏族专门渔猎，另一个氏族专门从事某种手工业的情况。

第四，村社的成员仍然是自由民，彼此间主要靠血缘关系联结。村社内部虽有贫富分化，但阶级对立并不显著。超乎村社之上的酋邦统治机构，是以氏族总体作为统治对象，而不是以个人作为统治对象的。

第五，邦主的职位是永久性的，有时候是通过世袭而来，具有很大的权势。酋邦社会往往有等级的划分，不同的等级有时用不同的衣着、饰物或徽号来显示。

第六，邦主的职能之一是掌管社会产品的再分配。人民的剩余产品，甚至一部分必需产品先由邦主征集起来，然后按社会等级重新分配。除了征集实物以外，邦主还有征集军队、调配社会劳动力的权力。不论是服兵役还是劳役，人民都要自己负担一切开支。此外，邦主很可能又是宗教领袖，认为能得到超自然力量的支持。这使他的统治具有合法性，还使人民对他产生服从和畏惧的心理。

4. 国家

国家是一个政治组织，有明确的疆界、统一的政府以及保证政府的权威得以执行的一整套强制力量。

从形式上看，凡是存在国家的社会，都有复杂的政治机构、固定的官僚系统，以及对内对外的统治政策。在一个国家里，强制力量——军队、警察、法庭、监狱等乃是由政府所垄断。政府凭借这种力量组织劳动，征收赋税，维持社会秩序。

（三）酋邦的多样化

由于世界各地被认为属于酋邦阶段的民族学与人类学资料的多样性，所以20世纪80年代前后，美国人类学家塞维斯的研究受到了一些批评，一方面有人认为他的研究过于简单，另一方面有人又提出了许多新的认识。

1988年1月，美洲研究学会举行了一个酋邦研讨会，会议的纪要曾发表在1989年2月的《当代人类学》（Current Anthropology）上，1991年又收入剑桥大学出版社出版的美国人类学教授T.厄尔（Tinothy K. Earle）主编的《酋邦：权力、经济和意识形态》（Chiefdoms: Power, Economy, and Ideology）一书中。对此，陈淳先生概述说："这个研讨会是该领域一流学者们的一次集会，对酋邦问题进行了非常深入全面的探讨。会上所提出的一些问题，不仅仅是对当时酋邦研究成果的一次总结，而且对于后来包括今天在内的国家文明起源研究都十分重要的意义。会议不仅探讨了酋邦的概念，更着重探讨了酋邦产生和存在的动力机制。首先，酋邦被认为具有极大的多样性。从规模上可分为简单酋邦和复杂酋邦；从财政基础而言，根据支付媒介的特点，可以区分为产品经济型酋邦和财富经济型酋邦；从结构上，酋邦可以分为集体型酋邦和个体型酋邦。其次，伴随对当时盛行的人口压力是社会演变主要原因学说的反思，学者们全面探讨了酋邦权力起源可能存在的所有动力，主要从三个方面（对经济、战争和意识形态的控制）总结为十项策略。与会者的一种共识是，权力的三个组成部分某种程度体现了不同的策略，而有效的统治似乎有赖于多种不同策略结合使用，以便集中权力并克服单一权力来源的局限性，这是各地案例中较为普遍的现象。另外，会议还讨论了环境在酋邦发展中的作用、酋邦的规模与层次，以及酋邦的轮回等其他一些重要问题。"[6]

三、中国考古与酋邦

已有的发现表明，中国的史前考古与酋邦理论格格不入。在这片大陆既不存在所谓的酋邦，也没有酋邦理论生长的土壤。

（一）历史上就不存在独立的"游群"

下面举两例予以说明。

1. 河北阳原泥河湾盆地的旧石器早期遗址

河北阳原泥河湾盆地的旧石器早期遗址，最早距今约200万年。由于这里的旧石器时代考古持续不断，硕果累累，被学界誉为"中国乃至世界相关科学研究的经典地区"[7]。

根据谢飞等三人合著的《泥河湾旧石器文化》一书中提供的资料，那里在旧石器早期就明显存在一种长期居住的遗址相互近距离群聚在一起的现象（图二）。其中，12个遗址就密集地聚集在一个东西长不足4、南北宽不足1.2千米的长条形地带内，以致该书的作者们也认为"旧石器时代早期遗址均集中分布于此，构成了一个较为庞大的遗址群"。

在这个群体中，分别有以遗址为单位近距离相聚的遗址群至少4组，即1、2号马圈沟与半山，3、4号小长梁与大长梁，5~7号飞梁、东谷坨与霍家地，10、11号油房与西沟，相互距离仅数百米。此外，又由于这些遗址群相互之间的距离还特别近，所以它们又属于以遗址群为单位近距离相

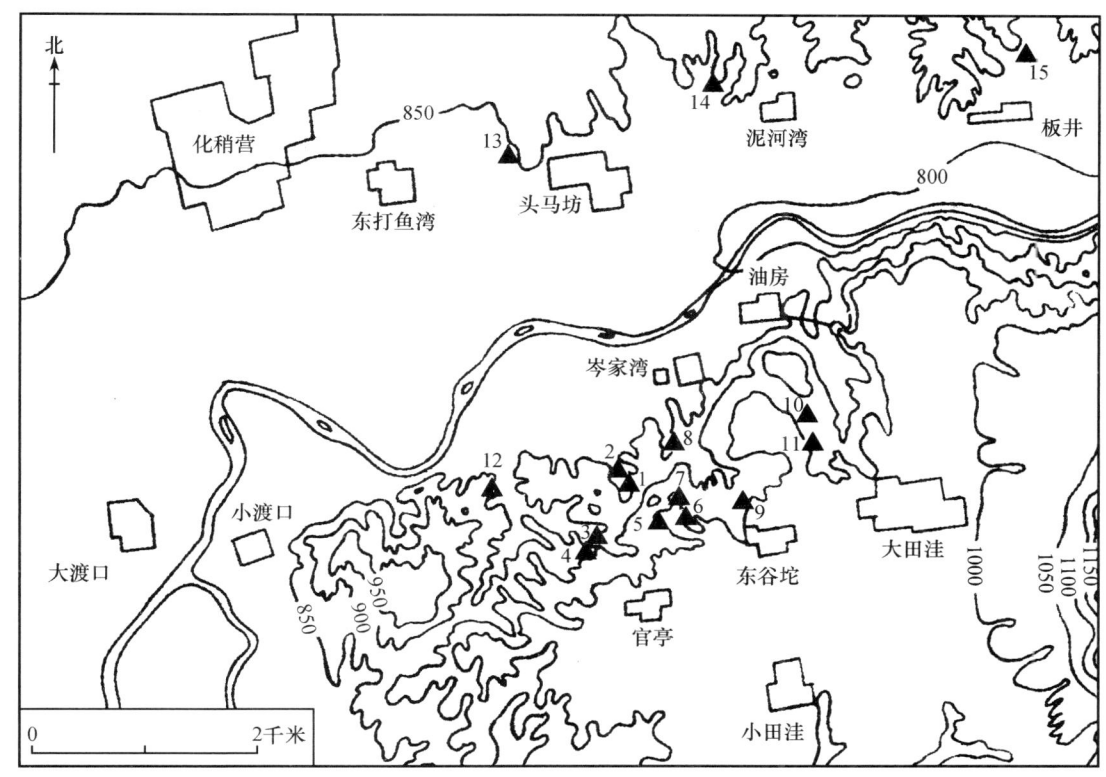

图二 河北阳原泥河湾旧石器早期主要遗址分布图

1. 马圈沟 2. 半山 3. 小长梁 4. 大长梁 5. 飞梁 6. 东谷坨 7. 霍家地 8. 岑家湾 9. 马梁 10. 油房 11. 西沟 12. 二道梁 13. 黑土坡 14. 上沙咀 15. 板井子

（引自谢飞等：《泥河湾旧石器文化》，花山文艺出版社，2006年）

聚的同一个更高一级的组织——遗址群团。

根据已有的发掘资料，泥河湾的旧石器时代早期遗址并非都是"流动性"和"季节性"的产物，如飞梁、东谷坨遗址的发掘就证明它们曾经是同时期的遗址群。

东谷坨遗址（图二，6），1981年发现并随即进行了试掘，截至2001年，遗址总发据面积达120平方米。据谢飞等先生介绍[8]，遗址面积较大，文化层最厚达3米，遗物发现也很丰富。虽然"遗址中没有发现明显的遗迹现象，但是大量碎屑和碎骨片的存在，说明在这里曾经有过打片活动和餐食活动，并且，由于作用于遗址的水动力比较平缓，没有对遗址造成大的扰动"。遗址石器的制作水平也名列泥河湾旧石器早期遗址之冠，"除技术改进外，应与遗址性质及所占用的时间有密切关系。据分析，遗址处在当时泥河湾湖滨的河流入口处的河漫滩环境下，这里往往是人类或其他动物活动的最频繁地段，巨厚的文化层显示，人类在这里持续的时间长，众多的石制品证实，这里绝不是人类短暂的活动留下的遗物，而是长时期的占据或多年反复光顾的结果"。

飞梁遗址（图二，5），位于东谷坨西北，相距仅200米，1990年、1996年先后两次发掘，总发掘面积近100平方米。其中，1990年的发掘，美国著名的旧石器考古学家加利福尼亚大学伯克利分校柯德曼教授、印第安纳大学屠尼克和凯西·石克教授、犹他大学著名地质学家布郎教授，都在现场指导发掘。1996年，遗址的发掘则完全是由河北省文物研究所与美国印第安纳大学组成的考古队

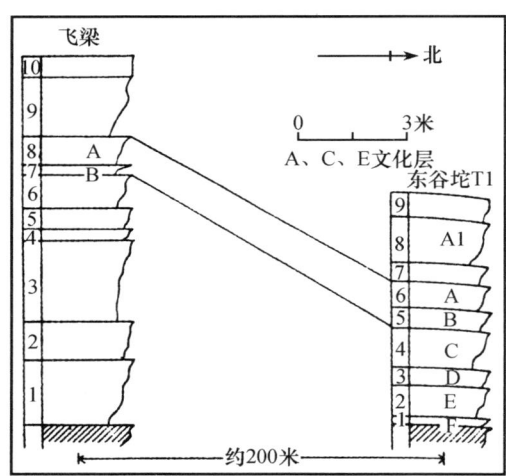

图三 东谷坨、飞梁遗址地层剖面比较图
（引自谢飞等：《泥河湾旧石器文化》，花山文艺出版社，2006年）

联合完成的[9]。

发掘的主要收获有三点。

第一，发现遗址A、B文化层的年代与东谷坨遗址文化层A、B相当（图三），说明二者年代接近。

第二，发现遗址厚达2米以上的文化堆积层（图四，第9~11层）。

第三，发现了"文化遗物分布上存在4个相对集中区域……造成这种现象往往是人为的，与当时占有者生产、生活行为息息相关"[10]。

由于以上两个遗址不仅时代接近、距离接近、文化层堆积较厚，而且有人类的生产生活遗迹存在；因此，它们之间就应该不是一种因追逐食物而偶然相聚在一起的孤独的"游群"群体，而是互有组织关系的长期稳定居住的人群。

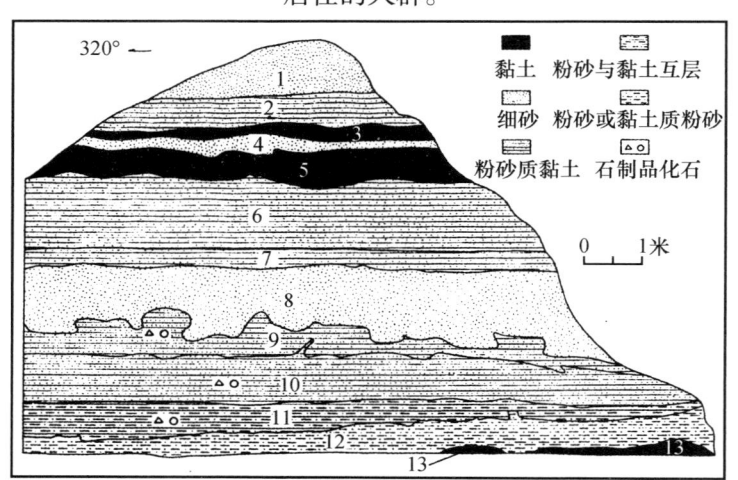

图四 飞梁遗址探方T0K东壁地层剖面图
（引自谢飞等：《泥河湾旧石器文化》，花山文艺出版社，2006年）

2. 皖东南水阳江流域的旧石器早期遗址

水阳江是长江南岸的一条支流，位于苏皖浙三省交界处。20世纪80年代以后，在皖东南宁国至宣州长约70、最宽约20千米的江段两岸，发现了两个旧石器早期的遗址群团[11]。

（1）I号宁国遗址群团

位于宁国县城周围，一共8个遗址，分属两个遗址群。

第一群，5个遗址，分别是1号英雄岭、2号县百货公司仓库、3号县砖瓦厂、4号竹峰安冲、5号河沥溪镇砖瓦厂。其中，1号距2号仅500米，其他的相距1~1.5千米（图五，1~5）。

第二群，3个遗址，分别是6号官山、7号毛竹山、8号罗溪砖瓦厂（图五，6~8）。其中，毛竹山距官山500米。

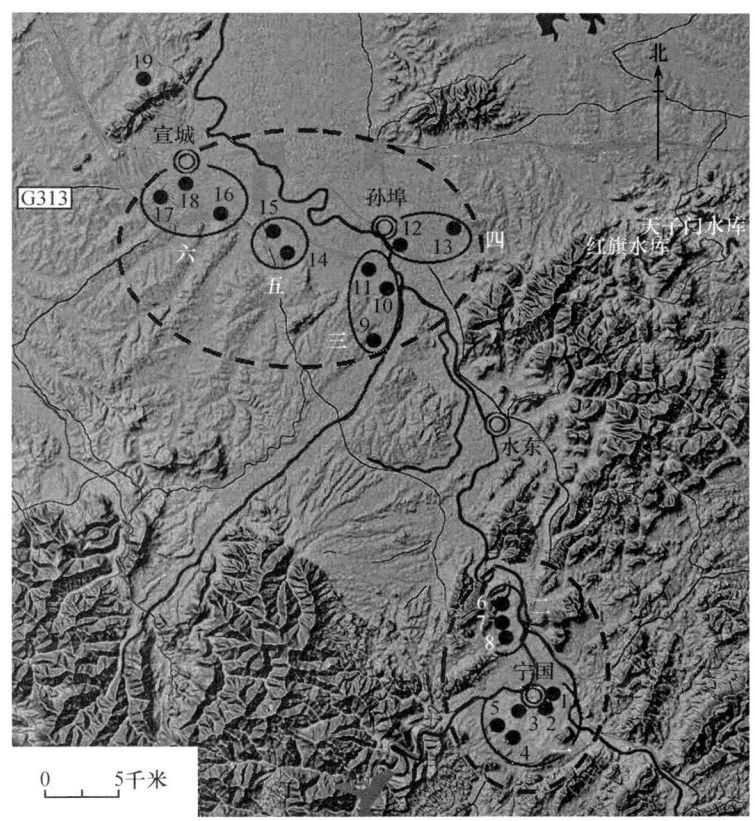

图五　安徽水阳江旧石器遗址位置图

1. 英雄岭　2. 县百货公司仓库　3. 县砖瓦厂　4. 竹峰安冲　5. 河沥溪镇砖瓦厂　6. 官山　7. 毛竹山　8. 罗溪砖瓦厂　9. 黄渡砖瓦厂　10. 鲁溪黄土坡　11. 陈山（向阳）　12. 孙埠镇洋山　13. 邱林砖瓦厂　14. 双河第一砖瓦厂　15. 夏渡第二砖瓦厂　16. 夏渡砖瓦厂　17. 原市司法局砖瓦厂　18. 敬亭砖瓦厂　19. 团山乡第二砖瓦厂

（所有遗址点、名称皆引自房迎三等：《水阳江旧石器地点群埋葬学的初步研究》，《人类学学报》1992年第2期；图中实线圈、虚线圈均为本文作者所加）

（2）Ⅱ号宣城遗址群团

南距Ⅰ号群团最近约22千米，从宣城往下，沿水阳江两岸一共有10个遗址，分属4个遗址群。

第三群，3个遗址，分别是黄渡砖瓦厂、鲁溪黄土坡、陈山（原名向阳砖瓦厂）。其中，陈山距黄土坡约1千米，距黄渡砖瓦厂约4千米（图五，9~11）。

第四群，2个遗址，分别是孙埠镇洋山、邱林砖瓦厂，相距约3千米（图五，12、13）。

第五群，2个遗址，分别是双河第一砖瓦厂与夏渡第二砖瓦厂，相距约1千米（图五，14、15）。

第六群，3个遗址，分别是夏渡砖瓦厂、原市司法局砖瓦厂、敬亭砖瓦厂，相距1.5~3千米（图五，16~18）。

值得注意的是，宣城陈山砖瓦厂、宁国罗溪村毛竹山、宁国罗溪村官山等三地点，由于内含丰富还被发掘者誉为是水阳江流域旧石器时代人类居住与活动的三大"营地"[12]。

宣州陈山（向阳）遗址，虽历年制砖已取土数万平方米，但现存的面积仍有数十万平方米。1988年调查时，在该地点还发现各类石制品千余件。为此，房迎三先生认为："根据石器地点和文化遗物的分布情况、埋藏情况、各石器地点的面积和文化层的厚度分析，水阳江旧石器地点群可能是一个以向阳地点为中心，半径约30公里的古人类生活圈（Living district）。"

1993年，南距毛竹山仅500米的宁国官山遗址东区发掘，面积200平方米[13]，在清理遗址上文化层时，曾在25平方米范围内发现一石制品数量稀少的古人类生活面[14]。

1997年，宁国毛竹山发掘。由于窑场取土破坏等原因，遗址现存面积仅3000平方米，但当年的发掘却发现了一处人类旧石器早期的生活遗迹（图六）。该遗迹长轴约10、短轴约6米，整体由1167件砾石与石制品组成的环带构成，轮廓略呈长圆形；中间现存的是空白区，面积（4.7×4）平方米。此外，在宽约2米的环带内，还发现了20个由砾石与石制品构成的小圈，直径20～40厘米。根据遗迹环带内砾石与石制品的埋藏学和类型学研究，并综合考虑遗迹的形态特征，发掘者最后推测它更可能是一种人类的生活遗迹。

显然，以上的发现都不像是"游群"的遗迹，而是人类长期生活的遗存。

因此，综合中国南北不同地区旧石器时代遗址的发现，为人们认识人类早期的居住与生活方式提供了非常重要的启示。

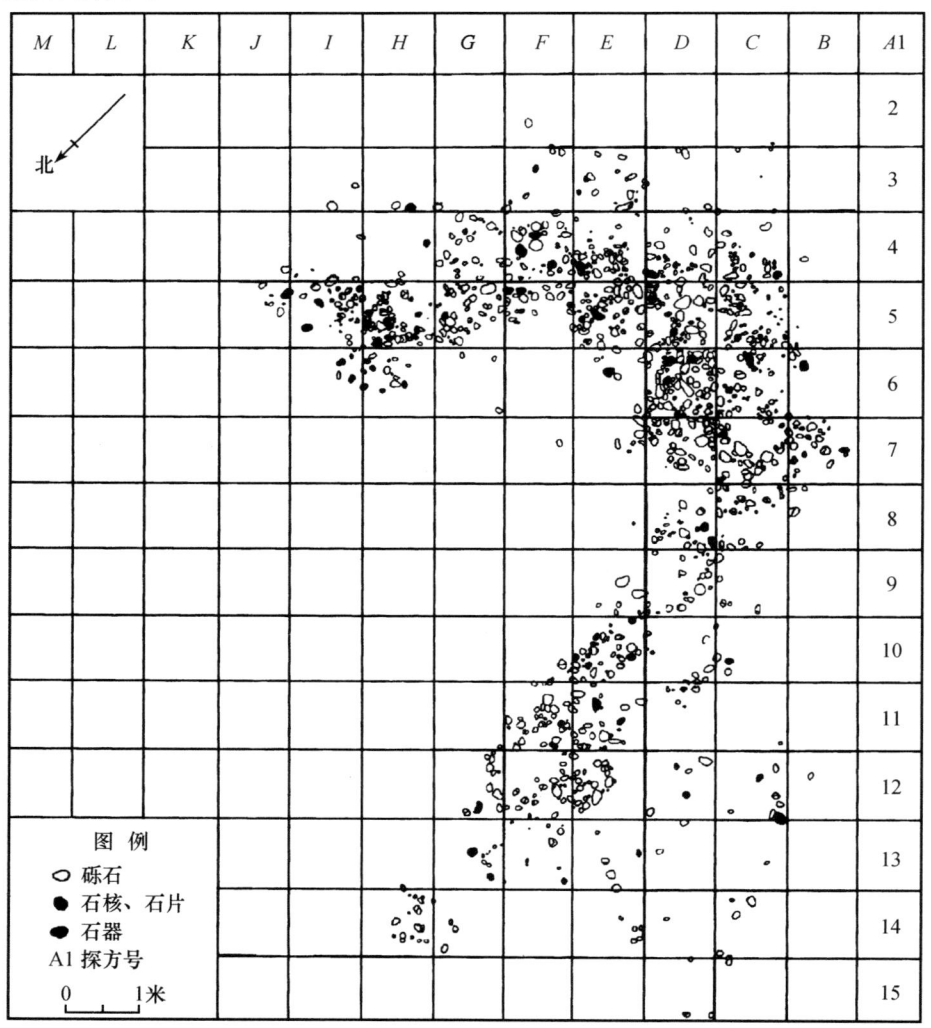

图六　安徽宁国毛竹山遗址遗迹平面图

（引自房迎三等：《安徽宁国毛竹山发现旧石器早期遗存》，《人类学学报》2001年第2期）

第一，距今200万年以前，在人类的居住与生活模式中就不存在由小而游动的人群所构成的自给自足的自治团体，而是普遍流行以血缘为纽带并相聚为群的居住与生活模式。

第二，遗址群与遗址群团的二级组织结构表明，由于人口的增加而自然分裂的族体，一方面要与母体分开，独立生活；另一方面又要距离母体很近。因此，随着时间的推移，群体的分裂与扩大，就自然形成了遗址群与遗址群团的二级组织结构。

第三，由于地广人稀，在面对食物资源匮乏的自然环境时，人类会很自然地换一个更好的地方居住，而不会长期去当"游群"，并心甘情愿地忙于不稳定的追逐食物。此外，如果真的要搬家，也应该是一种有组织的行为，而不是每一个遗址自为"游群"，自行其是，自谋出路。

第四，相对摩尔根与恩格斯的"原始群"，"游群"的名称在表明上似乎更有时代特点；但中国的事实证明，这个名称并不科学，也没有反映当时主流的生活方式。

（二）历史上不存在独立的"部落"时代

这是一个世界性的问题，很久以前，也包括摩尔根、恩格斯，几乎所有的学者都认为人类最早的社会单位就是独立生存的"原始群"；后来，由于婚姻形态的变化，人类的社会组织才出现了氏族与部落。"酋邦理论"之所以认为"部落"是一个人类历史中的独立阶段，显然也与以上的认识有关。

根据已有的资料，"酋邦理论"对于"部落"的认识共有四个问题。

1. 历史上就不存在一个单独以部落为组织形态的时代

中国的史前考古，特别是中国史前聚落群聚形态的研究告诉人们，史前不仅是一个血缘社会，而且作为血缘社会基本组织形式之一的部落，从旧石器时代早期一直到商周时期都有存在。其中，河北阳原泥河湾盆地的旧石器早期遗址，以及河南安阳殷墟大量存在的"族邑"，就是这方面最好的证明。

与此同时，中国的史前考古，特别是中国史前聚落群聚形态的研究还告诉人们，从旧石器时代早期一直到商周时期，"部落"从来就没有独立存在过，它从来都是多级的血缘组织中的一级，从来都是氏族之上部落联盟之下的一级组织。

因此，史前至夏商周时期，社会就从来没有出现过以"部落"为唯一组织形式的历史时段。

2. "部落"只是旧石器至新石器时代中期最主要的社会组织

"酋邦理论"之所以将"部落"视为旧石器时代之后的一个独立时代，关键原因在于它并不知道，"部落"只是旧石器时代早期到新石器时代中期主要的社会组织。

中国的考古与聚落群聚形态的研究表明，史前社会之所以在史前晚期以前长期以部落为主要社会组织，主要有四个方面的基本原因。

第一，部落内部的人员之间拥有更亲密的血缘关系。

第二，部落内部的聚落之间一般都没有宽阔的用以相互隔离的"中立地带"[15]。

第三，由于地广人稀，自然经济、人类社会组织之间的矛盾也比较平和；即使有矛盾，也不一定都是你死我活才能解决。

第四，虽然"凡属有亲属关系和领土毗邻的部落，极其自然地会有一种结成联盟以便于互相保卫的倾向"[16]；但是，"亲属部落间的联盟，常因暂时的紧急需要而结成，随着这一需要的消失即告解散"[17]。

显然，是人与人之间亲密的血缘关系与社会发展的需求才使"部落"成为当时最主要的社会组织。

不过，史前晚期，部落就不再是最主要的社会组织。

3. 不能将所有泛亲族组织都纳入"部落"之内

早期的"酋邦理论"认为，"部落"有两种组织模式：第一种，在氏族的基础上构成部落；第二种，构成分支世系体系，即以血缘为纽带，小世系群结合构成中世系群，中世系群又结合而成大世系群，依此类推，直至整个社会结合成为一个总体为止（图一）。

根据中国考古学的发现与研究，以上的认识又对又不对。

第一，认为部落是在氏族的基础上构成的，这是对的。但是，认为在部落之上再无更高一级组织的认识又是不对的。因为，从旧石器时代早期一直到夏商周时期，部落从来都是多级血缘社会中的一级，是氏族之上部落联盟之下的一级。

第二，认为血缘组织存在"世系"的体系，是对的。但是，将它笼而统之地归于"部落"门下又是错的。因为，图一所示尼日利亚北部蒂夫人（Tiv）世系与领土关系就证明那是一个真正的聚落集团一级的组织，不仅等级规模比部落高两级，而且在时间上也是史前晚期才出现。但是，"酋邦理论"并不理解不同时代不同社会背景对泛亲组织不同结构与形态的影响，于是就将过程与结果都叠压在一起了，并不加区分地将这种叠压结果又归属于"部落"名下，显而错了又错。

在中国，史前考古和聚落群聚形态的研究表明，聚落集团是史前晚期最后才登上历史舞台的以血缘为组织纽带的聚落组织，它的出现是人类社会组织之间的矛盾日趋激化不可调和的反映和产物。

因此，不能因为这种组织之中包含了部落，所以就将它也归属在"部落"门下。

4. 孤独的人类学研究容易出错

由于缺少考古资源与大量的调查发掘，欧美人类学界对有关调查资料的认识往往有一种明显孤立的我行我素的倾向，并过分地强调了这些资料的重要性与绝对性，并将这些资料的结果都用于史前历史的解释，让史前考古的发现与资料都尽量向这些资料的结果靠拢，以证明这些资料的结果都是普遍现象和真理。

但是，现代尚存的"部落"社会大多数都是人类社会进化树的旁支，又由于这些旁支或多或少不仅在时间与空间两方面都存在一些历史的叠压现象，如上述尼日利亚北部蒂夫人（Tiv）泛亲组织就是叠压了社会组织演变历史过程的典范，它让人们只看到结果而没有看到过程，并很容易就误以为它与普通部落都是同时代的产物。此外，这些旁支在以后的发展中还可能生出一些自己独有的地区性的新事物新特点，如"产品经济型酋邦和财富经济型酋邦"。所以，在对它们进行单独的考察之后，就将它们都视为历史发展主流的化身与代表，就将它们的一切和特点都视为人类史前社会生活的楷模，都视为人类史前社会生活的必经之路，这在逻辑上、方法上都是讲不通的。

事实上，如何将人类学、民族学调查资料中常见的历史叠压现象正确地剥离开来，还原历史的本来过程与面貌，正是现代人类学、民族学遇到的一个重大问题。中国的史前考古与聚落群聚形态的研究表明[18]，要科学地认识史前考古学发现的意义，仅单向地以人类学、民族学的调查资料为准、为标尺的思想与方法是不够的，有时甚至是错误的。因此，还应该更多地注意考古资料自身内涵与规律性现象的揭示和理解，并倡导人类学、民族学与考古学相互结合，吸收考古学的营养，相互启发，相互校正。

目前，就世界范围而言，单向地、强行地将"酋邦理论"中的"部落"推广到中国的考古领域，明显是一种错误，也明显与中国史前聚落形态的演变历史不符。

（三）历史上不存在独立的"酋邦"时代

尽管早晚期的"酋邦理论"利用一些人类学、民族学的调查资料，就"酋邦"的问题进行了大量的理论研究，也取得了一些相应的成果。但是，这些成果也像"部落"社会的一样，严重地脱离了史前考古，脱离了史前考古资料的启发，从而在面对多有历史叠压现象的人类学民族学资料的时候，就缺少了将主要的与次要的、将过程与结果都剥离清楚的能力与认识的武器。所谓"简单酋邦"与"复杂酋邦"、"产品经济型酋邦"与"财富经济型酋邦"、"集体型酋邦"和"个体型酋邦"的分类与提出，都是这方面缺陷和问题的集中反映与暴露。不难想象，这种既缺少批判的武器，又缺少武器的批判的研究，还会不断提出更多的无法说清楚是横向多样性还是纵向多样性的"酋邦"类型，是正在成长的还是正在"轮回"的"酋邦"类型。

根据中国史前考古的发现与资料，历史上根本不存在一段独立的"酋邦"时代。

1. 没有一段历史与"酋邦"相似

中国史前的聚落群聚形态研究表明，新石器时代中期及以前，由于人地关系宽松，社会矛盾平和；所以，当时主要的社会组织就是由亲属关系很近的聚落构成的聚落群，而由聚落群组成的聚落群团，内部各成员之间则距离较远，关系松散（图七）。

距今6500年以后，由于人多地少，社会矛盾不断趋于激化。从此，聚落群聚形态发生了历史性的重大变化，聚落组织的大型化、一体化、整体化、实体化高潮迭起[19]。

第一阶段：最早开始于距今7000年，高潮是距今6000~5000年，以河南新郑唐户（图八，1a）[20]、湖南澧县城头山（图八，3）[21]、湖北石首走马岭—屯子山[22]、天门龙嘴[23]等遗址和城址的发现为代表，标志着史前第一批一体化、整体化、实体化的聚落群已经登上历史舞台。

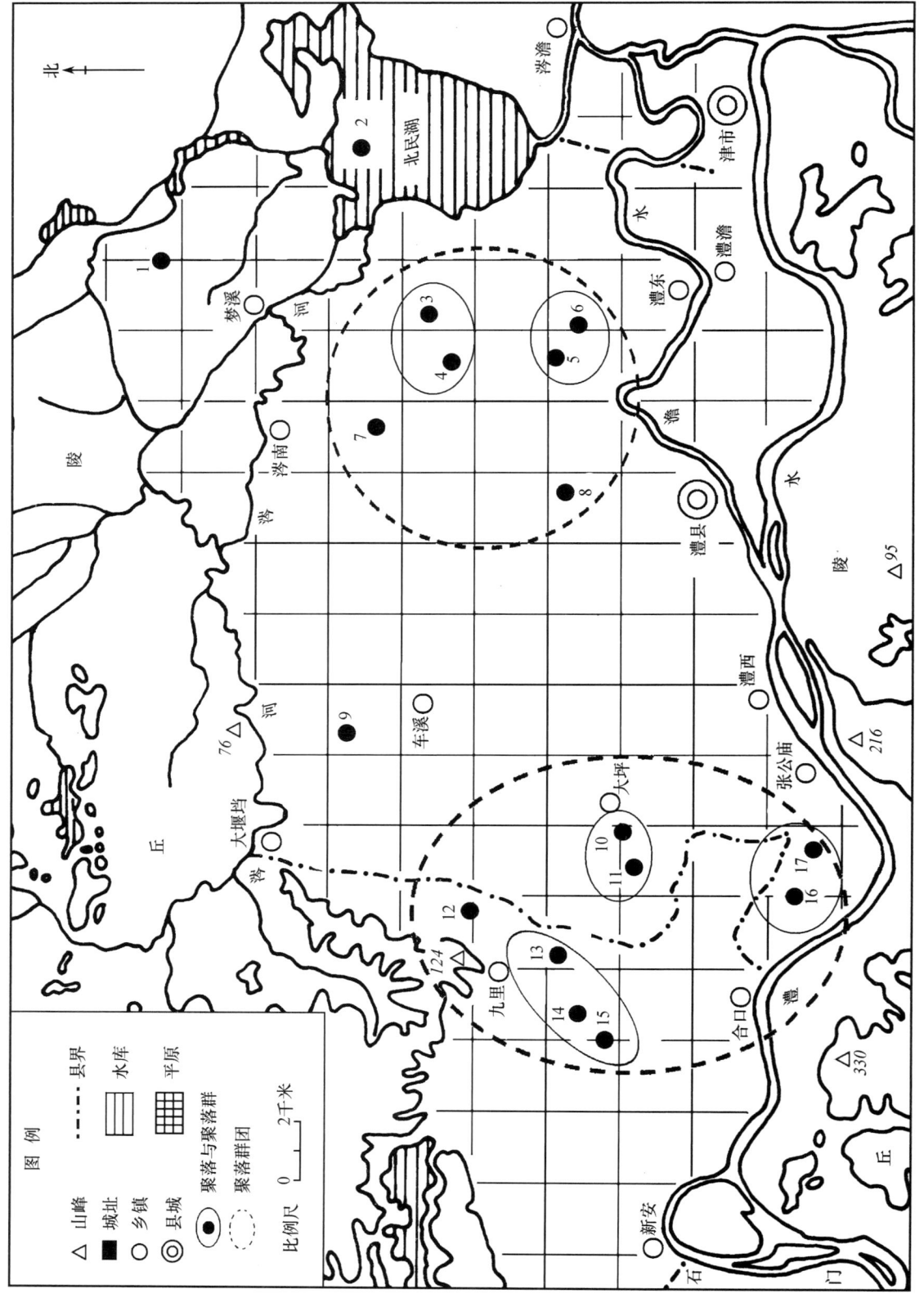

图七　湖南澧阳平原皂市下层文化时期聚落遗址位置分布图
（引自裴安平：《中国史前聚落群聚形态研究》，中华书局，2014年）

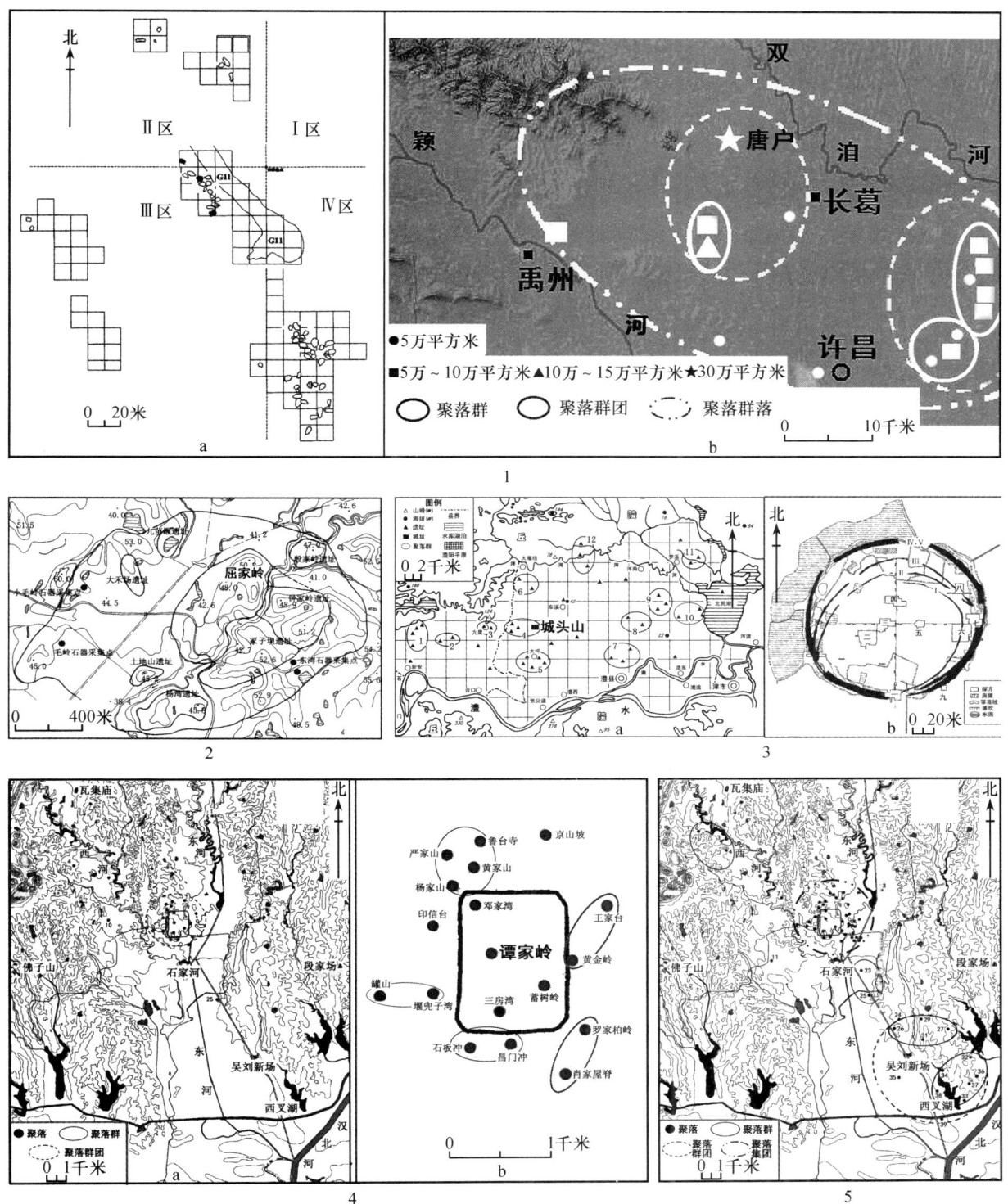

图八 各有关聚落群体与聚落遗址平面图

1. a河南新郑唐户遗址平面图 b河南新郑唐户遗址所在聚落群平面图 2. 湖北京山屈家岭遗址平面图 3. a湖南澧县城头山遗址所在聚落群平面图 b湖南澧县城头山遗址平面图 4. a湖北天门石家河屈家岭文化时期聚落群团平面图 b湖北天门石家河屈家岭文化时期聚落群团放大平面图 5. 湖北天门石家河地区石家河文化时期聚落集群团平面图

（1. 引自张松林：《郑州市聚落考古的实践与思考》，《中国聚落考古的理论与实践》第1辑，科学出版社，2010年 2. 引自《江汉考古》2008年第2期 3. 引自裴安平：《中国史前聚落群聚形态研究》，中华书局，2014年；湖南省文物考古研究所：《澧县城头山》，文物出版社，2007年 4、5. 引自《江汉考古》2008年第2期）

第二阶段：距今5000～4500年，以湖北天门石家河（图八，4）与京山屈家岭（图八，2）所在聚落群团为代表，标志着史前第一批大型化、一体化、整体化、实体化的聚落群团已经登上了历史舞台。

第三阶段：最早开始于距今5000～4500年，高潮发生于距今4500～4000年。以湖北天门石家河地区的石家河文化（图八，5）、浙江余杭良渚三镇良渚文化的聚落组织为代表，标志着史前第一批更大型化、一体化、整体化、实体化的聚落集团，以及早期国家、文明古国都已经登上了历史舞台。

值得注意的是，以上三大阶段没有一段像"酋邦"。

第一阶段，距今5000年以前，由于整个社会当时最主要的聚落组织就是以血缘为纽带的聚落群，即部落。又由于只有部落才有"酋长"，而由许多部落跨血缘跨地域联合起来的组织才能称为"酋邦"。正如美国的蒂莫西·厄尔所言"最好被定义为一种地域性组织起来的社会"[24]。所以，当时就根本没有既跨血缘又跨地域的"酋邦"可言。

第二阶段，距今5000～4500年。虽然这一时段出现了大型化、一体化、整体化、实体化聚落群团，但是它们也没有一个是"地域性组织起来的社会"，因而也与"酋邦"无缘。

第三阶段，距今4500～4000年。由于在这个阶段里纯血缘的聚落集团，或只跨血缘或又跨血缘又跨地域的早期国家，与文明古国都同时登上了历史舞台；所以，这一段也不是只有"酋邦"的独立时代。

2. 社会的分层、权力的集中、经济的再分配都与"酋邦"无缘

中国史前的聚落群聚形态研究表明[25]，史前晚期社会的分层、权力的集中、经济的再分配都与"酋邦"无关，而是血缘聚落组织大型化、整体化、一体化内部的事务。

就社会的分层而言，由于史前晚期聚落组织的规模越来越大，所以组织的层级也就越来越多（图九）。

距今6000～5000年，虽然聚落群团是一种规模比聚落群更大的以血缘为纽带的聚落组织，虽然"亲属部落间的联盟，常因暂时的紧急需要而结成"；但是，相对而言，聚落群才是一个真正的集体劳动集体生活的单位；所以，当历史开始踏上聚落组织规模化、一体化之路的初期，首先就是聚落群。因此，当时以聚落为组织单位的社会主要有三个等级，即聚落、聚落群、核心聚落；河南郑州新郑唐户（图八，1）、湖北天门龙嘴、湖南澧县城头山（图八，3）都是这方面的代表。

距今5000～4500年，伴随着大量环壕（濠）聚落与城址的崛起，聚落社会组织的大型化、一体化进入一个新的历史时期，出现了一批紧紧抱成一团的新型一体化的聚落群团。因此，以聚落为组织单位的社会等级至少比前期多了一级，如湖北京山屈家岭（图八，2）、天门石家河屈家岭文化时期城址（图八，4）等，就是这方面的代表。

距今4500～4000年，聚落社会的矛盾与争夺进入了白热化时期。一方面是战争不断，一方面是各种新型聚落组织相继崛起。聚落集团，反映的是血缘组织的进一步大型化、一体化；早期国家，反映的是血缘组织之间为了扩大实力，跨血缘，或又跨血缘又跨地域的合纵连横与相互结盟；文明

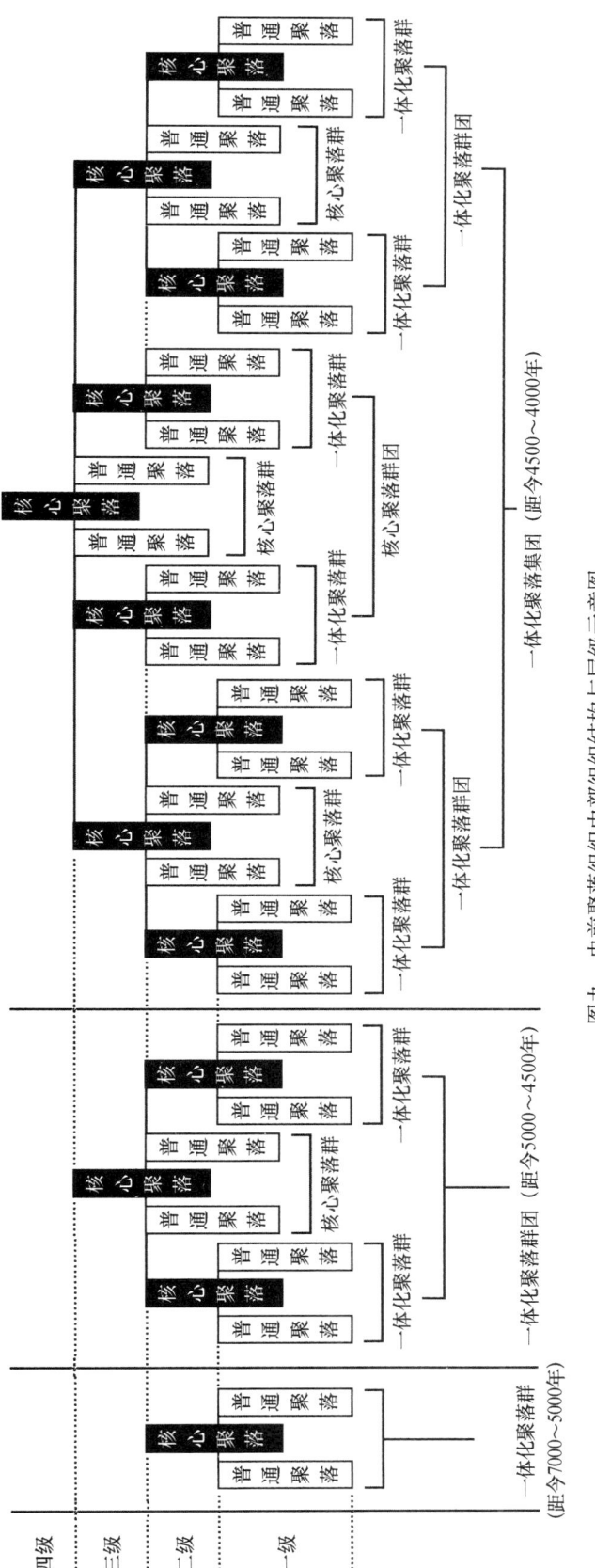

图九 史前聚落组织内部组织结构与层级示意图

古国，反映的是第一代又跨血缘又跨地域，还在不同血缘聚落组织之间建立了统治与被统治关系的社会组织的出现。因此，以聚落为组织单位的社会等级至少比前期多了三级，如湖北天门石家河（图八，5）、浙江余杭良渚遗址群[26]就是这一历史阶段的代表。

就权力的集中而言，由于史前晚期聚落组织的规模越来越大，组织的层级也越来越多、越来越高，所以在这种背景下，相关的权力不仅越来越集中，而且权力覆盖的范围也越来越广；尤其是文明古国的出现，更表明暴力开始成为一种新型的权力获取模式。

显然，权力集中的基础与条件首先并不是起因于社会的地缘化，也不是因为有了"酋邦"才有权力的集中，而是血缘组织本身大型化、一体化的需要。

就经济的再分配而言，这个问题实际也是因为聚落组织的大型化、一体化以及权力的集中而带来的。

仅以湖北天门石家河为例。

石家河文化时期，以石家河城址为中心聚落的个体数也由18个发展为40个，聚落组织的属性也由聚落群团升级为聚落集团。值得注意的是，随着聚落组织一体化规模的扩大，手工业的规模化、专业化、分工化现象也升级了。

第一，出现了只为本集团贵族服务的制玉与冶铜作坊。

这类作坊分别见于罗家柏岭、肖家屋脊、邓家湾三个遗址。

罗家柏岭，位于石家河城址以外的东南（图八，4b），20世纪50年代中后期遗址发掘时，就发现一处制作玉、石器的建筑遗迹。"出土锥体棒形石料及有锉痕等加工痕迹的石器半成品有五百余件，出玉器40余件、石器70余件（玉、石料及半成品在外）。"[27]此外，当年发掘时，"在T3、T7、T14、T19、T20、T30等探沟的1~3层中，还发现有铜器残片和铜绿石等遗物"[28]。

肖家屋脊，也位于城的东南，并与罗家柏岭为邻（图八，4b）。石家河文化地层和灰坑的发掘中都发现了铜矿石，最大的一块近方形，长4.8、宽4.4、厚2.3厘米[29]。

邓家湾，位于城内的西北（图八，4b），"石家河文化地层中发现不少铜矿石（孔雀石）碎块。最大块的直径为2~3厘米"，"铜器仅见一件残片。标本T4②：11，似铜刀，为长形薄片。长残6.6、残宽3.7、厚0.27厘米"[30]。

第二，出现了不同级别的只为本集团普通成员服务的手工作坊。

枯柏树，位于城外西部，"曾采集不计其数的彩绘纺轮"[31]。由于当地的纺轮数量巨大，还由于这类纺轮也先后见于城内的谭家岭[32]、邓家湾[33]，以及城外肖家屋脊等遗址的普通聚落成员活动区[34]，从而意味着枯柏树遗址可能存在一个专门为整个集团生产普通彩陶纺轮的作坊。

肖家屋脊，位于城的东南，除了可能有冶铜作坊以外，还发现了两座陶窑[35]。由于这两座陶窑并排位于生活遗迹最密集的区域，规模不大，估计它的性质就属于聚落一级的作坊设施，只专门为同聚落的族人烧制普通陶器。

应该指出的是，石家河的发现为史前晚期手工业特点的研究提供了许多重要的启发。

第一，在血缘社会的基础上，所有的手工业都有一定的服务范围，这个范围的大小是由聚落的组织属性决定的。就像石家河一样，由于其组织属性是聚落集团，所以它的社会分工就是集团内部的分工，根本就不存在又跨血缘又跨地域全社会无边界的分工。

第二，由于服务的范围扩大了，服务对象的社会层级也多了，所以就相应地推动了制作的规模化、专业化与分工化。但是，所有这些变化皆与商品经济无关。

第三，聚落组织内部之所以能够实现手工业的社会分工，关键就在于聚落组织本身具有利益一体化的条件和基础。这种组织不仅是一种血缘组织，还是一种政治组织；组织有权统一管理整个群体的生产与消费。

第四，所有的分工都实行各尽所能的基本原则，在群体内谁有能力生产就交给谁生产，而不像专家们经常认为的那样，将铜器、玉器等贵重物品都置于城内，都置于"贵族"的控制之下，或让其成为"王室直接控制的手工业"。肖家屋脊、罗家柏岭所见铜器、玉器的生产遗迹就说明即使是贵重物品也可以由城外的聚落成员生产。

显然，史前晚期手工业的发展与当时社会的分层、权力的集中、经济的再分配问题都是紧密联系在一起的问题，也是同一个过程不同方面的问题。但是，所有的这些问题都首先发生在血缘组织的内部，都与地缘化的"酋邦"毫无关系。

（四）中国的国家起源自身特点明显

2009年11月4～5日，中国社会科学院世界历史研究所主办的"古代国家的起源与早期发展国际学术探讨会"在北京召开。其中，关于国家起源中的"早期国家"问题也是一个与酋邦理论联系密切的讨论热点。

会后，有关的"综述"[36]分析认为，自20世纪60～70年代以来，关于早期国家的理论与酋邦理论一样，已成为当今世界范围内文明与国家起源研究最重要的理论学说。

早期国家与成熟国家相比往往具有一些不同的特点，但长期以来，人们并未注意到它们的区别，并以一般国家固有的特点作为衡量国家产生的标志。为此，从20世纪70年代开始，荷兰莱顿大学亨利·克赖森和P. 斯卡尔尼克（P. Skalnik）在塞维斯历史分期的基础上，将国家分解为早期国家（earlystate）与成熟国家（maturestate）两个阶段。

此后，俄罗斯学者格里宁（Leonid E. Grinin）和克罗塔耶夫（Andrey V. Korotayev）又在早期国家与成熟国家之间插入了所谓的"成形国家"（developedstate）。此外，他们还以国家复杂化进程的认识为基础，一方面将早期国家、成形国家、成熟国家转称为简单国家（simplestate）、复杂国家（complexedstate）、超复杂国家（super-complexedstate）；另一方面，他们又对"早期国家"的概念做了补充，提出除"早期国家"之外，还存在着一些"类早期国家"形态的政治组织体，这类政治组织体并不必然地朝国家阶段演进。

显然，以上学说表明关于"早期国家"的探讨与学说确实已经成为国际上文明与国家起源研究方面的热点，且有关的成果接连不断。但是，这些成果也同时反映了这方面问题的复杂性，并提示中国的学者千万不要简单地皈依和紧随其后，而应借此大势更多地思考一些中国的本土特点。人类的历史没有国界，中国的也是世界的，中国的历史就是人类历史的组成部分。

1985年10月，苏秉琦先生在辽宁的一次关于"辽西古文化古城古国"的讲话中，第一次提出了通过古文化、古城、古国研究中国文明与国家起源的想法；1991年，在《迎接中国考古学的新世纪》的谈话中，又进一步提出了"古国、方国、帝国"是中国国家起源与形态发展三部曲的看法[37]。

实践证明，苏先生的这些重要谈话与思想为中国国家的起源研究指明了方向和道路。

值得注意的是，中国的考古与聚落群聚形态的研究也表明，中国的国家起源之路既有与世界其他地区的相似性，也有自己独立的特点。

其中都有"早期国家"这是相似的，但关于什么是"早期国家"、"早期国家"的认识标准却大相径庭。

据陈淳先生介绍："早期国家既不同于氏族社会，也不同于后继的奴隶制国家"，早期国家"已处于等级制度成型的阶层社会，集权型的政府系统出现，经济发展表现为手工业专门化、外向型的市场和贸易出现，财富集中由统治者进行再分配"；中国长江下游良渚文化的"遗址遗存大致相当于复杂或发达的酋邦演化水平上"；至于"殷墟甲骨文和史籍中有许多关于古代国族或异性方国的记载，这种国族或方国很可能就是各种酋邦"，"夏商周这样的早期国家就是在这类方国的冲突和融合基础上形成的"[38]。

在这里，陈先生希望中国的历史与国际最新研究成果接轨的心思是可以理解的，但是其有关中国历史的认识却让人不好理解。

第一，中国就没有"酋邦"，各种历史文献中也没有"酋邦"的影子。

第二，中国在距今约4500年前，就出现了跨血缘，或跨血缘又跨地域的早期国家，还有通过武力在各聚落组织之间建立的统治与被统治关系的文明古国。这说明中国在史前血缘社会与国家地缘社会之间，曾存在一个两种制度并行的过渡阶段；而不是在国家出现之前，存在一个独立的已经地缘化，但又还未进入国家的过渡时代。

第三，既然中国"殷墟甲骨文和史籍中有许多关于古代国族或异性方国的记载"，那为什么就不肯承认它们是"国"，而非要将它们都降一级，削足适履，而向欧美的"酋邦"看齐呢？匪夷所思。

第四，夏商周明显就是在诸多小型的文明古国基础上建立的大型方国。

夏商周时期，国体都是地缘化的，而政体则是血缘化的。这说明在中国从血缘社会转变为地缘社会经历了一个较长的时间、较复杂的过程；说明中国在血缘与地缘社会之间，就不存在一个独立的地缘化的过渡阶段。至于将夏商周都视为"早期国家"，也根本不符合事实。一是因为在夏商周之前，中国就已经出现了"早期国家"与"文明古国"两种形态；二是因为夏商周本身就是"早期国家""文明古国"之间相互征战的结果，是比他们更高级别的国家形态；三是即使将他们都归属于"早期国家"，也与陈淳先生概括的国体政体都已地缘化的西方"早期国家"不同。

显然，根据中国的考古与文献资料，从史前血缘社会到国家地缘社会之间的过渡阶段，是文明而不是酋邦。理顺中国国家起源的过程与特点，是中国学者应尽的责任与义务。实际上，也只有在这种前提下去参与国际学术交流，而不是抹平本民族的历史，将本土的地域性和特点都丢掉去迎合欧美的有关理论，才会真正推动国际学术的进步。

四、结　束　语

事实表明，目前的"酋邦理论"虽然已经成为世界范围内文明与国家起源研究的重要理论，反映国际学术界对某些历史研究的薄弱环节给予了较以往更多的重视，这是一种积极的学术动态和探讨。但是，与此同时，酋邦理论也暴露了许多不成熟的地方。根据本文的研究，主要有三个方面。

（1）整个理论的系统性还很不完整，还有许多缺环。

之所以在塞维斯之后，酋邦理论被多次补充和修正，并提出了许多新的酋邦模式，就是这种理论不完整不系统的突出表现。

（2）该理论的研究方法有两个重要的缺陷。

第一，就是在大量利用现代民族学与人类学资料的同时，忽略了将这种资料中可能存在的历史叠压现象剥离开来，从而使酋邦的复杂化现象更加复杂了。

第二，就是完全不考虑世界各地考古学发现的启发，将现代民族学人类学资料绝对化了，因而就不免王震中先生所说的"将横向的现存原始民族的诸形态排列为纵向的古代社会发展诸阶段"的嫌疑。

（3）与中国历史严重不符。

由于酋邦理论只关注现代的民族学人类学资料，而忽视了世界各地的考古发现与古代的文献资料，所以到现在为止，只很好地提出了一个问题，即从史前社会到国家出现之间的过渡形态问题，而没有很好地解决问题。因而，酋邦理论与中国历史严重不符的现象非常突出。尽管也有一些中国学者不遗余力地将中国历史往酋邦方面靠，但他们的努力并没有得到国际学术界的认可。这种现象从另一个侧面又说明，一方面中国学者的研究还很不深入，对现代酋邦理论的完整化、系统化没有任何创新性的意义；另一方面也可能意味着中国就没有典型的酋邦。

事实上，中国拥有任何一个国家至今都没有的考古资源与规模，也拥有其他国家至今都没有的丰富的古代文献资料；此外，中国还拥有苏秉琦等老一代考古学家为考古学世界范围中国学派的鼎立奠定的基础。因此，中国应该在文明与国家起源的国际学术舞台上走出一条自己的路，应该在文明与国家起源的国际学术舞台上拥有更多更重的发言权。

注　释

[1] Kalervo Oberg. Types of Social Structure among the Lowland Tribes of South and Central America, in American Anthropologist, 1995, (57): 472-487.

[2] Elman R. Service, Primitive Social Organization: An Evolutionary Perspective, 1962; Elman R. Service, Origins of the State and Civilization: The Process of Cultural Evolution. New York: W. W. Norton & Company, 1975.

[3] 胡玉娟：《全球视野下跨学科的文明与国家起源研究——"古代国家的起源与早期发展国际学术研讨会"综述》，《世界历史》2010年第3期。

[4] 胡玉娟：《全球视野下跨学科的文明与国家起源研究——"古代国家的起源与早期发展国际学术研讨会"综述》，《世界历史》2010年第3期。

[5] 童恩正：《文化人类学》，上海人民出版社，1989年，第216、227页。

［6］ 陈淳：《酋邦的演化》，《南方文物》2007年第4期。

［7］ 刘东生：《泥河湾旧石器文化·序言》，花山文艺出版社，2006年，第1页。

［8］ 谢飞等：《泥河湾旧石器文化》，花山文艺出版社，2006年，第58~66页。

［9］ 谢飞等：《泥河湾旧石器文化》，花山文艺出版社，2006年，第67页。

［10］ 谢飞等：《泥河湾旧石器文化》，花山文艺出版社，2006年，第67~80页。

［11］ 房迎三：《水阳江旧石器地点群埋藏学的初步研究》，《人类学学报》1992年第2期；《皖南水阳江旧石器地点群调查简报》，《文物研究》第3辑，黄山书社，1988年。

［12］ 房迎三：《中国的旧石器地点群》，《华夏考古》1993年第3期。

［13］ 房迎三：《水阳江旧石器地点群的发掘与研究》，《文物研究》第11辑，黄山书社，1998年，第3页。

［14］ 房迎三等：《安徽宁国毛竹山发现的旧石器早期遗存》，《人类学学报》2001年第2期，第123页。

［15］ 恩格斯：《家庭、私有制和国家的起源》，《马克思恩格斯选集》第4卷，人民出版社，1974年，第87页。

［16］ 〔美〕摩尔根：《古代社会》，商务印书馆，1997年，第120页。

［17］ 恩格斯：《家庭、私有制和国家的起源》，《马克思恩格斯选集》第4卷，人民出版社，1974年，第89页。

［18］ 裴安平：《中国史前聚落群聚形态研究》，中华书局，2014年。

［19］ 裴安平：《中国史前聚落群聚形态研究》，中华书局，2014年。

［20］ 张松林：《郑州市聚落考古的实践与思考》，《中国聚落考古的理论与实践》第1辑，科学出版社，2010年，第199页。

［21］ 湖南省文物考古研究所：《澧县城头山》，文物出版社，2007年。

［22］ 荆州市文物考古研究所等：《湖北公安、石首三座古城址勘察报告》，《古代文明》第4卷，2005年，第404页。

［23］ 湖北省文物考古研究所：《大洪山南麓史前聚落调查》，《江汉考古》2009年第1期。

［24］ 陈淳：《考古学理论》，复旦大学出版社，2004年，第253页。

［25］ 裴安平：《中国史前聚落群聚形态研究》，中华书局，2014年。

［26］ 浙江省文物考古研究所：《良渚遗址群》，文物出版社，2005年。

［27］ 湖北省文物考古研究所等：《湖北石家河罗家柏岭新石器时代遗址》，《考古学报》1994年第2期。

［28］ 湖北省文物考古研究所等：《湖北石家河罗家柏岭新石器时代遗址》，《考古学报》1994年第2期。

［29］ 湖北省荆州博物馆等：《肖家屋脊》，文物出版社，1999年，第236页。

［30］ 湖北省文物考古研究所等：《邓家湾》，文物出版社，2003年，第243页。

［31］ 何介钧：《长江中游新石器时代文化》，湖北教育出版社，2004年，第370页。

［32］ 湖北省荆州博物馆等：《谭家岭》，文物出版社，2011年，第189页。

［33］ 湖北省文物考古研究所等：《邓家湾》，文物出版社，2003年，第229页。

［34］ 湖北省荆州博物馆等：《肖家屋脊》，文物出版社，1999年，第214页。

［35］ 湖北省荆州博物馆等：《肖家屋脊》，文物出版社，1999年，第128页。

［36］ 胡玉娟：《全球视野下跨学科的文明与国家起源研究——"古代国家的起源与早期发展国际学术研讨会"综述》，《世界历史》2010年第3期。

［37］ 俞伟超：《本世纪中国考古学的一个里程碑》，《中国文明起源新探》，生活·读书·新知三联书店，1999年，第8页。

［38］ 陈淳：《考古学的理论与研究》，学林出版社，2003年，第610、617、619页。

试论中心聚落历史进程的连续与断裂

——以城头山、石家河遗址为例

郭伟民

考古学研究实践中常常面对史前大遗址，这类大遗址往往跨越了数个考古学文化，承载了长时段的历史进程。史前大遗址通常也是某一个区域的中心聚落，这样的聚落在区域文化与社会进程中起着主导作用，是区域历史变革舞台上的主角，通过考察该聚落的变迁，对区域文化与社会的进程研究具有指导意义。

近年来聚落考古研究不断深入且成果显著，但是，面对史前大遗址或中心聚落，仍有许多问题还没有被充分讨论，比如某个有着千百年以上历史的遗址，其聚落进程到底经过了怎样的动态变迁？它们是连续的还是断裂的？文化的谱系发生了怎样的变化？这样的变化在聚落结构中能否得到显现？在这一系列的变化中，人群又是如何流动的？中心聚落的历史变迁对区域文化与社会的发展起何种作用？等等。

长江中游史前历史进程中，留下了两处非常重要的遗址，分别是湖南澧县城头山和湖北天门石家河，可以作为典型研究案例[1]。这两处遗址的重要性以及作为区域中心聚落的理由，下文将会详述；另一个重要前提是，目前长江中游地区史前遗址中，这两处遗址的考古工作时间长、发表成果相对充分和完整，因此，也为相关研究提供了较为丰富的田野资料。这样的资料不妨作为经典文献来看待，是重建聚落进程的一重证据；二重证据则是区域内与此相关的遗址发掘出土的考古资料，虽出土于其他遗址，但也可以作为证据，在参与构建区域文化的结构与谱系、进行区域聚落共时性与历时性研究的同时，为中心聚落的历史演进研究提供参考。

现在，就从这两处遗址的具体实例出发，去对相关问题做一番考察。

一、城头山遗址的文化与聚落进程

（一）考古学文化序列

城头山遗址目前发现的最早的考古学文化遗存是汤家岗文化，但该遗址汤家岗文化遗存并不丰富。可能是由于田野工作的缘故，城头山遗址汤家岗文化陶器序列及组合、变化过程还不能进行系统梳理。但是，通过不完整的出土资料，仍然可以一窥该遗址汤家岗文化的基本面貌。城头山汤家岗文化遗存基本包括了汤家岗文化整个阶段，并可以分出具有前后时序的期别，其绝对年代范围为公元前5000~前4300年。承袭汤家岗文化发展而来的是大溪文化，考古发掘报告将该文化遗存分为四期，包含了学界传统观点中的大溪文化分期完整序列。但是，笔者不赞同将"大溪文化第四期遗存"纳入大溪文化范畴，而是将其归入油子岭文化[2]。因此，本文城头山遗址的"大溪文化"是指原考古发掘报告的大溪文化一至三期遗存，其绝对年代范围是公元前4300~前3500年。油子岭文化即指原发掘报告的"大溪文化第四期"与"屈家岭文化第一期"遗存，这两期遗存分别构成油子岭文化的一、二期。其文化性质与大溪文化有明显区别，它的绝对年代范围是公元前3500~前3200年。屈家岭文化是本地油子岭文化发展的延续，但也吸收了其他地区特别是汉东地区的因素。该文化的绝对年代范围是公元前3200~前2500年。屈家岭文化的后续是石家河文化，该文化有不少外来因素介入，其绝对年代范围是公元前2500~前1900年。长江中游，尤其是汉东地区石家河文化以后还有一个"后石家河文化"[3]。在澧阳平原，特别是城头山遗址，后石家河文化遗存还需要仔细甄别，某一类浅腹陶盘、高柄豆、广肩罐、瓮等可能属于后石家河文化遗存，但其只是零星存在，无法构成文化的完整信息，该文化的年代也还存疑。

上述分析大致勾勒出城头山史前聚落的考古学文化序列，需要说明的是，该文化序列反映了城头山聚落文化变迁的大致情况，其年代范围与长江中游地区考古学文化序列的诸年代并不完全同步。另外，这样的年代范围衔接是否表明城头山聚落从公元前5000~前1900年的任何时间单位都有人存在，也无法做出确定的回答。

（二）考古学文化谱系研究

1. 汤家岗文化

城头山遗址汤家岗文化陶器以手制为主，从部分器物如黑皮陶表面可以看出已经出现慢轮修整。器物以素面为多，装饰的重点部位是碗、盘、釜、罐类的器表上部，相对于其他遗址，城头山汤家岗文化陶器较为"朴素"，较少发现白陶和彩绘陶。器类方面以圜底为主，其次为圈足器。典型器物有斜直腹筒形釜、鼓腹釜、折壁碗、圈足盘、圜底钵等。由于遗址本身的材料不多，无法对其进行完整的分期排序研究。结合汤家岗遗址的材料，可以将其分为前后两段，早段以2000年第六区第8层及下压的一批灰坑为代表；晚段以M904、M905、H584等为代表[4]。这批陶器形态前后联系较为紧密，说明聚落的连续性较强，但目前材料还无法完整代表汤家岗文化的发展过程。前后两段陶器情况见图一。

2. 从汤家岗文化到大溪文化

从陶器形态上可以看出，大溪文化一期的陶器是继承汤家岗文化而来，在器物类型、造型特点及装饰风格上有明显的因袭关系。大溪文化一期甚至可以视为汤家岗文化与大溪文化二期之间的过

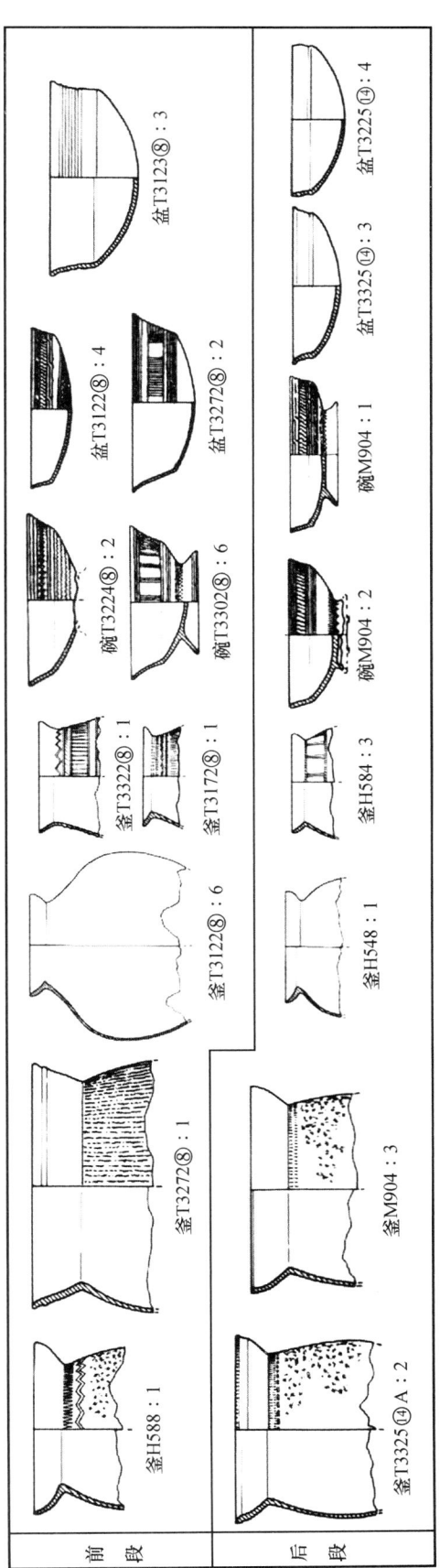

图一 城头山遗址汤家岗文化陶器

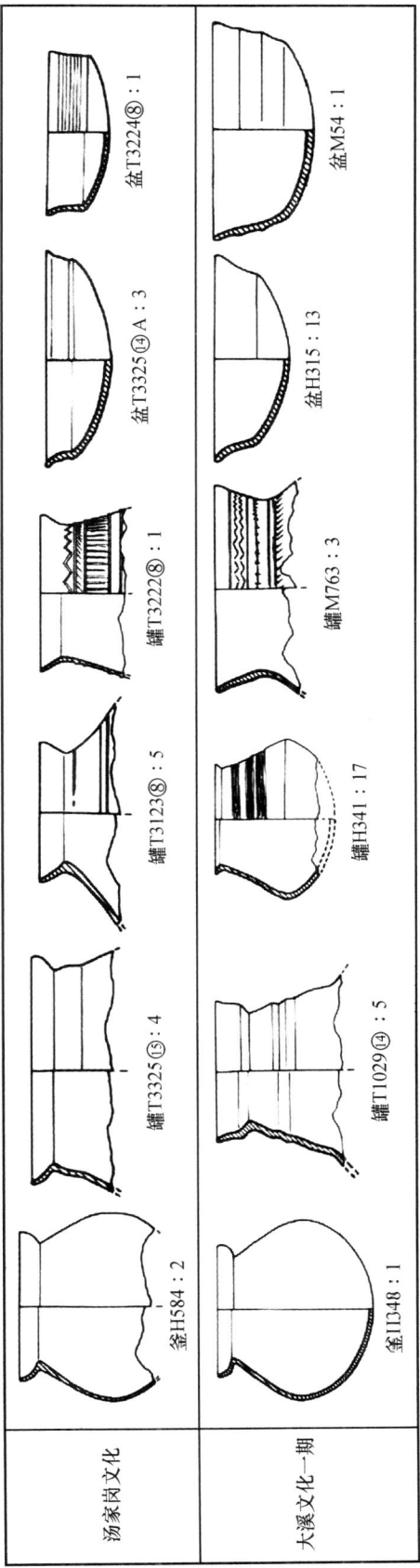

图二 城头山遗址汤家岗文化与大溪文化一期陶器比较

渡阶段，这说明城头山聚落由汤家岗文化发展到大溪文化是一个渐进的过程，是同一个文化谱系的变化，中间不存在大的突破与断裂，而是文化与聚落自身发展演变的结果（图二）。换言之，由汤家岗文化向大溪文化一期演变的过程主要基于本地聚落社会发展的结果，而与外来影响无甚关系。从城头山考古报告所列举的陶器标本来看，列为"大溪文化一期"的陶器，主要有多种型式的圜底釜、碗、曲颈罐、束腰鼓腹罐、折腹钵等（图三），这些器物无论造型还是装饰手法都与汤家岗文化有着明显的关系，而与"大溪文化二期"有较大的区别。从某种意义上说，"大溪文化一期"遗存是汤家岗文化的延续或者由汤家岗文化向大溪文化过渡时期的遗存，也未尝不可。

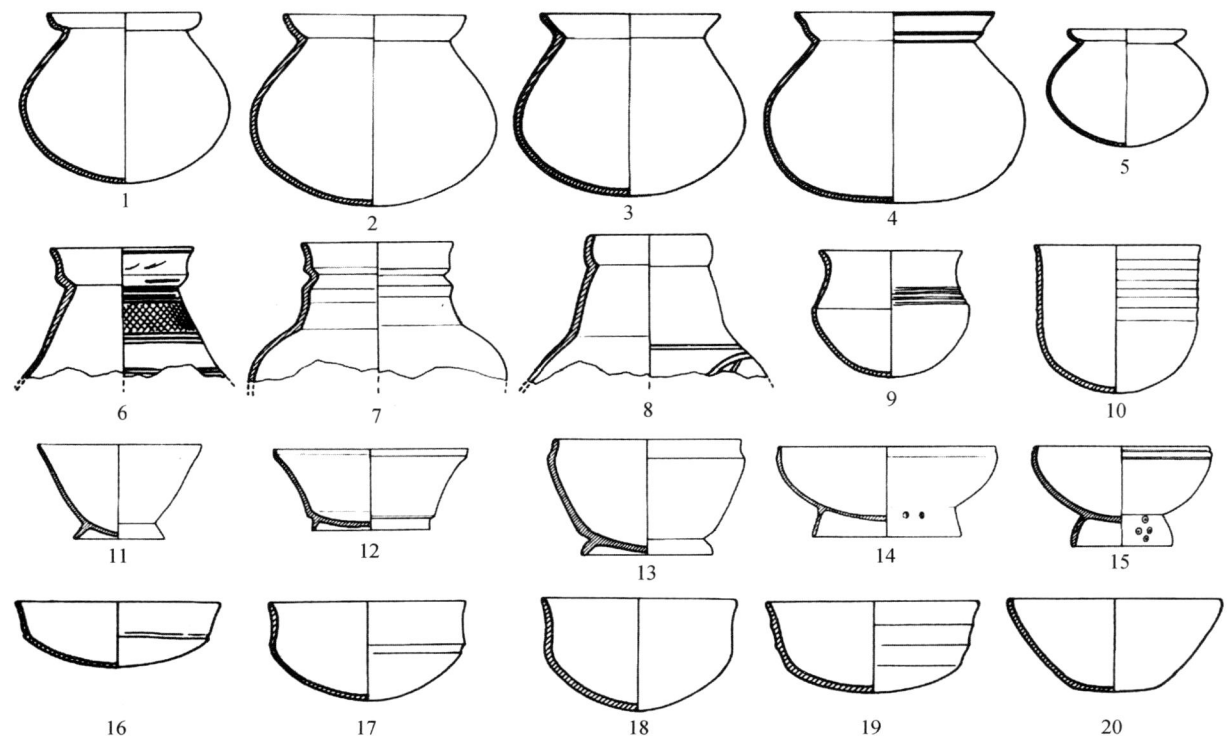

图三　城头山遗址大溪文化一期陶器

1~5. 釜（H348:1、M642:1、M641:1、M41:1、H503:1）　6~10. 罐（H376:2、M41:2、H315:2、T3225⑩:5、H376:7）　11~15. 碗（T6351⑨:1、M65:2、T1031⑭:5、T4205⑬A:2、M73:2）　16~20. 钵（T3225⑪:4、H541:1、M643:2、M54:1、T3174⑦:1）

3. 大溪文化的发达

大溪文化二期在继承一期的基础上出现了不少新的因素。一期因素延续下来的主要有圜底釜、多种型式的碗、曲颈罐、束腰鼓腹罐、折腹钵等。新出现的器物有宽沿折腹碗、多种型式的圈足盘、高圈足豆、彩陶小鼎、彩陶杯、鼓形器座、缸等（图四），这些新因素构成的器物群不是本地传统风格，应是外来的因素。但是，从大溪文化一期到二期并非发生了文化突变，只不过是在自身发展的同时吸收了不少外来的成分。正是这些成分，才具备了与鄂西峡江地区如关庙山、朱家台等遗址同样性质的大溪文化因素并促成了长江中游史前文化的又一次融合[5]。

大溪文化二期是城头山聚落的空前繁荣时期，这个期别或许延续了较长的时间，仔细分解此期

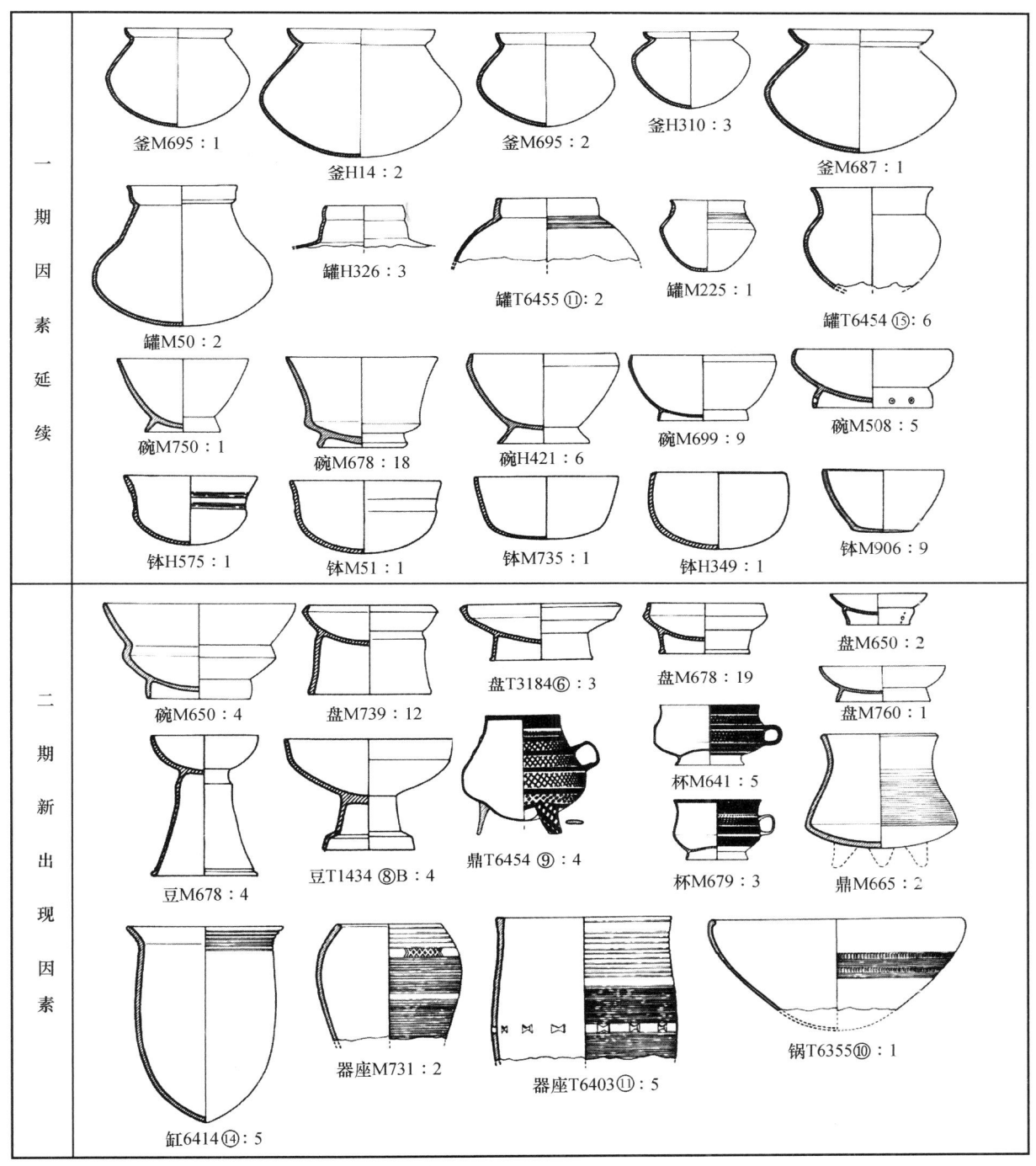

图四　城头山遗址大溪文化二期陶器

别的各类遗存，或许还可以排出若干不同的发展环节和组别，器物风格在这个期别也有一些变化。从考古报告来看，大溪文化三期是二期的延续，三期的器物组合完全是从二期继承下来的，较少有新的因素出现。大溪文化三期的遗存在聚落中也不丰富，这究竟是与二期同等重要的一个独立期别或者仅仅是属于二期内部的一个组别，还无法对此做更多的研究，恰恰是该期被忽略，或者对它的重视度不够，才使得许多问题的线索变得模糊，其中最关键的就是"大溪文化四期遗存"的到来。

4. 油子岭文化

关于城头山大溪文化四期遗存的特点及其性质，已经有相应的研究结论，本文不再重复。需要说明的是，大溪文化四期一类风格的遗存不仅仅出现于城头山聚落，也出现于划城岗[6]、三元宫[7]、车轱山[8]、王家岗[9]、宋家台[10]等聚落中。同样，大溪文化四期作为一种特定的文化现象，普遍发生于洞庭湖地区，不仅发生于洞庭湖区，也同样出现于峡江区和沅水中游河谷地带[11]。这说明大溪文化四期阶段，整个长江中游地区发生了重要的文化转变，这个转变的背后暗示了新的整合力的出现，标志着油子岭文化的到来。

检索城头山大溪文化四期与三期的陶器，无论是器物群、器物组合，还是陶系、纹饰及其制陶方法和窑业技术，都有了明显变化（图五）。将"大溪文化四期"从原来大溪文化中独立出来，是基于考古学文化划分的基本原则，并不是标新立异之举。将其划为油子岭文化一期，还基于长江中游的文化发展背景，即汉东地区最先出现的早期油子岭文化，经过一段时间的发展后向外扩张，完成对长江中游各地区的文化改造、整合，并形成空前一致的油子岭文化单一系统陶器组合，其基本组合类型是鼎、豆、壶、簋、曲腹杯、瓶，陶色为磨光黑陶，或间有少量红陶。其中，瓶为洞庭湖区独特的造型，它极可能源于城头山聚落并影响了其他地区。油子岭文化二期陶器是该文化一期的延续，所有的器物类型均保持着既定的特点并在局部稍有变化，由此可以看出这个文化的强势稳定。油子岭文化二期出现了个别的新因素，如宽折沿一类陶器开始向双腹过渡，某些一期的因素消失，预示着新文化的到来。

5. 屈家岭文化

从油子岭文化二期到屈家岭文化一期，基本看不出文化因素的突变。换言之，城头山聚落屈家岭文化取代油子岭文化是一个渐进的过程，是原有聚落与文化的一种内在变化和过渡。屈家岭文化新出现的是双腹器，以及多种高圈足豆、杯、壶形器、甑、钵等（图六）。这些因素既是本身内在的演变，也不排除与外来因素发生交流或受到影响，如高圈足折腹豆等器物就与大汶口文化某种类型的豆较为相似。同时，少量屈家岭文化陶器的外表，也有刻划符号，这类符号存在于广阔的地域空间，也意味着城头山聚落和外文化在一定层面上有交流。

6. 石家河文化

城头山遗址石家河文化遗存保存不好，并因发掘工作之故，出土资料也不多。从已有的资料来看，还无法判断城头山聚落由屈家岭文化向石家河文化过渡过程中，其文化变革的主导因素在哪里，石家河文化的绳纹高领罐、长腹罐、瓮、多种型式的鼎、鬶、陶塑动物等，均不是本地因素，旧有风格的盆、碗、钵、盆形擂钵、高圈足豆、杯、壶形器、甑、缸等继续存在（图七）。整体而言，城头山聚落在石家河文化时期已经衰落，作为中心聚落的功能已经不复存在，而只是一个普通聚落，因此，它仅仅具备一般聚落的石家河文化的特征。

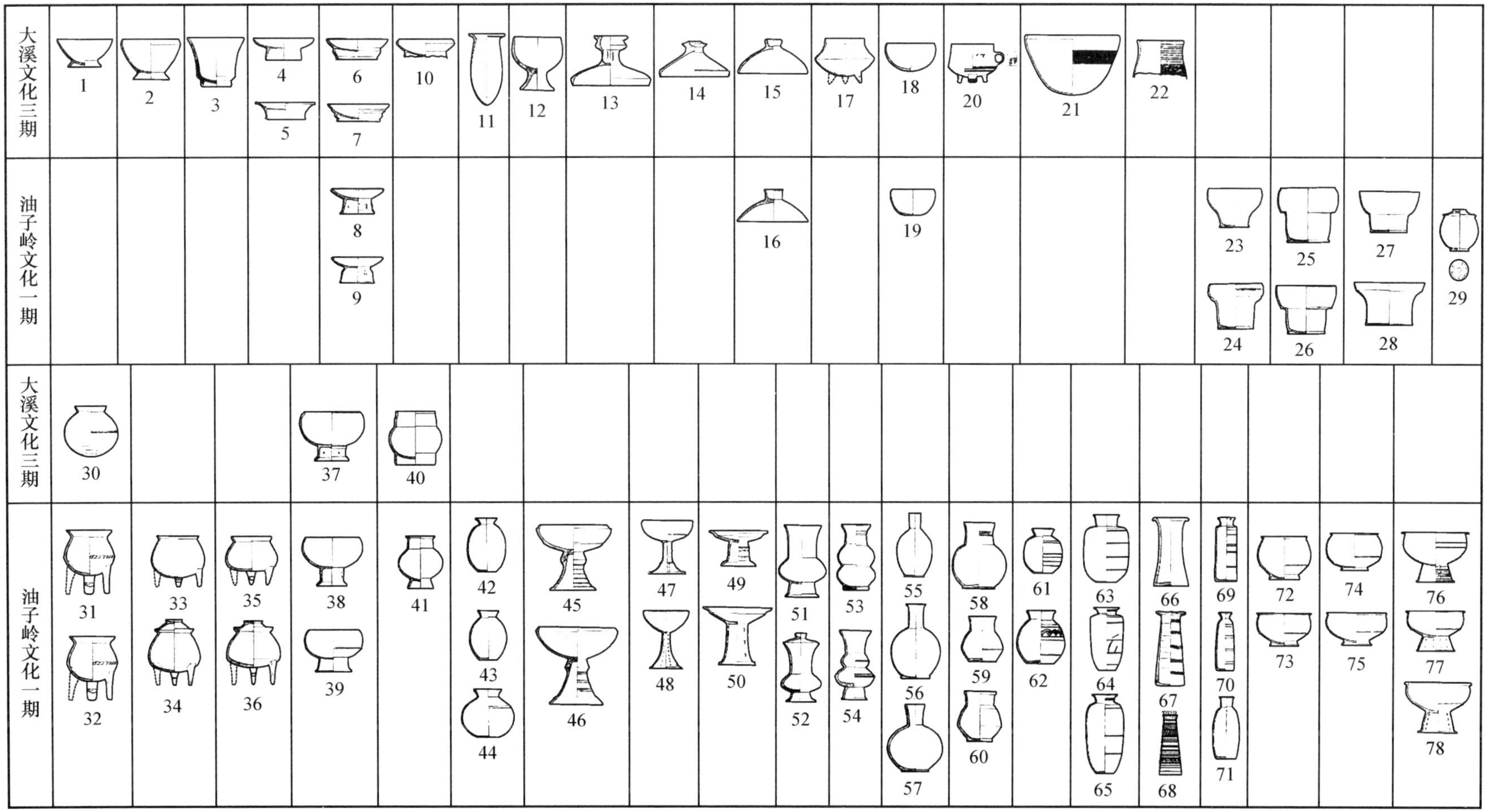

图五 城头山遗址大溪文化三期与油子岭文化一期陶器比较

1~3. 碗（M420∶1, H420∶6, T7801⑥C∶1） 4~10. 盘（T7403⑥∶4, M705∶1, H507∶4, T6354⑧∶2, M861∶2, M822∶1, H30∶2） 11. 缸（Y10∶2） 12, 37~39, 45~50. 豆（M664∶1, H300∶4, M810∶12, M318∶8, T7402③∶2, M468∶2, M838∶3, M906∶4, M597∶1） 13~16. 器盖（H470∶4, T6404⑩∶7, H410∶3, M823∶2） 17, 30~36. 鼎（H470∶10, M782∶1, M900∶1, M894∶1, M849∶6, M867∶3, M850∶2, M886∶8） 18, 19. 钵（H168∶1, M823∶2） 20. 杯（T4401⑥∶5） 21. 鍋（M731∶1） 22. 器座（M731∶3） 23~28. 曲腹杯（M888∶12, M427∶1, M869∶1, M843∶5, H855∶1, M472∶4） 29. 甑（M895∶4） 40~44. 罐（H477∶2, T7402④∶2, T7404③∶6, M680∶6, M821∶4） 51~62. 壶（M802∶1, M898∶1, T7403④∶3, M457∶1, M871∶2, M869∶5, M623∶1, M879∶5, M820∶5, M867∶2, M818∶5, M895∶1, M819∶1, M823∶3, M866∶5） 63~71. 瓶（M871∶10, M837∶3, M846∶2, M903∶3, M896∶3, M971∶14, M866∶4, M823∶1, M819∶2） 72~78. 盘（M843∶2, M818∶5, M871∶13, M808∶1）

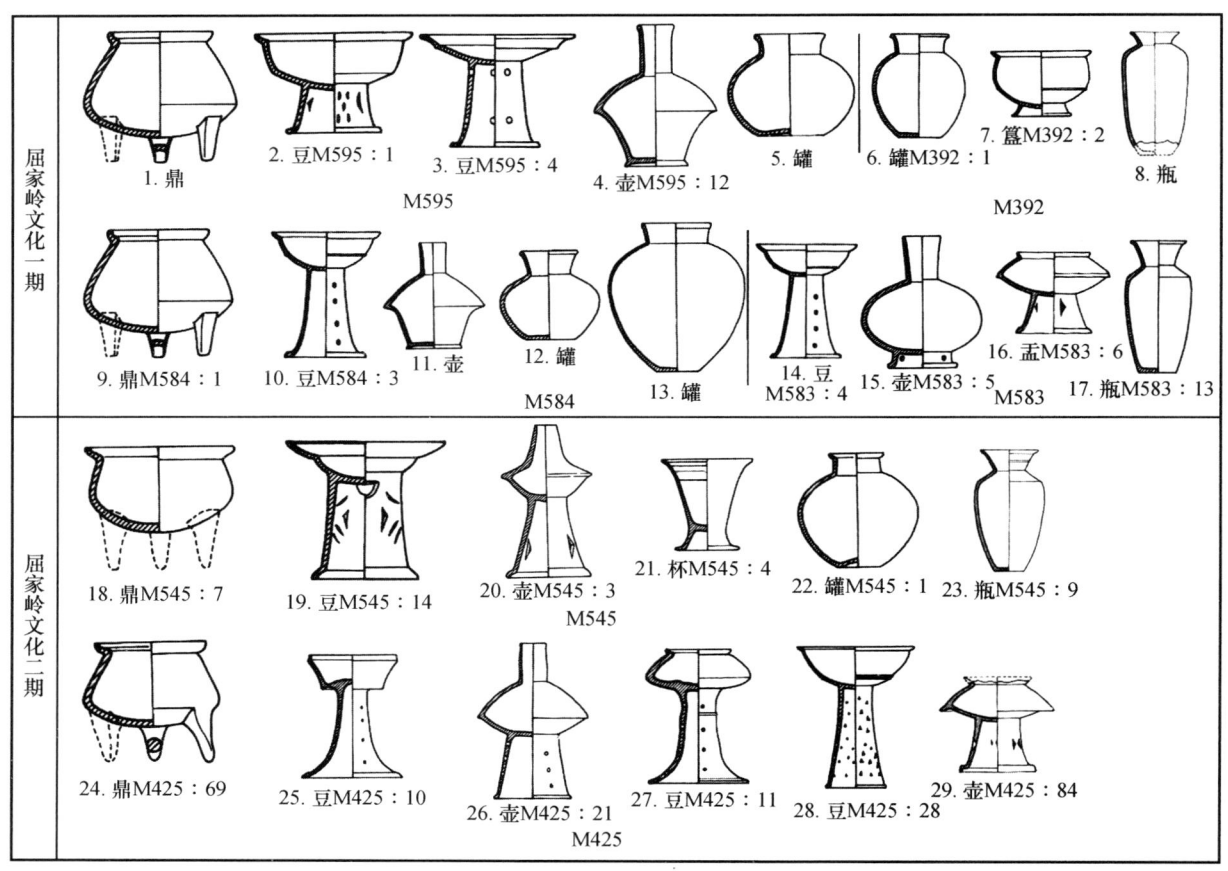

图六 城头山遗址屈家岭文化陶器
（无器物号者以同型式器物示意）

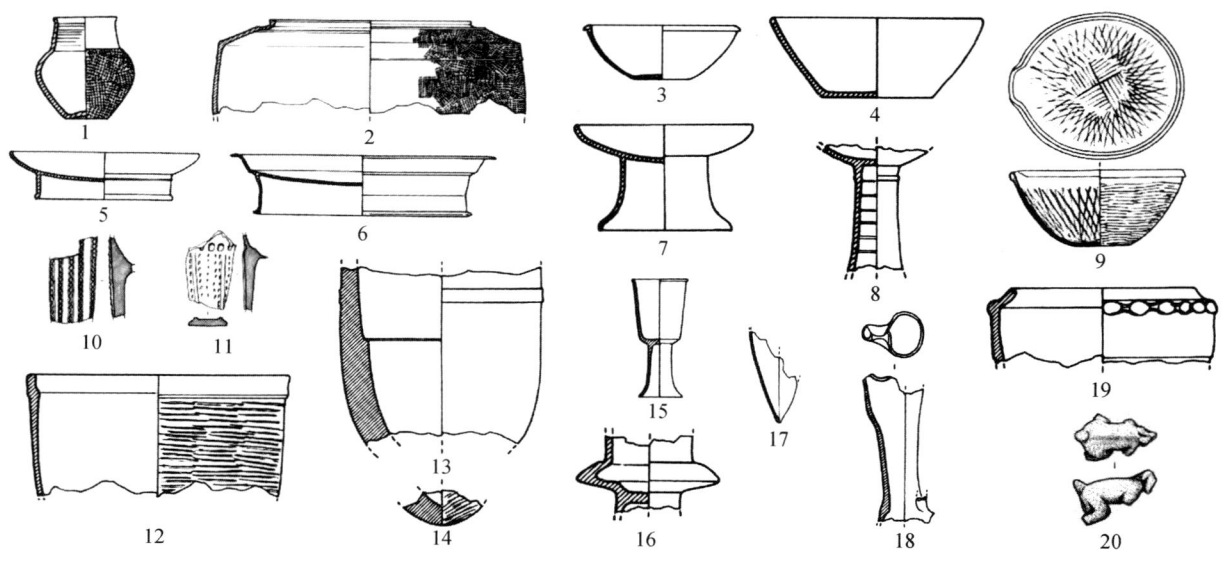

图七 城头山遗址石家河文化陶器

1. 罐（T3011③：1） 2. 瓮（T1674④D：1） 3. 盆（G31：1） 4. 钵（T7451⑤：1） 5、6. 盘（T1625④C：1、T3011⑨A：12） 7、8. 豆（H113：1：1、T1675④B：1） 9. 擂钵（H150：2） 10、11. 鼎足（T1354⑦：2、T5210③B：4） 12、13. 缸（T5009③：1、T5361④B：2） 14. 缸底（T5358③B：4） 15. 杯（G31：2） 16. 壶（T5361④C：1） 17. 鬶足（T5260④B：4） 18. 鬶（T5360④A：2） 19. 管状器（T5210④B：3） 20. 陶塑动物（T1674④D：1）

关于后石家河文化，城头山聚落保存下来的信息更少，如果非要提取一些，那就是存在某种类型的广肩罐、浅腹盘、高柄豆、瓮等陶器，或许也只是暗示这里在后石家河文化某个时期曾经作为一个村落而存在。

7. 城头山遗址文化谱系的连续与断裂

上述对城头山遗址考古学文化的基本过程做了简要梳理。从现有资料而言，城头山最先出现的是汤家岗文化，从汤家岗文化到大溪文化，文化的谱系是连续的。大溪文化向油子岭文化转变，文化的谱系发生了改变，意味着城头山遗址从汤家岗文化以来，到大溪文化三期，这一连续发展的文化谱系发生了断裂，新的文化谱系出现了。油子岭文化对大溪文化的取代，即表明长江中游新石器文化谱系和结构的重大转变，油子岭文化完成了大区域范围内的文化整合。屈家岭文化继承和发展了油子岭文化，石家河文化在继承屈家岭文化因素的同时，融合了不少新的文化因素，但整体而言，是一个文化谱系内发生的文化变化，这表明油子岭文化到石家河文化的演进过程是连续的。后石家河文化时期城头山遗址的情况还不清楚，是文化谱系发生了变化还是原有谱系的延续，还需要做新的工作方能做出回答。综上所述，城头山遗址考古学文化谱系进程经过了"连续—断裂—连续"的过程。

（三）聚落进程研究

1. 汤家岗文化聚落

汤家岗文化时期城头山只是一处普通聚落，考古发掘结果显示这里可能有一道壕沟，参考澧阳平原同时期的聚落结构，推测这道壕沟极有可能是围绕遗址的环壕。同时，在壕沟的内侧还有挖掘壕沟堆筑的土垣。这是彭头山文化以来的传统，八十垱遗址多处发掘点显示出这样的特点[12]，皂市下层文化的胡家屋场遗址也有壕沟[13]，这说明澧阳平原的环壕聚落有悠久的传统。到汤家岗文化时期城头山才被利用，这处地方的原始地貌是临近澧水支流——澹水的低岗，周围是开阔的平地，适合人类生存。澧阳平原在汤家岗文化时期获得发展，生产力也有了较大提高，社会财富增长、社会分层明显，人口也明显增长了，因此需要开辟新的生存空间。在这个时期澧阳平原及洞庭湖出现了不少新的聚落，如三元宫、划城岗、丁家岗[14]、汤家岗，以及新湖[15]等遗址，都是这个时期出现的。汤家岗文化的白陶还向外传播，影响到数千里之外，这均是汤家岗文化时澧阳平原文化与社会获得快速发展的有力证据。

2. 大溪文化聚落

大溪文化时期，城头山聚落进一步发展壮大，在大溪文化一期时出现了筑城的行为。据遗址东部的考古发掘得知，汤家岗文化时期这里原是一片稻田，稻田附近有居住建筑遗存，大溪文化一期的部分城墙直接叠压于稻田或建筑基址之上，说明筑城不仅需要加固原有的围合聚落，同时也不得不毁弃田舍，是何原因促使聚落做出如此举措还不得而知。只能就这个问题做一些推测，推测之一是稳定的稻作农业聚落获得快速发展促进人口迅速增殖，同等的空间要承载更多的人口，资源和生存空间的占据成为必然，这也必然导致聚落之间关系的加剧，因此筑造城防以保护本聚落成为一种趋势。推测之二是防范洪水，已有不少文章就这一问题开展过讨论[16]。筑堤防水是当代长江中下游地区最重要的水利工程，古代也是如此，良渚古城也筑堤防水[17]。当史前水患威胁到人们的生产和生活时，防范水患的工程就会出现。在澧阳平原这样河网密布的地区，稻作农业既需用水，又需防水，在这个相悖的需求同时出现时，修筑堤防就成为一种动力了。当然，这两种推测都需要考古证据来加以佐证，只是目前还没有充分的证据来证实某一推理的唯一正确性。或许筑城尚有另外更复杂的原因，期待以后的田野考古工作能找到相应的证据。

大溪文化一期建造的城墙范围大致比最终的古城要略小一些，城圈以内的面积在5万～6万平方米（图八）。建造所需时间与人力，以及所动用的资源和体现的设计理念，均无法考察，因此还有许多问题仍然需要探寻。从汤家岗文化的环壕聚落发展到大溪文化一期的城壕聚落，城头山聚落的结构到底发生了多大的改变，目前也还不清楚。但是，聚落的空间功能发生变化则是毋庸置疑的。聚落在建城之后获得持续稳定发展，大溪文化一期的生活区、墓葬区以及祭坛、祭祀坑等相关功能区的分布颇为明确。这些遗存，是在原汤家岗文化聚落的水稻田附近发现的，说明聚落空间结构确实发生了重要变化。换言之，大溪文化一期出现了不同于原来的新的聚落。大溪文化二期在一期城壕聚落的基础上获得快速发展。这不仅在考古学文化上得到了体现，在聚落形态上也能得到证明，它不仅是澧阳平原和洞庭湖区同时期最大的聚落，也是内部结构最为复杂的聚落。大溪文化二期的重心仍在东部区域，这里原来一期阶段的祭坛废弃，被开辟为墓地，祭坛之上埋设了不少等级

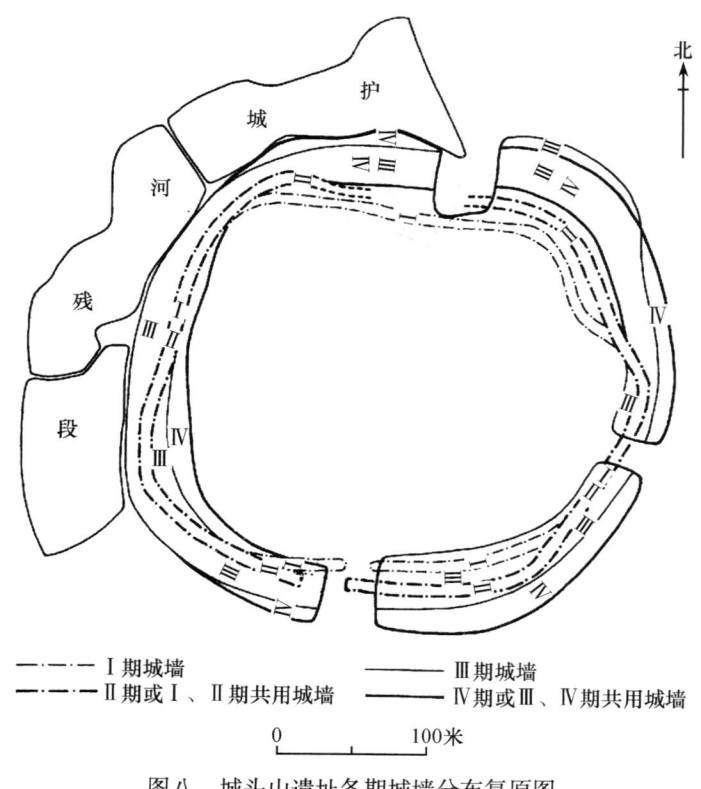

图八　城头山遗址各期城墙分布复原图

较高的墓葬，如M678号墓等，这批等级较高的墓葬排列有序，显示有单独的墓区空间安置。与此同时，其他墓区的墓葬等级则较低，不少墓葬还是屈肢葬。大溪文化二期虽然重心在东部区域，但相关遗存已经遍及整个城内。城内各处都发现了该时期的建筑遗存。大溪文化三期实际上是紧接着二期而来的，建造活动加剧，建筑物有较大的体量，如F104。也出现了陶窑集中连片的现象，显然是具有一定规模的制陶和烧陶作坊区。

3. 油子岭文化—屈家岭文化聚落

油子岭文化聚落与大溪文化聚落相比，已经发生了很大的变化。城墙在稍后阶段即油子岭文化二期进行了大规模的扩建，原来作为聚落重心的东部渐往西、北移。到屈家岭文化一期，城墙和护城河又进行了更大规模的扩建，城头山古城也最终形成。基于油子岭文化与屈家岭文化的同一谱系，聚落发展也持续稳定。城的中西部是生活区，这里发现大量的建筑基址，并出现了多种形式的建筑形态，有公共建筑、道路，有的建筑还是院落型，建筑的格局体现扩大家族的居住方式。城的北部开辟了一片墓地，这处墓地始建于油子岭文化一期，表明油子岭文化抛开了原来大溪文化的墓地而另辟蹊径，选择在城北一处略高的坡地上建了公共墓地，墓葬有预先的安置设计，按照由西向东的秩序排列。因此，油子岭文化墓葬全部分布在墓地西部，屈家岭文化墓葬则紧接着向东分布，并无空间区隔。从多处墓葬叠压打破关系来看，墓地显然对应着多个不同的生活阶段。屈家岭文化墓葬与油子岭文化墓葬比较，随葬品明显增多，器物形体变小，做工粗糙，墓葬里的随葬品已经批量化生产。墓葬之间随葬品多寡不一，一般只有数件，最多的M425达到103件，最少的只有1件，如M451。

4. 石家河文化—后石家河文化聚落

城头山石家河文化时期聚落的结构，以及相关遗存的空间分布目前尚不清楚。从考古发掘的情况得知，在中西部的二、三发掘区发现了房址，东部的第六区也发现了房址，但略显零碎而无成片分布，后石家河文化的相关遗存更不清楚。种种情况暗示，石家河文化时期城头山作为澧阳平原的中心聚落的地位已经丧失。

（四）小结

从城头山遗址考古学文化谱系的变化，到聚落的变迁，前文做了较为详细的考察。考察的结果显示，考古学文化从汤家岗文化到大溪文化三期，基本是同一个文化谱系，期间在大溪文化二期有过大量外文化因素的进入，但并未改变文化的谱系结构，其考古学文化基本维持了以圜底器、圈足器传统的红陶系的釜、罐、钵、碗组合为主体。"大溪文化四期"，文化谱系发生了变化，以黑陶系和鼎、豆、壶、瓶、曲腹杯组合为主体，这种谱系一直维持到屈家岭文化结束，并延续到石家河文化。大体而言，从油子岭文化到石家河文化，城头山遗址的考古学文化是同一个谱系结构，后石家河文化的情况则还不清楚。如此，从考古学文化谱系而言，从汤家岗文化到大溪文化，文化的发展是连续的；从大溪文化到油子岭文化，其发展则是断裂的，从油子岭文化到石家河文化，则是连续的。换言之，城头山遗址考古学文化的进程经过了"连续—断裂—连续"的过程。

聚落进程则大致与此相对应。城墙的建造是大溪文化一期，是在原有汤家岗文化环壕聚落的基础上的一次重大转变，意味着大溪文化一期建造的城墙之功能及其需求与汤家岗文化时期有了本质的改变，但聚落进程没有断裂。进入大溪文化阶段之后，城墙、壕沟还经过了一次修建，即Ⅱ期城墙，但没有改变旧有的结构，这样的结构维持到大溪文化结束。油子岭文化取代大溪文化以后，在油子岭文化一期阶段并没有改变聚落结构，而是在二期阶段对城墙、城壕进行了大规模的扩建，这就是城头山Ⅲ期城墙的修建。这次修建，奠定了城头山古城最终的形态结构，聚落也由此稳定下来。所以从聚落的演进来看，从汤家岗文化到大溪文化一期，聚落从环壕到城壕，虽是一次重大变化，但聚落进程并没有断裂。从大溪文化一期到三期，甚至油子岭文化一期，聚落发展都是连续的，油子岭文化二期，聚落发生了一次突变，原有聚落的连续性断裂，新的聚落结构出现，这个新的聚落维持到城头山文化与社会的终结。这表明城头山聚落变迁也大致经过了"连续—断裂—连续"的过程。从这个意义上来说，聚落的演进并不完全与考古学文化的演进同步，但是考古学文化谱系的变化会在聚落结构变化上体现出来。

聚落与文化变迁的背后，则是人群的变迁，就目前的材料而言，还无法判断在考古学文化谱系及聚落发生连续与断裂的背后，人群是否存在异动。比如由油子岭文化取代大溪文化，是原有的居民对新的外来文化的主动接收还是被迫接受？油子岭文化进入澧阳平原或者进入城头山聚落，是采取何种方式而来？强力进入还是和平进入？这些都是需要仔细思考的问题。

二、石家河遗址文化与聚落进程

（一）考古学文化序列

石家河遗址最早的文化遗存是该遗址东北部的土城下层遗存[18]，其文化性质与城背溪文化基本一致，或可视为城背溪文化向汉东地区扩散的一个见证。根据城背溪文化的年代范围，推测土城下层遗存的绝对年代或在公元前5500年左右。此后，汉东地区的考古学文化情况不明，后来才有边畈文化[19]，其年代大致与澧阳平原的汤家岗文化同时。石家河遗址没有发现边畈文化的遗存，是否有此遗存还需要以后再做田野工作。这里谭家岭遗址发现的最早遗存是"谭家岭第一期遗存"，年代大致相当于鄂西大溪文化关庙山类型二期，其绝对年代范围为公元前3900~前3700年。文化性质方面，《谭家岭》报告认为属于油子岭文化，笔者认为应属于大溪文化油子岭类型[20]。观点虽有差异，但也间接说明"谭家岭第一期遗存"具有较为明显的油子岭文化风格，其与接之而来的油子岭文化有着密不可分的关系。油子岭文化的绝对年代是公元前3700~前3200年，汉东地区很多遗址均发现了这个文化的遗存，考古证据也证明汉东地区是油子岭文化的大本营和发源地。油子岭文化之后是屈家岭文化，屈家岭文化的绝对年代范围为公元前3200~前2500年。屈家岭文化是油子岭文化的继承和发展，在汉东地区不少遗址中发现了由油子岭文化向屈家岭文化过渡的证据。屈家岭文化向石家河文化过渡的证据也非常明显，因此，石家河文化是屈家岭文化发展的必然结果，石家河文化的绝对年代范围为公元前2500～前2000年。该文化阶段汉东地区的文化取得了较大的发展，石家河文化也迅速传播到汉东以外的两湖地区。石家河文化解体，主要是受到外来文化的冲击，外来文化的主体是中原地区的王湾三期文化，汉东地区率先受到冲击并进而形成后石家河文化或肖家屋脊文化[21]，后石家河文化在长江中游很多地区出现并带有鲜明的文化特色，其绝对年代还无明确的考古学测年数据，推测约在公元前2000年之后。

（二）考古学文化谱系分析

1. 土城下层遗存

土城下层遗存的考古材料尚未发表，笔者从湖北省文物考古研究所标本库房观摩了这批标本，发现其陶系为夹砂红陶，部分器表有红衣，陶器的主要类型包括釜、双耳罐、角把罐、三足罐、盘（碗）、支座等，其文化性质或属于城背溪文化，或为城背溪文化的一个地方类型。但该遗存的发现还太少，不足以对其进行详细考察，仅存一说。

2. 大溪文化油子岭类型

土城下层遗存之后，石家河地区并没有发现后续的相关遗存，意味着文化的发展已经断裂，或许有遗存但目前尚未发现。总之，就现有资料而言，石家河地区大概在土城下层遗存消失1500年以后才出现新的文化遗存，即谭家岭遗址第一期遗存，这支新的文化遗存，笔者已在相关的论著中详细论述，认为是鄂西大溪文化关庙山类型越过汉水，向汉东地区扩散传播的结果。笔者的论述也比较了这支文化的相关陶器，认为其与鄂西大溪文化的相似度大于其差异度，确切地说，石家河谭家岭遗址的"第一期遗存"，应属于大溪文化油子岭类型。

该时期的陶器是"红陶系遗存"，陶器大多比较厚实，胎质则为粗泥或夹炭，不少陶器的器表装饰了酱红色陶衣。主要器类有圈足罐、豆、碗，也有鼎、盆、瓮、多种型式的器盖，此外还有一种薄胎彩陶碗（图九）。这些器物的形态，大多出现于鄂西大溪文化关庙山类型的一、二期，因此整体上应该属于大溪文化系统，当然也有一定的地方特色，如高圈足的豆、鼎以及多种型式的器盖，已经具备较为明显的地方特色。

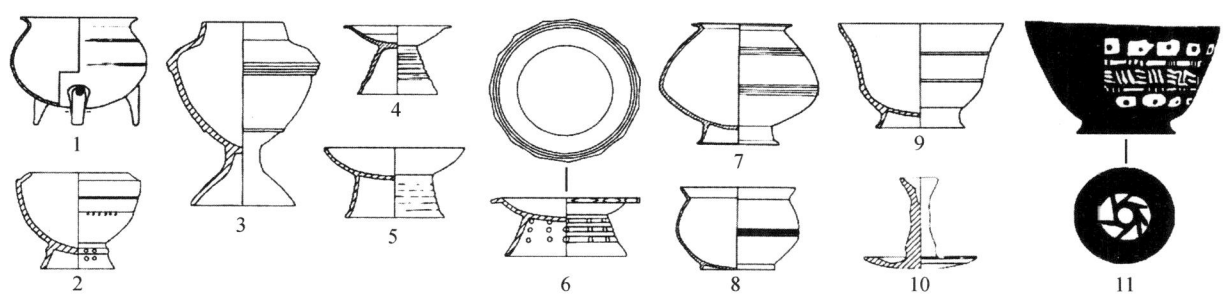

图九　谭家岭遗址大溪文化油子岭类型陶器

1.鼎（ⅢT1108⑦：58）　2~6.豆（ⅢT908⑥：5、ⅣT2211⑧：15、ⅢM13：8、ⅣM2：1、ⅢM13：5）
7、8.罐（ⅢM13：1、ⅣT2210⑧：1）　9.碗（ⅢM13：3）　10.器盖（ⅡM13：6）　11.彩陶碗（ⅢT1107⑥：51）

3. 油子岭文化

油子岭文化一期 谭家岭遗址第二期遗存的陶器在陶系方面接近第一期遗存，但酱红色陶衣减少，橙黄地黑彩的彩陶碗是其重要特色。我们同意考古报告将谭家岭二期遗存归属于油子岭文化，按照笔者的分期，应为油子岭文化一期，该期陶器的陶系、器形及其组合，大致继承了本遗址第一期遗存的风格而出现不少新器形，不过谭家岭遗址从"第一期遗存"到"第二期遗存"是同一个文化谱系内部的文化变化。该期的主要器物形态有鼎、豆、圈足罐、器盖，也有曲腹杯、釜、盆。彩陶碗较多也极具特色，一期遗存流行的高纽盘壁反折形器盖消失（图一○）。

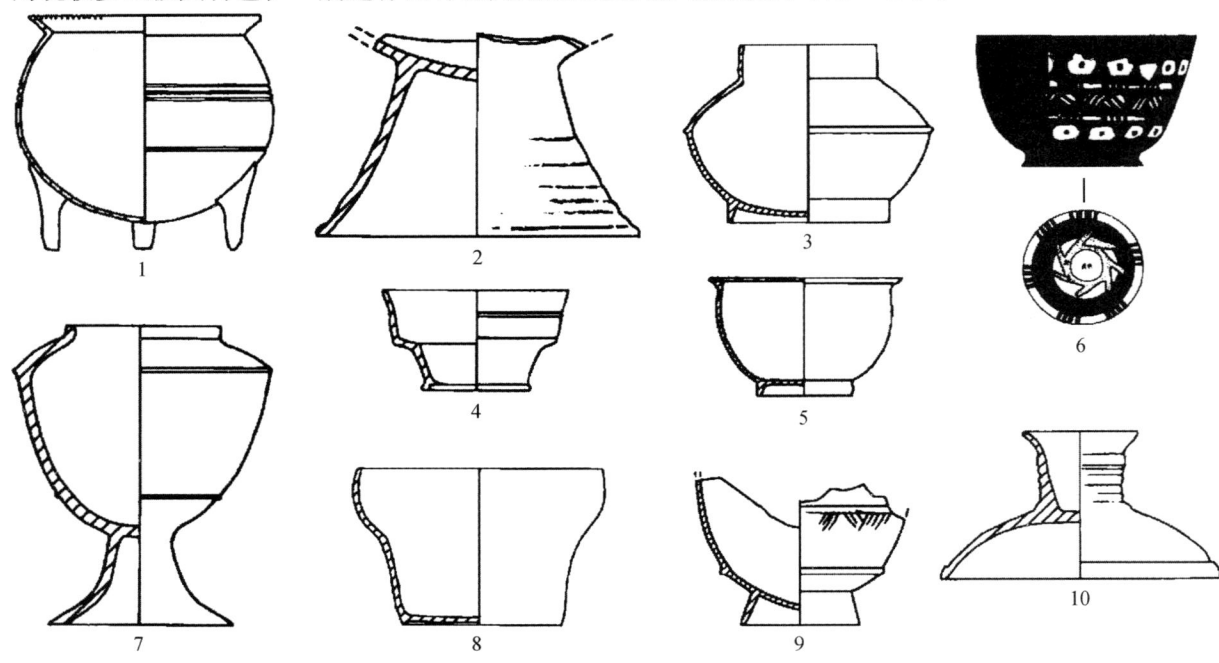

图一○ 谭家岭遗址油子岭文化一期陶器
1. 鼎（ⅢM10：1） 2、7. 豆（ⅢT1006⑮：5、ⅢT1106⑤C：25） 3. 罐（ⅢT1107⑤B：52） 4、8. 曲腹杯（ⅢM5：11、ⅢM14：11） 5. 碗（ⅢT908④B：1） 6. 彩陶碗（ⅢM4：3） 9. 壶（ⅢM9：3） 10. 器盖（ⅢM20：3）

油子岭文化二期 谭家岭遗址第三期遗存属于该期，此期还可分早晚两段，其较早阶段上承第二期遗存，即油子岭文化一期，陶系仍以红陶系为主，但比例有所下降，黑陶和灰陶渐次增加。红陶依然多涂红衣。较晚阶段灰陶和黑陶渐成主流，红陶居其次，彩陶多见，但出现了简化趋势。主要器物形态有鼎、豆、盆、罐，也有曲腹杯、器座等，较具特色者为三锥形纽和塔形纽器盖、彩陶球。该期的多数器物是前期的延续，如鼎、豆、罐以及器盖等承继了前期的风格（图一一）。

4. 屈家岭文化

屈家岭文化与油子岭文化相比较，已经发生了明显的变化，陶器以泥质灰陶为主，其次是黑陶和红陶。器物形态方面，油子岭文化的罐形鼎、有（高）领罐、三锥形纽和塔形纽器盖等风格保留下来，但彩陶碗、曲腹杯等消失，新出现了不少器类，如仰折沿双腹鼎、双腹豆、碗以及壶形

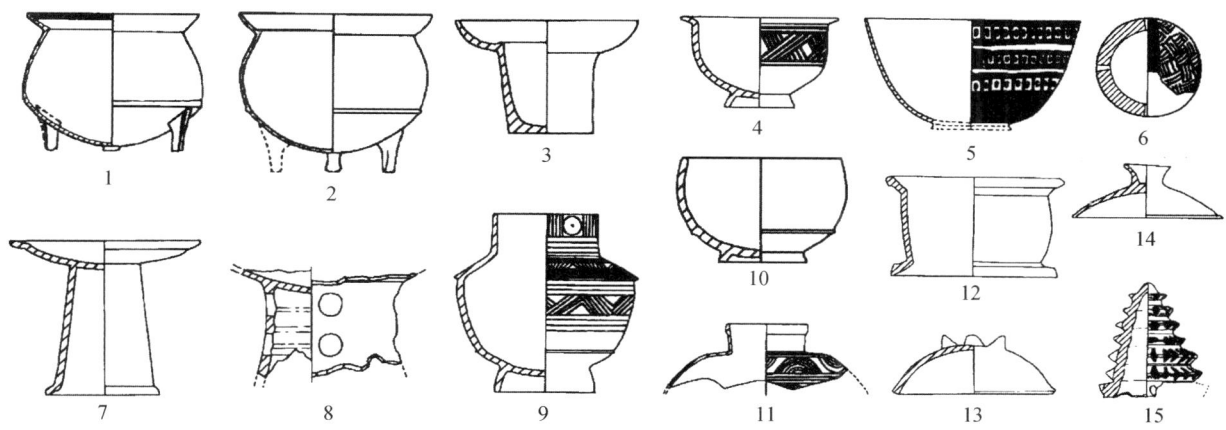

图一一 谭家岭遗址油子岭文化二期陶器

1、2. 鼎（ⅢT1007⑤B：18、ⅢT1108④：35） 3. 曲腹杯（ⅢT1106④B：22） 4. 盆（ⅢT1106④B：52） 5. 彩陶碗（ⅢT1106④A：32） 6. 陶球（ⅢT1006⑩：41） 7、8. 豆（ⅢH15：1、ⅢT1106④C：304） 9. 壶（ⅢT1106④C：73） 10. 碗（ⅢT1106⑦：5） 11. 罐（ⅢT1107④A：201） 12. 器座（ⅢT1108⑤：41） 13～15. 器盖（ⅢT1008⑥：9、ⅢT1008④B：1、ⅢT1006⑥：13）

器，彩陶纺轮、薄胎彩陶杯等。谭家岭遗址第四期遗存典型地反映了屈家岭文化的基本特征（图一二）。

屈家岭文化又可分为二期，一期以谭家岭遗址第四期遗存早段为代表，此外还有邓家湾遗址与肖家屋脊遗址的屈家岭文化一期遗存。该期陶系以灰陶为主，其次为泥质黑陶和泥质红陶，也有夹砂陶。器物主要有仰折沿双腹的鼎、豆、碗以及壶形器，也有喇叭形彩陶杯、彩陶纺轮。鼎、豆、碗的仰折沿双腹特征和壶形器的风格不见于前期，喇叭形杯、圈足杯陶缸的特征等也不见于前

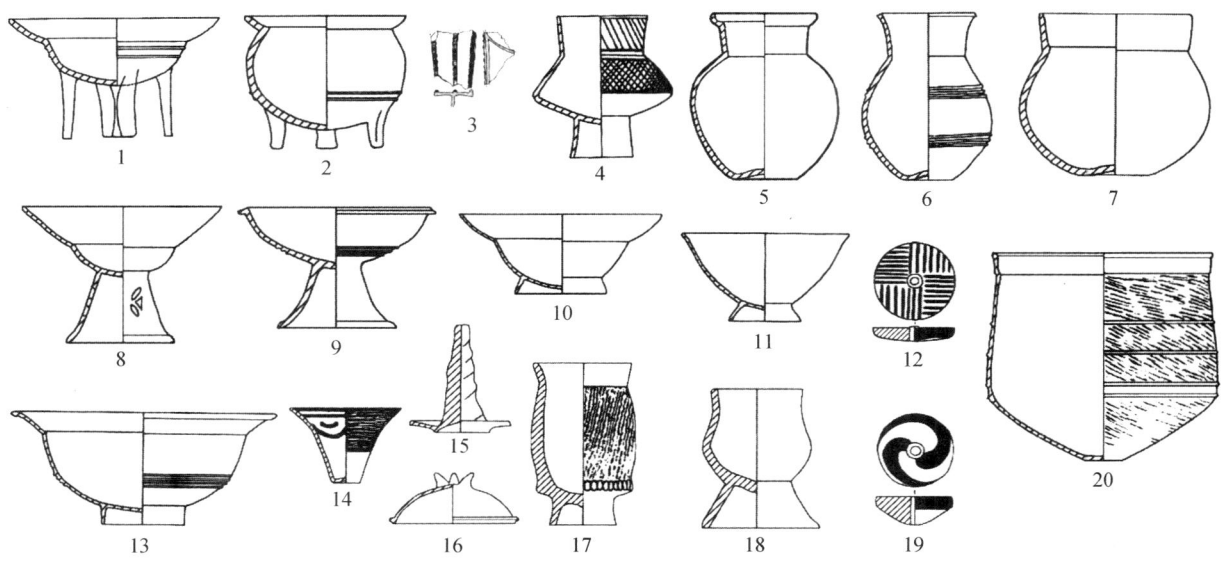

图一二 谭家岭遗址屈家岭文化陶器

1、2. 鼎（ⅢT1106③B：17、ⅢT1008③：1） 3. 鼎足（ⅢT1007④：67） 4. 壶形器（ⅢH23：20） 5～7. 罐（ⅢH23：56、ⅢH23：11、ⅢT1107②B：31） 8、9. 豆（ⅢF1：3、ⅢT1006③B：1） 10、11. 碗（ⅢH16：31、ⅣT2211④：15） 12、19. 彩陶方轮（ⅣH18：41、ⅣT2211⑥B：12） 13. 盆（ⅣH18：6） 14. 彩陶杯（ⅢH23：22） 15、16. 器盖（ⅢH16：4、ⅢH16：39） 17、18. 圈足杯（ⅢH16：39、ⅢT907⑤D：6） 20. 缸（ⅢH14：9）

期，石家河聚落群中也未发现其源头，倒是汉东地区其他遗址可以找到其从油子岭文化中蜕变的痕迹[22]。石家河聚落中没有发现，或许是工作不到位，因此不能排除石家河聚落也存在从油子岭文化向屈家岭文化过渡的遗存，但至少目前还没有发现。换个角度来看，石家河聚落也许不存在这类遗存，过渡阶段的文化变化或许是在石家河聚落之外完成的，石家河聚落很快接受并适应了这一变化，当然，这只是一种推理。除了一般日常生活陶器和随葬陶器外，该期的筒形器也具有明显的特色。

二期遗存见于谭家岭、邓家湾和肖家屋脊等遗址。其中邓家湾遗址的遗存最有代表性，其陶质陶色没有变化，陶系仍以灰陶为主，其次为泥质黑陶和泥质红陶。陶器形态局部发生了一些变化，如陶鼎腹部变平，仰折沿陶豆双腹近于消失、圈足加高，壶形器出现折腹，薄胎彩陶杯的杯身变细。这些变化也仅仅是陶器型式的发展，文化的性质没有发生变化（图一三）。

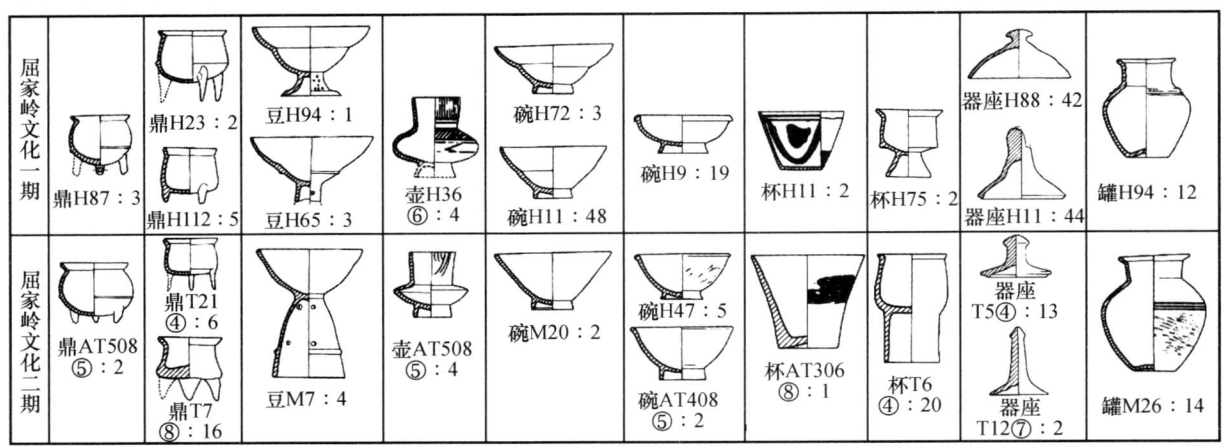

图一三　邓家湾遗址屈家岭文化陶器

5. 石家河文化

石家河聚落群诸遗址均发现了这个时期的文化遗存。石家河文化是屈家岭文化风格的继承和延续，是同一个文化谱系内部的文化变化。石家河聚落群的多个遗址均有该文化的遗存。其文化的发展阶段至少可以分为两期。一期的文化明显继承了屈家岭文化二期的特点。

第一期整体承袭了屈家岭文化的风格，器物组合均为鼎、罐、杯、壶形器、碗、器盖，几乎所有石家河文化一期墓葬出土的陶器均可在屈家岭文化二期墓葬中找到相同或相似的器形。若以其中两座墓葬来做比较，只能看出形态方面的细微变化（图一四）。这样的事实说明，石家河文化是由屈家岭文化直接发展而来的。

第二期陶器形态发生了明显变化，前期保留下来的器形主要是高领罐和三角状捉手器盖。新出现的器形有长颈壶、方格纹瓮、鬶等。另外，原来存在于前期的器物在形态上也发生了较大的变化，比如鼎，由原来的罐形鼎变成了盆形鼎，鼎足的宽扁状和戳印的特点更加放大，原来大量存在的斜腹杯变成了厚胎杯。与此相关的是，新出现一些重要遗物往往与特殊遗迹相关联，比如大量的陶缸相套形成的陶缸遗迹，大量的陶塑动物，均是具有特殊意义的遗迹与遗物，这在前期也是不见的（图一五）。

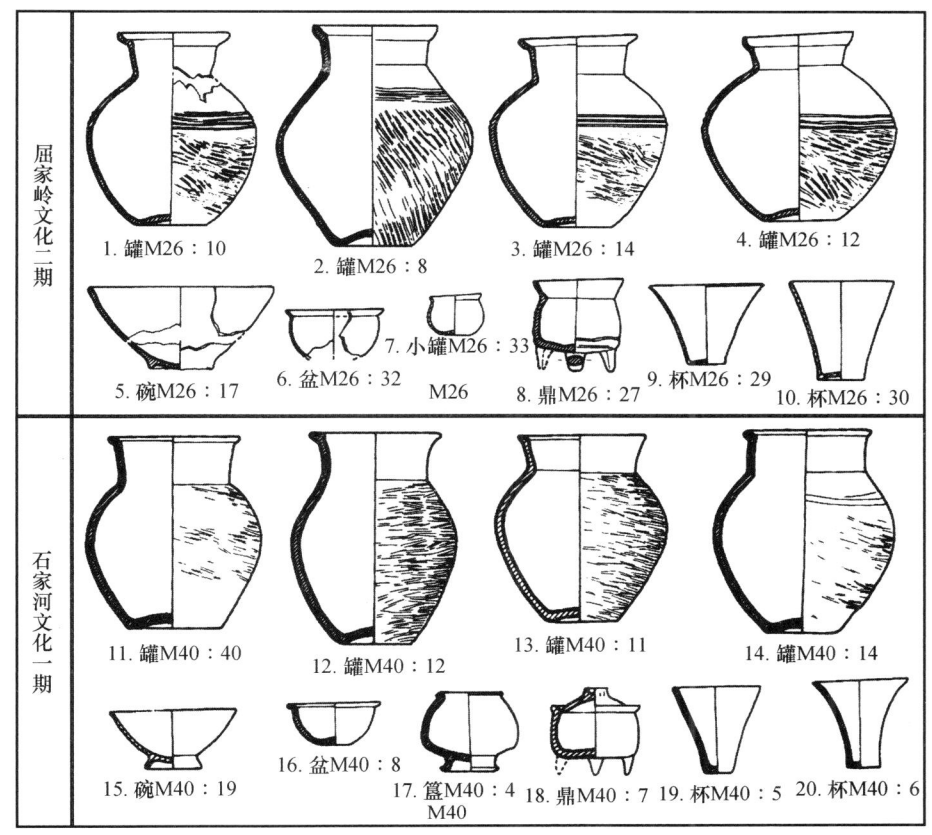

图一四　邓家湾遗址屈家岭文化二期与石家河文化一期墓葬陶器比较

从器物形态上看，石家河文化一期遗存与屈家岭文化二期之间的关系似乎更为亲密。石家河文化一期遗存保留有大量的屈家岭文化二期的特征。石家河文化二期遗存在继承一期风格的前提下有了重大变化。一期遗存或许只是代表了从屈家岭文化向石家河文化的过渡阶段，石家河文化的真正确立是在石家河文化二期。

6. 后石家河文化

该文化遗存普遍见于石家河聚落群的多个遗址。主要见于肖家屋脊、三房湾、谭家岭等。肖家屋脊遗址中，该文化遗存非常丰富，后石家河文化与石家河文化陶器比较，有了很大的差别。石家河文化的高领罐、长颈罐、长颈壶、折腹圈足壶、高柄杯、高圈足杯、缸消失。石家河文化的盆形鼎和釜形鼎不仅数量大减，形态也发生了重大变异。石家河文化大量流行的中口罐、斜腹杯虽然继续流行，但数量大减；筒形擂钵多以盆形擂钵出现；鬶、盉是均有的器物，但两个时期的同类器物形态差异很大。

后石家河文化的广肩罐在本地并没有源头，完全是新出现的器形。扁腹罐和凸底罐、坦底浅腹圈足盘、屈腹盆、敞口斜腹甗、尖帽形器盖也是这个时期特有的器形。豆的种类很多，多数为浅盘细高柄，与石家河文化的深腹矮柄以及台座式豆的形态大异（图一六）。肖家屋脊遗址统计石家河文化与后石家河文化45种陶器器形，其中相似的器形17种，占总数的38%，不同的器形28种，占总

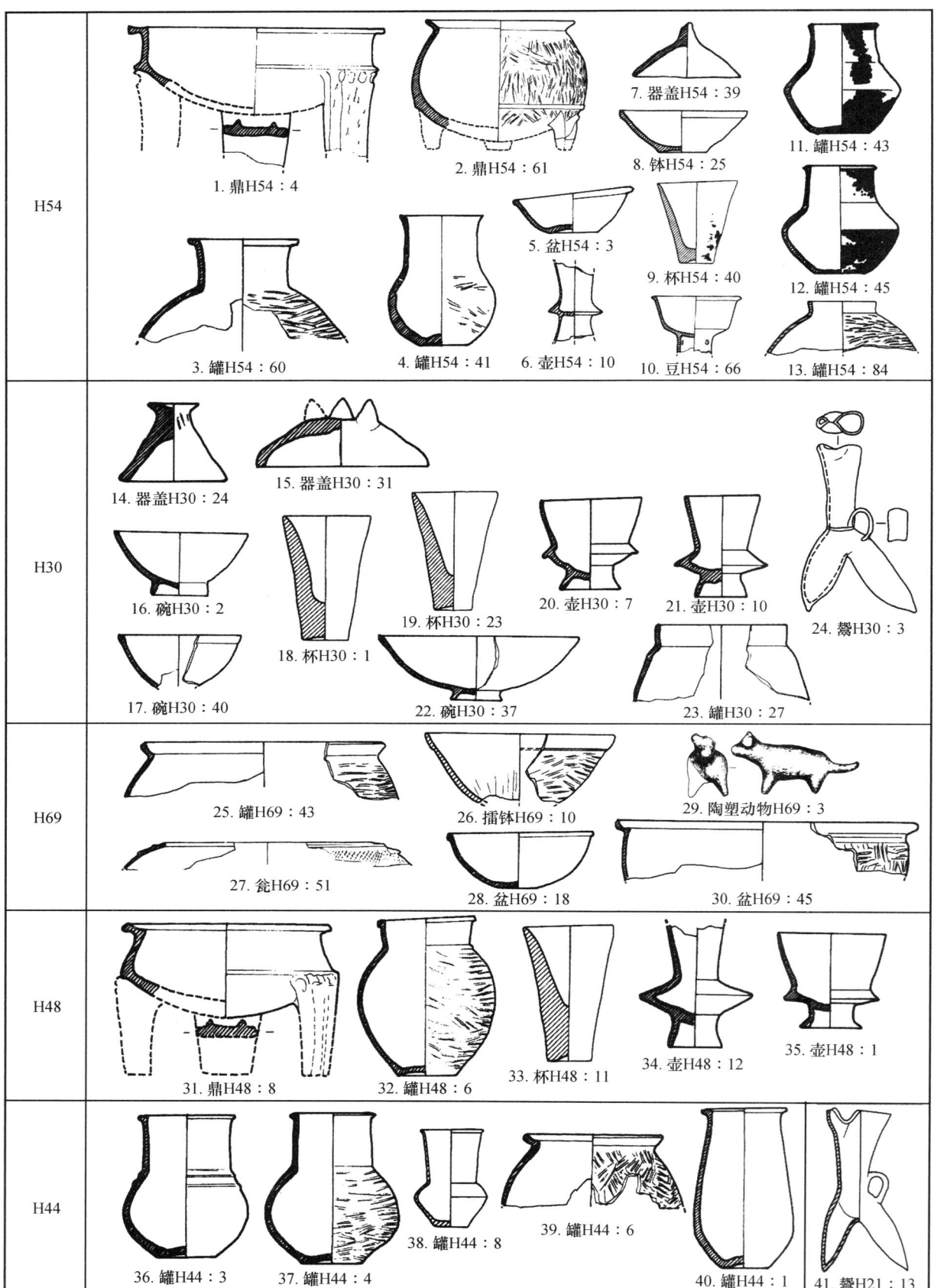

图一五 邓家湾遗址石家河文化二期陶器

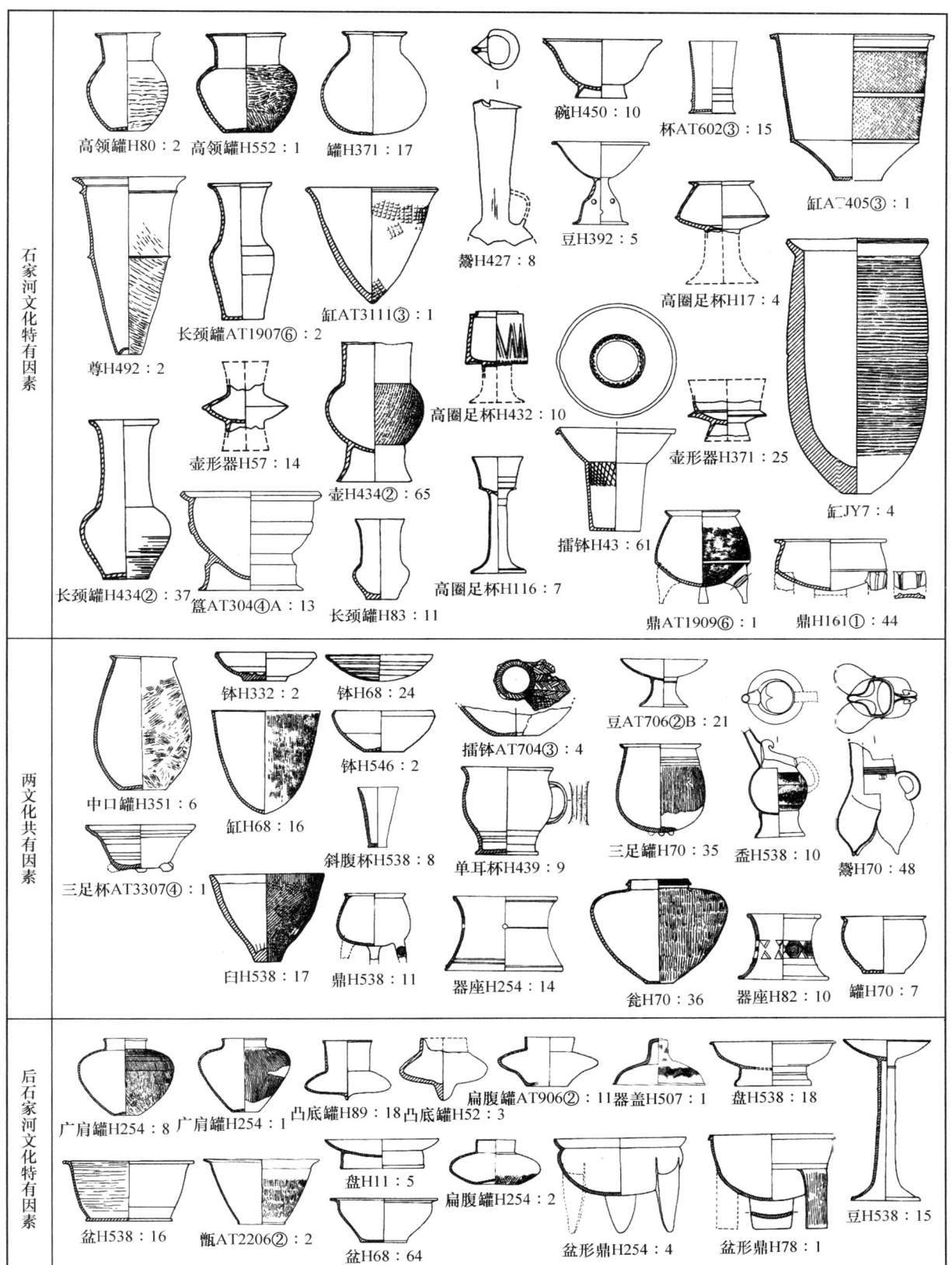

图一六 肖家屋脊遗址石家河文化与后石家河文化陶器比较

数的62%。上述统计并不包括后石家河文化出土的大量玉器，若加上这个因素，则二者之间的差异更大。

总之，后石家河文化与石家河文化的差异已经不是一个文化的两个前后相继的阶段所能概括的，而应该看成两个前后不同的考古学文化。尤其应该值得注意的是，后石家河文化还发现了大量精美的玉器，足以证明它与前阶段的文化存在谱系上的差异。

（三）聚落进程研究

1. 土层下层遗存阶段

目前还不清楚这个阶段聚落方面的情况，这个遗存所出土的陶器表明这里已经有了人类的生聚活动，开始出现了定居村落。

2. 大溪文化油子岭类型聚落

材料见于谭家岭遗址第一期遗存，发现了这个时期4座土坑竖穴墓，其中3座集中一处，与后阶段的墓葬形成一处墓地。有的墓葬中有随葬品，有的则无，墓主人拥有的物品虽有差别，但仍在同一处埋葬。但因材料较少，无法讨论相关问题。

3. 油子岭文化聚落

石家河聚落的材料主要集中在谭家岭遗址。可以分为两个阶段：第一阶段在油子岭文化一期，谭家岭聚落墓地延续，在Ⅲ区墓地共发现16座墓葬（第二期墓葬）。墓地的布置应该是由西至东有若干排，每排在时序上南北安置。第二阶段在油子岭文化二期，谭家岭聚落的墓地面积萎缩，仅发现瓮棺。遗迹方面则有灰坑。最新考古发现了谭家岭遗址城垣，并有屈家岭文化时期的墓葬打破城垣的现象，城垣的始筑年代可以早到这个阶段，城垣内面积达18万平方米，本文称为小城[23]。

4. 屈家岭文化聚落

屈家岭文化时期，石家河聚落群基本形成，谭家岭小城被大城所取代。邓家湾遗址的发掘找到了大城城墙建造年代的考古学证据（图一七）。发掘显示，在此大城建造之前，邓家湾已经有了较为频繁的人类活动，这里出现了墓地，且与墓地相关的还有成片分布的筒形器遗迹。大城约在屈家岭文化一期晚段营建，筑城后的石家河大城呈不规则长方形，面积达120万平方米。城池的修建，在规划设计、组织人力资源和相关物资方面均要提前筹划，同时也要定期对城墙进行维修，对工程监督、管理等，是一个系统工程。邓家湾遗址的发掘还表明，大城建成以后，很快就在城墙上埋坟。墓地排列很有规律，与丧葬活动相关的祭祀遗迹则分布在墓地南侧，如遗迹1、遗迹2与F3，其中F3揭示出坐北朝南的两开间房屋基址，两室之间还有门道相通，室外后坪地面还埋有陶缸，显然具有一定的功能[24]。此时，谭家岭遗址的人类活动也持续进行着，这里"第四期遗存"或许就是

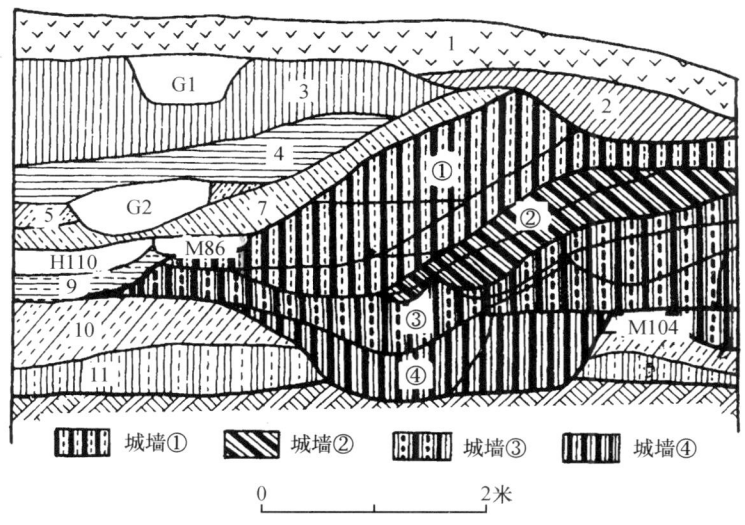

图一七　邓家湾遗址T8南壁剖面图

建造大城后不久留下的，建筑遗存表明室内考究，地面铺有芦席。总之，屈家岭文化的聚落结构与油子岭文化时期有了很大的差异，换言之，原来以小城为中心的聚落空间被大城取代，结构发生了置换。也意味着从油子岭到屈家岭文化，是新聚落取代旧聚落的过程。

5. 石家河文化聚落

石家河文化时期石家河大城及其周围形成了聚落集群，石家河大城城壕外分布有数十处大小聚落，覆盖面积达8平方千米，一些重要的特殊遗存如印信台遗址发现的套缸也布置在城外（图一八）。谭家岭、邓家湾等地普遍出现密集居住址，且建筑面积较大，意味着人口增殖与聚落扩

图一八　印信台遗址套缸遗迹

大。另外，还出现了不少陶塑人偶和陶塑动物坑，相关遗存应该构成某种认知体系，或与精神信仰有关。与屈家岭文化时期比较，聚落的规模扩大了，相关的空间功能也应发生了变化。但这种变化是在原有聚落的基础上扩大的，聚落的基本格局或许并没有发生变化。

6. 后石家河文化聚落

后石家河文化时期，石家河聚落进入一个新的阶段，从石家河地区的情况来看，后石家河文化的层位直接暴露于耕土层下，地层堆积单薄，推测该文化的堆积被后世破坏的情况较为严重，所以考察其聚落形态有一定的困难。肖家屋脊、谭家岭遗址出土玉器的瓮棺，其陶瓮的口沿与上腹部基本被破坏。从已有的发现来看，后石家河文化聚落基本承袭了石家河文化时期的聚落布局，大城内外及城垣上，均有频繁的人类活动。多处遗存揭示石家河大城废弃是在石家河文化晚期，但是后石家河文化并没有从整体上改变原来石家河文化聚落的结构，只是其分布的范围和部分空间功能发生了变化。由此，可将后石家河文化与石家河文化时期视为同一个聚落阶段。后石家河文化时期，大城附近的罗家柏岭遗址，还发现了大型作坊遗存，这处遗存揭示了一座大型房屋基址，发现有墙体、活动面和大量玉石成品与半成品，玉器形态与石家河聚落群其他遗址出土的玉器一致（图一九）。在数个探方的堆积中还发现了5件铜器残片、铜绿石以及锈蚀的铜渣，进而推测可能开始了初步的金属冶炼。

（四）小结

以上对石家河遗址的文化与聚落进程进行了简单考察，由于材料所限，尚无法就某个考古学文化时期内聚落结构及变迁进行细致分析。整体而言，土城下层遗存时期这里只是一处小型村落，之后即遭废弃，再次成为定居点已经到了大溪文化时期。后来，聚落得到稳定发展，油子岭文化时期建造了小城，小城的具体情况尚不清楚。屈家岭文化一期晚段建造大城，相关遗存显示这个时期聚落得到快速变革与发展，生产的规模化、定居与生计的系统化、祭祀的程式化等特征显现，表明这个时期已经具有较为成熟的组织体系，进而出现长江中游超大型聚落集群。这个过程不仅标志着石家河聚落群本身的发展，也反映了长江中游以石家河为中心的文化共同体的形成。石家河文化后来被后石家河文化所取代，文化谱系发生了重大变化，城池也遭废弃，但聚落结构并没有发生剧变，说明这个聚落系统的运行依然正常，再一次证明文化谱系的变化并非与聚落的演进同步。石家河聚落的消失，是与后石家河文化的消失为标志的。不包括之前的土城下层遗存阶段，从大溪文化油子岭类型开始，石家河聚落的演进是"连续—断裂—连续"的过程。

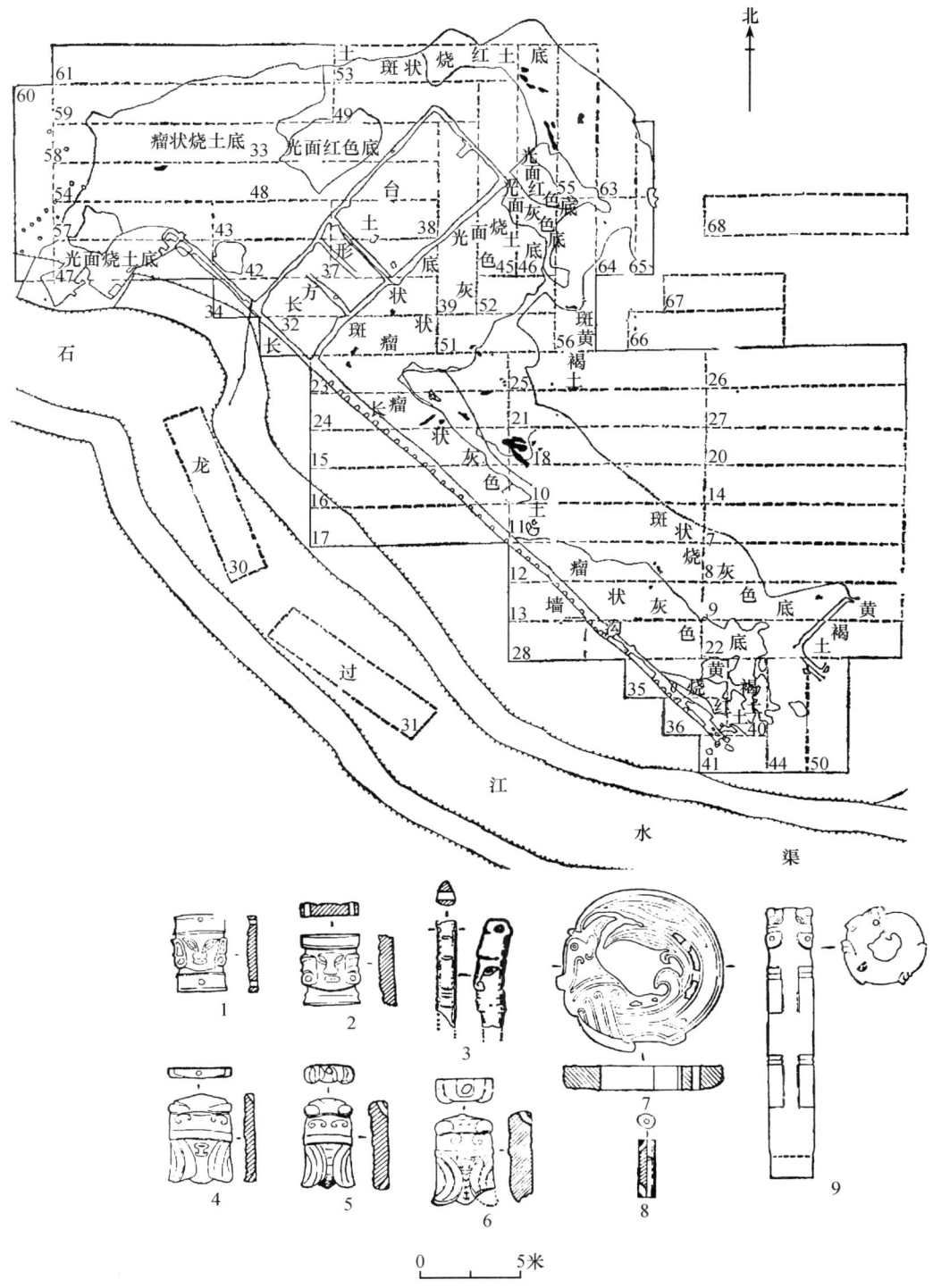

图一九　罗家柏岭遗址房屋基址与出土玉器

1~3. 玉人头像（T20③B：3、T20③B：18、T20③B：16）　4~6. 玉蝉（T14③：1、T7①：7、T7①：4）
7. 玉凤（T32③A：99）　8. 玉管（T20③B：35）　9. 玉龙（T7①：6）

三、连续与断裂——中心聚落文化与聚落演进的基本考察

（一）关于中心聚落

中心聚落文化与聚落的演进，能从一个侧面反映区域文化进程的概貌，一处中心聚落的发生、发展，是与区域文化及聚落的发展密不可分的。因而对其开展工作和深入研究，是了解区域文化进程的关键，现就有关中心聚落的问题做一番考察。

1. 关于中心聚落的选址

在长江中游，稻作农业是基本的生业经济形态，它不仅决定了普通聚落的选址，也对中心聚落的选址起着重要的作用。稻作农业依赖于水，水稻离不开水，因此聚落的位置应该近水。但是近水又易受洪涝之灾，则聚落应该建在近水的高处，即那些山前平原靠近水源但比周围平地略高的丘岗之上，这是普通稻作农业聚落的选址前提。作为中心聚落，选址的前提或许更多一些，除了本身具备普通稻作农业聚落选址前提外，还得有其他的条件，如具有更加优越的中心位置和资源获取区域，生态多样性更加完备，交通更加便利，等等。《管子·乘马》云："凡立国者，非于大山之下，必于广川之上。高毋近旱，而水用足；下毋近水而沟防省。"说的虽然是战国秦汉时期的都邑选址，但也可用来考察史前中心聚落的选址。城头山、石家河聚落的选址是符合上述条件的：首先，它们都是靠近水源的岗坡地带。城头山靠近澧水支流澹水，遗址所在地是一处山前平原略高的岗地；石家河则位于山前平原的垅岗地带，附近就有湖泊。靠山面水、地势开阔，是这两处聚落选址的首选。其次是较好的区位优势。城头山地处澧水的一级支流，河道利于交通。这里周边早期遗址较多，说明土地早已开垦并利用，同时期的城头山附近也有不少聚落。城头山正处于水网发达、交通便利、聚落众多的中心位置。石家河则位于天门河支流——东河、西河之间，同样是水网发达、交通便利。在此之前，汉东地区也经过边畈文化、大溪文化时期的发展，土地和稻作农业经济必有良好的基础。所以，中心聚落的选址，在地理和文化上均有一定的优势。

2. 中心聚落的文化与经济效应

中心聚落作为一个区域的中心，它的存在和发展对于区域其他聚落的存在和发展至关重要。概而言之，中心聚落一旦形成，就会对周边聚落产生重要效应，按照其聚落模式及效应模式，分为两种：一是聚集效应，这种聚集效应即是人才、资源向中心集中，而形成"空吸现象"和"孤岛效应"，在中心独大的同时，周边衰微或极度贫困，是以政治主导型或政治经济双重主导型为特征。二是辐射效应，即中心的快速发展也带动周边的发展，其发展模式是辐射型的，不会产生空吸现象，这是以经济主导型为特征。城头山是澧阳平原的中心聚落，它成为区域中心的年代较早，城头山中心聚落出现的时候，它的周边有不少聚落，在它发展壮大的时期，澧阳平原其他聚落也在同步发展，这样的情况或许符合第二种模式，即城头山中心聚落的发展也带动了周边聚落的发展。反观

石家河，作为汉东地区的中心聚落，它最先出现于谭家岭遗址，油子岭文化时期周边也有相关遗址如油子岭遗址、龙嘴遗址等，它发展壮大是从油子岭文化晚期开始，屈家岭—石家河文化时期达到鼎盛，鼎盛时期形成的聚落集群面积达到8平方千米，周围有数十处聚落。但是，在这个范围之外，鲜见其他聚落，造成了汉东地区唯一的石家河聚落群，这说明周边黯淡而中心辉煌，符合第一种模式。

3. 中心聚落的遗存特点

中心聚落作为区域中心，其留下的文化遗存也是一个区域最为丰富的。从文化堆积来看，中心聚落遗存的堆积深厚，现象复杂，这是自不待言的，城头山和石家河都符合这样的条件。

从范围和面积来看，中心聚落面积大、范围广；从延续时间来看，中心聚落经历了长时段的考古学文化的发展；从考古学文化特征来说，中心聚落有自身独特标志性的文化遗存；从人口规模来看，中心聚落的人口显然远超一般聚落；从社会结构来看，中心聚落社会复杂，社会分层较为明显。另外值得重视的一个现象，即中心聚落是风格的创新者和引领者，它吸收周边文化的精髓，也同时向周边输出自己的文化，其体现在考古遗存上就是文化标志性器物的存在与外输。城头山作为澧阳平原的中心聚落，其文化的鼎盛阶段是大溪文化、油子岭文化和屈家岭文化时期。大溪文化时期城头山表现出极强的文化吸纳能力，大溪文化二期的彩陶杯、鼎、彩陶盆、高圈足豆、带把杯等均是吸收了外文化的因素而创制的器物。油子岭文化的一批极具特色的陶器或许就是最先出现于城头山，如瓶、细颈壶，这两类器物甚至可能是城头山聚落所发明并向外输出，传播至整个洞庭湖区和峡江区。此外，尊形壶、三联罐等也是城头山独具特色的器物，或许这类器物借鉴了外来的风格，但应为城头山聚落所生产（图二〇）。城头山作为区域的中心聚落，也拥有澧阳平原其他聚落

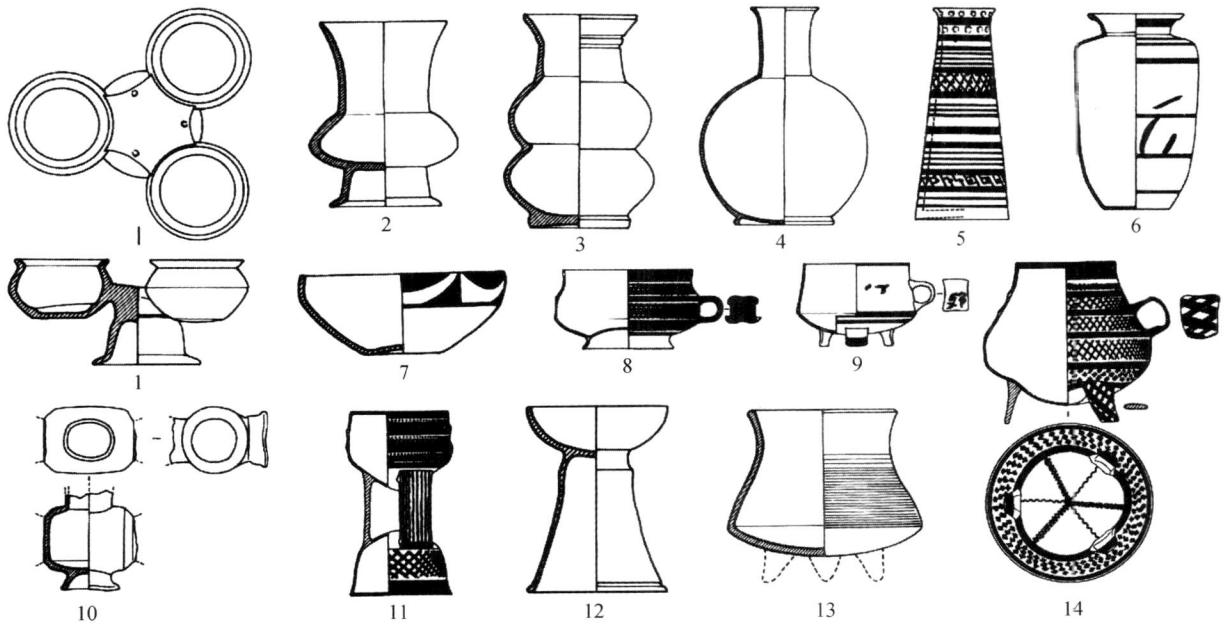

图二〇　城头山聚落的特殊器物

1. 异形陶罐（M802∶4）　2～4. 陶壶（M893∶1、T7401④∶3、M869∶5）　5、6. 彩陶瓶（M871∶14、M837∶3）
7. 彩陶盆（H210∶3）　8、9、11. 彩陶杯（H210∶3、M680∶5、M739∶4）　10. 异形陶壶（T7454④∶7）　12. 陶豆
（M678∶4）　13、14. 陶鼎（M665∶2、T6454⑨∶4）

不曾拥有的一些特殊遗存，如大溪文化时期的大型祭坛和祭祀坑，暗示中心聚落在意识形态上的特殊地位。另外，城头山作为目前发现的最早的城，其圆形的城圈、环绕城墙的城壕，这样的创举不仅史无前例，还开创了史前中国城池的基本格局，影响深远。屈家岭文化时期，城头山聚落出现院落式建筑，出现大型公共建筑设施，有严密规划的墓地，并拥有同时期洞庭湖区随葬品数量最多的一座墓葬M425，这也是其他聚落无法相提并论的。

石家河聚落与聚落群，是继城头山之后长江中游的中心，它同样拥有极具自身特色的文化创造物，并形成了自身的风格。有不少器物是石家河聚落的发明，如陶类制品中的筒形器、四耳器、彩陶纺轮、彩陶杯、厚胎红陶杯、刻符陶缸、陶塑人偶与动物等，更有后石家河文化的大量精美玉器，这些制品或为石家河聚落唯一拥有，或先创制，然后外输（图二一）。石家河文化时期这里也发现了汉东地区最大的一座墓葬肖家屋脊M7。石家河聚落群不仅是器物文化的制造中心，也是精神意识的中心，这里有各类祭祀遗存，规模宏大，如套缸、筒形器等，既可能因祭祀活动而存留，也可能因价值观的输出而外播。石家河聚落这些物质和精神文化的外播，体现了聚落本身的文化实力，也对广域背景下的文化进程产生了深远影响。

（二）城头山、石家河聚落进程一般性概括

（1）从城头山、石家河遗址的聚落演进来看，文化与聚落的进程都存在连续与断裂，但若将此模式绝对化，则会误导对其历史进程的认知。所谓连续的过程是相对的，因为任何连续的进程都是动态的，动态中会有旧因素的消失，新因素的出现；而所谓断裂，也来源于对某些现象的解读，断裂是何种程度的断裂，是文化完全消失了还是人群被完全取代了？目前还无法判断。不可否认，造成文化连续断裂的原因不外乎从内因和外因两个方面去寻找，从城头山和石家河的情况来看，外文化的进入似乎是导致原有谱系解体的主要原因。城头山与石家河文化与聚落的进程，大体反映出连续与断裂的交替，在文化上，存在文化的更替和谱系的更替；在聚落上存在局部替换和全局性的改变。同时，聚落演变既与文化演变相对应，也存在滞后性。

（2）通过考察发现，中心聚落出现聚落结构的重大改变，往往会出现两个方面的征兆，征兆之一是文化强势发展并向外扩张期间，这是聚落极为强盛的时期，聚落的整体结构会发生变化，如城头山汤家岗文化环壕聚落之后，发生了修造城墙、城壕的行为，正是大溪文化产生和快速发展的阶段，城头山城墙、城壕的建造体现了该聚落整合和引领澧阳平原文化与社会的能力。这种能力还体现了代表城头山和澧阳平原文化的扩散和辐射力，白陶和彩陶盘正是从这个阶段开始向外传播，影响了中国南部辽阔的地区。石家河聚落强盛时期是屈家岭文化发展壮大的屈家岭文化一期晚段，这个时期屈家岭文化北上，势力远达黄河沿岸的中原腹地。也正是这个时期，石家河大城开始建造，整个聚落的结构发生了重大改变。征兆之二是被强势文化所取代，或者外来文化强势入侵，也会造成聚落结构的重大变迁。城头山聚落由原来的较为低矮的城墙-城壕体系，转变为高大城墙-护城河体系，是油子岭文化取代大溪文化以后不久。换言之，油子岭文化进入城头山聚落之后不久即开始了重新修筑城墙和护城河，并对聚落布局和结构进行了大规模的改造。前述石家河大城是屈家岭文化取代油子岭文化以后、聚落迅速壮大之际开始修造的，实际上也意味着新文化取代旧文化以

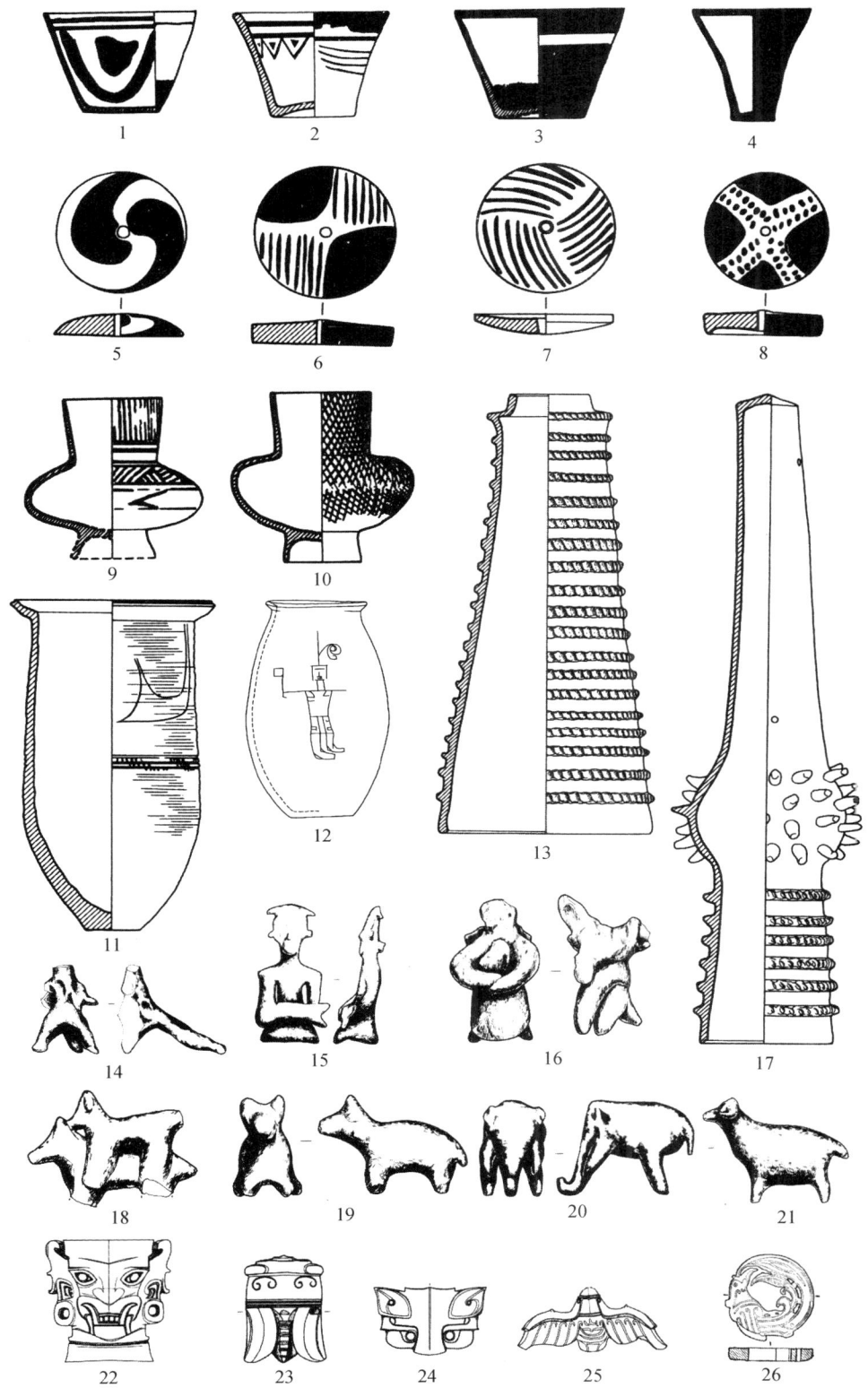

图二一 石家河聚落的特色器物

1~4.彩陶杯（邓H11:2、邓AT508④:5、H22:14、T11⑧:11） 5~8.彩陶纺轮（邓AT506⑤:61、邓AT307⑥:14、邓T27④:38、邓AT3⑤:98） 9、10.彩陶壶（邓T36⑥:4、邓H11:69） 11.缸（邓套缸T1:17） 12.罐（肖H357:5） 13、17.筒形器（邓A28:30、邓AT301④F:11） 14~16.陶俑（邓H67:64、邓H67:5、邓H106:9） 18~21.陶塑动物（邓H106:24、邓AT2③B:3、邓H69:66、邓H4:51） 22.玉人（肖W6:32） 23.玉蝉（肖W6:8） 24.玉虎（肖W6:16） 25.玉鹰（肖W6:7） 26.玉凤（罗T32③A:99）

后不久即开始大规模地实施改造。这两个聚落的情况都表明"城市改造"或聚落转型的时间节点是文化转型之后不久。石家河古城的废弃，多数意见认为是石家河文化晚期，如果此说正确，则石家河城的废弃与后石家河文化的进入有关。

（3）面对这样的一些现象，总会有一些令人着迷的问题吸引着人们去一探究竟。比如说为什么城头山聚落会发生油子岭文化取代大溪文化？为什么石家河聚落会发生后石家河文化取代石家河文化？文化变迁的背后人群发生了怎样的异动？等，无不引人遐思。这类问题长期困扰着学界，至今无法取得突破。或许考古学本身能力有限，只能解决物质的流布而无法探讨其背后的真相，但这样的问题却总吸引着研究者。我们不妨做大维度的考量，可将这类问题放到一个大的时空背景来讨论，并从中国史前文化与历史进程的大趋势予以考察。对于本文面对的具体问题，或可假定城头山大溪文化被油子岭文化所取代，以及石家河文化被后石家河文化所取代，其原因是一致的。史前中国文化与社会的历史是以长时间维度前进的，随着历史的进程不断向前，区域文化和社会就需要在更大空间内被整合。如果说油子岭文化的出现，代表了以汉东石家河为中心的历史趋势和长江中游的文化整合，后石家河文化的出现，则是在长江黄河流域的大背景下，朝着"龙山化"或者中原中心历史趋势行进。之所以会出现这样的结果，乃是文化与社会的强势所致。人类社会具有动物界的基本特征，即弱肉强食、适者生存，人类社会的发展也是优胜劣汰。社会与文化强盛的决定性因素是科学与艺术，科学推动技术与生产力的前进，艺术推动观念与意识形态的前进。油子岭文化先进的制陶技术和初具礼制的葬仪反映了它的进步和强势。中原文化的"祀与戎"以及金属冶炼技术的出现反映了它的进步与强势。由此观之，城头山和石家河聚落的结局符合历史发展的一般规律。

四、结　　语

本文以城头山、石家河遗址为对象，对其文化与聚落进程进行了全面考察，这样的中心聚落在长江中游具有典型性，是最佳的研究案例。城头山和石家河遗址作为中心聚落在发展进程中，都呈现出连续与断裂的现象。需要强调的是，连续与断裂只是相对概念，连续是否意味着任何时间单位都有人占据，断裂是否意味着某一段时间完全无人类的活动，现有的考古材料和学科本身还无法回答这样的问题。虽连续、断裂是相对的概念，但背后却折射出区域性的文化与社会变迁。从城头山到石家河，不仅是长江中游文化重心的变化，也反映了长江中游文化与社会的基本面貌。长江中游新石器时代的文化过程实际上是以石家河为中心的历史趋势的形成过程，屈家岭-石家河文化不仅代表了考古学文化一个时代的高峰，也代表了长江中游整个地区的史前高峰，学界多将这个时代与"三苗"古国相联系。毋庸置疑，这个时期显然出现了较为复杂的社会组织，学界对这样的组织结构、形式及其运行模式应做深入研究。石家河聚落的衰落和湮灭，是在中原国家文明曙光初现之际。长江中游史前文化的因子，也或多或少为中原文明所吸纳。从这个意义说，长江中游地区不仅见证了史前文化发展和社会演进的完整过程，也是参与早期中国历史进程的一个重要地区。

注　释

[1] 相关考古报告见湖南省文物考古研究所：《澧县城头山》，文物出版社，2007年；石家河考古队：《石家河遗址群调查报告》，《南方民族考古》第五集，四川科学技术出版社，1993年，第213~294页；石家河考古队：《肖家屋脊》，文物出版社，1999年；石家河考古队：《邓家湾》，文物出版社，2003年；石家河考古队：《谭家岭》，文物出版社，2011年。

[2] 郭伟民：《城头山大溪文化第四期及相关遗存性质辨析》，《中国考古学会第十二次年会论文集》，文物出版社，2009年。

[3] 目前关于该文化的命名还存在分歧，见王劲：《后石家河文化定名的思考》，《江汉考古》2007年第1期。

[4] 湖南省文物考古研究所：《安乡汤家岗》，科学出版社，2013年，第437页。

[5] 长江中游第一次文化融合期出现于彭头山文化晚期至城背溪——皂市下层文化时期。

[6] 湖南省博物馆：《安乡划城岗新石器时代遗址》，《考古学报》1983年第4期。

[7] 湖南省博物馆：《梦溪三元宫遗址》，《考古学报》1979年第4期。

[8] 湖南省岳阳地区文物工作队：《华容车轱山新石器时代遗址第一次发掘简报》，《湖南考古辑刊》第3集，岳麓书社，1986年。

[9] 湖北省荆州地区博物馆：《湖北王家岗新石器时代遗址》，《考古学报》1984年第2期。

[10] 湖南省文物考古研究所：《湖南澧县宋家台新石器时代遗址》，《湖南考古辑刊》第7集，岳麓书社，1999年。

[11] 峡江地区清水滩、杨家湾、中堡岛等遗址及沅水中游的高坎垅、高庙等遗址均发现有这类遗存或因素。

[12] 湖南省文物考古研究所：《彭头山与八十垱》，科学出版社，2006年，第224~228页。

[13] 湖南省文物考古研究所：《湖南临澧县胡家屋场新石器时代遗址》，《考古学报》1993年第2期。

[14] 湖南省博物馆：《澧县东田丁家岗新石器时代遗址》，《湖南考古辑刊》第1集，岳麓书社，1982年。

[15] 潘茂辉：《益阳新石器时代遗址考古发现与初步研究》，《湖南考古辑刊》第7集，《求索》增刊，1999年。

[16] 何驽：《史前古城功能辨析》，《中国文物报》2002年7月19日；王红星：《从门板湾城壕聚落看长江中游地区城壕聚落的起源与功用》，《考古》2003年第9期。

[17] 浙江省文物考古研究所：《杭州市良渚古城外围水利系统的考古调查》，《考古》2015年第1期。

[18] 湖北省文物考古研究所发掘资料。

[19] 张绪球：《汉江东部地区新石器时代文化初论》，《考古与文物》1987年第4期。

[20] 郭伟民：《新石器时代澧阳平原与汉东地区的文化和社会》，文物出版社，2010年，第77页。

[21] 何驽：《论肖家屋脊文化及其相关问题》，《三代考古》（二），科学出版社，2006年。

[22] 六合、屈家岭等遗址可以发现仰折沿双腹的原始形态。

[23] 湖北省文物考古研究所：《石家河遗址2015年发掘的主要收获》，《江汉考古》2016年第1期。

[24] 郭伟民：《新石器时代澧阳平原与汉东地区的文化和社会》，文物出版社，2010年，第212页。

杉龙岗遗址植物遗存分析

顾海滨　David Joel Cohen　吴小红　Ofer Bar-Yosef

一、研究背景

为探讨澧阳平原从狩猎、采集经济到稻作农业经济形态转变的发展过程，进而研究长江中游地区稻作农业起源的相关学术问题，2011年湖南省文物考古研究所、哈佛大学、北京大学和波士顿大学联合对杉龙岗遗址进行了考古发掘。

杉龙岗遗址位于湖南省临澧县新安镇杉龙村，地处澧阳平原澧水与澹水之间。遗址分布在一条东西走向的大致呈三角形的岗地西部，面积3万多平方米，是一处范围较大的彭头山文化时期遗址。此次发掘面积约150平方米，分为东、西两区。经勘探，东区为古人居住区，西区为西壕沟所在区域。东区布正南北向5米×5米探方4个，其内划分为1米×1米的小探方进行操作，从西向东编号依次为A～K，从北向南为1～10，1米×1米的小方编号为T2A1～T2K10；西区布东西向2米×5米或2米×10米的探沟7个，探沟编号T1、T3～T8。

该遗址主要的文化堆积为彭头山文化。以东区T2为例，第1层为现代耕土层，第2层为明清时期文化层，第3为唐宋时期地层，第4～8层为彭头山文化时期地层，第8层之下有厚约50厘米的黑褐色土层，根据与澧阳平原考古地层资料的对比，可知其年代在1万年左右或稍早[1]。

在发掘过程中，为了获取更多的彭头山文化时期的植物遗存信息资料，我们对该遗址彭头山文化地层的土样进行了植物遗存浮选工作。目前已完成部分样品的整理统计工作，本文是此次浮选的部分结果。

二、野外取样及室内整理方法

取样：取样的方式主要有两种。一种是每个小方的不同文化层随机取样一袋，每袋土8～10升；另一种是有针对性取样，主要是对灰坑以及有机质相对较高的遗迹单位取样。通过两种取样方法，尽可能保证浮选的样品具备较强的普遍性和代表性。伴随着考古发掘，共取样981份，计7943升。

浮选及筛选：为了提高工作效率，本次浮选工作利用植物浮选仪，所有土样分别均经过0.2毫米、1毫米、5毫米孔径的筛子，最大限度地保证土壤中植物遗存不被遗漏。

植物遗存的整理：整理工作在Keyence和江南体式显微镜下进行，工作程序包括挑样、分类、鉴定。

三、植物遗存类型

通过对土样浮选物的整理及鉴定，在75份土样中发现了188粒炭化植物种子，这一结果反映该遗址植物遗存丰度总体偏低。经鉴定，能辨识的植物种子共162粒，隶属7科8属。

出土植物以草本植物为主，木本植物次之。草本植物又以稻属Oryza sp.数量最多，共发现112粒，占植物遗存总数的60%，其次为莎草属Cyperus. sp.，发现7粒，占植物遗存总数的4%，其他草本植物见有狗尾草属Setaria. sp.、栗米草Portulaca. sp.、葫芦科Cucurbitaceae、酢浆草属Oxalis. sp.等。木本植物以君迁子 Diospyros lotus L为主，共34粒，占出土植物遗存的18%，葡萄属Vitis sp. 1粒，占出土植物的1%。

除上述草本和木本植物之外，还有部分14%的植物种子未鉴定到科属[2]。植物遗存统计见表一。

表一　植物遗存统计

科	属种 文化及地层	彭头山文化								小计	百分比/%	茎秆性质
		T2					T1		T6			
		4层	5层	6层	7层	8层	3层	4层	7层			
禾本科	稻属 Oryza sp.	14	62	27			7	1	1	112	59.57	草本
	狗尾草属 Setaria sp.		2	2						4	2.13	
莎草科	莎草属 Cyperus sp.		5	1	1					7	3.72	
番杏科	栗米草 Portulaca sp.		2							2	1.06	
酢浆草科	酢浆草属 Oxalis sp.			1						1	0.53	
葫芦科 Cucurbitaceae			1							1	0.53	
柿科	君迁子属 Diospyros lotus L		17	14			3			34	18.09	木本
葡萄科	葡萄属 Vitis sp.			1						1	0.53	
未知植物		1	15	7			3			26	13.83	未知
总　计		188								188	100	

在这些植物中可能为人类提供食物资源的植物为稻属、君迁子属、葡萄属，它们占出土植物总类的79%。经鉴定，稻属的外部形态与普通野生稻相比，有了很大的变化，部分已经脱离了其祖先普通野生稻的性状，与现代栽培稻接近，这些性状的变化是人类驯化的结果（鉴定分析见后）；君迁子别名软枣、黑枣等，为落叶乔木，在植物分类上与现代常食用的柿树属同科同属，其惯生于海拔1500米以下的坡地或山谷，果成熟后，味甘甜，可直接食用[3]；葡萄属，大多数分布在长江以南地区，绝大多数品种的果实可以食用[4]。

莎草、栗米草、酢浆草、狗尾草的现生属种常为农田杂草，尤其是莎草属，它常生于稻田或水边潮湿处，是水田中最常见的伴生杂草，湖南其他稻作遗址中莎草属也是经常见到的一种植物。在该遗址中它与稻属同时出现，从一个侧面说明遗址附近有比较充足的水源，人类驯化的稻是水稻，不是旱稻。

葫芦科是非常重要的食用植物科属之一，包含很多重要的蔬菜和瓜果，如葫芦、黄瓜、冬瓜等，该遗址出土的葫芦科种子从外形看与黄瓜很相似，但由于缺失其他鉴定特征，暂未定属种。

四、炭化水稻的模拟实验

该遗址出土数量最多的为水稻，水稻出土时质地极为松软，粒形大多残破，显微镜下观察其表面，可见破裂状疤痕。为了弄清这些疤痕的形成原因，我们用现代稻米进行了炭化模拟实验（图一）。分析结果表明，当米粒被火急速烘烤后，其内部的水分快速气化，并通过种子表面气孔进行蒸发，当蒸发速度小于气化速度时，气孔附近就会产生气泡，气泡聚集到一定程度，就会突破表面释放，气体释放过程中就会造成种子表面破裂、变形。因而我们认为遗址出土的炭化米埋藏前被火烘烤过。现场考古发掘资料也显示，出土这些炭化米地层的土质为灰黑色的黏土，土层中含有大量炭屑，文化层中有柱洞和水沟等水迹，因此我们推断T2出土炭化水稻的位置可能与人类用火烹煮食物的行为有关。

这些水稻出土时还有另外一个特点，均未保存外部的稻壳，是我们常说的"炭化米"，而非"炭化稻"。通常人类要食用水稻，必须将外部坚硬的谷壳去掉，因此"炭化米"和"炭化稻"在遗址中出土，所包含的意义是不太相同的，"炭化米"身上隐含了人类的一种加工行为。假若遗址中偶尔零星发现脱壳的稻米，我们可以认为这是稻谷在埋藏过程中，受到周围土壤的挤压，造成稻壳的脱落，与人类的行为毫无关系，但是若像杉龙岗遗址这样，在一个连续稳定的时间段内，出土的稻谷全部无壳，我们认为这完全是人类在食用这种植物之前，对其进行了有意识的一种加工——

图一 炭化模拟实验
左：现代水稻 中、右：遗址炭化米

稻米的脱壳。为模仿古人对稻谷谷壳的脱壳行为，我们同时也对现代水稻进行了脱壳实验。随机在老乡家选取500粒稻谷，放在水泥地上，用普通的木棍来回碾压20次，435粒稻谷去壳变为米粒，来回碾压40次，水稻全部脱壳（图二）。模拟实验说明，水稻的脱壳相对其他某些带壳植物而言，不是很难的事情，一根木棍或竹棍，稍微平整的石头表面，都有可能成为古人为水稻脱壳的工具。而竹木器易腐烂，几千年后很难在土壤中保存下来，这或许能够为我们解释在考古发掘的过程中，为何未见到水稻脱壳的工具提供些思路。

图二　水稻脱壳实验

五、炭化米研究

1. 炭化米在遗址中的分布

地层中的炭化米是人类活动的遗留物，它在地层中的分布轨迹及数量与人类的活动是密切相关的。炭化米出土于T1、T2、T6三个探方的彭头山文化地层中，北京大学^{14}C实验室对出土于T2⑥层位的炭化米进行了年代测定，其校正后年代为5300BC，属于彭头山文化晚期。

112粒炭化米中的8粒发现在T1，103粒发现在T2，1粒发现在T6。以发现炭化米最多的T2为例，该探方共出土了103粒炭化米，它们分别发现于第4、第5、第6三个文化层，其中T2④出土14粒、T2⑤出土62粒、T2⑥出土27粒。图版一五，2显示的是T2中炭化米在不同文化层中的空间分布状况。其中，每小格代表一个1米×1米的小方，内中数字为小方编号，深灰色为考古发掘最初的隔梁，发掘至第4层时，隔梁被打掉。绿色和黄色充填的区域表明该小方中有炭化水稻的发现，其中绿色表示每百升文化层土壤炭化水稻出土数量大于5粒，黄色表示每百升炭化水稻出土数量小于5粒。

从中我们可以看出炭化米在T2④、⑤、⑥三个层位中是连续出现的，且T2⑤的地层中，炭化米分布的数量最多，范围最广，这从一个侧面说明彭头山文化时期，杉龙岗先民围绕稻米的活动从未停止过，且这种活动在不同时间段的强弱也是不均衡的，相对于上、下两个地层来说，人类活动在T2⑤时间段相对频繁。

2. 炭化米类型

稻属下有20余种，其中包括了我们常说的栽培稻 *Oryza sativa* L.和普通野生稻 *Oryza rufipogon*

Griff.。普通野生稻是栽培稻的祖先[5]，考古遗址出土炭化米是否经过人工驯化，我们的研究主要是基于对炭化米的粒形和胚的形态观察。

胚位于糙米的基部，呈长椭圆形，是幼苗的原始体，含有整个植株发育的遗传信息，是种子最重要的组成部分。在自然条件下，普通野生稻和栽培稻的繁殖方式是不同的。栽培稻主要是有性繁殖，靠种子进行萌发，当稻谷通过吸水膨胀，胚部体积不断增大，向外侧突出，迫使包着胚部的外稃基部逐渐膨大，挤破外稃，露出白色的胚部，之后不断地吸收养分，长出幼苗，久而久之胚就会逐渐变大。而普通野生稻宿根性强，主要是通过根的高效率分蘖进行无性生殖，少量依赖种子繁殖的野生稻，其休眠期很长，自然状态下发芽率与成苗率很低，所以野生稻的胚由于很少经过发芽时的吸水膨胀和幼苗萌发时的挤压，依旧保持原始形态[6]。经过对现代栽培稻和普通野生稻胚的对比研究，栽培稻的胚大于野生稻[7]。

图三，1显示的是现代水稻的胚形态（a、b为栽培稻，c为普通野生稻）；图三，2显示的是遗址炭化米胚的形态。

杉龙岗遗址出土的112粒炭化米，完整的个体仅36粒。虽然36个个体远远达不到统计学分析的要求，但是我们仍想通过分析它们个体之间的差异，了解古代水稻群体生物性状的变化趋势。

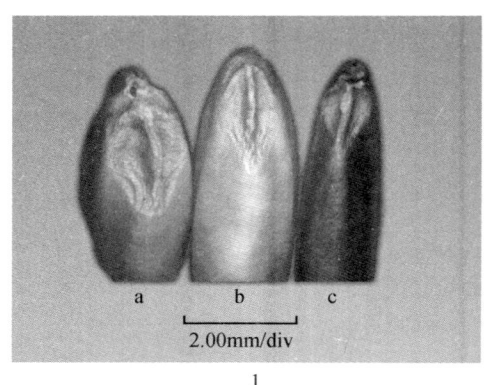 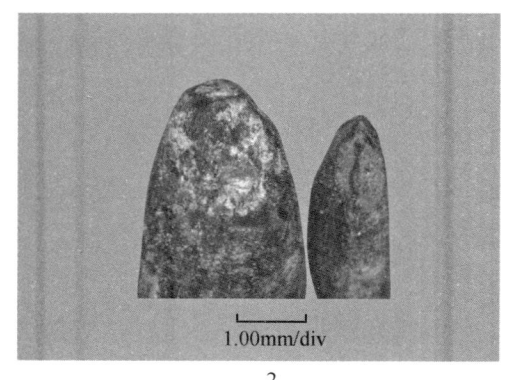

图三　现代水稻与遗址水稻的胚
1. 现代水稻胚　2. 遗址水稻胚

通过对36粒完整的炭化米的测量，得到粒长（GL）、粒宽（GW）、粒厚（GT）、胚长（EL）、胚宽（EW）等数据，并将数据带入野生稻和栽培稻的判别公式，计算Y野和Y栽的得分，若Y野得分值高于Y栽得分值，说明该粒炭化米的性质与普通野生稻接近，反之，则与栽培稻的性质接近[8]。

野生稻和栽培稻的判别公式如下：

$Y(野) = -144.775 + 26.282 \times GL + 23.353 \times GW + 12.641 \times GT + 18.836 \times EL + 20.871 \times EW$

$Y(栽) = -174.142 + 24.323 \times GL + 24.559 \times GW + 16.525 \times GT + 31.057 \times EL + 29.542 \times EW$

其中GL为米的粒长、GW为粒宽、GT为粒厚、EL为胚长、EW为胚宽。

通过计算Y值的得分，确定36粒炭化米的野生或栽培的性质，见表二。

表二　炭化米测量数据及Y值得分

层位		粒长（GL）	粒宽（GW）	粒厚（GT）	胚长（EL）	胚宽（EW）	Y值得分		炭化米性质
							Y野	Y栽	
T1③	T1A1③	4.92	2.37	1.72	1.43	0.9	107.34	103.15	古野生稻
	T1A2③	5.29	2.14	1.56	1.75	1.06	119.04	118.53	古野生稻
	T1A2③	4.49	1.93	1.61	1.77	1.16	96.20	98.31	古栽培稻
	T1A2③	4.86	4.86	1.65	0.67	0.44	139.11	124.50	古野生稻
	T1A2③	4.49	2.03	1.39	1.62	0.91	87.72	85.09	古野生稻
	T1A2③	4.78	1.52	1.33	1.26	0.9	75.68	67.15	古野生稻
T2④	T2B2④	4.32	2.3	2.17	1.83	1.41	113.80	121.77	古栽培稻
	T2E4④	3.91	2.06	1.74	2.02	1.19	90.98	98.20	古栽培稻
	T2J9④	4.53	1.99	1.91	2.01	1.19	107.60	114.06	古栽培稻
	T2J9④	4.80	2.56	1.91	2.08	1.13	128.07	135.02	古栽培稻
T2⑤	T2A3⑤	5.01	2.22	1.57	2.04	1.21	122.27	127.28	古栽培稻
	T2A3⑤	4.11	2.00	1.75	1.46	1.38	88.37	89.97	古栽培稻
	T2A8⑤	3.84	2.11	1.40	1.53	0.93	71.35	69.20	古野生稻
	T2B8⑤	5.01	2.17	1.79	1.61	0.9	109.31	107.18	古野生稻
	T2B10⑤	4.92	2.28	1.65	1.78	1.06	114.29	115.38	古栽培稻
	T2C10⑤	4.39	1.55	1.16	0.87	0.55	49.33	33.14	古野生稻
	T2D4⑤	5.13	1.83	1.45	1.47	0.99	99.47	94.44	古野生稻
	T2E4⑤	5	2.45	2.02	1.88	1.19	129.63	134.57	古栽培稻
	T2F2⑤	4.18	2.22	1.50	1.30	0.70	74.99	67.89	古野生稻
	T2F2⑤	5.37	2.44	2.29	1.97	1.01	140.48	145.26	古栽培稻
	T2G3⑤	5.07	2.05	1.65	1.57	0.87	104.94	101.25	古野生稻
	T2G9⑤	4.60	2.70	1.99	2.01	1.06	124.31	130.68	古栽培稻
	T2H3⑤	6.49	2.94	1.92	2.18	1.20	184.83	190.80	古栽培稻
	T2J2⑤	3.93	1.90	1.54	1.49	1.04	72.12	70.56	古野生稻
	T2J2⑤	5.15	1.94	1.71	1.67	0.96	108.99	107.25	古野生稻
	T2J3⑤	4.26	1.76	1.38	1.38	0.97	71.97	67.02	古野生稻
	T2J4⑤	5.62	2.83	2.10	1.62	0.81	142.98	141.00	古野生稻
	T2J4⑤	6.15	1.79	1.66	1.60	0.54	121.05	112.48	古野生稻
	T2G9⑤	4.51	1.71	1.24	1.2	0.63	65.12	53.92	古野生稻
	T2H9⑤	4.59	1.9	1.6	1.52	0.91	88.08	84.69	古野生稻
T2⑥	T2C2⑥	4.54	1.79	1.27	1.80	0.99	86.97	86.38	古野生稻
	T2C4⑥	4.43	2.01	1.61	1.73	1.12	94.91	96.39	古栽培稻
	T2E3⑥H	4.36	2.01	1.88	1.73	1.07	95.44	97.68	古栽培稻
	T2F2⑥	4.94	2.36	1.92	1.3	1.05	110.84	107.09	古野生稻
	T2F3⑥	4.85	2.1	1.51	2.3	1.07	116.48	123.39	古栽培稻
	T2H4⑥	5.7	2.46	1.64	2.48	1.4	159.14	170.40	古栽培稻

从表二中可得知，杉龙岗遗址出土的炭化米，16粒Y栽得分值高于Y野得分值，这部分水稻的性状特点与栽培稻更加接近，我们暂且称之为"古栽培稻"，它们占出土水稻的44%；还有20粒炭化米Y野的得分值高于Y栽，它们占出土总量的56%，我们暂且称之为"古野生稻"。

从这个分析可以看出，作为一个水稻群体，虽然它们同时接受人类的驯化，但是在驯化的过程中，每一个个体性状变化的速度是不一样的，有的变化快，有的变化慢。当我们在同一个时间节点上，观察这个群体时，变化快的那些个体的外形上就会显示出更多与现在栽培稻一致的性状。而那些变化慢的个体，则更多地保留了原始祖先——普通野生稻的性状，或者它的性状的改变正处于一个"隐性量变"的积累过程，但是它们也同样是人类驯化的产物。

六、结　　论

虽然这个遗址出土植物遗存的种类和数量不很丰富，但是通过上面的分析不难看出它们具有以下四个显著的特点。

（1）出土的植物遗存以水稻为主，野生采集植物为辅。

（2）出土的炭化米全部经过了人类有意识的加工处理——"脱壳"。

（3）炭化米的粒形和胚的生物性状显示，44%稻米的形态已经接近了现代的栽培稻。

（4）杂草类植物以水田伴生杂草——莎草为主。

从这四个特点，我们可以看出水稻在杉龙岗遗址远古人们的生活中已经占据了非常重要的地位。参考该区其他考古遗址出土的彭头山文化时期动植物资料[9]，我们认为彭头山文化晚期，该区经济生活方式是狩猎、采集经济与稻作农业经济同时并存，且狩猎、采集经济已经退居较为次要的地位，原始的稻作农耕生活已经成为古人更为重要的生活手段。

注　释

[1] 毛龙江、莫多闻、因昆叔等：《湖南澧阳平原玉成土壤剖面粒度组成及其环境意义》，《土壤通报》2010年第1期，第14、15页；张建新、顾海滨、鲁江等：《湖南北部澧阳平原文化层的地球化学记录及意义》，《地质通报》2007年第11期，第1450～1453页。

[2] 应俊生、张玉龙：《中国种子植物特有属》，科学出版社，1994年；关广清等：《杂草种子图鉴》，科学出版社，2000年。

[3] 杨婷婷、于泽群、夏乐晗等：《君迁子（Diospyros lotus）种质资源形态学性状的聚类分析》，《果树学报》2014年第4期，第566～573页。

[4] 程大伟、姜建福：《中国葡萄属植物野生种多样性分析》，《植物遗传资源学报》2013年第6期，第996～1012页。

[5] 罗利军、应存山、汤圣祥：《稻种资源学》，湖北科学技术出版社，2002年，第1～32页。

[6] 徐雪宾、韩惠珍、徐是雄：《稻（Oryza sativa）胚的结构及各构件的合理名称》，《中国水稻科学》1989年第3期，第129～137页；韩慧珍、徐雪滨：《中国三种野生稻胚的形态学观察》，《中国水稻科学》1994年第8期，第73～78页。

［7］ 赵志军、顾海滨：《考古出土稻谷遗存的鉴定方法及应用》，《湖南考古辑刊》第8集，岳麓书社，2009年，第257~267页；顾海滨：《湖南考古遗址炭化水稻胚的研究》，《湖南考古辑刊》第9集，岳麓书社，2011年，第240~246页。

［8］ 赵志军、顾海滨：《考古出土稻谷遗存的鉴定方法及应用》，《湖南考古辑刊》第8集，岳麓书社，2009年，第257~267页；顾海滨：《湖南考古遗址炭化水稻胚的研究》，《湖南考古辑刊》第9集，岳麓书社，2011年，第240~246页。

［9］ 湖南省文物考古研究所：《彭头山与八十垱》，科学出版社，2006年；湖南省文物考古研究所：《澧县城头山》，文物出版社，2007年。

华南史前屈肢葬及其相关问题

贺 刚

屈肢葬是中华史前遗存中尤为特别的一种文化现象，容观夐先生曾有专文研究[1]。随着考古工作的不断深入，屈肢葬的发掘资料日益丰富。近年韩建业先生进一步对中国古代屈肢葬的谱系做了梳理[2]，将其划分为南方、北方、西方三大地域传统并阐述了它们与欧亚大陆三大屈肢葬传统的对应关系。本文拟从不同视角单就华南的史前屈肢葬遗存及其所反映的相关问题做概要讨论，所指范围包括长江中游及其以南达于沿海岛屿的区域。

一、发现地点与分布

华南史前屈肢葬始见于1959年发掘的重庆（原属四川省）巫山县大溪遗址，在被清理的74座墓中有相当一部分为屈肢葬[3]。此后，这种特殊葬式的墓葬相继在华南的不同省区陆续被发现。出土地点主要集中在重庆市东部、东南部，湖北省西南部，湖南省北部、西北部和西部，广西壮族自治区全境，广东省西部及西南部的雷州半岛等区域（图一）。

下面为各省区发现史前屈肢葬的概况。

1. 重庆市

主要见于瞿塘峡以东的巫山县，在渝东南的酉阳县也有发现，总数接近300座。其中巫山县的大溪遗址除1959年首次发掘所见外，1975年清理了屈肢葬40座[4]，2001年发掘墓葬156座，其中绝大部分为屈肢葬[5]。近年在巫山县曲尺乡伍佰村发掘清理了保存有人骨的墓葬10座，其中包括屈肢葬7座、直肢葬2座、多人合葬墓1座[6]。在渝东南的酉阳县（位于湖南沅江支流酉水上源地段）大溪镇杉岭村笔山坝遗址清理了双人合葬屈肢葬1座[7]。这些屈肢葬遗存除个别属屈家文化外，其余均属大溪文化。

2. 湖北省

主要见于鄂西南与渝东、湘西北相邻的区块，累计已清理屈肢葬30余座。分别在松滋县桂花树遗址清理1座（无随葬品）[8]；在宜昌市三斗坪遗址清理8座[9]；在宜昌中堡岛遗址清理4座，并

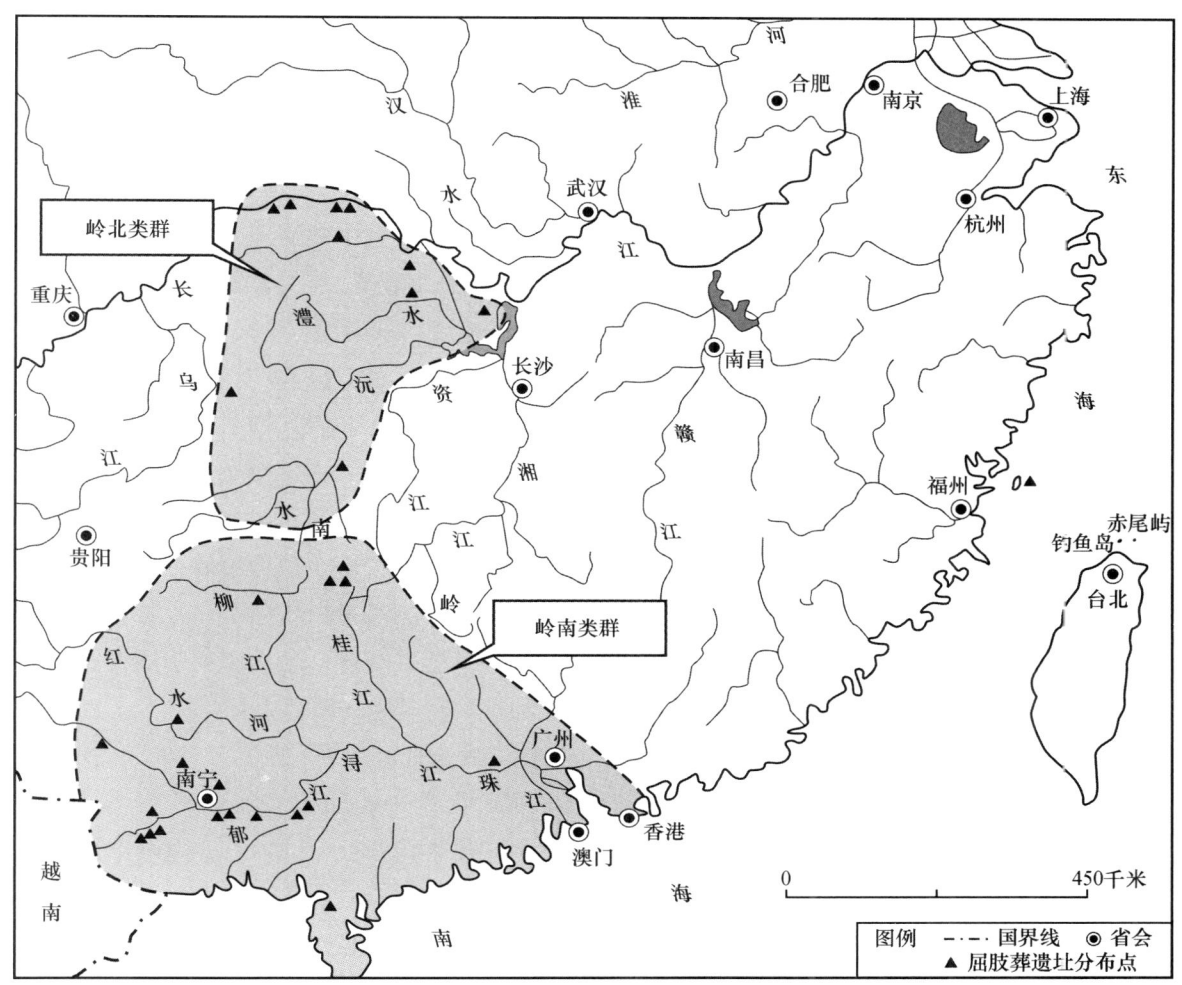

图一　华南史前屈肢葬主要发现地点与分群示意图

见7具人骨零乱的合葬墓1座[10]；在清江流域长阳县桅杆坪遗址清理18座[11]。以上各地点所出屈肢葬皆属大溪文化遗存。

3. 湖南省

目前见于洞庭湖北岸、西北部平原和沅水流域，共清理了屈肢葬人骨近60具，如澧县城头山遗址共清理保存人骨的墓葬49座，其中除1座属屈家岭文化（原报告为大溪文化第四期）外，余48座皆为大溪文化遗存，包括屈肢葬44座、仰身直肢葬4座[12]。华容县车轱山遗址第一次发掘也见有少量屈肢葬[13]，属屈家岭文化遗存。怀化洪江市（原黔阳县）高庙遗址先后经三次发掘，共清理了保存较好的人骨12具。其中2具属高庙文化遗存，为屈肢葬；余10具属大溪文化遗存，其中9具为屈肢葬，分属6座墓葬（内有1座墓合葬人骨4具），另1具为仰身直肢葬[14]。此外，还见有1具瓮棺内保存有儿童屈肢葬骨架。

4. 广西壮族自治区

广西是发掘清理史前屈肢葬最多的地区，在邕江→郁江→浔江流域及其支流柳江、桂江、黔江红水河流域和左、右江流域均有发现。据不完全统计，已发掘清理的史前屈肢葬人骨在750具以上，其中如桂林市甑皮岩遗址在1973年、1998年、2001年三次发掘中共清理人骨27具（均为单人葬），内有7具保存太差葬式不明、19具为屈肢葬、1具为仰身直肢葬[15]。桂林庙岩遗址清理了屈肢葬人骨2具，均呈蹲踞形态，无随葬品[16]。临桂县大岩遗址第五期遗存中发掘出屈肢人骨8具，有少量的随葬品[17]。柳州鲤鱼嘴遗址第一期遗存中清理了屈肢人骨6具，皆无墓坑和随葬品[18]。1963~1973年，陆续在扶绥县敢造遗址发现屈肢人骨13具，另见仰身直肢葬1具；在横县西津遗址清理了屈肢葬人骨100多具；在邕宁县长塘遗址清理屈肢葬人骨15具；在武鸣县芭勋和南宁市青山遗址也发现有屈肢葬人骨[19]。1997~2001年，在邕宁县顶蛳山遗址清理的300多座墓中含人骨400多具[20]，其中第一次发掘清理了墓葬149座，属第二、三期遗存，除少量肢解葬外，绝大部分为不同形态的屈肢葬[21]。2003年在桂西百色市革新桥遗址也发现有屈肢葬遗存[22]。在横县秋江遗址先后清理了保存人骨的墓55座，其中35座人骨残缺散乱、葬式难辨，余19座为不同形态的屈肢葬，1座为仰身直肢葬[23]。2005年在都安县北大岭遗址发掘清理了屈肢葬人骨7具[24]。2006年在南宁市灰窑田遗址清理了屈肢葬人骨30具，其中包括倒立蹲踞屈肢人骨1具[25]。2007~2008年在崇左市江州区的何村、江边、冲塘三遗址分别清理了屈肢葬人骨90具、6具、26具[26]。

5. 广东省

主要见于西江流域和雷州半岛，共发掘清理屈肢葬人骨30余具。其中包括1986年、1987年先后在高要市蚬壳洲遗址清理的3具（侧身屈肢）和25具（分属21座墓葬，其中M17合葬3具，M28、M30皆合葬2具）[27]，以及2002年、2003年在湛江市遂溪县鲤鱼墩遗址发掘清理的8具（呈仰身、侧身屈肢或蹲屈状）[28]。

此外，2011~2012年在台湾连江县马祖列岛的亮岛遗址发掘清理了人骨2具。其中编号M01者为侧身屈肢葬，^{14}C测年距今8320~8070年；编号M02者为仰身直肢葬，^{14}C测年距今7590~7560年[29]。1988~1989年在云南玉溪市通海县海东遗址清理了保存有人骨的墓葬30座，其中大部分为屈肢葬[30]。1972年在云南元谋县大墩子遗址清理了保存人骨的墓葬19座，其中包括仰身断肢葬7座、仰身直肢葬6座、侧身葬1座、仰身屈肢葬2座、侧身屈肢和俯身屈肢葬各1座，以及母子合葬墓1座[31]。

综上所述，迄今为止华南各省区共发掘清理史前屈肢葬人骨约1200具，其中多数出自贝丘遗址，部分出自洞穴遗址和土遗址。这很可能与它们各自生前所处的环境有关。贝丘遗址和石灰岩洞壁分别含有丰富的生物钙和碳酸钙，在积年的雨水淋溶作用下，部分钙元素富集在那些被掩埋的人体骨骼中，使其骨质变得更加坚固而得以保存下来。由于南方地区气候湿热，土壤普遍呈酸性，不利于人骨长期保存，故在土遗址中的墓坑内较少发现有人骨遗留。因此，上面所计的屈肢葬数目并非各地同时期墓葬中所占葬式的真实总量，其实际数量肯定要比之多得多。

二、分群与特征

在华南广大地域范围内发现的上述屈肢葬遗存,在屈体形态等诸多方面表现出较为明显的地域特征。大致而言,以地理区划的南岭为界,可将它们分为岭南和岭北两个大的区域类群,彼此互有关联。

(一)岭南类群

岭南类群是整个华南史前屈肢葬遗存的主体。据粗略统计,属此类群的屈肢葬人骨达780余具,约占华南史前屈肢葬人骨总数的2/3。分布范围覆盖广西全境、广东西江流域和雷州半岛。该类群屈肢葬遗存具有如下显著特征。

(1)屈肢葬出现的年代早。据目前所知,至少有两处地点的屈肢葬早于距今10000年。

(2)埋藏环境绝大多数属贝丘遗址。在各地点与屈肢葬共存的地层中,迄今未发现早于距今6000年以前的稻作农业遗存[32]。推知此类群遗存居民的主要生业方式是渔猎和采集(山果块根植物)。

(3)屈肢蹲踞葬尤为突出,但随着时间的推延而出现变化。大抵以距今8000年为界,此前的屈肢蹲踞居绝对多数,此后则逐步减少和衰退,并表现为侧身、仰身、俯身屈肢,以及屈肢合葬等多种形态,仰身直肢者较少见。庙岩遗址清理的2具人骨均为屈肢蹲踞,相应地层出土陶片的测年接近距今15000年[33]。甑皮岩遗址清理人骨27具(内有7具保存较差难辨葬式),在可辨葬式的20具中有屈肢蹲踞者18具(图二,1、2)、侧身屈肢1具、仰身直肢1具,该遗址第一至四期遗存的年代为距今12000~8000年[34]。扶绥县敢造遗址清理的14具人骨中有侧身屈肢者6具、屈肢蹲踞者5具、仰身屈肢者2具、仰身直肢者1具。邕宁县顶蛳山遗址第二、三期遗存中清理了保存有人

图二 桂林甑皮岩遗址蹲踞式屈肢人骨
1. BT2M5 2. BT2M1

骨的墓葬149座，其中90%左右的墓为仰身屈肢、侧身屈肢、俯身屈肢和屈肢蹲踞形态，并见有多人合葬墓，所处年代在距今8000~7000年[35]。横县秋江遗址可辨葬式的20具人骨中有侧身屈肢者8具、肢解葬6具、仰身屈肢者3具、屈肢蹲踞者仅2具、仰身直肢者1具，所处年代与顶蛳山遗址第三期相当或略晚。高要蚬壳洲遗址清理的28具人骨中，属屈肢蹲踞和俯身屈肢者各1具，余26具皆为侧身和仰身屈肢葬，其中M17合葬3人，M28、M30皆合葬2人。该遗址所出遗存的年代在距今6500~6000年[36]。不过，柳州鲤鱼嘴遗址第一期遗存中的6具人骨分别为仰身和俯身屈肢葬，所取其中2具人骨标本的测年分别为11450年±150年、10510年±150年。这很可能是因局部性差异所致。

（4）此类群的屈肢（包括蹲踞、仰身、俯身和侧身）人骨甚为蜷曲，足跟与盆骨、膝盖与颌骨皆较贴近。推知可能有用绳索将遗体有意捆缚的做法。

（5）在较晚的时期出现了肢解葬，顶蛳山遗址第三期遗存和横县秋江等遗址中均有典型事例。研究者认为肢解葬类同屈肢葬，是将那些在外意外死亡且已僵硬挺直无法按正常屈肢下葬的遗体采取先行肢解再按本部落成员的屈肢葬习俗行事所致[37]。

（6）可辨方向的人骨以头朝南和朝北者居多，但也有少数头朝东或朝西者。

（7）普遍未发现葬具。

（8）年代较早者墓坑普遍不规则或无明显的墓坑，年代较晚者大都有相对规整的方形或短长方形土坑。

（9）绝大多数墓内无随葬品，只在个别墓内随葬1或2件蚌刀、骨笄或石斧、石刀等物品，很少见陶器。在部分墓的尸骨上压有石块。

（二）岭北类群

此类群中已发掘清理的屈肢葬人骨近400具，约占华南史前屈肢葬人骨总数的1/3。分布范围包括重庆市东部、东南部，湖北省西南部，湖南省北部、西北部和西部区域。贵州东部的清水江为沅水上源区域，与沅水中游同期史前遗存的特征大同小异，应属岭北类群的分布范围。此类群的屈肢葬遗存具有如下特征。

（1）屈肢葬始出年代晚于岭南类群。目前所见年代较早者属高庙文化晚期遗存（暂未发现高庙文化早期墓葬），人骨测年为距今6700年左右[38]。高庙文化自早到晚一脉相承，推知屈肢葬习俗至少可上溯到该文化早期之初（距今8000年左右），甚或更早一些。

（2）埋藏环境在沅水中上游地区多见于贝丘遗址，早期阶段最主要的生业方式是采集和渔猎。其余地区的埋藏环境多为土遗址，有较发达的稻作农业。

（3）未发现蹲踞葬和肢解葬。虽见有股骨和胫骨屈于胸前的"胎屈"式形态，但仍是将人体在平底的墓穴内摆放成仰卧或侧卧的屈肢状，并非呈蹲坐状。

（4）绝大多数屈肢人骨的下肢呈跪屈或微屈状，远不如岭南类群屈肢人骨的极度蜷曲。

（5）以仰身和侧身屈肢为主，俯身者较少。随着年代的推延，直肢葬有由少到多的趋势。高庙遗址中清理了史前人骨12具，其中2具属高庙文化，为侧身屈肢（图三）；10具属大溪文化，包括仰身屈肢者5具（图四）、侧身屈肢者4具（图五）、仰身直肢者1具。在城头山遗址清理的大溪

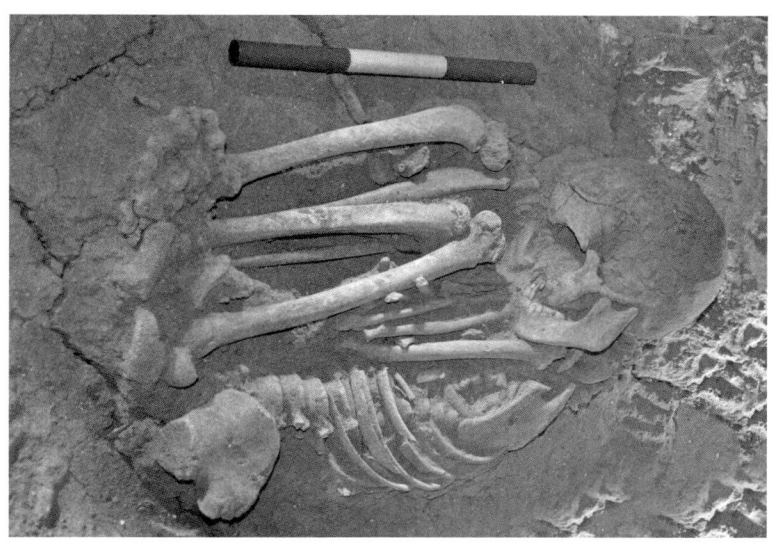

图三　高庙遗址高庙文化侧身屈肢葬（M1）人骨

图四　高庙遗址大溪文化仰身屈肢葬（M71）人骨

文化第一期人骨25具中含仰身屈肢者22具、侧身屈肢者2具、仰身直肢者1具，大溪文化第二期人骨19具中含侧身屈肢者15具、仰身屈肢和仰身直肢者各2具。巫山大溪遗址第三次发掘清理的早期（下层）墓葬属大溪文化第三期遗存（图六），所出49具人骨中有仰（俯）身屈肢者28具、侧身屈肢者4具、仰身直肢者17具；该遗址晚期（上层）墓葬属屈家岭文化第一期遗存，所出52具人骨中有侧身屈肢者5具、仰（俯）身屈肢者3具，仰（俯）身直肢者达44具。在华容县车轱山遗址和宜昌市白狮湾遗址的屈家岭文化墓葬内，所见人骨几乎全为仰身直肢，屈肢者已不多见[39]。

（6）成年死者普遍无葬具，但少年或小孩多用瓮棺（彩陶罐），罐内人骨呈屈体。部分瓮棺（罐）的底部或瓮盖（多为倒置的圈足盘）上钻有圆形小孔以便让死者灵魂外出。

（7）屈肢人骨以头朝东和朝南者居多，如城头山遗址的44具屈肢人骨中有42具头向在

图五　高庙遗址大溪文化侧身屈肢合葬（M65）人骨

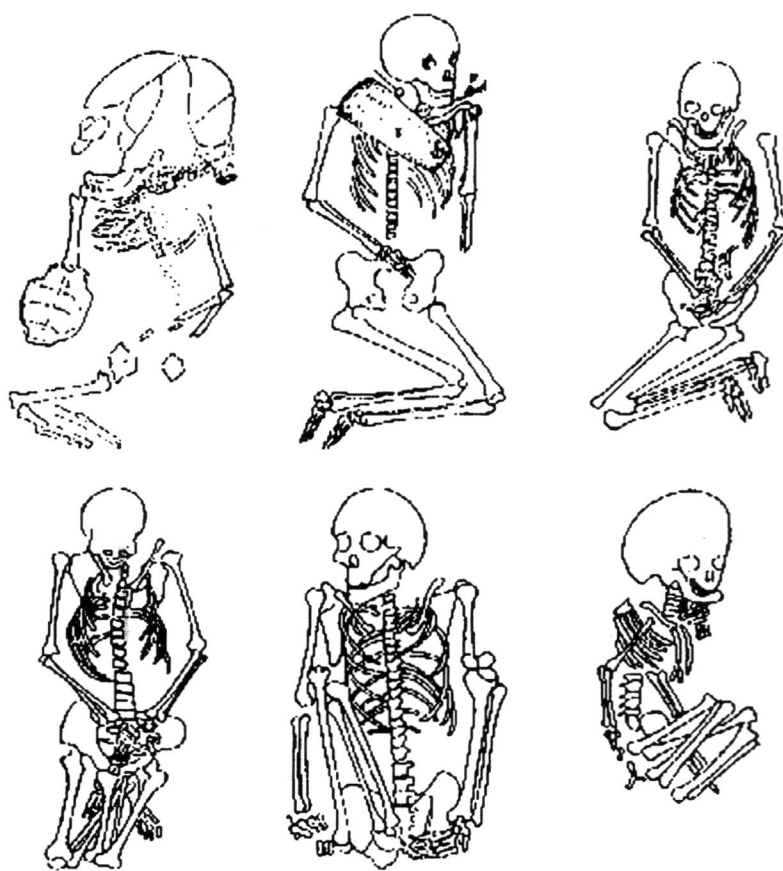

图六　巫山大溪遗址大溪文化屈肢葬人骨

89°～135°，其中多数在90°～110°，只2具朝西，分别为270°和285°。大溪遗址第三次发掘清理的40具屈肢葬中，仅3具头朝北，余37具皆头朝南。

（8）相较于岭南类群而言，虽也有部分死者无明显的墓坑或墓坑不规则，但掘有方形或短长方形土坑者居多数。

（9）年代较早的墓葬通常无随葬品，越往后随葬少量器物的墓葬数量逐步增加。高庙遗址属高庙文化的屈肢葬墓内仅有少量石片、碎陶片或兽骨见于填土中。城头山遗址大溪文化一期遗存的24座屈肢葬墓中有18座无随葬品，余6座分别随葬1或2件陶器；属大溪文化二期遗存的17座屈肢葬墓中有11座无随葬品，余6座分别随葬1或2件陶器或石器。巫山大溪遗址属大溪文化第三期的32座屈肢葬墓中有15座无随葬品，余17座内分别随葬少量的石斧、石锛、石铲、骨锥、玉玦和蚌珠等物品，但随葬陶器（钵或豆）者仅2座。

从华南上述两类型屈肢葬遗存各自的特征比较分析，二者有诸多共同的要素，如较早时期遗存所处的经济形式接近，墓坑不明显或不规则，少有随葬器物。但彼此也有一些差别，如岭南型中的屈肢葬年代更早，多数人骨的蜷屈程度更甚，岭南流行的蹲踞葬和肢解葬很少见于岭北类型，且采集与渔猎经济在这里延续时间更晚。种种迹象表明，岭南类群的屈肢葬是这种古老葬式的原生形态，岭北类群是从它衍生出来的一个分支。

三、相关问题讨论

上述两类群的分区及各自所具特征，大致反映了华南史前屈肢葬的基本状况，体现了这两个类群之间的相互联系和地域差异。华南史前时代盛行的这种丧葬习俗和信仰[40]，既是区别于同时期周邻地区其他居民葬俗的重要标志，也是一种别具一格的文化符号。然而，任何一种文化符号都不是孤立存在的，都与其相应群落的各种活动或文化丛产生了密不可分的内在联系。因此，若以这种特殊的文化符号为切入点，我们便可提出和探讨与之相关的诸多问题。下面试谈两点。

（一）华南史前屈肢葬习俗与族群

葬俗是人民在长期生活中所形成的。尤其在古代社会，具有共同血亲关系的人群，其生产与生活方式往往都遵从相同或大致相同的习俗，具有共同的价值取向，由此构成他们群聚或聚族而居的思想基础。因此，基于血亲的共同信仰和习俗是族群内部彼此连接的纽带。尤其是葬俗，它蕴含着族亲对亡灵的情感寄托与礼仪禁忌，是人民所有生活习俗中沉淀最为深厚的代代相因的一种传统信仰，它约定俗成、根深蒂固。正因如此，如同人们生前聚族而居的习俗一样，史前墓地中出现以相同葬式聚族而葬的情形，实际上反映了当时人们对血亲和共同信仰的双重认同。于是，我们相信华南史前屈肢葬习俗盛行的区域，应属同一族群的居地。

当然，要确认华南史前屈肢葬的流行区域属于同一族群居地，仅用葬俗去证明它显然是不全面的，需要有更多其他证据的支持，尤其是那些与人民生产生活息息相关的行为习俗，以及不同地点的屈肢葬人群的体质特征和遗传学证据的支持。

从考古学遗存的物态而言，除了葬俗以外，最能反映族群内部相同生活习俗的遗存莫过于他们使用的日用陶器和生产工具。华南史前屈肢葬及其相关地层中所出遗物表明，在盛行屈肢葬习俗的人群中，其日用陶器（釜、罐、钵、盘）的造型通常都做成凸圜底的形态，器底无足（三足、多足或圈足），外壁没有器耳和器纽。岭北类群的高庙文化、大溪文化，以及岭南类群诸考古学文化遗存陶器中出现的圈足器和少量的双耳器，皆是受到其北部和东部区域别的族群文化的影响所致。如长江下游的上山文化在距今10000年左右已出现了双耳器和圈足器[41]。长江中游洞庭湖区的彭头山文化一直有双耳器的传统[42]，圈足器也在其后续的皂市下层文化中流行开来[43]。在距今5500年前后，以鼎、豆、壶（或加杯）为核心组合的陶器分布更是覆盖了整个长江中下游地区的多个考古学文化。由此可见，从生活用陶器的使用习俗所反映的族群分布与葬俗所反映的情形是吻合的。值得注意的是，近年在湖北长阳县清江桅杆坪遗址清理了1具早于大溪文化的仰身直肢人骨，其测年已接近距今7000年[44]，说明在高庙文化和大溪文化先民抵此之前，这里可能是信从直肢葬习俗的人群所居住。尽管它目前尚属孤例，但却是一个很重要的物证。

不独如此，一些具地域特征的生产工具的分布也与屈肢葬流行的区域相重合。自旧石器时代晚期以来，华南史前遗存中一直盛行砾石石器的传统。至新石器时代晚期，有肩石器（锛、铲、斧）又在此区域流行开来，但它们却少见或不见于长江中下游流域。傅宪国对此曾有详论，并认定有肩石器主要分布于中国的广东、香港、广西、云南诸省区，向南延伸到东南亚的越南、老挝、柬埔寨、缅甸、泰国、马来西亚、印度尼西亚，以及南亚的印度和孟加拉国[45]。非常明显的是，在越南和平（Hao Binh）文化、北山（Bac Son）文化、舟巴（Da But）文化和琼文（Quyen Van）文化等史前遗存中，不仅流行使用圜底陶器和有肩石器，也同样流行屈肢葬[46]。泰国南部暹罗湾海岸的朗诺（Nong Nor）遗址也是如此，这里的屈肢蹲踞葬尤为盛行[47]。泰国东北部班清（Ban Chiang）遗址第一、二期遗存中亦有屈肢葬的实例，其所处年代在公元前3600~前2500年[48]。

从上面所论屈肢葬习俗、圜底陶器和有肩石器三者流行地域的重合关系分析，远古时代居住在华南、中南半岛、马来群岛，以及包括印度南部和孟加拉国等广大范围的先民，很可能属于同一种群。那么，岭北类群屈肢葬分布地，以及贵州东南部至云南元谋县一带当是此种群居地的北缘。从近年在台湾连江县亮岛遗址发现年代较早的屈肢葬遗存分析，推测此种群分布的东缘很可能已超出珠江三角洲，沿近海地带向东延伸到了闽江下游地区。今广西、云南、台湾，以及中南半岛和南太平洋部分岛屿近代原住民中所见的捆绑式屈肢葬[49]，都是这个古老族群不断扩散流传下来的遗习。

反映在体质人类学上的形态研究，同样也印证了屈肢葬习俗流行地域与族群的密切联系。自20世纪70年代末期以来，研究者曾先后提取了桂林甑皮岩[50]、柳州鲤鱼嘴[51]和湛江鲤鱼墩[52]等遗址出土的部分屈肢人头骨进行了形态学的检测分析，认为从晚更新世阶段到新石器时代晚期，岭南地区古人类颅骨的绝对测量值反映出一个短颅化、狭颅化和高颅化的过程，颅指数的变化反映了长颅化的趋势。这些头骨的面宽和颧宽较大，中等眶高且眶间宽度较小，其非突颌型总面角和鼻面角等方面皆表现出了蒙古人种的性质，但在上面指数、鼻指数和鼻跟指数等方面又显现出赤道人种的特征。从而推断他们在大的人种上属于蒙古人种，在亚人种上与南亚蒙古人种之间存在密切的关系[53]。当然，上述人骨标本皆保存不甚完整且未进行DNA遗传学检测，所获认知固非最后结论，但至少反映了华南屈肢葬人群的体质特征与华北蒙古人种存在明显区别，且这种区别并不是偶然的个体而是具有群体的性质。近年由澳大利亚国立大学洪晓纯教授、日本札幌大学松村博文教授，以及越南社会科学院阮邻强研究员等组成的课题组先后对湖南高庙遗址和广西灰窑田遗址的部分屈肢葬人头骨进行了修复复原和形态学的检测分析，认为这两处遗址中所取头骨的颅顶、鼻宽、眉额和眼眶等诸多方面的特征皆与同时期越南所见同类头骨的形态非常接近，与东亚蒙古人种的区别明显，在总体上具有澳美人种（Australo-Melanesians）的特征[54]。这一认知与先前的检测结果有所不同，既反映了华南史前屈肢葬人群在体质形态上与东北亚蒙古人种的区别，同时也反映了华南与东南亚和南太平洋岛屿史前屈肢葬先民的种群关系。

对华南史前屈肢葬先民所属族群的认定，生物遗传学的研究当更具科学性。台湾"中央研究院"历史语言研究所陈仲玉教授最近提取了连江县北竿乡亮岛遗址出土的M01（侧身屈肢，距今约8190年）、M02（仰身直肢，距今约7550年）人骨标本，并与德国马克斯·普朗克人类演化研究所（Max Plank Insitute，MPI）合作对其进行了DNA遗传学研究。检测结果表明，其中M01的mtDNA为E单倍群（haplogroup），M02的mtDNA为R9单倍群，二者是分别由更早的M单倍群和N单倍群分化出来的子代，属于不同的族群。而属于E单倍群的族群主要分布在马来半岛、印度尼西亚、巴布亚新几内亚、关岛、菲律宾群岛，以及我国台湾等南岛语族岛屿[55]。此研究结果与洪晓纯和松村博文教授对高庙遗址和灰窑田遗址屈肢人头骨形态复原检测分析所获认知基本一致。亮岛遗址及其所属的马祖列岛距福建闽江口海岸的距离多在30千米左右，亮岛屈肢葬遗存的先民应是从闽江口附近的海岸渡海而来。鉴于江、浙、赣三省均非史前屈肢葬习俗的原生地，可推知亮岛M01先辈的来源地在华南。因此，亮岛M01人骨的DNA遗传检测结果，也可作为鉴别华南史前屈肢葬人种的重要证据。

（二）华南史前族群与中国文明的起源

从以上多方面的材料分析，华南史前屈肢葬人群属于同一族群或种群应是没多大疑问的。现在需进一步讨论的是，这个远古族群究竟在中国古代文明起源与形成过程中起着什么样的作用，或者说他们与传说时代的中国古史有着什么样的关系。

如前一节所论，华南史前屈肢葬可划分为岭南、岭北两个区域类群。从与之共存的其他文物遗存考察，其各自所属的文化谱系及其发展脉络较为清晰。

以广西为主体的岭南区块，其史前文化大体可类分为两个谱系。其一是东部、东北部区域以甑皮岩文化、晓锦文化、斗篷坡文化为发展序列的系统，其所属人群是先秦时期西瓯族的祖先[56]；其二是西部、西南部、南部地区以顶蛳山文化、革新桥类型、大龙潭类型和感驮岩类型为主线的系统，贝丘、大石铲、岩洞葬是其演进发展过程中的主要物态形式之一[57]，其所属人群是先秦时期雒越族的祖先[58]。

岭北类群所属史前文化的发展谱系是高庙文化、大溪文化（距今6300～5500年）。大溪文化早已被学界同仁熟知，但高庙文化的内涵、起源、分布及其与大溪文化关系的研究则是近年来才展开的[59]。

高庙文化是以其首次被发现的湘西洪江市（原黔阳县）高庙遗址地名命名的[60]。该文化发源于沅水中游地区，分布范围包括沅、湘流域和洞庭湖区，鄂西南，黔东清水江流域，广西桂江流域，广东北江、西江流域至环珠口地区的广大范围，可划分为以高庙（洪江）、汤家岗（澧县）、大塘（长沙）、甑皮岩（桂林），以及咸头岭（深圳）遗址为代表的五个区域类型，往后演变为大溪文化，所处年代在距今7800～6300年。高庙文化的主要特征是：早期（距今约7000年以前）阶段以采集、渔猎经济为主，晚期阶段在部分地方出现了稻作农业。磨制石器较少，打制石器尤为发达，且以砍斫器、切刮器和网坠最为突出。居民以木构地面建筑依山傍水而居。盛行屈肢葬俗。盛行神灵崇拜和祭祀。已发明和运用太阳历法；已发明了多种构图艺术法则并娴熟运用红、黑、白三色对比技法，具有很高的审美意识。陶器手制或经慢轮修整，其造型以圜底器和圈足器为主，未见三足器，主要器物组合为釜、罐、钵、盘、碗。陶器表面装饰有由刻划纹或戳印细篦点纹组成的太阳、八角星、山、水、凤鸟、龙（兽面）和建木天梯等宗教题材的艺术图像。高庙文化的主要特征大部分被大溪文化先民所继承。

通过对高庙文化和大溪文化遗存的深入研究，我们发现这两个文化先民的一系列初创构成了中国上古文明起源的核心元素[61]，且这些初创和发明不见于中国同时期的其他考古学文化，但却与三代文明相传承。概括起来主要有以下几项。

（1）发明太阳历。其象征物是高庙文化陶器上戳印的八角星图案（图七），它是据周年性日投影的原理制作的。此类图案曾见于安徽凌家滩玉版（图八），以及长江下游和黄河、辽河流域的史前遗存中（图九、图一○）。诸多研究者都释其为当时人类据日影观测季节的缩微符号或日晷仪具[62]，是太阳历的原生形态。现在可以确认中国上古太阳历的源头在高庙文化。

（2）初创天圆地方宇宙观。高庙文化陶器八角星图案的内部大都有一个方形的框，而其外缘

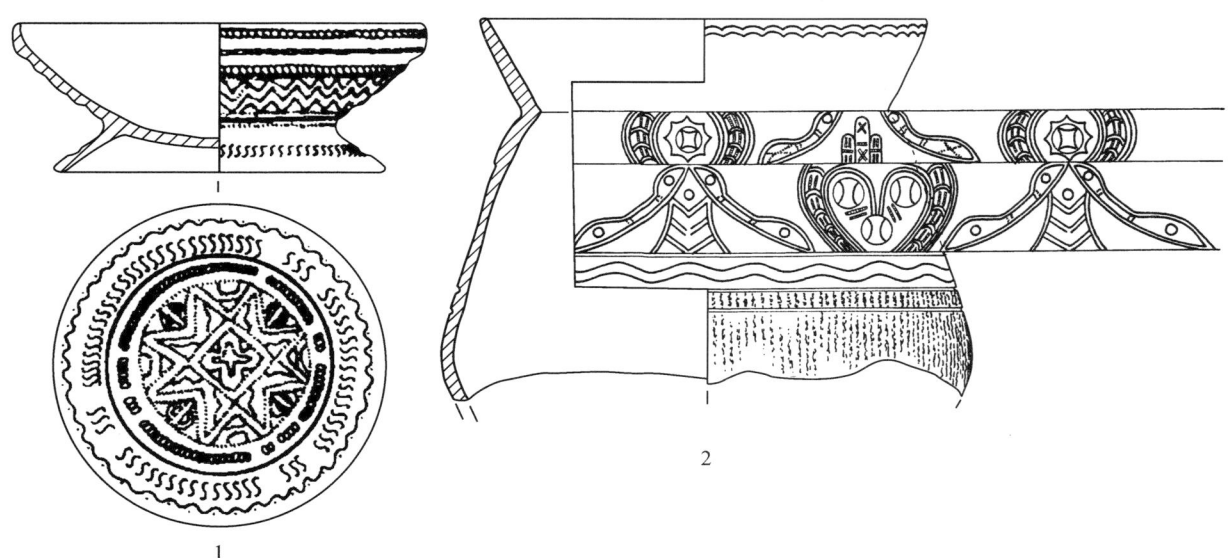

图七　高庙文化陶器上的八角星图案
1. 汤白陶盘（M1∶1）　2. 高陶釜（65T11-02㉔∶13）
注：高——洪江市高庙，汤——安乡县汤家岗

图八　凌家滩文化（凌M4）玉版上的八角星图案

图九　长江下游史前遗存所见八角星图案

1. 陶纺轮（凌98M19：16）　2. 玉版（凌87M4）　3. 彩陶壶（崧M33）　4. 彩陶豆（崧T2）　5. 陶钵（黄M4：1）
6. 大汶崧泽文化人首葫芦形壶圈足底部的八星纹　7. 玉鹰（凌98M29：6）　8. 陶耳壶（澄）

注：凌——含山县凌家滩，黄——宿松县黄鳝嘴，澄——吴县澄湖古井，崧——上海青浦区崧泽，大汶——嘉兴市大汶

图一〇 黄河、辽河流域史前遗存所见八角星图案
1、2. 彩陶盆（野M35：2、邳大M44） 3. 陶片（柳湾） 4. 彩陶罐局部（柳湾） 5. 彩陶片（大）
6. 彩陶尊（小F4：1） 7. 陶豆（大）

注：小——辽宁敖汉旗小河沿，柳湾——青海乐都县柳湾，邳大——邳县大墩子，大——泰安市大汶口，野——邹县野店

图一一 陶釜残片
（05T12-02㉔：8）

都是一个圆。这种外圆内方的图形布局表达了当时人们天圆地方的宇宙观[63]。另有部分陶器上戳印有圜形天体图案环绕在太阳图案的外围（图一一），亦为天圆的象征。

（3）初创八卦。由以上两点所列高庙文化八角星图案的内涵和形态，既反映了周年性日投影变化与季节变化的关系，也反映了原始的四方、八隅方位观念。这种时间、空间与事像相互交织的图像恰恰是流传数千年来中华上古八卦的精粹，是八卦的真正源头。

（4）初创上古神系与天梯祭典。高庙文化陶器上刻画或戳印有大量具象的神灵图像，主要有太阳、龙（獠牙兽面）、凤鸟和山、水，以及供神灵上下天庭的天梯（图一二～图一四）。所描述的不只是单个的神灵而是一个与后世信仰体系相传承的完整神系，且也是东亚最先出现的完整神系。

（5）发明白陶与祭器。沅水流域既是高庙文化的发源地，也是中国白陶的发源地[64]，高庙遗址所出白陶年代最早者可上溯到距今约7800年。那些白陶器皿大都装饰有类似浮雕效果的神灵图像，明显属于祭器的性质。部分红陶器皿也装饰有同类题材的图像，亦为祀神陈设用器。

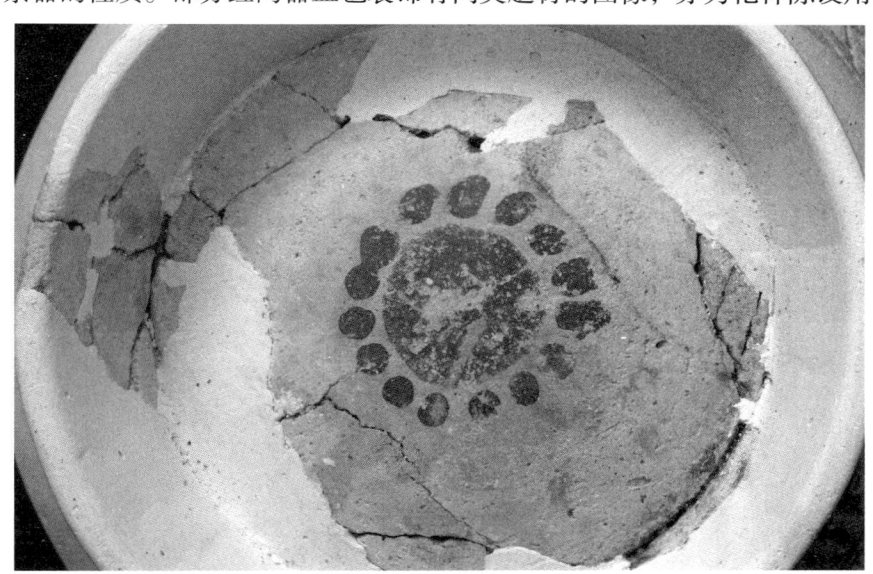

图一二　白陶簋（外底）

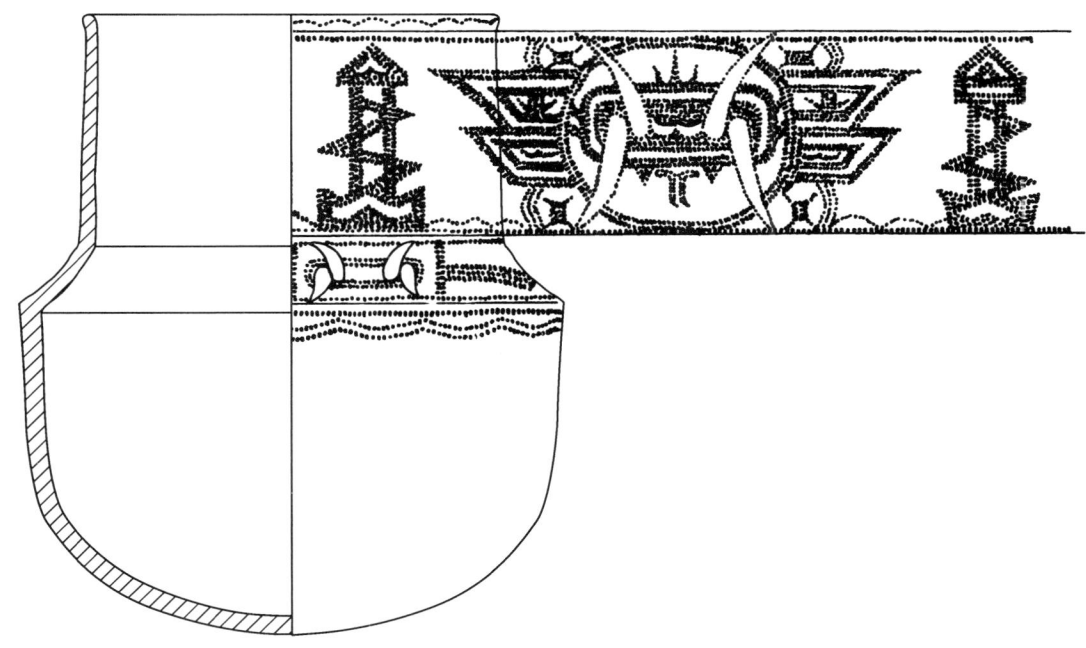

图一三　高庙遗址白陶罐颈部飞龙天梯祭仪图（对称等分结构）
（91T1015⑧:16）

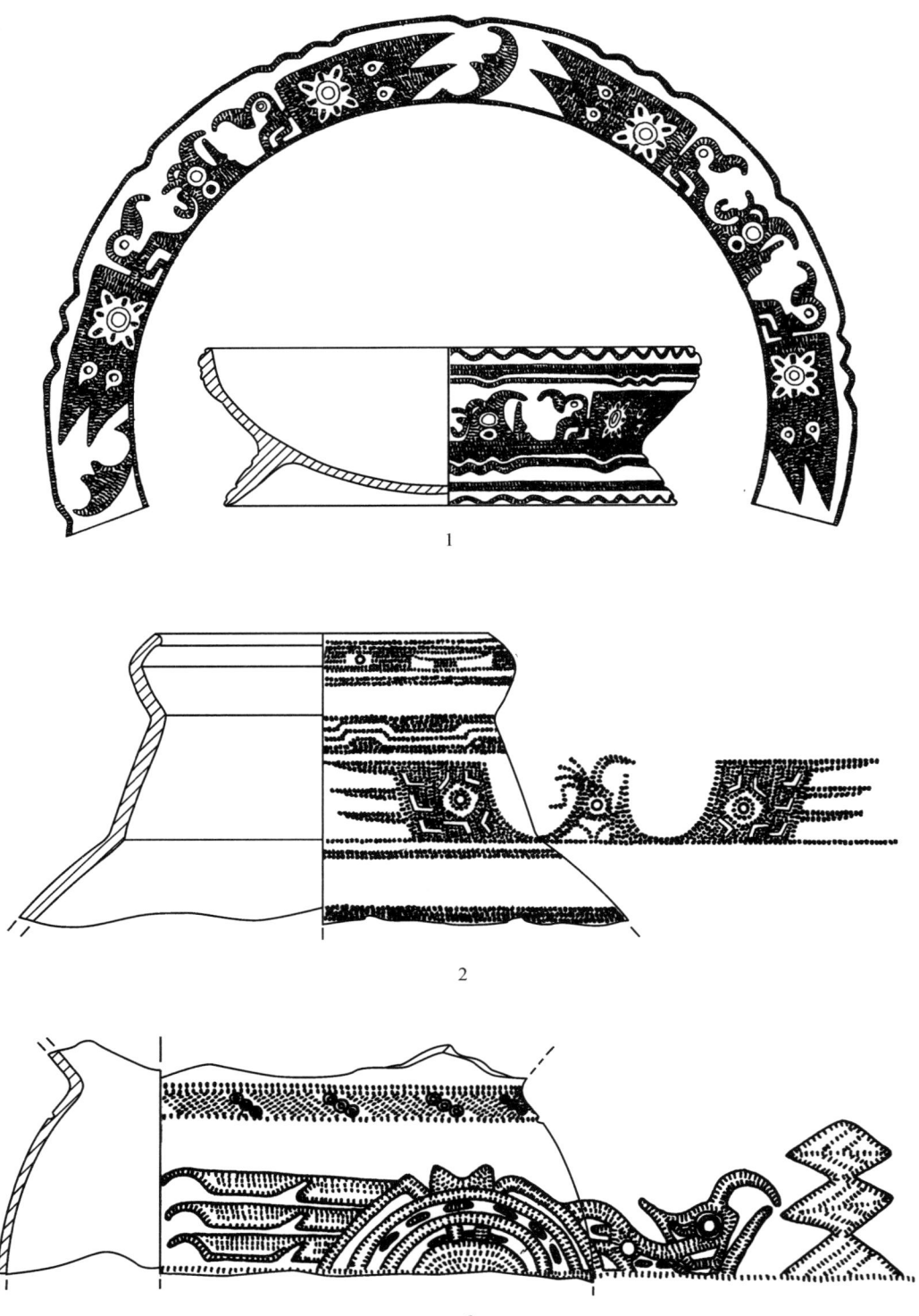

图一四 高庙遗址高庙文化陶器上的凤鸟载日图案
1. 矮圈足盘（04T1116⑬：10） 2. 内折沿罐（91T1015⑨：2） 3. 罐（05T14-01⑲：34）

（6）初创数理法则。高庙文化陶器上八角星图像的制作运用了圆、矩对半等分的方法（图一五），它在实现对外圆八等分精准分割的同时，构建了由两个矩形相错而成的八个交点，且这些交点正好是八等分内圆的切点，从而使相邻两切点与圆中心形成45°夹角。这种将圆、矩分别对半等分的方法，实是《周髀算经》所云"数之法出于圆方，圆出于方，方出于矩，……环矩以为圆，合矩以为方"这一数理法则的肇始。

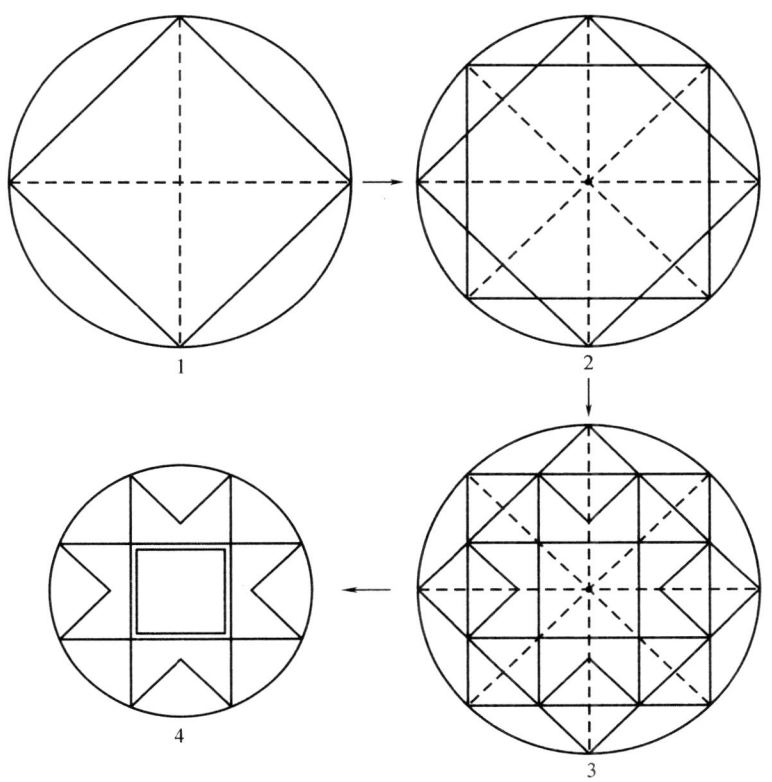

图一五　高庙文化八角星图案制作方式示意图

（7）初创二方连续（图一六）、带状层叠（图一七）、对称等分、对半拆分（图一八）、二元复合等艺术构图法则（图一九）。高庙文化陶器上绝大部分具象的或表意的图案，都分别运用了这些法则。在年代与之相当的其他考古学遗存中，均未见类似的艺术法则。

（8）发明网罟。高庙文化先民率先发明了用于渔网的打制亚腰形石网坠（图二〇），且在不同年代的地层中大量出土。据初步统计，仅高庙遗址中就出土了460余件，超出中国大陆距今7000年以前其他各遗址出土石网坠总和的40倍。

（9）率先修筑了中国历史上年代最早的大型环壕聚落和具城壕和城垣双重防御功能的土城。在澧县城头山遗址揭示的高庙文化晚期环壕聚落，环壕以内的面积近6万平方米，年代接近距今7000年。同地点发现的始筑于大溪文化早期的城壕聚落，是在原环壕聚落基础上的扩建并修筑了城墙[65]，城内面积增至8万平方米（图二一），年代在距今6200年左右。

那么，高庙文化、大溪文化先民的上述初创和发明与中国文明起源和传说时代的中国古史有着怎样的关系呢？

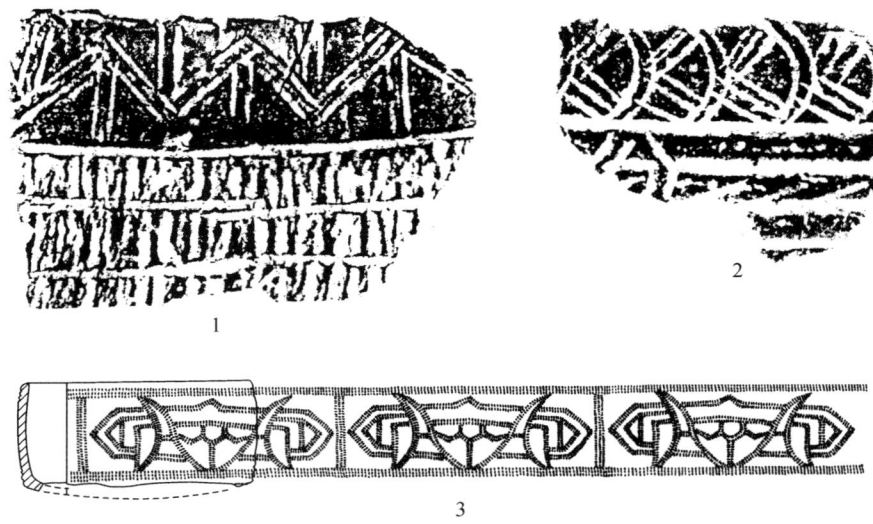

图一六　高庙遗址高庙文化陶器二方连续结构图案
1、2.陶釜残片（05T12-01⑲：50、05T11-02㉑：14）　3.六方钵（05T15-01⑳：24）

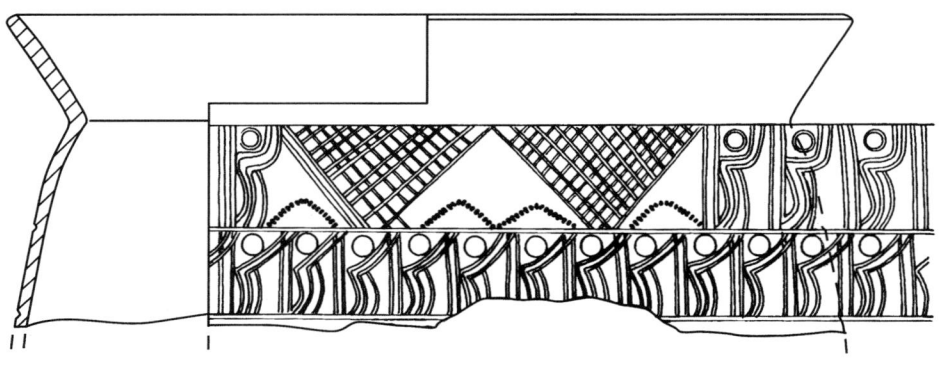

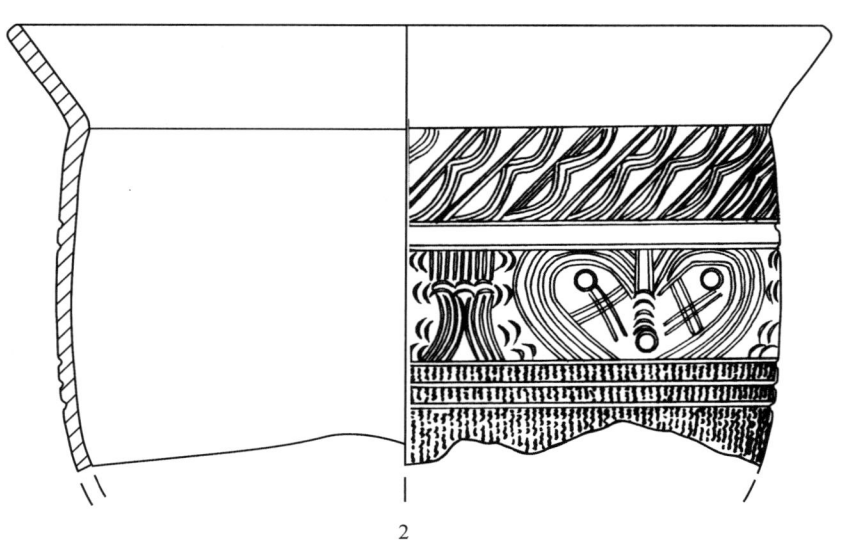

图一七　高庙遗址高庙文化陶器带状层叠结构图案
1、2.釜（05T11-02㉓：4、05T13-01㉒：11）

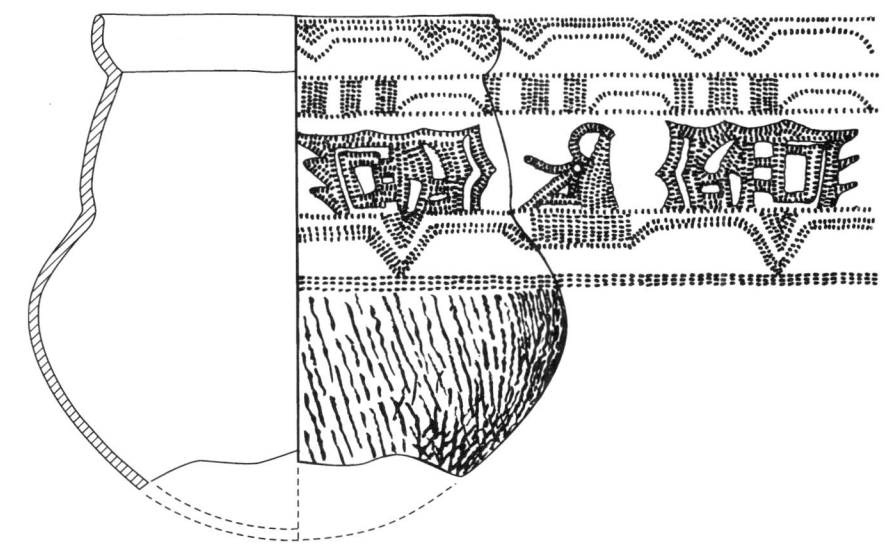

图一八　高庙文化陶器上龙（獠牙兽面）的对半拆分图案
高庙内折沿罐（05T13-02㉑∶42）

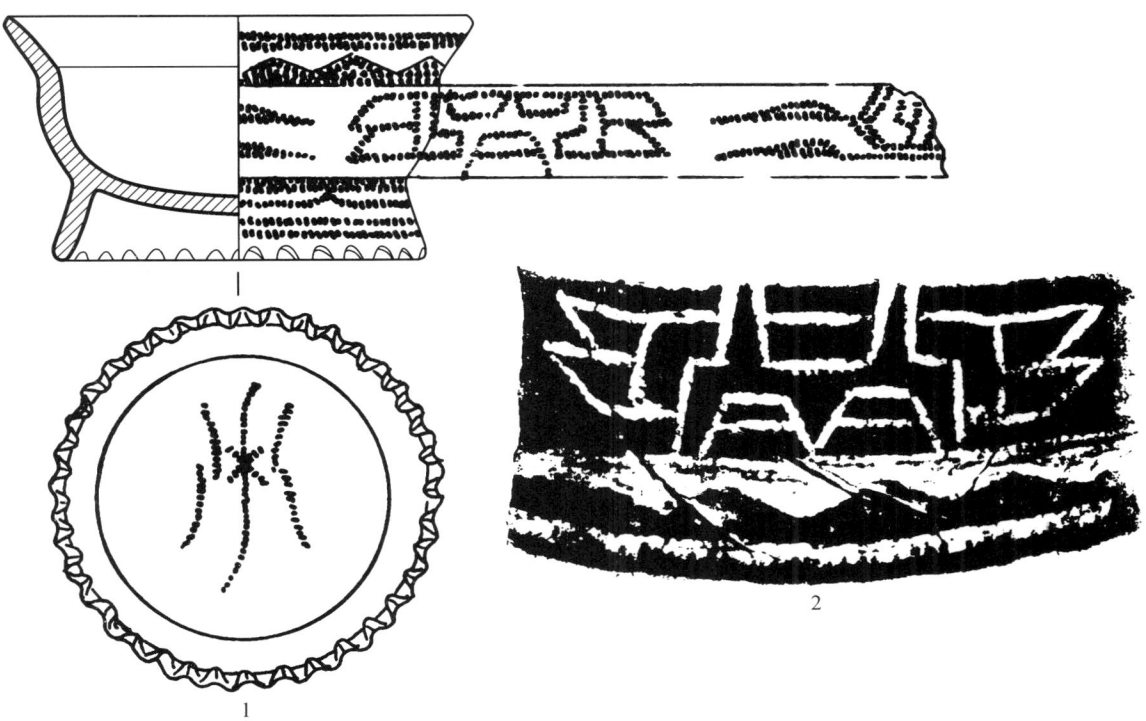

图一九　高庙文化陶器上的二元复合（双翅飞龙）图案
1. 高庙簋（91T0914⑫∶6）　2. 器物倒置图像拓片

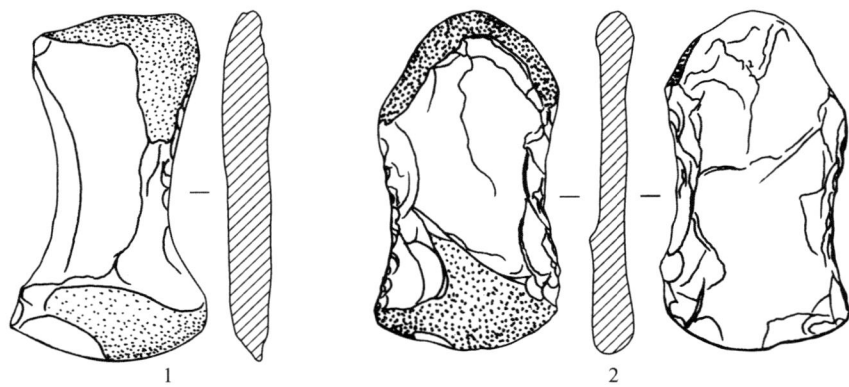

图二〇 高庙遗址高庙文化石网坠
1. 91T1114⑩：11 2. 05T13-02㉑：4

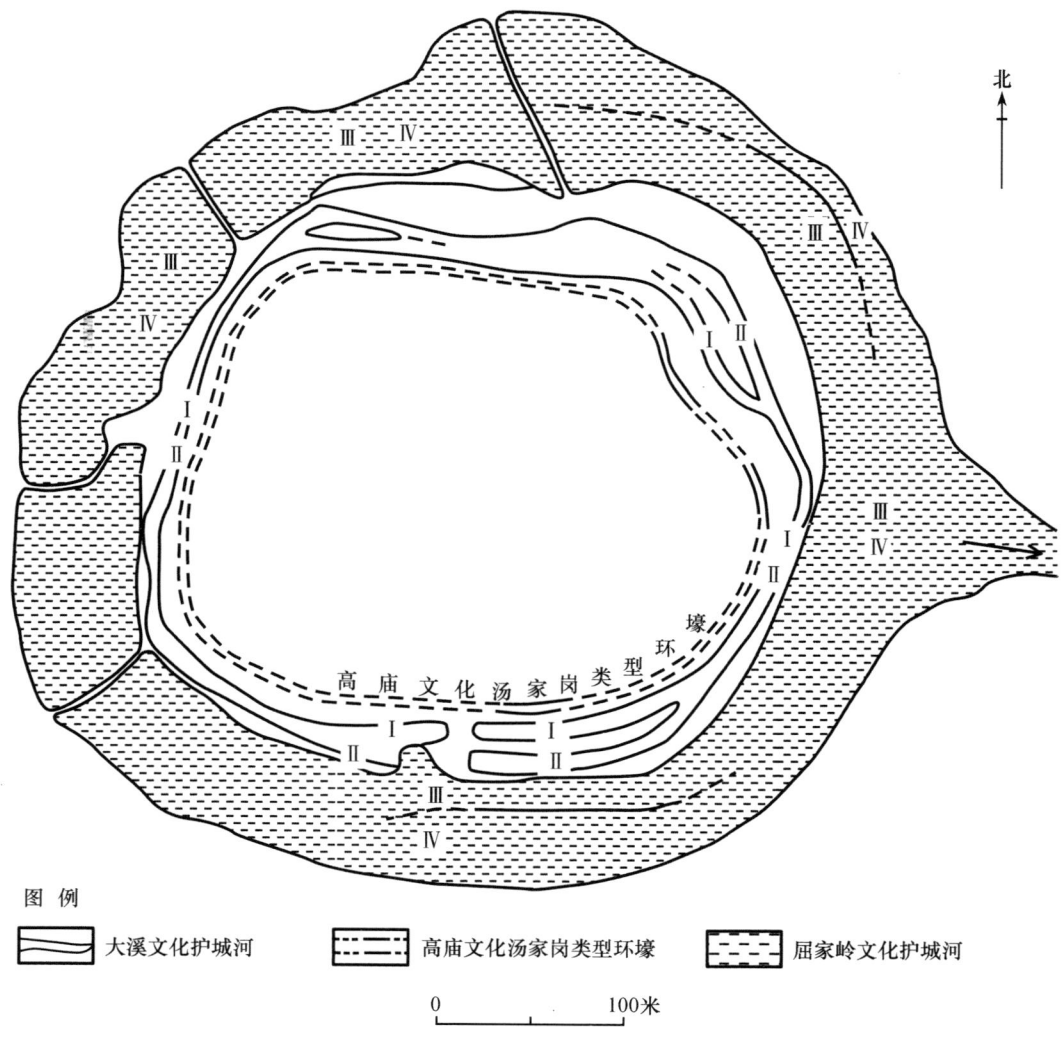

图二一 澧县城头山遗址汤家岗类型环壕、大溪文化、屈家岭文化护城河平面分布图

众所周知，中华民族自来尊炎黄二帝为人文始祖，凡研究中国文明起源和中华上古历史者，莫不追溯炎黄二帝的事迹。据古史传说，在炎、黄之前还有被称作"百王之先"的伏羲。伏羲和炎黄二帝都是中华远古时代最杰出的文化英雄，古代社会的许多发明大都是由他们及其丞属初创的，《易·系辞》和《世本》曾记述了他们从衣食住行到星占乐律，以及初创八卦等数十项发明[66]。古史传说中还谈到炎帝神农氏正四时之制[67]、教耕生谷[68]、始筑城池[69]，以及尝百草发明医药的事迹[70]。在这些事迹中，最为突出者莫过于发明历法、八卦、网罟、驯养动物和农耕、医药，以及城池的修筑。因为这些发明涉及当时人们对天文历法与季节变化的认知，涉及生产与生活方式的改变，涉及作为精神支柱的信仰体系，涉及象征公权力产生的政治实体和维系社群成员交往所需的行为规范，它们是中华文明起源最重要的核心元素。

现已出土的中国史前遗存表明，在距今约8500年（或更早）以前，虽然南方和北方都分别出现了以水稻、粟和黍为主的栽培农业，出现了家猪的驯养，但事关中国文明和国家起源核心元素的萌芽却显现出较大的地域差异。尤其是向来为王者所重的历法、物象推衍的八卦、自然崇拜的系列神灵（如太阳神、社神、龙、凤、山、水诸神）信仰和祖先崇拜、数学原理与艺术构图的系列法则，以及标志政治实体与公权力出现的高级中心聚落（大型环壕聚落和城池）和祭坛，它们在黄河流域出现的时间明显要晚于南方。据目前所知，中原地区仰韶文化开始出现对称等分、带状层叠和二元复合等艺术构图法则的时间在距今6500年左右[71]，在距今6000年前后出现对太阳和龙凤等系列神灵的信仰，在距今5500年左右出现大型城池和祭坛[72]，在距今5000年左右出现象征太阴历历法和八卦的八角星图像。然而，近20余年来的地下发掘资料表明，南方地区出现上述人文成就的时间要比中原地区早得多。上面所举高庙文化先民的一系初创与发明，年代上限已接近距今8000年。澧县城头山遗址所见高庙文化晚期的大型中心（环壕）聚落和大溪文化早期大型城池，均是中国史前遗存中年代最为古老者。这些人文成就除被传播到中原外，也先后被长江下游的河姆渡文化、马家浜文化、崧泽文化、良渚文化、凌家滩文化先民，黄河下游的大汶口文化、龙山文化先民所传承和发扬，奠定了三代文明最重要的思想与物质基础[73]。由此可见，中国远古时代出现的上述人文成就在中原只是流而不是源，要追溯中国文明的起源和中国文化的根，必然要追溯到高庙文化和大溪文化。然而，如前一节所述，盛行屈肢葬的高庙文化和大溪文化先民属于华南澳美人种的北支，与中原和长江下游史前文化先民的所属族群有着不同的习俗和血统。不言而喻，率先开启中华文明序幕者并非中原或其他地区的远古先民，而是华南地区属澳美人种支系之一的高庙文化和大溪文化先民。

在传统的中国古史体系中，中华文明发源于黄河流域中原地区。传说所录伏羲生于成起（纪），徙治陈仓，或都淮阳；炎、黄同出少典，发迹中原；三皇五帝都是具血亲关系的同一族群。这一传统认知集成于汉代皇家史官司马迁[74]，此后两千余年来为历代史家所信从。于是，凡中原以外的其他边远区域自来被持中原正统论的缙绅先生们蔑称四夷（东夷、西戎、南蛮、北狄）化外之地[75]，华南古代居民被称作"南蛮""西南夷"之属，概与中华上古文明起源和古史传说时代的帝系无涉。可是，由地下遗存所反映的种种事实，却不得不使人们对中国文明起源与中华远古历史的传统认知进行重新思考，以科学的态度来重建传说时代的中国古史。从高庙文化和大溪文化所处的年代、分布范围，以及所属先民率先初创的一系列人文成就综合分析，它们与中华人文始祖伏羲和炎帝的事迹具有惊人的契合关系。由此推断那些遗存的主人就是伏羲与炎帝族团的子民[76]；以沅湘流域和洞庭湖区域为中心，包括渝东、鄂西南，黔东清水江流域，广西桂江流域，广东北江流域、西江流域至环珠江口等华南地域是中华文明的最初发源地。

注　释

[1]　容观复：《中国古代屈肢葬俗研究》，《中南民族学院学报》1983年第2期。

[2]　韩建业：《中国古代屈肢葬谱系梳理》，《文物》2006年第1期。

[3]　四川长江流域文物保护委员会文物工作队：《四川巫山大溪新石器时代遗址发掘述略》，《文物》1961年第11期。

[4]　四川省博物馆：《巫山大溪遗址第三次发掘》，《考古学报》1981年第4期。

[5]　黄豁、王松涛、黎昌政：《三峡考古十大发现》，新华网，2003年6月1日。

[6]　刘晓娜、黄玉喜：《巫山发现新石器时代墓群，发掘罕见屈肢葬》，《重庆商报》2013年7月18日。

[7]　李心成：《六千年前酉阳大溪人建成和睦社会》，《重庆晚报》2007年6月28日。

[8]　湖北省荆州地区博物馆：《湖北松滋县桂花树新石器时代遗址》，《考古》1976年第3期。

[9]　湖北省文物考古研究所：《1985～1986年三峡坝区三斗坪遗址发掘简报》，《江汉考古》1999年第2期。

[10]　国家文物局三峡考古队：《朝天嘴与中堡岛》，文物出版社，2001年。

[11]　湖北清江隔河岩考古队、湖北省文物考古研究所：《清江考古》，科学出版社，2004年。

[12]　湖南省文物考古研究所：《澧县城头山——新石器时代发掘报告》（上、中、下），文物出版社，2007年。

[13]　湖南省岳阳地区文物工作队：《华阳车轱山新石器时代遗址第一次发掘简报》，《湖南考古辑刊》第3集，岳麓书社，1986年。

[14]　湖南省文物考古研究所：《湖南黔阳高庙遗址发掘简报》，《文物》2000年第4期；湖南省文物考古研究所：《湖南洪江市高庙新石器时代遗址》，《考古》2006年第7期；贺刚：《湖南洪江高庙新石器时代遗址》，《新世纪中国考古新发现（2001～2010）》，中国社会科学出版社，2013年。

[15]　广西壮族自治区文物工作队、桂林市革命委员会文物管理委员会：《广西桂林甑皮岩洞穴遗址的试掘》，《考古》1976年第3期；中国社会科学院考古研究所、广西壮族自治区文物工作队、桂林甑皮岩遗址博物馆等：《桂林甑皮岩》附表四，文物出版社，2003年。

[16]　阳吉昌：《桂林新石器时代遗址的调查与试掘》，《桂林文博》1994年第2期；谌世龙：《桂林庙岩洞穴遗址的发掘与研究》，《中石器文化及有关问题研讨会论文集》，广东人民出版社，1999年。

[17]　傅宪国：《临桂县石器时代洞穴遗址》，《中国考古学年鉴（2001）》，文物出版社，2002年；陈远璋：《广西考古的世纪回顾与展望》，《考古》2003年第10期。

[18]　何乃汉、黄云忠、刘文：《柳州市大龙潭鲤鱼咀新石器时代贝丘遗址》，《考古》1983年第9期；刘文、罗安鸽、朱芳武等：《柳州市大龙潭鲤鱼咀新石器时代的人骨》，《广西民族研究》1994年第3期。

[19]　广西壮族自治区文物考古训练班、广西壮族自治区文物工作队：《广西南宁地区新石器时代贝丘遗址》，《考古》1975年第5期。

[20]　黄云中：《南宁市文物工作的回顾与展望》，《邕州考古》，广西人民出版社，2001年。

[21]　傅宪国、李新伟、李珍等：《广西邕宁县顶蛳山遗址的发掘》，《考古》1998年第11期。

[22] 陈远璋：《广西考古的世纪回顾与展望》，《考古》2003年第10期。

[23] 广西壮族自治区文物工作队、横县博物馆：《广西横县秋江贝丘遗址的发掘》，《广西考古文集（第2辑）——纪念广西考古七十周年专集》，科学出版社，2006年。

[24] 林强、谢广维、宁永勤：《广西都安北大岭遗址考古发掘取得重要成果》，《中国文物报》2005年12月2日。7座无随葬品，仰屈、侧屈、肢解葬。

[25] 李珍、黄云忠：《南宁市灰窑田遗址的发掘》，《中国考古学年鉴（2007）》，文物出版社，2008年。

[26] 何安益、杨清平、宁永勒：《广西左江流域贝丘遗址考古新发现及初步认识》，《中国历史文物》2009年第5期。

[27] 广东省博物馆、高要县文化局：《广东高要县蚬壳洲发现新石器时代贝丘遗址》，《考古》1990年第6期；广东省博物馆、高要县文化局：《高要县龙一乡蚬壳洲贝丘遗址》，《文物》1991年第11期。

[28] 李法军、冯孟钦：《鲤鱼墩新石器时代贝丘遗址出土人骨的研究意义》，《边疆民族考古与民族考古学集刊》第1集，文物出版社，2009年；胡耀武、李法军、王昌燧：《广东湛江鲤鱼墩遗址人骨C、N稳定同位素分析：华南新石器时代先民生活方式初探》，《人类学学报》2010年第3期。

[29] 陈仲玉：《亮岛人DNA研究》，连江县政府文化局出版，2013年。

[30] 云南省文物考古研究所、玉溪市文管所、通海县文化局：《通海海东贝丘遗址发掘报告》，《云南文物》1999年第2期。

[31] 云南省博物馆：《元谋大墩子新石器时代遗址》，《考古学报》1977年第1期。

[32] 按：目前华南地区发现年代最早的水稻遗存见于资源县晓锦遗址，在遗址第一期遗存的土壤分析中发现禾本科孢粉粒，第二、三期遗存中发现大量炭化稻米。从该遗址出土陶器的特征结合发掘报告附录的^{14}C测年数据，第一、二期遗存应属同一时期，年代上限不早于距今6000年，或已接近距今5500年。参见广西壮族自治区文物工作队等：《资源县晓锦新石器时代遗址发掘简报》，《广西考古文集》，文物出版社，2004年。

[33] 谌世龙：《桂林庙岩洞穴遗址的发掘与研究》，《中石器文化及有关问题研讨会论文集》，广东人民出版社，1999年。

[34] 中国社会科学院考古研究所、广西壮族自治区文物工作队、桂林甑皮岩遗址博物馆：《桂林甑皮岩》，文物出版社，2003年；北京大学历史系考古学专业碳十四实验室等：《石灰岩地区碳-14样品年代的可靠性与甑皮岩等遗址的年代问题》，《考古学报》1982年第2期。

[35] 傅宪国、李新伟、李珍等：《广西邕宁县顶蛳山遗址的发掘》，《考古》1998年第11期。

[36] 李海荣、刘均雄：《深圳咸头岭新石器时代遗址与珠江三角洲地区相关遗址的分期和年代》，《东南考古研究》，厦门大学出版社，2010年。

[37] 覃芳：《广西邕宁顶蛳山史胶屈肢葬与肢解葬的考察》，《南方文物》2010年第2期。

[38] 按：人骨样品测年由美国Beat Analytic Inc实验室测定，暂未刊布。

[39] 湖南省岳阳地区文物工作队：《华阳车轱山新石器时代遗址第一次发掘简报》，《湖南考古辑刊》第3集，岳麓书社，1986年；湖北省文物考古研究所：《长江三峡工程坝区白狮湾遗址发掘简报》，《江汉考古》1999年第1期。

[40] 按：对屈肢葬信仰习俗有多种说法。一说此形态系胎儿象征，祈望死者灵魂转世投胎再生。一说此姿势是用绳索捆扎死者，旨在阻止其灵魂走出向生人作祟。或认为这种屈肢是合乎人体休息睡眠的自然姿态，是让死者得以安息。也有人认为它是为节省人工和墓穴用地。

[41] 浙江省文物考古研究所、浦江博物馆：《浙江浦江县上山遗址发掘简报》，《考古》2007年第9期。

[42] 湖南省文物考古研究所：《彭头山与八十垱》，科学出版社，2006年。

[43] 何介钧：《长江中游新石器时代文化》，湖北教育出版社，2004年。

[44] 湖北清江隔河岩考古队、湖北省文物考古研究所：《清江考古》，科学出版社，2004年。

[45] 傅宪国：《论有段石锛和有肩石器》，《考古学报》1988年第1期，图一一、图一二。

[46] 〔越南〕何文缙：《越南考古学·越南石器时代》，越南社会科学出版社，1998年；戴国华：《论东南亚"和平文化"及其与华南文化的关系》，《东南亚》1988年第1期。

[47] Higham C F W. Early Cultures of Mainland Southeast Asia. River Books, Bangkok. 2002.

[48] Corman C F, Charoenwongsa P. Ban Chiang: a mosaic of impressions from the first two years. Expedition, 1976, 18(4).

[49] 凌纯声：《中国边疆民族与环太平洋文化》（上、下），联经出版事业公司，1979年；乔健：《台湾土著诸族屈肢葬调查初步报告》，《台湾大学考古人类学刊》1960年第15/16期；宋兆麟：《云南纳西族葬俗》，《考古》1964年第4期。

[50] 张银运、王令红、董兴仁：《广西桂林甑皮岩新石器时代遗址的人类头骨》，《古脊椎动物与古人类》1977年第1期；张子模、漆招进、朱芳武等：《桂林甑皮岩新石器时代遗址人骨》，《广西民族研究》1994年第3期；朱芳武、苏曲之、蒋葵：《桂林甑皮岩时代遗址人骨的若干问题》，《解剖学研究》2001年第3期；中国社会科学院考古研究所、广西壮族自治区文物工作队、桂林甑皮岩遗址博物馆：《桂林甑皮岩》第八章，文物出版社，2003年。

[51] 刘文、罗安鸽、朱芳武等：《柳州大龙潭鲤鱼嘴新石器时代遗址的人骨》，《广西民族学院学报》1994年第3期。

[52] 李法军、冯孟钦：《鲤鱼墩新石器时代贝丘遗址出土人骨的研究意义》，《边疆民族考古与民族考古学集刊》第1集，文物出版社，2009年；李法军、王明辉、冯孟钦等：《鲤鱼墩新石器时代居民头骨的形态学分析》，《人类学学报》2013年第3期。

[53] 李法军、王明辉、冯孟钦等：《鲤鱼墩新石器时代居民头骨的形态学分析》，《人类学学报》2013年第3期；朱芳武、苏曲之、蒋葵：《桂林甑皮岩时代遗址人骨的若干问题》，《解剖学研究》2001年第3期；中国社会科学院考古研究所、广西壮族自治区文物工作队、桂林甑皮岩遗址博物馆：《桂林甑皮岩》第八章，文物出版社，2003年。

[54] 按：湖南洪江高庙与广西南宁灰窑田遗址人头骨检测数据与研究结果暂未刊发，此处所述意见由洪晓纯教授承告。

[55] 陈仲玉：《亮岛人DNA研究》，连江县政府文化局出版，2013年。

[56] 贺刚：《湘西史前遗存与中国古史传说》，岳麓书社，2013年。

[57] 李珍：《贝丘、大石铲、岩洞葬——南宁及其附近地区史前文化的发展与演变》，《中国国家博物馆馆刊》2011年第7期。

[58] 何乃汉：《骆越非百越族群说》，《广西民族研究》1989年第4期；广西文物考古研究所、南宁市博物馆：《广西先秦岩洞葬》，科学出版社，2007年。

[59] 贺刚：《湘西史前遗存与中国古史传说》，岳麓书社，2013年。

[60] 湖南省文物考古研究所：《湖南黔阳高庙遗址发掘简报》，《文物》2000年第4期。按：发掘简报中称之为"高庙下层文化"，后更名为"高庙文化"。参见湖南省文物考古研究所：《湖南洪江市高庙新石器时代遗址》，《考古》2006年第7期。

[61] 贺刚：《湘西史前遗存与中国古史传说》，岳麓书社，2013年。

[62] 陈久金、张敬国：《凌家滩出土玉版图形试考》，《文物》1989年第4期；钱伯泉：《凌家滩新石器时代遗址出土的玉制式盘》，《文物研究》第7辑，黄山书社，1991年；李斌：《史前日晷初探——试释含山出土玉片图形的天文学意义》，《东南文化》1993年第1期；陆思贤、李迪：《天文考古通论》，紫禁城出版社，2005年。

[63] 饶宗颐：《未有文字以前表示"方位"与"数理关系"的玉版——含山出土玉版小论》，《文物研究》第6辑，黄山书社，1990年；李学勤：《古代中国文明中的宇宙论与科学发展》，《李学勤文集》，上海辞书出版社，2005年。

[64] 贺刚：《湖南高庙遗址出土新石器时代白陶》，《东南考古研究》第4辑，厦门大学出版社，2010年。

[65] 按：城头山古城墙先后经四次修筑，最初筑造时间在大溪文化早期（距今6200年前后），第二次修筑在大溪文化中期偏晚（距今5800年左右）。遗址东北部第一、二期城墙解剖实测数据分别为：城墙顶宽5.2、底宽8、高1.6米，城壕口宽12、底宽5.5、深2.2米；城墙顶宽5、底宽8.9、高1.65米，城壕口宽12、底宽10米左右。第三、四次修筑分别在屈家岭文化早中之交（距今5300年左右）、中晚期之交（距今5000年左右），墙底宽均在20～25、高2～4米，护城河扩宽至40、深3米以上。

[66] 《易·系辞下》云："古者包牺氏之王天下也，仰则观象于天，俯则观法于地，观鸟兽之文与地之宜，近取诸身，远取诸物，于是始作八卦……作结绳而为网罟，以佃以渔……包牺氏没，神农氏作，斫木为耜，揉木为耒。……神农氏没，黄帝、尧、舜氏作，……黄帝、尧、舜垂衣裳而天下治……刳木为舟，剡木为楫……断木为杵，掘地为臼……弦木为弧，剡木为矢。弧矢之利，以威天下，盖取诸睽。"《世本·作篇》："黄帝使羲和占日，常仪占月，臾区占星气，伶伦造律吕，大挠作甲子，隶首作算数，容成综此六术，著调历。黄帝使伶伦造磬，垂作钟，沮诵、苍颉作书，史皇作图，伯余制衣裳，胡曹作冕，胡曹作衣，于则作扉履，雍父作舂，雍父作柞臼，挥作弓，夷牟作矢，共鼓、贷狄作舟……"

[67] 《尸子·君治》："燧人之世，天下多水，故教民以渔。宓羲氏之世，天下多兽，故教民以猎。神农理天下，欲雨则雨。……正四时之制，万物咸利，故谓之神。"另参见：《竹书纪年》《吕氏春秋·诚廉》和《淮南子·主术训》等篇。

[68] 《管子·形势解》："神农教耕生谷，以致民利。"《礼记·祭法》《尸子·卷下》《逸周书》《礼纬·含文嘉》皆有类似记述。

[69] 《汉书·食货志》载晁错《论贵粟疏》"神农之教曰：'有石城十仞，汤池百步。带甲百万，而亡粟，弗能守也'"，与之类同的记述还见于《氾胜之农书》。另在《路史·后纪三》中类似记述。

[70] 《世本》："神农和药济人。"《淮南子·修务训》："古者，民茹草饮水，采树木之实，食蠃蝱之肉。时多疾病，毒伤之害，于是神农乃始教民播种五谷，相土地宜，燥湿肥墽高下，尝百草之滋味，水泉之甘苦，令民知所辟就。当此之时，一日而遇七十毒。"《神农本草经》《帝王世纪》《补史记·三皇本纪》皆有类似记载。

[71] 参见王仁湘：《史前中国的艺术浪潮——庙底沟文化彩陶研究》，文物出版社，2011年。

[72] 中国社会科学院考古研究所河南一队、河南省文物考古研究所：《河南灵宝市西坡遗址试掘简报》，《考古》2001年第11期；河南省文物考古研究所、中国社会科学院考古研究所河南一队：《河南灵宝西坡遗址105号仰韶文化房址》，《文物》2003年第8期；中国社会科学院考古研究所、河南省文物考古研究所：《灵宝西坡墓地》，文物出版社，2010年；国家文物局考古领队培训班：《郑州西山仰韶时代城址的发掘》，《文物》1999年第7期。

[73] 贺刚：《湘西史前遗存与中国古史传说》，岳麓书社，2013年。

[74] 参见《史记·五帝本纪》《史记·夏本纪》《国语·晋语》。

[75] 按：四夷之论在《尚书·大禹谟》《礼记·王制》《孟子·梁惠王》等篇目中屡有言及。

[76] 贺刚：《湘西史前遗存与中国古史传说》，岳麓书社，2013年。

长江中下游地区史前鱼类遗存初步研究

莫林恒

考古遗址出土的鱼类遗骸是研究捕鱼经济、鱼和人类关系的重要实物资料。近几年来，有学者对鱼类骨骼遗存开展了专项和综合性的研究，取得了一些较好的成果[1]。但目前而言，对考古遗址出土的鱼类骨骼遗存缺少整体的认识，即考古发掘中到底出了一些什么鱼骨，这些鱼骨有什么特点；史前先民捕了一些什么鱼，捕获的主要鱼种是什么，这些基础性问题还有待辨识。本文是对鱼类遗存这一问题的专项研究，考察的地理范围为长江中下游地区，并将长江中上游的峡江区域囊括并入长江中游区域。研究的时段是史前，在此专指新石器时代。鱼类遗存是以考古遗址出土的鱼类骨骼为主，在部分问题研究中结合捕鱼工具等其他鱼类遗存进行论述。通过对这一地区这一时段28处遗址出土的鱼类骨骼进行梳理分析，探讨有关史前人类对鱼资源利用的基础性问题，同时从鱼类遗存的视角来考察长江中下游地区捕鱼经济的区域性和历时性特点。

本文只对出土鱼类骨骼做过种属鉴定的遗址进行统计，有的遗址虽报道出土有鱼骨，但未鉴定公布种属，这类遗址的鱼类遗骸材料不在研究的范围之内（图一）。将这些遗址出土的鱼类骨骼数量、种属、骨骼部位、最小个体数、可鉴定标本数等相关数据都进行统计（附表一）。

一、考古遗址出土的鱼类骨骼及特点

为了解考古遗址出土的鱼类遗骸，首先对遗址出土的具体骨骼进行统计。共有19处遗址对鱼类骨骼部位及其数量进行了统计（表一），本次归纳统计中椎骨包括枢椎、躯椎和尾椎，鳃盖骨包括主鳃盖骨、前鳃盖骨、间鳃盖骨，鱼鳍包括胸鳍、背鳍、臀鳍以及鱼鳍硬刺。

从表一中可看出，遗址出土的鱼类遗骸数量多少不一，我们认为各种鱼类骨骼出土数量多少与各种鱼骨在鱼体中的数量、鱼骨的形态结构特点有内在联系。根据表一中各种鱼骨出土的数量，大体可以将出土的鱼类骨骼分为常见骨骼、一般骨骼、少见骨骼三类。

常见骨骼是出土数量较多的骨骼，有椎骨、鳃盖骨、咽骨及咽齿、肋骨、支鳍骨、鱼鳍，这几种鱼类骨骼的特点是在鱼体内的数量多、骨骼坚硬、特征明显、容易识别。椎骨在不同鱼种体内数量不一，硬骨鱼类中低等的为70~50，而高等的则为40~20[2]。肋骨一端与椎骨相关联，另一端游离，左右成对。因此椎骨、肋骨这两种骨骼在鱼体数量上的优势是出土较多的主要原因。鳃盖骨包括主鳃盖骨、前鳃盖骨、间鳃盖骨，这种骨骼是一种较薄的片状骨骼，在遗址中容易破碎，但很

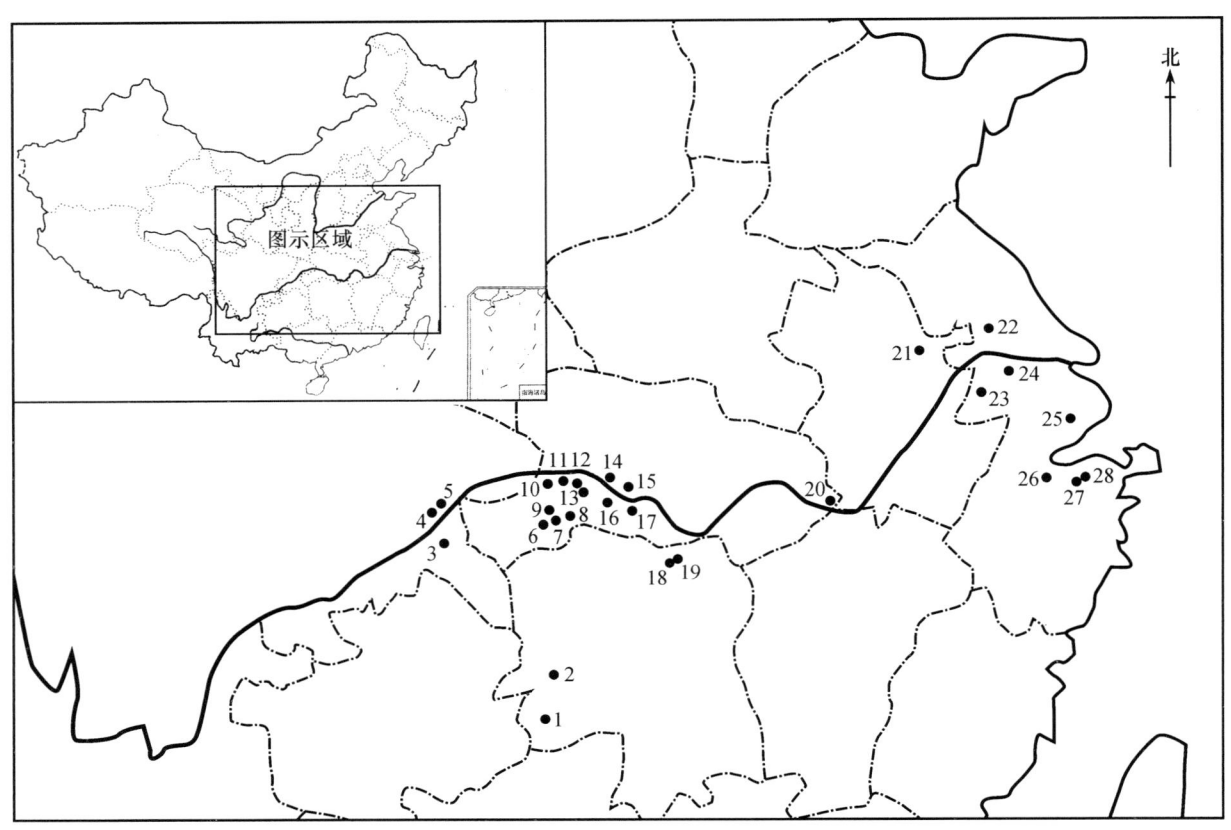

图一 长江中下游地区出土鱼类骨骼遗址分布图

1. 道县玉蟾岩遗址 2. 洪江高庙遗址 3. 丰都玉溪遗址 4. 忠县瓦渣地遗址 5. 忠县中坝遗址 6. 长阳榨杆坪遗址 7. 长阳西寺坪遗址 8. 长阳沙嘴遗址 9. 长阳深潭湾遗址 10. 巴东楠木园遗址 11. 巴东鸭子嘴遗址 12. 巴东店子头遗址 13. 秭归庙坪遗址 14. 宜昌李家河遗址 15. 宜昌中堡岛遗址 16. 秭归柳林溪遗址 17. 宜都城背溪遗址 18. 梦溪三元宫遗址 19. 澧县八十垱遗址 20. 黄梅塞墩遗址 21. 蚌埠双墩遗址 22. 高邮龙虬庄遗址 23. 南京北阴阳营遗址 24. 常州圩墩遗址 25. 桐乡罗家角遗址 26. 萧山跨湖桥遗址 27. 余姚河姆渡遗址 28. 余姚田螺山遗址

容易被识别收集，这是造成统计中数量较多的一个原因。咽骨是由硬骨鱼类的第五对鳃弓特化而成，是一种弓形的密度较大的骨骼。咽齿附着生长在咽骨上，是鱼体内最坚硬的骨骼。咽骨及咽齿在鲤科鱼类中普遍存在，由于骨骼坚硬，特征明显，所以在遗址中出土较多。支鳍骨是在鱼体内支撑鱼鳍条的骨骼，遗址出土数量最多的是变异膨胀的白鲢背鳍、臀鳍第一支鳍骨。这种骨骼呈枣核状，实心且密度较大，在考古遗址中容易保存和采集。考古遗址出土的鱼鳍可分为两种：一种是鱼鳍硬刺，是鱼鳍上的第一根骨骼，较为坚硬，后缘有明显的锯齿。一种是鱼鳍条，鱼鳍条有节理，出土的鳍条一般较脆弱易碎。以上鱼骨中咽骨及咽齿、鱼鳍硬刺、支鳍骨这几种骨骼坚硬，形态特征明显，是鉴定出土鱼类种属的关键骨骼。

一般骨骼是齿骨、匙骨、舌颌骨、后匙骨、基枕骨、副蝶骨、颌骨、鳞板，这些骨骼的特点是较坚硬，相对容易保存，但个体数量少（鳞板除外）。齿骨、匙骨、舌颌骨、后匙骨、基枕骨、颌骨都是位于头部的骨骼，除基枕骨、副蝶骨外都是在鱼体中左右成对生长。考古遗址出土的鳞板是鉴定中华鲟的专属骨骼，这种骨骼一面光滑，一面布满坑窝，骨骼坚硬，特征明显。

遗址中出土较少的骨骼是尾杆骨、尾下骨、角舌骨、额骨、乌喙骨、鳃条骨、角骨。这些骨骼

表一 遗址出土鱼类骨骼部位统计表

遗址 \ 统计出土鱼骨骨骼部位数量	排名	出土鱼类骨骼部位	数量/件
1. 澧县八十垱遗址 2. 宜都城背溪遗址 3. 萧山跨湖桥遗址 4. 蚌埠双墩遗址 5. 洪江高庙遗址 6. 巴东楠木园遗址 7. 秭归柳林溪遗址 8. 余姚河姆渡遗址 9. 巴东店子头遗址 10. 长阳桅杆坪遗址 11. 长阳西寺坪遗址 12. 长阳沙嘴遗址 13. 宜昌李家河遗址 14. 长阳深潭湾遗址 15. 黄梅塞墩遗址 16. 忠县瓦渣地遗址 17. 秭归庙坪遗址	1	椎骨	4643
	2	鳃盖骨	2295
	3	咽骨及咽齿	1183
	4	肋骨	1013
	5	支鳍骨	928
	6	鱼鳍	753
	7	齿骨	123
	8	匙骨	99
	9	舌颌骨	60
	10	后匙骨	55
	11	基枕骨	38
	12	鳞板	23
	13	颌骨	14
	14	副蝶骨	9
	15	尾杆骨	9
	16	尾下骨	7
	17	牙	4
	18	角舌骨	3
	19	额骨	1
	20	乌喙骨	1
	21	鳃条骨	1
	22	角骨	1
共17处遗址		骨骼数量总计	11263

在鱼体中不多，骨骼较细小、脆弱，容易破碎，比较少见，遗址中采集到的数量不多。

通过归纳分析，我们将遗址出土的鱼类骨骼分为常见骨骼、一般骨骼、少见骨骼三类。常见骨骼如椎骨、鳃盖骨、咽骨及咽齿、支鳍骨、鱼鳍硬刺是遗址出土最多的骨骼，其中咽骨及咽齿、支鳍骨、鱼鳍硬刺也是鉴定鱼类种属的关键骨骼。一般骨骼和少见骨骼出土较少，应该重视对这些骨骼的收集和辨认。总之，以上对出土鱼骨的归纳分析，有利于我们把握遗址中出土鱼类骨骼的特点，提高对目前遗址出土鱼类骨骼的整体认识，需要说明的是上述统计的鱼骨基本都是考古遗址中使用全面采集的方式得到的，即在考古发掘中按出土单位对可视的全部出土动物标本进行手工收集的采集方法[3]。因此，这些骨骼特征是代表较大鱼体的鱼骨。对于细小鱼体而言，出土鱼类骨骼的特征有一定区别。

二、长江中下游地区出土的鱼类

通过鉴定出土的鱼类遗骸可以获知先民捕获的鱼类，目前，在统计的28处遗址中共鉴定出27种鱼类（本文将鲸与鲵作为鱼类统计），即青鱼、草鱼、鲤鱼、黄颡鱼、鳙鱼、鲶鱼（鲇鱼）、白鲢、鳜鱼、鲂鱼、赤眼鳟、鲟（中华鲟）、云南光唇鱼、棘六须鲶、大口鲶、胡子鲶、鲵、鳡鱼、鲫鱼、翘嘴鲌、鲻鱼、鳢（乌鳢）、灰裸顶鲷、鲨鱼、金枪鱼、鲸、石斑鱼、石首鱼。以上考古遗址出土的27种鱼类既存在个体大小、习性的不同，也有出土频率和骨骼数量的不同。这里先对各鱼种出土频率、数量的不同进行分析。

我们认为，各种鱼类出土的频率、数量代表着先民对该鱼种的利用程度。简言之，就是某种鱼出土次数越多、出土的骨骼数量越多即代表先民对该种鱼利用的程度越高。在此，统计各鱼种出土次数、最小个体数、骨骼数量，并归纳通常出土的骨骼部位，得到表二。

表二　鱼类遗存出土情况统计表

序号	鱼种	出土次数	最小个体数	骨骼数量	通常出土的骨骼部位
1	青鱼	24	99	440	咽骨及咽齿
2	草鱼	18	185	799	咽骨及咽齿
3	鲤鱼	11	22	93	咽骨及咽齿、鱼鳍硬刺
4	黄颡鱼	7	13	61	鱼鳍硬刺
5	白鲢	7	734	2264	咽骨及咽齿、支鳍骨
6	鳙鱼	4	14	6	咽骨及咽齿
7	鳡鱼	4	6	15	咽骨及咽齿
8	鲫鱼	4	1431		咽骨及咽齿
9	鳢鱼（乌鳢）	4		30	颌齿
10	鲶鱼（鲇鱼）	6	14	41	鱼鳍硬刺
11	鳜鱼	2			
12	鲸	2		2	椎骨
13	鲨（真鲨）	2		4	牙
14	鲟（中华鲟）	7	1	23	鳞板
15	翘嘴鲌	1	38		
16	棘六须鲶	1	16		鱼鳍硬刺
17	大口鲶	1	3	3	鱼鳍硬刺
18	胡子鲶	1			鱼鳍硬刺
19	赤眼鳟	1	10		
20	云南光唇鱼	1	9		
21	石首鱼	1			
22	鲻鱼	1		15	
23	灰裸顶鲷	1		2	
24	金枪鱼	1			

续表

序号	鱼种	出土次数	最小个体数	骨骼数量	通常出土的骨骼部位
25	石斑鱼	1			
26	鲵	1			
27	鲂鱼	1			
合计		115	2595	3798	

表二按照各种鱼类的出土次数作为第一要项进行排名。有的鱼种最小个体数或出土骨骼数量是空白，这是因为有的遗址未做相关统计，这也是有的鱼种最小个体数少于遗址出土次数的原因。

根据各鱼种的出土次数，我们将史前先民捕获的鱼种大体分为两类：一类是出土次数超过4次（包括4次）的归为常见鱼种，出土次数少于4次的归为不常见鱼种或少数鱼种。草鱼、青鱼、白鲢、鳙鱼、鲤鱼、鲶鱼（鲇鱼）、鲫鱼、鳜鱼、鲟（中华鲟）、鳢（乌鳢）是捕获的常见鱼种，出土的骨骼数量和统计的最小个体数一般也相应较多。从中我们可以发现，长江中下游地区新石器时代居民捕获的最普遍、捕获数量较多的是淡水鱼，以鲤科鱼类为主，这些鱼类也是当前人们食用的主要鱼种。尤其青鱼、草鱼、白鲢、鳙鱼是我国现代的"四大家鱼"，鲤鱼、鲫鱼、鲶鱼的利用也非常普遍。这几种鱼具有肉量多、繁殖快、生长迅速、分布广的优点，因此这是古代先民对鱼种利用的自然选择。在这种自然选择的基础上，人类在长期的捕鱼劳动生产实践中，逐步加深了对这些鱼种生活习性的了解，这为人工驯养鱼类积累了经验，奠定了基础。人们现在食用的这些鱼类资源主要是通过人工饲养的方式获得，捕获的完全在自然水域中生长的比例不高。有些鱼种如中华鲟在长江自然水域中已濒临灭绝。

翘嘴鲌、云南光唇鱼、棘六须鲶、鲵、鲻鱼、灰裸顶鲷、鲨鱼、金枪鱼、鲸、石斑鱼、石首鱼这些鱼是捕获的不常见鱼种，相对而言也是当下人们利用程度不高的鱼种。这些鱼种出土较少，除了有骨骼保存方面的原因，也反映出这些鱼种在自然界分布地域和数量不如上述其他鱼种。另外，海洋性鱼类骨骼都是少量出土，这其中有受地域和捕鱼技术限制的原因。

通过对出土鱼类的梳理，我们认识到目前长江中下游区域遗址出土的鱼类有27种，可分为捕获的常见鱼种和不常见鱼种。当时人们捕获的常见鱼种是草鱼、青鱼、白鲢、鳙鱼、鲤鱼、鲶鱼（鲇鱼）、鲫鱼等这些在自然界分布广、存在数量多的淡水鱼类，对这些鱼类的熟练捕捞为鱼类驯养积累了经验。捕获的少数鱼种除了几种淡水鱼外，都是海洋性鱼类。一些对鱼类资源的利用行为影响至今。这里需要强调的是，上述27种鱼类只是目前鉴定在该流域出土的鱼类，实际上史前先民捕获的鱼类应该更多。这里有一个典型个案，在忠县中坝遗址中，通过过筛的方式收集鱼类遗骸，经过鱼类研究专家的鉴定，鉴定出29种鱼类骨骼部位，15种鱼种[4]，是目前我国出土鱼类骨骼部位及鱼种最丰富的遗址之一。这提示我们如果其他遗址也采用同样的骨骼采集方式，并有相应的专家鉴定，应可以发现更多的鱼种信息。

三、出土鱼类骨骼与鱼类种属关系

在上面的讨论中，我们对出土鱼类骨骼的种类和特点有所归纳，对出土的鱼类种属进行了梳理，得到了捕获常见鱼种与少数鱼种的认识。由于出土的鱼类骨骼受一些局限性影响，并不能完全代表史前先民对鱼类的利用情况，在此我们有必要根据具体的鱼类骨骼对捕获的几种鱼类做进一步分析。

在表二中，我们可以看到青鱼、草鱼在28处遗址中出土次数为24次与18次，远高于其他鱼种出土次数。青鱼、草鱼出土骨骼数量和最小个体数仅少于白鲢和鲫鱼而明显高于其他鱼种。那么青鱼、草鱼是否是长江流域新石器时代居民捕获的第一、第二鱼种呢？对此我们从青鱼、草鱼出土的具体骨骼，具体遗址出土鱼类骨骼情况入手来分析这一问题。

青鱼、草鱼是鲤科鱼类中个体较大的鱼类，因此鱼骨也相对较大，骨骼的大小是影响其在遗址保存和发掘中被采集的一种重要因素。遗址里一般出土的是青鱼、草鱼的咽骨与咽齿，这也是鲤科鱼类出土较多的骨骼部位。青鱼咽骨特征比较粗壮，前后臂相交呈弓形，咽齿呈圆臼形，齿面光滑。草鱼咽骨呈弓形，骨质特征较紧密，咽齿呈梳形，齿冠侧面有细槽纹。总体而言，青鱼、草鱼咽骨及咽齿相较于遗址中其他鱼类的更加坚硬和粗大。由于遗址中的骨骼要经过废弃、埋藏、出土采集的过程，每一个过程都会对骨骼有一定损耗，加之南方地区的酸性土壤，对动物骨骼保存十分不利，因此鱼类细小、脆弱的咽骨、咽齿在经过这一系列过程后被发掘人员采集到的概率就会降低，而青鱼、草鱼的咽骨及咽齿坚硬、粗大的特征对出土采集明显有利。

从表二各遗址出土鱼类骨骼来看，我们检索到有8处遗址只出青鱼和草鱼，或其中单独的一种。如果再扩大一点范围，发现另有7处遗址是出土2或3种鱼类，即青鱼或草鱼及另外的一种鱼类。这说明在出土鱼骨较少的遗址中，大部分遗址主要都是发现青鱼、草鱼。

就出土鱼类骨骼较多的具体遗址来看，洪江高庙遗址通过全面采集方式出土咽骨及咽齿551件，其中草鱼322件、青鱼139件、白鲢65件、鲤鱼8件、鳡鱼8件，其他未鉴定种属鱼类9件。以咽骨及咽齿作为鉴定最小个体数部位，得到草鱼145条、青鱼62条、白鲢25条、鲤鱼6条、鳡鱼3条。由此得到的认识是草鱼、青鱼捕获的数量比白鲢多，更多于其他鱼种。但在鉴定高庙遗址出土的大量枣核状骨骼是白鲢支鳍骨后，根据遗址出土的920件白鲢第一支鳍骨，统计出白鲢最小个体数为704条，远多于捕获草鱼、青鱼的数量[5]。同样的情况在楠木园遗址也一样存在。这说明鲤科鱼类如果没有特殊骨骼比咽骨及咽齿更利于在遗址中保存，那么以咽骨及咽齿作为判断各鱼种的捕获情况，青鱼、草鱼无疑占据有利的位置。

当然如果采用过筛的方式采集鱼骨，其细小、脆弱的鱼类骨骼被采集到的概率就会提高，那么这种骨骼局限性就会在一定程度上克服。对此，我们以中坝遗址为例进行检验。中坝遗址是采用过筛方式收集的动物骨骼，统计部分鱼骨得到最小个体数192条，其中草鱼35、青鱼10条、白鲢28条、鲤鱼13条、鳙鱼13条、棘六须鲶16条、鲟9条、云南光唇鱼9条，可见草鱼捕获的略多，青鱼与其他鱼种捕获的数量相差不大。根据以上分析，我们认为青鱼、草鱼相对于其他鱼种而言，由于其骨骼较坚硬和粗大、特征明显，因此在其出土采集上占据优势，这是造成出土较多的主要原因。从目前的情况来看，青鱼、草鱼是长江流域新石器时代居民普遍捕获利用的鱼种，但不一定是捕获利用的第一、第二鱼种。

鱼类骨骼形态特点直接影响到鱼类骨骼出土的次数和数量，这一点对于白鲢的出土状况也很典型。白鲢是我国现代四大家鱼之一，早在新石器时代人类对于白鲢的利用就达到了一个相当高的水平，但目前在我国的新石器时代遗址报道出土白鲢的次数并不多，这与白鲢咽齿等一般骨骼脆弱而不易保存有关。白鲢的支鳍骨骨骼相对较为坚硬，形态特征明显，可以作为以后鉴定遗址出土白鲢的一种重要骨骼[6]。通过对白鲢支鳍骨的鉴定，我们认识到在洪江高庙遗址、巴东楠木园遗址等遗址中白鲢的捕获量明显大于草鱼、青鱼，并且确定南京北阴阳营遗址中一件被鉴定为"鱼类下咽骨"的骨骼实为白鲢支鳍骨，由此，填补了目前在长江下游地区新石器时代遗址中没有发现白鲢的空白[7]。

但是其他鱼类是否也有相同的情况呢？比如，鲫鱼是广泛分布于长江流域的鱼种，但目前在长江中游的史前遗址中没有发现鲫鱼的报道，这是否与鲫鱼的骨骼细小不易保存采集有关呢？

以上是我们根据鱼类骨骼出土情况结合鱼类骨骼特点对常见的青鱼、草鱼、白鲢、鲫鱼这几种鱼类的捕获数量和区域做的进一步探讨。得到的一个认识是对于出土鱼类遗骸而言，如果一种鱼类没有较大、较坚固、特征明显的骨骼，那么该种鱼类在遗址中出土的次数和数量就会被低估，从而造成我们对史前捕获鱼类认识的偏差。由于在此之前大多数遗址只是采取全面采集的方式，很多鱼种的信息很可能被低估。可以预见随着将来以过筛方式采集动物骨骼方法的推广，对有些鱼种捕获情况的认识可能会发生修正。

四、长江中下游地区新石器时代捕鱼经济区域性

本文采取一种宏观的角度将长江中游地区与长江下游地区进行区域性对比研究，研究的重点是这两大区域出土的鱼类种属，对涉及两大区域的环境、捕获鱼种的大小、习性、捕鱼工具、捕鱼方法等内容不做展开讨论。

从目前两大区域出土的鱼种来看，可分为捕获的相同鱼种和不同鱼种。按照附表一的统计，在两大区域捕获的相同鱼种是青鱼、草鱼、鲤鱼、黄颡鱼、鳙鱼、鲶鱼，这几种鱼一般个体较大，都属于淡水鱼中的鲤科鱼类，也是上面归纳的史前居民所利用主要鱼种。

在区域性研究中，我们重点是分析两大区域捕获的不同鱼种。长江中游区域所捕获的全是淡水鱼类，目前所见的专有鱼种是白鲢、鳡鱼、大口鲶、鳜鱼、鲂鱼、赤眼鳟、云南光唇鱼、棘六须鲶、鲵。在前面中已提到白鲢在长江下游区域已有捕获，只是较为少见。分析其他几种鱼，鳡鱼在长江中游4处遗址有发现，大口鲶在巴东店子头遗址有发现，鳜鱼是在楠木园遗址、中坝遗址有出土，其余6种鱼是在中坝遗址中被鉴定出来的。由于店子头遗址、楠木园遗址、中坝遗址这3处遗址都位于峡江区域，由此说明，峡江区域出土的鱼种是长江中游区域区别于长江下游区域的一个主要因素。而峡江区域独特的地理环境是造成捕获鱼种明显有别于长江中下游其他地区的主要原因之一。

只见于长江下游的鱼种是鲫鱼、胡子鲶、翘嘴鲌、鲸、鲨鱼、鲻鱼、灰裸顶鲷、金龟鱼、石斑

鱼、石首鱼。其中鲫鱼、翘嘴鲌有可能是因为受骨骼细小脆弱而不易保存采集的影响，但这也在一定程度上反映出长江下游地区对一些细小鱼种的利用程度大于长江中游区域。鲸是大型的海洋性哺乳动物，其余后面6种鱼都是海洋性鱼类，其中金枪鱼还是深海鱼类，这说明长江下游区域由于东临南海、东海，可以捕获到海洋性鱼类，这是长江下游区域有别于长江中游区域的主要特点。

袁靖先生指出，"长江中游一些地区的史前居民更注重捕捞体型较大的鱼，这在长江下游地区史前居民获取肉食资源的活动中是少见的"[8]，这是有一定道理的。对此，我们根据出土鉴定的鱼种结合环境、捕鱼工具做进一步分析。

从捕获鱼种来看，青鱼、草鱼、白鲢这些大型的鲤科鱼类出土频率确实高于长江下游地区，而鲫鱼这种小型鱼类在长江下游出土的频率、数量明显较大，这反映长江下游区域对小型鱼类利用程度高于长江中游地区。这与两大区域的环境密切相关，峡江区域自古就是我国最大渔场，大量的青鱼、草鱼、白鲢到此洄游产卵。因此，捕获青鱼、草鱼这类个体较大鱼类的数量应大于长江下游地区。而长江下游河网众多、湖泊密布的水域环境适合鲫鱼这种小型鱼类繁衍。从出土的捕鱼工具上也可见端倪，峡江区域出土的捕鱼工具有石网坠、陶网坠、鱼钩、鱼叉等。其中石网坠对应的网目较大明显是用于捕获较大的鱼类，鱼钩、鱼叉也是如此。长江下游区域出土众多的长江型土网坠、陶网坠，其特点是重量轻、数量多，是对应网目较细的渔网，相应是捕获较细小的鱼类。

通过考察长江中游、下游捕获鱼种的不同，我们认识到峡江区域和长江下游沿海平原这两个独特的地理环境是造成长江中游和长江下游捕鱼经济区域性特点不同的一个主要方面。这种自然环境的差异是区域性特征不同的基础，在此基础之上，两大区域在捕获鱼种、捕鱼工具、捕鱼方式等方面形成各自的区域性特征。

以上是强调对两大区域进行的对比，实际在出土鱼类遗存丰富的区域还可进一步做深入的区域性研究，如武仙竹先生对长江三峡先秦渔业研究中，根据渔业遗物和区域特征，将三峡渔业分为东、西两大区域。东区以捕捞三峡鱼类产卵场产卵亲鱼为主要对象，西区捕捞鱼类对象可能主要是水体中、上层个体略小的鱼[9]。

五、长江中下游地区新石器时代捕鱼经济历时性特征

我们认为，各时期出土鱼骨遗址数量是反映捕鱼经济阶段性发展最重要的一项比较数据，因为各个遗址所处的聚落等级不同，具体的埋藏环境、发掘部位、发掘面积、采取收集动物骨骼的方式都不尽一致，所以遗址出土的鱼类骨骼数量、最小个体数等数据只能作为一种参考分析指标，而比较各期出土鱼骨遗址数量是从一种宏观的角度考察，相对而言更具客观性。

根据目前材料，可对新石器时代长江流域的捕鱼经济做一初步的分期。每个时期的年代划分大致与张宏彦先生对新石器时代的划分标准一致[10]，即初期距今9000年之前（此处没设上限）、早期距今9000~7000年、中期距今7000~5000年、晚期距今5000~4000年。按照遗址所处的年代，对28处遗址进行分期（表三）。其中高庙遗址、楠木园遗址的早晚两期分别归属于早期和中期，南京北阴阳营遗址、黄梅塞墩遗址、忠县瓦渣地遗址的年代跨越中期和晚期，所以这5处遗址重复统计。

表三 长江中下游地区出土鱼类骨骼遗址分期

阶段	出土鱼类骨骼遗址	遗址数量
初期 距今9000年之前	道县玉蟾岩遗址	1
早期 距今9000~7000年	澧县八十垱遗址、宜都城背溪遗址、萧山跨湖桥遗址、蚌埠双墩遗址、洪江高庙遗址、巴东楠木园遗址	6
中期 距今7000~5000年	洪江高庙遗址、巴东楠木园遗址、余姚田螺山遗址、秭归柳林溪遗址、余姚河姆渡遗址、桐乡罗家角遗址、常州圩墩遗址、丰都玉溪遗址、高邮龙虬庄遗址、梦溪三元宫遗址、巴东鸭子嘴遗址、巴东店子头遗址、长阳桅杆坪遗址、长阳西寺坪遗址、长阳沙嘴遗址、宜昌中堡岛遗址、宜昌李家河遗址、长阳深潭湾遗址、南京北阴阳营遗址、黄梅塞墩遗址、忠县瓦渣地遗址	21
晚期 距今5000~4000年	南京北阴阳营遗址、黄梅塞墩遗址、忠县瓦渣地遗址、忠县中坝遗址、秭归庙坪遗址	5

　　从各期的遗址数量来看，从初期的1处至早期的6处、中期的21处，捕鱼经济是处于不断上升发展的阶段，晚期遗址只有5处说明捕鱼经济大幅下降。下面通过分析各期出土的鱼骨材料、捕鱼工具，结合各期的典型遗址情况对捕鱼经济发展水平做进一步考察。

　　初期遗址较少，统计中只有道县玉蟾岩遗址1处。玉蟾岩遗址出土的鱼类有鲤鱼、草鱼、青鱼、鳡鱼、鮠科等，捕获的鱼类有多种，这些鱼类都是个体较大的鱼类，而且以生活在水域的中下层为主，可见捕鱼技术已经达到了一定水平。参考的同时期南方遗址还有广西甑皮岩遗址、万年仙人洞遗址。甑皮岩遗址1973年和2001年出土的鱼类骨骼总计2448件，骨骼部位包括咽齿、齿骨、背鳍、刺棘、椎骨、鳃盖骨、部位不明骨等[11]。从数量和出土的骨骼部位来看，鱼类遗骸是比较丰富的，反映捕鱼经济占有一定的比率。在仙人洞遗址里出土了捕鱼的专用工具——鱼镖。有学者指出这种鱼镖是一种脱体鱼镖，是一种复合工具，代表鱼镖发展到一定阶段的形态[12]。

　　以上分析出土鱼骨的早期遗址都是洞穴遗址的形态，表现出聚落的原始状态。3处地点都出土了鱼类遗骸或捕鱼工具，而且从出土的鱼类骨骼和捕鱼工具看，捕鱼经济已经有了一定的生产力水平，可见在此之前旧石器时代南方捕鱼经济已有了一定的生产技术积累。

　　早期出土鱼骨遗址有6处，数量明显增加，遗址的形态都为旷野遗址，表明聚落发展达到一个新的层次。考察这一时期的捕鱼经济主要是通过考察遗址出土的捕鱼工具和典型遗址出土的鱼骨材料。

　　这一时期遗址中出土的各种类型网坠最能说明捕鱼经济的发展。城背溪遗址出土的石网坠是采用自然砾石，打击两侧中部，制造出两个凹缺以便捆绑渔网[13]。这是我国目前出土的最早的石网坠，形态上也是最原始的。高庙遗址出土的亚腰形石网坠只在高庙下层出土，数量在百件之上。原料是采用砾石上剥落的石片，因此相比城背溪的石网坠要薄，相对来说重量要轻，可见这种网坠是一种改进的形态。双墩遗址出土的捕鱼工具有3种，即陶网坠、骨镖和鱼钩。陶网坠是专门烧制而成，数量达163件，形制有大小之分，以小型为最多。小的两端和两侧都有索槽，大的除体表有索槽外，有的中间还有穿孔以系绳[14]。用渔网捕鱼是一种高效率的捕鱼方式，因此这一时期各种形式网坠的发明充分说明这一时期捕鱼技术的进步。

从3处典型遗址出土的鱼类骨骼看，八十垱遗址、高庙遗址下层遗存和楠木园遗址早期遗存，出土的鱼类骨骼数量分别为309件、1112件和3681件。鉴定的鱼类种属有青鱼、草鱼、鲤鱼、黄颡鱼、白鲢、鳙鱼、鳜鱼、鲟、鮎鱼、鳡鱼、鲶鱼、乌鳢12种，骨骼部位有支鳍骨、鳃盖骨、咽骨与咽齿、肋骨、后匙骨、鳍刺、椎骨、鱼鳍条、基枕骨、舌颌骨、匙骨、副蝶骨、上颌骨、齿骨等20余种。这反映出早期捕获鱼类的数量比初期更多，种类更丰富。

由此可看出，在此阶段聚落的形态发展为旷野遗址，对应的是更多的人群，必然需要更多的食物。出土的鱼类骨骼种类更加丰富，数量明显增多。捕鱼工具，特别是网坠的发明、改进、推广必然会极大地提高捕获鱼的产量，是这一时期捕鱼经济阶段性发展的直接证明。

中期为距今7000～5000年，这一时期出土鱼骨遗址数为21处，较早期数量增加明显。考察这一阶段的捕鱼经济，可以从典型遗址在此阶段的捕鱼数量的改变、有关出土鱼类遗骸的描述、相关的遗迹现象等几个方面进行考察。这一时期的典型遗址有洪江高庙遗址、巴东楠木园遗址、余姚河姆渡遗址、余姚田螺山遗址。

高庙遗址下层年代为距今7800～6800年，全面采集出土鱼类骨骼1112件。高庙遗址上层年代距今6300～5300年，全面采集出土鱼类骨骼4674件。楠木园遗址早期遗存距今7400～7100年，出土鱼类骨骼3681件，晚期遗存距今7100～6800年，出土鱼类骨骼5577件。我们认为高庙遗址和楠木园遗址晚期出土鱼类骨骼数量的明显增加不仅是遗址本身捕鱼经济发展的表现，也是长江中下游捕鱼经济从早期向中期阶段性发展的一个缩影。

在其他的典型遗址中，我们可以观察到这一时期出土鱼类骨骼的情况更加丰富。在河姆渡遗址的第1、2期文化遗存中（距今7000～6000年），"鱼类、龟鳖类等水生动物的遗骸之多，不胜细数，个体无法区分统计，在很少一部分鱼类遗骸中，显著可分的鱼类个体达1570个"。因此，发掘河姆渡遗址的研究者认为，河姆渡先民的肉食来源主要是水生动物[15]。田螺山遗址中有一个宽600、长800、深400毫米的出土鱼骨较密集的坑（K3鱼骨坑），发掘者挑选出的、肉眼可见的并附着咽骨的咽齿及单独咽齿标本在鉴定研究中作为"A资料"，根据"A资料"得出翘嘴鲌、鲤鱼、鲫鱼的最小个体数分别为38条、146条、1431条。这不仅是反映捕捞鱼类数量多，而且研究者推测"很有可能是为制作鱼酱而大量捕获鲫鱼的"[16]。可见在对鱼类资源的加工利用方式上更趋进步。

峡江地区大溪文化是捕鱼经济最为发达的代表。根据不完全统计，峡江地区大溪文化遗址有鱼骨层报道14处。鱼骨层是以鱼类骨骼为主形成的文化层堆积，由于保存状况不佳，骨骼多已粉碎，所以难有数量的统计，这也给种属的鉴定造成一定的困难。但是这种以鱼类骨骼为主的地层堆积目前只在峡江地区的遗址有报道，而且遗址的时代大部分都处于大溪文化时期。同时在大溪文化中数量众多的鱼骨坑、用鱼殉葬的现象都可说明当时人类对鱼利用的发达程度。

从出土鱼骨的遗址数目、典型遗址捕鱼数量的增加、某些遗址中与鱼类有关的遗迹现象流行，说明中期较早期而言，捕鱼经济继续增长，达到了一个新的高度，可以称为长江中下游地区新石器时代捕鱼经济的"鼎盛期"。值得思考的一个问题是河姆渡遗址、高庙遗址、田螺山遗址、楠木园遗址都处于捕鱼经济中期，同时这几处遗址文化发达，这是一种偶然还是必然？我们认为以上遗址捕鱼经济的强盛一方面是构成该文化发达的经济基础，另一方面又是该文化具有强大经济力量的一个体现。

捕鱼经济晚期为距今5000～4000年。这一时期出土鱼类骨骼的遗址数量为5处，典型遗址为忠县中坝遗址。考察这一时期捕鱼经济情况，可以从长江中下游地区这一时段遗址整体数量增加，但出土鱼骨遗址和出土大量鱼骨典型遗址数量却减少，同时各种与鱼类相关的遗迹现象也相对减少等方面来分析。

长江中下游地区新石器时代晚期遗址数量增多，如长江中游澧阳平原地区，大溪文化遗址50余处、屈家岭文化遗址63处、石家河文化遗址193处[17]；长江下游地区马家浜文化遗址99处、崧泽文化遗址102处、良渚文化遗址517处[18]。可见长江中下游地区新石器时代文化中期向晚期发展遗址数量是明显增多，可是为什么这一地区出土鱼类骨骼遗址数量从中期27处减少至晚期5处？我们认为这是捕鱼经济在这一时期下降的体现。

这一时期出土鱼类骨骼众多的典型遗址是中坝遗址，发掘者采取过筛的方式收集了20余万件动物骨骼，其中大部分为鱼类骨骼。在抽取的部分可鉴定的25604块鱼骨数量中，有1585块骨骼可以鉴定到种属，分别属于15种鱼，29个骨骼部位，鱼类最小个体数为192条，反映出土鱼类遗骸的丰富。采用过筛的方式收集遗址出土骨骼是中坝遗址出土骨骼数量众多的一个原因。同时应该看到在峡江地区这种水流湍急、山高谷深的自然环境中，靠山吃山、靠水吃水是一种自然选择，在这种自然环境中捕鱼经济具有很强的稳定性。但是也应看到这一地区在新石器时代晚期有关出土鱼类骨骼的遗迹如鱼骨层、鱼骨坑和用鱼殉葬的数量明显减少，这说明相对中期而言，捕鱼经济亦有所下降。

袁靖先生指出"我们认识到长江三角洲地区新石器时代居民获取肉食资源的方式在相当长的时间里一直以渔猎为主，而到良渚文化时期出现明显的变化，转为以饲养家猪为主"[19]，这说明在新石器时代晚期长江中下游地区，饲养家猪成为获取肉食资源的重要方式，这可能是导致这一时期捕鱼经济下降的一个原因。另外，气候环境的变化也可能与之有关。还有捕鱼经济作为一种攫取式经济方式相对原始，而稻作农业的推广对满足长江中下游地区人类的食物需求提供了保障。以上分析只是一种粗略的推测，目前我们对捕鱼经济下降的原因还有待更合理、更深入的解释。

六、认识和讨论

通过以上对长江中下游地区史前遗址出土鱼类骨骼的研究，我们获得了以下几个方面的认识。

（1）通过对遗址出土的鱼类骨骼部位归纳分析，我们将出土的鱼类骨骼分为常见骨骼、一般骨骼、少见骨骼三类。常见骨骼是椎骨、鳃盖骨、咽骨及咽齿、支鳍骨、鱼鳍硬刺这几种；一般骨骼是齿骨、匙骨、舌颌骨、后匙骨、基枕骨、副蝶骨、颌骨、鳞板等；遗址中出土较少的骨骼是尾杆骨、尾下骨、角舌骨、额骨、乌喙骨、鳃条骨、角骨等。常见骨骼中咽骨及咽齿、支鳍骨、鱼鳍硬刺是鉴定鱼类种属的关键骨骼。目前一般骨骼和少见骨骼出土较少，应该重视对这些骨骼的收集和辨认。

（2）通过统计遗址各鱼种出土次数、最小个体数、骨骼数量，将捕获鱼种分为常见鱼种和不常见鱼种。常见鱼种是草鱼、青鱼、白鲢、鳙鱼、鲤鱼、鲶鱼（鲇鱼）、鲫鱼、鳡鱼、鲟（中华鲟）、鳢（乌鳢）等，这些鱼类大部分属于淡水鱼，以鲤科鱼类为主，这些鱼种也是当前人们食用的主要鱼种。史前人类对这些鱼种的捕捞利用对后来人们对这些鱼种的驯养利用积累了生产经验。翘嘴鲌、云南光唇鱼、棘六须鲶、鮠、鲻鱼、灰裸顶鲷、鲨鱼、金枪鱼、鲸、石斑鱼、石首鱼这些鱼是当时人们捕获的不常见鱼种，相对而言也是当下人们利用程度不高的鱼种。

（3）根据鱼类骨骼出土情况结合鱼类骨骼特点，对常见的青鱼、草鱼、白鲢、鲫鱼这几种鱼类的捕获数量和区域做了进一步探讨。对于出土的鱼类遗骸而言，如果一种鱼类没有较大、较坚固、特征明显的骨骼，那么该种鱼类在遗址中出土的次数和数量就会被低估，从而造成我们对史前捕获鱼类认识的偏差。

（4）将长江中游地区与长江下游地区捕获的鱼种进行区域性对比研究，长江中游区域所捕获的全是淡水鱼类，目前这一区域所见捕获的专有鱼种是白鲢、鳡鱼、大口鲶、鳜鱼、鲂鱼、赤眼鳟、云南光唇鱼、棘六须鲶、鮠等，其中峡江区域出土的鱼种是长江中游区域区别于长江下游区域的一个主要因素。只见于长江下游区域捕获的鱼种是鲫鱼、胡子鲶、翘嘴鲌、鲸、鲨鱼、鲻鱼、灰裸顶鲷、金枪鱼、石斑鱼、石首鱼。从捕获的鱼种来看，长江下游区域由于东临南海、东海，可以捕获到海洋性鱼类，这是长江下游区域有别于长江中游区域的主要区别。在两大区域捕获的相同鱼种是青鱼、草鱼、鲤鱼、黄颡鱼、鳙鱼、鲶鱼，这几种鱼一般个体较大，都属于淡水鱼中的鲤科鱼类，也是史前居民利用的主要鱼种。

通过考察长江中游、下游捕获鱼种的不同，我们认识到峡江区域和长江下游沿海平原这两个独特的地理环境是造成长江中游和长江下游捕鱼经济区域性特点不同的一个主要方面。这种自然环境的差异是区域性特征不同的基础，在此基础上，两大区域在捕获鱼种、捕鱼工具、捕鱼方式等方面形成各自的区域性特征。

（5）通过统计分析长江中下游地区新石器时代各时期出土鱼骨的遗址数量，结合新石器时代的分期，将捕鱼经济分为四个时期，初期是距今9000年之前、早期距今9000～7000年、中期距今7000～5000年、晚期距今5000～4000年。从各期的遗址数量来看，从初期的1处至早期的6处、中期的21处，捕鱼经济是处于不断上升发展的阶段，在中期时达到"鼎盛期"。晚期遗址只有5处说明捕鱼经济大幅下降。另外，各期出土的鱼骨材料、捕鱼工具，结合对出土鱼骨典型遗址的分析都基本与捕鱼经济发展的阶段性特征吻合。

总体来说，本文是对长江中下游地区史前鱼类遗存研究的一种探索，归纳出土鱼类骨骼的某些特点，其中将考古遗址出土的鱼类骨骼分为常见骨骼、一般骨骼、少见骨骼三类；将捕获鱼种分为常见鱼种和不常见鱼种等规律性认识不仅限于长江中下游地区或新石器时代，而且对整个我国考古遗址出土的鱼类骨骼都有一定的借鉴性。文中以鱼类遗存为视角，对长江中下游地区新石器时代捕鱼经济做了宏观的区域性和历时性探讨，这在某种程度上是尝试用一种新的遗物类型来做考古学区系类型研究，带有一定的创新性。本文就目前出土的鱼类遗存研究所得到的认识还有很多局限性，一些观点和认识可能被将来的材料所修正。另外，限于笔者水平能力，有关鱼类骨骼的知识可能存在不严谨之处，敬请专家学者指正。

附记：本文是在笔者的硕士学位论文《高庙遗址出土鱼类遗存研究》的基础上修改而成，在此对导师袁家荣先生的悉心指导表示衷心的感谢！

注　释

[1] 付罗文、袁靖：《重庆忠县中坝遗址动物遗存的研究》，《考古》2006年第1期，第79~88页；莫林恒：《高庙遗址白鲢支鳍骨的鉴定与研究》，《湖南考古辑刊》第9集，岳麓书社，2011年，第260~278页；中岛经夫等：《田螺山遗址K3鱼骨坑内的鲤科鱼类咽齿》，《田螺山遗址自然遗存综合研究》，文物出版社，2011年，第206~236页。

[2] 集美水产学校：《鱼类学》，中国农业出版社，1998年，第38页。

[3] 中华人民共和国国家文物局：《田野考古出土动物标本采集及实验室采集操作规范》，第1页，《中华人民共和国文物保护行业标准》，2010年9月1日实施。

[4] 付罗文、袁靖：《重庆忠县中坝遗址动物遗存的研究》，《考古》2006年第1期，第79~88页。

[5] 莫林恒：《高庙遗址出土鱼类遗存研究》，湖南大学岳麓书院硕士学位论文，2011年。

[6] 莫林恒：《高庙遗址白鲢支鳍骨的鉴定与研究》，《湖南考古辑刊》第9集，岳麓书社，2011年，第260~278页。

[7] 莫林恒：《高庙遗址白鲢支鳍骨的鉴定与研究》，《湖南考古辑刊》第9集，岳麓书社，2011年，第260~278页。

[8] 袁靖：《论动物考古学研究与区系类型的关系——以新石器时代居民获取肉食资源的方式为例》，《湖南考古辑刊》第8集，岳麓书社，2009年，第250~256页。

[9] 武仙竹：《长江三峡先秦渔业初步研究》，《2003三峡文物保护与考古学研究学术研讨会论文集》，科学出版社，2003年

[10] 张宏彦：《中国史前考古学导论》（第二版），高等教育出版社，2011年，第151页。

[11] 中国社会科学院考古研究所等：《桂林甑皮岩》，文物出版社，2003年。

[12] 安家瑗：《小孤山发现的古鱼镖——兼论与新石器时代骨鱼镖的关系》，《人类学学报》1991年第1期，第12~17页。

[13] 湖北省文物考古研究所：《宜都城背溪》，文物出版社，2001年。

[14] 安徽省文物考古研究所等：《蚌埠双墩——新石器时代遗址发掘报告》，科学出版社，2008年。

[15] 刘军、姚仲源：《中国河姆渡文化》，浙江人民出版社，1993年，第42页。

[16] 中岛经夫等：《田螺山遗址K3鱼骨坑内的鲤科鱼类咽齿》，《田螺山遗址自然遗存综合研究》，文物出版社，2011年，第206~236页。

[17] 郭伟民：《新石器时代澧阳平原与汉东地区的文化和社会》，文物出版社，2010年，第266页。

[18] 高蒙河：《长江下游考古地理》，复旦大学出版社，2005年，第39页。

[19] 袁靖：《长江三角洲地区新石器时代动物考古学研究的思考》，《田螺山遗址自然遗存综合研究》，文物出版社，2011年，第276页。

附表一 考古遗址出土鱼类骨骼种属鉴定统计

序号	年代（距今）	遗址	出土鱼类种属	出土鱼类骨骼种属部位及件数	MNI	NISP	出土总数
1[①]	21000~13800	道县玉蟾岩遗址	鲤鱼、草鱼、青鱼、鳡鱼、鲍科等				
2[②]	8600~7600	澧县八十垱遗址	青鱼、草鱼、鲤鱼、黄颡鱼、鲇鱼、乌鳢	青鱼咽喉齿8枚，咽喉骨2件；草鱼咽喉齿1枚；鲤鱼咽喉齿10枚；鲇鱼胸鳍硬棘3根；黄颡鱼背鳍硬棘7根，胸鳍硬棘52根；乌鳢颌齿1件		84件	84件
3[③]	8500~7500	宜都城背溪遗址	青鱼、草鱼	青鱼咽喉骨1件；草鱼齿2件；鱼骨若干		3件	3件
4[④]	8200~7000	萧山跨湖桥遗址	乌鳢	齿骨1件；各类鱼骨68件		1件	69件
5[⑤]	7300~7100	蚌埠双墩遗址	青鱼、草鱼、胡子鲶				
6[⑥]	7800~6800；6300~5300	洪江高庙遗址	白鲢、青鱼、草鱼、鳡鱼、黄颡鱼、鲍科、鲤鱼、鲢亚科、	脊椎骨1615件，咽骨及咽齿551件，肋骨478件，鱼鳍645件，齿骨94件，颌骨11件，支鳍928件，匙骨99件，舌颌骨60件，后匙骨55件，基枕骨38件，副蝶骨9件，尾柄骨9件，尾下骨7件，角舌骨3件，额骨1件，乌喙骨1件，鳃条骨1件	白鲢704，草鱼145，青鱼62，鳡鱼12黄颡鱼11，鲤鱼6，鳜鱼3	2895件	5786件
7[⑦]	7400~7100；7100~6800	巴东楠木园遗址	青鱼、草鱼、鲢鱼、鳙鱼、黄颡鱼、鳡鱼、鲟	草鱼咽喉齿147件；鲤科咽喉齿140件；鳃盖骨26件；青鱼咽喉齿2848件；肋骨535件；脊椎骨1902件；棍状骨322件；碎块1063件；枣核状病变骨1275件		313件	8258件

① 袁家荣：《湖南道县玉蟾岩1万年以前的稻谷和陶器》，《稻作陶器和城市的起源》，文物出版社，2000年，第31~41页；吴小红等：《湖南道县玉蟾岩遗址早期陶片及其地层堆积的碳十四年代数据》，《南方文物》2012年第3期，第7~15页。

② 袁家荣：《动物遗骸》，彭头山与八十垱，科学出版社，2006年，第512~518页。

③ 湖北省文物考古研究所：《宜都城背溪》，文物出版社，2001年，第1~310页。

④ 袁靖、杨梦菲：《动物遗骸》，《跨湖桥》，文物出版社，2004年，第241~270页。

⑤ 韩立刚、郑龙亭：《蚌埠双墩新石器时代遗址动物遗存鉴定报告》，《蚌埠双墩——新石器时代遗址发掘报告》，科学出版社，2008年，第585~607页。

⑥ 莫林恒：《高庙遗址出土鱼类遗存研究》，湖南大学岳麓书院硕士研究生论文，2011年。

⑦ 袁靖、杨梦菲：《动物研究》，《巴东楠木园》，科学出版社，2006年，第139~158页。

续表

序号	年代（距今）	遗址	出土鱼类种属	出土鱼类骨骼种属部位及件数	MNI	NISP	出土总数
8[①]	7000~5500	余姚田螺山遗址	鲤鱼、鲫鱼、黄颡鱼、翘嘴鲌、鳡鱼、金枪鱼、鲨鱼、鲸鱼、石斑鱼、石首鱼		翘嘴鲌38，鲤146，鲫1431		
9[②]	7000~6000	秭归柳林溪遗址	青鱼、草鱼	青鱼下咽齿29枚，鳃盖骨2件；草鱼下咽齿3枚	青鱼4，草鱼1		34件
10[③]	7000~50000	余姚河姆渡遗址	真鲨、鲟、鲤、青鱼、鲫鱼、黄颡鲷、鲥鱼、乌鳢	鲸椎体2件；真鲨牙4件；鲟鳞板1件；鲤鱼鳃盖骨2件；咽喉齿30余件，咽喉齿数10枚；鲫鱼鳃盖骨，咽喉齿及破骨片；灰裸顶鲷上颌骨2件；黄颡鱼胸鳍硬刺30件；鲥胸鳍骨4件；鲥鱼鳃盖骨15件；乌鳢齿骨28件		116件	126件
11[④]	7000~60000	桐乡罗家角遗址	鲤鱼、鲫、青鱼、鲸鱼				
12[⑤]	7000~60000	常州圩墩遗址	青鱼、鲤鱼、草鱼、鳙鱼、黄颡鱼				200件
13[⑥]	7000~5300	丰都玉溪遗址	青鱼、草鱼、鲩鱼、鲇鱼、鲟鱼				479件

[①] 孙国平：《田螺山遗址鱼骨遗存初步研究》，"水陆交界带的鱼类和人类：稻作起源论的新方法"中日国际学术讨论会资料，2011年；中岛经夫等：《田螺山遗址K3鱼骨坑内的鲤科鱼类咽齿》，《田螺山遗址自然遗存综合研究》，文物出版社，2011年，第206~236页；孙国平：《田螺山遗址第一阶段（2004~2008年）考古工作概述》，《田螺山遗址自然遗存综合研究》，文物出版社，2011年，第206~236页。

[②] 武仙竹：《湖北秭归柳林溪遗址动物群研究报告》，《秭归柳林溪》附录一，科学出版社，2003年，第268~292页。

[③] 魏丰等：《浙江余姚河姆渡新石器时代遗址动物群》，海洋出版社，1989年，第1~125页。

[④] 张明华：《罗家角遗址动物群》，《浙江省文物考古所学刊》，文物出版社，1981年，第43~51页。

[⑤] 黄文几：《圩墩新石器时代遗址出土动物骨骼的鉴定》，《考古》1978年第4期，第241~243页；黄象洪：《圩墩遗址出土动物遗骸鉴定》，《考古学报》2001年第1期，第73~110页。

[⑥] 黄蕴平：《动物骨骼数量分析和家畜驯化发展初探》，《动物考古》第1辑，文物出版社，2010年，第1~31页。

序号	年代（距今）	遗址	出土鱼类种属	出土鱼类骨骼种属部位及件数	MNI	NISP	出土总数
14[①]	6800~5500	高邮龙虬庄遗址	青鱼、草鱼、乌鳢				15868件过筛
15[②]	6400~5300	梦溪三元宫遗址	鳡鱼				
16[③]	6400~5300	巴东鸭子嘴遗址	青鱼、草鱼、鲟鱼				
17[④]	6400~5300	巴东店子头遗址	青鱼、草鱼、白鲢、鲤鱼、鳡鱼、大口鲶、黄颡鱼、中华鲟	青鱼咽骨30件、咽齿103枚、椎骨28节、胸鳍4件、臀鳍棘1件、草鱼咽骨2件、咽齿31件、椎骨9节、咽齿4枚、鲤鱼咽胸鳍棘4件、白鲢胸鳍齿2件、大口鲶胸鳍棘3件、黄颡鱼胸鳍棘3件、鳡鱼下咽骨3件、黄颡鱼鳞板15件、中华鲟鳞板2件、中华鲟鳍1件	青鱼20、草鱼2、白鲢1、鲤鱼2、鳡鱼3、大口鲶3、黄颡鱼2、中华鲟1	241件	241件
18[⑤]	6400~5300	长阳桅杆坪遗址	青鱼	青鱼咽喉骨1件、鲇鱼胸鳍1件	青鱼1、鲇鱼1	2件	2件
19[⑥]	6400~5300	长阳西寺坪遗址	草鱼	青鱼咽喉齿7颗、椎体1件、草鱼咽齿1件		9件	9件
20[⑦]	6400~5300	长阳沙嘴遗址	青鱼、草鱼	青鱼咽齿1件	青鱼1、草鱼1	2件	2件
21[⑧]	6400~5300	宜昌李家河遗址	青鱼、草鱼、鲟鱼	青鱼咽骨1件、咽齿2件、草鱼咽齿1件；鲟鱼鳞板1块		5件	5件
22[⑨]	6400~5300	宜昌中堡岛遗址	青鱼、鲢鱼				

① 李民昌，张敏，汤陵华：《高邮龙虬庄遗址史前人类生存环境和经济生活》，《东南文化》1977年第2期，第31~40页；龙虬庄遗址考古队：《龙虬庄——江淮东部新石器时代遗址发掘报告》，科学出版社，1999年，第461~492页。
② 湖南省博物馆：《澧县梦溪三元宫遗址》，《考古学报》1979年第4期，第461~490页。
③ 湖南省文物考古研究所：《巴东鸭子嘴遗址（西区）发掘简报》，《湖北库区考古报告集·第二卷》，科学出版社，2005年，第252~280页。
④ 武仙竹：《长江三峡动物考古学研究》，重庆出版社，2007年，第45~135页。
⑤ 陈全家，王善才：《清江流域古动物遗存研究》，科学出版社，2004年，第49~85页。
⑥ 陈全家，王善才：《清江流域古动物遗存研究》，科学出版社，2004年，第85~102页。
⑦ 陈全家，王善才：《清江流域古动物遗存研究》，科学出版社，2004年，第102~116页。
⑧ 刘尧亭：《湖北宜昌李家河新石器时代遗址中的鱼骨》，《考古通讯》1957年第3期，第78~80页。
⑨ 湖北省宜昌地区博物馆：《宜昌中堡岛新石器遗址》，《考古学报》1987年第1期，第97~139页。

续表

序号	年代（距今）	遗址	出土鱼类种属	出土鱼类骨骼种属部位及件数	MNI	NISP	出土总数
23[①]	6400~5300	长阳深潭湾遗址	草鱼	草鱼咽喉齿1件、鳃盖骨1件、椎骨3件	草鱼1	5件	5件
24[②]	6000~4500	南京北阴阳营遗	青鱼				
25[③]	6500~5500；5500~4600	黄梅塞墩遗址	青鱼、鲤鱼	青鱼咽骨3件；鲤鱼咽骨1件	青鱼3，鲤鱼1		6件
26[④]	5300~4500	忠县瓦渣地遗址	草鱼、白鲢、鳙鱼、鲤鱼、鲇鱼、小型鲤科	草鱼躯椎3、尾椎1件、咽齿7件；白鲢咽齿骨1件、尾椎1件；鳙鱼第一躯椎1件、鲤鱼咽齿6件；鲤鱼第一躯椎1件、尾椎20件、躯椎9件、咽齿6件、咽齿1件、第二躯椎1件；鲇鱼第一躯椎1件、躯椎3件、尾椎1件；小型鲤科鱼第二躯椎1件、尾椎1件	草鱼1，白鲢1，鳙鱼1，鲤鱼1，鲇鱼1，小型鲤科1	59件	59件
27[⑤]	4500~2200	忠县中坝遗址	青鱼、草鱼、鲤鱼、鲢鱼、鳙鱼、鳜鱼、鲇鱼、赤眼鳟、鲟、鲵、云南光唇鱼、棘六须鲇、红鲌属、鲈形目	头骨（前颌骨、上颌骨、副蝶骨、上舌骨、角舌骨、副蝶骨）、内脏骨（主鳃盖骨、前鳃盖骨、角骨、齿骨和方形骨）、肩带—腰带（匙骨、肩胛骨、乌喙骨和鲔鱼的胸喉齿）、鳃骨部位（角舌骨、上舌骨和下舌骨）与咽喉骨和咽喉齿，韦伯氏器和脊椎骨、肋骨、棘骨、神经间棘、腰带、鳍条	鲟9，云南光唇鱼9，鳙鱼13，白鲢28，青鱼10，棘六须鲇16，鲤鱼13，草鱼35等，共计192	1576件	过筛全面采集200000以上骨骼，其中大部分为鱼骨
28[⑥]	4500~4200	秭归庙坪遗址	青鱼、草鱼	青鱼咽齿骨7件、主鳃盖骨6件、角骨1件；草鱼咽喉齿3件、脊椎骨93件、骨碎块1件、胸鳍棘1件、不明鱼骨465件			579件

---

① 陈全家、王善才：《清江流域古动物遗存研究》，科学出版社，2004年，第116~133页。

② 南京博物院：《北阴阳营》，文物出版社，1993年，第86页。

③ 韩立刚：《黄梅县塞墩遗址动物考古学研究》，《黄梅塞墩》，文物出版社，2011年，第329~346页。

④ 黄蕴平、朱萍：《忠县瓦渣地遗址T363动物考古学观察》，《重庆•2001三峡文物保护学术研讨会论文集》，科学出版社，2003年，第73~278页。

⑤ 付罗文、袁靖：《重庆忠县中坝遗址动物遗存的研究》，《考古》2006年第1期，第79~88页；Rowan Kimon Flad. Specialized Salt Production and Changing Social Structure at the Prehistoric Site of Zhongba in the Eastern Sichuan Basin, China. A dissertation submitted in partial satisfaction of the requirements for the degree Doctor of Philosophy in Archaeology, University of California. Los Angeles, 2004: 506.

⑥ 袁靖、孟华平：《庙坪遗址出土动物骨骼研究报告》，《秭归庙坪》附录一，科学出版社，2003年，第302~307页。

湖南史前白陶初论

尹检顺

我国史前白陶包括华北和华南两大系统。华北以海岱地区为中心，最早产生于大汶口文化晚期最早阶段，龙山文化晚期逐渐衰落，时间跨度在距今5000～4000年，前后延续了大约1000年的时间[1]。华南以洞庭湖流域为中心，包括湖南全境及周邻省区一部分。该系白陶产生时间较早，最早出现于皂市下层文化和高庙下层文化，盛行于汤家岗文化、大溪文化、堆子岭文化等考古学文化，大抵在相当于大溪文化晚期才逐渐淡出历史舞台，时间大多集中在距今7500～5500年，前后经历了约2000年的发展过程。

自湖南史前白陶发现以来，学术界就一直十分关注。邓聪等先生早在1991年就认为环珠江口地区的"圈足盘、彩陶技术和白陶三者，是同时从大溪文化辗转传到珠江口沿岸地域"[2]。随后，研究者基于不同的观察视角，提出了许多新颖且有深度的见解[3]。本文拟就湖南出土的史前白陶谈点初步认识，不当之处请指正。

一、考古发现

迄今为止，湖南地区发现白陶的遗址共有29处。这些遗址在地域上可划分南、北两区。北区以环洞庭湖平原为中心，包括澧水中下游以及湘、资、沅三水下游地区；南区以南岭北侧山地为中心，主要分布于沅水和湘江中上游地区。

1. 北区

共19处。主要分布于两个区域：一是澧水中下游及沅水下游地区；二是湘江、资水下游地区。

澧水中下游及沅水下游共11处。最早发现于澧县三元宫遗址（1974年），在遗址中期遗存中发现一类白陶豆形器，主要成分为SiO_2（68.92%）和MgO（23.38%）[4]。随后，在澧县丁家岗、澧县城头山、安乡汤家岗、安乡划城岗、岳阳坟山堡、华容刘卜台、华容车轱山、南县新湖、汉寿马栏咀、桃源白鳞洲等遗址均有发现。这些遗址分属于皂市下层文化、汤家岗文化和大溪文化，年代在距今7500～5500年。其中，在岳阳钱粮湖农场坟山堡遗址皂市下层文化遗存中，不仅发现一些"白衣陶、黄陶和原始白陶"，而且在一座墓葬中发现了较为完整的白陶小罐和白陶杯形器（据罗仁林先生回忆），与之共存的还有彩陶，年代当在距今7500年以前，这是该区域目前发现年代最早的白陶[5]。此外，在南县涂家台遗址发现有与坟山堡遗址"原始白陶"非常接近的灰白色敛口罐[6]，在石门皂市遗址下层还发现一类绘有红彩的白衣圈足盘[7]，说明皂市下层文化出现白色和彩色陶器已是普遍现象。该区域发现白陶最丰富的典型遗址当属安乡汤家岗遗址[8]（图一）。

湘江及资水下游共8处。年代最早的白陶发现于长沙大塘遗址和汨罗附山园遗址。大塘遗址发现的白陶主要为罐、碗类器，与之共存的也有彩陶，主要为褐彩和红彩[9]。附山园遗址早期遗存发现有黄白陶和彩陶，到了中期则出现纯正的细泥白陶，而且圈足盘上施白衣现象更为普遍，与之共存的彩陶多为红衣黑彩或红底褐彩和白彩[10]。大塘遗址和附山园早期遗存年代在距今7000年。之后，在相当于大溪文化的堆子岭文化时期，该区域白陶遗存更为丰富，包括湘阴青山、湘潭堆子岭、株洲磨山，以及益阳蔡家园、麻绒塘、丝茅岭等遗址。

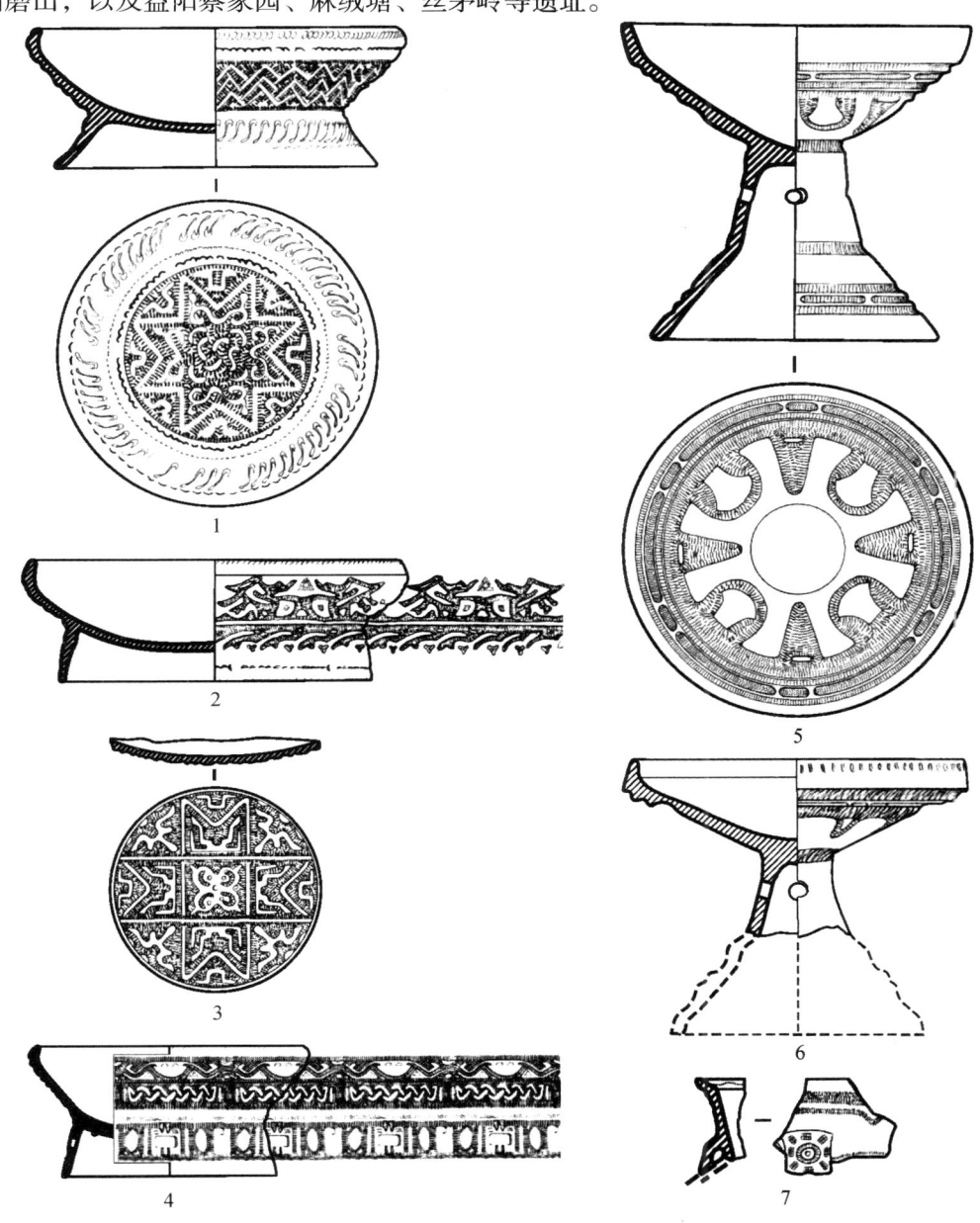

图一　安乡汤家岗遗址出土白陶
1、2、4. 盘（M43:1、M41:1、T1807⑪:12）　3. 盘外底（T2310④:55）　5、6. 豆（M147:1、T2004⑥:11）
7. 双耳罐口沿残片（T2210⑤:25）

2. 南区

共10处。主要分布于沅水和湘江中上游地区，二者之间的资水中上游目前尚未发现。

沅水中上游共8处。年代最早的白陶发现于洪江高庙遗址，稍晚还有洪江金家园、辰溪松溪口、辰溪征溪口、辰溪谭坎大地、辰溪溪口、中方岩匠屋、泸溪下湾等遗址。该区域白陶最丰富的典型遗址当属洪江高庙遗址[11]（图二）。

图二　洪江高庙遗址出土白陶

1. 矮圈足盘（04T1116⑭D：41）　2、3. 簋（91T2003㉑：13、91T2003⑳：3）　4. 宽沿坦底盘（05T12-02⑲：50）
5. 簋外底（04T0813⑬：102）　6. 内折沿罐（91T2005⑯：59）　7、8. 高领罐（05T12-02㉔：14、91T1015⑧：16）

（选自贺刚：《湘西史前遗存与中国古史传说》图105，岳麓书社，2013年）

湘江中上游共2处。由于该区域考古工作相对薄弱，发现白陶的遗址数量也相对较少，目前仅在桂阳千家坪、茶陵独岭坳等遗址发现有白陶。其中，位置最南的千家坪遗址发现的白陶最为丰富[12]，不仅器类相当丰富，而且器表装饰十分精美（图三；图版一）。

从考古发现来看，湖南史前白陶呈现出以下特点：①遗址数量上，北区明显多于南区；②空间分布上，有三个比较集中的分布区域，分别是澧水中下游地区、湘江和资水下游地区、沅水中上游地区；③出现时间上，最早的白陶在南、北两区几乎是同时出现，北区最早出现于澧水下游的坟山堡遗址，南区最早出现于湘江上游的千家坪遗址和沅水中游的高庙遗址；④共存关系上，北区早期白陶大多与彩陶共存，而南区则极为少见；⑤发展脉络上，南、北两区白陶发展并不同步，大约在

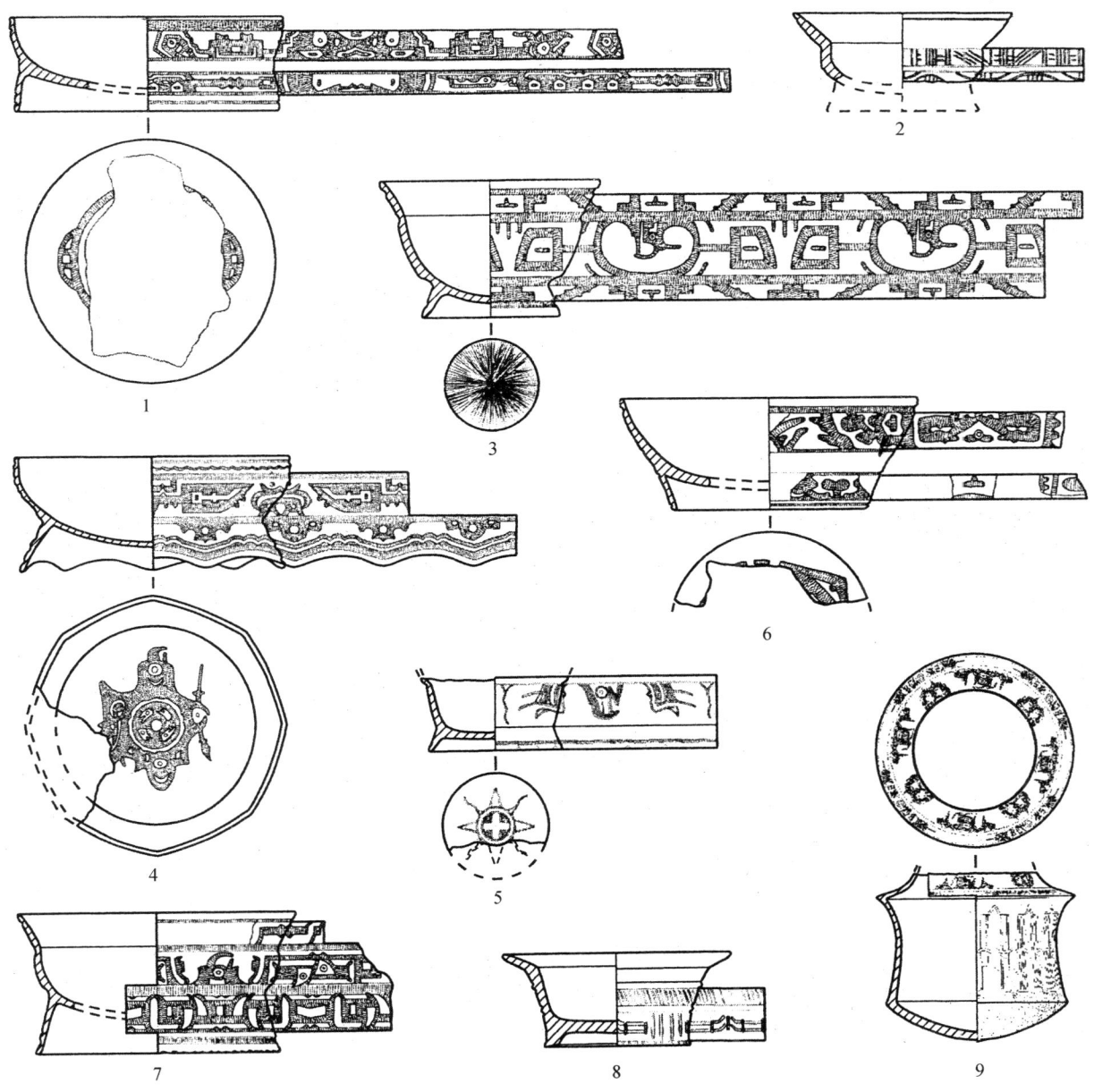

图三　桂阳千家坪遗址出土白陶
1、4、6.盘（T3G1②：67、M41：1、T3G1②：66）　2、8.碗（T16④：4、M52：3）
3、5.杯（T3G1②：64、H35：1）　7.簋（T6G1②：5）　9.罐（H35：5）

距今7000年以后，北区呈现出加速发展态势，并由澧水中下游迅速扩散至洞庭湖东南岸的湘江和资水下游地区，而南区则逐渐步入衰落乃至中断。

二、基本特征

（一）共同特征

1. 胎质及外观特征

一般而言，一个遗址出土陶器往往有很多种颜色，如我们习称的红陶、灰陶、黑陶等。这些陶器实际上指的都是器表颜色，这些陶器的胎心与器表颜色绝大多数是不一致的。本文讨论的"白陶"，实际上也是针对器表颜色而言的，严格讲应该称之为"白色陶器"。这类陶器胎心既有白色、灰白色，也有灰色、褐色、红色等多种颜色，但器表颜色都是以白色为主。由于原料、烧制等方面的原因，往往会呈现出白色、灰白色、黄白色等不同颜色，而且质地软硬程度也存在一定差异。根据笔者对这类白陶的仔细观察，它们实际上可细分为四类。

A类：胎心与器表均呈白色，火候较高，质地较硬，器物普遍偏厚重。

B类：胎心与器表均呈白色或灰白色，火候较低，质地较软，吸水性强，器物普遍偏轻薄。

C类：胎心、器表颜色与B类接近，火候极高，质地坚硬，敲打器表往往有清脆之声，部分特征与硬陶比较接近。

D类：胎心与其他陶器无明显区别，有灰、褐、红等不同颜色，但器表饰有一层白色陶衣。白衣有两类：一类白衣相对较厚，而且与胎心黏合紧密，即便经水洗或其他外力作用仍能保存下来，给人感觉似一层白色"漆皮"；另一类白衣相对较薄，而且附着力差，经水洗或其他外力作用后极易脱落，给人感觉似一层"白灰"。该类白陶胎心与器表颜色反差较大，严格意义上讲，它们不应称之为"白陶"，而是白衣陶或彩绘性质的陶器。

2. 器表装饰特征

湖南史前白陶器表装饰格外醒目，其最大特点是纹饰极其繁缛，有的还有浅浮雕效果，而且该类陶器在装饰部位、装饰工艺以及纹饰方面特征更为突出。

（1）装饰部位

在装饰部位上，不同器类表现出来的侧重点是不同的。罐类重点装饰器物的口、领、肩、耳等醒目部位，腹、底部位一般只滚压简单绳纹，有的甚至是素面。盘类通常在盘腹和圈足两个部位的中心位置饰以最主要的纹饰，而其他部位则饰较为简单的带状几何纹饰，而且部分圈足内壁和外底等隐蔽部位亦有饰纹现象。簋、杯类饰纹方式与盘类近似，但盘腹部位中心纹饰有倒置现象，而且外底饰纹现象似乎比盘类更为常见。碗类纹饰相对简单些，且多为刻划几何纹，饰纹部位也是以盘腹部位为主，圈足部位不够重视，甚至也有素面现象。豆类重点装饰也在盘腹部位，柄部通常只见一周镂孔，足部常见简单的带状几何纹饰。

（2）装饰工艺

装饰工艺比较复杂，包括打磨、施衣、刻纹、戳纹、填彩或绘彩等。

器表打磨。陶器成型后，在饰纹之前，器表都要经过反复打磨，并使器表渗出一层薄薄的泥浆，直至器表光滑为止，目的是为后续工艺做好铺垫。

器表施衣。据笔者观察，湖南目前发现的白陶基本上都有施衣现象。前文分析的A、B、C类白陶表面实际上都有一层光滑的白衣，只是因其与胎心颜色接近而不易察觉，有些因白衣脱落露胎而呈现出灰白色。D类白陶器表上的白衣显然是有意施加的，至少"漆皮"式白衣是如此。

器表刻纹。陶工们经过缜密构思之后，首先是通过几何线条将装饰对象划分为若干个空间，再在不同空间内勾画出不同图案，随后逐一进行雕刻。据观察，几乎所有图案化纹饰都是通过阴、阳纹饰巧妙结合表现出来的，器表浅浮雕效果也就很自然地凸现出来了。关于此类纹饰学术界有不同观点，最初有人认为是模印出来的，后来有人认为是戳印出来的。笔者认为，借助模具做出此类纹饰是不太现实的，采取戳印方式一次性戳印出如此复杂的纹饰也是不太可能的。假若是后者，器表要戳出如此深的阴纹，器内必然会有明显的凸起，可事实并不是这样。可见，此类纹饰很有可能是精心雕刻出来的，应属雕刻性质的纹饰。

器表戳纹。主纹雕刻成型后，在其凹下部位再进一步填纹，即用带有圆形、方形、三角形等几何形小凸点的戳具，在凹陷部分戳印出篦点状或方格状阴纹，最终形成浅浮雕式纹饰。也就是说，图案化纹饰可能同时采用了刻划、雕刻、戳印等多种饰纹方式，而那些以篦点纹为主的简单几何纹，其饰纹方式自然是以戳印为主。

器表填（绘）彩。此类工艺只在较晚阶段才出现，而且发现数量少。目前所见大致有两种：一种是在凹下部位的篦点纹之上填彩，另一种是在凸出的素面部位绘彩。二者均为红彩或褐彩，图案简洁明了。

（3）纹饰种类

纹饰种类十分丰富，而且分布匀称，排列整齐，并在构图上具有一定的美学原理。各单元纹饰之间衔接紧密，很少有重叠、错位和稀密不匀的现象。主要有三类：第一类是单体几何纹，包括横线纹、短竖线纹、弧线纹、水波纹、波折纹、圆圈纹、圆窝纹、"S"纹、"X"纹等。这类纹饰一般首尾相连，形成一周或数周简练的带状几何纹。第二类是几何组合纹，即由多个几何形元素构成一组较为复杂的组合纹饰。这类纹饰一般是成组分布的，而且间距匀称。第三类为图案化纹饰，一般具有特定题材，如太阳纹、八角星纹、凤鸟纹、獠牙兽面纹以及一些较为抽象的装饰题材等。

3. 器物形制

湖南史前白陶形制较为简单，而且都是各自陶器群的有机组成部分。主要器类包括罐、盘、簋、碗、豆、杯等。

罐类　数量较多。出现时间较早。形制多样，有高领、折沿、双耳、平底等多种造型。高领罐常见直领（直口或敞口）、曲领、弧领三种形制，一般为斜肩、深鼓腹、圜底。折沿罐有折沿、内折沿两种形制，一般为折肩、曲腹、圜底。双耳罐常见矮领，双耳置于领、肩部，一般为斜肩、鼓腹、平底。平底罐数量少，只见筒形腹一种形制，目前只在汤家岗和丁家岗遗址有少量发现。

盘类　数量较多。主要形制有四种：一种为敛口，外撇式圈足；第二种为内折口，外撇式高圈足，时代较晚；第三种为敞口，外撇式矮圈足；第四种为敞口，内收式矮圈足。

簋类　数量较少，目前仅见于高庙和千家坪遗址。多为宽折沿，深弧腹盘，高圈足，个别足沿为锯齿花边。

碗类　数量较少。有两种形制：一种为宽折沿，浅折腹盘；另一种为折沿，深斜腹盘，足沿呈花边状。

豆类　数量较少。出现时间相对较晚。常见内折沿，深斜腹盘，细柄，高喇叭形圈足。

杯类　数量较少。有两种形制：一种形体较高，以敞口（或折沿）、深腹、高圈足为特征；另一种形体较矮，常以假圈足或近平底形式出现，形态近似于曲腹杯。

（二）区域差异

湖南史前白陶南、北之间存在一定的地域差异。具体来说，主要有如下几方面。

1. 胎质及外观存在差异

北区白陶以泥质居多，胎较厚，质地较硬，颜色纯正，器表光亮，并以洁白居多。白陶种类以A、D类白陶居多，其他少见或不见。南区白陶以夹砂居多，胎较薄，质地软、硬悬殊，颜色杂乱，整体偏灰白或黄白，手感滑腻。白陶种类较多，以B、C、D类白陶居多。

2. 陶土原料与烧成温度有别

北区白陶以高铝质耐火黏土（俗称白膏泥）为主，南区白陶以高镁质易熔黏土（俗称滑石黏土）居多（下文将述）。北区白陶烧成温度多在900℃以上，而南区白陶则多在900℃以下。经检测，汤家岗遗址汤家岗文化时期白陶烧成温度基本都在920℃以上，大溪文化时期白陶烧成温度更是高达940℃以上。高庙遗址高庙文化早期白陶烧成温度多在77~880℃。

3. 施纹方式存在差异

北区白陶自始至终保持刻纹传统，施纹手法以刻划为主、戳印为辅，整体接近雕刻风格。南区白陶则以戳印见长，施纹手法以戳印为主、刻划为辅，整体偏向戳印风格。

4. 器表纹饰差异显著

北区白陶纹饰略显粗放、简单，以几何纹为主，图案化纹饰相对较少。南区白陶纹饰较为精细、繁缛，具有特定题材的图案化纹饰相当相富，而且图案非常逼真。

5. 器类组合及器物形制差异较大

北区白陶器类相对简单，以盘、豆为主，有少量罐类器，不见簋、碗、杯等器类。盘类以敛口或内折口居多，罐类主要为高领罐和双耳罐，另有少量平底筒腹罐。南区白陶器类更为丰富，包括罐、盘、簋、碗、杯等，不见豆类器，以罐、盘类居多。罐类除高领外，多见曲领、折沿等形态，双耳罐极少，不见平底筒腹罐。盘类除敛口外，还有较多敞口形制，而且内收式矮足盘也是本区独有。

6. 延续时间不同

北区白陶延续时间长，以白陶盘为代表，从汤家岗文化一直延续到大溪文化和堆子岭文化，并有着清晰的演变规律。南区白陶延续时间短，而且很难找到演变规律。

三、成分与产地[13]

1. 白陶成分

据任式楠先生研究，华南白陶原料除部分采用高岭土外，较常见的是使用以氧化硅、氧化镁为主要成分的陶土[14]。事实上，湖南史前白陶目前发现至少有两种不同原料：一种是近似于高岭土的高铝质耐火黏土（俗称白膏泥）；另一种是高镁质易熔黏土（俗称滑石黏土）。前者成分以二氧化硅、三氧化二铝为主，后者成分以二氧化硅、氧化镁为主。而且，两种原料的使用还存在一定地域差异，现分析如下。

北区目前检测了三元宫、汤家岗、划城岗、堆子岭、青山、丁家岗、坎山堡等遗址。三元宫遗址2件白陶标本中，一件SiO_2和Al_2O_3分别为70.35%和20.04%，另一件SiO_2和MgO分别为68.92%和23.38%，而Al_2O_3却只有3.23%，二者差异甚大。汤家岗遗址检测了9件白陶标本，全部属于高铝、低镁类黏土（表一）。堆子岭遗址检测了15件白陶标本，除2件属高镁、低铝类黏土，其他13件标本均属高铝、低镁类黏土。也就是说，上述三处遗址共28件检测标本当中，属于高镁、低铝类标本只有3件，约占10%，而高铝、低镁类标本比例却高达90%。由此可见，北区白陶是以高铝、低镁类黏土为主，而高镁、低铝类黏土只占一成左右。

表一 汤家岗遗址测试标本主次量元素组成表（wt%）

序号	标本号	器名	SiO_2	Al_2O_3	MgO	Fe_2O_3	Na_2O	K_2O	CaO	TiO_2	P_2O_5
1	T2310④:25	白陶盘	68.22	23.23	0.74	2.67	0.29	2.88	0.44	0.54	0.07
2	T2160⑥:3	白陶盘	68.48	23.01	0.77	2.24	0.20	3.40	0.29	0.60	0.06
3	T2209④:13	白陶盘	63.02	25.87	6.16	2.37	0.62	0.30	0.48	0.19	0.17
4	T1056⑤:6	白陶盘	65.81	24.20	0.24	3.50	0.07	4.43	0.35	0.41	0.14
5	T2310④:26	白陶盘	68.33	22.33	0.78	2.18	0.48	4.07	0.30	0.53	0.1

续表

序号	标本号	器名	SiO₂	Al₂O₃	MgO	Fe₂O₃	Na₂O	K₂O	CaO	TiO₂	P₂O₅
6	T2260④：66	白陶豆	62.97	28.82	0.49	3.06	0.44	2.33	0.31	0.59	0.11
7	T2159③：7	白陶盘	66.82	24.25	0.94	2.80	0.27	2.89	0.41	0.64	0.14
8	F6：14	白陶盘	64.20	25.86	0.76	3.36	0.07	3.79	0.45	0.50	0.21
9	H16：2	白陶盘	62.65	29.52	0.54	2.40	0.25	2.70	0.36	0.57	0.19
10	土样1		70.33	19.75	1.35	3.78	0.70	1.87	0.66	0.57	0.02
11	土样2		67.83	18.90	1.93	6.26	0.36	2.48	0.67	0.57	0.08

注：1~6属汤家岗文化，7~9属大溪文化。土样1采自遗址以北约5千米处，土样2采自遗址以南约10千米处

南区目前检测了高庙、松溪口、千家坪等几个遗址。其中，高庙遗址16件白陶标本中，有12件属于高铝、低镁类黏土，另外4件属于高镁、低铝类黏土。松溪口遗址5件白陶标本中，有2件属于高铝、低镁类黏土，另外3件属于高镁、低铝类黏土。两处遗址同属沅水中游地区，但成分差异较大。千家坪遗址4件白陶标本中，有2件属于高铝、低镁类黏土，另外2件属于高镁、低铝类黏土（表二）。也就是说，在南区25件检测标本当中，属于高镁、低铝类白陶有9件，约占36%，而高铝、低镁类白陶比例占64%。由此可见，南区白陶虽然仍以高铝、低镁类黏土为主，但高镁、低铝类黏土比例要明显高于北区。

表二　千家坪遗址测试标本主次量元素组成表（wt%）

序号	标本号	器名	SiO₂	Al₂O₃	MgO	Fe₂O₃	Na₂O	K₂O	CaO	TiO₂	P₂O₅
1	T1G1④：290	白陶盘	66.60	3.17	24.35	3.57	0.98	0.28	0.69	0.17	0.19
2	T10④B层	白陶罐残片	67.73	4.52	21.79	4.04	0.84	0.20	0.41	0.21	0.25
3	H35	硬白陶罐残片	54.92	35.61	1.62	4.44	0.76	0.83	1.02	0.80	n.d.
4	T13④B层	硬白陶罐残片	59.53	28.15	0.48	4.48	0.74	1.94	2.39	1.52	0.78

另外，从表一和表二还可看出，北区白陶Fe_2O_3偏低，K_2O则明显偏高，南区正好与之相反，这也说明湖南史前白陶成分在地域上存在较大波动性。根据二里头遗址白陶原料中氧化铁含量平均值有随白陶颜色白、黄、红、灰的变化而依次增加的特征[15]，也可验证南区白陶之所以不如北区洁白，可能与其Fe_2O_3含量较高的缘故有关。

2. 白陶产地

既然南、北两区同时存在两类不同成分的白陶，那么，两地是否都有生产两类白陶的原料呢？

北区从汤家岗遗址检测的白陶及土样主次量元素均值方面分析（表一），二者主要元素均以SiO_2为主，其次为Al_2O_3，再次为K_2O、Fe_2O_3、MgO等。虽然有少量差异，如土样中的Al_2O_3含量要略低于白陶均值，但考虑到自然陶土与经过高温烧制并发生过化学反应的白陶，这些差异是可以忽略不计的。也就是说，汤家岗遗址出土的高铝质白陶在原料上与遗址附近采集的土样是基本吻合的，说明北区高铝质白陶原料取自本地是完全可能的。

南区白陶在当地同样也能找到烧制高铝质白陶的原料。譬如，沅水中游检测了10个地点共19

个土样中，就发现有7个地点共9个土样中Al_2O_3接近高铝质白陶含量，它们的均值达到了26.6%。因此，从陶土原料分析，南、北两地白陶原料很有可能都是来源于本地。

解决了白陶原料来源问题，随之而来的就是当地是否具备烧制高火候白陶的陶窑。根据汤家岗遗址白陶烧成温度的检测，一般都在920℃以上，这显然需要封闭环境下的陶窑才能烧制出来。汤家岗遗址虽然没有发现此类陶窑，但在与之毗邻的划城岗、丁家岗以及城头山等遗址均有发现。这类陶窑都是地穴式封闭型陶窑，突破了以前平地堆烧陶器的传统技术，基本能满足烧制高火候白陶的窑室条件。南区白陶目前虽没发现具备烧制高火候白陶的地穴式陶窑，但考虑到该地区多数地点白陶出现时间较早的事实，其白陶烧自于外地的可能性应该不大。

可见，湖南史前白陶，无论是从其原料来源，还是从烧制白陶的必要条件考虑，南、北两区白陶应该都是本地生产的。

四、起源与传播

1. 白陶起源

要探讨湖南史前白陶的起源，笔者认为应该从两方面入手。一是通过白陶成分检测，结合白陶生产的必要条件，判断白陶产地究竟是本地生产还是外地输入；二是从文化角度疏理出不同文化的白陶特征及其早晚关系，进而推断出白陶起源接近事实的结论。第一个问题前文已做了简单分析，下面探讨第二个问题。

我们知道，陶器的产生最初是以实用为目的的，之所以会有不同的颜色、胎质、器形、装饰，应该是不同时期、不同人群基于不同需要而生产的。最初出现的陶器一般较为简单，随着时间的推移，人们会慢慢地制造出更多形制复杂的陶器，而且在原料、颜色、装饰以及烧制技术方面会有所选择和改进。大多数陶器颜色是在烧制过程中采用了不同的处理方法而形成的，而白陶的起源可能还与其所在的文化群体有着密切联系。

从理论上讲，器物（白陶）起源应与文化起源一样，它们可能是单源，也可能是多源。前者一般是从一个地点或区域内产生，然后逐步扩散到其他地区；后者是从若干个不同地点或区域各自发展起来，最后融合成不同文化的共同特征。目前有关湖南史前白陶的起源，大多倾向于单一地点（文化）起源。有两种截然不同的观点：一是皂市下层文化起源说；二是高庙下层文化起源说。前者是在岭北山区（沅水及湘江中上游）白陶发现之前，研究者做出的推断，显然是无法解释岭北地区近年发现的新材料。后者根据高庙、千家坪遗址的新发现，有四个特点是洞庭湖地区汤家岗遗址无法比肩的：一是时代早于汤家岗遗址；二是白陶器类比汤家岗遗址丰富得多；三是白陶装饰要比汤家岗遗址复杂；四是高铝和高镁两类白陶均有，而且比例差距不大，汤家岗遗址却只有一种高铝类白陶。因此，笔者认为就目前材料而言，后者（岭北山区）作为湖南白陶发源地的可能性更大些。

不过，由于洞庭湖地区有着优越的自然条件、发达的稻作农业、深厚的文化底蕴以及成熟的陶器烧造技术，这一地区也是具备白陶起源条件的，因此，我们还不能完全排除多地起源的可能。试分析如下。

（1）年代方面，皂市下层文化和高庙下层文化年代接近，各自最早出现的白陶在时间上没有绝对优势。北区目前发现最早的白陶属于皂市下层文化偏早阶段的坟山堡遗址，南区目前发现最早的白陶是属于高庙下层文化的高庙遗址和千家坪遗址，二者年代与北区坟山堡遗址相当接近。

（2）文化传统方面，洞庭湖地区在彩陶出现之前，陶器表面经常可见施红衣或白衣的现象。彭头山文化时期，陶器表面施红衣已是十分普遍的现象。在接近彭头山文化晚期，汨罗黄家园遗址中期遗存中发现不少红陶上施加白衣的陶器[16]。到了皂市下层文化时期，白衣陶更为流行，有的还在白衣陶上绘红彩，彩陶也随之出现。有趣的是，彭头山文化红衣陶常见于圈底盘和双耳罐两类器物，皂市下层文化白衣陶多为圈足盘和双耳罐，两个不同文化的人群都比较看重这两类有着演变关系的器物，二者之间这种关联绝非巧合。实际上，本区白陶绝大多数外表施有白衣，光滑的器表与其他施衣陶性质是一致的。毫无疑问，洞庭湖地区白陶与本地较早出现白衣陶有着密不可分的联系，它的产生与本地人们喜好白色的文化传统是有关联的。然而，与之相反的是，岭北山区目前尚未发现早于白陶的白衣陶，相对洞庭湖地区而言，该区白陶的出现，确实让人感觉有一定的突然性。

（3）文化关系方面，高庙下层文化与彭头山文化、皂市下层文化关系密切，前者显然受了后者不少影响。譬如，高庙下层文化中的刻划纹、众多曲领或折沿的罐类器以及折肩、亚腰的造型风格，应该说都能看到皂市下层文化的缩影，而其"早期遗存中出现的绳纹圈底钵和少量的高颈双耳罐，以及略晚一点出现的一种大圈足的浅盘等器物，多少已受到了洞庭湖区彭头山文化和皂市下层文化中同类器的影响"[17]。当然，不同区域之间的文化交流很少是单向的，绝大多数是双向的。随着高庙下层文化的快速发展，其复杂多变的篦点纹，毫无疑问又为洞庭湖地区注入了新鲜养分，尤其是该文化独特的装饰技法、精美纹饰及寓意深刻的各类主题图案，又反过来对汤家岗文化产生过影响。以白陶盘为代表的一类文化因素，更是成了汤家岗文化和高庙文化的联系纽带。汤家岗文化目前所见白陶盘基本都是以敛口、浅盘、粗圈足为特征，这类器形显然与本地彭头山文化晚期即已出现并流行于皂市下层文化的圈足盘有关，而其装饰显然与高庙下层文化的影响有关。换句话说，汤家岗文化白陶盘是在本地文化基础之上接受高庙下层文化影响而产生的。高庙下层文化白陶盘除敛口外，还有较多敞口形制，二者形制都应与皂市下层文化常见的圈足盘有着密切联系，说明高庙下层文化白陶盘同样离不开皂市下层文化的影响。因此，从文化关系方面考虑，湖南史前白陶的起源，应该说是在皂市下层文化和高庙下层文化共同作用下产生的，单一文化起源观点受到了冲击。

（4）白陶特征方面，南、北两区白陶存在一定差异，而且都是各自文化的典型特征。这些白陶在器类、器形、纹饰等特征上都与各自文化其他陶器存在广泛联系，是其文化内涵的有机组成部分，可以说，两区白陶都具备本地起源的特征。它们与洞庭湖流域以外地区发现的史前白陶是不一样的，后者与各自文化的联系不够密切，也不是各自文化的典型特征。

（5）个案比较上：其一，从发现最丰富的白陶盘看，它是在皂市下层文化和高庙下层文化共同作用下产生的；其二，从典型纹饰观察，八角星纹、太阳纹等有可能是由洞庭湖地区起源的，而凤鸟纹、兽面纹等起源于岭北山区已是确凿无疑了。

（6）白陶影响方面，洞庭湖地区白陶对外影响更为强大，而且包含了多方面文化因素，譬如白色陶衣、刻划纹、八角星纹、太阳纹、双耳造型等，注重的是整体特征的渗透。浙江上山、跨湖桥、罗家角等遗址发现诸多北区同时期文化特征就是最好的证据，说明其影响已波及长江下游沿海地带。岭北山区白陶对外影响较为单一，主要体现在以篦点纹为代表，包括凤鸟纹、獠牙兽面纹在内的器表装饰方面的影响，除此以外，其他方面则远不如洞庭湖地区。

考虑到南、北两区白陶都是本地生产的，而且有着明显的地域差异，我们更加没有理由排除本地起源的可能性。因此，把湖南史前白陶定论为单一起源可能还为时尚早，澧水中下游、沅水中上游乃至湘江中上游都有可能是白陶的起源地。

2. 对外传播

在距今7000年，以湖南为中心的洞庭湖流域史前白陶呈现出加速发展态势。凑巧的是，也正是在这个时候或稍晚些时候，长江中下游以及岭南环珠江口地区不少遗址也发现了此类白陶，而且都与洞庭湖流域白陶有着惊人的相似性。毫无疑问，湖南不仅是华南史前白陶的发源地，而且是对外传播的中心，后者发生的时间在距今7000年左右。

湖南史前白陶对外传播，应该是随着人口迁徙和文化交流向外传播而展开的。在发现初期，一般认为它是由洞庭湖经由不同水系辗转逐步传播至周围地区的，但有关其传播途径还比较模糊。随着沅水、湘江中上游以及邻近地区考古工作的不断深入，这类白陶向外传播轨迹才日渐清晰。

根据现有资料，笔者认为至少有四条途径是比较清楚的。往北，越过长江天险，溯汉江北上，最终到达汉中盆地属于仰韶文化半坡类型的南郑龙岗寺，包括公安王家岗、枝江关庙山、宜昌中堡岛、宜昌清水滩、江陵朱家台、天门龙嘴等大溪文化遗址发现的白陶。往东，沿长江干流而下，经鄂东、皖南直至长江下游环太湖等广大地区，包括黄梅塞墩、罗田李家楼、繁昌缪墩、溧阳神墩、江阴祁头山、桐乡罗家角等遗址发现的白陶。西南方向，由沅水中上游经由沅水入黔、桂地区，并由桂江、西江往东南推移至环珠江口地区，包括天柱坡脚、天柱盘塘、平乐纱帽山、平南石脚山等遗址出土的白陶。东南方向，由湘江中下游溯湘江南下，直穿骑田岭西侧峡谷，再经武水、北江南下至珠江三角洲及邻近海岛地区。以深圳咸头岭为代表的环珠江口地区的一大批遗址（譬如佛山河宕、中山白水井、中山龙穴、珠海后沙湾、澳门黑沙、东莞蚝岗、深圳大黄沙、香港大屿山东湾、香港南丫岛大湾及深湾等遗址）发现的白陶，应该说是东南和西南两条途径共同作用的结果。另外，江西境内赣江流域也发现有少量白陶，包括赣北高安、新余拾年山、永丰尹家坪等地点，这些地点年代偏晚，可能是受堆子岭文化影响而产生的，其途径很可能是由"醴萍走廊"传播过去的。

假若上述途径成立的话，那么，我们更加坚信南、北两区史前白陶对外传播的强弱是有区别的。从目前洞庭湖流域以外发现的白陶分析，受北区白陶影响的区域及强度明显大于南区。具体来说，长江流域（包括赣江）及其以北地区发现的白陶与北区更为接近，环珠江口地区白陶除了来自南区白陶的影响外，北区同样对其施加了不可小视的影响。深圳咸头岭遗址出土的B型Ⅱ式白陶盘（06XLT1⑤：7、06XLT12⑤：2）[18]与汤家岗遗址M72：1几乎如出一辙，这就是最好的佐证。

五、社会功能

洞庭湖流域及其周边地区发现的类似白陶，分布是如此广泛，可以说大半个中国都能见到，那么，究竟是什么力量能把这些发现于不同地域、不同文化的人们凝聚在同一类器物？这类白陶是否具有某种社会功能？它们究竟蕴藏着什么内容？

笔者曾就汤家岗遗址出土的白陶，推断其功能可能是一种具有通灵性质的"祭器"[19]。现在看来，这一结论还需仔细推敲。究其原因，"祭器"的界定目前没有统一标准，它是否具有特定器形、独特纹饰或图像以及特殊的使用环境，这些都有待商榷。具体来说，其一，湖南目前发现的史前白陶与同时期同类陶器相比，形制上并没有太大区别，而且都是各自陶器群的组成部分，在用途上很难把二者截然分开；其二，这些白陶器表上的精美纹饰或图像，在其他颜色陶器上同样存在，并非白陶独有；其三，这些白陶并没有特殊的埋藏环境，汤家岗遗址墓葬居多，高庙遗址常见于地层，千家坪遗址壕沟发现最多，墓葬只发现1件白陶盘。

白陶作为一种高品质的陶制品，无论是原料、工艺，还是烧制火候都有较高的要求。因此，它应该不是一般的实用器，其功能可能更多的或更重要的应该是社会层面的意义。种种迹象表明，湖南史前白陶与中原史前彩陶有很多相似性：①二者在各自文化众多陶器中的占比都不大，都是各自陶器群中最珍贵、最精美的器皿；②二者都是通过器表色彩来渲染其特殊性，并以此突出各自的重要性；③二者都是通过精美纹饰或图案来表达当时人们最强烈的意愿，不同的是，彩陶是平面纹饰，属绘画型装饰风格，而白陶则与玉器、铜器一样，多为立体纹饰，属雕刻型装饰风格；④二者都是强势文化标志性文化特征，并具有很强的跨区域、跨文化向外扩散和传播的能力。

一般而言，礼器都是材质较好、制作精湛并有精美纹饰或图案的一类器物，湖南史前白陶显然也具备这些特征。新石器时代的彩陶、玉器属于礼器性质，已被大多数学者接受，而且，华北白陶也可能与宴享、祭祀等多种礼仪活动有关，因此，笔者认为湖南史前白陶应是彩陶、玉器之外的另一系列礼器，或者说它至少是具有礼器性质的一类特殊用器，其社会功能应与彩陶、玉器相若。

假若这一结论无误的话，前文分析的湖南史前白陶对外传播的动因，同样可从彩陶和玉器向外传播的事实中得到启发。譬如，长江以南的城头山、划城岗、咸头岭等遗址可见到与中原仰韶文化、庙底沟二期文化相近的彩陶，长江下游沿海之滨的跨湖桥遗址能见到与高庙、大塘遗址相似的彩绘太阳纹，洞庭湖腹地的度家岗遗址和珠江水系的石峡遗址发现有近似于良渚文化的玉琮。这些彩陶和玉器之所以会在如此广阔的区域内出现，与白陶一样，都是一些文明程度较高、具有礼制社会雏形的强势文化向外传播的结果。

由于自然环境和经济形态的不同，湖南史前白陶可能蕴含着多方面内容。北区自然环境相对较好，稻作农业发达，人们对与农业有关的气候、天文、历法等原始科技方面的需求更为强烈。我们知道，农业是在先民掌握了一定天文、历法知识（包括气候季节变化与植物生长关系）的情况下发明的。换句话说，古人是在漫长的采集活动中，逐步熟悉自然环境，观察季节变化与植物生长关系，体验寒暑交替，留心昼夜节律与太阳的关系，从而慢慢地了解到一些天文知识的。该区白陶器表发现的太阳纹、八角星纹等，应该是与农业有关的原始科技方面的知识。南区自然环境恶劣，农业发展极其缓慢，因而在很长时期内都是以采集、渔猎为主要获食方式。先民们在同自然斗争中处于软弱无力和对客观世界愚昧无知的情况下，往往会把自然物人格化，或把对某些自然现象的畏惧或感恩寄托在某类自然物上，自然崇拜孕育而生。自然崇拜是人们在生活和生产过程中的一种观念或思想的体现，它与原始宗教有点类似，其思想基础都是以万物有灵、灵魂不死为宗旨的。该区白陶器表之所以会出现如此众多的凤鸟纹、獠牙兽面纹，实际上都是自然崇拜的结果。当然，平原地区的先民们也有自然崇拜，但它们崇拜的对象可能与山区不同。譬如，平原地区的人们对太阳的崇拜尤为突出，这与太阳是人们日作夜息的依据和农业生产季节划分的标志有关，同时也与太阳是光明和温暖的源泉以及干旱和酷热的根源有密切联系。除了原始科技和自然崇拜（原始宗教）外，湖南史前白陶可能还有更多、更重要的信息有待探索。

综上所述，湖南史前白陶主要发现于环洞庭湖平原地区以及湘江、沅水中上游的岭北山区，时间大多集中在距今7500~5500年。南、北两区白陶既有鲜明的共同特征，又有一定的地域差异。虽然二者在成分上有一定差异，但都能在本地找到相应的陶土原料，应该都是本地生产的。就目前材料而言，南区（岭北山区）作为湖南史前白陶发源地的可能性更大些，但也不能完全排除多地起源的可能。湖南作为华南史前白陶的传播中心当之无愧，其传播途径主要是通过四条水系向外展开的。该类白陶社会功能应与彩陶、玉器相若，当属礼器性质，而且不同地区生产的白陶，可能蕴含有不同的内容。

需说明的是，本文只是一些初步认识，尤其是在起源、功能方面的探讨，还需更多发现来逐一解读和完善。

注　释

[1]　栾丰实：《海岱地区史前白陶初论》，《考古》2010年第4期；另载《东南考古研究》第4辑，厦门大学出版社，2010年。

[2]　邓聪等：《环珠江口史前考古刍议》，《环珠江口史前文物图录》，中文大学出版社，1991年，第XVI页。

[3]　何介钧：《环珠江口的史前彩陶与大溪文化》，《南中国及邻近地区古文化研究》，香港中文大学出版社，1994年；任式楠：《论华南史前印纹白陶遗存》，《南中国及邻近地区古文化研究》，香港中文大学出版社，1994年；牟永抗：《论长江流域史前时期的白色陶器》，《长江中游史前文化暨第二届亚洲文明学术讨论会论文集》，岳麓书社，1996年。

[4]　湖南省博物馆：《澧县梦溪三元宫遗址》，《考古学报》1979年第4期。

[5]　岳阳市文物工作队等：《钱粮湖坟山堡新石器时代遗址试掘报告》，《湖南考古辑刊》第6集，《求索》杂志社，1994年；张春龙：《洞庭湖地区新石器考古新收获——岳阳钱粮湖农场坟山堡遗址的发掘》，《中国文物报》1992年6月14日。

[6]　益阳地区博物馆等：《南县涂家台早期新石器时代遗址调查报告》，《湖南考古辑刊》第6集，《求索》杂志社，1994年；潘茂辉：《益阳新石器时代遗址考古发现与初步研究》，《湖南考古辑刊》第7集，《求索》杂志社，1999年；湖南省文物考古研究所1999年田野发掘资料。

[7]　湖南省文物考古研究所等：《湖南石门县皂市下层新石器遗存》，《考古》1986年第1期。

[8] 湖南省博物馆：《湖南安乡县汤家岗新石器时代遗址》，《考古》1982年第4期；湖南省文物考古研究所：《安乡汤家岗——新石器时代遗址发掘报告》，科学出版社，2013年。

[9] 长沙市博物馆：《长沙南托大塘遗址发掘报告》，《湖南考古辑刊》第8集，岳麓书社，2009年。

[10] 郭胜斌等：《湖南省汨罗市附山园新石器时代遗址第一次发掘简报》，《湖南省博物馆馆刊》第4辑，岳麓书社，2007年。

[11] 湖南省文物考古研究所：《湖南黔阳高庙遗址发掘简报》，《文物》2000年第4期；湖南省文物考古研究所：《湖南洪江市高庙新石器时代遗址》，《考古》2006年第7期。

[12] 尹检顺等：《湖南桂阳千家坪遗址抢救性发掘——掀开湖南史前白陶遗存南渐重要途径》，《中国文物报》2012年3月30日第8版；尹检顺等：《湖南桂阳千家坪新石器时代遗址》，《2013中国重要考古发现》，文物出版社，2014年。

[13] 本节涉及未公布的白陶成分检测数掘由湖南省文物考古研究所贺刚先生提供。

[14] 任式楠：《论华南史前印纹白陶遗存》，《南中国及邻近地区古文化研究》，香港中文大学出版社，1994年。

[15] 鲁晓珂等：《二里头遗址出土白陶、印纹硬陶和原始瓷的研究》，《考古》2012年第10期。

[16] 郭胜斌等：《附山园——黄家园遗址的考古发现与初步研究》，《长江中游史前文化暨第二届亚洲文明学术讨论会论文集》，岳麓书社，1996年。

[17] 贺刚：《高庙遗址的发掘与相关问题的初步研究》，《湖南省博物馆馆刊》第2辑，岳麓书社，2005年。

[18] 深圳市文物考古鉴定所：《深圳咸头岭2006年发掘报告》，文物出版社，2013年。

[19] 湖南省文物考古研究所：《安乡汤家岗——新石器时代遗址发掘报告》，科学出版社，2013年。

洞庭湖区大溪文化四期至屈家岭文化时期聚落间陶器对比研究

赵亚锋

　　洞庭湖西北部广大的平原地区，地势平坦，河沼密布，地下分布着数量众多的史前聚落，从旧石器时代晚期经新石器时代至铜石并用时代，史前文化遗存绵延不绝。距今5000余年前，位于洞庭湖区西北边缘的城头山遗址耸立起高大的夯土城墙，并在城墙外围环绕以宽广的护城河。城的出现，是区域社会状况发生深刻变化的标志，拥有高大城墙与宽广护城河的城头山，明显区别于区域内其他同时期的聚落，成为凌驾于众多普通聚落之上的中心聚落[1]。那么，在这一时期，作为中心聚落的城头山城址，与其他普通聚落之间的关系是什么样的呢？本文试图从陶器的视角，以洞庭湖区各普通聚落出土陶器与中心聚落城头山出土的同时期陶器相对比，以期寻找到能反映中心聚落与普通聚落关系的线索。

　　研究的时代限定在大溪文化四期至屈家岭文化时期。因为按照城头山遗址的分期，城头山遗址真正意义上城墙与护城河的出现，是在屈家岭文化一期，在屈家岭文化一期末至屈家岭文化二期早段，还有一次扩建过程，然后在屈家岭文化三期末，城头山遗址的城墙与护城河已经开始走向废弃，城头山遗址在洞庭湖区中心聚落的地位被这一时期新崛起的鸡叫城城址所取代。所以本文研究的时代下限就定在城头山遗址屈家岭文化三期。而从城头山遗址出土陶器文化面貌与聚落结构演变情况来看，其屈家岭文化一期与更早的大溪文化四期联系非常紧密，学界现在新的意见是将城头山遗址大溪文化四期从大溪文化中区分出来，和与其文化面貌更为接近的屈家岭文化一期一起，归入另一种考古学文化——油子岭文化[2]。所以本文研究的时代上限上溯至大溪文化四期。

　　本文对各聚落陶器的对比研究从两方面进行：一是普通聚落与中心聚落同时期陶器形态对比与器形类同度的定量统计；二是对不同聚落陶器群微量元素谱系的因子聚类分析。

一、陶器形态比较与器形类同度统计

　　作为本文对比研究核心参照物的中心聚落城头山，从20世纪90年代以来，历经十余次考古发掘，获得大溪文化四期至屈家岭文化时期较完整或可修复的陶器有2000多件，其中大溪文化四期陶器540余件，屈家岭文化一期陶器230余件，屈家岭文化二、三期陶器合计近1500件[3]。数量庞大的陶器，足可代表城头山遗址不同时期陶器群的形态。但需要注意的是，这些陶器标本基本上全部都是墓葬中出土，考虑到洞庭湖区从大溪文化四期开始，墓中随葬品已开始明器化，墓葬随葬陶器与实际生活用陶器出现明显差异，为保证不同聚落间陶器间的可对比性，在与中心聚落城头山做对比时，其他普通聚落也只选择墓葬中出土的陶器。

城头山之外，洞庭湖区经过考古发掘，大溪文化四期至屈家岭文化时期墓葬出土的遗址有澧县宋家台、三元宫、安乡划城岗和华容车轱山4处。参照城头山遗址的分期，将这批墓葬区分为大溪文化四期、屈家岭文化早期（城头山屈家岭文化一期）和屈家岭文化中晚期（城头山屈家岭文化二、三期）三个时期，分别与城头山遗址同时期陶器相对比，对比过程中着重统计出各普通聚落与城头山同时期陶器相比，在器物形态上相同或高度相似陶器的数量，然后以各普通聚落各时期墓葬中出土陶器总数为基数，得出各普通聚落不同时期墓葬随葬陶器与中心聚落城头山的类同度。

宋家台遗址位于洞庭湖平原西北部，今湖南常德澧县县城以北约12千米处，西南距城头山10千米。1986年9月、1987年12月至1988年1月，先后进行过两次发掘，共揭示出新石器时代墓葬45座[4]。原报告将这批墓葬分为三段，参照城头山遗址墓葬的分期，其第一段属屈家岭文化早期，二、三段属屈家岭文化中晚期（图一）。

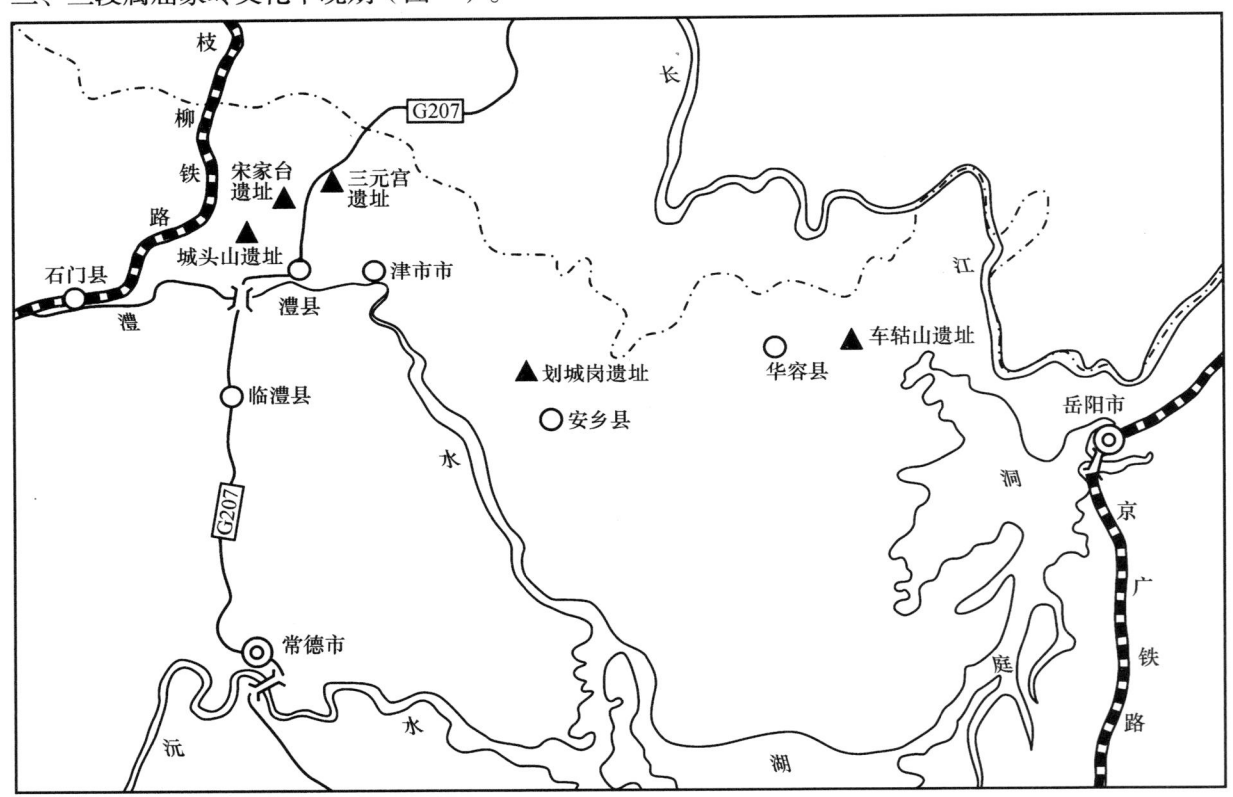

图一　城头山等聚落位置

宋家台遗址属屈家岭文化早期的墓葬共有13座，随葬陶器36件。以此36件陶器与城头山遗址同时期墓葬中的陶器相对比，其中34件在城头山同时期墓葬中皆见有几乎完全相同或高度相似的同类型陶器，类同度达94.4%（图二）。在城头山同时期墓葬中找不到相类同器形的仅有2碗：一碗深

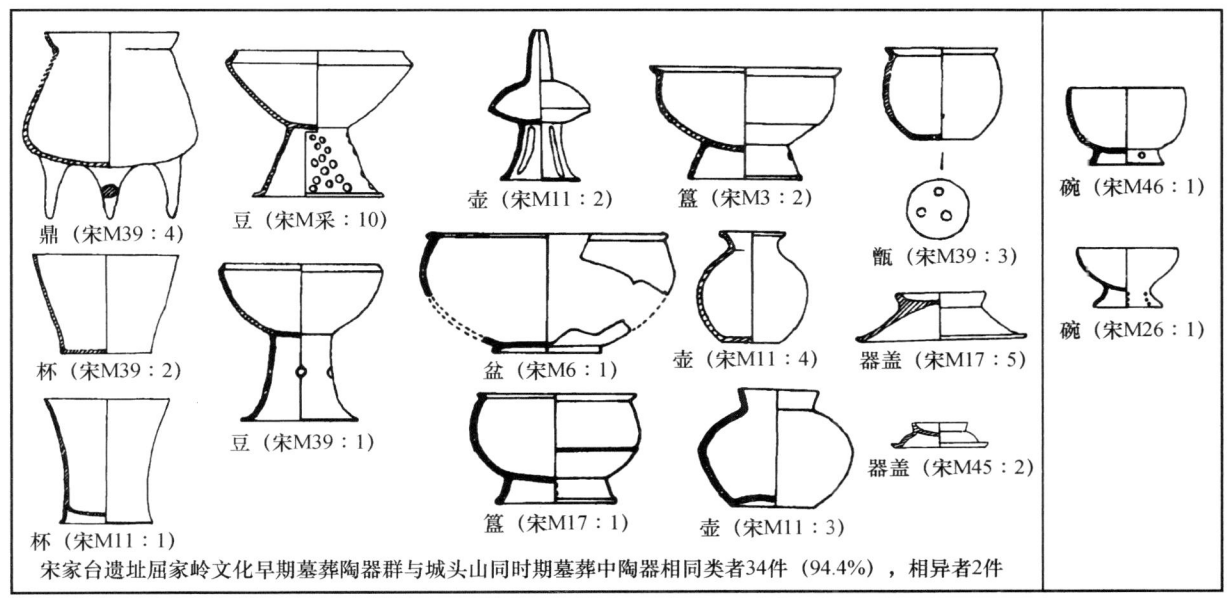

图二　宋家台遗址屈家岭文化早期墓葬陶器群与城头山同时期墓葬中的陶器对比

腹，腹壁近直，平底，矮圈足带镂孔（宋M46∶1）；另一件碗近直口，斜弧腹内收，圈足较高，并在足跟部外弧，圈足上亦见有镂孔（M23∶1）。其中M46∶1虽然在城头山屈家岭文化早期墓葬中找不到类同器，却与城头山大溪文化四期的一件陶碗M802∶6较为相似，碗壁近直，平底而深腹的器形风格，显然是大溪文化时期的遗留。

宋家台遗址属屈家岭文化中晚期的墓葬有32座，共出土陶器80件，以此80件陶器与城头山遗址同时期墓葬中陶器相对比，其中75件在城头山同时期墓葬中皆见有几乎完全相同或高度相似的同类型陶器，类同度达93.7%（图三）。仰折沿内凹鼓腹釜（M32∶2）、平折沿圜底釜（M32∶4）、斜折沿内凹鼓腹釜（M30∶2）、平底折腹甑（M18∶4）和厚胎直筒罐（M14∶1）等5件器物在城头山同时期墓葬中找不到相类同器物，其中3件釜明显具有大溪文化时期器物的风格，如平折沿圜底釜（M32∶4）与城头山大溪文化J型Ⅳ式釜，仰折沿内凹鼓腹釜（M32∶2）与城头山大溪文化O型Ⅰ式釜等器形颇为相类。

三元宫遗址位于洞庭湖平原西北部，今湖南常德澧县县城东北约16千米处，西南距城头山18千米。1974年，湖南省博物馆等单位对其进行过一次发掘，揭示出新石器时代墓葬23座[5]。这是湖南省第一次发掘到新石器时代墓葬。原报告将这批墓葬分为两期。现将这23座墓中出土的陶器与城头山遗址墓葬中的陶器相对比，可将其中M15、M16与M17三座墓归入屈家岭文化早期，其他20座墓葬则属屈家岭文化中晚期。

三元宫屈家岭文化早期3座墓葬共出土陶器32件，与城头山遗址同时期墓葬中的陶器相对比，其中31件在城头山同时期墓葬中皆见有几乎完全相同或高度相似的同类型陶器，类同度达96.9%。唯有M15∶2一件仰折沿矮圈足扁腹簋（原报告称为盂）在城头山遗址屈家岭文化早期墓葬中找不到类同器（图四）。

三元宫屈家岭文化中晚期20座墓葬共出土陶器201件，与城头山遗址同时期墓葬中的陶器相对

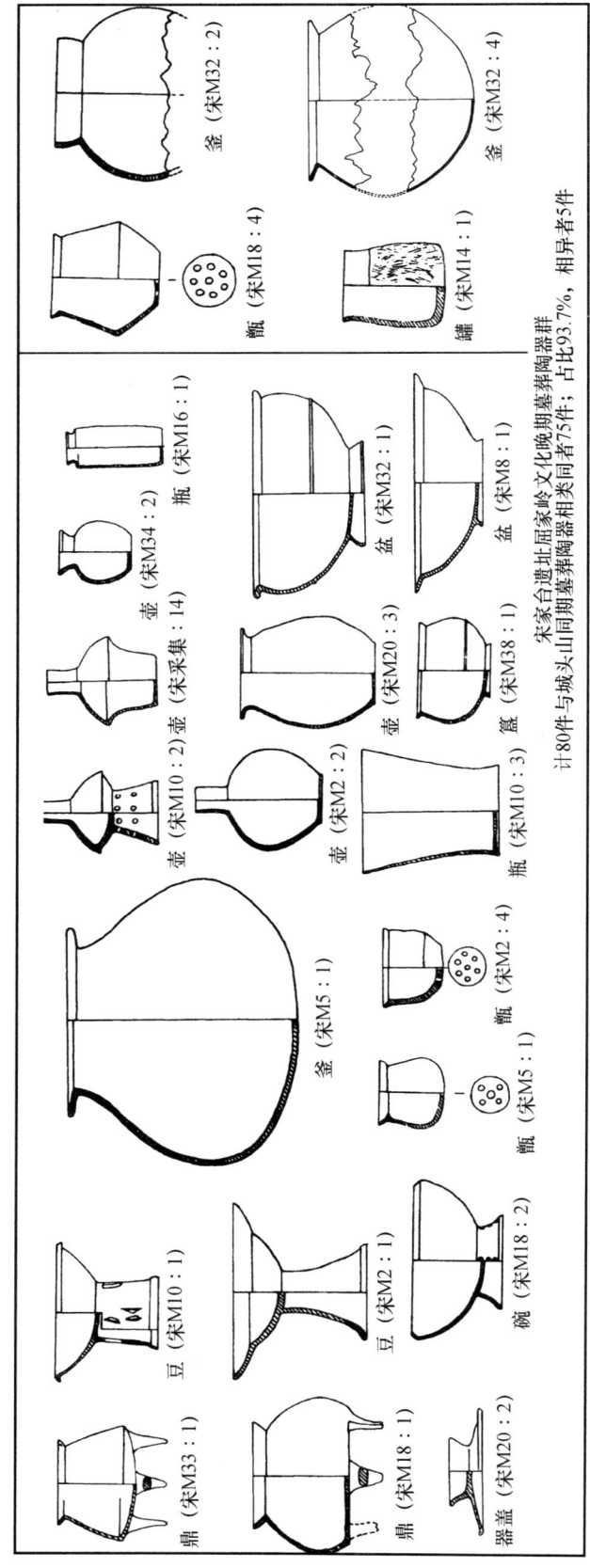

图三 宋家台遗址屈家岭文化晚期墓葬陶器与城头山同期墓葬陶器对比

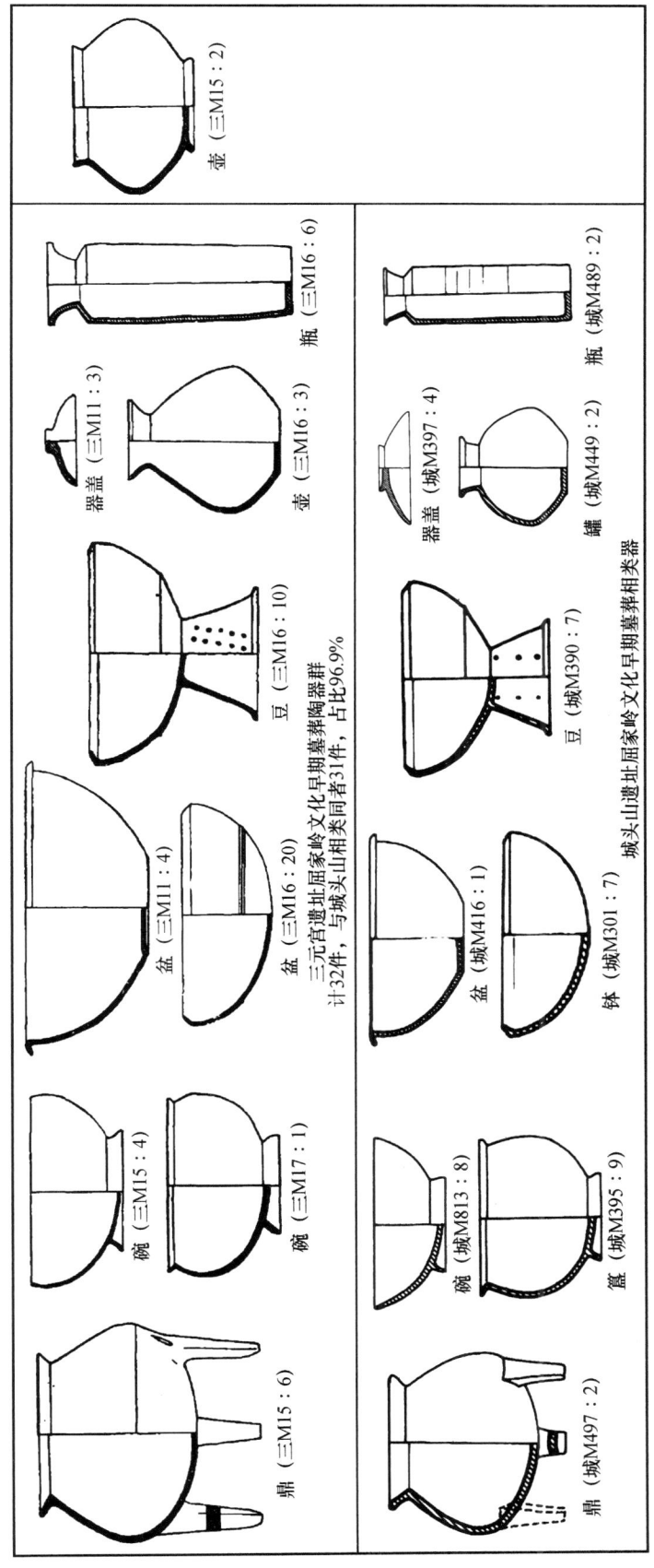

图四 三元宫遗址屈家岭文化早期墓葬陶器群与城头山遗址同期墓葬陶器对比

比，其中186件在城头山同时期墓葬中皆见有几乎完全相同或高度相似的同类型陶器，类同度达92.5%。斜弧腹小平底深腹盆（M3：1）、大圈足斜壁敞口浅腹豆（M2：9）、柄部饰凸弦纹并在足部起台的敞口浅盘豆（M4：4）、小尖底长颈侈口尊（M19：4）等15件器物在城头山遗址屈家岭文化早期墓葬中找不到类同器（图五）。相异物豆类器中中等高度的大圈足组合敞口浅腹豆盘的器形风格，在城头山遗址大溪文化时期Q、R、S等型豆中常见，浅盘与带凸弦纹柄的M4：4则与城头山大溪文化时期D型Ⅰ式豆（M680：2）形态相类。

划城岗遗址位于洞庭湖平原中部，湖南省常德市安乡县境内，南距今安乡县城约9千米，西距城头山遗址50余千米。1980年和1999年，先后进行过两次考古发掘，共揭示出大溪文化四期至屈家岭文化时期墓葬104座。其中第一次发掘的早二期墓葬和第二次发掘的M139，计4座墓属大溪文化四期，第一次发掘的中一期墓葬和第二次发掘的M123，计92座墓属屈家岭文化早期，第一次发掘的中二期墓葬和第二次发掘的M120等3座墓，计8座墓属屈家岭文化中晚期[6]。

划城岗遗址4座大溪文化四期墓葬中共出土陶器44件，与城头山遗址同时期墓葬中出土陶器相对比，其中42件在城头山同时期墓葬中皆见有几乎完全相同或高度相似的同类型陶器，类同度达95.5%。在城头山大溪文化四期墓葬出土陶器中找不到器形相类似的两件陶器是直口短颈圜底罐（M93：1）和卷沿圜底带镂孔覆盆形器盖（M46：11）（图六）。

划城岗遗址92座屈家岭文化早期墓葬中共出土陶器732件，与城头山遗址同时期墓葬中陶器相对比，其中706件在城头山同时期墓葬中皆见有几乎完全相同或高度相似的同类型陶器，类同度达96.4%。划城岗遗址屈家岭文化早期侈口束颈平底筒形腹的盉（M17：8）、扁圆或扁鼓腹并在腹部带朱绘纹饰的簋（M88：21）、平折沿扁腹乳突状鼎足的小鼎（M88：15）、折沿折腹带极矮圈足的甗（M22：1）、卷沿敞口圜底盆形甗（M2：3）、宽平沿圜底带镂孔覆盆式器盖（109：1）和带捉手覆钵形器盖（M75：3）等26件器物，在城头山屈家岭文化早期墓葬出土陶器中找不到类同器（图七）。这其中，宽平沿圜底带镂孔覆盆式器盖（109：1）的器形风格显然是承袭自本遗址大溪文化四期时的卷沿圜底带镂孔覆盆形器盖（M46：11），带捉手覆钵形器盖（M75：3）与城头山大溪文化时期N型器盖（T6355⑧：1）相近，卷沿敞口圜底盆形甗（M2：3）的器形风格可能承袭自城头山大溪文化时期E型甗（M821：6），而划城岗M88：21等簋类器扁圆或扁鼓腹的器形风格在城头山屈家岭文化早期墓葬同类器中已不见，却是城头山大溪文化四期时同类器常见的器形风格。

划城岗遗址8座屈家岭文化中晚期墓葬中共出土陶器35件，与城头山遗址同时期墓葬中陶器相对比，其中32件在城头山同时期墓葬中皆见有几乎完全相同或高度相似的同类型陶器，类同度达91.4%。另外，划城岗遗址中直口直壁平底的筒形钵（M33：1）、厚胎斜直壁细高的平底杯（M29：1）和盘口凸唇圆鼓腹的矮圈足罐（M48：1）计3件陶器在城头山屈家岭中晚期墓葬出土陶器中找不到器形相近者，属这一时期划城岗聚落与中心聚落城头山相异的因素（图八）。这其中，圆鼓腹的矮圈足罐（M48：1）与城头山大溪文化时期E型Ⅱ式罐（M821：9）器形相近。

车轱山遗址位于洞庭湖平原东北部，湖南省岳阳市华容县境内，今华容县城以东约15千米处，西距城头山100余千米。车轱山遗址在20世纪先后进行过两次考古发掘，但仅第一次发掘的部分资料得以发表。第一次发掘是在1982年冬，这次发掘共揭示出新石器时代墓葬129座，发掘简报将这批墓葬分为四期[7]。根据各期已发表少部分陶器资料与洞庭湖区其他遗址墓葬中出土陶器相比

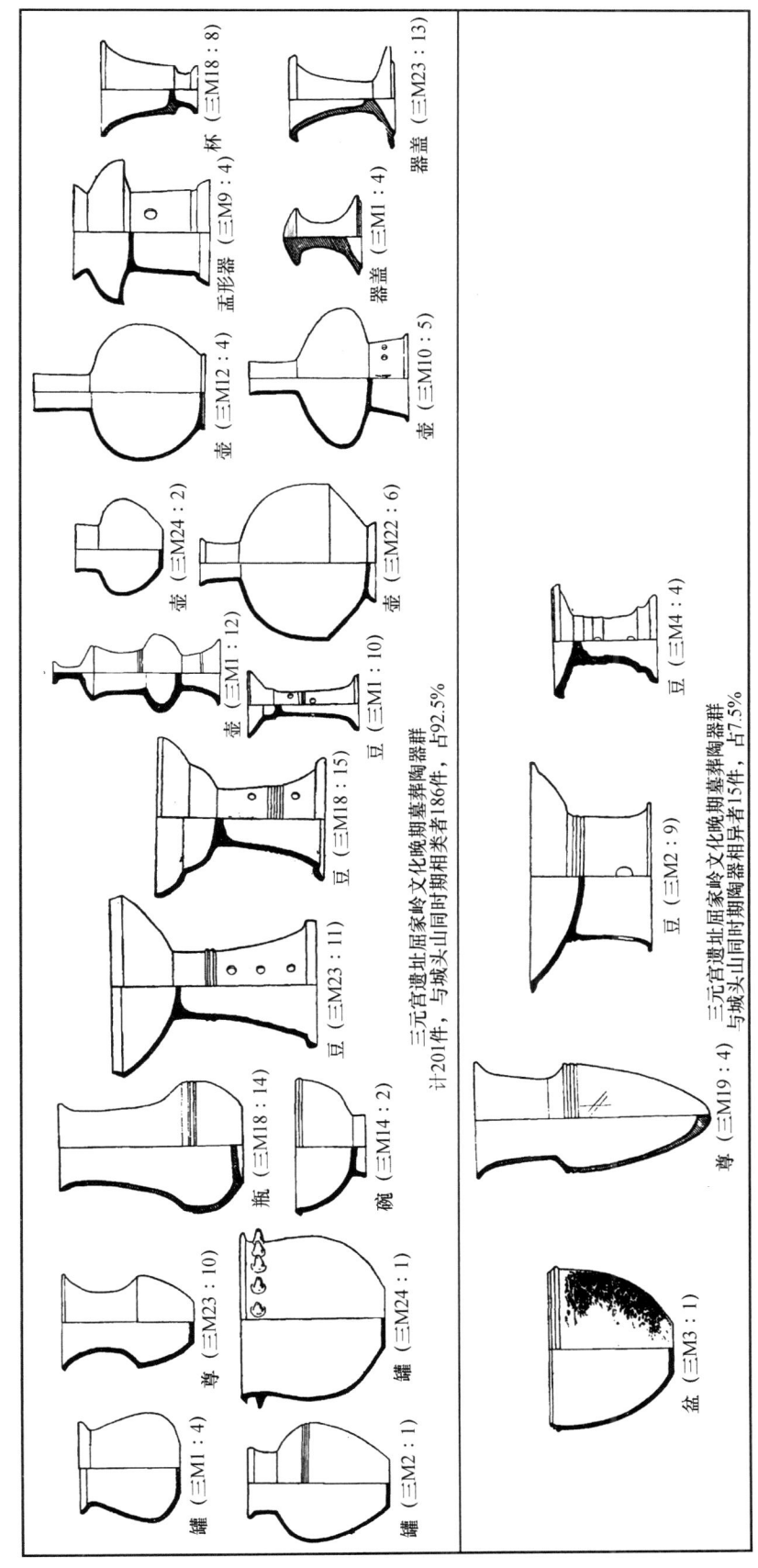

图五 三元宫遗址屈家岭晚期墓葬陶器群与城头山同期陶器对比

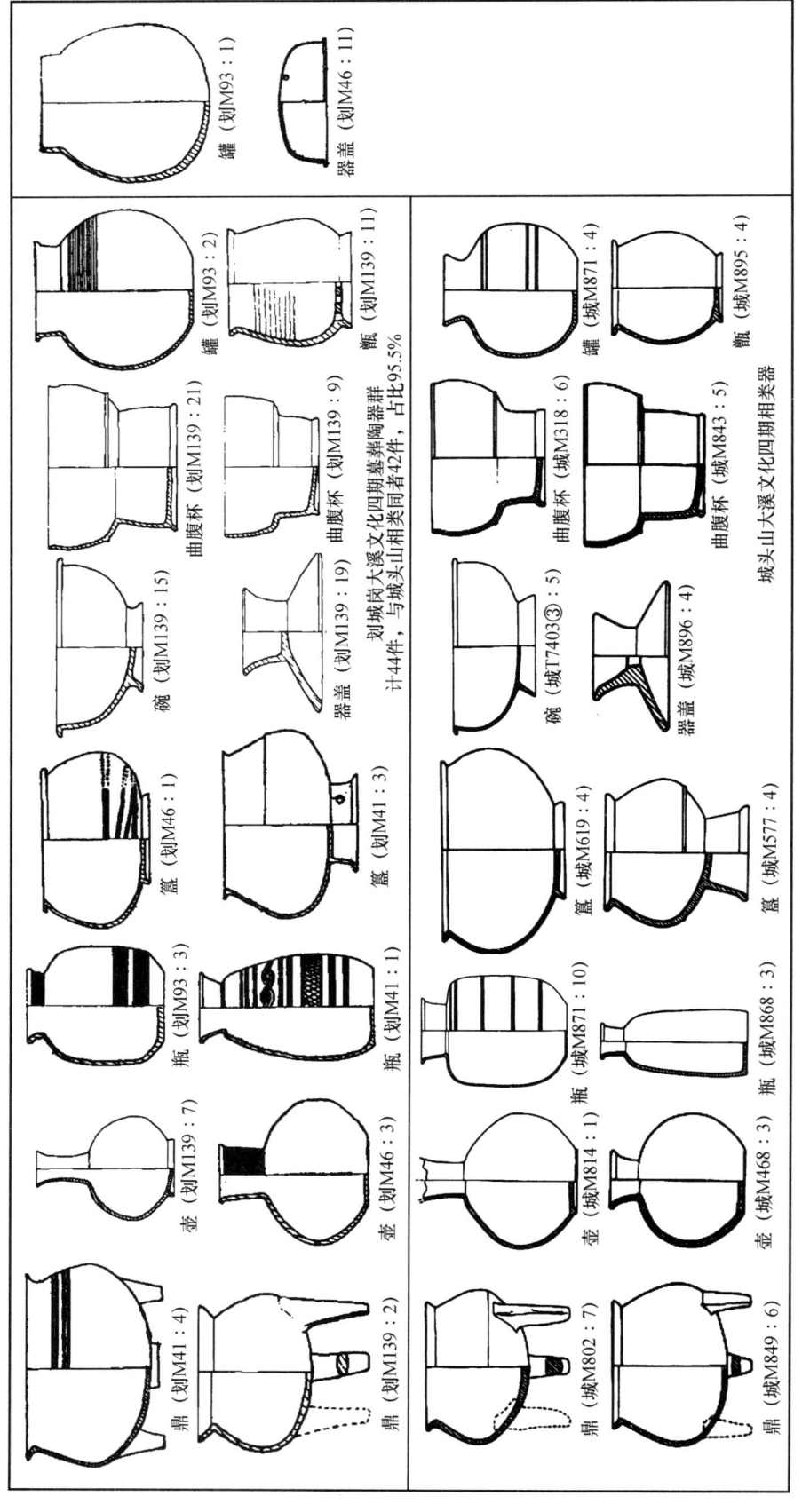

图六 划城岗大溪文化四期墓葬陶器与城头山大溪文化四期陶器对比

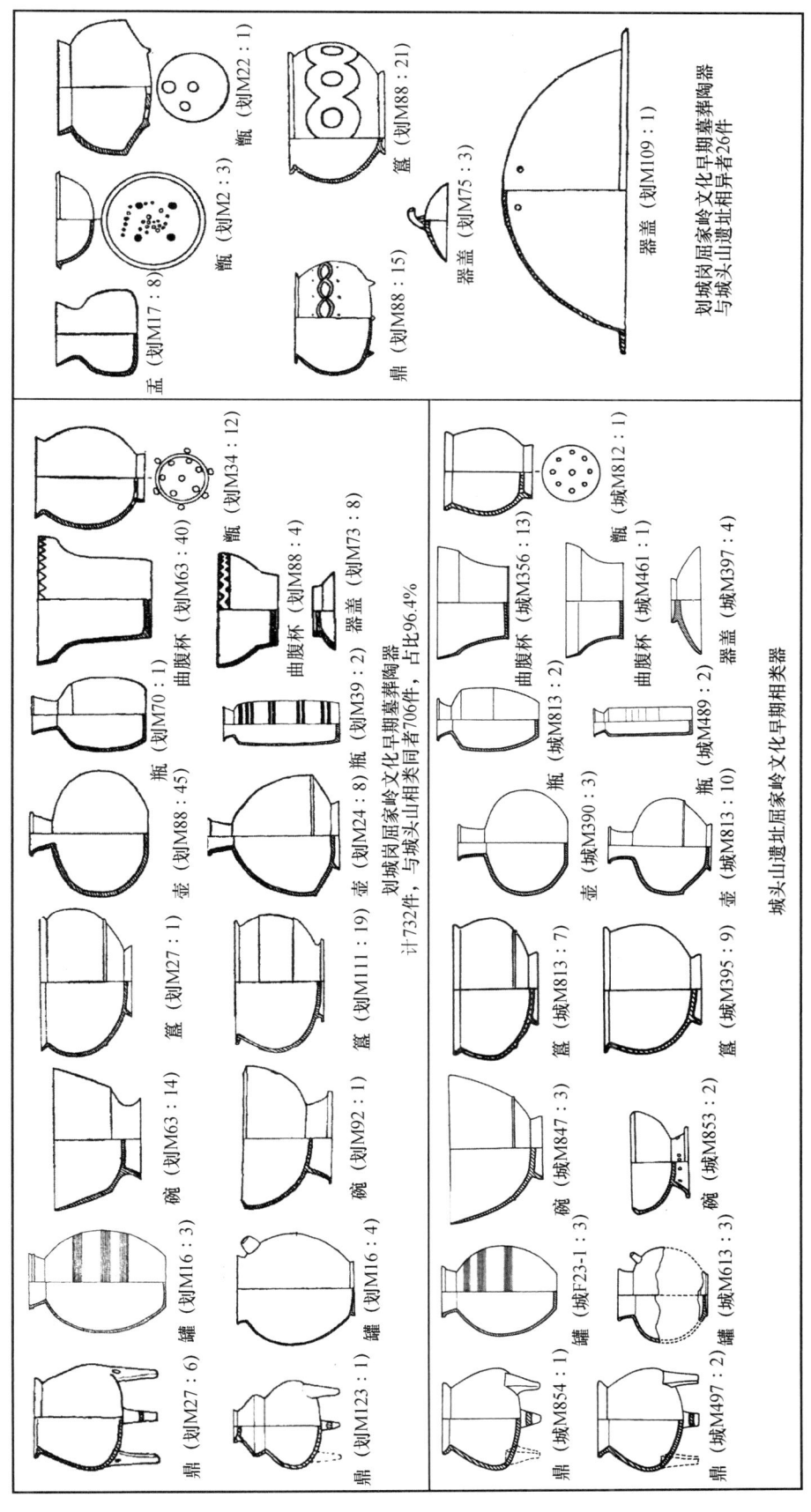

图七 划城岗屈家岭文化早期陶器与城头山遗址屈家岭文化早期陶器对比

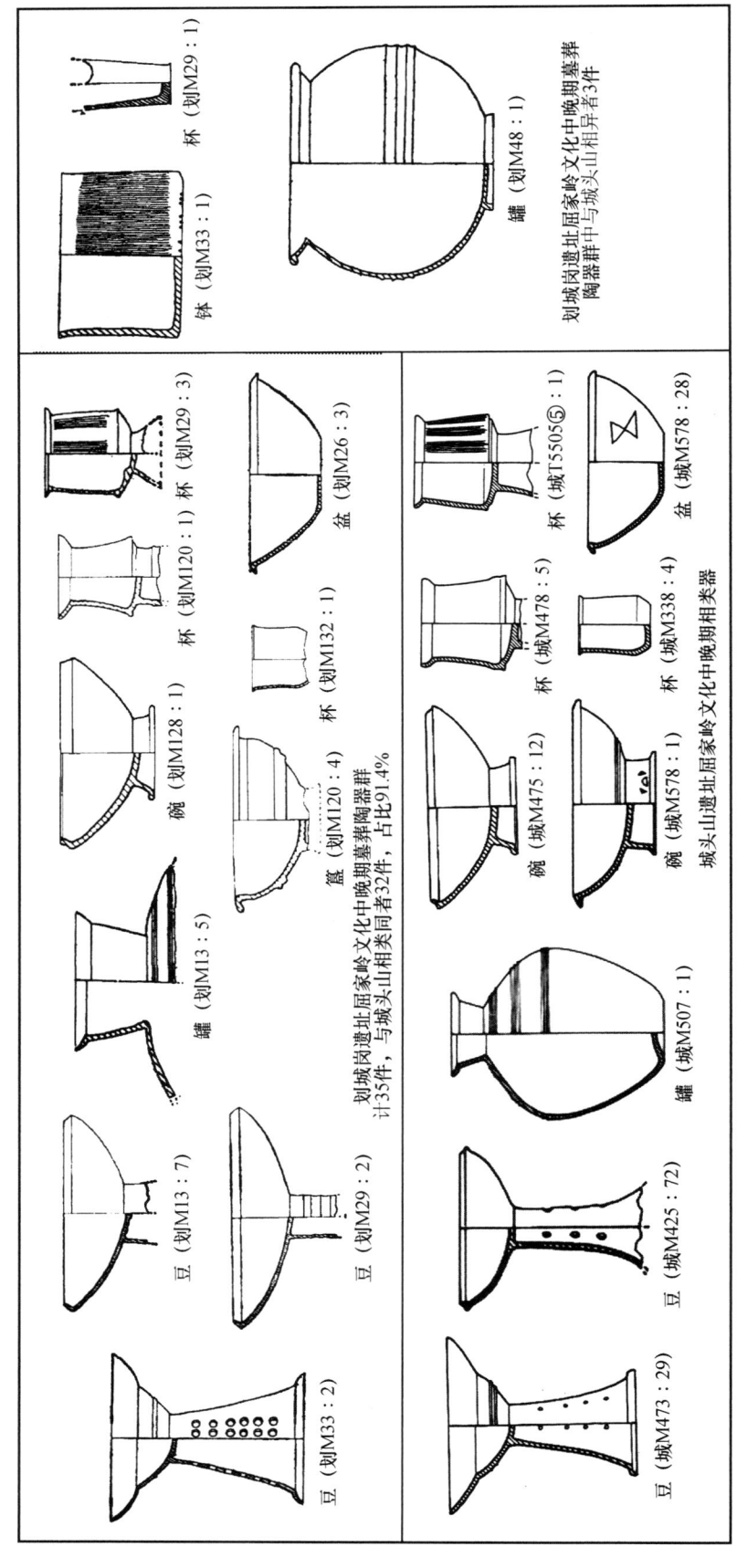

图八 划城岗遗址屈家岭文化中晚期墓葬陶器与城头山陶器对比

对，车辕山遗址第一次发掘的第一期墓葬属大溪文化四期，第二期墓葬属屈家岭文化早期，第三、四期墓葬则属屈家岭文化中晚期。

车辕山遗址第一次发掘的资料仅有少部分发表，各时期墓葬与出土陶器的数量不明，因此在和城头山遗址同时期墓葬出土陶器相对比时，无法做出定量统计。简报中披露的墓葬随葬陶器资料，大溪文化四期的有15件，屈家岭文化早期的有17件，屈家岭文化中晚期的有33件。就这些已发表的陶器资料与城头山遗址相应时期墓葬出土陶器相对比，全部在城头山同时期墓葬中见有器形相同或高度相似的同类型陶器，类同度达100%（图九）。依此推测评估，车辕山遗址大溪文化四期至屈家岭文化各时期墓葬中出土陶器与城头山遗址同时期墓葬中出土陶器在器形上的类同度皆不会低于90%。

综上，各聚落间对比材料统计如表一所示。各普通聚落与中心聚落城头山各时期墓葬随葬陶器相同度统计如表二所示。

表一 各聚落对比材料分期统计表

遗址 时期	城头山			划城岗			三元宫			宋家台			车辕山	
大溪文化四期	大溪文化四期	墓葬	122座	一次发掘之中二期墓葬；二次发掘之M139	墓葬	4座							一期墓葬	?
		陶器	537件		陶器	44件								
屈家岭文化早期	屈家岭一期	墓葬	68座	一次发掘之中一期墓葬；二次发掘之M123	墓葬	92座	M15、M16和M17	墓葬	3座	墓区1段遗存	墓葬	13座	二期墓葬	?
		陶器	231件		陶器	732件		陶器	32件		陶器	36件		
屈家岭文化晚期	屈家岭二、三期	墓葬	393座	一次发掘之中二期墓葬；二次发掘之M120等3座墓	墓葬	8座	晚期墓	墓葬	20座	墓区2、3段遗存	墓葬	32座	三、四期墓葬	?
		陶器	1470件		陶器	35件		陶器	201件		陶器	80件		

表二 各聚落与中心聚落城头山随葬陶器器形类同度分期统计表

遗址 时期	三元宫	宋家台	划城岗	车辕山
大溪文化四期			95.5%	大于90%
屈家岭文化早期	96.9%	94.4%	96.4%	大于90%
屈家岭文化晚期	92.5%	93.7%	91.4%	大于90%

可以看出，洞庭湖区在大溪文化四期至屈家岭文化时期，各普通聚落与中心聚落城头山在墓葬随葬陶器上具有高度相似性，而且区域内各聚落与中心聚落相对比，随葬陶器器形类同度不受其与中心聚落距离远近的影响，反映出整个洞庭湖区文化面貌的高度统一，也反映出中心聚落对区域内

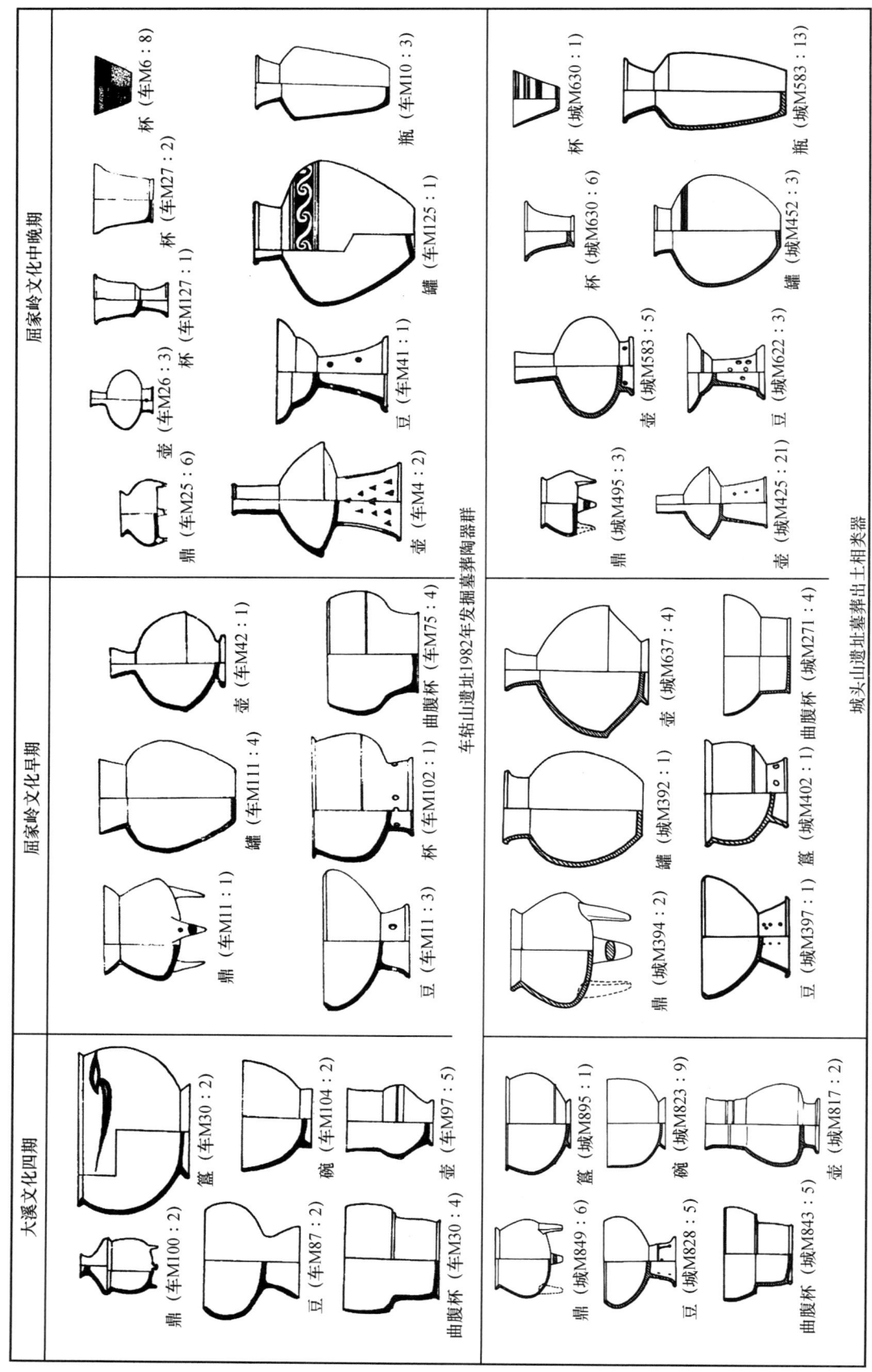

图九 车轱山与城头山大溪文化四期与屈家岭文化时期墓葬陶器群对比

普通聚落不受空间距离限制的强大影响力与辐射力。这种大区域内文化面貌之统一和中心聚落对区域内其他聚落强大的影响辐射能力，最晚在大溪文化四期即已形成，正是在此基础上，中心聚落城头山在屈家岭文化一期时进化成了真正意义上的城址。

至于差异性，不同时期各普通聚落墓葬中一般都有少量陶器在城头山同时期墓葬随葬陶器中找不到类同器，这些器物可视为该时期聚落与中心聚落城头山的差异性因素。但如前文所述，这些差异性因素很多却可以在城头山遗址更早期的遗存中找到渊源，由此可见，这些差异性很大程度上是由于各普通聚落在陶器器形风格演进过程中的滞后性造成的，换个角度看，这其实也是中心聚落在陶器群演进道路上起着领先风向标作用的体现。

二、聚落间陶器群微量元素谱系的因子聚类分析

如上文所述，洞庭湖区大溪文化四期至屈家岭文化时期各普通聚落与中心聚落城头山之间，墓葬随葬陶器在形态上高度类同。那么这种类同是如何形成的呢？是整个区域各聚落在制陶工艺、技术和审美观念等方面的交流与统一，还是聚落间陶器实物的交流？为了解这一问题，我们引入微量元素检测的手段，对各聚落陶器群的微量元素谱系进行了因子聚类分析。

关于微量元素，自然科学界未有统一认可的定义，习惯上把研究体系中元素含量小于千分之一的称为微量元素，也有人认为在地壳和地球物理中，除了氧、硅、铝、铁等几个丰度较大的常量元素之外，其他的皆可称为微量元素。土壤中微量元素的构成，受成土母质、成土条件和过程、中微地形、植被、水文、土壤质地、有机质构成与含量、酸碱度等诸多因素的影响[8]。因此从理论上来说，任何两个区域土壤中微量元素的构成都是不同的，同一区域内不同位置土壤中微量元素的构成，相比区域外土壤中微量元素的构成，整体上应该更接近些。因为微量元素的构成不会受陶器烧制温度的影响，所以陶器中微量元素的谱系构成与其原料产地相接近。这是我们对不同遗址出土陶器群进行微量元素谱系聚类分析的基础。

以便携式X射线荧光光谱仪对可获取陶器标本的元素成分进行检测，选取其中Ti（钛）、V（钒）、Mn（锰）、Ni（镍）、Zn（锌）、Rb（铷）、Sr（锶）、Zr（锆）、Ba（钡）和Pb（铅）10种微量元素在陶器中的含量作为因子聚类分析的变量。将所有的检测标本依其所属时代分为大溪文化四期和屈家岭文化时期两个群组，然后利用统计软件，对两个群组标本的微量元素变量数据分别进行因子聚类分析。

大溪文化四期共检测陶器标本54件，皆为泥质陶，分属三个聚落，其中城头山遗址27件、划城岗遗址15件、车轱山遗址12件，划城岗与车轱山两遗址所检测标本来自两遗址二次发掘时所获墓葬随葬陶器。标本情况与所选10种微量元素含量见附表一。因子聚类结果如图一○所示。可以看出，车轱山与城头山明显分为两群，但彼此聚群范围有部分重合。车轱山与划城岗也明显聚为两群，彼此聚群范围亦有重合处。而划城岗15件标本的聚群范围则落入城头山的聚群范围之内。

屈家岭文化时期共检测陶器标本116件，全部为泥质陶，分属四个聚落，其中城头山遗址37件、划城岗遗址16件、车轱山遗址38件、宋家台遗址25件。划城岗与车轱山两遗址所检测标本来自

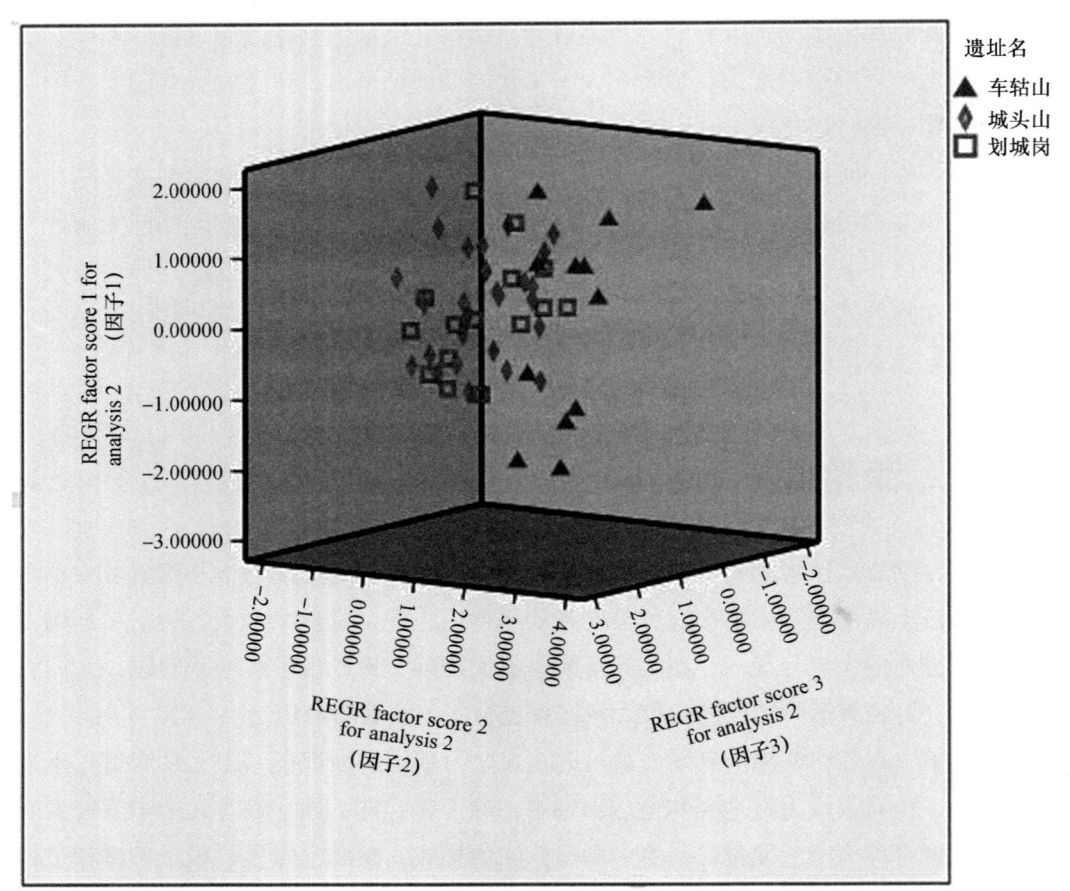

图一〇　大溪文化四期聚落间陶器群因子聚类分析结果

两遗址二次发掘时所获墓葬随葬陶器。标本情况与所选10种微量元素含量见附表二。对于屈家岭文化时期陶器标本，我们先去掉中心聚落城头山的标本，仅对划城岗、车轱山和宋家台三个普通聚落的标本进行因子聚类，结果如图一一、图一二所示。划城岗、车轱山与宋家台三个聚落集群主要分布范围区分明显，但彼此间都有重合处。

然后再加入城头山的标本，城头山、划城岗、车轱山与宋家台四组材料一起进行因子聚类分析，结果如图一三、图一四所示。可以发现，中心聚落城头山陶器集群的主要分布范围正好位于划城岗、车轱山与宋家台三聚落陶器集群分布范围相重合处。另外，城头山37件陶器标本中，有数件偏离本聚落集群主要分布范围较远，而落入车轱山、划城岗等其他聚落集群的主要分布范围之内。

综合以上分析结果，我们可以得出以下几点认识。

首先，大溪文化四期时，划城岗遗址聚类集群的分布范围完全落入城头山遗址聚类集群的分布范围内，但考虑到划城岗遗址这一时期的15件陶器标本都来自同一座墓葬M139，来源单一，无法代表划城岗遗址这一时期墓葬陶器群的微量元素谱系波动范围，所以这一现象不具备代表性。除此之外，无论是大溪文化四期还是屈家岭文化时期，各聚落陶器群聚类集群的主要分布范围都可以明显地区分开来，说明各聚落陶器还是以本地生产为主。

其次，无论是大溪文化四期时车轱山与城头山陶器聚类集群的主要分布范围，还是屈家岭文化

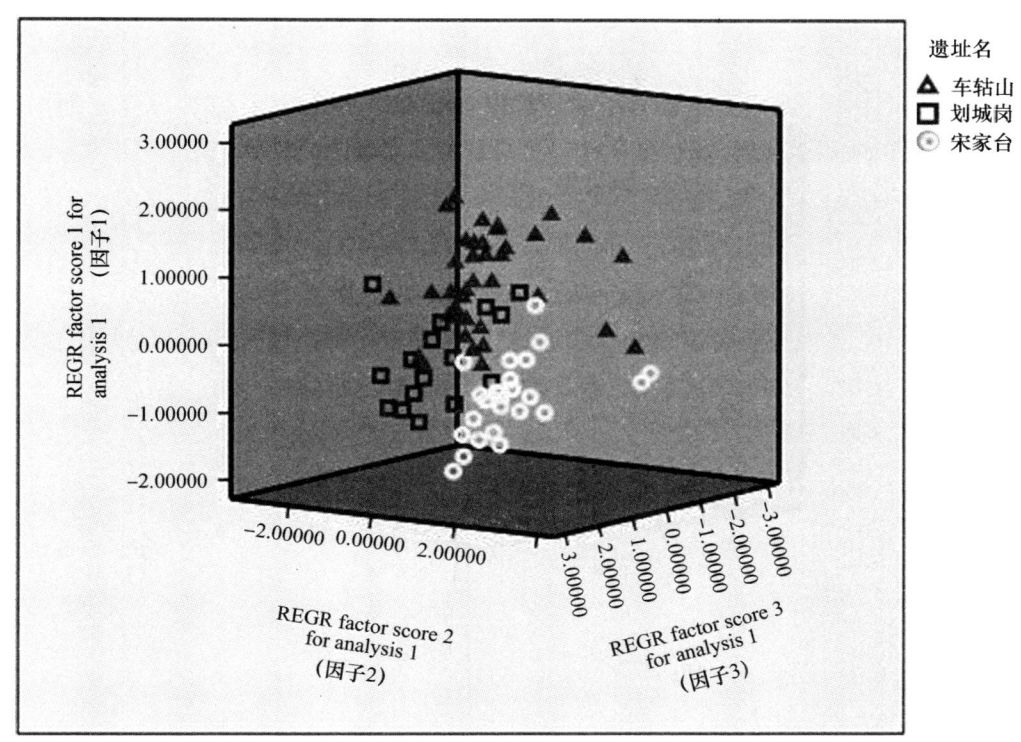

图一一 屈家岭文化时期各聚落陶器群因子聚类分析结果（不含城头山）（三维）

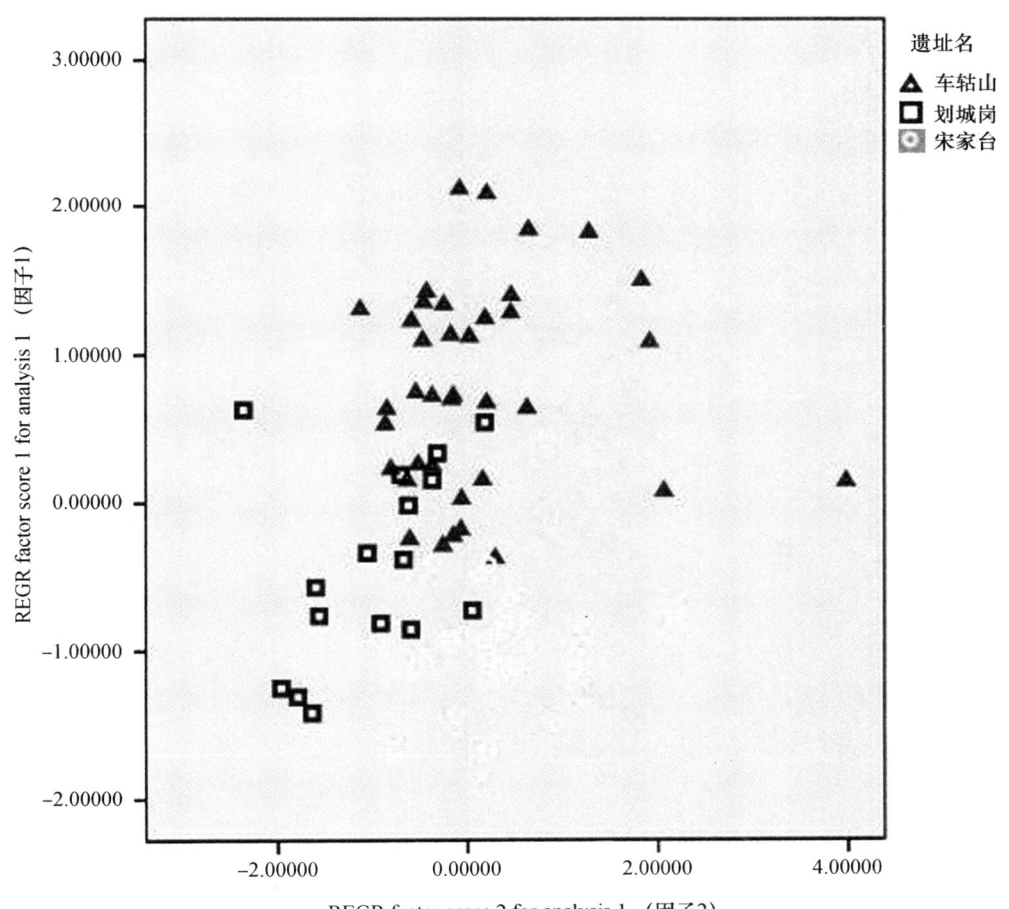

图一二 屈家岭文化时期各聚落陶器群因子聚类分析结果（不含城头山）（三维）

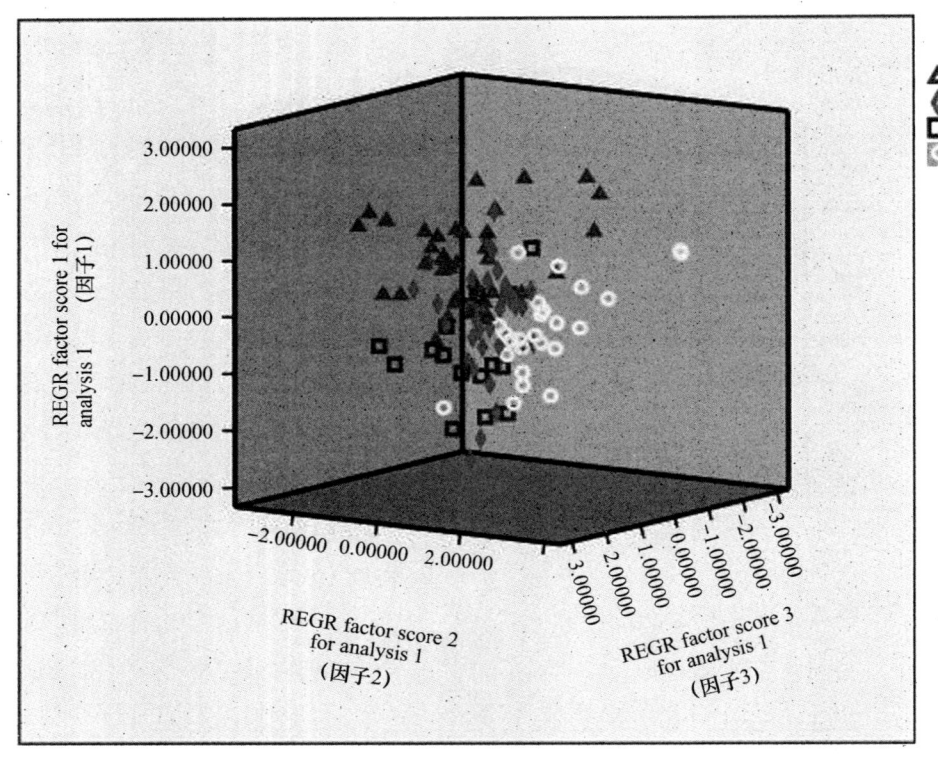

图一三　屈家岭文化时期聚落间陶器群因子聚类分析结果（三维）

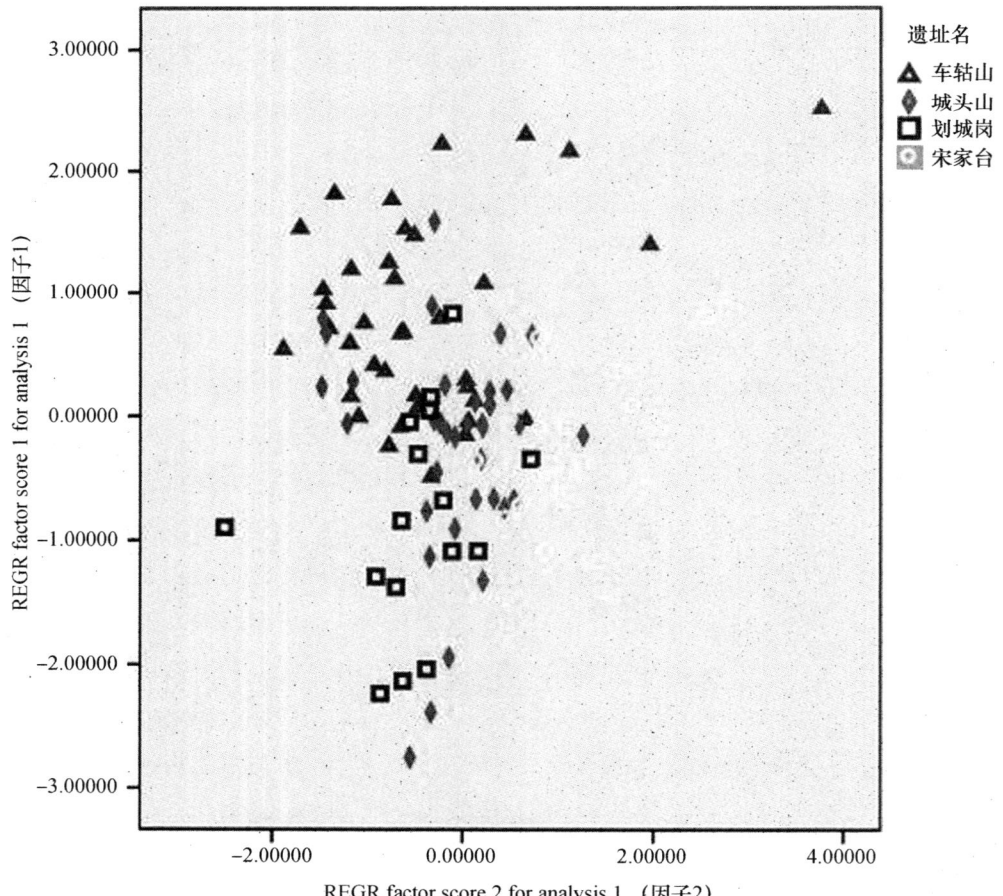

图一四　屈家岭文化时期各聚落间陶器群因子聚类分析结果（二维）

时期各聚落陶器集群的主要分布范围，都有一定程度的重合。巧合的是，屈家岭文化时期作为中心聚落的城头山，其陶器聚类集群的主要分布范围正好是车轱山、划城岗与宋家台三个普通聚落陶器聚类集群分布范围的重合之处。对于这一现象可以有两种推测性的解释：一是车轱山、划城岗与宋家台三聚落参与分析的陶器标本中，都有一部分来自中心聚落城头山；二是车轱山、划城岗与宋家台三聚落自身陶器群的微量元素谱系波动范围本身就有重合，而城头山陶器群的微量元素谱系波动范围正好处于这一位置。由于缺乏各遗址所在区域土壤中微量元素谱系的波动范围，没有可对比的背景数据库，对这一现象目前还无法做出确切判断。

再次，从屈家岭文化时期包含城头山在内四个聚落陶器群的因子聚类分析结果中可以看到，城头山遗址37件陶器标本有数件偏离城头山聚类集群的主要分布范围较远，反而落入车轱山与划城岗聚类集群的主要分布范围。这一现象再用城头山遗址区域土壤中10项微量元素谱系波动范围自身有这么宽广来解释便显得不合适，更大的可能是城头山这数件陶器标本并非本聚落所产，而是出自车轱山与划城岗聚落。

总之，洞庭湖区大溪文化四期至屈家岭文化时期，各普通聚落墓葬随葬陶器与中心聚落城头山相比，一直高度类同，且这种类同度不受空间距离的影响，体现出中心聚落对整个区域强大的影响力。而根据所选10项微量元素含量因子聚类分析的结果来看，区域内各聚落的陶器主要都还是本地生产，如此，区域内各聚落陶器形态这种高度统一的原因，便只能归结为制陶工艺、技术和人们对陶器的审美观念等在区域内长时间的交流与统一。但除了制陶工艺、技术和审美观念等的交流外，根据各聚落陶器群微量元素因子聚类分析呈现出的结果，各聚落间应该还存在一定量的陶器实物交流。因为本文选取的标本基本全部来自墓葬，考虑到当时生活用器与随葬陶器的差异，推测这种陶器实物的交流，很可能是聚落间在丧葬仪式上彼此交往的体现。

注　释

[1] 赵亚锋：《浅析城头山遗址屈家岭文化时期城墙与护城河的修建》，《湖南考古辑刊》第11集，岳麓书社，2015年。

[2] 郭伟民：《新石器时代澧阳平原与汉东地区的文化和社会》，文物出版社，2010年，第57～62页。

[3] 湖南省文物考古研究所：《澧县城头山——新石器时代遗址发掘报告》，文物出版社，2007年。根据其中第743～796页各时期墓葬登记表统计。

[4] 湖南省文物考古研究所：《湖南澧县宋家台新石器时代遗址》，《湖南考古辑刊》第7集，《求索》杂志社，1999年。

[5] 湖南省博物馆：《澧县梦溪三元宫遗址》，《考古学报》1979年第4期。

[6] 湖南省博物馆：《安乡划城岗新石器时代遗址》《考古学报》1983年第4期；湖南省文物考古研究所等：《湖南安乡划城岗遗址第二次发掘报告》，《考古学报》2005年第1期。

[7] 湖南省岳阳地区文物工作队：《华容车轱山新石器时代遗址第一次发掘简报》，《湖南考古辑刊》第3集，岳麓书社，1986年。

[8] 赵士鹏、郑春江：《我国土壤表层微量元素背景值的影响因素分析》，《中国环境监测》1992年第3期，第12～17页。

附表一　大溪文化四期陶器标本与所选16项微量元素含量表（1/1000000）

序号	标本	出土单位	Ti	V	Mn	Ni	Zn	Rb	Sr	Zr	Ba	Pb
1	瓶	城M576：1	5973	172	203	38	148	175	138	238	520	31
2	瓶	城M896：1	7528	254	313	40	140	150	278	212	1027	45
3	瓶	城M866：4	6877	227	381	30	164	218	151	258	557	38
4	瓶	城M871：4	6943	309	684	37	126	145	147	206	662	31
5	瓶	城M819：6	6757	346	298	42	243	207	303	261	1146	31
6	鼎	城M844：4	7221	323	225	34	131	181	177	254	725	32
7	鼎	城M878：2	6242	374	228	48	168	220	201	233	702	30
8	鼎	城M863：2	7957	451	588	50	195	167	330	257	1011	46
9	豆	城M898：2	5933	204	151	35	157	165	183	236	817	36
10	豆	城T7404④	7297	362	243	42	174	195	220	227	867	29
11	豆	城M829：2	6805	259	169	23	160	127	188	280	840	32
12	壶	城M816：4	9199	237	94	36	171	130	216	305	788	43
13	壶	城M903：1	8137	351	104	36	118	174	173	292	639	31
14	壶	城T7403④	6707	297	347	23	112	133	287	240	918	42
15	壶	城M457：1	5942	179	165	61	185	199	124	272	706	22
16	杯	城M847：3	6422	153	186	30	145	123	212	212	676	28
17	曲腹杯	城M356：9	7850	184	199	44	160	195	182	185	576	27
18	曲腹杯	城M616：3	6231	304	115	33	130	155	157	212	510	35
19	簋	城M445：6	9622	349	372	73	199	152	279	230	915	51
20	簋	城M818：5	8747	418	607	36	119	147	264	203	574	35
21	曲腹杯	城M888：12	7132	275	229	49	177	118	306	162	852	35
22	长颈壶	城M850：1	7757	242	486	29	113	144	173	250	602	31
23	长颈壶	城M821：6	9106	356	195	38	168	207	270	250	729	69
24	长颈壶	城M271：1	8030	324	207	55	228	213	198	212	675	46
25	长颈壶	城M869：5	8194	346	180	26	110	123	230	183	671	33
26	长颈壶	城M445：8	6327	401	196	38	154	191	276	239	1031	41
27	钵	城M821：6	7628	479	296	27	164	223	242	228	649	44
28	甑	划M139：11	8763	392	352	51	200	243	320	236	1377	32
29	簋	划M139：13	7723	275	252	35	110	152	188	298	629	34
30	簋	划M139：4	9140	447	254	31	187	175	263	248	711	36
31	簋	划M139：17	8215	317	256	30	114	161	231	294	975	26
32	簋	划M139：8	6853	284	257	43	119	179	241	190	810	38
33	甑	划M139：10	7599	287	232	40	136	161	192	289	555	25
34	壶	划M139：7	7458	396	279	59	196	211	280	199	862	52
35	簋	划M139：15	7950	277	302	50	168	153	208	280	761	24
36	曲腹杯	划M139：20	6813	375	272	37	149	188	310	180	1033	34
37	曲腹杯	划M139：5	7083	239	276	35	155	155	242	239	776	25
38	曲腹杯	划M139：9	7952	319	261	42	103	209	166	205	589	36
39	曲腹杯	划M139：21	8522	430	239	33	121	156	240	248	707	29
40	鼎	划M139：3	6380	347	1243	37	208	205	240	222	869	31

续表

序号	标本	出土单位	Ti	V	Mn	Ni	Zn	Rb	Sr	Zr	Ba	Pb
41	鼎	划M139:18	6258	375	512	40	187	153	285	235	822	30
42	瓶	划M139:12	7497	390	394	25	157	235	174	253	794	27
43	曲腹杯	车M213:4	8771	376	500	57	158	204	398	225	1242	31
44	簋	车M326:5	8543	385	312	48	164	151	568	225	1352	33
45	曲腹杯	车M300:3	5447	278	321	41	196	237	560	234	1596	48
46	曲腹杯	车M166:1	7980	364	391	61	299	121	326	211	1116	41
47	鼎	车M210:6	7121	245	428	19	71	87	328	259	836	26
48	瓶	车M160:6	6868	160	183	31	178	156	271	210	1149	45
49	长颈壶	车M352:8	7135	140	542	35	108	139	219	242	636	28
50	鼎	车M224:1	6556	281	585	32	89	121	340	278	859	37
51	豆	车M209:16	5800	321	300	48	196	213	482	223	975	39
52	豆	车M370:6	7575	357	723	34	57	134	318	303	916	42
53	曲腹杯	车M270:6	6475	198	450	51	124	188	233	224	1214	35
54	鼎	车M203:8	4664	270	180	25	118	96	281	288	658	26

附表二 屈家岭文化时期陶器标本与所选10项微量元素含量表（1/1000000）

序号	标本	出土单位	Ti	V	Mn	Ni	Zn	Rb	Sr	Zr	Ba	Pb
1	豆	城M161:4	4827	118	99	31	101	119	109	200	653	30
2	豆	城M448:10	7513	290	284	22	103	122	233	263	1195	47
3	豆	城M448:9	7082	350	269	25	101	135	309	312	1220	45
4	豆	城M484:25	6848	235	246	50	146	151	221	268	942	34
5	豆	城M836:4	7559	249	217	33	166	179	183	208	823	33
6	豆	城M622:3	6608	246	173	44	178	151	182	270	840	46
7	豆	城M474:3	7283	221	169	36	174	150	173	244	963	31
8	豆	城M471:2	7096	218	135	46	176	154	203	216	697	23
9	豆	城M160:3	7619	288	168	39	150	159	223	189	750	30
10	豆	城M425:16	5932	229	210	41	214	142	203	260	2497	29
11	豆	城M425:9	5534	128	166	43	113	152	145	216	677	28
12	豆	城M487:2	7850	344	236	36	139	134	211	191	1990	44
13	豆	城M622:1	5492	129	228	37	163	119	170	206	1245	30
14	豆	城M485:8	4536	145	167	29	87	86	138	143	443	27
15	豆	城M448:18	6751	312	201	30	110	145	237	188	1277	41
16	豆	城M448:26	6892	250	176	36	161	118	200	247	779	37
17	豆	城M480:25	6127	196	458	35	130	154	167	183	690	35
18	豆	城M541:4	6383	177	126	40	190	143	155	232	553	31
19	扁腹壶	城M556:2	6937	177	143	59	210	231	151	176	640	33
20	扁腹壶	城M600:20	6476	165	176	42	162	160	171	223	690	30
21	扁腹壶	城M383:9	6493	270	222	31	183	167	198	277	393	44

续表

序号	标本	出土单位	Ti	V	Mn	Ni	Zn	Rb	Sr	Zr	Ba	Pb
22	扁腹壶	城M473：27	6577	226	181	38	160	177	147	213	497	25
23	扁腹壶	城M467：1	7015	172	138	43	243	205	186	198	849	33
24	长颈壶	城M365：2	4933	139	74	21	106	86	88	115	386	17
25	斜腹杯	城M448：4	5651	298	410	43	162	101	203	210	949	35
26	曲腹杯	城M812：2	7809	325	99	45	182	158	150	201	610	19
27	扁腹壶	城M583：6	5867	236	169	45	235	189	256	176	910	36
28	斜腹杯	城M448：11	7544	214	157	40	153	144	196	221	797	40
29	簋	城M813：7	7031	123	185	33	162	153	168	244	439	31
30	甗	城M880：1	8317	391	188	38	155	181	345	246	827	57
31	簋	城M836：1	7108	175	253	37	167	186	193	262	844	43
32	碗	城M461：2	7601	198	165	39	199	174	217	248	788	35
33	钵	城M888：3	6788	203	136	27	105	148	162	244	573	31
34	碗	城M356：8	8131	405	163	41	100	175	248	242	605	44
35	簋	城M356：12	6695	327	188	52	191	208	214	233	847	42
36	鼎	城M850：2	7443	315	138	56	185	221	185	243	600	34
37	鼎	城M867：3	7254	229	134	41	143	169	191	240	751	44
38	壶	车M192：3	7959	454	483	32	308	165	453	216	806	60
39	罐	车M319：10	6219	209	568	50	244	233	365	266	1232	46
40	罐	车M350：3	9227	308	445	49	336	124	328	312	845	51
41	罐	车M187：5	8603	275	641	91	503	163	198	248	910	58
42	罐	车M290：9	7682	368	380	47	414	120	411	242	1272	59
43	罐	车M263：1	7240	168	450	25	162	104	307	358	775	33
44	瓶	车M172：3	6793	310	630	42	143	197	320	199	1043	31
45	瓶	车M223：1	6983	356	225	54	136	141	275	207	638	34
46	瓶	车M235：7	9805	232	535	60	267	142	200	257	549	49
47	瓶	车M260：2	6568	342	261	32	166	146	486	234	1151	41
48	颈	车M145：1	7169	342	311	44	193	229	424	234	1052	46
49	颈	车M241：1	5119	158	162	38	189	220	325	281	717	39
50	颈	车M244：2	7532	235	301	40	214	198	394	214	911	37
51	颈	车M191：2	8346	321	399	22	226	164	429	255	789	53
52	颈	车M147：1	5861	244	425	36	173	196	431	264	985	45
53	杯	车M165：3	6822	320	318	34	132	184	451	308	1051	43
54	颈	车M185：3	8072	336	377	39	123	204	440	224	813	44
55	豆	车M213：5	6369	201	451	42	112	185	196	192	1066	35
56	豆	车M211：2	7002	266	186	34	114	119	366	262	1035	30
57	豆	车M279：1	7225	194	486	41	117	146	256	227	1249	25
58	鼎	车M158：1	6956	415	495	46	202	206	544	208	1402	41

续表

序号	标本	出土单位	Ti	V	Mn	Ni	Zn	Rb	Sr	Zr	Ba	Pb
59	鼎	车M162：3	7432	410	240	32	182	170	314	295	691	36
60	簋	车M249：5	7177	351	190	36	154	151	342	269	656	35
61	簋	车M224：1	6398	185	830	62	146	164	269	262	709	29
62	鼎	车M281：1	7079	483	732	43	143	175	464	176	1460	44
63	鼎	车M249：1	6845	225	478	40	142	163	328	226	888	33
64	簋	车M159：3	6354	266	190	50	91	155	233	306	677	39
65	簋	车M165：1	7610	231	163	32	104	152	291	232	710	32
66	器盖	车M210：1	6146	209	423	45	121	98	380	259	1487	31
67	鼎	车M158：1	6520	251	366	49	111	140	266	225	710	37
68	簋	车M265：1	7813	410	881	61	170	183	495	202	1268	36
69	杯	车M165：2	6275	330	429	38	154	254	240	227	1157	30
70	钵	车M292：7	8123	395	215	37	70	129	440	256	901	36
71	钵	车M379：1	6999	333	571	34	119	136	399	264	1158	36
72	碗	车M301：2	7942	303	681	30	143	123	415	238	850	30
73	豆	车M317：9	7323	317	729	42	127	136	476	200	590	38
74	碗	车M275：3	7173	193	139	45	166	179	298	264	808	31
75	碗	车M361：1	7754	326	207	28	79	91	290	305	1582	34
76	豆	划M120：4	5882	217	320	57	161	265	139	213	619	26
77	罐	划M120：5	6024	151	242	37	154	169	142	199	853	24
78	杯	划M120：1	5033	123	263	25	123	114	123	198	537	21
79	杯	划M120：2	5899	252	933	37	127	111	89	236	375	27
80	盘	划M120：3	6493	237	384	38	142	175	167	211	1165	34
81	盖	划M123：5	6955	235	271	33	167	193	148	283	1091	24
82	鼎足	划M123：6	5838	159	454	21	110	109	162	265	830	23
83	鼎沿	划M123：6	5543	147	250	27	125	134	128	256	925	20
84	豆	划M128：1	7110	195	809	45	148	146	169	288	1507	33
85	豆	划M128：9	5743	197	630	46	153	226	151	183	1093	24
86	簋	划M128：2	6075	138	298	21	89	61	112	178	543	21
87	纺轮	划M128：3	7734	309	441	41	89	133	175	278	679	28
88	杯	划M128：5	6789	194	221	21	54	138	186	180	2111	24
89	豆	划M132：2	6120	216	182	37	127	150	136	181	1272	31
90	簋	划M132：3	5298	187	180	30	73	82	110	132	792	19
91	杯	划M132：1	8060	373	268	45	104	161	170	329	682	35
92	鼎	宋M18：7	5731	174	367	56	151	169	181	221	515	49
93	罐	宋M11：1	7554	125	177	48	122	154	136	257	408	70
94	鼎	宋M28：3	5813	157	210	57	147	130	120	153	384	41
95	鼎	宋M27：1	6417	170	479	53	141	126	128	239	582	40

续表

序号	标本	出土单位	Ti	V	Mn	Ni	Zn	Rb	Sr	Zr	Ba	Pb
96	簋	宋M17:2	5040	115	423	56	190	141	114	176	330	33
97	甗	宋M2:7	5819	139	2256	45	92	111	99	182	564	30
98	罐	宋M11:5	5848	228	281	44	159	124	221	228	592	60
99	碗	宋M23:1	6796	228	238	54	134	147	116	243	415	32
100	碗	宋M27:2	5990	202	577	42	148	117	159	216	524	43
101	鼎	宋M18:6	5629	207	1068	38	150	139	163	203	470	61
102	豆	宋M2:2	7082	166	335	53	103	145	105	254	1351	34
103	鼎	宋M11:7	8548	193	213	62	327	84	101	313	429	51
104	鼎	宋M17:4	6623	242	318	41	138	135	214	250	527	50
105	壶	宋M2:4	7719	162	123	71	163	192	109	243	314	34
106	簋	宋F2:33	8184	251	166	47	119	137	231	225	658	63
107	鼎	宋M11:5	8817	165	241	55	347	64	139	298	423	49
108	鼎	宋M1:1	5578	136	360	28	69	102	76	207	233	47
109	甗	宋M18:3	5514	211	621	37	137	132	164	207	460	47
110	簋	宋M38:5	6664	146	217	57	196	150	130	182	296	48
111	豆	宋M46:1	7276	210	153	57	119	141	149	205	714	52
112	杯	宋M10:3	5383	159	183	51	108	123	168	187	530	47
113	鼎	宋M2:10	8651	343	399	53	103	142	239	216	753	53
114	瓶	宋M38:4	5868	203	252	53	168	159	191	284	517	70
115	尊	宋M34:1	6738	129	262	47	126	127	138	258	515	53
116	鼎	宋M18:1	7038	197	1125	37	149	116	213	201	424	42

基于GIS的潇水中上游商周时期聚落分布研究

王良智　唐彬彬

潇水，古称"营水""深水"。《水经注·湘水》记载："二妃出入潇湘之浦，潇者，水清深也。"《水经注·深水》也说："深水，出桂阳庐聚，西北过零陵营道县、营浦县、泉陵县，至燕室邪入于湘。"

据《湖南省志·地理志》[1]，潇水发源于湖南省蓝山县的西南部，流经蓝山、江华、江永、道县、双牌、零陵六县市，全长354千米，一级支流15条，流域面积12099平方千米。潇水从源头到江华涔天河水库（曾名东方红水库），全长126千米，为上游；从涔天河水库到道县青口，全长111千米，为中游；从道县青口到永州市北郊萍洲岛的117千米则为下游。潇水中上游与潇水下游有双牌水库和阳明山山脉阻隔，形成两个相对独立的区域（图一）。

潇水中上游地势西南高、东北低，群山连绵，丘陵起伏。属中亚热带湿润性季风气候。受地形影响，每年汛期，北上的暖气流和台风受地形的阻挡和抬升，与冷气流相遇时，容易形成暴雨，且雨量集中、强度大、暴雨多。由于流域干支流的坡度较大，汇流较快，暴雨集中，形成洪量集中，极易引发洪水[2]。

潇水中上游是潇湘文化的重要发源地，中国最早的新石器时代遗址之一——玉蟾岩遗址便坐落在此。遗憾的是，该地区田野考古工作起步晚，经过科学发掘的遗址数量很少，考古学文化序列存在大片空白。直至2010年《坐果山与望子岗——潇湘上游商周遗址发掘报告》[3]的出版，这一情况才有所改善，也因此引起学界对这一地区独特考古学文化面貌的关注。

在《坐果山与望子岗——潇湘上游商周遗址发掘报告》中，作者将潇湘上游新石器晚期至春秋时期的文化面貌和序列基本摸清，望子岗一期遗存年代最早，相当于新石器时代晚期，望子岗二期和坐果山一、二期遗存年代相当于商代，望子岗三期和坐果山三期的年代相当于西周至春秋时期。

与其他地区不同，潇水中上游商周时期遗址形态独特，以岩山遗址为主。所谓岩山，是指河谷边缘零星散布的具有喀斯特地貌特征的孤山，一般高出地面数十米，山体陡峭，山顶岩丛裸露，但岩丛之间一般有面积较大的平地，山下常见开阔的良田，并有河流和溪水流经。我们把那些发现有人类活动遗存的孤山，称之为岩山遗址。

一般来说，早期人类从天然洞穴中走出来之后，都会选择较开阔的河流台地作为居住址，为什

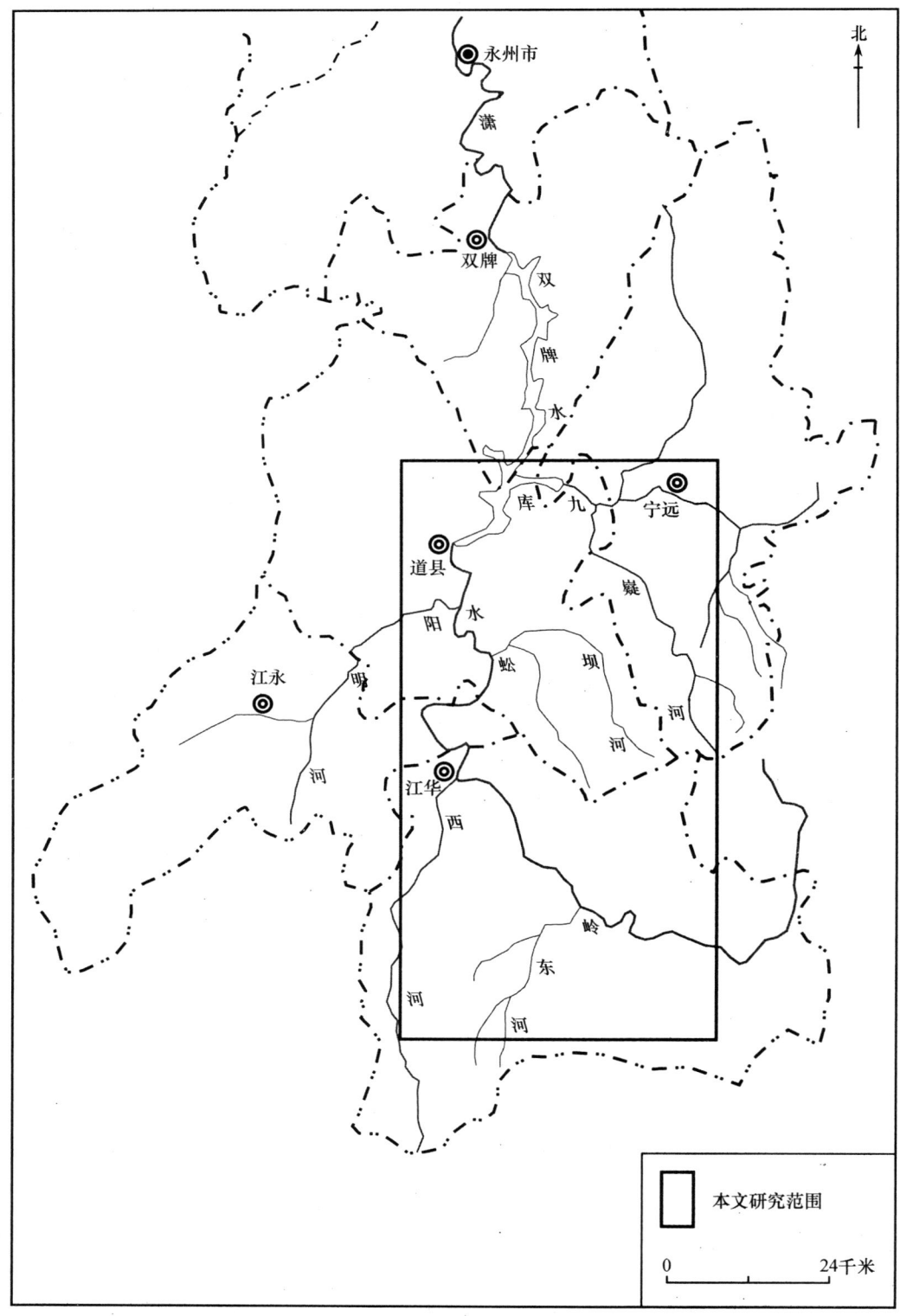

图一 潇水流域位置图及本文研究范围

么该地区的先民却选择了低矮陡峭的岩山？这样的选择对他们的生活又产生了怎样的影响？本文在前人研究的基础上，以地理信息系统（geographic information systems，GIS）空间分析为切入点，结合相关考古材料，对该流域商周时期聚落分布的特点、原因以及聚落分布与自然环境、社会组织、文化传统之间的关系等问题做一些探讨。

一、潇水中上游考古地理信息系统的建立

地理信息系统是描述、存储、分析和输出空间信息理论和方法的一门新兴的交叉学科，是以地理空间数据库（geo-spatial database）为基础，采用地理模型分析方法，适时提供多种空间的和动态的地理信息，为地理研究和地理决策服务的计算机技术系统[4]。GIS作为一种关心研究对象空间关系的新型计算机数据系统，使考古学家第一次可以借助计算机的所有优势（如存储、数学分析、检索、模拟、任意显示等）来处理考古资料。

将GIS应用于考古学研究始于1983～1985年，主要集中在欧洲和北美地区，但相关技术的应用可追溯到20世纪70年代后期。欧美GIS考古学研究的发展，大致可分为三个阶段：20世纪70年代末，计算机图形学、数据库和统计分析等技术开始应用于考古研究；80年代，GIS在北美兴起，遗址预测成为考古GIS的主要研究方向；90年代初，GIS开始被欧洲考古界所认识并接受，景观考古GIS分析逐渐盛行[5]。

进入21世纪以来，国内考古界开始关注GIS在考古学中的应用，开展了相关的理论介绍与探讨[6]，部分地区开始建立考古地理信息系统数据库[7]，并逐渐深入开展聚落考古、环境考古、景观考古研究等诸多领域[8]。

建立考古地理信息系统数据库一般包含以下步骤：①基础地理数据及各考古遗址的图形、图像和统计资料的收集与归纳；②基础地理信息数字化录入和编辑；③各考古遗址的图像、图形、属性统计等成果数据的建库；④建立图形、属性统计数据、图像数据间的相互对应关系[9]。

本文中应用的基础地理信息数据来源于湖南省第三测绘院绘制的数字高程模型图。数字高程模型（digital elevation model，DEM）是一定范围内规则格网点的平面坐标（X，Y）及其高程（Z）的数据集，它主要是描述区域地貌形态的空间分布，是通过等高线或相似立体模型进行数据采集（包括采样和量测），然后进行数据内插而形成的。DEM是对地貌形态的虚拟表示，可派生出等高线、坡度图等信息，使用过程中可以直接提取等高线、水系、居民点等图层。

潇水中上游由30余幅1：50000的地形图组成，体量巨大，如此多的地图在GIS中运行非常缓慢，而且构成的区域形状不规则，不利于成果的展示。因此本文选择潇水中上游干流所在区域，遗址分布较为密集的10幅相连的1：50000地形图作为底图，该区域内的遗址数量占整个潇水中上游的50%，而且地形地貌复杂多样，潇水干支流水系庞杂，通过对该区域的研究可以在很大程度上反映整个潇水中上游商周时期聚落分布特点。

本文中考古基础信息数据来自三个方面：一是2008～2011年第三次全国文物普查的成果；二是2010年和2011年笔者在研究区域内所做的系统考古调查；另外，《坐果山与望子岗——潇湘上游商周遗址发掘报告》为我们提供了该地区考古学文化面貌和时代的重要资料。

由于时间和经费方面的限制，此次区域考古调查与涔天河水库扩建工程抢救性文物考古调查相结合，仅对涔天河水库区及其灌溉渠延伸部分做了系统调查，调查范围涉及宁远、江华、江永及道县部分地区。

区域系统调查法（regional systematic survey）在以平原地貌为主的北方地区已有较成熟的应用，且取得了理想的效果，但在以丘陵地貌为主的南方地区应用较少，此次在潇水中上游运用这种方法调查也属于尝试性质。调查过程中，3或4人组成调查小队，队员间隔50米左右，手持1∶10000地形图，沿河流一侧行进，根据地形适时调整行进线路。根据以往经验，遇到孤山则集合队员做重点调查，因为这种孤山调查花费的时间和精力较长，为保证调查进度基本同步，集合队员是必要的。孤山调查结束后，队员继续分散，展开地毯式调查。调查发现的遗址，填写统一的"考古遗址调查表"，表格主要内容有遗址名称、行政归属、地理坐标、海拔、附近河流名称、距离、离河面高度、地貌与环境、遗址状况、标本采集情况、照相号等。

通过调查，我们对潇水中上游商周遗址的文化面貌有了更清晰的认识。从遗址类型来看，已发现的遗址以岩山遗址为主，台地遗址极少。岩山遗址有其独特的地理属性和文化特征。以小石山遗址为例，该遗址位于江华县小圩乡下沙背村北约100米，遗址以岩山命名。小石山高约20米，南距崇江约50米，离河面高度约60米，山下有较开阔的农田。岩山四周陡峭，怪石嶙峋，极难攀爬，顶部有突出的岩石，大小不一，高低错落，岩石之间形成各种形态不规则的石窝，文化层即分布于这些石窝中。文化层厚25~30厘米，黑色砂土，土质疏松，包含较多的陶片。陶片以夹砂陶为主，泥质陶极少，纹饰有绳纹、方格纹、刻划纹、曲线纹等，器形较少，仅有釜、罐、支脚等。石器较多，磨制为主，少量打制，器形有斧、凿、锛、镞。

在区域系统调查结果的基础上，结合《中国文物地图集·湖南分册》及第三次全国文物普查成果，统计发现潇水中上游共有商周遗址148处，其中道县20处、江永10处、江华55处、宁远63处。这些遗址中共有岩山遗址133处，占89.9%，另有台地遗址13处、洞穴遗址2处（表一）。

表一　潇水中上游遗址类型及分布情况表

遗址类型 县市	岩山类遗址	台地类遗址	洞穴类遗址	合计
道县	16	4	0	20
江永	9	0	1	10
江华	49	5	1	55
宁远	59	4	0	63
合计	133	13	2	148
百分比/%	89.9	8.8	1.3	100

完成地理和考古基本数据的采集和数字化之后，将所有信息以数据库的形式进行存储，建立各种矢量化图层，并进行相互关联。等高线、水系图层可以直接从数字高程模型图提取。将所有考古遗址抽象为点，使用遗址中心位置GPS数据值，转化为与数字高程模型相匹配的坐标系统，就可以直接生成遗址图层。将田野调查获得的数据及信息以遗址为单位转换成excel表格形式存储，excel表格包含该遗址的名称、经纬度、海拔、行政区划、年代、面积、文化遗物、自然环境及人文环境

等内容。将该部分导入GIS软件中,成为遗址点的属性数据库。遗址图层分别与等高线、水系图层等叠加,即可初步完成潇水中上游商周时期考古地理信息系统数据库的建立。

二、基于GIS的聚落空间分析

考古地理信息系统数据库建立之后,除了可以方便保存、查询、显示、制图等应用,作为考古研究者来说,最重要的工作是运用GIS本身具备的强大分析功能,对考古学遗存的空间关系进行相关分析,进而探讨人类社会组织和文化模式。本文主要通过以下几个方面对潇水中上游商周时期聚落分布进行研究。

(一)等高线分析

等高线分析是空间叠置分析的一种,空间叠置是将两个或多个图层以相同的空间位置重叠在一起,经过图形和属性运算,产生新的空间区域的过程。等高线分析就是将等高线图层和遗址位置图层进行空间叠置,并进行相关的图形和属性运算(图二)。

对潇水中上游74处遗址的等高线分析显示,大多数遗址位于海拔200~400米,其中海拔位置200~300米的遗址数量占59.5%、300~400米的遗址数量占28.4%,海拔小于200米和大于400米的遗址仅占总量的12.1%(图三)。很显然,当时人们在选择聚落位置时对海拔有一定的要求,更愿意选择海拔适中的位置居住。

首先,聚落位置不能过高,研究区内等高线400米以上的位置多属丘陵山地地貌,地势高,距离河流远,不利于取水、采集狩猎或农作等日常生活。所以仅有极少数遗址位于海拔400米以上,这些遗址可能是为了获取山区资源如木材等,而临时建立的居住点。

其次,等高线数值较低的河谷平原地带,地势开阔平坦,易遭洪水冲击,同样不适于居住。但河谷平原中突出的孤山则是例外,这些孤山一般高出地表几十米,海拔位置适中,而且四周陡峭,不会形成积水,是理想的居住场所。

(二)缓冲区分析

缓冲区又称影响区或影响带,是指围绕地理要素的一定宽度的区域。缓冲区是以某类图形元素(点、线或面)为基础拓展一定的宽度而形成的区域。

本文以研究区域内的河流中心线为基础分别建立600米、1000米、2000米缓冲区,将缓冲区图层与遗址点图层叠加(图四),观察分析遗址位置与河流距离的关系。

缓冲区分析结果显示,大多数遗址位于600米缓冲区之内,占总数的71.6%,600~1000米缓冲区和1000~2000米缓冲区内遗址分布较少,分别占总数的10.8%和8.1%,超过2000米缓冲区仅有少量遗址分布。从各缓冲区面积与调查区域总面积的关系看,600米缓冲区只占调查区总面积的

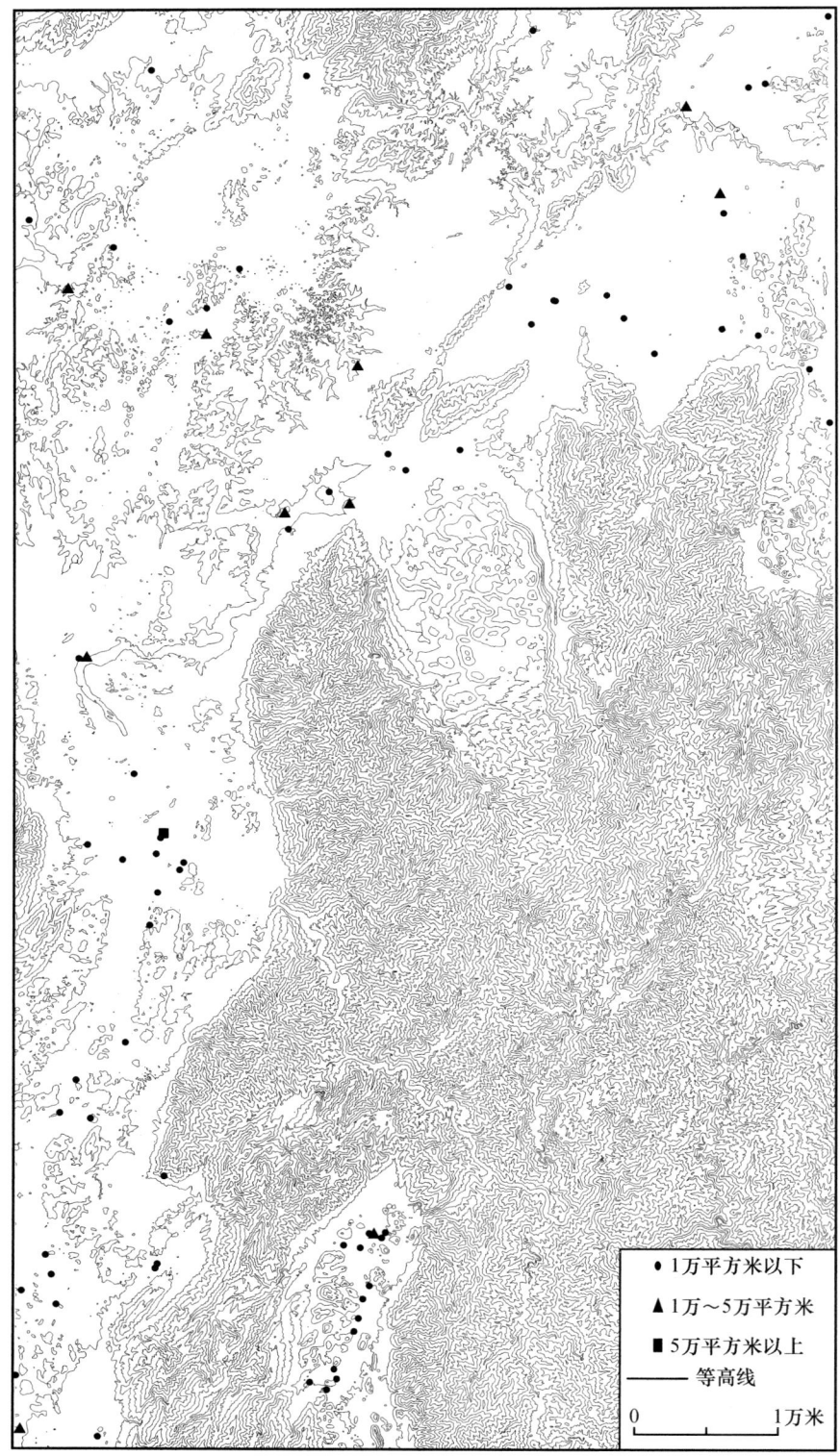

图二　等高线与遗址位置叠置图

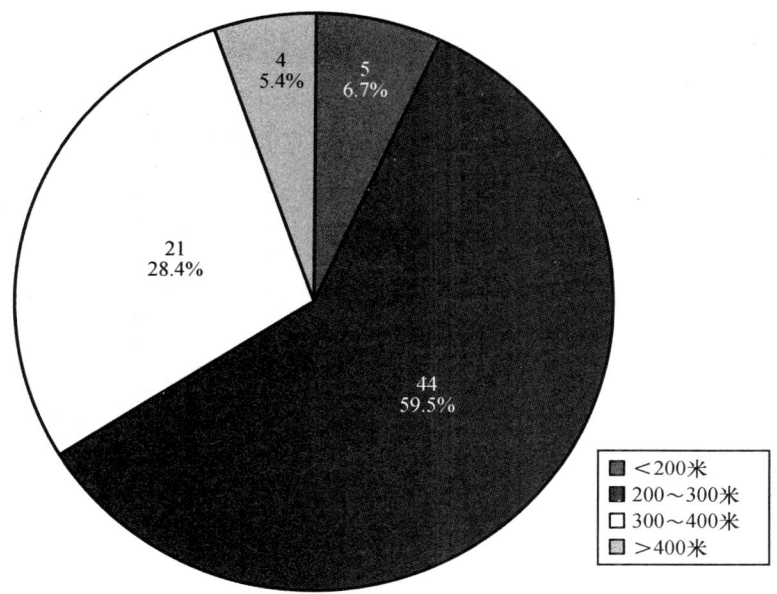

图三 遗址海拔分布示意图

13.3%，超过2000米的缓冲区面积占总面积的60%，说明潇水中上游商周时期聚落分布比较集中，人们更倾向于选择靠近河流的区域居住（表二）。

表二 遗址分布在不同河流缓冲区中的比例

河流缓冲区/米	各缓冲区面积/平方千米	各缓冲区面积/调查区总面积/%	遗址数量/个	遗址数量/总数量/%
0~600	75.1	13.3	53	71.6
600~1000	46.2	8.2	8	10.8
1000~2000	103.9	18.5	6	8.1
2000+	337.8	60	7	9.5

缓冲区分析表明该时期人们在选择居址时，与河流间的距离是重要的考虑因素之一。潇水中上游的河谷平原和山地丘陵地貌，决定了雨水集中汇入潇水干支流，其他区域不利于积水、蓄水，因此河流成为当地最重要的水源。由于当时人们引水、蓄水能力差，获取水源最简单的方式就是选择靠近河流的区域居住。

对不同地区聚落缓冲区分析显示的结论不同，滕铭予等[10]对半支箭河中游聚落研究显示，战国以前距离水资源最近的区域（0~500米）并不是人们在选择居址时的首选，但在战国时期40%的遗址位于500米范围之内，1000米缓冲区内遗址数量达到70%。刘建国等[11]对临汾盆地、陕西周原七星河流域的研究，则表明各个时期的大多数聚落位于600米缓冲区之内。

显然，不同地区聚落分布与河流距离远近不一，这与各个地区的地形地貌密切相关。潇水中上游河间谷地狭长，谷地两侧是连绵的丘陵山地，大多数超过600米缓冲区的区域，已位于山地之中或边缘，增加了获取水资源的难度，宜居指数降低。虽然600米缓冲区内更容易遭受暴雨洪水的威胁，但潇水中上游独特的孤山地貌有效地避免了这种风险，人们选择在此居住就成为必然。

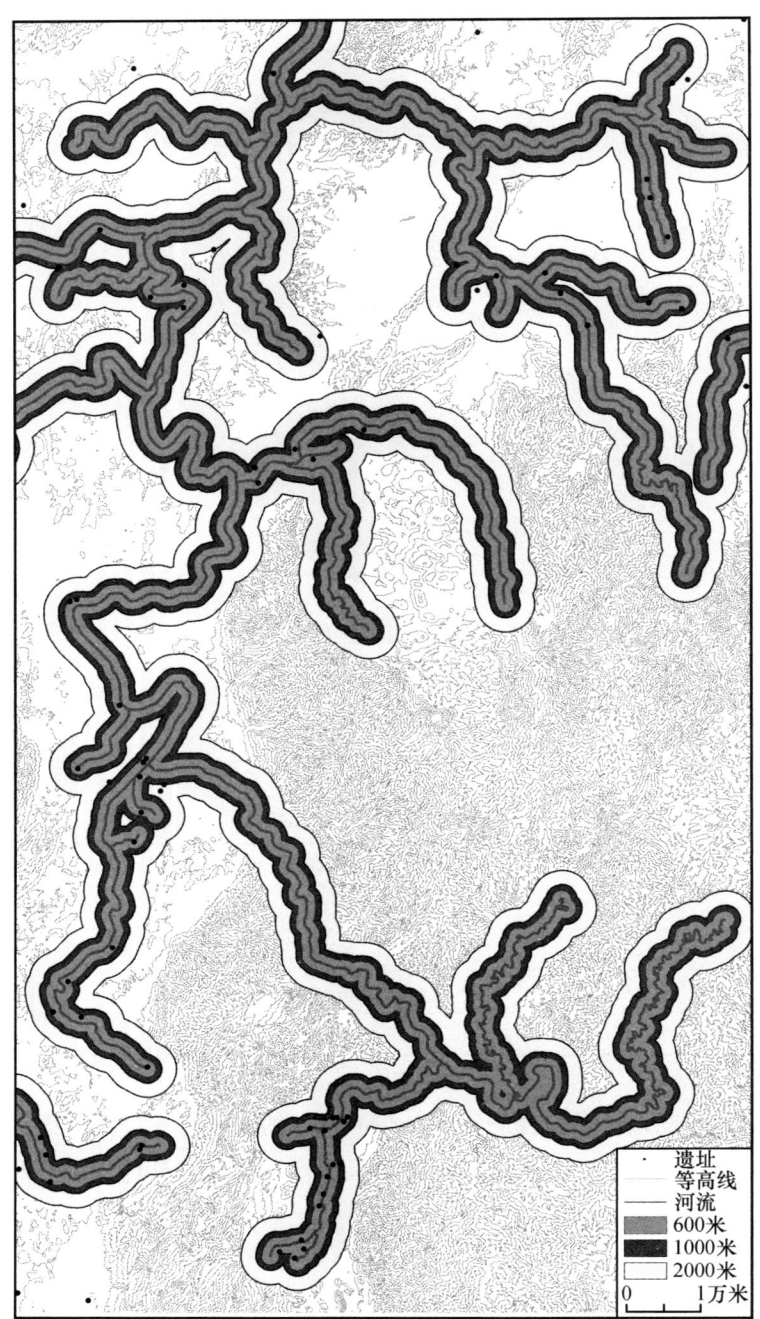

图四　河流缓冲区与聚落分布

（三）坡度分析

坡度是指地表单元的陡缓程度，通常把坡面的垂直高度和水平距离的比叫作坡度。本文将研究区域内的地形用三种坡度形式显示，然后将坡度图层与遗址图层叠加，观察聚落分布与坡度的关系（图五）。

坡度分析结果显示，潇水中上游74处遗址中，有45处遗址位于坡度1°之内，占总数的

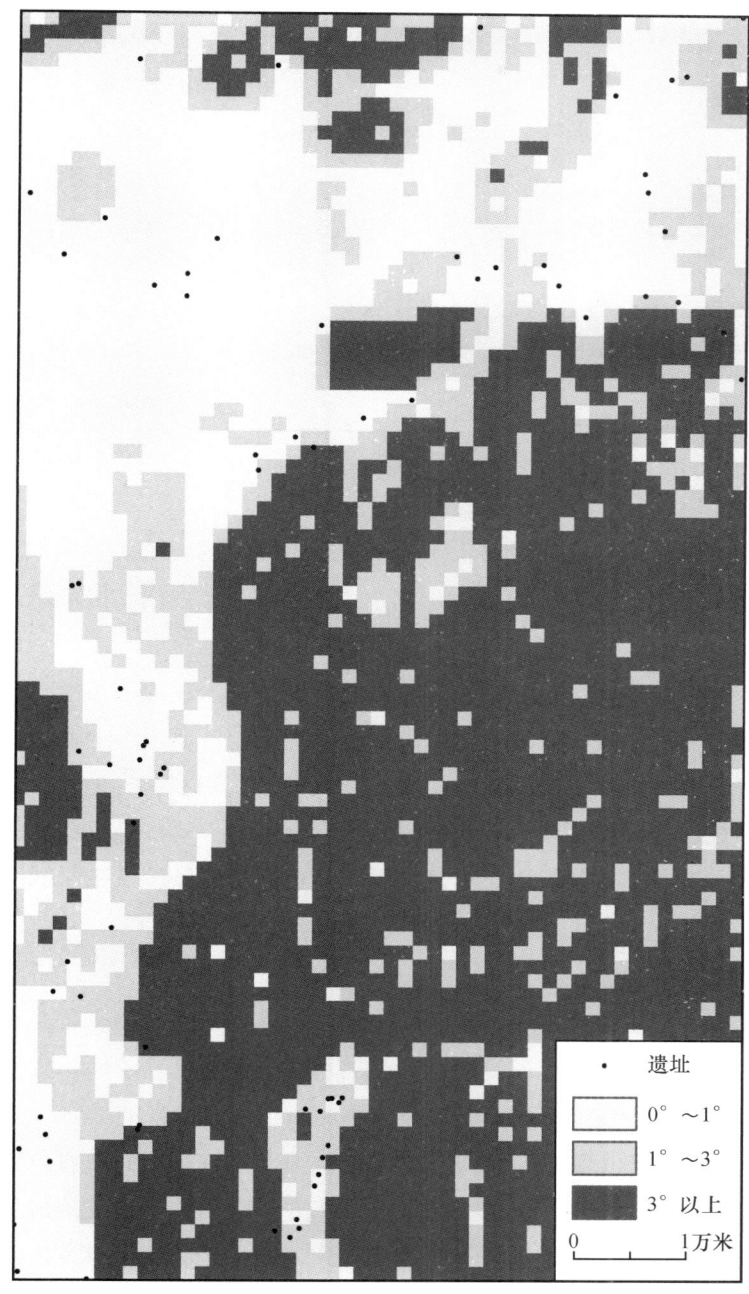

图五　坡度与聚落分布

60.8%，坡度1°~3°的遗址有23处，占总数的31.1%，坡度超过3°的地带有6处遗址，仅占总数的8.1%（图六）。

一般而言，坡度1°以内的地区地势平坦开阔，水源充足，土壤肥沃。同时水流较缓，河流搬运泥沙能力降低，大量泥沙沉积堵塞河道，夏季雨量增多时易发生洪水、河流改道等事件。坡度1°~3°的地带河道下切较深，水流适中，河流较为稳定。坡度3°以上的地带，河流落差大，水的流速很快，不适于蓄水。因此通常认为坡度1°~3°的地带才是最为适合人类居住的区域，刘建国等[12]对临汾盆地古代聚落的坡度分析证实了这一观点。

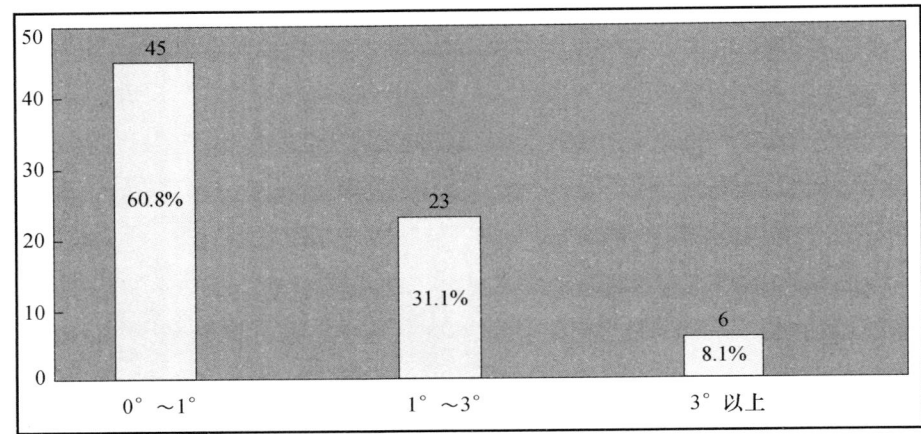

图六 遗址数量与坡度

潇水中上游商周时期大多数古代聚落位于坡度1°之内的地区，坡度1°~3°地带的遗址数量约占1/3，3°以上地带则极少有遗址分布，可以看出潇水中上游坡度3°以内的区域适合人类居住，3°以上地区宜居指数较低。

这与临汾盆地古代聚落坡度分析的结论有一定的差别。临汾盆地的坡度分析显示，坡度1°之内不适合人类居住，主要是因为这一区域容易受洪水泛滥的影响。潇水中上游独特的地理地貌决定了人们在1°之内选择居址也可以不受洪水影响。潇水及其支流流经平坦谷地时，坡度1°之内的地带同样容易发生洪水，但往往在河流两岸会突兀的显露出岩山地貌，这些坐落在平坦谷地中的岩山通常高出地表数十米不等，选择在这些岩山上居住，可以避免因为坡度较低带来的洪水泛滥等灾难性事件的影响。

也有研究显示，坡度与聚落规模之间存在一定的联系。刘建国等[13]对洛阳盆地各时期聚落坡度分析显示，坡度3°以上地带分布着若干中小型聚落，而大型聚落基本上都是分布于地面坡度1°左右和1°以内的地带，研究者认为开阔的空间和充足的水源是聚落规模不断扩大的必备条件，同时聚落规模越大，其治水能力也越强，可以有效防止洪水等自然灾害带来的威胁。

与洛阳盆地不同，潇水中上游商周时期聚落虽然大多分布在坡度1°左右，但与聚落规模无关，与治水能力也无关。该时期聚落以中小型为主，1万平方米以下的小型聚落占总数的85%，同时，检阅商周时期潇水流域的发掘资料，并没有发现与治水、蓄水相关的遗存，因此可以认为人们在选择居址时，更多的是考虑如何适应当地环境，而没有改造自然环境的能力。正是因为该地区特殊的孤山地貌的存在，人们才会选择在坡度1°以内的区域定居。若没有孤山地貌，以当时的聚落规模和治水水平，坡度1°以内也同样难以居住。

（四）遗址规模和聚落形态分析

在聚落考古研究中，通常将遗址规模与聚落等级相联系，认为遗址规模越大，反映的聚落等级越高。对遗址规模进行分析能在一定程度上反映聚落等级，可以考察是否存在中心聚落等问题。利用GIS的分类功能，将潇水中上游商周时期遗址按面积分为三类，形成遗址规模分布图和分类图

（图七、图八）。

从图七中可以看出，该时期1万平方米以下的遗址有63个，占总数的85.1%，这类遗址面积小、数量多，属于小型聚落；面积1万～5万平方米的遗址有10个，占13.5%，属于中型聚落；面积5万平方米以上的遗址仅有1个，属于大型聚落。

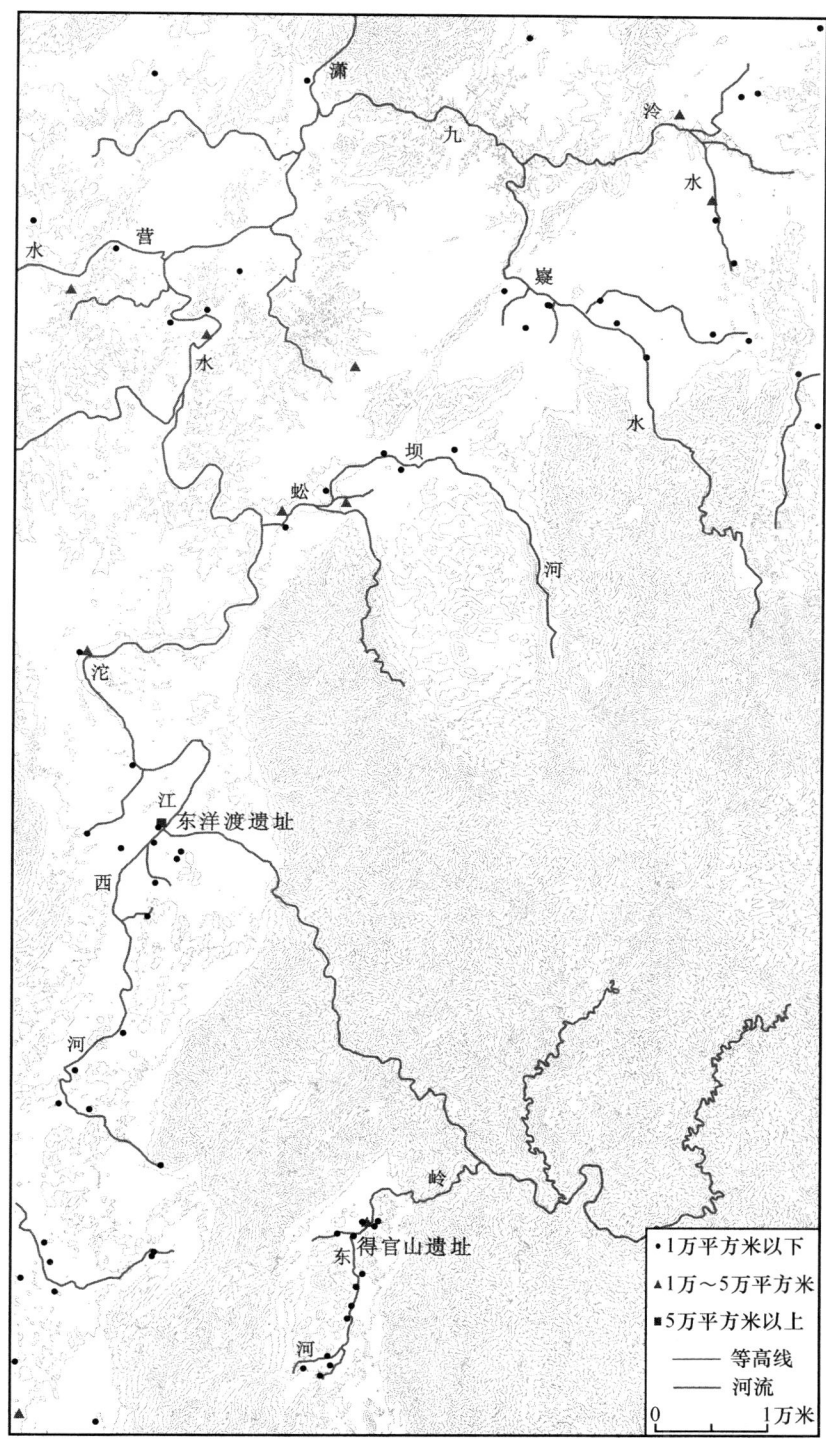

图七　遗址规模分布图

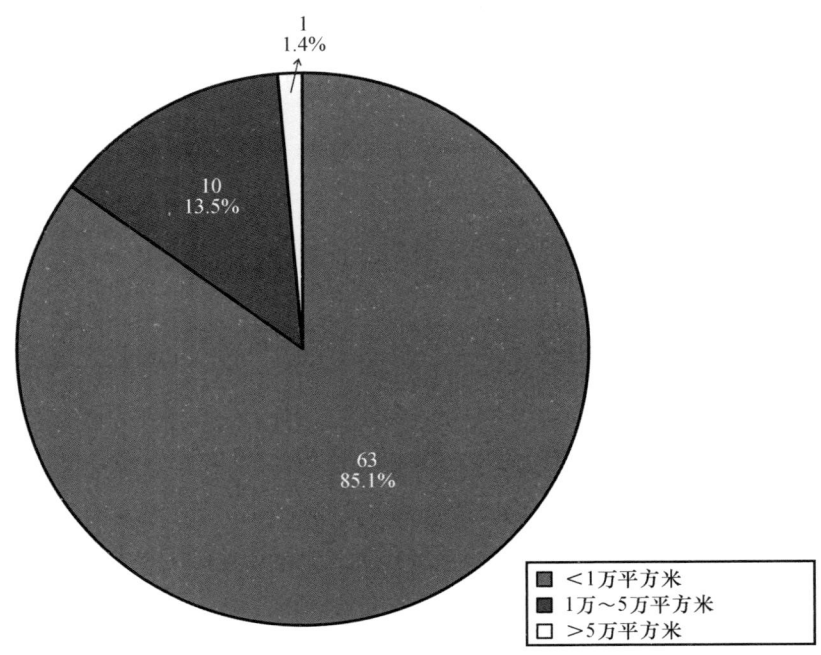

图八　遗址规模分类图

遗址规模与人口数量有内在的联系。乔玉[14]通过对安徽蒙城尉迟寺和陕西临潼姜寨两处聚落的考察，得出人口分布密度值，认为新石器时代中晚期平原地区人口密度约为57人/公顷。相比于平原地区，孤山遗址单位面积内能容纳的人口数量可能更少。依此推算，潇水流域1万平方米的聚落仅有不足50人居住。根据该地区的考古发掘资料，已发现的最大房址面积不超过100平方米，多数房址面积仅数平方米或数十平方米。以望子岗二期为例，在160平方米发掘范围内，发现4处房屋遗迹，共131个柱洞，密集分布于整个发掘区内，可以想象当时窝棚林立的情景。这也可以反映当时生存空间有限，人口数量少。

潇水中上游商周时期聚落以中小型为主，大型聚落极少。聚落规模从几百平方米到数十万平方米不等，差别明显。那么，大型聚落和中小型聚落间是否存在等级差异？大型聚落中是否存在中心聚落？中心聚落是区域中心还是地方中心？下面就这些问题稍加分析。

目前，有关聚落形态的理论研究中，"中心位置理论"是操作性很强的理论模型，在聚落考古研究中应用比较广泛。这一理论认为，每个主要的中心聚落和它相邻的中心聚落之间有一定的距离，并均被一圈较小的聚落所包围，形成分层网络模式[15]。

运用中心位置理论模型，潇水中上游中心聚落应具备以下条件：①必须具备一定的规模；②周边存在多个较小的聚落；③中心聚落之间有一定的距离。观察潇水中上游遗址规模分布图（图七），在规模最大的东洋渡遗址周边，存在数个较小的聚落，因此该遗址具备成为中心聚落的可能。但我们注意到，东洋渡遗址并非位于小型聚落的中心，而是偏据北部，小型聚落多分布于其南侧，仅有1处位于西北部，且距离较远。这种聚落分布特点，可能与聚落本身的功能有关，一般来讲，为了方便观察敌情、传递信息，防御性聚落多位于整个聚落群的边缘位置。东洋渡遗址有可能就是这样的防御性聚落，这一点在下文中还将进一步讨论。

中型聚落中,得官山遗址周边有若干小型聚落环绕,有可能是小的地区中心聚落。但其规模不大,而且周边没有其他中型聚落,不具备成为区域中心的可能。其他几处中型聚落或者单独存在,或者周边仅有一处小型聚落,不具备成为中心聚落的条件。

上述分析可知,潇水中上游遗址规模虽然存在较大差异,但等级差异并不明显。中型聚落中,大多数不具备成为中心聚落的可能,也就不存在等级分化。规模最大的东洋渡遗址因其位置特殊,很可能只是具备防御功能的中心聚落,这种聚落与其他小型聚落间的等级差异也不明显。

(五)可视域分析

由一个遗址到周围环境的视线可及范围,即一个遗址传递视觉信息的区域范围,很可能与这个遗址具有的特殊意义有关。而遗址之间的相互可见范围,亦能说明不同遗址之间是否存在着某种联系。可视域分析就是通过对单个遗址的视觉范围,以及不同遗址间的复合视觉范围进行比较,从而对这些遗址与环境的关系、遗址之间的关系、遗址的功能等问题提供进一步深入分析的新角度[16]。对于很多文化类型和人群来说,一个地域中视觉的影响力超过其他感官接收的信息,视觉特性能留下很深的记忆和暗示,常常形成对这个地域最基本的描述[17]。

本文可视域分析首先以所有聚落为视点,建立复合视觉范围,观察聚落间的相互可视程度(图九)。分析显示,商周时期聚落间互相可视程度较高,多数聚落的可视范围内存在一或两个其他的聚落,聚落分布密集的区域,一个聚落周围可以同时观察到六七个不同的聚落。仅有个别聚落因所处位置偏远,不能在可视范围内观察到其他聚落。

聚落间之所以要互相可视,有多方面的原因。一方面,可能是心理上的需求。人类社会发展之初,普遍对自然界中的各种现象感到无知和恐惧,缺乏安全感,在选择居址时如果能够满足视觉上的相互可见,可以有效消除心理上的恐慌。另一方面,聚落间的相互可视在防御洪水猛兽或外敌入侵等突发性事件时也将起到关键作用。受环境因素限制,当时单个聚落的规模较小、人口数量有限、生产工具落后(石器、木器),单个聚落应对突发事件的能力有限,因此必须与其他聚落及时有效的沟通,加强联系、紧密合作,才能度过各种危机。聚落之间相互可见,可以更加方便的沟通,及时发现洪水等突发事件,并尽快通知相邻的聚落,采取措施,尽量避免突发性事件带来的危害。

通过对单个聚落可视范围的研究,可以在一定程度上解释该聚落的功能。一般认为,可视范围内的资源均在聚落的影响和控制之下。以沱江流域为例,该区域聚落分布比较集中,形成了一个独立的聚落群,其中东洋渡遗址面积最大,上文中通过"中心位置理论"模型分析,认为它很可能是地区中心聚落。以东洋渡遗址为视点建立可视域(图一〇),可以看到,可视范围覆盖整个聚落群及其周边区域,周围绝大多数小型聚落均在可视范围内。东洋渡遗址位于聚落群的东北部,如果有外敌沿沱江从北部入侵,必定要先将其攻下才可继续向南,而东洋渡遗址可视范围较广,可以依托有利地势,在外敌入侵时快速地将消息传递给南部的聚落,并从南部聚落中得到支持,组织力量抵抗外敌。因此推测该遗址很可能是具备防御功能的中心聚落,这与上文的分析一致。当然,更多的证据还需要进一步的考古发掘才能获得。

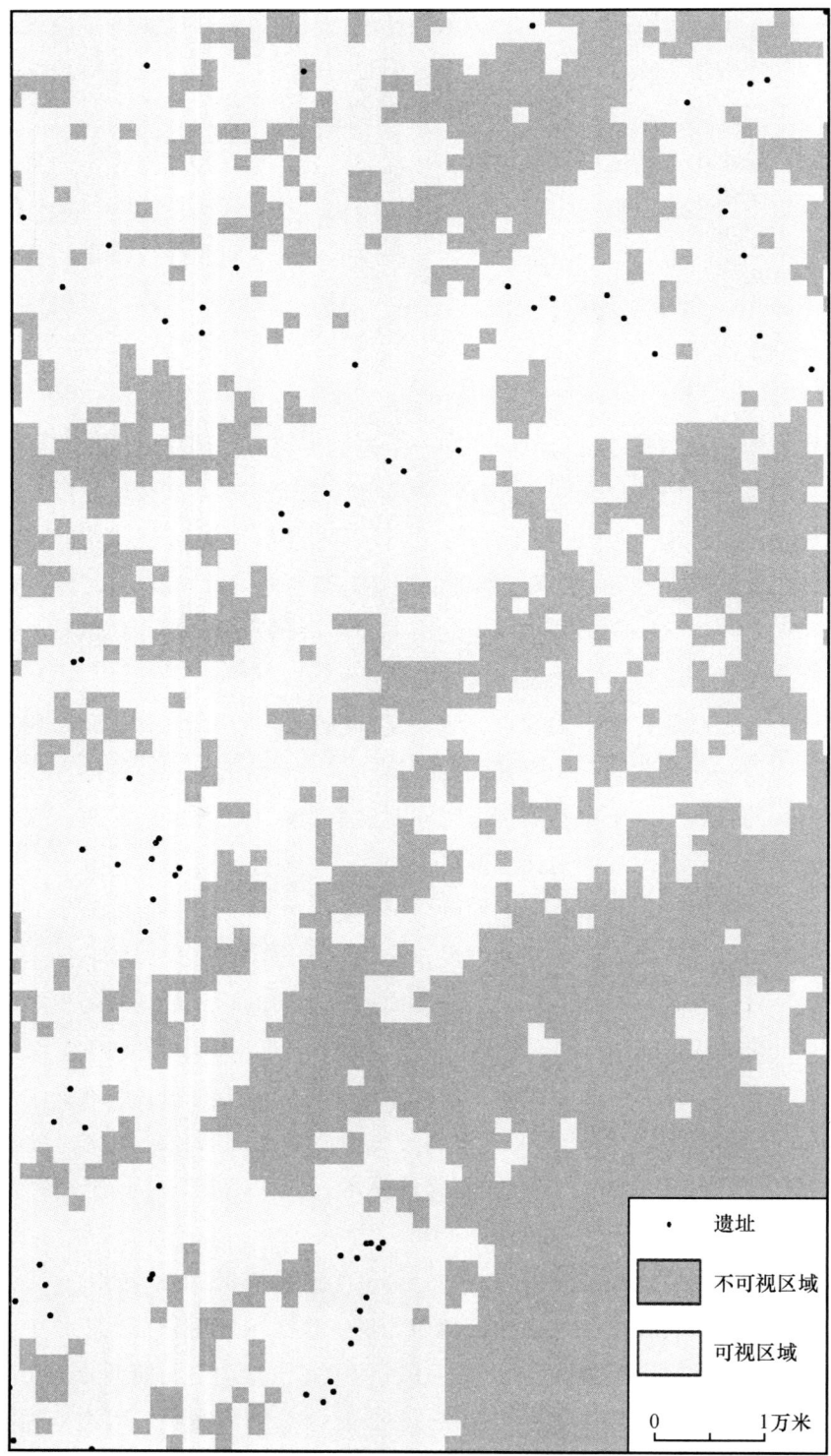

图九 可视域与聚落分布

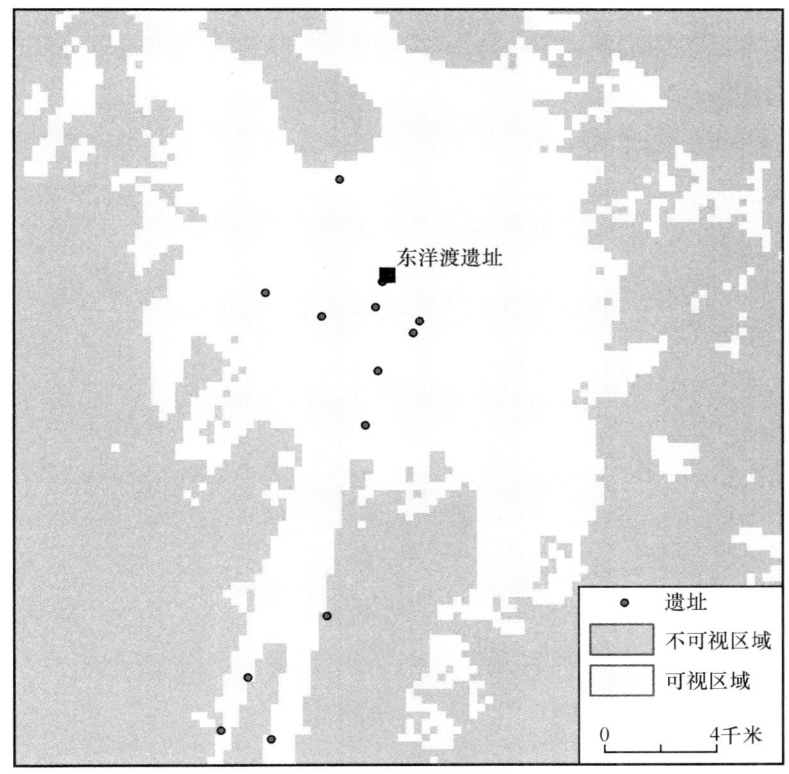

图一〇 东洋渡遗址可视域

（六）遗址域分析

遗址域分析是指通过对遗址周围自然资源的调查与分析，来恢复古人以遗址为中心的日常活动范围和获取资源的方式，进而考察人地关系演变[18]。一般来说，农耕社会日常活动范围，是以5千米或步行1小时为半径的正圆圈，狩猎游牧社会是以10千米或步行2小时为半径的正圆圈。

根据目前的考古发掘材料，潇水中上游商周聚落日常生活所需要的资源，包括各种动植物资源、石器原料、陶土及其羼和料。经过实地调查，动植物资源绝大多数来自河谷平原地带，少数（如麂、獐、扫尾豪猪、搭建窝棚的木料）来自山区。石器原料均来自于河漫滩。陶土与本地土质近似，应来自于聚落周围。羼和料是边角锐利的细小石粒，来自于河漫滩。这些生产生活必需的资源大多可以在聚落周围2千米半径范围内获得，少数资源的获取需要向外扩展，4千米半径范围内基本上可以满足对所有资源的需求。

因此，本文以半径4千米的正圆圈作为聚落日常活动范围，建立遗址域模型图（图一一）。可以看出，除个别聚落的遗址域单独存在外，大多数聚落的遗址域与其他遗址域之间存在重合，并且存在多个聚落的遗址域相互重合的现象，且重合区域所占比重较大。

我们知道，遗址域反映的是聚落获取各种资源的范围，聚落间遗址域的重合说明不同的聚落可以在同一区域内获取各自所需的资源，形成这种现象的原因有两个。一方面，该区域的聚落规模小、人口少，对资源的需求量不大。上文提到，该区域85%的聚落小于1万平方米，人口数量少于50人，这决定了对资源的需求极易得到满足。另一方面，潇水中上游气候、地理条件适宜，各种自

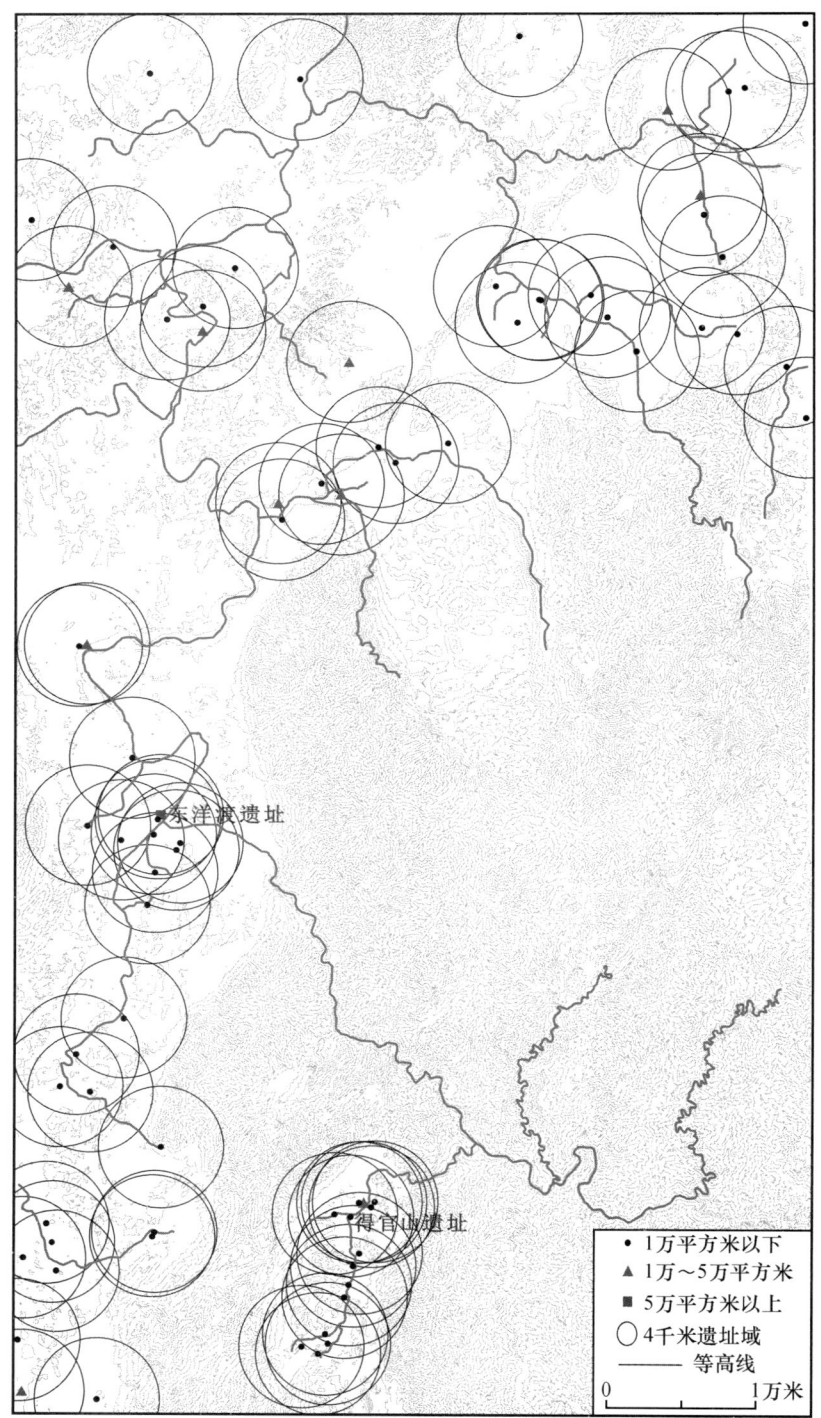

图一一　遗址资源域模型图

然资源丰富，良好的水热条件和自然环境，不仅是采集狩猎的理想场所，也是水稻种植等农业生产活动的沃土，使得单位面积土地载能（土地能养活的人数）较高，人口压力较小。

聚落间遗址域交叉重合还可以反映聚落群的规模和形成过程。以岭东河流域为例，从图一一中可以看到，每一个聚落的遗址域都与相邻的一个或多个聚落的遗址域存在重合现象，个别相邻聚落的遗址域几乎完全重合，表明这些聚落的人们在同一片区域内采集、狩猎或开展农业活动，日常生活中不可避免地会存在各种交往，聚落间关系密切。由此，整个岭东河流域形成一个规模较大的聚落群，可称之为岭东河聚落群。该聚落群共由14个聚落组成，其中得官山遗址规模最大，为中型聚落，其余均为小型聚落。上文中，我们分析得官山遗址很可能是地区中心聚落，若将其放在整个岭东河聚落群来看，得官山遗址位于聚落群的最北端，与东洋渡遗址相似，其规模可能仅与军事防御有关，只是具有军事防御功能的中心聚落，而非行政上的中心聚落。目前也没有证据表明其等级高于其他小型聚落。

同样道理，观察分析潇水中上游聚落间遗址域的交叉重合可以划分出更多的聚落群。例如，西河流域和沱江流域以东洋渡遗址为中心的聚落群、蚣坝河流域聚落群、营水流域聚落群、泠水流域聚落群及九嶷河流域聚落群。这些聚落群内的聚落往往沿河流走向呈线状分布，多数聚落群中不存在中心聚落，即使有地区性的中心聚落，如东洋渡遗址，也很可能只是具备防御性功能，而不是行政中心。在这些聚落群内，聚落间地位平等，不存在等级分化，日常交流接触频繁，逐渐产生了共同的生活习惯、文化习俗等，最终导致当地土著文化和族群的产生。这种通过日常交流进行的融合，其过程是循序渐进的、缓慢温和的，不会导致聚落间等级差异的出现。

从遗址域模型图推测，聚落群之间的交流接触并不明显。岭东河流域聚落群与其相邻的西河流域聚落群因山脉阻隔，遗址域之间没有交集，难以开展日常交往。蚣坝河流域聚落群与其相邻的营水流域聚落群、九嶷河流域聚落群以及沱江流域聚落群之间，虽然有潇水干支流联通，但遗址域之间同样不存在交集，通过日常活动而进行的交流几乎没有。聚落群之间交流接触不显著，一方面可能是受地形影响；另一方面聚落群内部资源丰富，生产生活自给自足，并不需要通过对外交往获取生活必需品。

三、讨 论

以GIS空间分析为基础，本文分析研究了潇水中上游商周时期聚落分布的特点，以下加以简单总结，并讨论其原因和影响。

通过等高线分析、河流缓冲区分析及坡度分析，研究聚落分布特点及其与环境因素之间的关系。分析结果显示，该时期绝大多数聚落位于河流缓冲区600米之内、海拔200~400米、坡度3°以内。说明当时人们更愿意选择满足下列条件的居住址：一是距离河流较近，方便用水；二是海拔适中，既要方便生产生活又可以有效避免洪水等自然灾害；三是坡度较缓，地势平坦。

这种规律性聚落分布模式为我们今后在这一区域的田野考古调查和发现新的遗址提供了有用的参考。GIS在考古学中最早、最广泛的应用是建立考古遗址预测模型。所谓预测模型有一个潜在的前提，就是同一类型的地点往往会发现相同类型的遗址，可以用其推断具有相同环境特征的任一地点存在考古遗址的可能性。在潇水流域，同样可以通过海拔、与河流的距离、坡度三种环境要素推测某些位置是否存在商周遗址。

潇水中上游商周时期这种聚落分布的特点是如何形成的？是主动选择还是对环境的被迫适应？

首先，水源是聚落选址需要考虑的重要因素。由于当时引水、蓄水能力差，为方便生产生活用水必须选择靠近水源的区域居住，空间数据分析表明大多数遗址位于河流缓冲区600米之内。同时，蓄水能力差，就必须选择地势平坦、水流较缓、方便蓄水的河谷平原地带居住，而不能选择坡度较陡的丘陵山区，坡度分析显示当时的聚落大多分布在坡度3°之内的地带。

其次，从遗址出土生产工具、动植物标本及稻谷形态等方面来看[①]，潇水流域在商周时期仍处于以渔猎采集为主的经济形态中，可能出现了以水稻种植为主的早期农业。潇水干支流的河谷平原地貌，野生资源十分丰富，比较适合渔猎采集和早期农耕经济的发展。为了更方便地获取各种野生资源，发展早期农耕经济，人们选择在河谷平原地带建立聚落。坡度分析显示多数聚落分布于坡度3°之内的河谷地带。等高线分析显示海拔400米以上的区域很少有聚落分布。

最后，自然灾害尤其是暴雨、洪水频发对聚落分布产生了重要影响。河谷平原地区，由于潇水流域干支流的坡度较大，汇流较快，暴雨集中，形成洪量集中，极易引发洪水灾害。在这种环境下，若直接将房屋居址建造在河谷平原区域，则很容易被洪水冲毁。因此只能选择具有一定海拔的孤山作为居址。等高线分析显示当时大多数聚落分布在海拔200~400米，普遍高出当地水平面十几米至几十米。

以上分析表明，水源、各种野生资源及自然灾害等环境因素决定了商周时期聚落只能分布于河谷平原地带的孤山上，人们对聚落位置的选择更多的是出于对环境的被迫适应。

潇水中上游商周时期这种聚落分布特点与岭南地区同时期聚落分布特征相似。根据20世纪50年代的统计，珠江三角洲19个县市新石器时代末到秦汉时期的遗址中岩山遗址占86%[19]；广西湘江流域专题调查显示，新石器晚期至商周时期该地区岩山遗址占80%以上[20]。与湖南澧阳平原地区相比较，则存在较大差别。在澧阳平原地区，聚落选址首先考虑的是海拔，大多数聚落分布于该区域海拔位置最高的台地上，这与潇水中上游高海拔区域几乎没有聚落分布完全不同。另外，澧阳平原地区聚落并非都靠近河流，河流600米缓冲区内聚落所占比例明显降低，聚落分布更加分散。

通过GIS的遗址规模和聚落形态分析、可视域分析及遗址域分析，研究聚落分布特点及其与社会组织形式和文化传统的关系。分析结果显示：该时期聚落规模普遍较小、人口数量少；聚落间相互可视程度高，分布密集；聚落日常活动范围狭小，在半径4000米范围内可以获取绝大多数生产生活的必需资源；沿潇水干支流分布若干独立的聚落群，聚落群内部交流频繁，聚落群之间的交流接触则并不显著。

上述聚落分布特点与该时期的社会组织形式密切相关。聚落规模小、人口数量少决定了潇水中上游商周时期社会组织以小型居民点为主。通过考古发掘材料，尤其是墓葬材料看，这一时期的墓葬规模普遍较小，没有葬具，随葬品少，仅有陶器残片和少量石器，说明居民点内部成员之间地位平等，不存在等级分化。

---

① 根据现有的考古材料，当时生产工具以石器为主，石器种类有斧、铲、锛、镞等；植硅体分析显示，文化层土壤中存在极为丰富的水稻硅质体，水稻可能是当时重要的食物来源，但无法区分是野生稻还是栽培稻；动物标本鉴定显示，当时渔猎对象主要有竹鼠、扫尾豪猪、水鹿、赤鹿、小鹿、獐、水牛等，此外还有鸟禽类和龟鳖类动物，家养动物有猪和狗。

沿潇水干支流两岸的河谷地带形成若干独立的聚落群，聚落群内部交流频繁，聚落群之间交流接触较少，这表现在社会组织形式上，很可能指示了族群的产生。《汉书·地理志下》颜师古注引臣"瓒曰：自交趾至会稽七八千里，百越杂处，各有种姓"。《汉书·严朱吾丘主父徐严终王贾传》记载淮南王安谏伐闽越书说："越非有城郭邑里也，处溪谷之间，篁竹之中"，"以地图察其山川要塞，相去不过寸数，而间独数百千里，阻险林丛弗能尽著"。"夹以深林丛竹，水道上下击石，林中多蝮蛇猛兽。"从这些记载来看，古代百越民族多聚邑结寨散居于山川要塞、深林丛竹之中、溪谷之间，而且数目众多。这些文献记载与商周时期潇水中上游聚落分布特征极为相似，潇水中上游应是古代百越族聚居地之一，而沿潇水干支流分布的、独立的聚落群很可能就是百越族的分支。族群内部聚落间地位平等，可能存在具备防御功能的中心聚落，但没有证据表明出现等级分化。

同时，潇水中上游特殊的地理环境和聚落分布的特点对当地土著文化的形成和发展产生了重要影响。

潇水中上游处于相对封闭的地理空间单元内，北有阳明山山脉、东有九嶷山山脉、南有萌诸岭，西有都庞岭，基本阻断了与外界的陆路交通路线。在这样一个封闭的空间单元内，沿潇水干支流分布若干聚落群，聚落群相对独立，交流联系不密切。而在聚落群内部，聚落间日常交往接触频繁，甚至可能需要协同劳作，长期的密切交流往来逐渐形成了共同的生活习惯和文化习俗，导致本地土著文化的产生。

潇水中上游特殊的孤山遗址形态和聚落分布特征，从新石器晚期一直延续至商周时期，数千年没有变化。土著文化在这样的背景下产生之后，发展十分缓慢。从马王堆三号汉墓出土的地形图和防区图可以清晰地看到[21]，汉代时该区域社会组织仍以小型村落为主，县级驻地的功能以军事防御为主，甚至村落的数量也与商周时期没有多大变化①。潇水中上游相对封闭的地理环境、特殊的遗址形态和聚落分布特征以及经济形态和社会组织形式共同决定了该区域从商周时期到汉代数千年的时间内，对外交往不多，社会和文化发展缓慢。

综上所述，聚落分布与生态环境、社会组织形式及文化传统之间存在密不可分的关系。通过相关的GIS空间分析，可以证明生态环境对聚落分布有重要影响，甚至是决定性的因素，同时聚落分布也与当时的经济形态和生产力水平有关。而聚落分布的特点则决定了聚落形态和社会组织形式，并促使当地土著文化的产生，对当地社会和文化的发展有着重要的影响。

本文的研究存在以下问题。

第一，聚落考古研究中普遍存在的一个难题是如何解决"共时性"的问题，本文的研究同样面临这样的考验。潇水中上游田野考古发掘资料匮乏、文化序列不健全，在目前的条件下，只能笼统地使用"商周时期"这一时代概念，时间跨度太长，并不科学，需要在今后的工作中，逐渐获取更多的田野新资料，进一步完善该地区的考古学文化序列。

第二，在聚落考古和GIS考古研究中，系统的区域考古调查是基础，只有通过详细的调查，才

---

① 马王堆三号墓出土地形图的范围与本文研究范围大致相当，地形图上标注有74处乡里级居民地，8处县级居民地，本文研究范围内则有74处聚落分布。

能确定区域内遗址的具体年代、文化面貌、分布面积等遗址属性,为下一步的研究工作打好基础。受各种因素的限制,潇水中上游先秦时期系统的田野调查工作始终无法全面开展,这是以后需要改进的。

第三,本文的研究仅局限于应用较成熟的几种GIS空间分析方法,缺乏对GIS空间分析方法更深入的开发。实际上,GIS空间分析功能非常强大,可以广泛应用于考古学研究的各个领域,如景观散发功能可以用于景观考古学研究,应用表面消耗分析可以用于聚落考古研究,GIS还可以帮助绘制古代环境图,重建古代地貌景观等[22]。在今后的工作中需要多方位了解GIS的各种功能,并将之应用于考古学研究中。

附记:本文是湖南省文物考古研究所2010年所级课题之一。写作过程中得到了湖南省文物考古研究所王彦、李晴及山东大学博物馆史本恒的诸多帮助;课题结项时,所里多位老师提出了宝贵的修改意见,在此表示感谢!

注　释

[1] 湖南省志编纂委员会:《湖南省志·地理志》下册,湖南人民出版社,1987年。

[2] 聂红胜、何江波:《潇水流域水文特性分析》,《湖南水利水电》2003年第6期。

[3] 湖南省文物考古研究所:《坐果山与望子岗——潇湘上游商周遗址发掘报告》,科学出版社,2010年。

[4] 邬伦等:《地理信息系统——原理、方法和应用》,科学出版社,2007年。

[5] 高立兵:《时空解释新手段——欧美考古GIS研究的历史、现状和未来》,《考古》1997年第7期,第89~94页;鲁鹏、杨瑞霞、田燕:《GIS考古研究综述与前景展望》,《中原文物》2008年第2期,第104~108页。

[6] 曹兵武:《GIS与考古学》,《考古与文物》1997年第4期;李安波、毕硕本、裴安平、间国年:《田野考古地理信息系统研究与建设》,《地理与地理信息科学》2004年第1期;齐乌云、周成虎、王榕勋:《地理信息系统在考古研究中的应用类型》,《华夏考古》2005年第2期;刘建国:《地理信息系统在考古研究中的应用》,《社会科学管理与评论》2006年第1期(总第29期);周真:《论地理信息系统在考古学中的应用》,《地域研究与开发》2007年第5期;鲁鹏、杨瑞霞、田燕:《GIS考古研究综述与前景展望》,《中原文物》2008年第2期;武慧华、杨瑞霞:《基于GIS的聚落考古研究综述与展望》,《科技情报开发与经济》2009年第19期。

[7] 中国河南省文物考古研究所、美国密苏里州立大学人类学系:《河南颍河上游考古调查中运用GPS与GIS的初步报告》,《华夏考古》1998年第1期;刘建国、王霞、张蕾:《恒河流域区域考古信息系统的建设与探索》,《考古》2001年第9期;陈德超、刘树人:《GIS支持下的上海考古信息系统的研发》,《测绘与空间地理信息》2004年第5期;杨林等:《基于GIS数据库的田野考古地层剖面空间数据挖掘——以陕西临潼姜寨遗址为例》,《地理与地理信息科学》2005年第2期;刘建国:《陕西周原七星河流域考古信息系统的建设与分析》,《考古》2006年第3期。

[8] 张海:《Arc View地理信息系统在中原地区聚落考古研究中的应用》,《华夏考古》2004年第1期;滕铭予:《GIS在环境考古研究中应用的若干案例》,《吉林大学社会科学学报》2006年第3期;刘建国、王

琳：《地理信息系统支持的临汾盆地古代人地关系研究》，《考古》2007年第7期；滕铭予：《GIS在半支箭河中游环境考古中的应用》，《考古与文物》2009年第1期。

[9] 刘建国、王霞、张蕾：《洹河流域区域考古信息系统的建立与探索》，《考古》2001年第9期。

[10] 滕铭予：《GIS在半支箭河中游环境考古中的应用》，《考古与文物》2009年第1期。

[11] 刘建国：《陕西周原七星河流域考古信息系统的建设与分析》，《考古》2006年第3期。

[12] 刘建国、王琳：《地理信息系统支持的临汾盆地古代人地关系研究》，《考古》2007年第7期。

[13] 刘建国：《考古与地理信息系统》，科学出版社，2007年。

[14] 乔玉：《伊洛地区裴李岗至二里头文化时期复杂社会的演变——地理信息系统基础上的人口和农业可耕地分析》，《考古学报》2010年第4期。

[15] 科林·伦福儒、保罗·巴恩著，中国社会科学院考古研究所译：《考古学理论方法与实践》，文物出版社，2004年。

[16] 腾铭予：《GIS在环境考古研究中应用的若干案例》，《吉林大学社会科学学报》2006年第3期。

[17] Wheatley D. Mark Gillings, Spatial Technology and Archaeology. The Archaeological Applications of GIS. London, 2002: 201-214.

[18] 王青：《西方环境考古研究的遗址域分析》，《中国文物报》2005年6月17日第7版。

[19] 广东省博物馆：《广东中部低地区新石器时代遗存》，《考古学报》1960年第2期。

[20] 广西壮族自治区文物工作队：《广西湘江流域史前文化遗址的调查与研究》，《广西考古文集》第2辑，科学出版社，2006年。

[21] 马王堆汉墓帛书整理小组：《长沙马王堆三号汉墓出土地形图的整理》，《文物》1975年第2期。

[22] 科林·伦福儒、保罗·巴恩著，中国社会科学院考古研究所译：《考古学理论方法与实践》，文物出版社，2004年。

关于岳阳铜鼓山遗址新出土青铜器的相关思考

何 赞

一

铜鼓山遗址位于岳阳市云溪区陆城镇新设村塘湾组，地处长江东南临岸丘陵地带的一个小山头上。遗址面积约3万平方米。该遗址于1985年文物普查时发现，1987年湖南省文物考古研究所等单位对遗址进行了考古发掘。从发掘的情况来看，遗址主要包含商代和东周两个时期的遗存，以商代遗存为主。铜鼓山商代遗存以二里冈时期的文化遗存为主，其繁荣期为二里冈上层时期。关于铜鼓山商文化遗存的性质，学术界一般认为属于商文化盘龙城类型，是盘龙城商文化在长江南岸的一个据点[1]。

1997年10月，当地村民在铜鼓山遗址附近建房时发现了两件青铜器：鼎、觚各1件（图一）。由于现场破坏比较严重，这两件青铜器的出土环境已无法确认，推测可能是出自一座墓葬[2]。从

图一 铜鼓山遗址出土青铜器
1. 鼎 2. 觚

其形制来看，这两件器物与殷墟1959年发掘的武官村M1[3]、2001年发掘的花园庄东地M60[4]、济南大辛庄M5[5]等墓出土的同类器物非常相似，因此其时代应基本相同，为殷墟二期早段[6]，具体年代相当于武丁前期。

关于铜鼓山遗址商文化遗存的下限，目前学术界的意见很不统一：有二里冈上层偏晚[7]、中商二期[8]、中商三期[9]等多种说法。铜鼓山遗址新出土的这两件铜器提醒我们：铜鼓山遗址可能存在更晚阶段的遗存，只是由于埋藏较浅，遭到后期破坏，保存下来的较少；不过有些遗迹，如墓葬、灰坑或窖藏等，由于埋藏较深的原因，可能能够得以幸存。而这一点对于我们了解商文化在长江流域的进退具有十分重要的意义。

二

除铜鼓山遗址外，在湖南北部，至少还有两处地点出土了相当于殷墟二期的青铜器。

1990年，津市涔澹农场在施工过程中发现两件青铜器：觚、爵各1件（图二）。通过对现场的清理和分析，确认铜器出自一座墓葬中[10]。这两件铜器与59武官村M1[11]、济南大辛庄M5[12]、

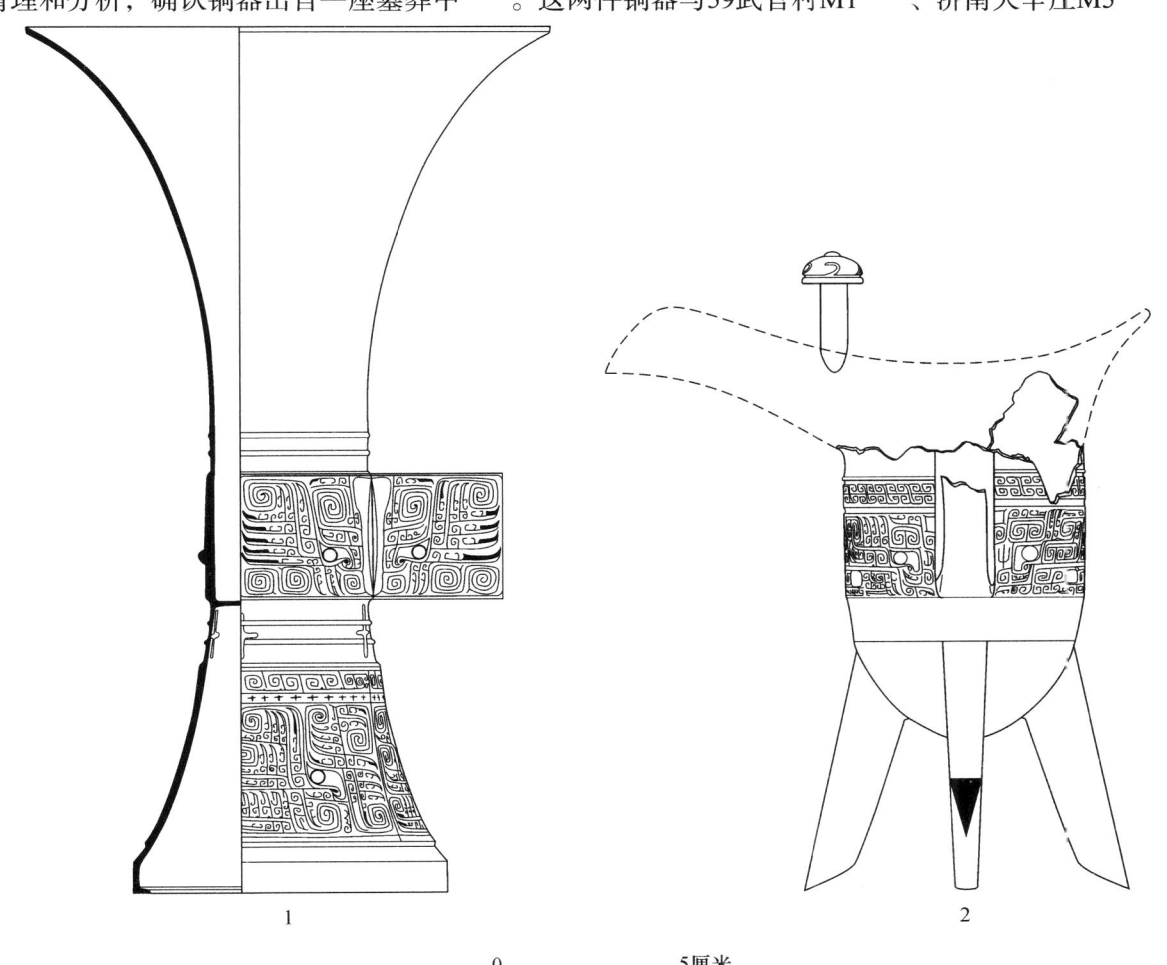

图二　津市涔澹农场出土青铜器
1.觚（M1∶1）　2.爵（M1∶2）

河北武安赵窑M10[13]等墓出土的铜器非常相似，其时代相当于殷墟二期早段。此外，在岳阳博物馆的展厅中，展出了一件华容东山出土的铜鼎[14]。这件铜鼎从形制来看与59武官村M1[15]、2001年花园庄M60[16]、济南大辛庄M5[17]、西安老牛坡M10[18]等地出土的铜鼎非常相似，其时代也应相当于殷墟二期早段。这是华容东山第二次出土铜器，1966年此地还曾出土过一件青铜大口尊，时代也是殷墟二期前后[19]。

目前学术界一般认为中商三期前后，商文化由长江以南向北收缩；至晚商早期，即相当于殷墟一期阶段，长江流域广大地区已基本为地方性考古学文化覆盖[20]。向桃初先生也认为铜鼓山商代遗存最晚者可至殷墟一期，但是其文化性质发生了变化，属于费家河文化，不属于商文化[21]。如果真是这样，那么湖南北部这三个地点发现的殷墟二期青铜器的性质就值得引起我们注意：它们到底是商人的遗物还是本地土著居民的遗物？

在这三处铜器点中，华容东山铜器的出土情况不明；津市涔澹农场铜器可以明确是一座墓葬出土，器物组合为觚、爵；铜鼓山铜器出土环境破坏比较严重，但据参与现场调查的人员反映，应该也是出自一座墓葬，器物组合为鼎、觚。

一般来说，在判断一座墓葬的文化属性时，葬俗（包括随葬品的组合）比随葬器物本身相对来说更为重要。因为器物可以有多种来源，而葬俗反映的是一种观念性的东西，不同文化的人很难模仿。

检索同时期中原地区如59武官村M1、花园庄M60、刘家庄北M61[22]、济南大辛庄M5、西安老牛坡以及河北武安赵窑等墓葬，可以发现这一时期的铜器墓主要有两种组合：一种是单纯的酒器组合，觚、爵或觚、爵、斝；一种是比较复杂的组合，除觚、爵或觚、爵、斝外，还有鼎、甗、瓿、尊等。在后一种组合中，一般都有鼎。这两种组合都存在组合不全的情况，如西安老牛坡M10甚至只有一件鼎和铜牛面饰。

涔澹农场M1出土铜器组合为觚、爵，与上述第一种组合完全相同；铜鼓山铜器组合为鼎、觚，与上述第二种组合类似，但缺少爵，可能是组合不全或者发现时有缺失。由此看来，铜鼓山和涔澹农场两座墓葬的性质应该属于商文化，而不是费家河文化。

结合上述铜器的出土地点我们可以发现，这三批铜器都分布在湖南北部的长江干流沿线，这说明在殷墟二期前后，商人可能并不是如学术界普遍认为的那样，退出了长江流域，而至少是有一部分人依然在长江中游沿线活动。

三

如果我们把视野向北扩展，就会发现这种现象并不是孤立的。江汉平原地区目前虽然没有明确的殷墟时期的遗址材料公布，但一些零星披露的材料表明殷墟时期这里并不是一片空白。据魏航空先生介绍：盘龙城遗址衰落后，武汉地区形成两系古文化的对峙。以蔡甸陈子墩、汉南纱帽山为中心的地区江汉平原南部土著文化兴起；与此同时，晚商文化依然控制着包括黄陂北部在内的鄂北地区[23]。在湖北的黄陂[24]、安陆[25]、应城[26]等地，陆续出土了一批殷墟二期前后的青铜器（图三），器类以觚、爵、斝为主，此外还有瓿、鸮卣等。从这些铜器的出土地点来看，它们大致呈南

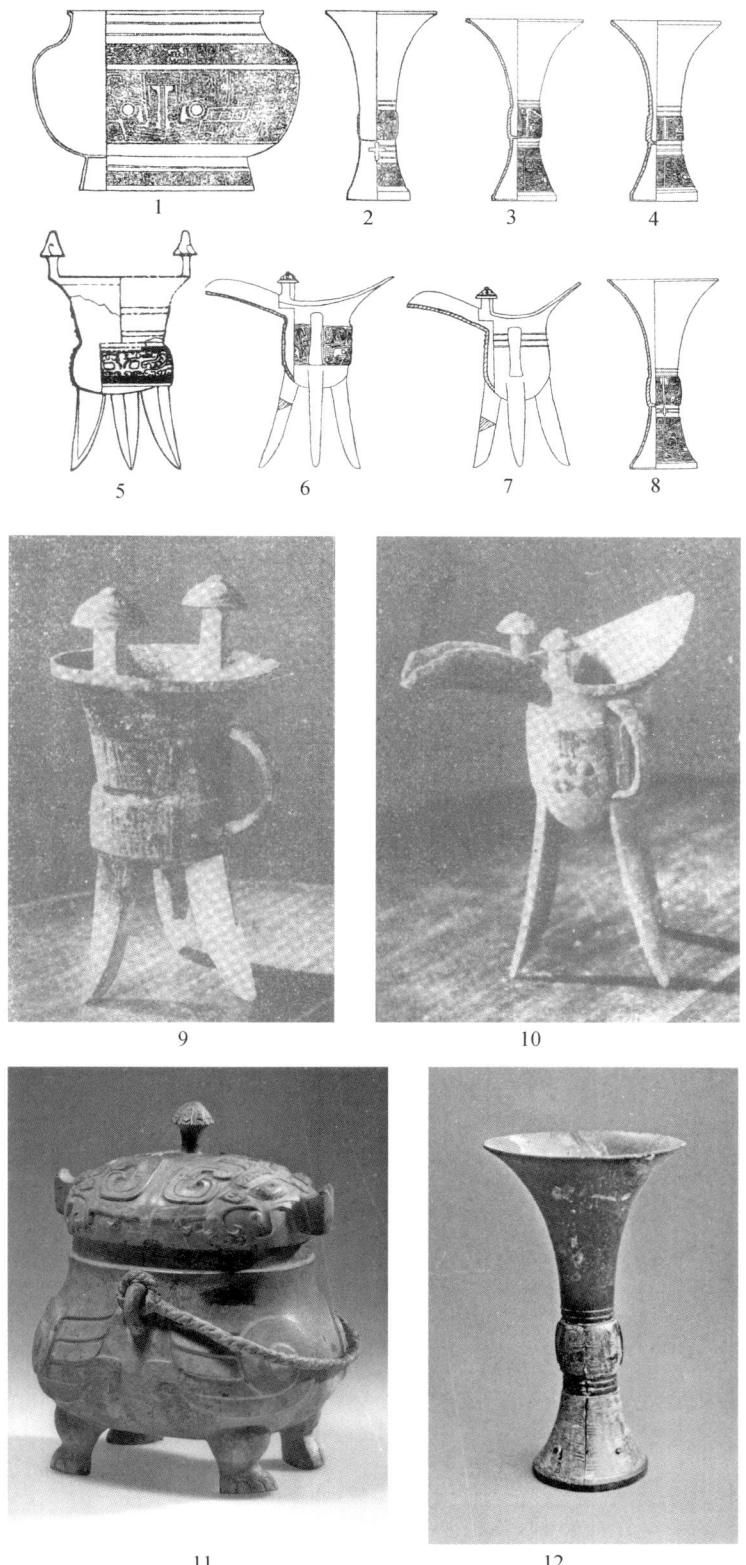

图三　湖北黄陂、安陆、应城出土殷墟时期青铜器

1、2.瓿、觚（安陆雷公镇出土）　3、4.觚（黄陂官家寨出土）　5.斝（黄陂袁李湾出土）　6.爵（黄陂钟家岗湾出土）
7、8.爵、觚（黄陂官家寨出土）　9、10.斝、爵（应城吴祠出土）　11.鸮卣（应城群力出土）　12.觚（黄陂中分卫湾出土）

北线性分布，与二里冈商文化南下路线基本一致。这说明湖南长江沿线地区殷墟二期青铜器的发现并不是偶然的，而是至少与江汉地区有着紧密的联系。

如果我们再把视野向北扩展到殷商王畿所在的殷墟地区，就会发现在殷墟二期前后，商王朝也依然与长江中游地区保持着一定的联系。在殷墟遗址的苗圃北地[27]、郭家庄[28]、武官村[29]、西北岗[30]、孝民屯[31]、梯家口[32]等地，发现了一批湘江下游费家河文化的硬陶瓿。其中相当于殷墟二期前后的苗圃北地PNⅢT8③、郭家庄M26：4、武官村M229：4、M229：5，以及西北岗HPKM1380：R000171等，与岳阳易家山[33]、温家山[34]、汨罗玉笥山[35]等遗址或墓葬出土的硬陶瓿一模一样（图四）。因此，它们应该来自于湘江流域[36]。

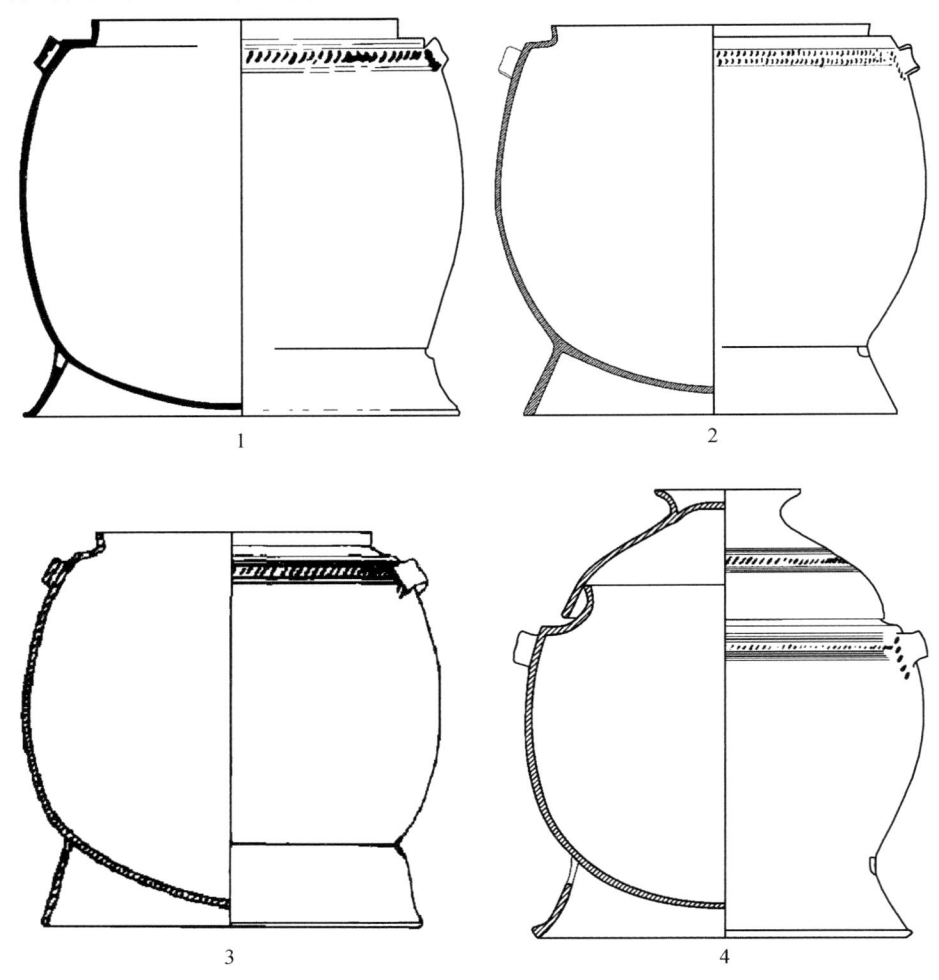

图四　殷墟与岳阳出土硬陶瓿
1. 岳阳易家山出土　2. 安阳苗圃北地出土　3. 安阳郭家庄M26出土　4. 安阳武官村M229出土

由此看来，中商以后，尽管商人对南方控制的大势已去，但商人一直试图维持对南方的控制；武丁时期由于国力的复振，这种控制甚至可能还有所加强；直到武丁以后，随着商王朝势力的衰落和长江中游地方考古学文化的兴起，商人才完全退出南方地区，长江中游地区才完全为地方性考古学文化取代。

注 释

[1] 湖南省文物考古研究所等：《岳阳市郊铜鼓山商代遗址和东周墓葬发掘报告》，《湖南考古辑刊》第5集，《求索》杂志社，1989年。

[2] 岳阳市云溪区文物管理所（胥卫华）：《湖南岳阳市铜鼓山遗址出土商代青铜器》，《考古》2006年第7期；岳阳市云溪区文物管理所：《岳阳市市郊铜鼓山遗址新出土的青铜器》，《湖南考古2002》，岳麓书社，2004年。

[3] 中国社会科学院考古研究所：《殷墟青铜器》，文物出版社，1985年。

[4] 中国社会科学院考古研究所等：《殷墟新出土青铜器》，云南人民出版社，2008年。

[5] 山东大学历史系考古专业等：《1984年秋济南大辛庄遗址试掘述要》，《文物》1995年第6期。

[6] 关于殷墟青铜器的分期，学术界虽略有分歧，但总体来看基本一致。本文采用岳洪彬的观点，参见《殷墟青铜礼器研究》，中国社会科学出版社，2006年。

[7] 湖南省文物考古研究所等：《岳阳市郊铜鼓山商代遗址和东周墓葬发掘报告》，《湖南考古辑刊》第5集，《求索》杂志社，1989年。

[8] 唐际根：《中商文化研究》，《考古学报》1999年第4期。

[9] 盛伟：《盘龙城遗址废弃的年代下限及相关问题》，《江汉考古》2011年第3期。

[10] 谭远辉：《湖南涔澹农场发现商代铜器墓》，《华夏考古》1993年第2期。

[11] 中国社会科学院考古研究所：《殷墟青铜器》，文物出版社，1985年。

[12] 山东大学历史系考古专业等：《1984年秋济南大辛庄遗址试掘述要》，《文物》1995年第6期。

[13] 河北省文物研究所：《武安赵窑遗址发掘报告》，《考古学报》1992年第3期。

[14] 此件器物系笔者参观岳阳博物馆展览时所见。

[15] 中国社会科学院考古研究所：《殷墟青铜器》，文物出版社，1985年。

[16] 中国社会科学院考古研究所等：《殷墟新出土青铜器》，云南人民出版社，2008年。

[17] 山东大学历史系考古专业等：《1984年秋济南大辛庄遗址试掘述要》，《文物》1995年第6期。

[18] 刘士莪：《老牛坡》，陕西人民出版社，2002年。

[19] 湖南省博物馆：《湖南省博物馆》，文物出版社，1983年。

[20] 中国社会科学院考古研究所：《中国考古学·夏商卷》，中国社会科学出版社，2003年。

[21] 向桃初：《湘江流域商周青铜文化研究》，线装书局，2008年。

[22] 中国社会科学院考古研究所安阳工作队：《河南安阳殷墟刘家庄北地殷墓与西周墓》，《考古》2005年第1期。刘家庄这篇报告的分期借鉴的是殷墟西区的分期系统，其第一期相当于本文所采用分期体系的第二期。

[23] 魏航空：《商周时期武汉地区早期城市探讨》，《石泉先生九十诞辰纪念文集》，湖北人民出版社，2007年。

[24] 熊卜发、鲍方铎：《黄陂出土的商代晚期青铜器》，《江汉考古》1986年第4期。

[25] 余从新：《湖北安陆发现商代青铜器》，《江汉考古》1994年第1期。

［26］ 尚松泉：《应城发现殷代斝、爵》，《江汉考古》1980年第2期；余家海：《应城县出土商代鸮卣》，《江汉考古》1986年第4期。

［27］ 中国社会科学院考古研究所：《殷墟发掘报告（1958—1961）》，文物出版社，1987年。

［28］ 中国社会科学院考古研究所安阳工作队：《河南安阳市郭家庄东南26号墓》，《考古》1998年第10期。

［29］ 安阳亦工亦农文物考古短训班、中国科学院考古研究所安阳发掘队：《安阳殷墟奴隶祭祀坑的发掘》，《考古》1977年第1期。

［30］ 李永迪：《殷墟出土器物选粹》，中央研究院历史语言研究所，2009年。

［31］ 中国社会科学院考古研究所安阳工作队：《河南安阳市殷墟孝民屯东南地商代墓葬1989—1990年的发掘》，《考古》2009年第9期。

［32］ 安阳市文物工作队、安阳市博物馆：《安阳市梯家口村殷墓的发掘》，《华夏考古》1992年第1期。

［33］ 岳阳市文物工作队、岳阳县文物管理所：《岳阳县筻口镇易家山商代与东周墓发掘报告》，《湖南考古辑刊》第7集，《求索》杂志社，1999年。

［34］ 湖南省岳阳市文物管理处：《湖南岳阳温家山商时期坑状遗迹发掘简报》，《江汉考古》2005年第1期。

［35］ 岳阳市文物考古研究所：《汨罗市玉笥山商代遗址发掘报告》，《巴陵古文化探索》，华夏出版社，2003年。

［36］ 殷墟出土的这类硬陶瓿，在殷墟二期之后的墓葬中还有发现，如梯家口M34∶3、孝民屯M1278∶1等，但形制已发生了变化，因此不敢肯定其来自于湘江流域，不排除产自本地的可能性。

湖南商周青铜礼仪及相关问题探索

向桃初

湖南出土商周青铜器一直以来都是国内外学术界感兴趣的课题，特别是在炭河里城址发现之后，更成为学界同仁非常关注的热点。迄今为止，学界关于湖南商周铜器的研究论文和专著达数百篇，参与学者数十人，涉及内容从单件标本的年代、产地、制造工艺、装饰艺术，每一类器物的演变序列、文化属性，上升到铜器群整体的宏观研究，以及与此相关的湖南商周青铜文明、湖南的青铜时代等问题，呈现出不断全面和深入的态势。然而，青铜器本身的研究远不是我们的终极目标，其背后的人类社会、思想文化等才能基本满足我们的探索欲望。本文试从青铜礼仪的角度对湖南商周铜器群进行分析，并在此基础上对湖南商周时期的社会结构、管理方式及宗教信仰等问题做力所能及的探讨。

传世文献对湖南商周历史的记载极少，如果仅以文献来谈湖南商周时期的社会状况，可以说基本无望！好在从20世纪前半叶以来湖南境内出土了大量商周时期的青铜器，目前总数已近千件，这是我们探秘湖南商周社会的希望之光。那么，怎么来探索呢？笔者认为从青铜器所反映的社会礼仪进行切入至少应该是一个值得一试的途径，这项工作此前还没有人做过。

当然青铜器并不直接告诉我们当时的社会礼仪如何，但是作为当时人类最先进的技术成果，青铜器一定会成为彼时社会礼仪的物化载体，即青铜器曾经在湖南商周社会礼仪中扮演过重要角色，这是我们赖以研究的前提。另外，中原地区因有大量历史文献，其商周社会的基本状况较为清晰和丰富，而且中原地区的青铜时代考古工作开展较早，成果斐然，其青铜礼仪与社会结构的关联关系已经取得了高度共识。那么，将湖南商周青铜器所见之青铜礼仪与中原地区进行比较，考察它们之间的异同，再参考中原地区商周社会的基本情况，至少可以对湖南商周时期的社会结构、管理模式及宗教信仰等问题进行粗略的估计和推测，这是本文研究的基本思路。

一、"礼"的形成与中国古代的礼

所谓"青铜礼仪"，是指青铜器在当时社会礼仪中的表现方式，这种表现方式逐渐固定并形成较为严格的制度，就是我们通常所说的"青铜礼制"。要研究青铜礼仪，需先搞清楚什么是"礼"和"礼仪"。

关于"礼"，古人早有论述。东汉刘熙《释名》中说："礼，体也。言得事之体也。"大致是说：礼，是一种规范或规则。我们现在表示某件事处理得当或合规矩，也称"得体"。《礼记·仲尼燕居》篇也说："礼者何也？即事之治也。君子有其事必有其治。治国而无礼，譬犹瞽之无相与，伥伥乎其何之！譬如终夜有求于幽室之中，非烛何见？若无礼，则手足无所措，耳目无所加，进退揖让无所制。"从这个意义上讲，礼是出于社会的整体利益要求人们共同遵守的行为准则和道德规范，它是人们在长期共同生活和相互交往中逐渐形成的，并以风俗、习惯和传统等方式固定下来。礼和礼仪的关系为：礼是核心内容，而仪是礼的外在表现，两者一般不能绝对分开。

礼是如何形成的呢？

学术界普遍认为，礼的出现与人类对神的崇拜和祭祀有关。郭沫若在《十批判书》中指出：大概礼之起，起于祀神，故其字后来从"示"，其后扩展而为对人[1]。东汉许慎《说文解字》亦云："礼，履也，所以事神致福也。"意思是履行你对神的承诺（即践约），以此来侍奉或讨好神灵，以求得神的护佑。今天我们许多人到寺庙里去烧香敬菩萨，先许愿，如果灵验了，还要再去还愿，否则菩萨会怪罪，就不再保佑你了。远古人类生产力水平低下，受大自然制约的程度很高，自然界中各种对人们生存和生活作用巨大或者有威力的事物都会受到人类的崇拜。出于自身生存和繁衍的强烈愿望，人类希望借助大自然的力量造福于己，于是就创造了各种各样的神，并通过对神的祭祀来表达自己的愿望和崇敬之意。最早创造的大概有太阳神及风雨雷电和各种凶禽猛兽之神，这时的神仙世界是诸神各显神通，不相统属，在学术界被称为"多神教"阶段。后来由于生产力和社会组织管理水平的提高，人类的能力显著增强，会出现人格之神（即祖先神，一般以英雄人物为原型创造而成）。马克思主义历史唯物论认为，人的意识形态是由其生产力、生产关系和上层建筑决定的。因此，神仙世界的构成脱离不了当时人类社会结构的发展状况，神的世界实际上就是人的世界的翻版。随着人类社会组织的进步，神的数量会越来越多、分工越来越细，其结构层次也会越来越复杂。当人类社会出现拥有绝对权威的"王"或"帝"之后，神仙世界中也会出现至高无上的神来统辖其他诸神，在学术界这个时期被视为"一神教"阶段。人们创造神，目的当然是要神为己所用。这就需要与神沟通，表达自己的愿望，还要取悦神，如果愿望实现，要答谢神的帮助等，这一切均需通过祭祀仪式来实现，故祀神是古代社会最重要的政治活动。《左传·成公十三年》中说："国之大事，在祀与戎"，即祭祀和打仗，是一个国家最大、最重要的两件事，而且祭祀排在首位。所以说，祀神是人类最初的礼仪活动，为"礼"之源。

在祀神活动中，根据祭祀对象的神格差别，会选择不同的祭祀方式即仪式。在仪式中，会使用各种道具，这些道具可称为"礼器"，还有献给神的各种祭品，可称为"礼物"，其中有生命的物品，在我国古代被称为"牺牲"。为了尽可能地取悦神灵，人们会用当时最好的东西作为礼物；以最珍贵的材料、最先进的技术、最优美的形态、最华丽的色彩，制成各种功能的礼器；并以最宏大的规模、最隆重的场面来举行祭祀仪式。所有这些都可统称为"礼仪"。在不同时期，人类社会生产力发展程度和社会组织结构有别，神仙世界的结构也不一样，祭祀的对象、所用礼物和礼器、仪式形式都会有所差异。所以，从某一个人类社会礼仪的内容和形式可以反观其社会政治结构、社会管理方式及宗教信仰等各方面的情况，青铜礼仪当然也不例外。

在中国古代，"礼"的出现应该很早。传世文献记载，夏商周时期已有非常成熟和系统的礼制，涵盖当时社会的各个领域，统称"五礼"。祭祀之事为吉礼，冠婚之事为嘉礼，宾客之事为宾礼，军旅之事为军礼，丧葬之事为凶礼。其中吉礼最重要，包括祀天地和祭人鬼两大类。前者属自然神，后者为祖先神，两者的祭祀有差别。祭祀自然神一般以玉器、丝帛等为祭品，而祭祀祖先神则用牺牲、酒醴、百谷等。夏商之前的三皇五帝时期，祀神之礼就已经产生。《山海经》中载有黄帝作礼祭神驱鬼的故事，《吕氏春秋》中也记有颛顼作礼乐祭上帝的情节。《通典·礼序》卷四十一云："故自伏羲以来，五礼始彰。尧舜之时，五礼咸备。" 从考古材料来看，礼器至迟于距今六七千年前已出现。湖南境内的高庙文化和汤家岗文化遗存中发现的戳印或刻划太阳、八角星、獠牙兽面、凤鸟等纹饰的白陶器以及黄河流域仰韶文化绘有人面纹、鱼纹等的彩陶器，做工精致，显然不是普通的日常生活用器，应是祭祀神灵所用之礼器，有学者称之为"神器"。良渚文化所见大量玉璧、琮、钺等，形态规范，已成定制，是非常成熟的礼仪之器，且多出土于大型墓葬中，表明在新石器时代晚期已经形成以玉器为代表的礼仪制度，玉礼器已成为当时社会中等级、地位和权力的象征物。进入青铜时代，虽然此前的玉礼器传统被延续下来并仍然承担一定的礼仪功能，但青铜器作为材质最珍贵、制作技术最先进、外观最优美、使用效果最好的人工产品，取代玉器成为最具代表性的礼器，广泛使用于包括祀神在内的各种社会活动中，并形成了一套较为完备和严格的制度。在夏商周三代，青铜礼器不仅成为社会政治秩序的象征，也是当时国家政权的象征。《汉书·郊祀志》载："禹收九牧之金，铸九鼎，象九州。"《孟子·梁惠王下》亦云：灭人之国，必"毁其宗庙、迁其重器"。

二、中原地区青铜礼仪发展与演变

我国中原地区的青铜礼器出现于二里头文化时期，年代相当于夏代后期。这一时期的青铜礼器种类和数量均较少，按实用功能可分为容器、乐器和仪仗器三类。其中容器类可细分为炊食器、酒器、水器等。炊食器仅见炊器鼎1种，不见食器。酒器有爵、角、斝3种，均为饮酒或温酒器，未出现大型储酒器。水器仅见盉，乐器类仅见铃。仪仗器有兵器戈、戚及牌饰等。看似简单的数种青铜礼器，已经初现此后整个商代青铜礼仪的基本特征，如容器为主要礼器，其中又以酒器为核心，仪仗器地位也较高，还有乐器。可见夏商时期青铜礼仪主要用于祖先神的祭祀，且在祭祀仪式中大量用酒。青铜仪仗器的出现，似可再现当时祭祀仪式的庄严肃穆。当然，此时的青铜礼器，制作工艺还较低，器表几乎没有装饰，器物形态均仿自日常生活中使用的陶器。表明青铜礼仪在当时还处于初始阶段。

商代早、中期，青铜礼器较二里头文化时期有较大发展。主要表现为：礼器种类和数量大大增加，如炊器增加了鬲、甗，新见食器簋、水器盘，酒器新增尊、罍、觚、壶等，仪仗器除戈外，新出现钺；器表多装饰兽面纹并形成相对固定的范式。

商代晚期，中原地区的青铜工业臻于顶峰，青铜器在当时礼仪方面的表现也达到了极致。一是青铜礼器的种类齐全、数量巨大，除前期所见各种器类外，又新增炊器分裆鼎，酒器卣、瓿、方彝、觚形尊、觯、觥，水器盉，乐器编铙及车马仪仗器等；二是青铜礼器的装饰艺术登峰造极，以兽面纹为主题的传统理念占据了青铜礼器的装饰艺术领域，也显示出崇尚神秘、浪漫的时代精神。

西周早期青铜礼器的主要变化是酒器开始让位于炊食器，商代礼器的核心成员觚基本不见，爵、斝、尊的数量大为减少，但总体上仍延续和继承了商代晚期的传统，器类多而庞杂，纹饰繁缛，兽面纹依然是当时的主要装饰题材。

从西周中期开始，中原地区青铜礼器无论在器类组合、装饰风格还是在搭配方式等方面均发生了前所未有的变化，体现了西周早、中期之间中原地区青铜礼仪的巨大变革。主要表现在以下几个方面。

（1）炊食器鼎、簋等替代酒器成为礼器组合的核心。商代晚期至西周早期流行的大量酒器，如觚、爵、斝、觯、方彝、觥、卣、尊、罍等已非常少见或消失，而新出现簠、盨等食器。

（2）礼器组合器类减少，但搭配稳定，整齐划一，充分显示出较为严格的礼器使用制度。例如，一般使用奇数的列鼎和偶数的列簋，外加两件酒器壶、水器一盘一匜一盉、成套的乐器钟、镈及车马仪仗等。与此前礼器种类庞杂、搭配无定制的特点有明显区别。

（3）器表装饰风格普遍趋于简洁、明快，区别于此前繁复陈杂的特点。装饰题材以龙、凤为主导，新出现窃曲纹和几何形的波带纹、重环纹等，兽面纹装饰理念明显淡出。纹饰的表现手法也明显呈现程式化和图案化。

这些特点表明了从西周中期开始中原地区青铜礼制的成熟，青铜礼器已经在制度上成为当时社会政治秩序的象征物，真正发挥着社会政治管理的职能和作用，这与史籍中周公制礼作乐的记载是吻合的。故《论语·八佾》篇载"子曰：'周监于二代，郁郁乎文哉！吾从周'"。

三、湖南商周青铜礼仪及相关问题

湖南境内出土的商周铜器内涵非常复杂，从文化面貌来看有商文化、周文化、江汉平原地方文化和湖南本地土著文化等多种不同文化传统，产地有中原地区（仍可分为商文化中心区和周文化中心区）、江汉平原和湖南本地等，虽然这些不同文化传统和产地的铜器应该同属于湖南境内商周时期某一阶段的某一支人群集团或文化，但并不能认为它们都能体现湖南本地商周时期的青铜礼仪，也就是说，这些不同产地和文化面貌的铜器类别对于研究湖南商周青铜礼仪而言，其材料价值和地位应该是不一样的。因此，在根据湖南出土商周青铜器来探讨湖南商周时期的青铜礼仪时首先应该思考下面两个问题。

第一，湖南本地铸造的青铜器可能才是我们考察湖南商周青铜礼仪的主要对象，而外来铜器很有可能因为脱离了原来的文化背景从而丧失了其原有的礼仪功能。所以，对于外来铜器，首先应该深入考察其在本地是否仍然发挥了礼仪功能，如湖南出土的中原产铜器等在本地是否仍然作为礼器使用，如果不是，则不能体现湖南商周时期的青铜礼仪。因为，中原与湖南两地在宗教信仰和社会结构等方面可能存在的差异，会导致中原文化的青铜礼器不适用于本地社会的礼仪活动，湖南本地的祭祀对象和祭祀仪式可能与中原地区完全不同而根本不需要使用这些异族的青铜礼器。《左传·成公》云："非我族类，其心必异。"由于文化传统不同，来自中原的青铜礼器在湖南有可能只是作为一种财富被收藏或埋藏。

第二，即使是湖南本地铸造的青铜器，也要对其社会功能进行具体分析，需要确定其中哪些属于礼器以及它们在当时本地社会礼仪中的地位如何，只有这样，才能揭示湖南商周青铜礼仪的主旨。因为湖南本地铸造的青铜器也有不同类别，它们可能并不一定都是作为礼器使用的，而且即使是作为礼器使用，各自的地位也会不尽相同。

从这两点出发，通过对青铜器出土相关情况的考察，我们没有找到来自中原或其他地区的青铜礼器在本地用作礼器的正面证据，而反面证据却不少见，如许多中原文化礼器的埋藏性质为窖藏而非墓葬，而且被埋藏时器内往往储有其他小件铜器或玉器。笔者认为这些窖藏的性质不是以往多数学者所认为的祭祀坑而是财富匿藏坑。

现罗列如下：

1959年宁乡黄材寨子山出土的兽面纹铜瓿，内藏卣小铜斧224件；

1963年宁乡黄材炭河里遗址附近沩水河滩上发现的"癸冉"提梁卣，内藏玉器1170余件；

1970年宁乡黄材王家坟山出土的"戈"卣，内藏玉器320余件；

1985年衡阳市郊杏花村出土的"戈作宝彝"提梁卣，内藏玉器170余件；

1986年双峰县金田乡月龙村出土的鸮卣，内藏玉器5件；

1984年新邵县陈家坊出土的铜瓿，同出两周之际的越式鼎3件、春秋铜豆1件、铜罍2件及玉环等。

前5例青铜礼器中埋藏时内储工具或玉器，且玉器均为装饰用玉而非玉礼器，后1例埋藏年代为春秋中期以后，各类不同时代的器物埋在一起。这些例子的埋藏性质虽不排除是墓葬的可能，但肯定不是祭祀坑，最大可能是财富匿藏坑，其中出土的中原文化青铜礼器显然是作为财富而非礼器被埋入的。

另外，在宁乡炭河里、望城高砂脊等地西周墓葬中，许多来自中原及本地仿造的中原类型青铜礼器多为部分残片而不是整器下葬。很明显是以这些铜器残片象征财富，如果视为礼器，断不致如此。因为只有在不被视为礼器的情况下，一件完整青铜器和一块铜器残片的财富象征意义等同。

湖南本地铸造的青铜器可以大致分为三组。

第一组是仿中原式青铜礼器，以鼎为主，目前已见数十件，其他卣、尊、罍、簋、盂等数量极少，可见当时本地仿制中原礼器并不是要作为礼器使用，而是别有他用。鼎虽为中原礼器之核心，但需与其他器类搭配使用，方能成"礼"。所以，笔者认为就算是湖南本地社会想效仿中原之礼，也不是全盘接受，而是有所选择的。况且，这些鼎中除极少数与中原商代晚期和西周早期铜鼎基本相同外，绝大部分标本都多少有些变异，数量最多的是地方特色浓厚的所谓的"越式鼎"。它们一般体形很小，胎壁很薄，足内侧为空槽或瓦足，这是尽量节省铜料的做法。铸造工艺也非常草率，铸造缺陷较常见，事后也不进行打磨，如果是礼器会这样粗制滥造吗？而且这些铜鼎底部多见烟炱，早有学者推测其为日常生活中的实用器。

第二组是乐器，包括铙、镈、甬钟等器类。尽管湖南出土青铜甬钟中的所谓"乳钉界格钟""阴线界格钟"[2]可能是受到中原西周甬钟的影响出现的，但为本地铸造当不成问题。本组铜器中，铙的数量最多，据不完全统计，目前所见南方铜铙150件左右，而确定为湖南境内出土的70余件，其他不明出土地点的，许多与湖南出土的铙基本相同，亦有可能是从湖南境内流出的。这些铙多数体形硕大，重量一般达数十千克，最重者超过200千克，粗略估计湖南出土铜铙的总重量已超过3000千克，如果加上十多件镈、40多件甬钟，总重量已接近4000千克。现代矿产资料显示，湖南境内铜矿储藏量很小，品位不高，埋藏深，开采价值有限，应该说在当时的技术条件下开采难度很大或不能开采。那么，湖南境内铸造如此多的大铙，其铜料需从他地输入（应该来自江西或安徽境内），必将耗费巨大的社会财富。湖南先民在铸造铙等青铜乐器时，似乎毫不在乎铜料的消耗，一件比一件大，但在铸造中原礼器铜鼎时却非常吝啬，想尽办法节省铜料。可想而知，大铙等乐器才是湖南商周社会最重要的青铜礼器，其在当时社会礼仪活动中的地位和作用是不可替代的。

第三组是动物造型铜器，包括尊、卣、觥等器类，目前所见有四羊方尊、双羊尊、象尊、猪尊、牛觥、虎卣等，均为酒器。本组铜器过去均被断为商代晚期器，但越来越多的证据表明它们的铸造年代为商末周初或西周早期，笔者认为它们最有可能是湖南本地西周早期的制品。本组铜器有两大特点：一是造型设计上大气磅礴，器表装饰神秘诡异，给人以强烈的视觉冲击和心灵震撼；二是制作工艺异常细致、精到。这样的作品从构思设计到整个铸造过程都是一丝不苟、精心掌控，工匠们所花费的时间、精力、心思应该非同一般。这充分说明，本组铜器也是当时社会礼仪中非常重要的礼器。

如此看来，商周铜器湖南地区的青铜礼器主要是以铙为代表的乐器和动物造型的铜器为主，中原文化的传统礼器炊食器（鼎、簋）、酒器（觚、爵、斝等）在本地可能未被作为礼器使用，至少不是必需的或最重要的礼器，表明湖南商周社会的青铜礼仪与中原地区有很大差别。根据以上情况并参照中原地区青铜礼仪的已有认识，我们对湖南商周青铜礼仪做如下推测。

（1）湖南商周青铜礼器以乐器铙、镈、钟为主，特别是铙，数量多，造型及装饰较为统一，说明其使用相当普遍。其次是动物造型的尊、卣、觥等，它们均为酒器，从器形、装饰和工艺等特点分析，它们属于湖南青铜礼器中的高大上，使用的级别应该很高。

（2）青铜礼器的使用范围主要用于祭祀，可能并未用于随葬及其他社会生活领域，不像中原地区青铜礼器已经适用于社会生活的各个方面，目前湖南出土的青铜乐器及动物造型铜器，还没有可以确定为墓葬出土者。其中最主要的原因，笔者想是受制于青铜礼器的数量有限，毕竟铸造青铜器会耗费不小的社会成本。

（3）湖南商周青铜礼器，器类简单、功能单一，只有乐器和酒器，缺乏中原青铜礼器必备的食器、水器、仪仗器等。

（4）从礼器的实用功能来看，其祭祀的对象应与中原地区有别。铙、镈、钟都是打击乐器，尤其是铙，声音洪亮而悠长，应该是通神的道具，且多出土于山顶，可以想见其沟通的主要是自然神如天神、山神等。动物造型铜器既可以是盛酒的礼器，也可以是巫师通灵的助手，而酒又是祭祀巫师通灵前的必备之物，因为醉酒可以使巫师的大脑神经进入非正常状态，达到忘我非人的通神效果。再加上没有炊食器，我们判断当时祭祀的对象是自然神而非祖先神。

（5）从各类铜器出土数量和埋藏情况来看，湖南的青铜礼器尚未形成固定的搭配组合，更未形成严格的礼器制度。礼器的使用可能相当随意，可能只要有乐器就可以了，未必需要一定的组合。乐器的使用数量也不固定，可以单件、两件或更多。

（6）祭祀地点应该多在旷野如山顶、河边等，不像中原地区以在庙堂中祭祀为主。目前发现的铜铙一般出土于山顶或河边，估计是在出土地点附近举行祭祀后埋下的。这样，祭祀的规模应该有限，仪式过程也应比较简单。

（7）通过祭祀活动，湖南的青铜礼器无疑在当时的社会管理中起到了一定的辅助作用，但应该没有像中原地区青铜礼器那样成为规范社会政治秩序的象征物，更未成为国家政权的象征。

根据以上特征，下面试就湖南商周社会的政治结构、管理方式及宗教信仰等问题略作以下推断。

前述中原地区青铜礼仪可以分为两个大的阶段，夏商至西周早期，青铜礼器以酒器为核心，辅以食器、乐器、仪仗器等，器类庞杂，搭配无定制，装饰风格崇尚神秘、浪漫，而从西周中期开始，青铜礼器以食器为核心，辅以酒器、乐器、仪仗器等，器类简单但搭配固定，且以成列成套的方式表现为整齐划一，装饰风格上程式化、图案化、生活化，这是青铜礼制成熟的标志。从政治角度考虑，我们认为从西周中期开始，世俗政治已居于当时社会政治的主导地位，而前一阶段可能仍处于政教合一的阶段，即广义上的宗教在当时的社会管理中尚发挥着巨大作用，故在青铜礼器方面表现出神秘主义和浪漫主义特色，而后一阶段的青铜艺术明显表现出现实主义和人文主义风格。这种转变与商、周社会政治形态是吻合的。商王朝是以商王国凌驾于其所征服的族邦之上为主要政治构架，而周王朝是以姬周王国的内部分封制为主要政治构架，两者的社会管理方式应有不同，后者用宗法制可以做到，而前者仍需要借力于宗教。

湖南商周青铜礼仪所反映的社会政治结构与中原地区夏商时期相对接近但又有区别，而与中原西周中期以后的状况相差甚远。

首先，湖南商周青铜礼器以乐器为核心，少见中原地区祭祀祖先神的主要礼器酒器和食器等，而可能为本地铸造的酒器如动物造型类铜器又凸显与自然界的密切关系，说明当时湖南民众对神的崇拜还处于以自然神为主的阶段，这是生产力落后和人类改造自然能力较低的反映。当时的社会管理还更多地借助神的力量来实现，而且是神秘莫测的自然神。反映宗教（确切地讲是巫术）在当时湖南地区的政治活动中占有相当重要的地位。

其次，湖南商周青铜礼仪形式简单、随意，缺乏复杂的程序和严格而完善的礼仪制度；同时青铜礼器所使用的范围还可能较窄，不像中原地区已经广泛使用除祭祀以外的宴飨、婚嫁、丧葬等领域。表明了湖南商周时期社会生产力的总体水平较低，社会组织结构和政治管理水平较中原地区相对落后。

再次，本地铸造的青铜礼器上不见中原青铜礼器常见的族徽铭文或符号，可能当时湖南地区还没有自己的文字。如此，则社会管理的实施能力有限，这不仅反映了当时社会管理水平的落后，也说明当时人们对于人文祖先神或族的文化认同需求并不强烈。祖先神的出现与人类征服自然能力的大大提高及通过认祖归宗来加强社会群体的凝聚力、达到社会稳定，共同抵御自然灾害和外来威胁的需求有关。湖南境内自然地貌复杂，山多地少，不适宜人类大规模集中群居，但每个小自然地理区域内资源相对丰富，可基本满足小规模居民的起码生存需求，因而缺乏群体之间大规模协作共同抵抗自然威胁的条件和动机，因为再怎么协作也无能为力，而不作为也能苟安，顶多求求神保佑保佑，一切都听天由命，这就是老子所讲的"小国寡民"的境界。

综上，我们将湖南商周时期的社会政治形态概括为：巫政合一，即巫术在当时社会政治结构中居主导地位，而世俗政治地位较次，社会管理的职能主要通过巫术来实现，社会公共权力集中于巫师集团，而国王或酋长就是最大的巫师。

关于湖南商周时期的宗教信仰和祭祀礼仪，除了上文从青铜礼仪角度所能进行的探究外，传世文献中也能搜寻到一些蛛丝马迹。汉王逸《楚辞章句·序》云："《九歌》者，屈原之所作也。昔楚国南郢之邑，沅湘之间，其俗信鬼而好祠。其祠，必作歌乐鼓舞以乐诸神，屈原放逐，窜伏其域，怀忧苦毒，愁思佛郁。出见俗人祭祀之礼，歌舞之乐，其词鄙陋，因为作《九歌》之曲。上陈事神之敬，下见己之冤结，托之以风谏。故其文意不同，章句杂错，而广异义焉。"这段记载里说，楚国南方的湖南地区（沅湘之间），当地习俗信崇并敬奉鬼神，祭祀之时会唱歌跳舞、击鼓为乐，但其所唱歌词比较简陋、原始、低俗，不能登大雅之堂。这段记载讲的是屈原所在的战国时期，推测此前的商周时期也和这种情况差不多或者更原始。可以想象当时祭祀时的情景是：在部落中心广场或荒郊野外空旷之地或视野高远离天最近的高山之巅，乐师击鼓撞铙，巫师奇冠异服，手舞足蹈，口中念念有词，作法通神，众人和之，凸显出一种原始、野性之美，与中原地区在庙堂之中仪式复杂、气氛庄严的祭祀场面应该大不相同。现藏日本京都泉屋博古馆的可能出土于湖北或湖南一带的商周青铜鼓上，有一幅神人图，其形象为：头插两支长羽毛，双手上举，双腿弯曲下蹲，活脱脱就是一个正在作法的巫师形象（图一）。

图一　日本京都泉屋博古馆藏铜鼓照片及拓片

商周之时的湖南先民所信奉和祭祀的诸神到底有哪些，我们已无法知晓，但可从《楚辞》《山海经》等文献记载及战国楚墓出土的帛书、帛画中略窥一斑。

《楚辞·九歌》中的神灵众多，号称"百神"。这些神灵包括天神、地祇和人鬼，前两者为自然神，后者为祖先神。

天神有东皇太一，是地位最高的天神。王逸注云："太一，星名，天之尊神，祠在楚东，以配东帝，故曰东皇。"战国楚简所见祷词神祇的简文中，"太一"均排在首位（如湖北荆州望山1号墓、包山1号墓出土战国楚简等）。马王堆3号汉墓出土的帛画《太一出行图》中"太一"也明显居于主神地位[3]。可见在当时湖南人的精神世界中，虽神灵庞杂，但已有地位高低之分，推测当时湖南地区的神灵崇拜处于多神崇拜向一神崇拜的过渡阶段。

除东皇太一外，天神还有东君、云中君、大司命、少司命等。东君是太阳神，云中君是云神，大司命和少司命为星神，掌管人的寿夭生死，为生命之神。新中国成立前长沙子弹库楚墓出土的帛书上还有十二月神的形象。地祇有湘君、湘夫人、河伯、山鬼等。人鬼是指为楚国死去的英雄们。

总体看来，《九歌》记述的神祇以自然神为主，虽然它们已多少具有了一些人格，但自然属性仍是它们的主要特征，而且，这还是战国晚期的情形，楚人进入湖南之前的商、西周、春秋时期肯定会更加原始一些。这与上文对湖南商周青铜礼仪的分析结果不谋而合。

注　释

[1] 郭沫若：《十批判书》，人民出版社，2012年，第73页。

[2] 向桃初：《湘江流域商周青铜文化研究》，线装书局，2008年，第283~289页。

[3] 湖南省博物馆等：《长沙马王堆二、三号汉墓·第一卷·田野考古发掘报告》，文物出版社，2004年。

关于湘潭青山桥铜器窖藏时代的相关思考

——兼论南方青铜器断代的相关问题

高成林

南方青铜器断代问题一直是困扰学术界多年的难题。近年来，随着一批新、老材料的发现和完整公布，为我们准确判断部分南方青铜器的时代提供了可能。下面就以湘潭青山桥青铜器窖藏的断代为例，谈一下自己的学习收获。

一、湘潭青山桥铜器窖藏的时代

湘潭青山桥窖藏是目前为止湖南发现的最重要的一处西周铜器窖藏，1981年发现于湘潭县青山桥公社高屯大队老屋生产队。窖藏所处的地理环境是湖南典型的山间盆地：东、南、西三面为涓水（湘江支流）支流青山河流经的河谷小平原，北面为连绵的丘陵。窖藏一共出土了14件青铜器，包括尊1、爵6、觯2、鼎3、甗2。关于窖藏的时代，简报认为是"西周晚期"[1]。

仔细分析这批铜器，可以发现能将它们明显地分为两组：一组是尊、爵、觯；一组是鼎和甗。前者形体厚重，制作精美，且大多带有"戈""冉"等族徽；后者形体相对比较轻薄、制作也比较粗糙，而且都没有族徽类的铭文。因此它们应该有不同的来源：前者可能来自中原地区，而后者则可能是湖南本地制造的。

关于前一组铜器的时代，简报的作者通过仔细对比后认为它们应该属于商代晚期（商末周初）至西周早期这一时间段。后一组铜器中，3件铜鼎分为二式：Ⅰ式铜鼎（J:10），简报认为"鼎的形制为西周早期所常见，花纹也为商末周初所流行，故其时代应为西周早期"；Ⅱ式铜鼎（J11、J12）（图一），简报认为"此式鼎的造型作风与中原显然不一样，可能为南方的地方特点。鼎为浅腹、半筒形蹄足，薄胎，这是西周晚期具有的特点；夔纹装饰是西周中期以前盛行的作风，西周晚期尚有遗留，故判断Ⅱ式鼎的时代在西周晚期"。铜甗，简报认为"凹口铜甗目前最早见于湖北蕲春毛家嘴西周早期遗址，江西丰新也出土过这一时期的凹口铜甗，铜甗的凹口两侧缘都是呈喇叭弧线张开，与春秋战国以后的凹口甗不同。这次所出二件铜甗与此特征一致，只是刃体稍窄，但更为精巧，也应为西周时期的器物"。由于"最晚的Ⅱ式铜鼎为西周晚期，故窖藏的上限年代可到西周晚期"。

图一　湘潭青山桥出土Ⅱ式铜鼎

1. J11　2. J12

从上面的介绍我们可以看出，除Ⅱ式铜鼎因为没有类比材料外，简报的执笔者在当时所能见到的资料条件下，对每件器物进行了细致的分析、断代，这些断代到目前来看基本上都是可信的。Ⅱ式铜鼎虽然当时没有相关材料可资对比，但简报的执笔者凭借多年的学术素养和长期的工作经验，依然得出了相当接近的结论。

此后，与Ⅱ式铜鼎相关的资料时有披露。1987年出版的《安徽省博物馆藏青铜器》公布了安徽屯溪M3出土的一件与J12十分相似的铜鼎的资料（图二）[2]。2001年，《考古》杂志发表了广西贺州马东村墓葬的资料[3]，其中M2出土了一件与J11非常相似的铜鼎（图三）。不过由于这两座墓

图二　安徽屯溪铜鼎M3∶11　　　　　　　　　图三　广西贺州马东村铜鼎M2∶7

葬都发现于南方，它们之间在判断时代上所起的作用只能是互证，至于绝对年代依然确定不了。

事情真正取得突破是2012年《平顶山应国墓地（Ⅰ）》的出版[4]。由于平顶山应国墓地出土了一批南方风格的青铜器，因此，这批材料的公布不仅使我们认识到西周时期地处边远地区的吴越和百越地区与中原地区的联系远比我们以前想象的要紧密；而且中原地区考古学文化的年代系列比较完整，这些出现在中原地区的南方风格青铜器，为我们准确判断吴越和百越地区相关遗存的年代提供了依据。

M242是应国墓地未被盗掘的最早的一座墓葬，该墓出土了9件青铜礼器，包括鼎2、簋2、尊1、卣1、爵1、觯2（图四）。其中M242∶13是一件束颈高足铜鼎，其侈口立耳、半筒形足、三角形底范等特征表明这是一件南方风格的青铜器（图五），其形制与贺州马东村铜鼎M2∶7、湘潭青山桥Ⅱ式铜鼎、屯溪铜鼎M3∶11非常相似。不过平顶山铜鼎M242∶13的口沿从内侧看是侈口，但从外侧看却类似折沿。这种形制的口沿在望城高砂脊出土的铜鼎上也可以见到[5]。有学者认为，南方地区的这种铜鼎最初实际上是模仿中原同时期或稍早的铜鼎而来；在中原铜鼎南方化的过程中，其中一个最显著的变化就是鼎的口沿由折沿变成侈口[6]。高砂脊M1、平顶山M242出土的这类铜鼎可能正是由折沿向侈口转变过程中的一个过渡时期。因此从类型学的角度来看，高砂脊铜鼎AM1∶2（图六）、平顶山铜鼎M242∶13在逻辑发展序列上应早于湘潭青山桥、贺州马东村、安徽屯溪等地所出同类铜鼎；不过由于它们在形制上总体非常接近，其中的时间差应该不会太大。

回过头来再看湘潭青山桥出土的Ⅰ式鼎（图七），可以发现这件鼎虽然很接近中原西周早中期之交或稍早的铜鼎（暂且以平顶山铜鼎M242∶11为例）（图八），但其口沿、足部、底部范线以及腹部纹饰等处的特征都显示出它是一件南方生产的产品，如其口沿，虽然还是折沿，但已变得非常薄，加上沿、腹之间的仰角变大，已非常接近后来侈口的形态。

图四　平顶山M242出土青铜礼器

图五　应国墓地铜鼎M242∶13

图六　望城高砂脊铜鼎AM1∶2

图七　湘潭青山桥Ⅰ式铜鼎

图八　应国墓地铜鼎M242∶11

按照类型学的原理，我们将这几件南方风格的铜鼎排一下队，其逻辑演变序列应该是：湘潭青山桥Ⅰ式铜鼎→高砂脊铜鼎AM1∶2、平顶山铜鼎M242∶13→湘潭青山桥Ⅱ式铜鼎、贺州马东村铜鼎M2∶17、屯溪铜鼎M3∶11。这类铜鼎都是后来所谓柱足（或称蹄足）越式铜鼎的早期形态。与后来形制相对比较统一的柱足越式鼎（关于这类铜鼎，下文还有论述）相比，这些早期鼎的形制很不统一（虽然总体特征比较接近，但个体差异还是比较明显的），反映出这类铜鼎在出现初期的不规范性。

综合以上分析，我们再来看湘潭青山桥窖藏的时代。从总体来看，湘潭青山桥窖藏的时代应该与平顶山M242基本同时或稍晚。关于M242的时代，《平顶山应国墓地（Ⅰ）》的作者认为是"昭王晚期，抑或晚至昭穆之际"。结合目前发表的材料和研究成果来看，报告的断代基本可信，但稍显绝对，不过这座墓的时代大体应在西周早中期之交，最晚不过西周中期早段应是可以确定的。因此，湘潭青山桥窖藏的时代大致应定于西周中期比较合适，这也与后来学者依据土墩墓出土的原始瓷器将屯溪M3的时代定为西周中期[7]是符合的。

二、关于南方青铜器断代相关问题的思考

关于南方地区青铜器的断代问题，李学勤先生早在20世纪80年代就提出过若干具有指导性的意见[8]，此后又有学者根据自己的研究提出过一些很有见地的看法[9]，但是到目前为止，关于南方青铜器的断代依然众说纷纭。究其原因，除了缺少像平顶山应国墓地那样具有足够说服力的证据外，缺乏客观、细致、深入的研究也是其中一个很重要的原因。

目前学术界一般将南方地区出土的青铜器分为中原型、融合型（或称混合型）和地方型（或称土著型）三类。中原型青铜器因为有中原地区青铜器断代标尺做参考，对其时代一般没有异议；地方型青铜器因为完全没有参考的标尺，只能各说各话；因此可以讨论的就只有融合型青铜器，即那些具有若干中原青铜器特征，但又与中原青铜器或多或少存在差别的青铜器。

关于融合型青铜器的断代，学术界一般存在两种倾向。一种是认为它与中原同类青铜器基本同时或稍晚；一种是考虑到中原青铜器南传、南方仿造出同类青铜器在逻辑上应与中原青铜器存在一个时间差，因而将其时代定得较晚。从平顶山应国墓地的材料来看，我们不能低估古代文化传播的速度；但同时我们也应该认识到，这类融合型青铜器还有一个在本地传承的问题，即这类青铜器可能会在当地流行和使用很长一段时间，而且由于某种原因其形制可能还不会发生大的改变。如果忽视了其中的任何一个因素，尤其是后者，我们在断代上都有可能犯错误。

关于中原青铜器或融合型青铜器在当时的边远地区使用和流行较长时间且形制变化较小的例子其实还是比较常见的，其中最典型的就是巴蜀地区的铜戈（实际上还有铜矛、铜罍等），对此已有很多学者做过论述[10]。因此在这里笔者想另外再举一个越式柱足铜鼎的例子来说明。

从上文的分析我们知道，越式柱足铜鼎是模仿中原柱足垂腹铜鼎而来，其在西周中期基本定型后，又持续流行了很长一段时间，直到春秋中期前后才完全消失。根据其形制的不同，大概可分为三式。

Ⅰ式：目前仅发现1件，广东博罗横岭山铜鼎M201∶1[11]（图九）。特征是下腹外鼓不明显；腹部只有一周涡纹与勾云状夔纹相间的纹饰带。

Ⅱ式：见于发表者有2件，分别出自湖南新邵陈家坊[12]和宁乡坝塘（图一〇）[13]，此外衡山县文管所还收藏有1件[14]。特征是下腹外鼓明显；腹部纹饰带变为三周：中间主体纹饰是一周较

图九　广东博罗横岭山铜鼎M201：1

图一〇　宁乡坝塘出土柱足越式鼎

宽的涡纹与变形勾云状夔纹相间的纹饰带，主体纹饰带上、下还各有一周很窄的装饰性纹饰带，其中上部为月牙纹，下部为燕尾纹。纹饰带之间有凸弦纹作为界栏。

Ⅲ式：见于发表者有3件，分别出自湖南长沙金井（图一一）[15]和资兴旧市[16]，此外桃江县文管所还收藏有1件[17]。特征是下腹外鼓明显，且腹、底之间转折明显；腹部纹饰带仍为三周，但上部装饰性纹饰带的纹饰变得与下部相同，都是燕尾纹。

从上面的介绍我们可以看出，这类铜鼎在漫长的使用和发展过程中，形制、纹饰总体变化一直不大：都是侈口、立耳、垂腹、柱足，主体纹饰也一直是涡纹与勾云状夔纹相间的纹饰。不熟悉者单独看其中的

图一一　长沙金井出土柱足越式鼎

任何一件器物，都很难判断其时代。但如果放在一起仔细观察，还是可以发现其发展演变规律的：鼎的下腹由外鼓不明显变得明显，最后变成折腹；腹部纹饰带由一周涡纹与勾云状夔纹相间的纹饰带变成以涡纹和勾云状夔纹为主，上下各有一周装饰性纹饰的三栏纹饰带，上、下装饰带的纹饰也由最初的不同变为相同。此外，勾云状夔纹的形制也有一个发展演变的过程。将湘潭青山桥窖藏Ⅰ式铜鼎腹部的勾云状夔纹与这三式铜鼎的勾云状夔纹相比，我们可以看出：湘潭青山桥窖藏Ⅰ式铜鼎的纹饰很明显可以看出是勾云状夔纹（图一二）；到了博罗横岭山铜鼎M201：1上，勾云状夔纹已经发生变形，但还是可以看出是勾云状夔纹（图一三）；到了另外两式上，就几乎看不出是勾云状夔纹了（图一四、图一五）。此外，涡纹也有细微的变化，只不过不如勾云状夔纹明显罢了。

除柱足越式铜鼎外，类似的例子还有吴越地区的三段式铜尊[18]等。

图一二　湘潭青山桥Ⅰ式鼎腹部纹饰

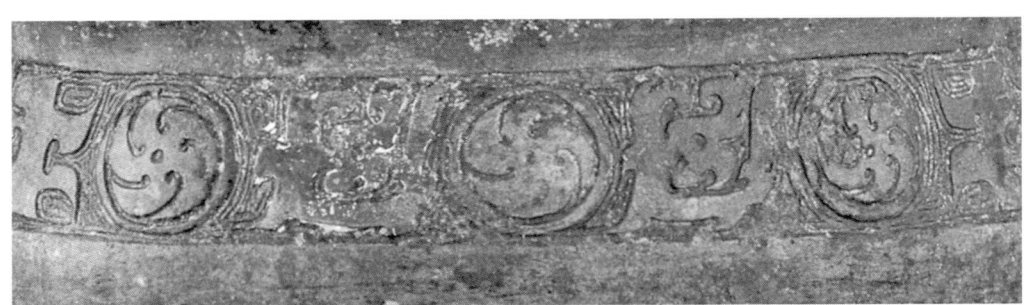

图一三　广东博罗横岭山铜鼎M201：1腹部纹饰

图一四　新邵陈家坊出土柱足越式铜鼎腹部纹饰

图一五　长沙金井出土柱足越式铜鼎腹部纹饰

因此，我们在对融合型青铜器断代时，除了要参考同类型中原青铜器的时代外，一定要考虑这种铜器是否存在一个较长流行时间的问题。如果存在这种情况，我们在断代时就要具体甄别这件器物到底属于这类器物的哪一个发展阶段，否则就有可能犯错误。一些学者在讨论屯溪青铜器的时代时将屯溪M1出土的三段式铜尊与绍兴M306出土的铜尊比较，认为二者时代相同，原因就在于没有搞清楚这类铜尊还有一个发展演变的过程。同理，一些学者将百越地区尊、卣的时代定得过早，也是没有考虑到这类尊、卣在百越地区还有一个较长流行时间的问题。

除融合型青铜器外，地方型（土著型）青铜器的断代也存在较大问题。只不过由于地方型青铜器完全没有参考的标尺，缺乏讨论的基础，所以显得问题不那么突出。但实际上，地方型青铜器断代的问题可能更大。

地方型青铜器由于完全没有参考的标尺，对其断代一般存在两种情况：有明确出土单位的，一般默认出土单位的时代就是该青铜器的时代；没有明确出土单位、单个零星出土的器物，一般都是依靠以往的工作经验对其时代进行推测。这种推测有其合理性的成分，但实际上缺乏切实可靠的证据，是否成立有待今后工作的检验。例如，湘江流域曾出土过一批动物造型的青铜器，如醴陵出土的象尊[19]、湘潭出土的猪尊[20]、衡阳出土的牛尊[21]等，当时发表的简报直接将其时代定为商代，依据是什么简报没有交代，估计应该是根据其造型和纹饰的特点，凭借既往的工作经验和研究成果予以推断的。2014年，在陕西周原遗址的发掘中，在一座西周中期的墓葬（M11）中出土了一件与衡阳牛尊几乎完全一样的牛尊[22]。周原的发现虽然并不能推翻衡阳牛尊为商代的推断，但同时也提供了衡阳牛尊有晚至西周时期的可能性。这个例子提醒我们在对地方型青铜器进行断代时更要慎重。

以上是笔者在学习时的一些体会，不当之处敬请批评。

注　释

[1] 袁家荣：《湘潭青山桥出土窖藏商周青铜器》，《湖南考古辑刊》第1集，岳麓书社，1982年。

[2] 安徽省博物馆：《安徽省博物馆藏青铜器》，上海人民美术出版社，1987年。1997年出版的《中国青铜器全集》第11集（东周·5）也收录了这件器物。这座墓的完整资料见李国梁：《屯溪土墩墓发掘报告》，安徽人民出版社，2006年。

[3] 贺州市博物馆：《广西贺州市马东村周代墓葬》，《考古》2001年第11期。

[4] 河南省文物考古研究所、平顶山市文物管理局：《平顶山应国墓地（Ⅰ）》（上、下），大象出版社，2012年。

[5] 湖南省文物考古研究所等：《湖南望城县高砂脊商周遗址的发掘》，《考古》2001年第4期。

[6] 向桃初：《"越式鼎"研究初步》，《古代文明》第四卷，文物出版社，2005年。

[7] 施劲松：《长江流域青铜器研究》，文物出版社，2003年；郑小炉：《吴越和百越地区周代青铜器研究》，科学出版社，2007年。

[8] 李学勤：《非中原地区青铜器研究的几个问题》，《东南文化》1988年第5期。

[9] 郑小炉：《南方青铜器断代的理论与实践》，《考古》2007年第9期。

[10] 井中伟：《早期中国青铜戈·戟研究》，科学出版社，2011年。

[11] 广东省文物考古研究所：《博罗横岭山——商周时期墓地2000年发掘报告》，科学出版社，2005年。

[12] 新邵县文物管理所：《湖南新邵栗山发现一批青铜器和玉器》，《湖南考古辑刊》第9集，岳麓书社，2011年。

[13] 炭河里遗址管理处、宁乡县文物局、湖南大学岳麓书院：《宁乡青铜器》，岳麓书社，2014年。

[14] 衡山县文管所藏品。

[15] 湖南省博物馆：《长沙县出土春秋时期越族青铜器》，《湖南考古辑刊》第2集，岳麓书社，1986年。

[16] 湖南省博物馆、东江水电站工程指挥部考古队：《资兴旧市春秋墓》，《湖南考古辑刊》第1集，岳麓书社，1984年。

[17] 桃江县文管所藏品。

[18] 高成林：《吴越地区出土三段式铜尊初论》，待刊。

[19] 湖南省博物馆（熊传新）：《湖南醴陵发现商代铜象尊》，《文物》1976年第7期。

[20] 湖南省博物馆（何介钧）：《湘潭县出土商代豕尊》，《湖南考古辑刊》第1集，岳麓书社，1984年。

[21] 衡阳市博物馆（冯玉辉）：《湖南衡阳市郊发现青铜牺尊》，《文物》1978年第7期。

[22] 陕西省考古研究院：《2014年陕西省考古研究院考古调查发掘新收获》，《考古与文物》2015年第2期。

铜瓠壶初论

盛 伟

瓠壶是商周青铜器中一种形态较为特殊的器类，因器无自铭，自古以来关于这类器物的命名意见不一。宋代吕大临的《考古图》中曾著录过1件，称为"携瓶"。稍晚成书的《博古图》著录过3件，分别称为"麟瓶""瓠尊"或"瓠壶"。清代《西清古鉴》中著录过6件，均称为"瓠壶"。近现代学者中亦有瓠壶、匏壶、匏形尊等不同的命名。这类器物因其形态近似瓠瓜而与其他器类明显有别，瓠壶的命名在目前学术界也比较通行，因此本文从之[1]。高崇文先生曾据当时所见资料认为瓠壶（原文称匏壶）最早见于春秋早期，且多出土于狄人活动区，可能与狄文化有关[2]。熊建华先生曾对所搜集的14件瓠壶的年代序列做过系统的研究，认为这类器物出现于商末周初，流行于春秋中晚期，消失于战国时期[3]。此外，如陈佩芬、周亚、冀宝瑞等先生也对瓠壶的年代及相关问题有过讨论[4]。由于瓠壶的数量发现较少，且大多为传世品，因此学术界关于其年代的判断尚存在较大分歧。据笔者统计，目前所见瓠壶的数量约41件[5]（附表），除辉县琉璃阁M80出土的瓠壶仅见纹饰拓片外，其余均公布有器物的线图或照片。本文主要依据这批资料和前人的研究成果，在分析其形态、纹饰特征的基础上，对瓠壶的年代及相关问题做初步的探讨。

一

瓠壶的形制基本接近，小口、曲颈、单鋬是它们共同的形态特征。下面以出土单位较明确的瓠壶为主，按年代早晚顺序，对这类器物加以介绍和分析。

（1）湖南新宁飞仙桥瓠壶（图一），器盖已失，口沿在出土时已损坏，经修复后呈凹槽形，曲颈，近垂腹，下附内束的矮圈足，颈、腹之间接龙形鋬，龙身弯曲，龙首后顾，张口露牙，一对龙角斜立于龙首之上，颈部上端有一个残缺的环耳，因此推测此壶原本有盖，盖与器身之间可能用铜链连接。器腹、颈部饰兽面纹、斜角云纹和蕉叶纹等，鋬饰夔纹和斜角云纹，圈足饰勾连雷纹和三角形刻划纹。通高37、最大腹径17.2厘米。

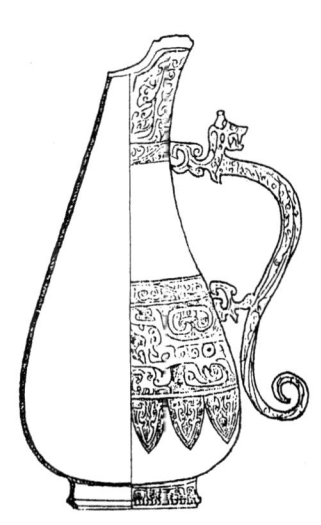

图一 新宁飞仙桥瓠壶

这件瓠壶的出土背景现已不可考，与它共出的还有铜鼎、玉环、陶瓿等器。学术界关于这件瓠壶的年代仍有较大的分歧，何介钧先生曾将其定为商代晚期器[6]；熊建华、朱凤瀚、施劲松等先生断为商末周初或西周早期器[7]；上海博物馆的周亚先生则认为这件瓠壶是在广泛吸取中原地区不同时期的铜器特点之后才制作出来的，时代应定在春秋晚期之后[8]。我们首先从这件器物的形制特点来看，它的腹部较弧而不圆鼓，最大腹径处几乎接近器物的圈足形成近似垂腹的特征，这与后面要介绍到的春秋早期及以后的瓠壶是有较大差别的。其次，从它的纹饰来看，其腹部所饰宽带连体的兽面纹巨目圆睛、躯干短而上扬、双角和尾向下内卷应与西周早期所见兽面纹的特征一致[9]，而器身加饰的夔龙纹、斜角云纹和蕉叶纹也是商代晚期至西周早期纹饰的特点。此外，从这件器物所接龙形鋬的特点来看，尽管它在中原地区主要见于西周中晚期的器物上，但与它类似的龙形装饰在如叶家山M28：166铜盉[10]等西周早期器物上已比较常见。最后，从与它同出的铜鼎的年代来看，该器腹部较浅、腹上部饰涡纹以及四瓣目纹等特点与望城高砂脊遗址AM5：53[11]等西周早期铜鼎也几乎一致，故年代应相当。因此，综合起来看，我们认为将这件瓠壶的年代定在西周早期是合适的。

（2）随州义地岗八角楼墓瓠壶（图二，1），小口，曲颈，圆腹，附内束矮圈足，颈与圈足间接一绳索状鋬，颈部分别饰一周三角形刻划纹和窃曲纹，腹部饰环带纹，足部饰反向的"之"字形刻划纹。该器通高21.5、口径4.7厘米。

除此件瓠壶外，同出器物还有铜鼎2件、铜盘1件以及钮钟、戈、车器等，从器物的组合及铜鼎、铜盘等的时代风格分析，这批铜器可能是出自同一座墓葬。其中两件附耳鼎作浅腹近平底的特点以及腹部所饰窃曲纹的风格与枣阳郭家庙M1：5鼎相一致，后者年代一般定在春秋早期[12]。铜盘的纹饰虽不清晰，但其形制也与苏家垅、周家岗等地出土的两周之际至春秋早期铜盘相一致。如此看来，八角楼墓葬的年代定为春秋早期应没有问题，那么这件瓠壶的年代也应大体属于这一

1　　　　　　　　　2　　　　　　　　　3

图二　春秋早期的瓠壶

1.随州八角楼墓瓠壶　2.康恩鸟盖瓠壶　3.上海博物馆藏重鳞纹瓠壶

时期。

传世品中，与此件瓠壶形制一致的还有康恩鸟盖瓠壶（图二，2）以及上海博物馆、台北"故宫博物院"、菲尔德博物馆所藏的3件垂鳞纹瓠壶（图二，3），其年代也可大体推定在春秋早期。

（3）莒县天井汪墓瓠壶（图三，1），无盖，筒状口，曲颈，鼓腹，矮圈足做绳索状，颈部与腹部之间接一回首龙形鋬，下腹附对称双环。颈及上腹满饰蟠虺纹，下腹饰垂鳞纹，圈足饰斜向刻划纹。通高31、口径8.8厘米。

该墓除此件瓠壶外，还出土编镈3件、编钟6件、列鼎一组5件、盖鼎1件、甗2件、圆壶1件、盘1件、鉴1件等成套的青铜器。学术界关于该墓年代的认识基本一致，一般定为春秋中期[13]，瓠壶的纹饰风格也符合这一时期的特点，因此将此件瓠壶的年代定为春秋中期应比较妥当。

（4）郯城大埠二村遗址M1瓠壶（图三，2），无盖，筒形直口，颈微曲，圆鼓腹，矮圈足，颈部及下腹置长方形活动鋬。颈部和上腹各饰一周细密的蟠虺纹，下腹上端饰一周窃曲纹，下端饰垂鳞纹。通高24、口径7厘米。

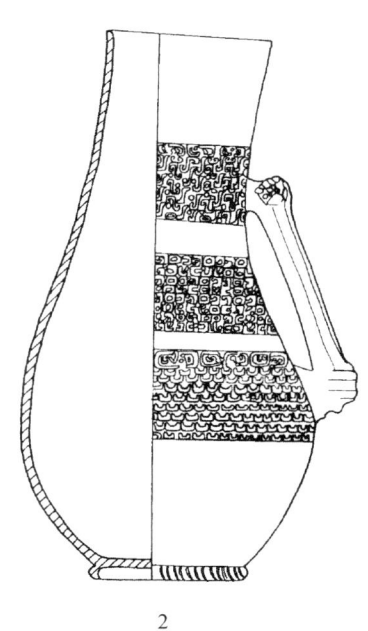

图三　春秋中期的瓠壶
1. 莒县天井汪墓瓠壶　2. 郯城大埠二村M1瓠壶

此墓随葬的铜器除瓠壶外，还有鼎2件、鬲1件、罐2件、舟1件、盘1件、匜1件、盆1件、连体罐1件以及一些车器、削刀、凿等。此墓还出土有较多的陶器，这为断代提供了极好的材料。发掘简报将此墓年代断为春秋中期的意见应可从。因此，这件瓠壶的年代也应与此相当。

（5）太原金胜村赵卿墓瓠壶（图四，1），鸟盖，躯干呈蹲伏状，鸟身丰满，昂首曲颈，羽尾相连，尖勾喙可张合，尖爪之下抓有两条小蛇，壶体做筒状直口，颈部稍曲，圆鼓腹，最大腹径处较高，直矮圈足，腹部附一龙形鋬，龙身拱曲，昂首张口，盖鸟尾部设一环耳与鋬以铜链连接。器身主体饰四周蟠虺纹，颈部饰一周绚索纹，龙形鋬上饰勾云纹、重环纹、鳞纹、鱼纹和云雷纹。通高40.8、口径6.7厘米。

图四 春秋晚期的瓠壶
1. 赵卿墓瓠壶 2. 赛克勒博物馆藏兽盖瓠壶 3. 泉屋博古馆藏鸟盖瓠壶 4. 沂水纪王崮M1瓠壶
5. 辉县琉璃阁甲墓瓠壶 6. 行唐李家庄墓瓠壶

赵卿墓有一椁三棺，随葬器物极为丰富，铜器除瓠壶外，还有鼎27件、鬲5件、甗2件、豆14件、方壶4件、高柄小方壶2件、扁壶1件、鸟尊1件、鉴6件、罍2件、匜2件、舟4件、盘2件、碳盘1件以及编钟、编镈各1套。关于此墓墓主，学术界主要有两种意见，或认为是卒于公元前475年的晋国正卿赵简子（赵鞅）[14]，或认为是卒于公元前425年的赵襄子[15]。本文赞同前一种意见，认为此墓年代属春秋晚期，如此，这件瓠壶的年代也可定为春秋晚期。

一些传世品或采集品中也有一批瓠壶的形制和纹饰与它相一致，比如1967年拣选于陕西绥德废品站的鸟盖瓠壶、台北"故宫博物院"的鸟盖瓠壶、赛克勒博物馆的兽盖瓠壶（图四，2）、泉屋博古馆的鸟盖瓠壶（图四，3）、布伦戴奇藏瓠壶等。这些瓠壶颈部微曲，腹部圆鼓等特点与赵卿墓瓠壶几乎一致，且所饰纹饰也符合春秋晚期的风格，因此其年代也应定为春秋晚期。

（6）沂水纪王崮M1瓠壶（图四，4），带短流管的平顶盖，盖面中央竖一环耳，壶体为筒形直口，颈微曲，颈中间处设一对对称的圆孔，圆鼓腹，最大腹径处较低，平底矮圈足，颈部及下腹之间接一长方形活动錾，素面。通高36.8厘米。

此墓随葬铜器除瓠壶外，还有鼎5件、甬钟9件、钮钟9件、镈钟4件、铙1件、錞于2件、舟1件、盂1件、盘1件等，车马坑内清理出马匹7具、车器4辆，其中一辆马车内还出土鼎、鬲、敦3件车载铜礼器。发掘简报认为此墓年代为春秋晚期，可从。值得注意的是，发掘简报也指出沂水纪王崮M1中也有部分铜器的时代风格偏早，比如车马坑内出土的铜鼎、铜鬲等有春秋中期器物的特点。因此，对这件瓠壶的年代，我们还有必要综合起来分析。

与这件瓠壶形制特点几乎完全一致的还有3件出土品，分别为辉县琉璃阁甲墓的瓠壶（图四，5）、莒县中楼镇于家沟的瓠壶以及潞城潞河M7的瓠壶。琉璃阁甲墓的年代过去虽有春秋中期[16]、春秋中晚期之际[17]、战国早期[18]等意见，但现在大多数学者也都定为春秋晚期[19]，潞城潞河M7的年代也通常被定为春秋晚期或战国初期[20]。这4件瓠壶的腹部较春秋中期的莒县天井汪墓瓠壶、郯城大埠二村M1瓠壶明显更为圆鼓，最大腹径处也明显更低，整体特点更加接近春秋晚期的赵卿墓瓠壶。由此看来，这4件瓠壶的年代似都应定为春秋晚期。

（7）行唐李家庄墓瓠壶（图四，6），无盖，筒形小口，颈微曲，圆鼓腹，平底矮圈足，腹部一侧有一拱形绳索状活动錾，素面。通高21.8、口径4.5厘米。此墓为农民取土挖出器物后再进行清理的，除瓠壶外，随葬的铜器还有镂、背壶、鼎（仅存平顶的器盖）、勺、斧、锛、凿、剑、销等各1件。发掘简报将此墓年代定为战国初年。此墓出土瓠壶的形制实际上也十分接近潞城潞河M7的瓠壶，两者年代应相当。

（8）卫辉山彪镇M1瓠壶（图五，1），无盖，筒形口，颈近直，深弧腹，最大腹径已至中腹附近，平底矮圈足，颈部和腹部之间接龙形錾，顾首上仰、躯干弯曲、龙尾向下微卷，素面。通高25.3、口径3.9~4.2厘米。

此墓随葬铜器除瓠壶外，还有鼎14件、鬲2件、甗1件、豆4件、簋1件、簠1件、圆壶1件、方壶1件、提梁壶1件、罐1件、牺尊1件、鉴2件、盘2件、匜3件、勺4件、匕3件、编钟14件等。此墓的年代，郭宝钧先生曾定为公元前300~前240年[21]，现在来看，这一断代明显偏晚。陈昭容先生据该墓出土的两件铭文戈认为属春秋晚期[22]，但正如该文后记中所说铜戈的年代实际上只能确定墓葬的上限，而无法定其下限。目前多数学者倾向于将该墓年代推定在战国初年或战国早期[23]，因此这件瓠壶的年代也应大体属于这一时期。

在传世品中，也有一批瓠壶的特点与这件瓠壶相一致，如浙江藏家瓠壶、国家博物馆藏瓠壶、泉屋博古馆藏兽盖瓠壶（图五，2）和泉屋博古馆藏平顶盖瓠壶（图五，3）等。

图五 战国早期的瓠壶
1. 卫辉山彪镇M1瓠壶 2. 泉屋博古馆藏兽盖瓠壶 3. 泉屋博古馆藏平顶盖瓠壶

二

由以上讨论可知，瓠壶目前最早见于西周早期，春秋中期以前都比较少见，春秋晚期至战国早期相对较多。春秋早期及之前的瓠壶曲颈幅度相对较大，春秋中期以后逐渐变小，至战国早期已接近直颈。春秋早期至战国早期瓠壶的腹部都比较圆鼓，时代越晚鼓腹越明显，最大腹径的位置在春秋早期及之前都较低，春秋中期以后已逐渐移至中腹附近。瓠壶的圈足也有一定的时代差异，西周早期和春秋早期瓠壶的圈足相对较高，春秋中期之后变得很矮，春秋晚期还出现了平底的瓠壶。

目前所发现的瓠壶都有器錾。早期的器錾相对较长，春秋中期及之后都较短。按其连接方式，大体可分为两类：一类是直接与器体相连的固定錾，另一类是与器身上预留的圆环相连接的活动錾。固定錾从西周早期就已出现，至战国早期也能见到，且大多做成龙形。春秋早期八角楼瓠壶的固定錾做绳索状，但其与器体颈部连接的一端还接一简化的兽头。春秋中期及以后的固定錾基本都呈龙形。除固定錾外，活动錾在春秋早期至战国早期的瓠壶上都可见到，形制上有弧形和方形之分，行唐李家庄墓的瓠壶所接弧形活动錾还被做成绳索状。为与器体预留的圆环相连接，固定錾的两端往往都做成圆环形。

瓠壶的器盖分有盖和无盖两类。无盖的瓠壶目前发现数量较少，大多集中于春秋中期及以后的器物上。有盖的瓠壶数量相对要多，从西周早期开始便已出现，其形制大体分弧顶盖、平顶盖、鸟盖、兽盖等几种。弧顶盖和平顶盖上大多设有竖立的流管，其出现的时间都较晚，基本集中于春秋晚期至战国早期。鸟盖出现时间相对较早，目前在春秋早期至战国早期的瓠壶上均可见到。兽盖的数量较少，目前只见于春秋晚期至战国早期的瓠壶上，盖上的兽身呈蹲伏状，但口部却被做成流管状，因此这类器盖似乎是鸟盖与带流管盖的一种结合形式。这些器盖上均设有一个圆环，其中鸟盖和兽盖的圆环都置于鸟尾或兽尾，除布伦戴奇瓠壶器盖上的圆环置于盖缘外，其余弧顶盖和平顶盖的圆环都置于器盖中央，这种设计器盖圆环的方式似无明显的时代差异。器盖设计圆环的目的，应当是为了便于与器身以铜链连接。常采用的连接方式大体有两种：一种是在器身的颈部已设计一个圆环，然后用铜链与器盖上的圆环进行连接，如新宁飞仙桥瓠壶和泉屋博古馆藏兽盖瓠壶。另一种是器身上不另外设计圆环，而是用铜链将器錾与器盖上的圆环进行连接，这种连接方式最为普遍，如赵卿墓瓠壶、绥德瓠壶、泉屋博古馆藏平顶盖瓠壶等。前一种连接方式在西周早期的瓠壶上便已出现，而这种连接方式也正是中原地区西周早期的铜盉等带单錾器物上为连接器身与器盖所常采用的方式。

与战国之前的大多数青铜器相类似，这些瓠壶一般也饰有纹饰，且基本与中原地区当时流行的纹饰风格相符合，比如西周早期的瓠壶饰有连体的兽面纹，春秋早期瓠壶多饰垂鳞纹和窃取纹，春秋中期之后的瓠壶多饰细密的蟠螭纹等。但是，像春秋晚期至战国早期出现的盖上竖流管的瓠壶则多不饰纹饰。

三

瓠壶出土的数量较少，但分布地域却相当广泛，在湖南、湖北、河南、山西、陕西、山东、河北等省份均有发现（图六）。新宁飞仙桥瓠壶的年代为西周早期，是目前所见年代最早的一件瓠壶。考虑到这件瓠壶上龙形錾的装饰、兽面纹的风格以及纽与器盖的连接方式等，都是中原文化常见的特征，因此这件器物仍有可能是中原地区同类器物的仿制品或舶来品。在瓠壶相对多见的春秋中晚期至战国早期，出土地点比较明确的大约有10件，除行唐李家庄墓的瓠壶外，其余均分布在三晋及山东地区。其中，鸟盖瓠壶目前大多分布在三晋文化的分布区内，其他地区尚未见出土品。侯马铸铜遗址中曾出土一件东周时期的鸟首模[24]，其形态和纹饰都与赵卿墓瓠壶鸟盖的特征非常相似，因此这类器物有可能就是在当地生产的。盖面带竖立流管的瓠壶目前多见于莒文化分布区。这类瓠壶的颈部往往设有一对圆孔，这种特征也不见于三晋地区。行唐李家庄在当时属中山国境内，该墓中与瓠壶同出的器物还有錂（报告称为直耳豆）、背壶、环首刀、勺等，均表现出浓厚的北方系青铜器风格[25]，学术界一般认为它属于狄文化系统的墓葬[26]。考虑到中山国的铜器曾较多地受中原地区的影响，行唐李家庄墓的这件瓠壶也可能正是这一背景下的产物。

瓠壶一般出土于墓葬之中。春秋早期的随州八角楼墓因非科学发掘，其形制和规模已不清晰，从简报所公布的随葬品来看，其组合也极有可能并不完整，所出的两件铜鼎形制一致且一大一小，可能是一套列鼎中的两件。此外该墓还出土有车器、乐器等。这些均表明此墓应具有较高的等级。春秋中期随葬瓠壶的墓葬有辉县琉璃阁M80、莒县天井汪墓以及郯城大埠二村M1。琉璃阁M80墓口长7.2、宽4.8米，随葬列鼎两套，用鼎规格为七鼎，墓主身份当为卿大夫级。天井汪墓葬墓口大小不详，随葬列鼎一套五件，用鼎规格要稍低于同时期可能为莒国国君墓的刘家店子M1[27]，地位可能也相当于卿大夫级。郯城大埠二村M1近底部的墓室东西长7、南北宽4.6米，葬具为一棺一椁，并有四具殉棺和一个器物箱，表明墓主等级肯定也很高。春秋晚期随葬瓠壶的葬墓有山西太原赵卿墓、潞城潞河M7、辉县琉璃阁甲墓、卫辉山彪镇M1、沂水纪王崮M1以及行唐李家庄墓等。其中前

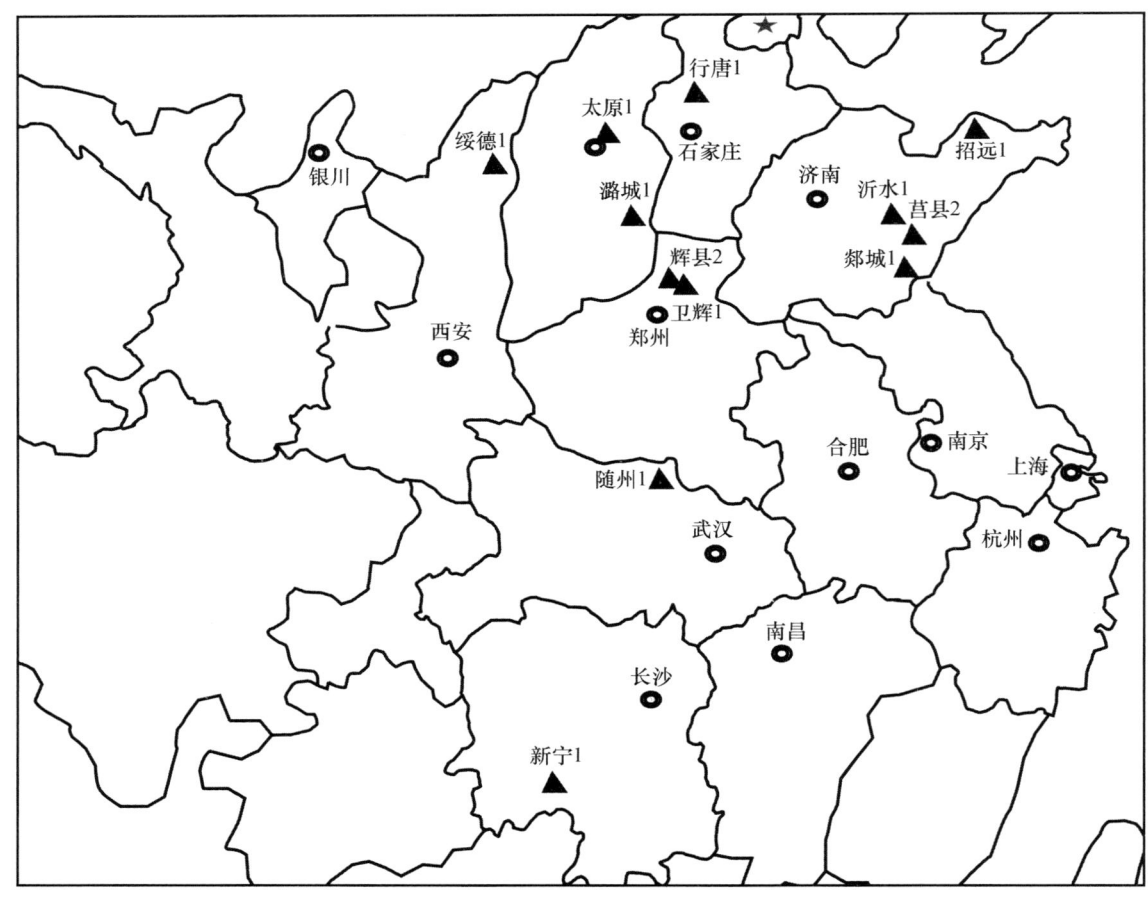

图六　出土地点明确的瓠壶分布示意图
说明：图中黑色三角形代表瓠壶出土的地点，地点旁的数字代表该地出土瓠壶的数量

四座大墓墓主的身份，学术界一般认为是相当于卿大夫的高级贵族[28]。纪王崮M1墓口长12.8、宽约8米，墓室前方有一座车马坑，葬具为两棺两椁并设有南北两个器物箱，随葬列鼎两套，编钟两套，用鼎规格为七鼎，墓主身份可能为诸侯一级。行唐李家庄墓葬发现时破坏已比较严重，墓底长2、宽1.5米，与同时期三晋及鲁东南地区出土瓠壶的墓葬相比，规模上的差距较大，这可能与墓主为狄人的身份相关。总体而言，瓠壶在其所流行的三晋及鲁东南地区一般都是出土于很高等级的贵族墓葬之中。

瓠壶一般被认为是一种酒器[29]。除作为酒器使用外，从瓠壶在墓葬中放置的位置以及铭文中也能找到它作为水器的证据。比如沂水纪王崮M1的瓠壶，该器位于北器物箱，与其同出的如盘、匜、舟等均为水器，因此该件瓠壶也有可能是作为水器使用的。再比如卫辉山彪镇M1的瓠壶。该器置于一件铜鉴之内，而铜鉴一般也作水器使用因有文献和出土材料的双重证据当比较明确[30]，因此郭宝钧先生曾推测山彪镇M1中置于铜鉴之上的瓠壶可能为挹注之用[31]。瓠壶作为水器使用最为直接的证据来自器物上的铭文。莒县于家沟出土的瓠壶颈部有铭文28字，释文为"莒大叔之孝子平作其盥□壶，用征以□□以□岁，子子孙孙，永保用之"[32]（图七）。"盥"，《说文》："澡手也。"该字也常见于春秋时期的匜、缶等水器上，因此这件瓠壶作为水器使用当比较明确。

图七　莒县于家沟瓠壶及铭文拓片

四

瓠壶这类器物由于形态特殊、数量较少，且出土地点又多与北方草原民族地区相毗邻，因此有学者认为这类器物可能与北方草原文化相关。比如前文提到的高崇文先生认为瓠壶多出土于狄人活动区，可能与狄文化有关[33]；又如陈佩芬先生认为瓠壶设有可横向提携的器鋬，因此"可能和马上民族的生活有关"[34]。我们认为这些意见是有一定道理的。

从目前所见时代较早的瓠壶的形制特征来看，它们一般都有器盖，颈部弯曲幅度也都比较大，且都是向设有器鋬的一侧弯曲，这样的设计与之前中原地区带单鋬的铜容器相比，要便于横向或侧向放置，因此确实更适合在室外使用时携带，或许如陈佩芬先生所说，最初是与马上活动相关的。春秋中期的两件瓠壶都出自墓葬之中，且均未发现器盖，或许表明它们本来就是无盖的。此外，春秋中期及以后的瓠壶颈部弯曲的幅度明显变小，至春秋晚期和战国早期，部分瓠壶的颈部已演变为近直颈的形态。因此，像这些瓠壶或许已不适宜于在马上活动等室外场合使用，而应该是更多地用于室内。

瓠壶使用场合由室外走向室内，实际上反映出这类器物的性质已有所不同。由于瓠壶最初是被设计成适用于马上活动使用的，因此应该是被当作实用器而非礼器来使用的。春秋中期以后，瓠壶可能多被用于室内，被当作一种酒器或水器在相应的礼仪活动中使用，因此这一时期的瓠壶大都是一种礼器。正是由于瓠壶在三晋及山东地区是被当作礼器而非实用器来使用的，最初作为实用出现的瓠壶就不能视为这些地区独立设计出来的产品（虽然可能仍然是在这些地区生产的），而的确可能受到草原民族文化的影响，其祖型或许是模仿草原民族用于马上携带酒或水的一类器物。

注 释

[1] 马承源：《中国青铜器》，上海古籍出版社，1988年，第211页。该书将商代早期的一种体形上小下大的铜壶也称为瓠壶，但察其形制与大多数学者及本文所述作歪颈单錾特征的瓠壶差异甚大，故本文认为这类器物不宜以瓠壶称之。

[2] 高崇文：《两周时期铜壶的形态学研究》，《考古类型学的理论与实践》，文物出版社，1989年。

[3] 熊建华：《论商周瓠壶——兼论新宁出土青铜回首龙錾瓠壶的年代》，《湖南省博物馆馆刊》第5辑，岳麓书社，2009年。

[4] 周亚：《湖南新宁出土兽面纹瓠壶断代的商榷》，《湖南省博物馆馆刊》第5辑，岳麓书社，2009年；陈佩芬：《夏商周青铜器研究·东周篇》，上海古籍出版社，2004年，第75页；冀宝瑞：《东周青铜瓠壶研究》，《文物世界》2015年第3期。

[5] 本文所引瓠壶资料的出处均见于附表注释中，文中不再另行加注。

[6] 何介钧：《试论湖南出土商代青铜器及商文化向南方传播的几个问题》，《湖南先秦考古学研究》，岳麓书社，1996年。

[7] 熊建华：《论商周瓠壶——兼论新宁出土青铜回首龙錾瓠壶的年代》，《湖南省博物馆馆刊》第5辑，岳麓书社，2009年；朱凤瀚：《中国青铜器综论》，上海古籍出版社，2009年，第239页；施劲松：《长江流域青铜器研究》，文物出版社，2003年，第149、239页。

[8] 周亚：《湖南新宁出土兽面纹瓠壶断代的商榷》，《湖南省博物馆馆刊》第5辑，岳麓书社，2009年。

[9] 陈公柔、张长寿：《殷周青铜容器上兽面纹的断代研究》，《考古学报》1990年第2期。

[10] 湖北省博物馆等：《随州叶家山西周早期曾国墓地》，文物出版社，2013年，第99页。

[11] 湖南省文物考古研究所等：《湖南望城县高砂脊商周遗址的发掘》，《考古》2001年第4期。

[12] 张昌平：《曾国青铜器研究》，文物出版社，2009年，第103～106页。

[13] 刘彬徽：《山东地区东周青铜器研究》，《中国考古学会第九次年会论文集》，文物出版社，1993年；朱凤瀚：《中国青铜器综论》，上海古籍出版社，2009年，第1703页；毕经纬：《海岱地区东周铜容器研究》，《考古学报》2012年第4期。

[14] 姑射：《太原金胜村251号墓墓主及年代》，《北方文物》1992年第1期；山西省文物考古研究所、太原市文物管理委员会：《太原晋国赵卿墓》，文物出版社，1996年，第232～236页。

[15] 张崇宁：《太原金胜村251号墓主探讨》，《中国历史文物》2005年第1期。

[16] 李学勤：《东周与秦代文明》，文物出版社，1984年，第71、72页；北京大学历史系考古教研室商周组：《商周考古》，文物出版社，1979年，第258页。

[17] 俞伟超、高明：《周代用鼎制度研究》，《北京大学学报（哲学社会科学版）》1978年第1、2期和1979年第1期。

[18] 杨育彬：《辉县甲乙墓研究与河南两周考古撷拾》，《中原文物》2008年第3期。

[19] 朱凤瀚：《中国青铜器综论》，上海古籍出版社，2009年，第1632～1635页；宋玲平：《晋系墓葬制度研究》，科学出版社，2007年，第17、18页；刘绪：《晋乎？卫乎？——琉璃阁大墓的国属》，《中原文物》2008年第3期。

[20] 宋玲平：《晋系墓葬制度研究》，科学出版社，2007年，第20页；朱凤瀚：《中国青铜器综论》，上海古籍出版社，2009年，第1902~1906页。

[21] 郭宝钧：《山彪镇与琉璃阁》，科学出版社，1959年，第73页。

[22] 陈昭容：《论山彪镇一号墓的年代和国别》，《中原文物》2008年第3期。

[23] 俞伟超、高明：《周代用鼎制度研究》，《北京大学学报（哲学社会科学版）》1978年第1、2期和1979年第1期；宋玲平：《晋系墓葬制度研究》，科学出版社，2007年，第22页；朱凤瀚：《中国青铜器总论》，上海古籍出版社，2009年，第1906页；杨建军：《三晋东周铜器墓初论》，《中原文物》2005年第3期。

[24] 山西省考古研究所等：《晋国雄风——山西出土两周文物精华》，万卷出版公司，2009年，第110页。

[25] 李海荣：《北方地区出土夏商周时期青铜器研究》，文物出版社，2003年，第40页；郭物：《镞中乾坤：青铜镞与草原文明》，上海社会科学院出版社，2003年，第39~43页。

[26] 杨建华：《中国北方东周时期两种文化遗存辨析——兼论戎狄与胡的关系》，《考古学报》2009年第2期。

[27] 山东省文物考古研究所等：《山东沂水刘家店子春秋墓发掘简报》，《文物》1984年第9期。

[28] 宋玲平：《晋系墓葬制度研究》，科学出版社，2007年，第14、15页；腾铭予、张亮：《中原地区东周铜器墓分类新论》，《考古》2013年第2期。

[29] 张晗：《匏形壶与匏瓜星》，《张颔学术文集》，中华书局，1995年；熊建华：《论商周瓠壶——兼论新宁出土青铜回首龙錾瓠壶的年代》，《湖南省博物馆馆刊》第5辑，岳麓书社，2009年。

[30] 朱凤瀚：《中国青铜器综论》，上海古籍出版社，2009年，第311、312页。

[31] 郭宝钧：《山彪镇与琉璃阁》，科学出版社，1959年，第16页。

[32] 吴镇烽：《商周青铜器铭文暨图像集成》第二十二卷，上海古籍出版社，2012年，第259页。

[33] 高崇文：《两周时期铜壶的形态学研究》，《考古类型学的理论与实践》，文物出版社，1989年。

[34] 陈佩芬：《夏商周青铜器研究·东周篇》，上海古籍出版社，2004年，第75页。

附表　出土及传世瓠壶资料登记表

序号	瓠壶	尺寸/厘米	出处
1	山西太原赵卿墓瓠壶	通高40.8、口径6.7	①、②
2	山西潞河M7瓠壶	残高24	③
3	山东莒县天井汪瓠壶	通高31、口径8.8	④、⑤
4	山东沂水纪王崮M1瓠壶	通高36.8、足径8.8	⑥
5	山东招远毕郭墓瓠壶	高25.6、口径6	⑦
6	山东莒县于家沟墓瓠壶	通高34.6、口径8.2	⑧、⑨、⑩
7	山东郯城大埠二村M1瓠壶	通高24、口径7	⑪
8	河北行唐李家庄瓠壶	通高21.8、口径4.5	⑫、⑬
9	河南辉县琉璃阁甲墓瓠壶	通高35.5、口径12.9	⑭、⑮、⑯
10	河南卫辉山彪镇M1瓠壶	通高25.3、口径3.9	⑰
11	河南辉县琉璃阁M80瓠壶		⑱

续表

序号	瓠壶	尺寸/厘米	出处
12	湖北随州八角楼墓瓠壶	通高21.5、口径4.7	⑲
13	湖南新宁飞仙桥瓠壶	通高37	⑳、㉑
14	陕西绥德采集瓠壶	通高37.5、口径5.8	㉒、㉓、㉔、㉕
15	菲尔德瓠壶	通高29.8	㉖
16	上海博物馆垂鳞纹瓠壶	通高29.8、口径5.6	㉗
17	台北"故宫"垂鳞纹纹瓠壶	通高28.4、口径5.4	㉘
18	台北故宫鸟盖瓠壶	通高30、口径5	㉙
19	康恩瓠壶	高24.5、口径4.7	㉚
20	布伦代奇瓠壶	高31.5、口径4.8	㉛
21	赛克勒瓠壶	通高38、宽13.4	㉜
22	泉屋鸟盖瓠壶	通高32.3、口径5.6	㉝
23	泉屋平盖瓠壶	通高26.8、口径5.2	㉞
24	浙江民间瓠壶	通高30.8、底径8.6	㉟
25	纳高公司拍卖瓠壶	通高31.7	㊱
26	国家博物馆瓠壶		㊲
27	泉屋兽盖瓠壶	通高35	㊳
28	镶嵌几何形纹瓠壶	通高31.2、口径4.95	㊴
29	蟠虺纹瓠壶	通高29.3、口径6.6	㊵
30	鸟盖瓠壶	通高32.7、口径6.3	㊶
31	鸟盖瓠壶	通高33、口径6.3	㊷
32	鸟盖瓠壶	通高31.7、口径6	㊸
33	蟠虺纹瓠壶	通高25.3、口径6	㊹
34	垂鳞纹瓠壶	高28.7、口径3	㊺
35	云雷纹瓠壶	高21、口径3	㊻
36	弧盖瓠壶	高42、口径5	㊼
37	素面瓠壶	高31.3、口径5	㊽
38	鸟盖瓠壶	高32.7、口径6.3	㊾
39	钮盖瓠壶	高50、口径6	㊿
40	蟠虺纹瓠壶	高26.3、口径6	㊑
41	错金银瓠壶	高25.3、口径4	㊒

注：

① 山西省文物考古研究所、太原市文物管理委员会：《太原晋国赵卿墓》，文物出版社，1996年，第51、52页。

②㉕㉜ 中国青铜器全集编辑委员会：《中国青铜器全集8·东周2》，文物出版社，1995年，图81、图84、图85。

③ 山西省考古研究所等：《山西省潞城县潞河战国墓》，《文物》1986年第6期。

④ 山东省博物馆：《山东省博物馆藏品选》，山东画报社，1990年，图58。

⑤ 齐文涛：《概述近年来山东出土的商周青铜器》，《文物》1972年第5期。

⑥ 山东省文物考古研究所等：《山东沂水县纪王崮春秋墓》，《考古》2013年第7期；山东省文物考古研究所等：《沂水县纪王崮一号春秋墓及车马坑》，《海岱考古》第6辑，科学出版社，2013年。

⑦ 来源于网络：http://blog.sina.com.cn/s/blog_71a1a2c40101b9xl.html。

⑧ 中国青铜器全集编辑委员会：《中国青铜器全集9·东周3》，文物出版社，1995年，图74。
⑨⑬㉗ 陈佩芬：《夏商周青铜器研究·东周篇》，上海古籍出版社，2004年，第75页。
⑩ 刘云涛、张建平：《莒县博物馆馆藏青铜器》，《东南文化》2001年第4期。
⑪ 山东省文物考古研究所等：《山东郯城大埠二村遗址发掘报告》，《海岱考古》第4辑，科学出版社，2011年。
⑫㉖ 郑绍宗：《行唐县李家庄发现战国铜器》，《文物》1963年第4期。
⑭ 河南博物院、台北"国立历史博物馆"：《辉县琉璃阁甲乙二墓》，大象出版社，2003年，第98页。
⑮ 杜廼松：《故宫博物院藏文物珍品大系·青铜器》，上海科学技术出版社，2008年，第122页。
⑯⑰⑱ 郭宝钧：《山彪镇与琉璃阁》，科学出版社，1959年，第71、16、56页。
⑲ 随县博物馆：《湖北随县城郊发现春秋墓葬和铜器》，《文物》1980年第1期。
⑳ 邵阳市文物管理处等：《湖南省新宁县发现商至周初青铜器》，《文物》1997年第10期；熊建华：《论商周瓠壶——兼论新宁出土青铜回首龙銴瓠壶的年代》，《湖南省博物馆馆刊》第5辑，岳麓书社，2009年。
㉑ 周亚：《湖南新宁出土兽面纹瓠壶断代的商榷》，《湖南省博物馆馆刊》第5辑，岳麓书社，2009年。
㉒ 梁彦民：《神韵与辉煌——陕西历史博物馆国宝鉴赏·青铜器卷》，三秦出版社，2006年，第149页。
㉓ 朱捷元：《绥德发现战国鸟盖铜瓠壶》，《考古与文物》1980年第2期。
㉔ 李西兴：《陕西青铜器》，陕西人民美术出版社，1994年，图174。
㉕㉚㉛ 中国科学院考古研究所：《美帝国主义劫掠的我国殷周铜器集录》，科学出版社，1962年，图A760、图A759、图A761。
㉘ "国立故宫博物院"编辑委员会：《国之重宝》，"国立故宫博物院"，2005年，图S-015。
㉙ 陈芳妹：《商周青铜酒器》，"国立故宫博物院"，1990年。
㉝㉞ 分别见于：广川守：《泉屋博古·中国古铜器编》，便利堂，2002年，图123、图124。
㉟ 浙江省博物馆：《家有宝藏：浙江民间收藏珍品大展特集》，荣宝斋出版社，2004年，第116页。
㊱ 图片见于德国纳高公司2005年拍卖图录。
㊲ 来源于网络：http://www.huitu.com/photo/show/20130216/064929361367.html。
㊳ 容希白：《商周彝器通考》，大通书局（台湾），1941年，图七八二。
㊴㊵ （清）梁诗正：《西清古鉴》卷二十，图三八、三九，《摛藻堂景印四库全书荟要·史部·第一五七册·器用类》，世界书局印行（台湾），1985年。
㊶㊷㊸㊹ （清）梁诗正：《西清古鉴》卷二十二，图一二~图一五，《摛藻堂景印四库全书荟要·史部·第一五七册·器用类》，世界书局印行（台湾），1985年。
㊺ （宋）吕大临：《考古图》卷一〇，图八，《金文文献集成·第一册》，线装书局，2005年。
㊻ （宋）王黼：《博古图》卷七，图一二，《金文文献集成·第一册》，线装书局，2005年。
㊼ （宋）王黼：《博古图》卷一二，图三九，《金文文献集成·第一册》，线装书局，2005年。
㊽㊾㊿ （清）王杰等：《西清续鉴甲编》卷九，图五、图五七、图五八，《金文文献集成·第五册》，线装书局，2005年。
㉛ 清高宗敕编：《宁寿鉴古》卷八，图二六，《金文文献集成·第七册》，线装书局，2005年。
㉜ 清高宗敕编：《宁寿鉴古》卷九，图三九，《金文文献集成·第七册》，线装书局，2005年。

沅水中下游秦代墓葬概论

谭远辉

沅水发源于贵州省的都匀县和麻江县，上游称清水江。流至湖南省洪江市托口镇汇合渠水后始称沅水，并进入中游。沅水中下游主要流经湖南省怀化市、湘西土家族苗族自治州以及常德市的部分区、县，其间接纳的主要支流有七条，从上至下为：渠水、㵲水、巫水、溆水、辰水、武水和西水。七条主要支流均位于沅陵以上的沅水中游地带。沅陵以下属下游。

关于沅水中下游的秦代墓，此前未有专门论述。但有学者在相关论述中涉及这一地区的秦墓问题[1]。笔者近年因编撰了两部沅水中下游的楚汉墓葬报告——《沅水下游楚墓》和《沅陵窑头发掘报告》，对这一论题有所感悟，陈述于下以就教于大方之家。

一、"秦代墓"的界定和墓葬资料

沅水中下游地区战国晚期属楚而不属秦，这已成定论（详"余论"），那么就不可能存在成规模的秦人墓地或秦文化墓葬，这也符合考古实际。当然，我们并不否认沅水中下游乃至湖南战国晚期的墓葬中存在秦文化等外来因素的事实。但不能仅凭1件铜兵器或变异的"秦器"便认定为秦墓。秦墓自有其评判标准，只要将其与陕西秦墓和湖北江汉平原的秦墓稍作比较，标准自明。本文不谈楚墓中的秦文化因素，只对秦代墓葬予以甄别。所谓"秦代墓"主要是历史朝代的概念，包含两层含义，即秦代的秦墓和秦代的楚墓。

从往常的工作来看，在湖南境内所发现的战国晚期墓中极少划分出秦代墓来。湖南所出四部大型楚墓报告——《长沙发掘报告》中的"战国墓葬"[2]、《长沙楚墓》[3]、《益阳楚墓》[4]和《里耶发掘报告》中的"麦茶战国墓地"[5]都只将年代下限定到战国末期。秦祚再短，也淌过了历史的长河。《沅水下游楚墓》始将年代下限定到秦代[6]，虽未明确指定所属墓葬，但已意识到这一时代不可忽略。在沅水中下游一带发掘的春秋战国至秦代的遗址和墓地有数十处之多，墓葬则近5000座，仅沅水下游的常德就有3000多座。目前，系统报道这一带的东周至秦代墓葬的报告已有三部。第一部为《里耶发掘报告》（内含麦茶战国墓地）[7]，第二部为《沅水下游楚墓》[8]，第三部是《沅陵窑头发掘报告》（内含东周至秦代墓葬）[9]。在这三部报告所报道的墓葬中，其实都存在着秦代墓葬甚至秦人墓葬。除这三部报告外，战国至秦代墓葬的发掘简报还有溆浦马田坪[10]、中林、丰收[11]、江口[12]、大江口[13]、高低村[14]、茅坪坳[15]，洪江黔城[16]、托口[17]，靖州团结村[18]、辰溪米家滩[19]、黄土坡[20]，古丈白鹤湾[21]，保靖四方城[22]，龙山李拐堡[23]，泸溪桐木垅[24]，沅陵木形山[25]，桃源狮子山[26]等。

以上材料中只里耶麦茶、沅水下游和沅陵窑头三部报告的墓葬资料较完善，发掘简报的资料多支离破碎，有时仅凭疑似因素难以判定为秦代墓，也有些墓葬的时代属性似是而非，不敢遽断。对于仅凭1件铭文铜器便判为秦墓的方法我们不认同，通过梳理甄别，可判定为秦代的墓葬共有182座。

沅水下游113座：M4、M19、M26、M27、M31、M38、M43、M46～M48、M50～M53、M61、M64、M70、M111、M112、M117、M118、M138、M209～M211、M275、M324、M325、M328、M350、M353、M391、M398、M419、M420、M445、M453、M456、M461、M462、M464、M465、M469、M486、M510、M511、M515、M522、M540、M559、M577、M599、M621、M636、M640、M661、M671、M674、M689、M690、M698、M701、M705、M708、M730、M732、M736、M737、M740、M741、M743、M744、M770、M772、M773、M776、M791、M801、M856、M883、M902、M918、M946、M955、M1029、M1092、M1101、M1105、M1113、M1119、M1126、M1127、M1138、M1140、M1146、M1148～M1150、M1168、M1169、M1257、M1307、M1405、M1407、M1423、M1471、M1511、M1563、M1565、M1567、M1577、M1581、M1582。

沅陵窑头18座：M1001、M1014、M1026、M1029、M1047～M1049、M1054、M1055、M1058、M1061、M1087、M1118、M1221、M1222、M1224、M1230、M1253。

里耶麦茶22座：M37、M38、M43、M52、M70、M72、M96、M99、M107、M110、M128、M134、M139、M144、M294、M311、M313、M328、M355、M363、M369、M372。

另有91沅陵木形山M10、M16、M17；89里耶李拐堡M12；保靖四方城M13、M52、M53、M55、M61、M76；88辰溪米家滩M11；78溆浦马田坪M24；86溆浦中林、丰收M7、M9、M10、M11、M13、M14、M17、M21、M22、M24；83溆浦江口M6、M8、M9、M14、M16、M18；88洪江黔城镇M29等29座。

二、秦代的秦墓

判定为秦墓的标准大致有三条：一是墓葬形制为秦墓的特有形态——洞室墓；二是随葬器物器形和组合形态与秦墓特征吻合；三是人骨架葬式为屈肢葬。三条标准不一定会在同一座墓中得以体现。目前，在沅水中下游地区符合这三条标准的墓葬只有7座，即沅下M705，沅窑M1054，78溆马M24，86溆中M7，保四M13、M52、M55。另据贺刚先生称，1978年于古丈白鹤湾也发现一座典型秦墓，墓中随葬有铜鍪、蒜头口扁壶、斗、夔龙纹镜及滑石璧等，但墓葬资料未发表，实物及图、照均未见，情况不明[27]。7座墓中沅下M705和沅窑M1054主要体现在墓葬形制方面，为偏洞室墓；78溆马M24和86溆中M7主要体现在随葬器物器形和组合方面；保四M13、M52、M55则主要体现在葬式方面，为屈肢葬。这7座墓均应为秦墓。这其中，洞室墓和屈肢葬墓在以前讨论南方秦墓的文章中鲜有涉及。以下分别对其进行阐述。

（一）洞室墓

洞室墓为秦墓的特有形制，在陕西秦墓中较常见，如陕西陇县店子[28]、塔儿坡[29]、尤家庄[30]、半坡[31]等地的秦墓。洞室墓在楚地偶有发现，但为数极少。1956年在长沙烈士公园曾发现一座洞室墓[32]。继后江陵九店东周墓地发现5座洞室墓[33]；沅水下游的常德德山莲花池德郊酒厂1987年发掘的一座墓（沅下M705）也是一座洞室墓，由于该墓洞顶被推土机推毁，所以在编写报告时并未作为洞室墓介绍[34]；1990年冬在沅陵窑头也清理了一座洞室墓（沅窑M1054）[35]。就目前掌握的材料而言，南方仅发现此8座洞室墓。另据高成林先生见告，他在宜昌博物馆工作时也在峡区发现过周秦时期的洞室墓。这些洞室墓除长沙烈士公园M18为直线式洞室墓外，其余都是偏洞室墓。两者的区别是前者是在墓道的一端掏洞，而后者是在墓道的一侧掏洞。洞室墓中除空墓外，随葬器物多为日用陶器和铜镜等，其组合也多不类楚墓，只一座随葬楚式仿铜陶礼器鼎、敦、壶（江九M487）。可以认为，南方这些洞室墓应是受秦文化影响，或者本来就是秦人墓。

沅水中下游只发现两座洞室墓，即沅下M705和沅窑M1054。两墓形制大致相同，均为在竖井式墓道底部一长壁掏一长、宽均小于墓道的墓室，即所谓"偏洞室"。沅下M705在墓道一端还掏有一龛底低于墓底的头龛。方向5°。随葬品位于洞室的一端，有陶釜、铜蟠螭镜、"萁□"印玺、带钩、剑首、残铁器各1件以及铜箭镞数枚。沅窑M1054不见随葬品（图一）。从两墓的墓葬形制和随葬器物看都与楚墓的基本特征相悖，而与秦墓较一致（图二）；沅下M705所出蟠螭纹铜镜则是战国晚期至秦汉时期铜镜的常见形态。无疑，两墓应是典型的秦代秦人墓。

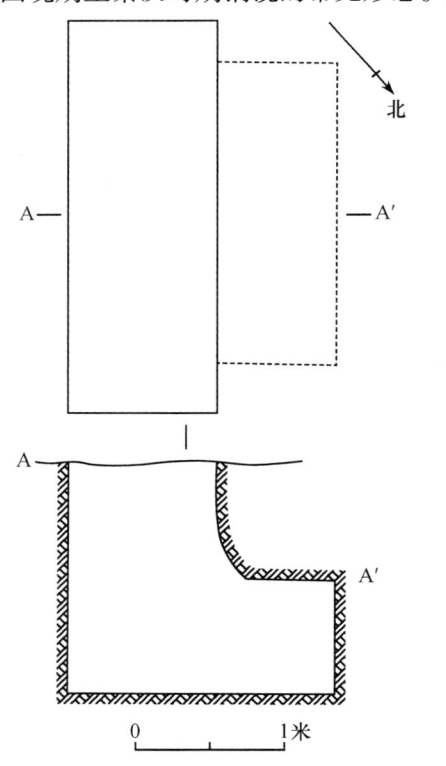

图一　沅窑M1054平、剖面图
（采自湖南省文物考古研究所：《沅陵窑头发掘报告——战国至汉代城址及墓葬》，文物出版社，2015年）

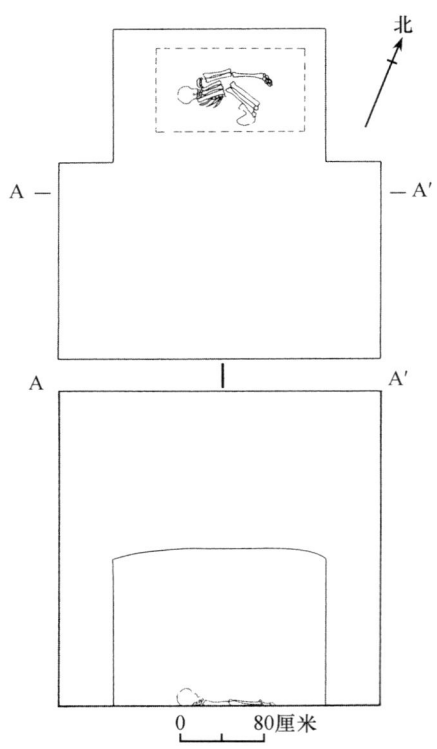

图二　西安南郊光华胶鞋厂M67平、剖面图
（采自西安市文物保护考古所：《西安南郊秦墓》，陕西人民出版社，2004年）

（二）随葬秦器的典型墓葬

在沅水中下游地区，随葬秦器的典型墓葬只有78溆马M24和86溆中M7两座。

78溆马M24为一座带墓道的土坑竖穴宽坑墓，方向270°。墓口并有两级台阶，墓口以上残存封土堆。尚有棺椁残留，为一椁一棺。随葬器物放置于头箱和边箱中，主要为铜器，有鼎、盒（原报告称"敦"）、盘、勺、匜、镜、剑、戈、矛，另有陶壶和玉璧各1件。该墓葬结构以及椁周填白膏泥的做法均与楚墓无二致。唯随葬器物组合及形态都和楚器不类，铜鼎矮蹄形足，口部有"中脚王鼎"四字[36]。形态与云梦睡虎地M11:54铜鼎相同[37]。铜盒也是秦式盒的形态。所出1件铜矛的骹部还錾刻有"少府"二字（图三），《汉书·百官公卿表第七上》："少府，秦官，掌山海地泽之税以给共养，有六丞。"西汉袭之，王莽改少府为"共工"[38]。因而，78溆马M24为一座地地道道的秦墓。

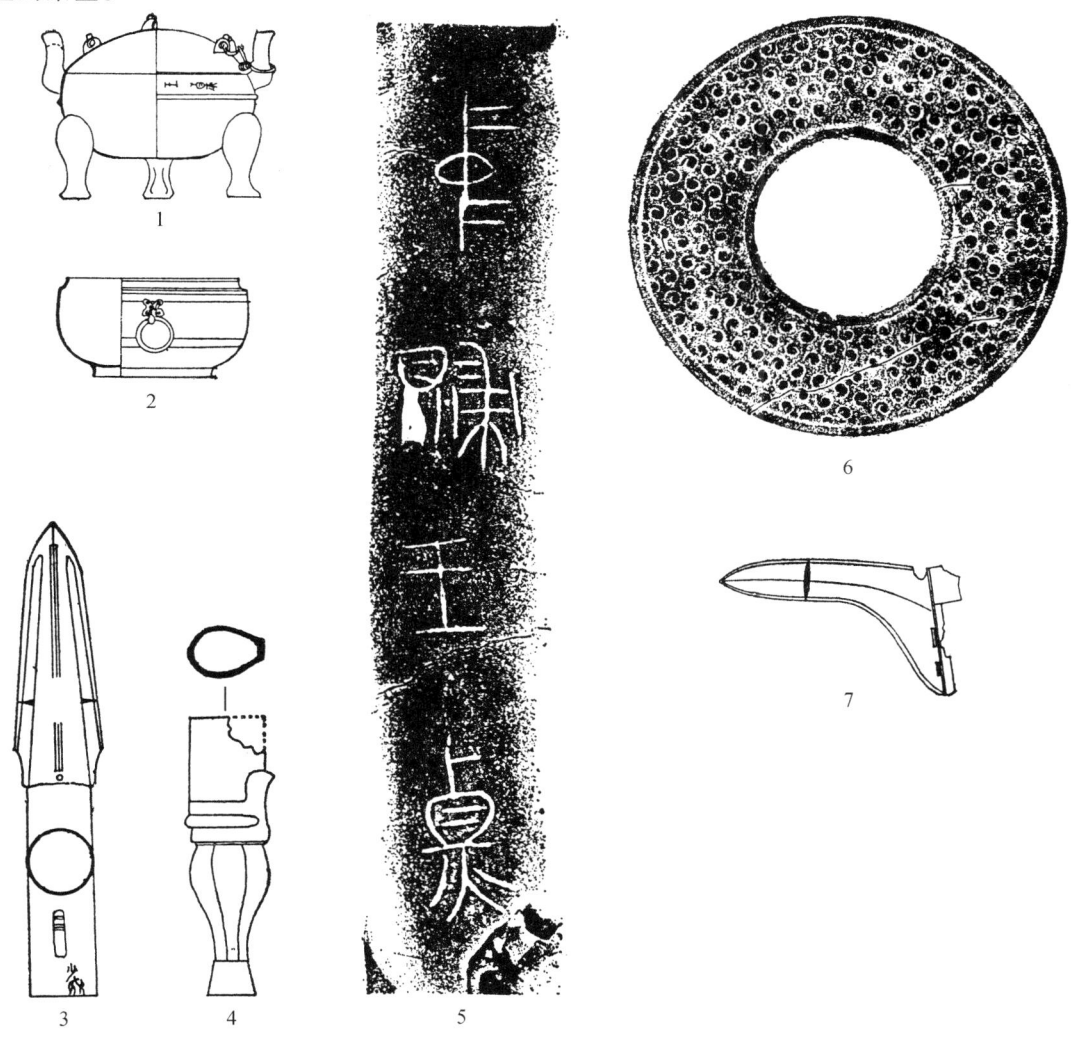

图三　78溆浦马田坪M24出土器物

1、5. 铜鼎及铭文拓片　2. 铜盒　3. 铜矛　4. 铜戈镈　6. 玉璧　7. 铜戈

（采自湖南省博物馆等：《湖南溆浦马田坪战国西汉墓发掘报告》，《湖南考古辑刊》第2集，岳麓书社，1984年）

86溆中M7为一座土坑竖穴宽坑墓，平面略呈梯形，方向350°。墓底有两条横枕木沟。出土器物除1件滑石璧外，其余均为陶器。滑石璧位于墓底头部正中，陶器靠一长壁放置。陶器有鼎、敦、壶、蒜头壶、釜甑、豆、盘。该墓融合了楚、秦两种文化因素，不分伯仲。毫无疑问，鼎、敦、壶的组合形态是楚墓的传统组合形态，而蒜头壶、釜甑则绝不见于正统楚墓。另外，豆盘内有一墨书的"鱼"字，这种做法也不见于楚地，而秦器中戳印和刻划文字的现象则屡见不鲜。综合这些因素分析，该墓墓主可能为一流落于楚地的秦人，来到楚地后，入乡随俗，使用楚人的丧葬礼俗，但依然狐死首丘，不忘故国根本；另一种可能就是楚地被秦人占领后，楚人被迫接纳秦文化。但笔者认为后一种可能性应该较小，否则，就不应是个别现象，而应是普遍现象。关于墓葬的时代，或可晚至汉初，因釜甑、滑石璧在汉墓中较常见，且釜甑的形态更接近于汉代釜甑（或称甗）。蒜头壶和秦式蒜头壶的形态也有差异[39]。

（三）屈肢葬墓

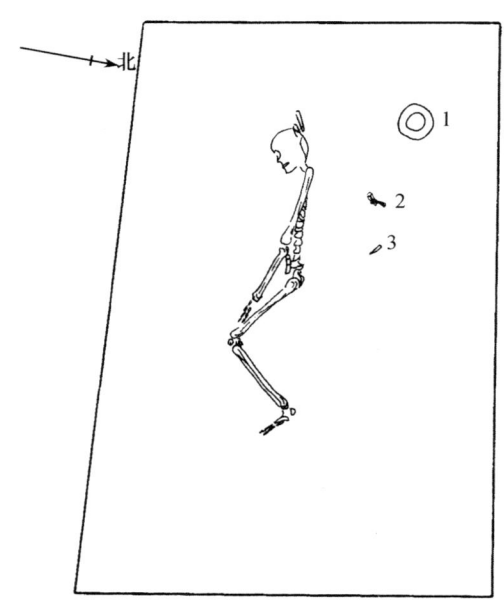

图四　保靖四方城M55平面图
1. 陶罐　2. 骨器　3. 铁残器

（采自湘西自治州文物管理处等：《保靖四方城战国、汉代墓葬发掘报告》，《湖南考古2002》，岳麓书社，2004年）

目前在沅水中下游发现的屈肢葬墓均位于保靖四方城墓地，共3座，分别为M13、M52和M55，三墓均为长方形土坑竖穴，方向分别为90°、100°和330°。M52和M55平面呈梯形。随葬器物均为日用陶器，数量少。M13随葬陶罐、豆；M52随葬陶罐、熏炉；M55随葬陶罐和兽骨（图四）。首先应该说明的是，原简报对时代的推断普遍偏早，将M13定为战国早期，M52定为战国末期，M55定为战国中期[40]。M13墓葬未举例，随葬器物也未举例，情况不明。M52中所出矮领浅腹平底罐（F型罐），领部有穿孔的形态是战国末期才出现的形态，同于云梦睡虎地秦墓A型小陶罐，而熏炉的时代似乎更晚，其时代特征与马王堆三号汉墓所出熏炉接近[41]。因此M52的时代应为秦至汉初。M55的年代推断更是谬之千里，高领鼓腹圜底罐（C型罐）的形态也是秦到汉初的器形，与荆州高台秦汉墓的A型罐形态接近。最能说明问题的是里耶遗址一号井中所出B型高领罐，这件陶罐与秦简同出，且形态与M55的陶罐形态完全相同。因而M13、M52和M55都应是秦至汉初的墓葬。

屈肢葬不是楚人的传统葬式，在秦墓中屡见不鲜（图五）[42]。因此我们推断，3座墓葬应是秦人墓。

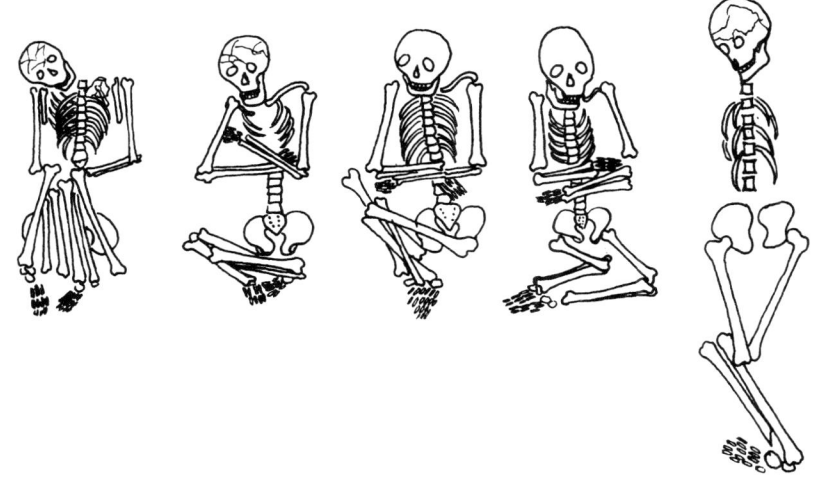

图五　咸阳任家咀秦墓仰屈肢葬葬式
（采自《任家咀秦墓》）

三、秦代的楚墓

所谓秦代的楚墓概念很明确，即墓葬时代为秦代，但墓葬形制、随葬品组合及器物形态都符合楚墓的基本特征（不排除存在些许秦文化因素甚至秦式器物）。前列182座秦代墓中除上述7座秦代的秦墓外都属这类墓葬。

秦自公元前222年入主湘西北，至公元前208年退出，仅15年时间。其政体尚未完全巩固，文化根基也尚未扎牢。人们依然固守传统，使用楚人的丧葬习俗，因而秦墓很少，而多为楚墓。只有极少南下的秦人或楚人可能采用秦人的葬俗。

秦代的秦墓较好判断，因为有秦墓的特殊形制、代表性器物及葬式。而秦代的楚墓则很难把握，这也是困扰湖南考古界多年的难题。以什么标准判断秦代的楚墓这是问题的关键，我们主要还是将楚墓中根据谱序排列在末尾的墓葬（包括部分断代误差较大的墓葬）与陕西和湖北的秦代墓进行比对，找出其中相似的时代因素，举一反三而据以认定。我们从沅水中、下游由上至下的三个点四个墓地选取30座典型墓葬进行分析（表一）。

表一　沅水中下游秦代的楚墓典型墓葬登记表

墓号	方向/°	墓葬形制	随葬器物	资料出处
86溆中M11	270	普通竖穴宽坑	陶鼎、敦、壶2、熏、钵	《湖南博物馆文集》
86溆中M13	355	普通竖穴宽坑	陶鼎3、敦、壶、熏、矮柄豆2、勺4、鐎壶；铜镜、铺首；玻璃璧	《湖南博物馆文集》
86溆中M21	10	普通竖穴宽坑	陶鼎2、敦2、壶2、矮柄豆2	《湖南博物馆文集》
86溆中M24	360	普通竖穴宽坑	陶鼎、敦、壶、矮柄豆	《湖南博物馆文集》
83溆江M6	165	普通竖穴宽坑	陶鼎3、盒3、壶2、矮柄豆4、匕3	《湖南考古辑刊》第3集
83溆江M8	95	普通竖穴宽坑	陶鼎2、敦、壶3、矮柄豆4；铜剑、戈、砝码	《湖南考古辑刊》第3集
沅窑M1014	220	普通竖穴宽坑	陶鼎2、敦2、壶2、熏、盘2、高领罐、矮柄豆4；铜镜、璜形器、铃形器；玻璃璧	《沅陵窑头发掘报告》

续表

墓号	方向/°	墓葬形制	随葬器物	资料出处
沅窑M1029	148	竖穴窄坑带高头龛	陶鼎、敦、壶、熏、高柄豆2；铜镜、带钩	《沅陵窑头发掘报告》
沅窑M1048	338	普通竖穴宽坑	陶鼎、敦、壶、盘、高柄豆、矮柄豆	《沅陵窑头发掘报告》
沅窑M1058	345	竖穴宽坑带高头龛	陶鼎、敦、壶、盘、匜、瓮、矮柄豆2；铜戈镈、残器；玉璧	《沅陵窑头发掘报告》
沅窑M1061	220	竖穴宽坑带高头龛	陶鼎、盒、壶、矮柄豆；漆樽铜环	《沅陵窑头发掘报告》
沅窑M1221	200	竖穴狭长坑带平头龛	陶矮领罐、矮柄豆	《沅陵窑头发掘报告》
沅窑M1224	110	竖穴狭长坑带平头龛	陶矮领罐、高领罐、盂、豆	《沅陵窑头发掘报告》
沅下M26	190	普通竖穴宽坑	陶鼎2、敦2、钫、矮柄豆2、盘、勺、匜；玻璃璧；铜剑首	《沅水下游楚墓》
沅下M38	270	竖穴狭长坑带头龛、二层台	陶鼎2、敦、盒、壶2、矮柄豆2、盘、勺、匜	《沅水下游楚墓》
沅下M70	100	普通竖穴宽坑	陶鼎2、敦2、壶2、矮柄豆2、盘、勺、匕；玻璃璧	《沅水下游楚墓》
沅下M209	220	竖穴窄坑带平头龛	陶矮领罐、盂2、鼎、匕；铁锸	《沅水下游楚墓》
沅下M419	350	普通竖穴宽坑	陶鼎2、盒2、钫、矮柄豆2、盘、勺、匜、匕	《沅水下游楚墓》
沅下M445	75	竖穴狭长坑带二层台	陶鼎2、盒2、壶2、矮柄豆2、盘2、勺2、匜2、匕2	《沅水下游楚墓》
沅下M465	90	普通竖穴宽坑	陶鼎2、盒2、钫2、盘2、勺、匜、匕	《沅水下游楚墓》
沅下M741	75	竖穴窄坑带二层台	陶鼎、敦、壶、矮柄豆、盘、匜、匕	《沅水下游楚墓》
沅下M801	100	竖穴狭长坑带头龛	陶矮领罐、盂2、矮柄豆2	《沅水下游楚墓》
沅下M902	160	竖穴狭长坑带二层台	陶矮领罐、盂、	《沅水下游楚墓》
沅下M1138	110	竖穴狭长坑带头龛、二层台	陶鼎、盒、壶、勺	《沅水下游楚墓》
沅下M1148	134	竖穴狭长坑带平头龛	陶鼎、盒、壶、矮柄豆、盘、匜2	《沅水下游楚墓》
沅下M1149	115	普通竖穴窄坑	陶鼎、敦、壶、豆、盘、匜、匕	《沅水下游楚墓》
沅下M1150	180	普通竖穴宽坑	陶鼎、盒、壶	《沅水下游楚墓》
沅下M1511	170	竖穴宽坑带平头龛	陶鼎2、敦2、壶2、矮柄豆；玻璃璧	《沅水下游楚墓》
沅下M1563	270	竖穴狭长坑带头龛、二层台	陶鼎、盒、壶、矮柄豆、勺、匕	《沅水下游楚墓》
沅下M1565	100	竖穴狭长坑带平头龛	陶鼎、盒、壶、矮柄豆2、勺、匕；铜镜	《沅水下游楚墓》

注：1. 墓地代号：溆中——溆浦中林、丰收；溆江——溆浦江口；沅窑——沅陵窑头；沅下——沅水下游

2. "随葬器物"一栏中未标件数者为1件；因各墓地器物型、式各别，故均不注明型、式

3. 对墓葬形制和器物名称进行了统一

沅水中游首段的溆浦中林和江口的6座墓葬中，86溆中M11和M13随葬陶器的基本组合为鼎、敦、壶、熏，86溆中M13还有陶镶壶1件；83溆江M6为陶鼎、盒、壶组合；其余3座为陶鼎、敦、壶组合。

沅水中下游交汇地带的沅陵窑头墓地中沅窑M1014与M1029的基本组合形态为鼎、敦、壶、熏（图六）；M1048与M1058为鼎、敦、壶；M1061为鼎、盒、壶；M1221与M1224为日用陶器组合。

沅水下游楚墓中出土陶器基本组合为鼎、敦、钫的1座（M26）；为鼎、敦、盒、壶的1座

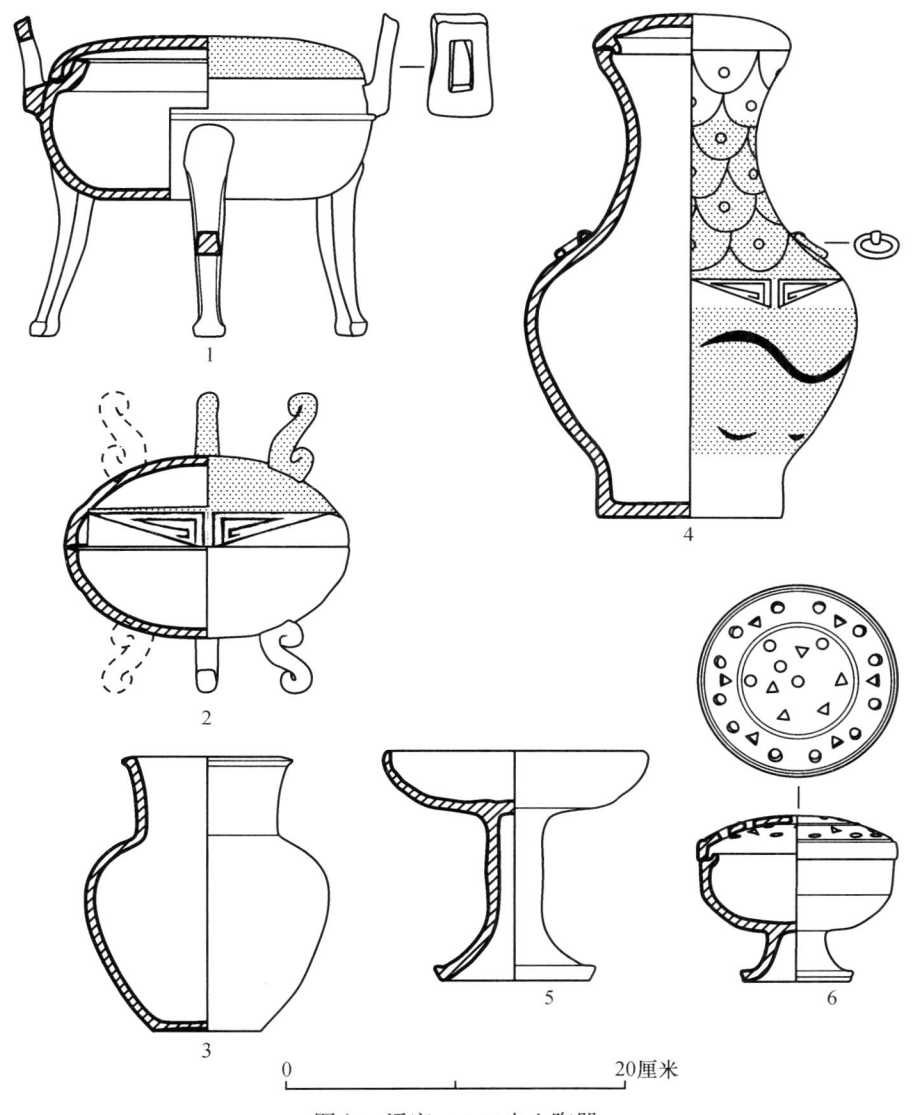

图六 沅窑M1014出土陶器
1. 鼎 2. 敦 3. 高领罐 4. 壶 5. 矮柄豆 6. 熏
（采自湖南省文物考古研究所：《沅陵窑头发掘报告——战国至汉代城址及墓葬》，文物出版社，2015年）

（M38）；为鼎、敦、壶的4座（M70、M741、M1149、M1151）；为鼎、盒、钫的2座（M419、M465）；为鼎、盒、壶的6座（M445、M1138、M1148、M1150、M1163、M1165）；以日用陶器为主的3座（M209、M801、M902）（图七、图八）。

在以上墓例中陶器基本组合形态共有七种：鼎、敦、壶（9座），鼎、敦、壶、熏（4座），鼎、敦、壶、盒（1座），鼎、敦、钫（1座），鼎、盒、壶（8座），鼎、盒、钫（2座）以及日用陶器组合（5座）。在仿铜陶礼器中主要为鼎、敦、壶组合和鼎、盒、壶组合，其次为鼎、敦、壶、熏组合。此外，伴出有较明显时代特征的器物还有五花叶菱形折叠纹铜镜（86溆中M13∶1、沅窑M1014∶2）、陶瓮（沅窑M1058∶1）等。

其中如86溆中M13中所出熏（原简报称豆）、镵壶、豆的形态都基本不见于战国时期，纵然有

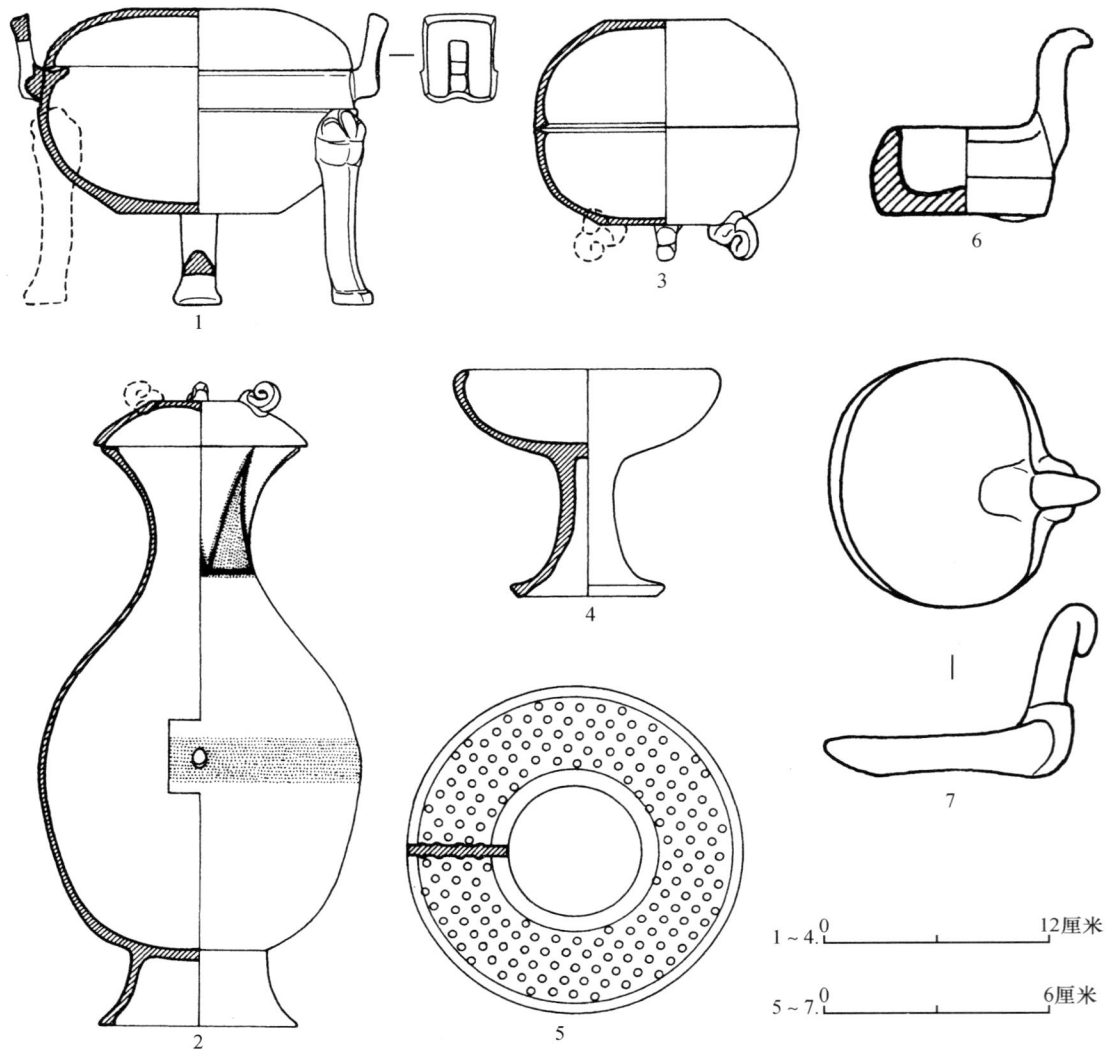

图七　沅下 M70 出土器物

1. 陶鼎　2. 陶壶　3. 陶敦　4. 陶豆　5. 玻璃璧　6. 陶勺　7. 陶匕

（采自湖南省常德市文物局等：《沅水下游楚墓》，文物出版社，2010年）

也是因为断代有误。原简报将 M13 纳入战国早、中期范畴则谬之大矣！陶器的形态虽与汉墓中同类器略有差别，但也很接近，最早不会超过楚秦之际。再说 M13 中所出 1 件四乳菱形折叠纹铜镜更是流行于秦汉时期的形态。

沅陵窑头的秦代墓主要为仿铜陶礼器墓的第六组和日用陶器墓的第七组。在仿铜陶礼器中鼎、敦腹都变得特浅，鼎身、盖相合呈盒形，敦身、盖相合则呈橄榄形。鼎足纤细，鼎耳更小，耳孔呈"回"字形或平板无孔；敦纽、足聚于顶、底；壶的形态进一步分化，但壶颈普遍较细。秦文化因素的影响在壶中反映最为突出，如细颈化趋势即应是受秦式细颈壶影响的产物（塔儿坡秦墓）。F型Ⅲb式壶（M1029∶6）为盂形口，细颈，则有可能是受秦式蒜头壶影响的器形[43]；C型Ⅳ式壶（M1061∶2）形态同云梦睡虎地秦墓 M14 中所出壶[44]；F型ⅢC式壶（M1058∶9）与陕县秦至汉初墓中所出Ⅲ式壶（M3408∶2）高度相似[45]，又与荆州高台秦汉墓中的A型Ⅱ式壶（M18∶16）

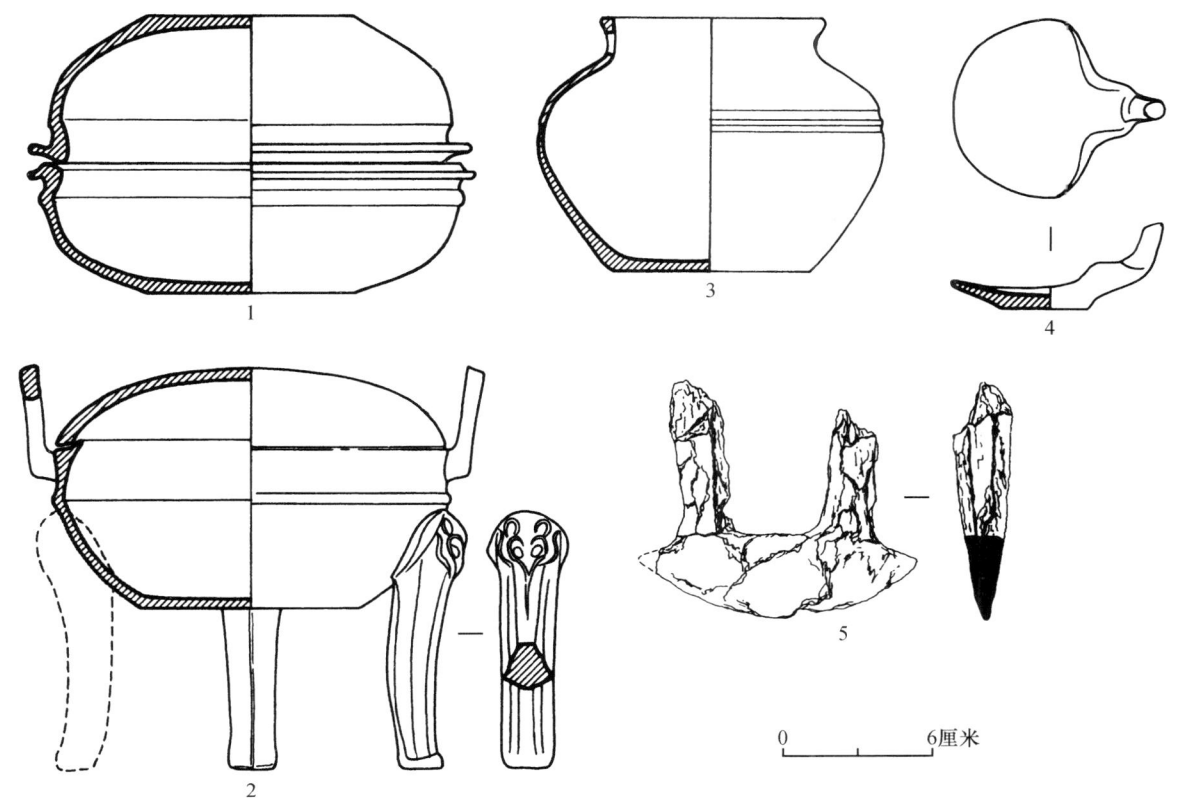

图八　M209出土器物
1. 陶盂　2. 陶鼎　3. 陶矮领罐　4. 陶匕　5. 铁臿
（采自湖南省常德市文物局等：《沅水下游楚墓》，文物出版社，2010年）

器形和纹饰接近[46]；H型壶（M1048∶1）则与陕西陇县店子秦墓中J型壶（M257∶3）形态接近[47]，其下部形态又同西安尤家庄秦墓中的A型蒜头壶下部高度一致[48]。

沅陵窑头的日用陶器其器形已很难与楚式传统形态对应，而与秦代墓中同类器多相似，如B型Ⅲ式（M1221∶2）和B型Ⅳ式矮领罐（M1224∶4）就与云梦睡虎地秦墓中的A型Ⅱ式小陶罐（M14∶15）形态一致[49]；陶瓮（M1058∶1）则与秦墓中瓮棺形态接近[50]，又与荆门子陵岗汉初墓葬M49中所出瓮相似，而后者有矮圈足，器身有附加堆纹，其时代应略晚[51]。

沅水下游楚墓中的秦代墓主要为四期8段的部分墓葬。由于本段中盒与钫的数量增加，此前鼎、敦、壶一统天下的组合格局被打破，重新分配的组合关系以及复式组合纷纭杂陈。器形的演变趋势大致同沅陵窑头，而时代特征更突出。敦形体变矮，顶、底皆平，纽、足进一步矮化，仅存遗形。有的纽已消失，仅存名义上的三"足"，呈现一种半敦半盒的形态。而有的则同时演变为B型盒。壶体也变矮，束颈变短，盖纽变小，许多壶盖顶部出现小平面。沅下M70壶为细束颈，喇叭口，长鼓腹，状如后代的"玉壶春"瓶，腹中有圆孔。平顶碟状盖上三个矮兽纽，与敦纽风格一致。再如M465，陶器的基本组合为鼎、盒、钫。鼎身、盖相合如盒，足模印抽象兽面纹；圈足盒圈足较高，盖顶凸圈呈圈状捉手状；钫的形态为敞口，长弧颈，折肩，斜直腹，假圈足外撇。器物形态与楚器相去较远，而与汉代器物有差异也有相似之处。盒的形态明显受到秦式盒影响。M445

陶器形态与M70接近，只是敦上下的纽都去掉，演变成平底（顶）的敦形盒。盒中由敦演变的楚式盒与秦式盒共存，展现了两种文化此消彼长的过程。日用陶器中最具时代特征的依然是领部有穿孔的矮领浅腹平底罐，沅下M209、M801和M902中所出陶罐都是这种形态。

四、余 论

沅水中下游一带大致从春秋晚期至战国早期开始被楚国所占领，但其所纳入楚国版图的时间有先后之分。楚国掠取湘西北应主要从澧、沅二水的下游开始，因此，沅水下游的楚文化遗存较中游要早。沅水中下游一带在楚国占领之先属蛮獠之区，民族构成复杂，号为"五溪蛮"。表现在文化遗存方面，战国时期虽主要为楚文化，但其土著文化因素依然不绝如缕。这在战国墓葬中表现得较为明显。因此楚文化和土著文化是沅水中下游地区战国墓葬的两大基本元素。到了战国晚期，楚文化受到外来文化的冲击。战国晚期秦欲称霸中原，一统天下，楚是最大的障碍，秦必欲除之而后快。湘西北是两国争夺最为激烈的地区之一。《史记·秦本纪》：昭襄王二十七年（公元前280年），秦"又使司马错发陇西，因蜀攻楚黔中，拔之。……三十年（公元前277年），蜀守若伐楚，取巫郡，及江南为黔中郡"[52]。秦前后两次攻楚黔中，一曰"拔"，一曰"取"，从文意看，"拔"后并未实际占领，"取"的结果是"为黔中郡"。无论司马错还是张若，他们攻楚黔中的行为都与蜀有关。蜀国早于公元前316年即为秦所灭，灭蜀的主谋就是司马错，其谋略就是"蜀有桀纣之乱。其国富饶，得其布帛金银，足给军用。水通于楚。有巴之劲卒，浮大舶舡以东向楚，楚地可得。得蜀则得楚。楚亡，则天下并矣"[53]。这两次战争，使秦、蜀文化因素在沅水中下游墓葬中得以体现，但是都不占主导地位，更谈不上取代楚文化，而且直到秦亡，在沅水中下游一带能够真正确定为秦文化墓或秦人墓的依然寥若晨星。这是为什么？为什么秦国从公元前277年进入湘西北以后的几十年时间没有实现文化占领，这与楚国郢都被占领后的情况大相径庭。我们不妨换一种思考：秦国是否真正占领了楚黔中？文献没有直接依据，但《史记》中另两条记载却十分吊诡，令后人争讼至今。《史记·楚世家》："二十三年，襄王乃收东地兵，得十余万，复西取秦所拔我江旁十五邑以为郡，距秦。"[54]又《史记·秦本纪》：昭襄王"三十一年，白起伐魏，取两城。楚人反我江南"[55]。其中第二条张守节《正义》曰："黔中郡反归楚。"[56]楚顷襄王二十三年和秦昭襄王三十一年为同一年，即公元前276年，也就是秦取楚黔中的第二年。两条所纪应为同一事件。毫无疑义，"江旁十五邑"与"江南"在此处为同一地理概念。对于其地望，有允张守节者[57]，也有不屑者。后者或曰在巴东一带临江地区[58]；或曰在鄂东、赣北[59]；或曰在鄂、邾以东等[60]。其实各说都可以言之凿凿地罗列若干文献来予以"确证"，谁都可以搬出一大堆墓葬资料进行分析以坐实自己的观点。然而，到头来谁也说服不了谁。因为在此前各说都没有出土文献支持。

秦国究竟是自公元前277年取楚江南并设黔中郡以后就没有退出过，还是直到灭楚以后才真正入主湘西北？问天无语，扣地有声。2002年6月3日，湘西、龙山、里耶、古城、J1、38000、秦简[61]，由这一连串关键词构成的中国乃至全世界新千年第一大考古事件震惊世界。所出简牍中最让人血脉贵张的记载莫过于两项：其一是频繁出现"洞庭郡"，却断无"黔中郡"；其二是在38000多枚简牍中有1000多枚纪年简。关于郡名的问题，学界有多种揣测，见仁见智，一时恐难定谳。因本文不涉及这一问题，故暂且不表。这里只说纪年简的问题，其所纪年份的范围集中在秦王政二十五年（公元前222年）至秦二世二年（公元前208年），即始于秦灭楚的次年，终于楚灭秦的上年，前后共15年时间。仅据《里耶秦简（壹）》统计，纪年简就有327枚，除秦始皇三十七年无简外，其余年份都有，少者1枚（秦二世二年），多者达89枚（秦始皇三十五年）。在如此多的纪年简中，竟没有一枚超过公元前222年[62]。如果说这还不足以说明问题的话，那么还有更明确的材料："卅四年……今苍梧为郡九岁"；又"今迁陵廿五年为县"[63]。卅四年为郡即已九岁，那么，始为郡也在廿五年。"廿五年"即秦王政二十五年（公元前222年），所有这些都止于秦王政二十五年（公元前222年）。这说明什么，说明秦接管里耶城（迁陵县），经营"洞庭郡"和"苍梧郡"都是在楚亡国之后。这等于古人亲口对我们说：在秦拔郢（公元前278年）至灭楚（公元前223年）的50多年时间里，黔中一带还在楚国的掌控中，秦有"黔中"（洞庭）仅仅15年时间而已。然而古人言犹未尽，在里耶秦简面世10年后的2012年5月28日，在益阳市兔子山古益阳县城遗址中再次发生"井喷"，又冒出万枚左右的简牍，时代自战国晚期历秦、张楚、西汉、东汉至三国时期的孙吴，而战国晚期简均属楚简（如有秦王政廿五年简除外）[64]。由出土文献所形成的证据链竟如此严密。论者可以咬文嚼字苛求古人，也可以不承认"江旁十五邑"所指为黔中一带，但再没有理由否认湘西北一带战国晚期依然属楚的事实。这才是沅水中下游地区乃至整个湖南基本不见战国晚期秦墓的奥秘所在[65]。不解的是，依然有学者在说："秦昭襄王三十一年（公元前276年），'楚人反我江南'。《史记正义》注曰：'黔中郡反归楚。'如此注不误，则整个黔中郡在公元前276年被楚人光复，……不过，幸而有近年在龙山里耶出土的大批秦简，证明此注有误。"[66]然而却无一字言及是何"证明"，"误"在哪里？他大概认为所谓"秦简"就一定包含战国时期的秦国简和秦代简。其实只要对里耶秦简稍作研读就不会产生这种误解。殊不知38000多枚秦简几乎全属秦代简，仅秦王政廿五年（公元前222年）这一年的简可算战国秦简（这一年秦已灭楚，但尚未统一全国而建立秦王朝）。里耶秦简和益阳秦简的面世，使一切辩解都显得苍白，"飞地"也好，"首尾不接"也好，"不合逻辑"也好，无论你理解与不理解，或者说无论你认为合理与不合理都不能改变历史。

注　释

[1] 贺刚：《论湖南秦墓、秦代墓与秦文化因素》，《湖南考古辑刊》第5集，《求索》杂志社，1989年；贺刚：《战国黔中三论》，《湖南考古辑刊》第6集，《求索》杂志社，1994年；贺刚：《湘西先秦行政建置研究》，《湖南省博物馆馆刊》第8辑，岳麓书社，2012年，第261页；宋少华：《湖南秦墓初论》，《中国考古学会第七次年会论文集》，文物出版社，1992年，第189页。

[2] 中国科学院考古研究所：《长沙发掘报告》，科学出版社，1957年。

[3] 湖南省博物馆等：《长沙楚墓》，文物出版社，2000年。

[4] 益阳市文物管理处等：《益阳楚墓》，文物出版社，2008年；高成林先生在《关于益阳楚墓的几个问题——读〈益阳楚墓〉》一文中指出其中一部分原定为战国晚期的墓葬实应为秦和汉初墓葬，颇有见地。

《楚文化研究论集》第10集，湖北美术出版社，2011年，第283页。

[5] 湖南省文物考古研究所：《里耶发掘报告》，岳麓书社，2007年。

[6] 湖南省常德市文物局等：《沅水下游楚墓》，文物出版社，2010年。

[7] 湖南省文物考古研究所：《里耶发掘报告》，岳麓书社，2007年。

[8] 湖南省常德市文物局等：《沅水下游楚墓》，文物出版社，2010年。

[9] 湖南省文物考古研究所：《沅陵窑头发掘报告》，文物出版社，2015年。

[10] 湖南省博物馆等：《湖南溆浦马田坪战国西汉墓发掘报告》，《湖南考古辑刊》第2集，岳麓书社，1984年；湖南省博物馆：《湖南溆浦马田坪战国、西汉墓》，《文物资料丛刊》（10），文物出版社，1987年。

[11] 怀化地区文物工作队等：《溆浦县中林、丰收楚、秦、西汉墓清理简报》，《湖南博物馆文集》，岳麓书社，1991年。

[12] 溆浦县文物局：《溆浦江口战国、西汉墓》，《湖南考古辑刊》第3集，岳麓书社，1986年。

[13] 怀化地区文物工作队等：《1990年湖南溆浦大江口战国西汉墓发掘简报》，《考古》1994年第1期。

[14] 怀化地区文物工作队等：《溆浦县高低村春秋战国墓情理简报》，《湖南考古辑刊》第5集，《求索》杂志社，1989年。

[15] 怀化市文物事业管理处：《湖南溆浦县茅坪坳战国西汉墓》，《考古》1999年第8期。

[16] 怀化地区文物工作队等：《黔阳县黔城战国墓发掘简报》，《湖南考古辑刊》第5集，《求索》杂志社，1989年。

[17] 尹检顺：《托口水电站淹没区2012年度考古发掘》，《2012湖湘文化考古之旅》，2013年，第57页。

[18] 怀化地区文物管理处等：《湖南靖州县团结村战国西汉墓》，《考古》1998年第5期。

[19] 怀化地区文物工作队等：《米家滩战国墓发掘简报》，《湖南考古辑刊》第4集，岳麓书社，1987年；怀化地区文物管理处等：《湖南辰溪县米家滩东周墓发掘简报》，《考古与文物》1998年第2期。

[20] 田云国：《辰溪县黄土坡古墓群考古发掘》，《2012湖湘文化考古之旅》，2013年，第47页。

[21] 湖南省博物馆等：《古丈白鹤湾楚墓》，《考古学报》1986年第3期；湘西自治州文物管理处等：《古丈县白鹤湾战国西汉墓发掘报告》，《湖南考古·2002》，岳麓书社，2004年。

[22] 湘西自治州文物工作队：《湘西保靖县四方城战国墓》，《湖南考古辑刊》第3集，岳麓书社，1986年；湘西自治州文物管理处等：《保靖四方城战国、汉代墓葬发掘报告》，《湖南考古·2002》，岳麓书社，2004年。

[23] 湘西自治州文物管理处等：《龙山县里耶镇李拐堡战国墓》，《湖南考古·2002》，岳麓书社，2004年。

[24] 湘西自治州文物管理处等：《泸溪桐木垅战国、汉墓发掘报告》，《湖南考古·2002》，岳麓书社，2004年。

[25] 湖南省文物考古研究所等：《沅陵木形山战国墓发掘简报》，《湖南考古辑刊》第6集，《求索》杂志社，1994年。

[26] 湖南省文物考古研究所：《湖南桃源县狮子山战国墓发掘》，《文物》1992年第7期。

[27] 贺刚：《论湖南秦墓、秦代墓与秦文化因素》，《湖南考古辑刊》第5集，《求索》杂志社，1989年。

[28] 陕西省考古研究所：《陇县店子秦墓》，三秦出版社，1998年。

[29] 咸阳市文物考古研究所：《塔儿坡秦墓》，三秦出版社，1998年。

[30] 陕西省考古研究院：《西安尤家庄秦墓》，陕西科学技术出版社，2008年。

［31］ 金学山：《西安半坡的战国墓葬》，《考古学报》1957年第3期。

［32］ 罗敦静：《湖南长沙发现战国和六朝的洞室墓》，《考古通讯》1958年第2期。

［33］ 湖北省文物考古研究所：《江陵九店东周墓》，科学出版社，1995年。

［34］ 湖南省常德市文物局等：《沅水下游楚墓》，文物出版社，2010年。

［35］ 湖南省文物考古研究所：《沅陵窑头发掘报告》，文物出版社，待出版。

［36］ 湖南省博物馆等：《湖南溆浦马田坪战国西汉墓发掘报告》，《湖南考古辑刊》第2集，岳麓书社，1984年。原简报释为："中脯王鼎"，之后似无人提出异议。仔细辨识原拓片，"脯"字释读应有误，经与张春龙先生讨论，认为该字应释作"䐗"，据改。

［37］《云梦睡虎地秦墓》编写组：《云梦睡虎地秦墓》，文物出版社，1981年。

［38］（汉）班固撰，（唐）颜师古注：《汉书·卷十九上》，中华书局，1964年。

［39］ 怀化地区文物工作队等：《溆浦县中林、丰收楚、秦、西汉墓清理简报》，《湖南博物馆文集》，岳麓书社，1991年。

［40］ 湘西自治州文物管理处等：《保靖四方城战国、汉代墓葬发掘报告》，《湖南考古·2002》，岳麓书社，2004年。

［41］ 湖南省博物馆、湖南省文物考古研究所：《长沙马王堆二、三号汉墓》，文物出版社，2004年。

［42］ 陕西省考古研究所：《陇县店子秦墓》，三秦出版社，1998年；咸阳市文物考古研究所：《塔儿坡秦墓》，三秦出版社，1998年。

［43］ 咸阳市文物考古研究所：《塔儿坡秦墓》，三秦出版社，1998年，第102页。

［44］《云梦睡虎地秦墓》编写组：《云梦睡虎地秦墓》，文物出版社，1981年，第49页。

［45］ 中国社会科学院考古研究所：《陕县东周秦汉墓》，科学出版社，1994年，第122页。

［46］ 湖北省荆州博物馆：《荆州高台秦汉墓》，科学出版社，2000年，第67页。

［47］ 陕西省考古研究所：《陇县店子秦墓》，三秦出版社，1998年，第76页。

［48］ 陕西省考古研究院：《西安尤家庄秦墓》，陕西科学技术出版社，2008年，第218页。

［49］《云梦睡虎地秦墓》编写组：《云梦睡虎地秦墓》，文物出版社，1981年，第48页。

［50］ 咸阳市文物考古研究所：《塔儿坡秦墓》，三秦出版社，1998年，第78页。

［51］ 荆门市博物馆：《荆门子陵岗》，文物出版社，2008年，第144页。

［52］（汉）司马迁：《史记·秦本纪》，中华书局，1963年，第213页。

［53］（晋）常璩撰，任乃强校注：《华阳国志校补图注·卷三》，上海古籍出版社，1987年，第126页。

［54］（汉）司马迁：《史记·楚世家》，中华书局，1963年，第1735页。

［55］（汉）司马迁：《史记·秦本纪》，中华书局，1963年，第213页。

［56］（汉）司马迁：《史记·秦本纪》，中华书局，1963年，第216页。

［57］ 张习孔、田珏：《中国历史大事编年》第一卷，北京出版社，1987年，第273页；贺刚：《战国黔中三论》，《湖南考古辑刊》第6集，《求索》杂志社，1994年；贺刚：《湘西先秦行政建置研究》，《湖南省博物馆馆刊》第8辑，岳麓书社，2012年，第261页；黄德馨：《楚国史话》，华中工学院出版社，1983年，第184页。

［58］ 杨宽：《战国史》，上海人民出版社，1997年，第405页。

[59] 张正明：《楚史》，湖北教育出版社，1995年，第349页；张正明：《从楚墓看战国晚期的江陵和长沙》，《湖南省博物馆馆刊》第3期，岳麓书社，2006年，第73页；王准：《"江旁十五邑"相关问题考辨》，《楚文化研究论集》第7集，岳麓书社，2007年，第63页。

[60] 宋少华：《湖南秦墓初论》，《中国考古学会第七次年会论文集》，文物出版社，1992年，第189页。

[61] 由于存在初步统计和最终统计的误差，出土简牍数先后有36000多、37000多和38000多之别，应以最终成果《里耶秦简》中数字38000多枚为准。

[62] 湖南省文物考古研究所：《里耶秦简（壹）》，文物出版社，2012年。

[63] 湖南省文物考古研究所：《里耶秦简（壹）·前言》，文物出版社，2012年。

[64] 张春龙：《益阳市兔子山遗址考古资料整理》，《2013湖湘文化考古之旅》，2013年，第169页。

[65] 谭远辉：《论"江旁十五邑"的孤岛文化》，《楚文化研究论集》第9集，上海古籍出版社，2011年，第173页。

[66] 张正明：《从楚墓看战国晚期的江陵和长沙》，《湖南省博物馆馆刊》第3期，岳麓书社，2006年，第73页。

（原载《楚文化研究论集》第十一集，上海古籍出版社，2015年）

里耶秦简刻齿简研究

——兼论岳麓秦简《数》中的未解读简

张春龙　大川俊隆　籾山明

我们在整理里耶秦简时，注意到其中的校券简侧面有极具特征的刻齿，观察了刻齿的形状后，《里耶秦简（壹）》中，在相应的简的释文之后，以说明的方式表明刻齿表示的数量，芹指出其与简文中的数字的对应关系[1]。自从日本学者籾山明解读了汉简刻齿的意义之后[2]，简牍的刻齿即备受关注。但遗憾的是，过去的简牍图版中，没有表现简牍侧面的图像，不能明确辨别刻齿形状。在以往的简牍释文及注释里也找不到有关刻齿形状的记载。

为了厘清里耶秦简刻齿的实际情形，日本"中国古算书研究会"（以下简称"古算研究会"）的成员大川俊隆、籾山明，中国文化遗产研究院胡平生与湖南省文物考古研究所张春龙于2012年10月8~12日对湖南省文物考古研究所收藏的里耶古井第8层出土的带有刻齿的119枚校券简再次观察和记录、拍摄照片。本文是这次对里耶秦简刻齿简的观察报告与研究成果。

一、里耶秦简校券（刻齿简）形态

《里耶秦简（壹）·前言》"简牍自题名称"将文书按形式分为6类，第5类为"符券类"。第8层出土的带有刻齿的119枚简[3]，属"符券类"中的"券（校券）"，自名为出入券、出券、入券、辨券、参（叁）辨券、中辨券、右券、别券、责券、器券、椑券等，在这些简的侧面带有刻齿，刻齿以特定的形态组合表示某一具体数量，与简文中记录的粮食或钱物数量符合。《里耶秦简》中记录粮食、钱、物品进出的简，自称为"校券"。如8-134"今写校券一牒上"、8-678"写校券一牒"、8-1824"校券相应"等。"校券"前或加"钱""责"等字。"钱校券"如9-1"今为钱校券一上谒言洞庭尉令"等；"责校券"如8-63"今上责校券二谒告迁陵令官计者"等（图版二~图版一四）。现将调查所见校券情形介绍如下。

（一）简牍的形状

校券为细长条形，长36.5～37.2、宽0.8～2.1厘米，其标准长度应为37厘米，合秦制1尺6寸。其中也有个别例外，如简8-1562，长38.5、宽2.6厘米，因所书内容颇多，故增大了书写面积（严格地说，这枚简不能称之为"校券"）。书写面可分为屋脊形与平面形两种，本次调查的刻齿简中共有屋脊形简18枚。"屋脊形"是指形如屋顶，简文写在中央棱线两侧斜面上。这种形状的简在敦煌悬泉汉简和长沙走马楼西汉简中都见过，两者的年代都晚于里耶秦简，且作为校券，目前仅见于里耶秦简。依现有的资料不能看出两种不同形状的简在使用上的区别，但屋脊形简增加了书写面的幅宽。下列两简，都是记录粟米支出的校券，前者为"屋脊形"简（图一，1），而后者则为普通形状的简（图一，2）。

粟：（粟米）一石九斗少半斗。卅三年十月甲辰朔壬戌，发弩绎、尉史过，出貲罚戍士五（伍）酉崇阳同郭禄。廿

图一　第8层出土刻齿简

1. 简8-762　2. 简8-2257　3. 简8-1791　4. 简8-1823　5. 简8-1309　6. 简8-2210　7. 简8-1353　8. 简8-1581

令史兼视平。过手。简8-762

粟：（粟米）三石七斗少半斗。卅二年八月乙巳朔壬戌，贰春乡守福、佐敢、禀人秋出以禀隶臣周十月六月廿六日食。令史兼视平。敢手。简8-2257

可见，根据不同的内容来使用不同形状的简并无必要。如果存在某种区别使用不同形状的简的原则，可能与简牍的制作者、制作地以及制作时间有关。

在能够直接观察到的刻齿简中，刻齿在右侧的有22枚，在左侧的有93枚。在汉简中，以书写简文的一面为基准，如刻齿在右侧则为左券，刻齿在左侧则为右券，但左右券功用的区分并不十分严格。在传世文献中，既有"常执左券以责于秦韩"[4]的记载，也有"事成，操右券以责"[5]的记述，可以看到债权人所持有的券恰好相反。里耶秦简刻齿亦如此，没有发现必须区分左右券的理由，以校券简的制作和书写过程推断，刻齿在两枚上下贴合的简最终分开前完成，分开后必然一刻齿在左一刻齿在右，若是三辨券，中间的一简刻齿在左或右，决定于制作者取哪一面为书写面。例如，上述的两枚简，所记都是从"出禀"一方的角度出发的，简8-762为刻齿在左侧的右券，简8-2257则是刻齿在右侧的左券。

（二）刻齿形态

校券分为有刻齿与无刻齿两种。校券详细地记录了粮食、钱或物品入库、出库的数量，年月日，交付人及收受人。在简的左右侧刻有与简文中的数量相合的刻齿，即为刻齿简。无刻齿的校券主要为记录祭祀神祇后出售祭品的简。没有刻上刻齿的原因，可能是钱或物品的数量非常小。

观察这些刻齿简，可以了解在里耶秦简中，特定的刻齿形态表示的数值。下面是简侧面刻齿示意图：

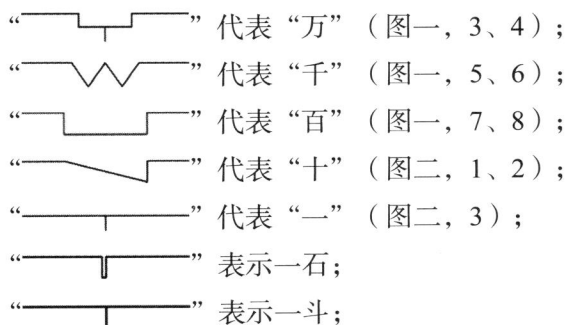

"/"表示不足一升或一斗的半升半斗，少半升和少半斗；

"//"表示多半升或多半斗（简文中称"泰半"）。

刻齿中表示"万""千""百"的形态明确清晰，容易识别。而表示"十"的刻齿形状略显复杂。一般来说一道刻痕从简侧面垂直刻入，另一道刻痕则由上至下倾斜刻入。使用刻刀的角度应没有规定。

"石""斗""升"这些不同单位的数值在同一简中出现时，通过加大"石"和"斗"、"斗"和"升"刻齿之间的间隔并以刻齿的深浅来区别。具体地说，表示"石"的刻齿既深且较

图二　第8层出土刻齿简
1. 简8-1216　2. 简8-1518　3. 简8-1168　4. 简8-926　5. 简8-1347　6. 简8-824

宽，表示"斗"和"升"的刻齿则都刻得既细且浅。表示"斗"和"升"的刻齿刻到简上时，下刀的角度也是不同的，如简8-926（图二，4）正面记"粟米一石六斗二升半升"，表示"六斗"的6条细线刻齿为水平刻入，而表示"二升"的2条细线刻齿则是从右上向下刻入。同时，表示"半升"的1条细线的刻齿也是从右上向下方刻入的。另外，简8-1347（图二，5）"稻一石一斗八升"，在表示"斗"和"升"的细刻齿中，前者是刀与简呈直角刻入，而后者则是由下向上斜着刻入。总之，有三种代表"一"的刻齿形式可以区别使用，"石""斤"是以粗的水平线（附表一中记录为［壹］）表示（图二，6），"斗""两"是以细的水平线（附表一中记录为［一］）表示（图三，1），"升"是以细的斜线（附表一中记录为［𝟣］）表示。可以发现，严格地用文字和刻符区别任何细节是里耶秦简中券书的共同特点。

下面是两例特殊的刻齿。简8-1557（图三，2）左右两侧均有刻齿，简的左侧刻有［十］的刻齿1条和［壹］的刻齿7条，而且右侧也刻有［壹］的刻齿9条[6]。

　　钱十七　　　卅四年八月癸巳朔丙申仓□佐卻出买白翰羽九□长□□□□出
　　□十七分□□阳里小女子胡餳令佐敬监
　　□□□□𢪸手

该简有几处文字不清，难以完全读通，但主要内容是记述了以"钱十七"从阳里的小女子胡伤处购买"白翰羽九"的事实。此简左侧的刻齿应表示支出的金额"钱十七"，右侧的刻齿表示购物的数量"白翰羽九"。在此次调研中左右两侧都有刻齿的简仅此一例，这一现象在今后的刻齿简牍的研究中应当多加注意。

简8-1562（图三，3；图版九，6）为"爰书"，上下端均无缺损，正面有三行，背面有两行简文。

> 卅五年七月戊子朔己酉，都乡守沈爰书：高里士五广自言谒，以大奴良、完，小奴嚋、饶，大婢阑、愿、多、□，禾稼，衣器，钱六万，尽以予子大女子阳里胡，凡十一物，同券齿。
>
> 典弘占。（正）
>
> 七月戊子朔己酉，都乡守沈敢言之，上。敢言之。纣手
>
> 七月己酉日入。沈以来。□手。沈手。（背）

如附表一所记，此简的左侧上部有1个较大的表示［十］的刻齿，下部刻有表示［万］的刻齿6个。通常的原则是单位大的刻齿在上方，单位小的刻齿在下方，此简应是特例。解读其意义的关键是"凡十一物同券齿"这句话。"凡十一物"的具体内容应是简正面列举的11个项目，即大奴良、完，小奴嚋、饶，大婢阑、愿、多、□，禾稼，衣器及钱六万。其中排列在前面的"十物"，用1个代表［十］的刻齿表示，最后的"一物"也就是"钱六万"用6个代表［万］的刻齿表示。因此，刻齿上的排列顺序为表示［十］的刻齿在上，表示［万］的刻齿在下。像这样将多个不同的项目用一组刻齿来表示的形式，简文中的财物数量一定要以"同券齿"（与券齿相同）[7]的形式加以表现。单独地为钱另建一组刻齿，或许是钱后记有"六万"这样明确的数字的缘故。爰书的刻齿在当时应被称为"券齿"。

简8-1557、简8-1562的性质更应是"爰书"而非"校券"，其上施加"券齿"是为了确认"爰书"中涉及的钱物。

（三）误刻简及破损简再利用

刻齿简中也有少数刻齿表示的数值与简文所记的数字不符的例子，其中特别值得注意的是简8-1263（图三，4）。

> 钱二千七百。卅年八月乙亥朔丙寅，儇陵□☒。

此简的右侧可以清楚地看到2个表示［千］的刻齿、7个表示［百］的刻齿和3个表示［十］的刻齿。简文所记金额是"二千七百"，因此末尾表示"三十"的刻齿显然是多余的。应是误将简文中"二千七百"下紧接着记年代的"卅年"中的"卅"当作了钱的数量。一般认为刻齿简牍是在记录文字之后再施加刻齿，这一现象也是刻齿简制作顺序的佐证。

图三 第8层出土刻齿简

1. 简8-921　2. 简8-1557　3. 简8-1562　4. 简8-1263　5. 简8-766　6. 简8-1558　7. 简8-1341　8. 简8-1997

简8-766（图三，5）"粟米一石二斗少半斗"，但对应的表示［半］的刻齿却刻了2个。不过根据对简8-1558（图三，6）的观察，2个［半］的刻齿表示"泰（大）半斗"。简8-1341（图三，7）没有与简文"粟米八斗少半斗"中的"少半斗"相对应的刻齿。简8-2257虽记有"粟米三石七斗少半斗"，但表示"石"的刻齿［壹］却只有1个。这些应当都是单纯的误刻。而简8-1997（图三，8）"笥二合"，侧面表示［一］的刻齿却有6个。这到底是单纯的误刻、废简还是另有原因，由于该简仅存3个字，因此无法判断。张家山汉简《二年律令·贼律》"诸诈增减券书，及为书故诈弗副，其以避负偿，若受赏赐财物，皆坐臧（赃）为盗"[8]。篡改券书牟取利益是犯罪。简8-766等出现的误刻，可能并非故意，但是这些简是在未察觉的情况下使用了，还是在察觉后被废弃了，已无法判断。

此次调研的第8层出土的校券，保存完整的有15件，其余均为断简。从断裂处的状态看，显然不是自然腐蚀或风化所致，而是人为施加了外力的结果，如简8-7、8-926、8-1241、8-1600、8-1795等，这种特征尤为明显。古井中埋藏环境安定，简牍不可能在废弃之后再损坏。多数校券应该是在被确定作废后有意进行的损毁。不仅校券如此，其他内容的简牍也都是这样。然而折断简牍的这种现象，是因为制作和书写不成功而采取的报废措施，还是在使用后不需保存而采取的行为，仅凭现有的材料还很难判断。

有部分校券在使用后，简材（椠）会被再次利用，如：

粟：（粟米）二斗。卅三年四月辛☐　　简8-963

左侧刻有表示［一］的刻齿2个，"辛"字以下的部分被削成V形。这种形状的简牍在里耶秦简的检中还能找到很多，简8-963，形制和内容应当是"检"，是将原来的刻齿简削去字迹后改写，进行再利用的加工存留下来的，简8-1786可以作为这一推测的旁证。根据简上所书的"廷"判断，无疑这是发往县廷的检，不仅是因为其下端为尖形，而且其左侧还确认有4道较浅的刻齿。刻齿的刻痕非常浅，这可能是在再利用的时候，将原刻齿部分削除的结果。除了这枚简之外，如果能对简牍的侧面仔细观察的话，也许还能够发现刻齿简被再利用的例子。

（四）与汉简刻齿的区别

将里耶秦简上的刻齿与汉简的刻齿相比较，可以看到有几点明显的不同。上文提到过表示"万"以上的刻齿，这是目前所知的秦简所独有的特征。还有一点在此应当强调的是，秦简中没有表示"五"的刻齿。在汉简的刻齿中，如表示数字"五"，既可以用5道代表"一"的刻齿，也可以在简分割之前的侧面刻入"×"形，然后一分为二（因此，分割后两枚简的侧面都可以看到"＜"形的刻线）。另外表示数字"五十"，既有刻入5个表示"十"的刻齿，也有不少用1个"∠"形的刻齿来表示。汉代刻齿甚至还有根据"∑"形刻齿的大小来区分"五千"和"千"的方法[9]。

相比之下，在里耶秦简中，"五百"就是5个表示［百］的刻齿，"五千"就是5个表示［千］的刻齿，都是据具体数量单纯的排列对应数值的刻齿。［百］［千］［万］等刻齿皆有一定的宽度，所以在记录如"六千八百"这样数字的刻齿简上，整个侧面差不多布满刻齿。简8-1545、8-1592、8-1809等（图四，1~3），侧面一整排的刻齿，呈现出锯齿的形状。尤其值得注意的是简8-1335（图四，4），简文中虽有"粟米千五百九十四石四斗"的记述，但是侧面的刻齿却只有1个代表［千］的刻齿和6个代表［百］的刻齿，即刻齿表示为"千六百"，这恐怕不是误刻，而是如果要将"千五百九十四石四斗"相应的刻齿全部刻入的话，简的长度就不够了，制作者就采用了进位取整的方法，因为如实刻入的情况下，需要排列23个刻齿。

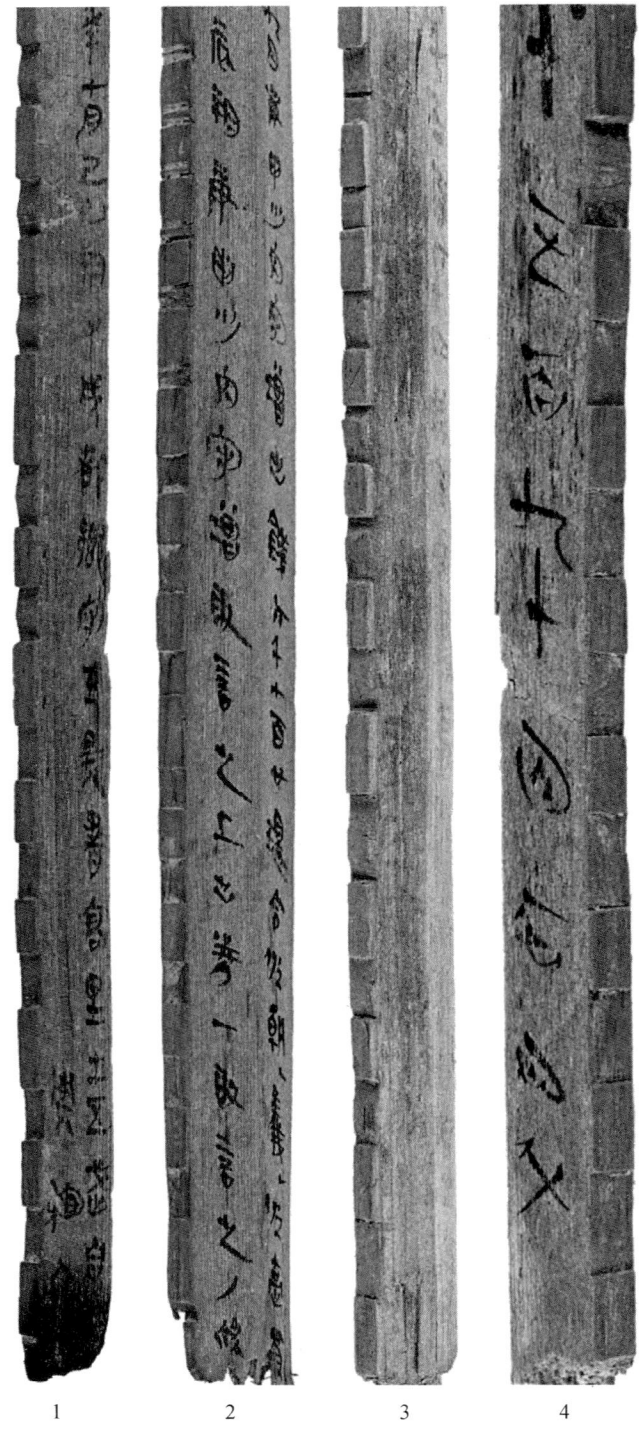

图四　第8层出土刻齿简
1. 简8-1545　2. 简8-1592　3. 简8-1809　4. 简8-1335

二、里耶秦简校券（刻齿简）的制作与功能

（一）校券的制作

里耶秦简的空白校券中，有一枚正反面的切割基本完成，但下端2厘米左右还没有完全切割开的简。由此可以了解校券的制作过程。首先，将木材加工为具有一定宽度和厚度的椠材，通常厚1.1～1.2厘米，将其切割成两片，但下端保留一小段，在记录完成并施加刻齿后，切开保留的部分，这样可以保证刻齿的同一性和工作的效率。由此也可以推测出其他简文中提到过的"三辨券"的制作方式，先加工好具有一定厚度可以切割成三片的椠材，再分割为正、中、背面三片，下端略有保留，正面和背面的记录完成后施加刻齿，再将它们分割开，取出中间的一片削平一面，誊写好简文，即是"三辨券"的制作方法。

在传世文献中找不到"校券"一词。《汉书·食货志》"京师之钱累百巨万，贯朽而不可校"[10]中"校"的意思为"检校"。"校券"的意思，可能是能用于检校的契券。

除里耶秦简外，秦代以前以及秦代的其他遗址中，尚未见有同类券书出土。居延汉简中有称为"校簿"者，与"校券"相似[11]。

（二）校券的功能

附表一"简文记录"一栏中所录简文表明，校券是在授受金钱、物品时制作而成的。《里耶秦简（壹）》中目前可以确认的授受物品有粟米50件，钱10件，稻9件，茧4件，丝2件，牝豚、麦鞠（麹）、锦缯、幏布、莞席、筥各1件，笱3件，记录的年代从秦始皇二十七年（公元前220年）到三十五年（公元前212年）。现以其中有关粟米的简为对象，对校券的功能进行分析研究。首先以有代表性的简8-2256为例：

> 径廥粟：（粟米）四石。卅一年七月辛亥朔朔日，田官守敬、佐壬、稟人姪出冥罚戍
> 公卒襄城武、宜都胅、长利士五甗。令史逐视平。壬手。

在此简的左侧可以看到有表示"四石"的刻齿。简文内容由以下项目构成：①（仓）的名称；②支付的数额；③日期；④支付工作的主管官吏；⑤辅佐者；⑥稟人（粮仓管理员）；⑦项目（出稟）；⑧领受对象；⑨监督人；⑩记录人。

简8-761"粟：（粟米）一石二斗半斗。卅一年三月丙寅，仓武、佐敬、稟人援，出稟大隶妾□。令史尚监"，也是由同样的项目构成的。与简8-2256相比，虽然缺少①和⑩两项，但中心内容没有很大的差异。令史尚的职务内容记载的是"监"，与简8-2256的"视平"同义，应该是指对授受粟米工作过程公平与否的监视。以斗斛授受粮食等物品，一般先将粮食等装入且超出斗斛的口沿，再以木尺刮平，这可能是"视平"或"监"的职责所指。

附表二是将由以上的记载项目构成的有关粟米的校券，按时间顺序排列而成。通过整理总结这样的表格，可以了解校券的制作、使用的场合以及与各级相关机构的关系。以下列举出值得注意的几点。

（1）粮食发放的对象大多数为"隶臣妾"及"舂"，另有"罚戍"及"屯戍"等从事强制劳动的人。校券就是向这些人"出禀""出食"，也就是供给粮食时制作而成的。

（2）同一简上所记的"手"者的名字与"佐"或"史"的名字一定是一致的。负责粟米出库的是禀人，授受现场如有监视人在场，那么"佐"及"史"担任的是校券的书写与制作。并且"佐"与"史"不会同时出现在同一枚简上。

（3）官职为"仓"或"仓守"的发放粮食的负责人与作为其辅佐的"佐"与"史"，即为睡虎地秦简《秦律十八种·效律》"仓啬夫及佐、史"中出现的仓啬夫和仓佐、仓史。除此之外的其他辅佐，可以推定的有"乡守"与"佐"组合的乡佐，"司空守"与"佐"组合的司空佐，但没有发现有在"乡"与"司空"设"史"的任何佐证。

（4）只有"佐壬"与其他的"佐"不同，他与"田官守敬"和"贰春乡守氏夫"两个不同机关的粮食发放者组合。正如简8-579记载的"贰春乡佐壬，今田官佐"，壬既是"贰春乡佐"也同时又兼任"田官佐"。通过这一事实或可推知，"田官"机构所在地与贰春乡在地理位置上较近。

（5）作为监视人的"令史"，可以发现其参与并无直属关系的几个机关的事务的例子，如"令史扁"分别与"仓（守）妃""田官守敬""贰春乡守氏夫"这三者的组合，"令史狂"分别与"仓纪""仓守武""司空守增"这三者的组合，都是这样的例子。这一事实，也许暗示了"令史"是统一管辖这些粮食发放者所属机关的上级，即县的属吏的可能性。

（6）关于廥名和禀人的例子较少，看不出其明确的关系。只是发现同一禀人与"丙廥""径廥"都有关系，说明这一职务并非管理某一个特定的仓，而有可能是普遍参加这些仓的管理事务的出纳。

其中（2）的原则也适用于关于稻谷授受的校券（附表三）。里耶秦简中频繁出现的"人名＋手"的表现方式，应当就是该文书的书写者。

里耶一号井所出简牍被推定为秦迁陵县廷的废弃文书，但为何包含有乡的粮食发放记录，校券究竟是在怎样的场所制作的？简8-1533为我们提供了线索。原文是由三种不同的笔迹记载而成，我们将其分为A、B、C三类。

A. 卅四年七月甲子朔癸酉，启陵乡守意敢言之，廷下仓守庆书言，令佐赣载粟启陵乡。今已载粟六十二石，为付券一上谒令仓守。敢言之。

B. 七月甲子朔乙亥，迁陵守丞肥告仓主。下券，以律令从事。壬手。

七月乙亥旦，守府印行。（正）

C. 七月乙亥旦，□□以来。壬发。

恬手。（背）

A为启陵乡向迁陵县廷发送的上行文书。C为县廷的收信记录。B为迁陵县廷收到后迁陵守丞向仓主下达的文书内容和发送记录[12]。粟米六十二石从启陵乡运送到县仓，同时也制作了"付券"从乡送县，再从县送往仓。所谓"付券"，是由启陵乡守、仓佐之间在授受粟米时制作的券，应为有表示"六十二石"的刻齿的简牍。由仓佐到调运粟米现场的启陵乡直接运输到仓，"付券"首先送交县廷，再转送到仓。这说明相应的制度规定粟米的运输和调动，都是由县掌握与统管的。从附表二可以看到，粟米的"出稟""出食"也同样是在县廷的统管下进行的，在授受的现场有县的令史到场监督，如此，则在粟米授受现场制成的校券，也与简8-1533中所说的"付券"一样，被送往县廷，通过付授的责任人送来的校券，县廷就掌握了物流及下级机关履行事务的情形。因此，校券应是最终由县廷保存的档案，与其他存放在县廷的文书一起被废弃也是合理的。

三、岳麓书院秦简《数》及其未解读简

岳麓秦简《数》[13]中的一些简文内容晦涩，令学者一筹莫展。

券朱（铢）升∟。券两斗∟。券斤石∟。券钧般（鏊）∟。券十朱（铢）者☐ 简0836

☐百也。券千万者、百中千。券万万者、重百中。　　简0988

☐籥反十∟、券叔（菽）荅麦十斗者反十。　　简0975

这3枚简的意义，利用我们调查所了解的里耶秦简刻齿加以解读，即可正确理解。简0988涉及的数字是千万、万万。"券"指修治刻齿。我们观察到的里耶秦简中表示"万"的刻齿为"⌐_⌐"，即是在表示"百"的刻齿"⌐_⌐"中，加刻了表示"一"的刻齿"———"。可参见简8-817、8-1517、8-1562、8-1809、8-1823。那么表示"万"以上的数值，可能是在表示"百"的刻齿"⌐_⌐"中再追加各种契刻，其形态也可做如下推断。

（1）已知上述表示"万"的刻齿，那么如果是表示"十万"的刻齿，就应该在表示"百"的刻齿中加刻表示"十"的刻齿"⌐_⌐"。其刻齿形态应当是"⌐_⌐"。

（2）表示"百万"的刻齿，在表示"百"的刻齿"⌐_⌐"中再加刻"百"形状"⌐_⌐"。其刻齿的形态应当是"⌐_⌐"。据此，可以补齐简0988的简文："（券百万者，白中）百也。"

（3）表示"千万"的刻齿，可以在表示"百"的刻齿"⌐_⌐"中再加刻表示千的"∨∨"形。其形态应当是"⌐_⌐"。这正是简0988所说"券千万者，百中千"，表示千万的券齿，在百中刻千的意思。

（4）表示"万万"（一亿）的刻齿，应当是在表示"百"的刻齿"⌐_⌐"中，重复刻入表示"百"的刻齿"⌐_⌐"。其形态应是"⌐_⌐"或者"⌐_⌐"，虽然现在还无法判明究竟是哪一种，但从形态容易加刻的角度来考虑，或许应为前一种。这就是简0988中"券万万者，重百中"，表示万万的券齿，在百中重复刻百的意思。

由于对岳麓秦简这一疑难简的解读，依据的是里耶秦简，因此是可以信赖的。这一发现对于简

牍学以及数学史研究有着重要的意义。

与简0836、简0975相关的简可参见湖北睡虎地77号汉墓出土的《算术》书[14]。

a. 券十朱（铢）亦反十

b. 券朱（铢）升之

睡虎地汉简据考为西汉文帝时遗物，距秦亡不过数十年。因此，或许也可以认为a、b与岳麓简0836、简0975的刻齿形状有相同的规定。

简0836后半句"券十朱（铢）者"及简0975中的"籥反十⌐、券叔（菽）荅麦十斗者反十"与a的"券十朱（铢）亦反十"或为同类。简0836后半句的文字，据a观之，似可补为"券十朱（铢）者反十"。其意为，券齿刻10铢时，要把通常表示"十"的刻齿"⎯⎯⎯⌐"反过来刻成"⎿⎯⎯⎯"的形态。

以此类推，简0975的开头"籥反十"前也可以补"券"字，成为"［券］籥，反十"。意思是券齿刻10籥（勺）的数目时，要把通常表示"十"的刻齿"⎯⎯⎯⌐"反过来刻成"⎿⎯⎯⎯"的形态。简0975中的"券叔（菽）荅麦十斗者反十"也是这样的意思。在券齿刻菽、荅、麦等谷物10斗的数目时，要把通常表示"十"的刻齿"⎯⎯⎯⌐"反过来刻成"⎿⎯⎯⎯"的形态。这些全都是与"十"相关的刻齿，其形态是将"⎯⎯⎯⌐"反转过来刻成"⎿⎯⎯⎯"的形态。

最后，简0838中的"券朱（铢）升。券两斗。券斤石。券钧般（磬）"与b的"券朱（铢）升之"的意思，以现有的刻齿简资料尚无法解释。或可推测，铢、两、斤、钧是重量单位，升、斗、石是容量单位。"般"也很可能是容量单位[15]。经过归纳，"券铢升，券两斗，券斤石，券钧般"的意思或可理解为，在券书中铢和升、两和斗、斤和石、钧和般，采用了相同的刻齿形态。

在《里耶秦简（壹）》的刻齿简中，作为重量单位的有"两"和"斤"。记"两"的有"茧六两"，刻齿的形态都是刻了表示［一］的细线6条。记"斤"的有"丝三斤"，刻齿形态是刻了表示［壹］的粗线3条。在简8-921上可以同时看到"两"和"斤"，正面的简文内容是"丝十八斤四两"，其刻齿形态是表示［十］的刻齿1个，下边是表示［壹］的刻齿粗线8条，表示"八"；表示［一］的刻齿细线4条，表示"四"。虽然"两"和"斤"在《里耶秦简（壹）》中出现的次数较少，可是通过这几枚简可以断定，"一两"的刻齿形态为［一］的细线1条，"一斤"的刻齿形态为［壹］的粗线1条。并且这个"两"的刻齿形态同容积单位"斗"的刻齿形态（以［一］的细线表示）一致，"斤"的刻齿形态和容积单位"石"的刻齿形态（以粗线的［壹］表现）一致（出现"斗"和"石"的简牍参照附表一）。目前，在《里耶秦简（壹）》的刻齿简中，由于"铢"和"钧"尚未出现，以上内容尚须等待新资料的出现才能予以正确的解读。

《里耶秦简（壹）》中只见到表示"万"为单位的数值和刻齿，还无法确认"十万"以上的数值的出现。然而，在简8-1791上发现了很有可能是表示"十万"的刻齿。其中有在表示"百"的"⎿⎯⎯⌐"刻齿里，由上而下加刻3个表示"十"的"⎯⎯⎯⌐"刻齿。其下方，还连续刻有2个表示"千"的刻齿。但是，在此简的正面，仅残存了"赀一盾""二甲""一甲"等赀罚数额的记录，简文与刻齿相对应的数值部分已不存。因此，这3个刻齿如果是在表示"百"的刻齿"⎿⎯⎯⌐"中，加刻了表示"十"的"⎯⎯⎯⌐"刻齿，那么表示的就是"十万"。

可是，这3个刻齿是各自都代表"十万"，还是在表示"百"的"⌐_⌐"刻齿形态中，加刻的是"一"的"————┬————"形态，各自代表"一万"，现在还无法确定。

附记：本文日文部分由浙江工商大学副教授刘彤翻译，全文由中国文化遗产研究院研究员胡平生校订。我们谨向湖南省文物考古研究所的段国庆、张婷婷、刘澜，拍摄刻齿简牍照片的杨盯、排版的罗希表示感谢。

注　释

[1] 湖南省文物考古研究所：《里耶秦简（壹）》，文物出版社，2012年。

[2] 〔日〕籾山明著，胡平生译：《刻齿简牍初探——汉简形态论》，《简帛研究译丛》第二辑，湖南人民出版社，1998年。

[3] 《里耶秦简（壹）》的释文中，标注有"刻齿"的简115枚，之后张春龙又确认了四枚刻齿简（出土登记号：8-1189）。本文所引简号均为出土登记号。

[4] 《史记》卷四六《田敬仲完世家》，中华书局，1959年，第1897页。

[5] 《史记》卷七六《平原君虞卿列传》，中华书局，1959年，第2369页。

[6] 简8-1557右侧刻齿可参见湖南省文物考古研究所：《里耶秦简（壹）》，文物出版社，2012年，图版第200页。

[7] 简8-893（正）"少受牢人文所受少内器券一枚二百六十六同齿受"，"同齿"之意应是用"二百六十六"的刻齿来表示几种不同项目的合计。

[8] 张家山二四七号汉墓竹简整理小组：《张家山汉墓竹简（二四七号墓）》，文物出版社，2001年，第135页。

[9] 〔日〕籾山明著，胡平生译：《刻齿简牍初探——汉简形态论》，《简帛研究译丛》第二辑，湖南人民出版社，1998年；新出汉简刻齿资料，参见张俊民《悬泉置出土刻齿简牍概说》，《简帛》第七辑，上海古籍出版社，2012年。

[10] 《汉书》卷二四《食货志》，中华书局，1962年，第1135页。

[11] 居延新简EPT52：174，"·移校簿十楪言府会"，甘肃省文物考古研究所等：《居延新简——甲渠候官与第四燧》，文物出版社，1990年，第240页。

[12] 此简不是写给仓吏文书的原件，而是县保管的副本或底本。

[13] 朱汉民、陈松长：《岳麓书院藏秦简（贰）》，上海辞书出版社，2011年。此3枚简的整理编号为一一七、一一八、一一九。

[14] 湖北省文物考古研究所：《湖北云梦睡虎地M77发掘简报》，《江汉考古》2008年第4期。本文所引a、b两简分别为该简报图版中"算术简"第二、三简的第三节。

[15] 《汉书》卷二一《律历志》"量者，龠、合、升、斗、斛也"，容积单位中没有"般"，中华书局，1962年，第967页。

附表一　里耶一号井第8层刻齿简一览表

出土登记号	简牍形状/毫米			刻齿		简文记载	缀合简
	长	宽	残缺	书写面	位置	组成	
8-7（图版二，1）	170	18	下残断	平坦	左	〔一〕×5	稻五斗	
8-44（图版二，2）	73	15	下残断	屋脊形	左	〔一〕×4		
8-55（图版二，3）	138	17	下残断	平坦	左	〔壹〕×2	粟米二石	
8-93（图版二，4）	170	14	下残断	平坦	右	〔一〕×6	茧六两	
8-210	272	16	下残断	平坦	多重包装，无法确认		稻五斗	
8-217	370	14	完整	平坦	多重包装，无法确认		稻四斗半升少半半升	
8-257（图版二，5）	143	12	上残断	平坦	左	〔一〕×4	麦鞠（麴）三	
8-274（图版二，6）	134	16	下残断	平坦	左	〔壹〕×1.〔一〕×9.〔半〕×1	稻一石九斗少半斗	
8-317（图版二，7）	95	15	上下残断	平坦	右	〔百〕×5.〔十〕×2		
8-380（图版二，8）	138	16	上下残断	平坦	左	〔壹〕×2		
8-422（图版二，9）	118	17	下残断	平坦	左	〔壹〕×1以下模糊	粟米一石九斗五升六分升五	212.1632
8-450（图版二，10）	160	12	下残断	平坦	右	〔一〕×6	茧六两	
（图版三，1）8-474	208	13	下残断	平坦	左	〔壹〕×1.〔一〕×8.〔一〕×7.〔半〕×1	粟米一石八斗七升半升	2075
8-511	33	14	下残断	平坦	左	〔壹〕×3	粟米四石	
（图版三，2）8-564	200	18	下残断	屋脊形	左	〔？〕×1①	牝豚一	
8-606	96	14	上下残断	平坦	左	〔一〕×2.〔半〕×1	☐斗	
（图版三，3）8-761	367	13	完整	平坦	左	〔壹〕×1.〔一〕×2.〔半〕×1	粟米一石二斗半斗	
8-762（图版三，4）	367	14	完整	屋脊形	左	〔壹〕×1.〔一〕×9.〔半〕×1	粟米一石九斗少半斗	
8-763	37.4	1.8	完整	平坦	左	〔壹〕×1.〔一〕×2.〔半〕×1	粟米一石二斗半斗	
8-764	37.2	1.6	完整	平坦	左	〔壹〕×1.〔一〕×2.〔半〕×1	粟米一石二斗半斗	
8-765（图版三，5）	378	14	完整	平坦	左	〔壹〕×1.〔一〕×9.〔半〕×1	粟米一石九斗少半斗	
8-766（图版三，6）	367	15	完整	平坦	左	〔壹〕×1.〔一〕×2.〔半〕×2	粟米一石二斗少半斗	

续表

出土登记号	简牍形状/毫米			刻齿		简文记载	缀合简
	长	宽	残缺	书写面	位置	组成		

出土登记号	长	宽	残缺	书写面	位置	组成	简文记载	缀合简
8-801（图版三，7）	192	14	下残断	平坦	左	〔壹〕×1.〔一〕×2.〔半〕×1	粟米一石二斗半斗	
8-820（图版四，4）	138	16	下残断	平坦	左	〔壹〕×2	粟米二石	
8-817（图版四，3）	82	9	下残断	平坦	右	〔万〕×1	钱四万九千四百六十九	
8-822（图版四，5）	138	16	下残断	平坦	左	〔壹〕×4.〔一〕×5	粟米四石五斗	
8-824（图版四，6）	165	17	上下残断	平坦	左	〔十〕×5.〔壹〕×7.〔半〕×1	☐半升	1974
8-838（图版四，7）	95	14	下残断	平坦	左	〔十〕×2.〔一〕×7	粟廿九石	1779
8-839（图版四，8）	130	18	下残断	平坦	左	〔千〕×2.〔百〕×6	钱二千六百八十八	
8-845（图版四，9）	143	15	下残断	平坦	左	〔一〕×6		
8-888（图版四，10）	101	16	上下残断	屋脊形	右	〔十〕×1.〔壹〕×2		936·2202
8-895（图版四，13）	134	16	下残断	平坦	右	〔一〕×6	茧六两	
8-892（图版四，11）	50	13	上下残断	平坦	左	〔一〕×8	☐寸	933·2204
8-893（图版四，12）	182	9	上下残断、左侧欠缺	平坦	右	〔一〕×9		
8-903（图版五，1）	198	17	下残断	平坦	右	〔一〕×9	笞九合	
8-910（图版五，2）	159	11	上下残断、左侧欠缺	平坦	右	〔壹〕×4.〔一〕×9.〔半〕×1	粟米四石九斗少半	
8-921（图版五，3）	108	10	下残断	平坦	左	〔十〕×1.〔壹〕×8.〔一〕×4	丝十八斤四两	1113
8-924（图版五，4）	128	21	下残断	平坦	左	〔一〕×6		907·1422
8-925（图版五，5）	107	19	下残断	平坦	右	〔一〕×5	粟米五斗	
8-926（图版五，6）	147	12	下残断	平坦	左	〔十〕×1.〔壹〕×6.〔一〕×2.〔半〕×2	一石六斗二升半升	2195
8-935（图版五，7）	135	13	上下残断	平坦	左	〔一〕×2	☐斗	
8-955（图版五，8）	64	15	下残断	平坦	左	〔一〕×1	粟米一斗	

续表

出土登记号	简牍形状/毫米				刻齿		简文记载	缀合简
	长	宽	残缺	书写面	位置	组成		
8-963（图版五，9）	128	16	下端削尖	平坦	左	〔一〕×2	粟米二斗	
8-994	160	16	下残断	平坦	左	〔一〕×1		
8-999	195	12	下残断	平坦	左	〔壹〕×4.〔一〕×7	嫁布四丈七尺	
8-1066（图版五，10）	105	16	上下残断	屋脊形	右	〔半〕×1		
8-1083（图版六，1）	148	18	下残断	平坦	左	〔壹〕×2	粟米二石	
8-1088（图版六，2）	56	11	下残断	屋脊形	左	〔壹〕×+4.〔一〕×2	粟米四斗六升泰☐	
8-1093（图版六，3）	186	17	下残断	平坦	左	〔壹〕×1		1002②2
8-1097（图版六，4）	180	11	下残断	平坦	左	〔一〕×3	丝三斤	
8-1102（图版六，5）	152	16	上下残断	平坦	左	〔一〕×3		781
8-1139（图版六，6）	112	8	上下残断	屋脊形	左	〔百〕×3		
8-1160（图版六，7）	91	7	下残断	屋脊形	左	〔壹〕×2	粟米二石	
8-1168（图版六，8）	100	14	下残断	平坦	左	〔十〕×1.〔壹〕×3.〔一〕×7	粟米十三石八斗	1392
8-1188（图版六，9）	84	14	下残断	屋脊形	左	〔壹〕×2	粟米二石	
8-1189（图版七，1）	9.9	1.25	下残断	屋脊形	右	〔一〕×1	竹少笥一合	
8-1216（图版七，2）	77	8	下残断、右侧欠缺	平坦	左	〔十〕×3.〔壹〕×3	粟米卅八石九斗四升泰☐	
8-1222（图版七，3）	200	14	下残断	平坦	右	〔壹〕×3	竹笥三合	
8-1234（图版七，4）	68	17	上下残断	平坦	左	〔壹〕×4		1512
8-1241（图版七，5）	235	19	下残断	平坦	左	〔壹〕×3.〔一〕×7.〔半〕×1	三石七斗少半斗	1334
8-1242（图版七，6）	212	18	上下残断	平坦	左	〔壹〕×+6	☐六	
8-1243（图版七，7）	230	16	不完整，下残断	平坦	左	〔壹〕×1	粟米一石四斗半斗	
8-1257（图版七，8）	153	18	下残断	平坦	左	〔壹〕×1.〔一〕×2.〔半〕×1	粟米一石二斗半斗	
8-1263（图版八，1）	160	15	下残断	屋脊形	右	〔千〕×2.〔百〕×7.〔十〕×3	钱二千七百	

续表

出土登记号	简牍形状/毫米				刻齿		简文记载	缀合简
	长	宽	残缺	书写面	位置	组成		
8-1269（图版八，2）	180	17	下残断	屋脊形	左	〔一〕×3	粟米三斗	
8-1286（图版八，3）	124	20	下残断	平坦	左	〔壹〕×5		
8-1309（图版八，5）	122	11	下残断	平坦	右	〔千〕×3.〔百〕×3.〔十〕×9.〔一〕×2	□三千三百九十五	
8-1324（图版八，4）	38	12	下残断	平坦	左	〔壹〕×2	粟米二☐	
8-1335（图版八，6）	141	10	下残断	平坦	右	〔千〕×1.〔百〕×6	粟米千五百九十四石四斗	
8-1341（图版八，8）	200	18	下残断	平坦	左	〔一〕×8	粟米八斗少半斗	
8-1339（图版八，7）	183	21	下残断	平坦	左	〔壹〕×7.〔一〕×5	稻七石五斗	
8-1347（图版八，9）	70	15	下残断	平坦	左	〔壹〕×1.〔一〕×1.〔一〕×8	稻一石一斗八升	2245
8-1353（图版九，1）	200	13	上残断	平坦	右	〔百〕×4.〔十〕×8.〔一〕×2		
8-1354（图版九，2）	22.3	1.5	下残断	屋脊形	左	〔壹〕×1	一	
8-1517（图版九，3）	85	8	上下残断	平坦	左	〔万〕×4		
8-1518（图版九，4）	58	17	上下残断	平坦	左	〔十〕×6		1233
8-1545（图版九，5）	185	13	下残断	平坦	左	〔千〕×5.〔百〕×6		
8-1548（图版九，6）	365	18	完整	平坦	左	〔一〕×5	粟米五斗	
8-1552（图版一〇，1）	368	17	上端有缺口	平坦	左	〔十〕×1.〔壹〕×2.〔一〕×2.〔半〕×1	粟米十二石二斗少半斗	
8-1553（图版一〇，2）	366	14	完整	平坦	左	〔壹〕×2		
8-1557（图版一〇，3）	382	16	完整	平坦	左	〔十〕×1.〔壹〕×7[③]	□十七	
8-1558（图版一〇，4）	365	15	完整	平坦	左	〔壹〕×3·〔半〕×2	稻三石泰半斗	
8-1559（图版一〇，5）	346	17	完整	平坦	左	〔一〕×2	粟米二斗	
8-1562（图版一〇，6）	385	26	完整	平坦	左	〔十〕×1.〔万〕×6	钱六万·凡十一物	
8-1565（图版一〇，7）	369	18	完整	平坦	左	〔壹〕×1.〔一〕×2以下模糊	粟米一石二斗六分升四	

续表

出土登记号	简牍形状/毫米			刻齿		简文记载	缀合简
	长	宽	残缺	书写面	位置	组成		

出土登记号	长	宽	残缺	书写面	位置	组成	简文记载	缀合简
8-1581（图版一〇，8）	215	12	下残断	平坦	左	〔百〕×3.〔十〕×5	钱三百五十	811
8-1585（图版一〇，9）	222	17	下残断	平坦	左	〔一〕×8	粟米八升	
8-1588（图版一一，1）	245	17	下残断	屋脊形	左	〔壹〕×1		1055④
8-1592（图版一一，2）	219	22	下残断	屋脊形	左	〔千〕×6.〔百〕×8.〔十〕×2	钱六千八百二十	890
8-1600（图版一一，3）	149	13	下残断	平坦	左	〔壹〕×1.〔一〕×2.〔半〕×1	粟米一石二斗半斗	
8-1606（图版一一，4）	142	13	下残断	平坦	左	〔壹〕×1.〔一〕×5	粟米一石五斗	
8-1663（图版一一，5）	60	12	下残断	屋脊形	左	〔壹〕×2	粟米二石	1827
8-1691（图版一一，6）	106	12	下残断	平坦	左	〔十〕×1	莞席十	
8-1697（图版一一，7）	123	17	下残断	平坦	左	〔壹〕×1	粟米一石	
8-1733（图版一一，8）	64	9	下残断	平坦	右	〔百〕×2		
8-1740（图版一一，9）	155	8	下残断	平坦	左	〔百〕×4.〔十〕×4		
8-1747（图版一一，10）	136	14	下残断	平坦	左	〔壹〕×2	粟米二石	
8-1757（图版一二，1）	122	12	下残断	平坦	左	〔壹〕×1.〔一〕×9.〔半〕×1	粟米一石九斗少半斗	
8-1760（图版一二，2）	107	13	下残断	平坦	左	〔壹〕×1.〔一〕×5.〔一〕×7	锦缯一丈五尺八寸	2207
8-1770	98	14	下残断	屋脊形	左	〔壹〕×1.〔一〕×2.〔一〕×3	粟米十二石三斗	
8-1772（图版一二，3）	9.9	1.4	下残断	平坦	左	〔壹〕×1.〔一〕×2.〔一〕×3	粟米十二石三斗	
8-1786	152	13	下端削尖	平坦	左	〔十〕×4⑤		
8-1791（图版一二，5）	92	15	下残断	屋脊形	右	〔万〕×3.〔千〕×2⑥		1852
8-1795（图版一二，6）	112	15	下残断	平坦	左	〔壹〕×1.〔一〕×8.〔半〕×2	粟米一石八斗泰半	1574
8-1801（图版一二，7）	178	13	上下残断	屋脊形	左	〔一〕×8.〔半〕×1	☐少半斗	
8-1802（图版一二，8）	148	11	下残断	平坦	左	〔壹〕×1.〔一〕×2.〔半〕×1	稻一石二斗半斗	

续表

出土登记号	简牍形状/毫米				刻齿		简文记载	缀合简
	长	宽	残缺	书写面	位置	组成		
8-1809（图版一二，9）	162	12	下残断	屋脊形	左	〔万〕×1.〔千〕×8.〔百〕×1	钱万八千三百六十四	
8-1810（图版一二，10）	80	9	上下残断	平坦	左	〔十〕×6		
8-1823（图版一三，1）	160	12	下残断	平坦	右	〔万〕×4.〔千〕×7	钱四万九千四百六十九	
8-1912（图版一三，2）	127	12	下残断	平坦	左	〔壹〕×1.〔一〕×9.〔一〕×6.〔半〕×2	稻一石九斗六升少半半升	
8-1965（图版一三，3）	105	7	下残断、右侧欠缺	平坦	左	〔壹〕×3.〔一〕×7	粟米三石七斗	
8-1997（图版一三，4）	10	6	下残断、左侧欠缺	平坦	右	〔一〕×6	筥二合	
8-2195（图版一三，5）	92	12	上下残断	平坦	右	〔百〕×6.〔十〕×6		
8-2210（图版一三，6）	113	16	下残断	平坦	右	〔千〕×2.〔百〕×1.〔十〕×4	钱二千一百五十二	
8-2243（图版一三，7）	141	17	下残断⑦	平坦	左	〔壹〕×2		
8-2253（图版一四，1）	366	9	右侧欠缺	不明	左	〔百〕×1.〔十〕×5.〔一〕×9	无字简⑧	
8-2256（图版一四，2）	372	11	完整	平坦	左	〔壹〕×4	粟米四石	
8-2257（图版一四，3）	370	14	完整	平坦	右	〔壹〕×1.〔一〕×7.〔半〕×1	粟米三石七斗少半斗	
8-2258（图版一四，4）	370	18	完整	平坦	左	〔壹〕×1.〔一〕×2.〔半〕×1	粟米一石二斗半斗	

注：①刻齿在左上裂痕处，形状如〔百〕；②1002（8-1003）简云"一胸于隶臣徐所取钱一"；③右侧也有9个表示"一"的刻齿；④1055（8-1054）简云"☑所取钱一"；⑤刻齿较浅，或许被削去；⑥三个凹槽底部的刻齿较深，或许表示"十万"；⑦下端有烤焦痕迹；⑧正面上部微有文字痕迹

附表二 授受粟米简之刻齿简一览表

出土登记号	形态	位置	廥名	支出额	年	月日	主管人员	辅佐者	禀人	事由	支给对象	监视者	书手	缀合简
8-1559	平	左		2斗	27	12月丁酉	仓武	佐辰	陵	出禀	小隶臣益	令史戍夫		
8-1697	平	左	丙廥	1石	29	3月丁酉	仓赵	史感						
8-1257	平	左	径廥	1石2斗半斗	31	□月乙酉								
8-55	平	左	径廥	2石	31	10月乙酉	仓守妃	佐富	援	出禀	屯☑			
8-1553	平	左	丙廥	2石	31	10月乙酉	仓守妃	佐富	援	出禀	屯戍士五敝臣	令史扁	富	
8-1747	平	左	径廥	2石	31	10月乙酉	仓守妃	佐富						
8-822	平	左	丙廥	4石5斗	31	10月甲寅	仓守妃							

续表

出土登记号	形态	位置	廥名	支出额	年	月日	主管人员	辅佐者	禀人	事由	支给对象	监视者	书手	缀合简
8-766	平	左	径廥	1石2斗少半斗	31	11月丙辰	仓守妃	史感	援	出禀	大隶妾始	令史偏	感	
8-1600	平	左	丙廥	1石2斗半斗	31	12月								
8-1083	平	左	径廥	2石	31	12月甲申	仓妃	史□				令史扁		
8-1241	平		径廥	3石7斗少半升	31	12月甲申	仓妃	史感	窑	出禀	冗作大女鐡	令史狂	感	8-1337
8-763	平		径廥	1石2斗半斗	31	12月戊戌	仓妃	史感	援	出禀	大隶妾援	令史狂		
8-474	平	左	径廥	1石8斗7升半升	31	1月己□	司空守增	佐得				令史狂		8-2085
8-926	平	左		1石6斗2升半升	31	1月壬午	启陵乡守尚	佐取	小	出禀	大隶妾□	令史气		8-2202
8-1243	平	左		1石4斗半斗	31	1月壬午	启陵乡守尚	佐取				令史气		
8-765	平		径廥	1石9斗少半斗	31	1月丙辰	田官守敬	佐壬	顕	出禀贳贷	士五免将	令史扁		
8-422	平		径廥	1石9斗5升6分升5	31	1月甲寅	司空守增	佐得		食	春小城旦渭	令史□	得	8-214/1643
8-801	平	左	径廥	1石2斗半斗	31	2月辛卯	仓守武	史感	堂			令史狂		
8-820	平	左		2石	31	3月癸丑	贰春乡守氐夫							
8-761	平	左		1石2斗半斗	31	3月丙寅	仓武	佐敬	援	出禀	大隶妾宛	令史尚		
8-764	平			1石2斗半斗	31	3月癸丑	仓守武	史感	援	出禀	大隶妾并	令史狂	感	
8-1585	平	左		8升	31	3月癸酉	贰春乡守氐夫	佐壬		出食	春央乌	令史扁		
8-1341	平	左		8斗少半斗	31	4月辛卯	贰春乡守氐夫	佐吾		出食	春、白粲□	令史逐		
8-1565	平	左		1石2斗6分升4	31	4月戊子	贰春乡守氐夫	佐吾	蓝	禀	隶妾廉	令史逐		
8-1548	平	左		5斗	31	5月癸酉	仓是	史感	堂	出禀	隶妾婴儿、揄	令史尚	感	
8-1795	平	左	径廥	1石8斗泰半	31	7月癸酉	田官守敬	佐壬	□	出禀	屯戍黑·增	令史逐	壬	8-1583
8-2256	平	左	径廥	4石	31	7月辛亥	田官守敬	佐壬	JING	出禀	罚戍武·胡、甋	令史逐	壬	
8-1606	平	左		1石5斗	31		贰春乡守氐夫							
8-2257	平	右		3石7斗少半斗	32	8月壬戌	贰春乡守福	佐敢	枞	禀	隶臣周	令史兼	敢	
8-1088	屋脊	左		4斗6升泰□	32									
8-762	屋脊	左		1石9斗少半斗	33	10月壬戌	发弩绎·尉史过			出贷	罚戍士五禄	令史兼	过	

续表

出土登记号	形态	位置	廥名	支出额	年	月日	主管人员	辅佐者	禀人	事由	支给对象	监视者	书手	缀合简
8-963	平	左		2斗	33	4月								
8-1663	屋脊	左		2石	33					出贷				8-1834
8-955	平	左		1斗	34	9月								
8-2258	平	左	径廥	1石2斗半斗	35	2月己丑	仓守武	史感	堂	出禀	隶妾援	令史犴	感	
8-1168	平	左		13石8斗	35	4月								8-1395
8-910	平	右		4石9斗少半	35	5月乙巳								
8-1757	平	左		1石9斗少半斗	35	7月								
8-1269	屋脊	左		3斗	35	7月乙巳	仓守言							
8-1552	平	左		12石2斗少半斗	35	8月辛酉	仓守择			付	司空守俱			
8-1160	屋脊	左		2石	35	9月								
8-838	平	左		29石	35									8-1787
8-925	平	右		5斗	35									
8-1772	屋脊	左		12石3斗	35									
8-511	平	左		4石										
8-1188	屋脊	左		2石										
8-1216	平	左		38石9斗4升泰☐										
8-1324	平	左		2☐										
8-1335	平	右		1594石4斗										
8-1965	平	左		3石7斗										

附表三 授受稻米刻齿简一览表

出土登记号	形态	位置	廥	支出额	年	月日	主管人员	辅佐者	禀人	事由	支给对象	监视者	书手	缀合简
8-1347	平	左	—	1石1斗8升	31	5月乙卯	仓是	史感	援	出禀	迁陵丞昌	令史尚	感	8-2254
8-1802	平	左	—	1石2斗半斗	31	7月乙丑	仓是	史感						
8-1558	平	左	—	3石泰半斗	31	7月己卯	启陵乡守带	佐取	☐	出禀	佐蒲·就	令史气	寅	
8-1339	平	左	—	7石5斗	31	7月壬子	仓是	史☐				令史尚		
8-274	平	左	—	1石9斗少半斗	31	8月辛巳	仓□							
8-217	平		—	4斗半升少半半升	31	8月壬寅	仓是	史感	堂	出禀	隶臣婴自槐隼	令史悍	感	
8-210	平		—	5斗	31	9月庚申	仓是	史感	堂	出禀	隶臣☐	令史尚		
8-7	平	左	—	5斗	31	9月辛亥						令史尚		
8-1912	平	左	—	1石9斗6升少半半升	31	后9月								

（原载《文物》2015年第3期，有修改）

读秦汉简札记

杨先云

一

《里耶秦简（壹）》简8-313释文作：

少内公择其美者异之毋可已急☐

"异"字，整理者释作"畀"字，《里耶秦简牍校释》（下文简称《校释》）改为"异"字，《校释》意见可从。关于简文，整理者和《校释》未做解释。今按：疑此简内容或与择钱相关，"择其美者"的"美"即睡虎地秦简《秦律十八种·金布律》的"百姓市用钱，美恶杂之"的"美"，指的是质量好的钱，若是其他物品，作为少内选择质量好的，无可厚非。我们认为里耶8-313释文应断句为"少内公[1]择其美者，异之，毋可，已急☐"。睡虎地秦简《秦律十八种·金布律》简65："百姓市用钱，美恶杂之，勿敢异。"讲述的是百姓在交易时使用的钱币，质量好坏的一起使用，不准选择；睡虎地秦简《秦律十八种·金布律》简68："贾市居死〈列〉者及官府之吏，毋敢择行钱、布；择行钱、布者，列伍长弗告，吏循之不谨，皆有辠（罪）。"该条规定的是市肆中的商贾和官府的吏，都不准选择行钱和行布，有所选择使用的话，列伍长不告发、吏循检不严，都有罪。依照睡虎地秦简《秦律十八种·金布律》的规定，无论是百姓还是官吏都不得对货币的好坏进行选择，那作为掌管钱财的官府官吏更应依律行事。《校释》："少内，朝廷、县府掌管钱财的官署。"里耶秦简8-1023见"付鄢少内金钱计钱万六千七百九十七"，也可为证，而里耶秦简8-313释文讲述的是掌管钱财的少内不能择选质量好的货币，与睡虎地秦简《秦律十八种·金布律》关于行钱、行布律令相一致。张家山汉简《二年律令·钱律》简198："敢择不取行钱、金者，罚金四两。"秦汉律令文书禁止择钱美恶，对不取行钱者处以重罚，吴荣曾先生认为是秦汉时期货币质量不齐，《盐铁论·错币》："夫铸伪金钱以有法，而钱之善恶无增损于故。择钱而物滞，而用人尤被其苦。"为保证货币流通和商业发展而采取的措施[2]。

朱红林先生曾根据里耶简8-771"卖二斗取美钱卅，卖三斗☐"的释读，认为"美钱"可能就是指品相质地优良的铜钱，推断尽管法律上规定百姓在交易时不论钱的美恶都必须接受，但在实际生活中，官府对钱的质量优劣还是有所分别的[3]。然里耶秦简8-313简文明确指出连主管钱财的少内都不得挑选质量好的货币，为何简8-771简文却说的买卖取美钱，恰恰与之相反。方勇先生将简8-771所谓"美"改释"羔"字，为人名[4]。简8-771所谓"美"字作▨，"美"字作▨（里耶简8-313）、▨（睡虎地秦简《秦律十八种》简65），明显下部字形不同，一个从火，一个从大，方勇先生意见可从，故而简8-771"美"应为"羔"，与行钱美恶无关，为人名，故而无法得出官府择美钱的结论。

二

《里耶秦简（壹）》简8-70+8-1913释文：

☒勿令缪失以纵不直论有令☒

简8-70+8-1913由鲁家亮先生缀合，《校释》释文断句作："☒勿令缪失，以纵、不直论，有令☒。"[5] "勿令缪失"又见于《里耶秦简（壹）》简8-75+8-166+8-485，其正面释文作：

廿八年十二月癸未，迁陵守丞膻之以此追如少内书。/犯手。☒Ⅰ
甲申水下七刻，高里士五（伍）☒行。☒Ⅱ
七月辛亥，少内守公敢言之：计不得敢（？）膻债有令，今迁陵已定，以付郪少内金钱计，计廿☒Ⅲ
☒年。谒告郪司佐：☒虽有物故，后计上校以瘾（应）迁陵，毋令校缪，缪任不在迁陵，丞印一☒☒Ⅳ

简8-75、8-166、8-485缀合由凡国栋、何有祖先生提出[6]，缀合意见可从。陈伟先生指出此篇文书应是张家山汉简《二年律令·行书律》简276："诸狱辟书五百里以上，及郡县官相付受财物当校计者书，皆以邮"的"郡县官相付受财物当校计者书"[7]。

今按：秦汉出土文献多见"毋令缪"，与里耶秦简的"勿令缪失""毋令校缪"相似，整理者和《校释》皆没有做解释。《居延新简》E.P.F22：462A："建武四年☒☒壬子朔壬申，守张掖☒旷、丞崇谓城仓：居延、甲渠、卅井、殄北言，吏当食者，先得三月食，调给有书，为调如牒，书到，付受与校计，同月出入，毋令缪，如律令。"《居延新简》E.P.F22：580："☒☒☒官奴婢捕房乃调给有书。今调如牒。书到，付受相与校计，同月出入，毋令缪，如律令。"[8] 指的都是调给财物的"付受"需要与"校计同月出入毋令缪"，与《二年律令·行书律》简276的"郡县官相付受财物当校计者书"相同。悬泉汉简Ⅰ0111②：3"留稟荄，今写券墨移书，受薄（簿）入，二月报，毋令谬"，Ⅱ0115③：96"稟穧麦小卅二石七斗，又荄廿五石二钧。各如牒，今写券墨移书到，受薄（簿）入，三月报，毋令缪（谬），如律令"[9]。睡虎地秦简《秦律十八种·效律》简56、57："计校相缪（谬）殹（也），自二百廿钱以下，谇官啬夫；过二百廿钱以到二千二百钱，赀一盾；过二千二百钱以上，赀一甲。"表示计所记载的内容与校券所记载的内容必须相符而不能"相缪"，若计校相谬，就依律论处。里耶秦简8-75+8-166+8-485"后计上校以应迁陵，毋令校缪"也是讲述计校毋缪的事情，悬泉汉简和睡虎地秦简整理者将"缪"读为"谬"，可从，里耶两处简文的"缪"也应读为"谬"，《广韵·释诂》："谬，误也。"释文应作"毋令校缪（谬），缪（谬）任不在迁陵"。

《岳麓书院藏秦简（壹）·三十四年质日》有两条大致相同的记载与里耶秦简8-70+8-1913"勿令缪（谬）失以纵不直论"相关，简J18释文"甲辰失以纵不直论令到"，简0621释文"乙丑失纵不直论令到"[10]。今按：疑岳麓秦简《三十四年质日》J18释文断句应为：

甲辰，"'失以纵、不直论'令"到

简0621释文应作：

乙丑"'失【以】纵、不直论'令"到

简文意思是：在甲辰、乙丑那天，失以纵、不直论处的令到达。"毋令缪"常见，且岳麓秦简中出现"失以纵、不直论"的简文，故而里耶简8-70+8-1913释文也应断：

☐勿令缪（谬），失以纵、不直论，有令☐

《校释》对"纵""不直"的解释：纵，《汉书·景武昭宣元功臣表》新畤侯赵弟"太始三年为太常鞠狱不实"，注引晋灼曰："出罪为故纵。"不直，《汉书·景武昭宣元功臣表》注："入罪为故不直。"《法律答问》93号简云："论狱何谓'不直'，何谓'纵囚'？罪当重而端轻之，当轻而端重之，是谓'不直'。当论而端弗论，及☐其狱，端令不致，论出之，是谓'纵囚'。"[11]关于"失，以纵、不直论"，岳麓秦简整理者注释引张家山汉简《二年律令·具律》："劾人不审，为失，其轻罪也而故以重罪劾之，为不直。'纵'即'故纵'，'纵囚'之省。"[12]陈伟先生认为用"劾人不审，为失"解释《三十四年质日》"失"字不准确，秦汉法律区分犯罪的故意和无意，岳麓秦简整理者引述《二年律令》的"故"、《法律答问》的"端"，均指有意为之。《二年律令·具律》的"劾人不审，为失"与《二年律令·具律》的"其非故也，而失不审"相同，是指非故意的过失。然而，"失"的本来含义是指过失，而不强调故意或无意，这才是本处简文"失"字所指[13]。"劾人不审为失"还见于悬泉汉简I0112①：1，胡平生、张德芳先生认为"失"为失当，并举睡虎地秦简《法律答问》："廷行事以不审论。"又"端为，为诬人；不端，为告不审"。睡虎地秦简《法律答问》："吏为失刑罪，或端为，为不直。"整理小组注："失刑，用刑不当。"[14]在张家山汉简和悬泉汉简中，"失"都表示的是非有意导致的过失，疑与里耶秦简和岳麓秦简"失以纵、不直论"的"失"不同，这里的"失"或从陈伟先生意见，并不强调故意或无意，在秦令中吏"失"即要以"纵、不直"论处，而在汉律中则强调吏为故意"失"，才会以"纵、不直"论处，说明当时秦律在治吏方面要严于汉律。

里耶秦简"纵、不直"的论述还见于简8-1133，释文作："益轻，吏前治者皆当以纵、不直论。今甾等当赎。"《校释》指出："8-1832与8-1418可缀合，并可与8-1133、8-1132连读。8-1107亦与有关，其间尚有缺环，未能直接编次。"[15]后经何有祖先生缀合，释文作："卂（讯）敬：令曰：诸有吏治已决而更治8-1832者，其罪节（即）重若8-1418益轻，吏前治者皆当以纵、不直论。今甾等当赎8-1133耐，是即敬等纵弗论殹。何故不以纵论【敬】8-1132等，何解？辞（辞）曰：敬等鞫狱弗能审，误不当律。8-314甾等非故纵弗论殹，它如劾。8-1107。"何先生指出"敬等鞫狱弗能审，误不当律。甾等非故纵弗论殹，它如劾"，这里明确了"纵"这一案情所牵涉人员"敬等""甾等"各自罪责，一方面谈及"敬"等"鞫狱弗能审，误不当律"，指"敬"等的问题在于因不审而失误，以至于违背秦律，是客观的而非故意的"纵"；另一方面又指出"甾"等"非故纵弗论殹"，指"甾"等并不是被"敬"等故意"纵"而不论罪的，也就是说"甾"等被处以"赎耐"即可，不会因"敬"等非故意的"纵"而受到牵连[16]。何先生缀合和释读意见可从，该段简文强调"敬"等非故意"不审"，因而不应受"纵"罪惩罚。而这里与里耶秦简和岳麓秦简中"失以纵、不直论"有所矛盾，仍需要更多材料来解释，疑秦在实际案件处置上若可证明非故意导致的"不审""失"，则不能用"纵、不直"论处，若能查证是故意"不审""失"，则以"纵、不直"论处，这可能是秦律向汉律关于吏"不审""失"处罚的一个过渡。

吏因不审为失刑罪，依律论述，如云梦龙岗秦墓木牍："鞫之：辟死论不当为城旦，吏论失者，已坐以论。"睡虎地秦简《法律答问》简34："士五（伍）甲盗，以得时直（值）臧（赃），臧（赃）直（值）过六百六十，吏弗直（值），其狱鞫乃直（值）臧（赃），臧（赃）直（值）百一十，以论耐，问甲及吏可（何）论？甲当黥为城旦；吏为失刑罪，或端为，为不直。"上例里耶简文中"不审"的"敬等"也应受论处，但简文未表明如何惩处，或有后文残缺，或因惩处措施不在此篇文书重点故而未写入。"不审"惩罚或可参考睡虎地秦简《法律答问》简38-39："告人盗百一十，问盗百，告者可（何）论？当赀二甲。盗百，即端驾（加）十钱，问告者可（何）论？当赀一盾。赀一盾应律，虽然，廷行事以不审论，赀二甲。"悬泉汉简《囚律》I0112〔1〕：1："劾人不审为失，以其赎半论之。"《史记·秦始皇本纪》："三十四年，适治狱吏不直者，筑长城及南越地。"

同时，里耶秦简8-1418+8-1133简文："其罪节（即）重若益轻，吏前治者皆当以纵、不直论。"也与睡虎地秦简《法律答问》："罪当重而端轻之，当轻而端重之，是谓'不直'。当论而端弗论，及口其狱，端令不致，论出之，是谓'纵囚'。"规定相符。里耶此处或即因为"甾"等案件处罚是对应"其罪即重若益轻"情况，故而在引用秦令时未提"当轻而端重之"的情况。

三

张家山汉简《奏谳书》简28-30部分释文：

符曰：诚亡，诈自以为未有名数，以令自占书名数，为大夫明隶，明嫁符隐官解妻，弗告亡。它如薪。

解曰：符有名数明所，解以为毋恢人也，取（娶）以为妻，不智（知）前亡，乃后为明隶，它如符。诘解：符虽有数明所，而实亡人也。

简文讲述符是亡人，自占书名数，为大夫明隶，而后符有名数明所。而"名数"指的是名籍、户籍[17]，这表示符记录在大夫明的户籍簿。里耶秦简有份完整的户籍简K4释文作：

第一栏：南阳户人荆不更□喜
　　　　子不更衍
第二栏：妻大女子媸
　　　　隶大女子华
第三栏：子小上造章
　　　　子小上造
第四栏：子小女子赵
　　　　子小女子见[18]

里耶秦简K4的户籍当中即包括"隶大女子华"，也可证在大夫明的户籍中是包括"隶符"。关于"隶"，里耶秦简整理者认为可能是女奴隶充当妾室[19]，张家山整理者则解释作"隶，一种依附的身份"[20]。贾丽英先生赞成张家山整理者意见，并补充说，依《奏谳书》例子，"隶"不是通过买卖而来，人身是自由的[21]。里耶秦简8-1546和8-863+8-1504记载两份"南里小女子苗，卅五年徙为阳里户人大女子婴隶"相同内容[22]，也表明某人徙为"隶"，而非通过买卖。里耶秦简9-328释文作：

☒东成户人不更已夏隶大女子瓦自言☒
☒以副从事，敢言之/吾手[23]

"已夏""瓦"为人名，大女子瓦是东成户主且有不更爵位叫已夏的隶。"苗""瓦"同张家山汉简《奏谳书》中的"符"都是隶，即是依附身份，非奴隶。

里耶秦简8-1565释文作：

卅五年八月丁巳朔，贰春乡兹敢言之：受酉阳盈夷乡户隶计：大女子一人，·今上其校一牒，谒以从事。敢言之[24]。

"户隶计"，出土文献首见，里耶秦简多次出现"户计""乡户计"，如8-489"乡户计"，8-269"户计"，8-733"☒春乡户计☒"，疑"户隶计"的"隶"应与里耶秦简K4"隶大女子华"、张家山汉简《奏谳书》简29"为大夫明隶"的"隶"表示意思相同。符为大夫明隶和"苗"徒作"婴"隶的事情应也曾记录在"户隶计"当中，或里耶简K4一类含存在依附关系人员的户籍简即属于"户隶计"。

游逸飞先生据简9-328"东成户人不更已夏隶大女子瓦"的词例，认为里耶秦简9-337"☐隶小上造臣，黑色，长可六尺，年十五☐"的"隶小上造臣"之前应为其依附的主人，☐为三人之名，本简揭示"隶"亦可拥有爵位，秦爵涵盖范围之广泛，值得深究[25]。由于9-337前后残断，是否按游逸飞先生理解，"隶"是否拥有爵位，仍有待于新材料的出土及公布。

注　释

[1] 关于"少内公"，有三种释读：一为少内啬夫的尊称，楚国对县长尊称为县公，且在楚简中有"司舟公""里公""邑公"等，对其他职官也称"公"，里耶秦简8-135"假迁陵公船一"的"迁陵公"或即是对迁陵县长的尊称；二表示少内官府，如里耶8-63"左公田"的"公"即是指公家官府，"迁陵公"也可能是指迁陵官府；三为名叫公的少内啬夫，里耶秦简8-166有"少内守公"，或为同一人。同时要指出"少内守公"、8-472及8-1430"丞公"、8-773"邦司空公"也有可能就是对职官的尊称，暂存疑。

[2] 吴荣曾：《秦汉时的行钱》，《中国钱币》2003年第3期，第24～27页。

[3] 朱红林：《读里耶秦简札记（二）》，《中原文化》2014年第5期，第126页。

[4] 方勇：《读〈里耶秦简（壹）〉札记（三）》，简帛网，2012年5月21日，http://www.bsm.org.cn/show_article.php?id=1699。

[5] 陈伟：《里耶秦简牍校释》，武汉大学出版社，2012年，第54页。

[6] 陈伟：《里耶秦简牍校释》，武汉大学出版社，2012年，第55、56、481页。

[7] 陈伟：《里耶秦简所见秦代行政与算术》，简帛网，2014年2月4日，http://www.bsm.org.cn/show_article.php?id=1986。

[8] 《中国简牍集成》整理者认为这里的"缪"通"谬"，参看《中国简牍集成》编委会：《中国简牍集成》第12册，敦煌文艺出版社，2001年，第108、122页。

[9] 胡平生、张德芳：《敦煌悬泉汉简释粹》，上海古籍出版社，2001年，第17页。

[10] 朱汉民、陈松长：《岳麓书院藏秦简（壹）》，上海辞书出版社，2010年，第180、181页。

[11] 陈伟：《里耶秦简牍校释》，武汉大学出版社，2012年，第54页。

[12] 朱汉民、陈松长：《岳麓书院藏秦简（壹）》，上海辞书出版社，2010年，第69页。

[13] 陈伟：《岳麓书院秦简"质日"初步研究》，简帛网，2012年11月17日，http://www.bsm.org.cn/show_article.php?id=1755。

[14] 胡平生、张德芳：《敦煌悬泉汉简释粹》，上海古籍出版社，2001年，第17页。

[15] 陈伟：《里耶秦简牍校释》，武汉大学出版社，2012年，第281页。

[16] 何有祖：《里耶秦简牍缀合（八则）》，简帛网，2013年5月17日，http://www.bsm.org.cn/show_article.php?id=1852。

[17] 彭浩、陈伟、工藤元男：《二年律令与奏谳书》，上海古籍出版社，2007年，第338页。

[18] 湖南省文物考古研究所：《里耶发掘报告》，岳麓书院，2006年，第205页。

[19] 湖南省文物考古研究所：《里耶发掘报告》，岳麓书院，2006年，第208页。

[20] 张家山二四七号汉墓竹简整理小组：《张家山汉墓竹简（二四七号墓）》（释文修订本），文物出版社，2006年，第94页。

[21] 贾丽英：《小议"隶"的身份》，《中国社会科学报》2009年9月10日。

[22] 里耶简8-1813"☐陵乡成里户人士五（伍）成隶☐"，依词例或也与此相关。

[23] 张春龙：《里耶秦简所见的户籍和人口管理》，《里耶古城·秦简与秦文化研究——中国里耶古城·秦简与秦文化国际学术研讨会论文集》，科学出版社，2009年，第194页。

[24] 释文从何有祖先生断读，参看何有祖：《读里耶秦简札记（四）》，简帛网，2015年7月8日，http://www.bsm.org.cn/show_article.php?id=2271。

[25] 游逸飞：《里耶秦简博物馆藏第九层简牍释文校释》，简帛网，2013年12月22日，http://www.bsm.org.cn/show_article.php?id=1968。

浅析南越国对湘江流域汉文化的影响

——以墓葬出土陶器为视角的考古学观察

陈 斌

湘江自古便是通往岭南的重要通道，从楚人逆湘江而上进逼岭南[1]，到秦始皇驻兵岭北并统一岭南，其都扮演了重要的角色。

秦将赵佗割据岭南，于公元前203年建立南越国，至元鼎六年被汉武帝所灭，其存在年代大体相当于秦汉之际到西汉早期。南越国是岭南汉越文化碰撞融合的重要阶段，是岭南文化发展的重要时期。赵佗建立南越国后，曾在南越国北界构筑了一条防线，从粤东向西，分别设置了蒲葵关、横浦关、城口关、乐昌佗城、连州三关、兴安秦城等[2]，南越国势力最强盛时，北界已进入湘江上游地区。

受政治、军事等影响，西汉早期（包括秦汉之际）边远地区文化不断受到中原文化的冲击和影响，南越国也不例外。在南越王墓、南越王宫均发现有较多汉文化特征的遗物[3]，即便如此南越国仍保留着强烈的地域文化特征，并对湘江流域汉文化产生了一定的影响。

湘江流域是一个自然地理区域，涉及范围较大，本文所述湘江流域范围主要是指湘江中上游地区，大致包括今行政区划中的长沙、衡阳、永州、郴州四个地区。

本文拟从南越国时期墓葬出土典型陶器以及湘江流域不同地区西汉早期墓葬中发现的南越国典型陶器入手，并结合相关文献，简要分析南越国对湘江流域不同地区汉文化的影响。

一、南越国典型陶器分析

有关南越国与湘江流域文化的关系，有较多文章分别从釉陶器、文化传播与交流等角度做了分析和论述[4]。余静把汉文化分为两个层次：第一层次是汉代主体文化因素；第二层次是汉文化的区域类型[5]，本文同意其观点。从一定意义上讲，南越国并不属于汉王朝的统治范畴，该时期岭南所发现的墓葬文化处于一个文化的融合时期，其既不属于汉代主体文化范畴，也有别于其他汉文化的区域类型。关于岭南地区墓葬出土陶器的地域性，黎金先生指出"随葬品中数量最多和占主要地位的陶器，无论器型、纹饰、胎质和施釉等方面都有它的独特的地方"[6]。本文侧重对南越国墓葬、湘江流域西汉早期墓葬中出土典型南越国特征的陶器进行分析，考察南越国对湘江流域不同地区汉文化的影响。

南越国墓葬主要集中分布在今天的广东广州、广西贵港和梧州（即南海、郁林、苍梧三郡郡治所在地），其中最重要的考古发现有广州汉墓[7]、南越王墓[8]、贵港罗泊湾[9]、乐昌对面山[10]、平乐银山岭[11]等。

秦始皇平定岭南后，带来了中原的丧葬文化，但主要影响集中在当时的郡治所在地，而郡治以外的区域仍保留着本地传统文化，即百越文化因素。王彤通过对广州、贵县、乐昌、平乐等南越国墓葬出土陶器进行梳理，发现该时期墓葬主要包含两大群文化因素：本地传统文化因素和外来文化因素。外来文化中主要有楚文化因素、秦文化因素、滇文化因素、中原汉文化因素等[12]（图一）。

全洪根据墓葬随葬器物组合、变化的不同，将南越国墓葬又细分为中心和非中心两区[13]，中心区主要是指南越国的政治中心区域，如广州、贵县等，该区域内墓葬随葬品中外来文化和本地传统文化特征均比较明显，主要为南下汉人聚居区。而非中心区以本地传统文化为主，主要是百越文化区，不同地域发现的墓葬虽存在一定的差异，但也包含着共同的文化特征。

本地传统文化因素是指在新石器时代以来在本地土著文化的基础上，不断融合其他文化，发展形成的百越文化。岭南地区的这种文化包含着许多特征，体现在墓葬中主要表现为：墓葬基本为中小型竖穴土坑墓，长宽比约3∶1，带腰坑或墓底铺小石，出土青铜器多为越式青铜器。

南越国墓葬随葬陶器多见以几何印纹陶质为主的生活器具，典型器物有几何图形戳印的硬陶瓮、三足盒、越式鼎、匏壶、平底小盒、三足罐、多联罐、瓿、釜、罐、双耳罐、提筒、平底壶等（图二）。

这些随葬陶器在南越国墓葬随陶器中比较常见，其中三足盒、三足罐、圈足双耳罐多见于中心区的广州、梧州和贵县等地，而匏壶、陶瓿、多联罐、越式陶鼎在南越国时期的中心区和非中心区都有发现，但在汉武帝元鼎六年平定岭南之后，这些器物在墓葬中基本消失，因此本文把这些器物作为南越国地域文化特征的代表。岭南陶提筒[14]由铜提筒发展而来，其虽不是起源于岭南，但是南越国时期已经成为岭南地域文化的一重要因子。其在南越国时期开始流行，于西汉中期到东汉前期盛行，但南越国之后，其形制已发生了重要的演变，故也把其归为南越国墓葬地域特征的代表器物之一。

二、湘江流域西汉早期汉墓出土陶器所见南越国文化因素分析

在湘江流域的长沙、永州、郴州等地西汉早期墓葬中出土的陶器也发现有南越国文化因素，简要分析如下。

（一）长沙、永州、郴州等地墓葬中发现的南越国典型陶器

湖南古为百越之地，战国中晚期属于楚地，西汉早期设长沙国，其位置比较特殊，正处于中原王朝和南越国之间。

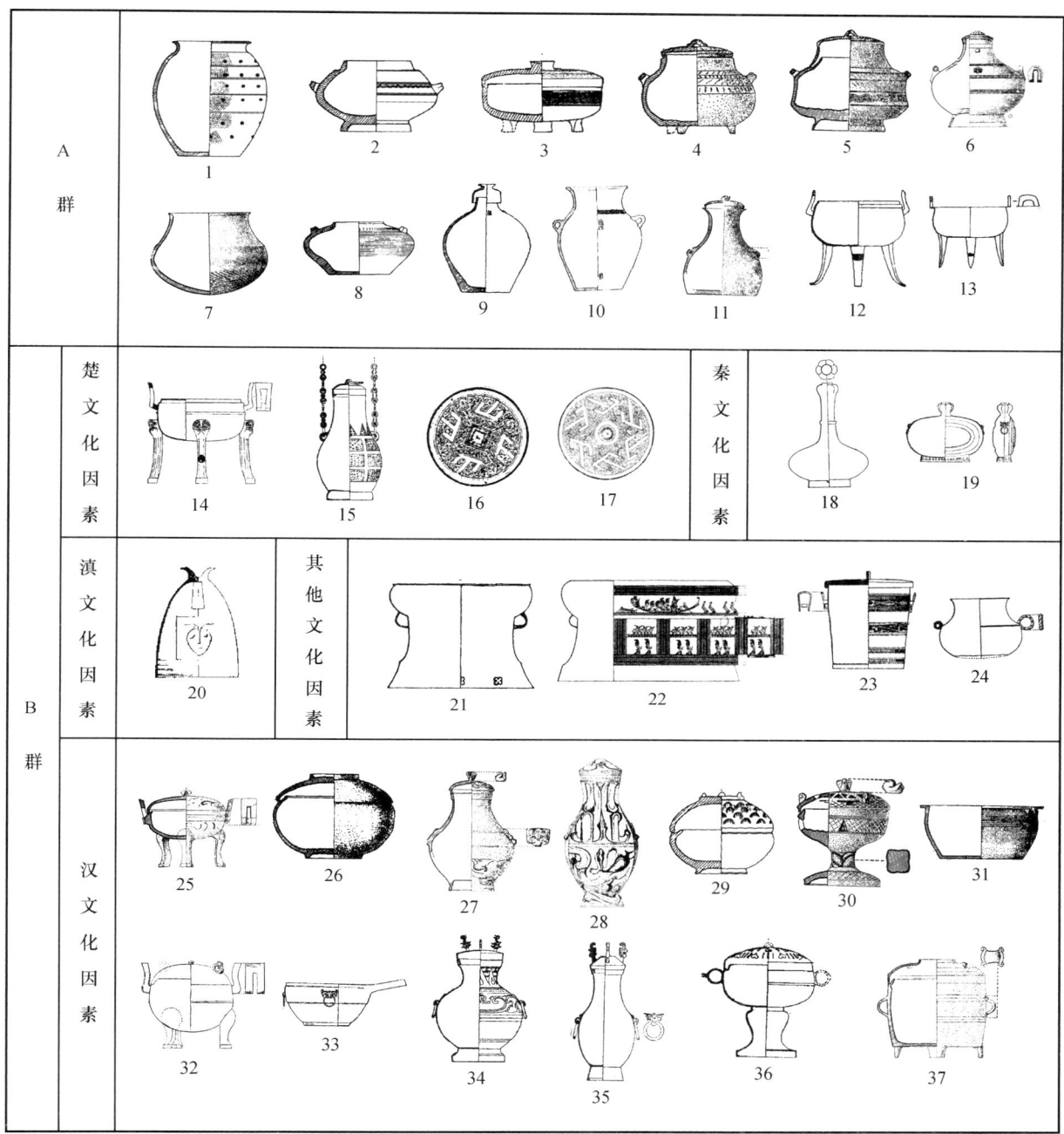

图一 南越国时期文化因素分群图

1. 瓮（黄花岗M1:8） 2. 罐（黄花岗M1:21） 3. 三足盒（南越王墓E7） 4. 三足罐（淘金坑M25:12） 5. 双耳罐（广州汉墓M1177:64） 6、11、27. 壶（广州汉墓M1178:8、M1127:4、M1175:46） 7. 釜（广州汉墓M1077:7） 8. 瓿（银山岭MM115:8） 9. 匏壶（高地园M1） 10. 双耳罐（石马坪M22:17） 12~14、32. 铜鼎（铜鼓岗M13:1、龙嘴岗M5:37、南越王墓C265、广州汉墓M1097:21） 15. 铜提梁壶（广州汉墓M1041:12） 16、17. 铜镜（罗泊湾M1:125、南越王墓F32） 18. 铜蒜口瓶（广州汉墓M1175:43） 19. 铜扁壶（罗泊湾M1:17） 20. 铜钟（罗泊湾M1:37） 21、22. 铜鼓（林西普驮） 23. 铜提筒（罗泊湾M1:1） 24. 铜鉴（广州汉墓1121:2） 25. 鼎（广州汉墓M1152:27） 26. 盒（淘金坑M4:10） 28. 钫（广州汉墓M1152:30） 29. 小盒（对面山M95:2） 30. 熏炉（广州汉墓M1142:3） 31. 盆（罗泊湾M2:56） 33. 铜匜（罗泊湾M1:6） 34. 铜壶（罗泊湾M1:14） 35. 铜钫（罗泊湾M1:9） 36. 铜熏炉（罗泊湾M2:47） 37. 温酒樽（广州汉墓M1172:37）（除铜器外，其余均为陶器）

（此图引自王彤：《岭南汉墓研究》，中山大学博士学位论文，2015年）

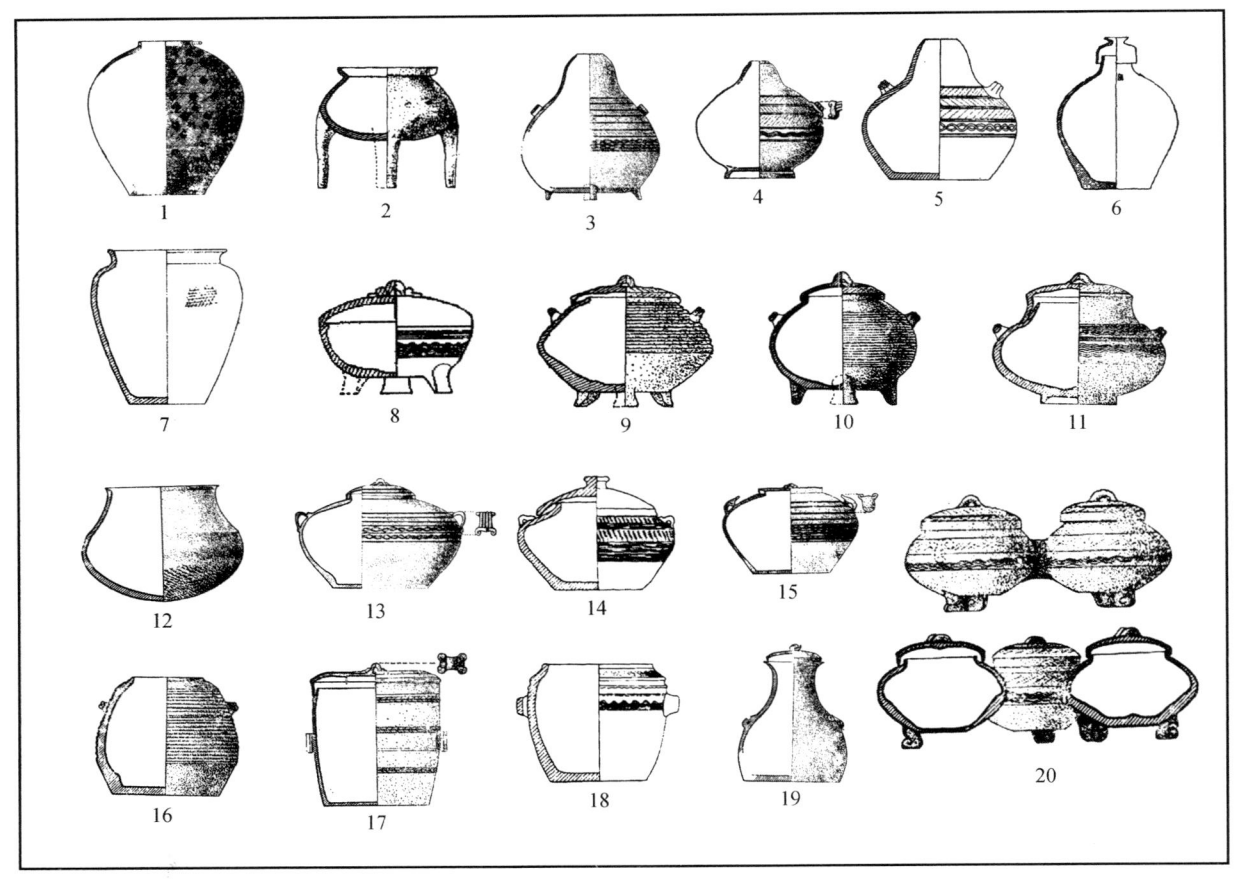

图二 南越国墓葬出土典型陶器

1、7. 瓮（广州汉墓M1068：33、封开利羊墩M19：1） 2. 鼎（广州先烈南路M25：7） 3～6. 匏壶（广州汉墓M1131：1、广州汉墓M1180：37、南越王墓H45、高地园M1） 8. 三足盒（南越王墓E10） 9、10. 三足罐（淘金坑M16：1、广州汉墓M1068：4） 11、16. 双耳罐（广州汉墓M1182：21、广州汉墓M1040：10） 12. 釜（广州汉墓M1077：7） 13～15. 瓿（广州汉墓M1065：2、对面山M15：5、淘金坑M19：2） 17、18. 提筒（对面山M53：4、广州汉墓M1181：689） 19. 平底壶（广州汉墓M1127：4） 20. 四联罐（广州汉墓M1157：2）

  湘江流域考古发现的西汉早期（个别墓葬也可能到西汉中期）墓葬较多，其中长沙地区以及湘南的永州五里坪[15]、郴州资兴[16]等地发现了一批墓葬，墓葬随葬品中除楚文化遗风、越文化遗风较为浓郁外，还包含少许南越国文化因素，其他地区则基本不见南越国文化因素，如《长沙发掘报告》[17]《长沙沙湖桥一带古墓发掘报告》[18]《马王堆1号汉墓》[19]《长沙象鼻嘴一号西汉墓》[20]等报告中个别墓葬出土陶器分别见有五联罐、硬纹陶瓿、小口壶、筒形器，资兴西汉墓葬[21]出土了陶提筒、硬纹陶瓿、陶鼎。这些陶器均为典型的南越国地域文化因素（图三），五里坪西汉早期墓葬中也发现有四联罐、水波纹陶瓿[22]等。

  整体上来说，长沙地区、湘南地区出土岭南典型陶器数量以及组合虽不尽相同，但其在墓葬形制、埋葬习俗、陶器纹饰也与南越国有相似之处，如流行狭长的竖穴土坑墓，墓底设腰坑、铺鹅卵石或小石块、兵器与陶纺轮不共存，陶器见有水波纹和米字文等特征。另根据《史记》记载，吕后有"禁南越关市"[23]的举措，这也说明南越国与中原汉王朝有着密切的往来。

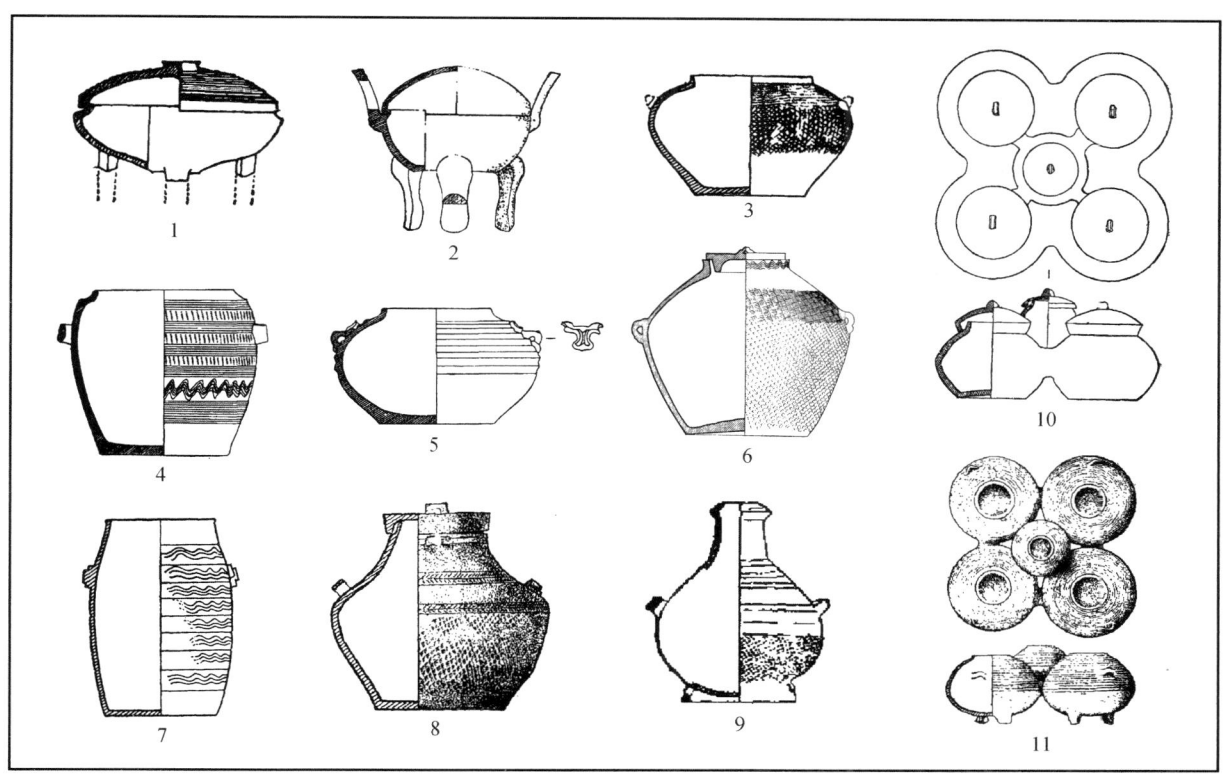

图三　湘江流域西汉早期墓葬出土南越国典型陶器

1. 三足盒（资兴西汉墓M364∶7）　2. 鼎（资兴西汉墓M4∶3）　3、5、6. 瓿（资兴西汉墓M421∶6、资兴旧市M208∶3、马王堆M1∶274）　4. 提筒（资兴旧市M170∶3）　7. 筒形器（长沙象鼻嘴1号墓）　8. 带盖陶罐（《长沙发掘报告》M342∶7）　9. 壶形硬陶器（《长沙发掘报告》M203∶46）　10、11. 五联罐（资兴西汉墓M342∶24、《长沙发掘报告》M339∶8）

（二）南越国对湘江流域不同地区汉文化的影响形式及原因分析

湘江流域的长沙、郴州、永州等地西汉早中期墓葬中虽有南越国典型陶器的出土，但各地墓葬所见典型陶器的数量、形制和组合是有所不同的（图四）。

长沙地区西汉早期墓葬中所出土的南越国典型陶器多为单件，且形制多与广州汉墓出土同类形制更为相近，且墓葬多为高规格墓葬。例如，长沙象鼻嘴1号墓出土的陶提筒（图四，16）与广州汉墓M1180∶50陶提筒形制相近，均为深腹、双耳位于筒上部。《长沙发掘报告》汉墓出土M342∶7双耳罐与广州汉墓M1091∶5双耳壶形制相似（图四，3），《长沙发掘报告》汉墓出土M339∶8的五联罐（图四，19）与《广州汉墓》中M1068∶4三足罐形制基本相同，均为敛口、横耳、圆鼓腹、三矮足微外撇，腹上部有多圈弦纹。

而在湘南地区的资兴旧市考古发现的西汉早期墓葬中所出土陶器与岭南北部的对面山、石马坪出土的同类器更为相似（图四，1、2、9、10）。例如，资兴旧市M170出土陶提筒（M170∶3）（图四，9）、陶壶与对面山出土陶提筒M53∶4（图四，1）、石马坪出土陶双耳壶M22∶17（图四，2）形制基本相近，另资兴墓葬出土的瓿、三组盒、陶鼎、双耳壶、五联罐，永州蓝山五里坪西汉早期墓出土的四联罐、陶瓿等也与广州汉墓、罗泊湾汉墓所出土同类器相近。

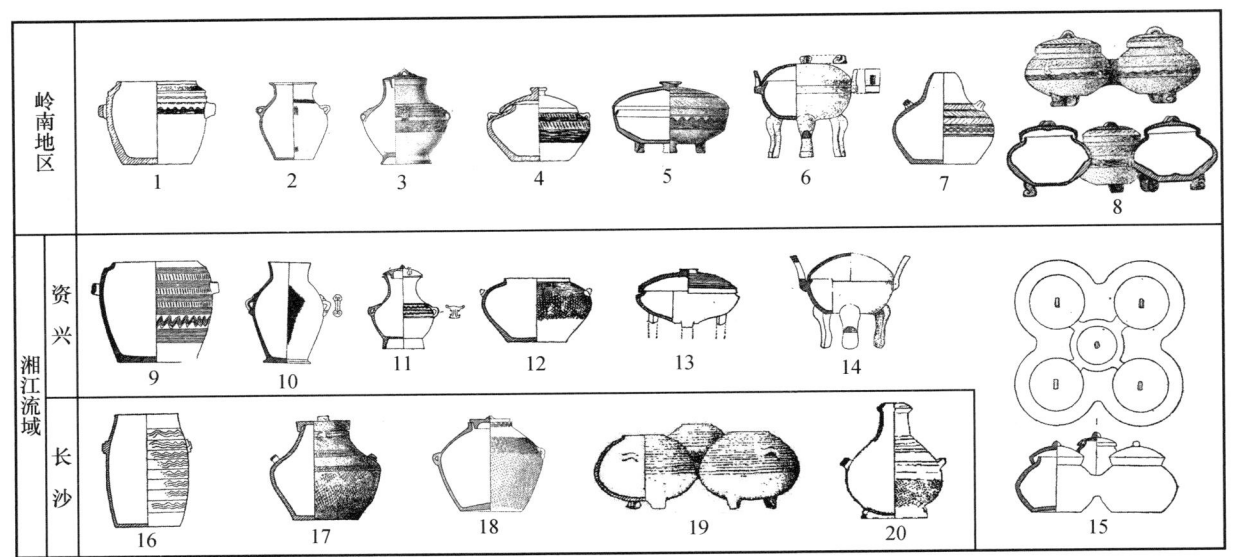

图四 岭南、湘江流域出土南越国典型陶器比较图

1、9、16. 陶提筒（对面山M53：4、资兴旧市M170：3、长沙象鼻嘴1号墓） 2、3、10、11、17. 陶双耳壶（石马坪M22：17、广州汉墓M1091：5、资兴旧市M166：8、资兴西汉墓M364：5、《长沙发掘报告》M342：7） 4、12、18. 瓿（对面山M15：5、资兴西汉墓M421：6、资兴西汉墓M1：274） 5、13. 三足盒（广州汉墓M1143：7、资兴M364：7） 6、14. 鼎（广州淘金坑M4：3、资兴西汉墓M1：2） 7. 瓠壶（南越王墓H45） 8、15、19. 五联罐（广州汉墓M1157：2、资兴西汉墓M342：24、《长沙发掘报告》M339：8） 20. 壶形硬陶器（《长沙发掘报告》M203：46）

长沙西汉早期墓葬中出土南越国典型陶器与广州南越国墓葬出土同类器更为相近，且多见于高规格墓葬，是因为两地都为当时的重要行政中心，虽二者相距较远，但受政治的影响，其文化的往来也主要体现在贵族或者官员之间的联系。汉初，南越国是西汉的一个"外臣"，番禺（今广州）是其政治中心，其与中原王朝的紧密联系，主要是通过长沙国互通往来的。而长沙国是当时中原通往岭南的必经之地，临湘（今长沙）为长沙国的行政中心，是当时中原王朝经略南方的重要的政治、军事中心。

通过对湘南西汉早期墓葬出土陶器分析，可知南越国文化对湘南的文化影响程度更深，墓葬埋葬习俗已经渗透到小型墓葬，即对平民百姓的丧葬习俗也产生了一定的影响。之所以出现这样的影响，主要有四个方面的原因：一是地理位置相邻近，湘南位于南岭北侧，位于南越国北面边关地带，是南越国北进中原的必经要道；二是文化传统相似，湘南虽属长沙国管辖地带，但是自古便是百越文化之地，受中原文化影响较小，有着强烈的越文化传统，其容易接受南越国墓葬文化，这也为南越国文化的直接输入提供了先天条件；三是南越国初期采取"和辑百越"的民族政策，不仅利于缓和南越国内的民族矛盾，也有利于其文化向边关地带的传输；四是军事影响，《史记》记载赵佗"发兵攻长沙边邑，败数县而去"[24]，南越国发兵长沙国边邑，首当其冲的就是湘南地区。

三、结 语

李伯谦先生说："考古学文化的形成与发展不是孤立进行的，它既有对其先行文化的变革与继承,又有对其同时的周围其他文化的借鉴、吸收与融合。"[25]南越国文化是岭南文化的重要组成部分,南越国时期是岭南文化形成和发展的重要阶段,其虽地处边疆地区,但是对汉文化统治范畴下的湘江流域有着一定的影响。南越国对长沙地区汉文化的影响多政治因素,是间接的局部影响,而受文化传统、地理因素、民族政策等原因的影响,其对湘江上游的永州、郴州等地的文化影响更为直接,范围更广,影响更深,这也说明一种考古学文化对邻近地区的影响是有层次的,形式是多样的,其受当时政治、经济、文化传统、军事等多种因素的制约。

注 释

[1] 黄展岳:《论两广出土的先秦青铜器》,《考古学报》1986年第4期,第145~171页。

[2] 余天炽等:《古南越国史》,广西人民出版社,1988年,第35、56页。

[3] 广州市文物管理委员会等:《西汉南越王墓》,文物出版社,1991年;广州市文物考古研究所、南越王宫博物馆筹建办公室:《广州南越国宫署遗址1995—1997年发掘简报》,《文物》2000年第9期,第4~24页;中国社会科学院考古研究所等:《广州南越国宫署遗址2000年发掘报告》,《考古学报》2002年第2期,第235~260页;广州市文物考古研究所等:《广州市南越国宫署遗址2003年发掘简报》,《考古》2007年第3期,第15~31页;余静:《中国南方地区两汉墓葬研究》,吉林大学博士学位论文,2009年,第136、137页。

[4] 杨哲峰:《汉墓结构和随葬釉陶器的类型及变迁》,北京大学博士学位论文,2005年;罗炯炯:《湖南西汉墓葬研究》,湖南大学硕士学位论文,2009年,第56页;王彤:《岭南汉墓研究》,中山大学博士学位论文,2015年,第160~162页;广州市文物管理委员会、广州市博物馆:《广州汉墓》,文物出版社,1981年,第245页;余静:《中国南方地区两汉墓葬研究》,吉林大学博士学位论文,2009年,第136、137页;宋少华:《从考古学观察汉文化向南的传播与交流——长沙、广州汉墓个案比较研究》,《西汉南越国考古与汉文化国际学术研讨会纪要》,《考古》2009年6期,第88~96页。

[5] 余静:《中国南方地区两汉墓葬研究》,吉林大学博士学位论文,2009年,第132页。

[6] 黎金:《广州的两汉墓葬》,《文物》1961年第2期,第18~35页。

[7] 广州市文物管理委员会、广州市博物馆:《广州汉墓》,文物出版社,1981年。

[8] 广州市文物管理委员会等:《西汉南越王墓》,文物出版社,1991年。

[9] 广西壮族自治区博物馆:《广西贵县罗泊湾汉墓》,文物出版社,1988年。

[10] 广东省文物考古研究所等:《广东乐昌市对面山东周秦汉墓》,《考古》2000年第6期,第37~61页。

[11] 广西壮族自治区文物工作队:《平乐银山岭战国墓》,《考古学报》1978年第2期;《平乐银山岭汉墓》,《考古学报》1978年第4期。

[12] 王彤:《岭南汉墓研究》,中山大学博士学位论文,2015年,第151~153页。

[13] 本文的分区,与全洪根据岭南出土铜镜范围所划的分区基本相同,见全洪:《南越国铜镜论述》,《考古学报》1998年第3期,第308页。

[14] 黄展岳:《铜提筒考略》,《考古》1989年第9期,第839~850页。

[15] 湖南省文物考古研究所2012年、2015年蓝山五里坪汉至魏晋墓群发掘资料。

[16] 湖南省博物馆、湖南省文物考古研究所：《湖南资兴西汉墓》，《考古学报》1995年第4期；湖南省博物馆：《湖南资兴旧市战国墓》，《考古学报》1983年第1期。
[17] 中国科学院考古研究所、湖南省博物馆：《长沙发掘报告》，科学出版社，1957年，第109页。
[18] 李正光、彭青野：《长沙沙湖桥一带古墓发掘报告》，《考古学报》1957年第4期，图版陆-1。
[19] 湖南省博物馆、中国科学院考古研究所：《马王堆一号汉墓》，文物出版社，1973年，第124页。
[20] 湖南省博物馆：《长沙象鼻嘴一号西汉墓》，《考古学报》1981年第1期，第124页。
[21] 湖南省博物馆、湖南省文物考古研究所：《湖南资兴西汉墓》，《考古学报》1995年第4期，第466~474页；湖南省博物馆：《湖南资兴旧市战国墓》，《考古学报》1983年第1期，第104页。
[22] 湖南省文物考古研究所2012年、2015年蓝山五里坪汉至魏晋墓群发掘资料。
[23] （汉）司马迁：《史记·南越列传》，中华书局，1982年，第2969页。
[24] （汉）司马迁：《史记·南越列传》，中华书局，1982年，第2969页。
[25] 李伯谦：《文化因素分析与晋文化研究》，《中国青铜文化结构体系研究》，科学出版社，1998年，第294页。

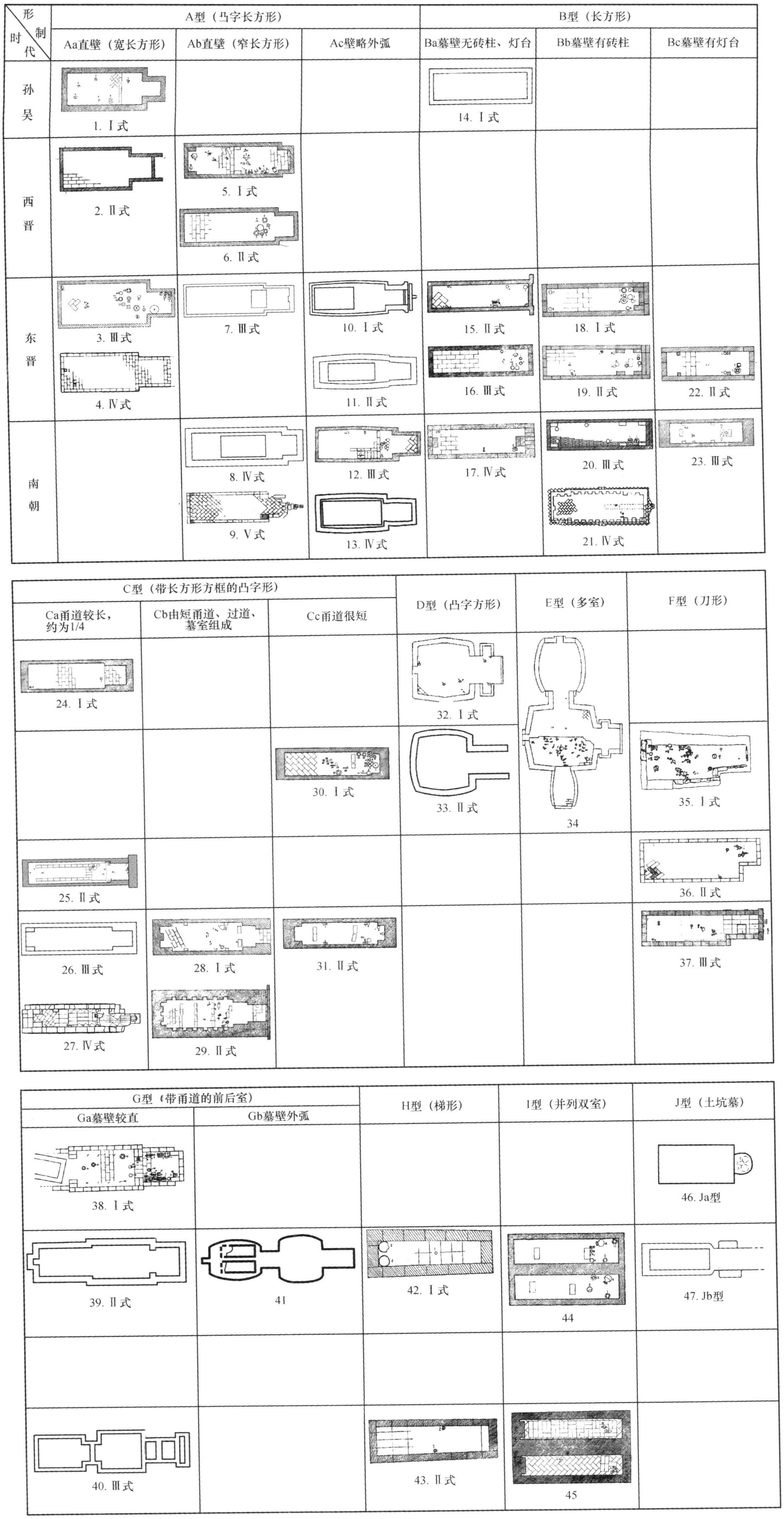

图一 湖南六朝墓葬形制演变示意图

时代		Aa型（窄长方形）	AP型（宽长方形）	Ac型（梯形分室）	Ba型（凸字形长室、凸边上）、墓室有石台	Bc墓葬有长石台
吴					5. I 式	
					2. II 式	6. II 式
						14. I 式
A型（凸字形长室）						
西晋		1. I 式				
B型（长方形墓）						
东晋		3. III 式	7. III 式	10. I 式	15. II 式	18. II 式
		4. IV 式	8. IV 式	11. II 式	16. III 式	19. III 式	22. II 式
			9. V 式	12. III 式	17. IV 式	20. III 式	23. III 式
				13. IV 式	21. IV 式	

		C型（佛末方形长方长方方形墓）	D型（凸字形墓）	E型（多室）	F型（刀形）
		Ca用横长长、Cb用圆横用、Cc明显佛配、约为1/4 墓名组配			
		24. I 式			
		25. II 式	30. I 式	32. I 式	
		26. III 式	31. II 式	33. II 式	34
		27. IV 式	28. I 式	35. I 式	36. II 式	37. III 式
		29. II 式			

		Ga墓葬有耳 (佛果附室的方形)	Gb墓葬有外室	H型 (梯形)	I型 (折向双室)	J型 (土穴墓)
		38. I 式			46. IJ墓	
		39. II 式	41	42. I 式	44	47. IP墓
		40. III 式		43. II 式	45	

1. 长沙M458 2. 衡东大山M4 3. 长沙烂泥冲M5 4. 宁乡狮子山M2 5. 资兴M393 6. 资兴M393 7. 图中乡和北水墓 8. 茶陵枣树出土墓葬 9. 郴市园出土M35 10. 株洲林场院水墓葬 11. 长沙基葬M4 12. 长沙烂泥子墓M2 13. 长沙墓M2 14. 常宁市M2 15. 宁乡M96 16. 郴市M94 17. 郴市汉水墓M26 18. 郴市堡墓M7 19. 郴市堡墓M1 20. 衡水大测墓M1 21. 郴市墓M5 22. 米田出上墓M20 23. 资兴M388 24. 资兴M345 25. 资兴出三家坪M2 26. 衡水水渠墓M2 27. 衡东上口出墓葬 28. 资兴墓M174 29. 资兴墓M413 30. 资兴M385 31. 资兴沙南M337 32. 长沙墓M24 33. 衡东沙圩M4 34. 长沙烂墓M22 35. 岳阳和内方墓M11 36. 郴市汉沙出M16 37. 衡阳基葬M26 38. 郴南乡汉墓 39. 衡阳陵墓花左氏寨葬墓 40. 桂田塔岭墓 41. 长沙墓M23 42. 资兴墓M382 43. 米田墓M48 44. 资兴墓M45 45. 涪州诸城保M5 46. 常湘大子田M14 47. 长沙汉水棺墓葬

4.87、宽2.375米。Ⅱ~Ⅳ式墓内结构变化不明显（图一，2~4）。

Ab型　为直壁，窄长方形，墓室长宽比大于2.2，一般在2.5左右。Ⅰ式墓葬尚保留有东汉晚期特征，墓室内分为前后两部分，后室的棺床高出前室地面一砖，器物主要集中于前室，如郴州晋墓（图一，5），墓室长3.96、宽1.38米。Ⅱ式后室棺床消失，器物主要置于前室，如资兴晋墓M393（图一，6），墓室长3.38、宽1.3米。Ⅲ式墓室前部多设有方形祭台，如邵阳金称市东晋义熙二年墓（图一，7），墓室长4.75、宽2.09米。Ⅳ式墓室中部多设有长方形棺床，如益阳赫山庙齐建元四年墓（图一，8），墓室长5.6、宽2.11米。Ⅴ式墓葬简化，甬道下多设有排水沟，如汨罗南朝M35（图一，9），墓室长4.22、宽1.64米。该种墓葬形制从早到晚发生了较大变化，尤以棺床和祭台的变化最为明显。

Ac型　为墓室两壁外弧，墓室长宽比一般在2.3左右。Ⅰ式墓室后部设有棺床，器物位于棺床前，如株洲林学院东晋墓（图一，10），墓室长5.13、宽约2.2米。Ⅱ式棺床逐渐变大并前移，器物置于棺床前，如长沙晋墓M4（图一，11），墓室长4.15、宽约1.25米。Ⅲ式墓室内有较大棺床，棺床前留有少许空地，器物主要出于该处，如长沙砂子塘M2（图一，12），墓室长3.84、宽1.5~1.56米。Ⅳ式棺床基本占据了整个墓室，仅四周留出极窄排水沟，如长沙齐永元元年南朝M2（图一，13），墓室长4.74、宽2.18~2.35米。此外，Ⅲ、Ⅳ式墓葬的墓壁上多设有凸字形方龛和直棱假窗。这种墓葬形制从早到晚以棺床的变化为主要特征。

B型　长方形。根据墓内结构的不同分为三亚型。

Ba型　为墓室内无砖柱、灯台等结构。该种墓葬从早到晚无明显变化（图一，14~17）。

Bb型　为墓室前部和两壁多有砖柱加固。Ⅰ~Ⅲ式（图一，18~20）墓内砖柱逐渐增多，到Ⅳ式时发展到极致，如邵阳姜家山M5（图一，21）墓壁两侧及后壁处共设有砖柱20余个。

Bc型　为墓内无砖柱，两壁多伸出半砖作灯台。Ⅰ式两壁伸出四块半砖，其中两个见有灯盏，如耒阳白洋渡M20（图一，22），通长2.92、宽1.08米。Ⅱ式除灯台外，地面还增设散砖作为简易祭台、棺床，如资兴南朝M388（图一，23），通长3.85、宽1.14米。

B型　墓葬在湖南发现最多，但随葬器物较少，多为日常生活用器，墓主身份较低，应多为平民。

C型　带长方形方框的凸字形。整个墓室平面为长方形，内部多由甬道和墓室组成。根据甬道的长短可分三亚型。

Ca型　长方形方框内甬道较长，约占通长的1/4。Ⅰ式的资兴M345（图一，24）墓内未见特殊结构。Ⅱ式以津市兰家湾M2（图一，25）为例，墓内增加祭台、棺床。Ⅲ式的衡东城关南朝墓（图一，26），墓室前部以散砖作为简易祭台，后壁两侧有砖柱加固。Ⅳ式的衡南上门山南朝M2（图一，27）设有祭台、棺床，墓室前部还注重排水。

Cb型　长方形方框内设有甬道、过道和墓室。Ⅰ式有资兴南朝M474（图一，28），地面散砖作为祭台，后壁设有砖柱加固。Ⅱ式时墓内结构已趋完善，普通元年的资兴M413（图一，29）墓内地面有散砖作为简易祭台和棺床，墓室两壁和后壁出现有较多的直柱。

Cc型　长方形方框内甬道很短。Ⅰ式的资兴M385（图一，30），墓室前部仅以散砖作为简易祭台，Ⅱ式时资兴M337（图一，31）墓室内部结构发生变化，呈双凸字形，地面有散砖作为简易棺床，同时两壁有半砖作为灯台。

C型　墓葬出土器物较丰富，其结构在两晋时前期均较简单，到南朝后期形制发生突变，变得繁缛华丽，结构上也趋于完善。由于该类墓葬的建造需要一定的财力，且一般随葬器物较多，故推测墓主为较富裕的平民和中下级官吏。

D型　凸字方形，由甬道和近方形墓室组成，墓壁略外凸或外弧。Ⅰ式以长沙晋墓M24（图一，32）为例，甬道两侧设有两个对称小耳室，墓葬仍带有一些东汉遗风。Ⅱ式以西晋常德西郊M4（图一，33）、长沙金盆岭M21、安乡刘弘墓为代表，墓室略外弧，多随葬器物丰富。

D型墓葬在洛阳地区发现较多，如洛阳孟津三十里铺M120[14]、洛阳谷水M5[15]，多出有铜器、玉器、武士俑等，说明墓主身份等级较高。例如，湖南安乡刘弘墓墓主为"镇南将军、宣城公"，长沙金盆岭M21则出有较多骑俑、书吏俑、武士俑等，故推测拥有该种形制的墓主多为高级官吏和地方豪强。

E型　多室墓，由甬道、主室、后室、耳室组成。

这种墓葬在湖南很少发现，仅见长沙晋墓M22（图一，34）。该墓结构较长沙晋墓M24多出一后室一耳室，墓内所出陶俑较多，其时代约为孙吴中晚期至西晋早期，墓主身份等级较高。

F型　刀形。墓室平面呈刀形，由甬道、墓室组成，甬道一壁与墓室壁平。

出土较少。Ⅰ式以保靖四方城西晋M11（图一，35）为例，石室墓，器物见于墓室各处。Ⅱ式以汨罗归州山M16（图一，36）为例，器物主要见于墓室前部。Ⅲ式以汨罗南朝M26（图一，37）为例，甬道变长，内设方形祭台。

G型　带甬道的前后室。墓室由甬道、前室、后室三部分组成。根据其墓壁的弧直可分二亚型。

Ga型　墓壁较直。孙吴到西晋时期无明显变化，Ⅰ式以望城东吴墓（图一，38）为代表，器物多置于甬道内，墓室地面多较甬道高出一砖。Ⅱ式以益阳桃花仑西晋李宜墓（图一，39）为代表，甬道和前室相交处设有一拱门过道，墓室地面多较甬道高出一砖。Ⅲ式的益阳羊舞岭墓（图一，40）结构更为复杂工整，各区域间的功能划分更加明晰，如甬道内有多重封门墙，前后室间有过道和门槽，各室之间独立性更强。此类Ga型墓葬内多出有家畜、人物俑、仓井碓磨等模型明器，同时益阳桃花仑李宜墓身份清楚，"李宜官二千石"，故估计墓主多为地方豪强和中级官吏。

Gb型　墓壁外弧。较典型的为长沙晋墓M23（图一，41），甬道较窄，前后室间有过道，墓室后壁还设有一龛。其器物主要出于前室，后室有并列棺床。此类墓葬在湖南发现极少，与其形制相近的有江苏宜兴永宁二年周处家族墓M4[16]、元康七年M1[17]、金坛永安三年东吴墓[18]，该类墓葬多出有骑马俑、动物俑、牛车和仓储明器，墓主身份等级较高。湖南的墓葬应是受长江下游地区影响，或墓主来自长江下游地区。

H型　梯形，单室墓。

这类墓葬发掘较少，结构简单，随葬器物不多，从早到晚无较大变化。Ⅰ式以资兴晋墓M382（图一，42）为例，墓主头部位置有两件瓷碗。Ⅱ式以耒阳城关南朝M248（图一，43）为例，墓主腰部两侧各有一盏。梯形墓仅见于衡阳、耒阳、资兴一带，应为地域特色，墓主身份地位较低。

I型　并列双室，此类墓葬较少。

Ⅰ式以资兴M545（图一，44）为例介绍，双室并列，两室间隔墙不通，单室内以散砖作为简易棺床，器物置于墓室前部。Ⅱ式以湖北鄂州泽林M5（图一，45）为例，墓内设有祭台、棺床、砖柱、壁龛等设施，结构上已经完善。

J型　土坑墓，多为长方形窄坑竖穴的小型墓。根据有无墓道可分为二亚型。

Ja型　无墓道。土坑墓葬使用时间较长，孙吴到南朝时期都有出现。孙吴晚期的临湘义子山M14（图一，46）结构略为特殊，墓室外设有头龛。南朝时期的墓葬有长沙南朝M12、M10等，均为长方形窄坑墓。

Jb型　有墓道。以长沙西晋木椁墓（图一，47）为代表，平面呈凸字形，墓道两侧各有一龛。

湖南六朝墓葬形制的总体特征为：①从各型墓葬的早晚变化来看，各型墓葬均有其演变规律，同时各型之间又相互影响，如祭台、棺床、砖柱、灯台、壁龛、排水沟等结构的设置。②从墓主的身份等级来分析，一般为D型（凸字方形）、E型（多室）、G型（带甬道的前后室）墓葬的身份最高，为地方豪强和中高级官吏；C型（带长方形方框的凸字形）次之，为较富裕的平民和中下级官吏；其他类型的墓葬多为平民。③从墓葬的文化属性来看，则以湖南本地文化为主，但受到其他地区的文化影响，如Ac型（凸字长方形、墓壁略外弧）明显带有长江下游地区的文化因素，并为湖南所接受；D型（凸字方形）墓葬具有典型的洛阳因素；F型（刀形）在武昌地区多有发现；Gb型（带甬道的前后室、墓壁外弧）带有长江下游地区的文化特征。

三、主要器物的类型演变

湖南六朝墓葬和遗址主要出土器物，可分为四系罐、双系罐、盘口壶、唾壶、鸡首壶、盆、钵、碗、盏、盘、砚、槅、熏、灯、炉、虎子、托盏等17类。其中最具代表性的是四系罐、盘口壶、唾壶、鸡首壶、碗、盏六类器物，不仅出土数量最多，而且器物演变特征明显。

1. 四系罐

依照器物口部和腹部的不同，可分为五型。

A型　直口深腹，分六式。Ⅰ式有长沙走马楼J22三③：187（图二，1），尚有东汉晚期特征，圆肩，器体偏胖。Ⅱ式有长沙走马楼J22三①：2（图二，2），口径变大，器体略瘦，圆肩鼓腹。Ⅲ式有郴州苏仙桥西晋J10：26（图二，3），肩部略下抬，弧腹略鼓。Ⅳ式有广东永嘉四年韶五劳M1（图二，4），肩部下斜，腹外鼓。Ⅴ式有长沙新港咸和十年M1：14（图二，5），斜肩斜腹，肩腹转折明显。Ⅵ式有广东南华寺M11（图二，6），小弧肩直腹，器体瘦高。

B型　敛口深腹，分五式。Ⅰ式以洛阳孟津曹休墓：2（图二，7）为例，圆肩鼓腹，最大径偏上。Ⅱ式有湘阴城关东吴墓图二：16（图二，8），下斜肩，肩部外凸明显。Ⅲ式有郴州苏仙桥J10：24（图二，9），斜肩，腹部外凸。Ⅳ有郴州苏仙桥J10：7（图二，10），圆肩鼓腹，器体变瘦。Ⅴ式有长沙宁康三年M2：19（图二，11），弧肩斜腹，肩腹转折处变圆。

C型　直口浅腹，分七式。Ⅰ式有鄂钢饮料厂M1（图二，12），器身较扁，圆肩较高。Ⅱ式有湘阴城关东吴墓图二：4（图二，13），斜肩折腹，肩部外凸明显。Ⅲ式有郴州苏仙桥J10：2（图

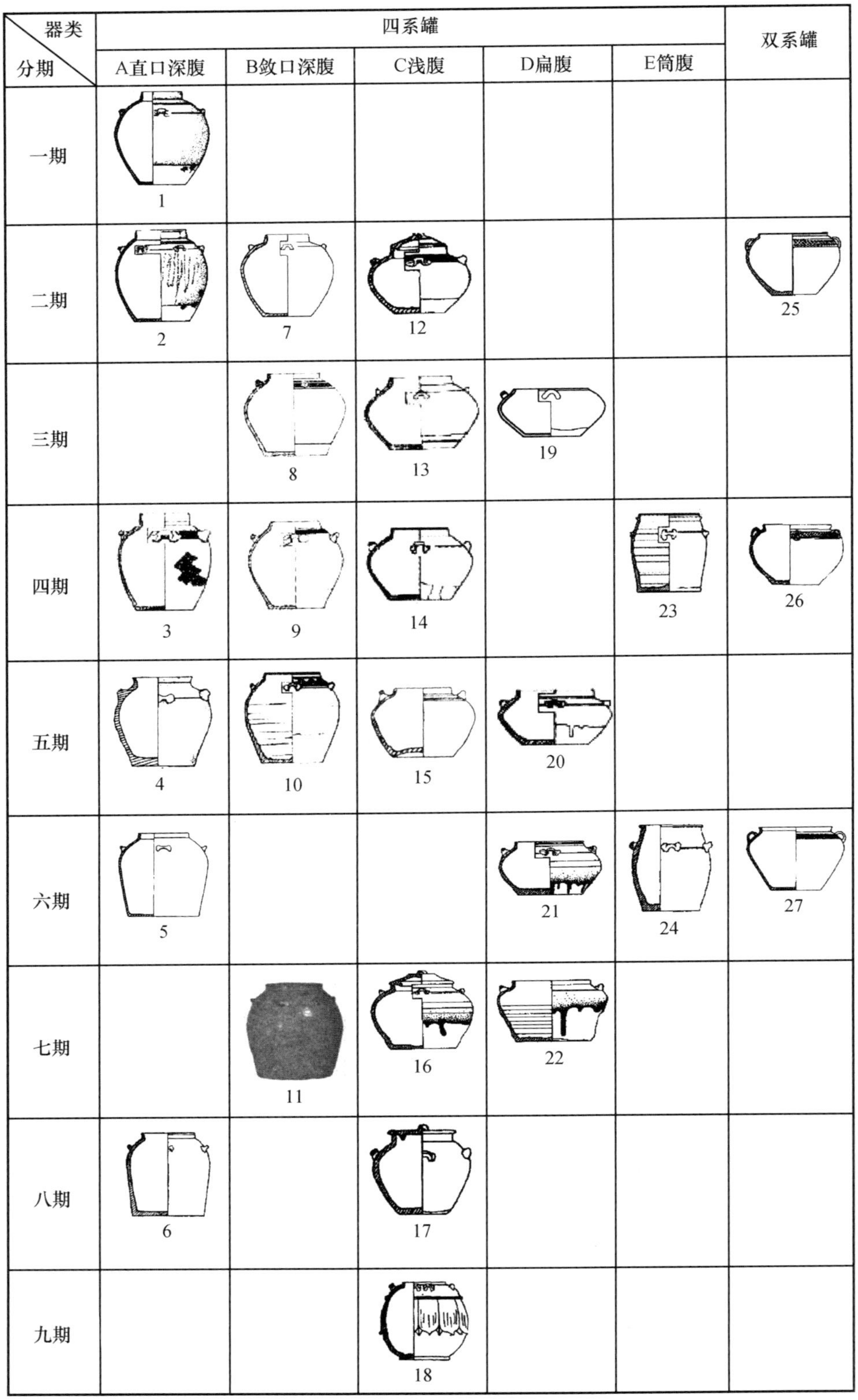

器类	四系罐					双系罐
分期	A直口深腹	B敛口深腹	C浅腹	D扁腹	E筒腹	
一期	1					
二期	2	7	12			25
三期		8	13	19		
四期	3	9	14		23	26
五期	4	10	15	20		
六期	5			21	24	27
七期		11	16	22		
八期	6		17			
九期			18			

图二 湖南六朝器型演变示意图

1. 长沙走马楼J22三③:187 2. 长沙走马楼J22三①:2 3. 郴州苏仙桥J10:26 4. 韶五劳M1 5. 长沙新港M1:14 6. 广东南华寺M11 7. 洛阳孟津曹休墓:2 8. 湘阴城关镇东吴墓图二:16 9. 郴州苏仙桥J10:24 10. 郴州苏仙桥J10:7 11. 长沙东晋M2:19 12. 鄂钢饮料厂M1 13. 湘阴城关镇东吴墓图二:4 14. 郴州苏仙桥J10:2 15. 临湘义子山M8:6 16. 津市王府山M1:2 17. 衡东城关南朝墓:6 18. 资兴M499:2 19. 湘阴城关镇东吴墓图二:6 20. 耒阳白洋渡M22:1 21. 津市兰家湾M5:1 22. 津市王府山M2:1 23. 郴州苏仙桥J10:23 24. 资兴M377:1 25. 马鞍山朱然墓:15 26. 资兴M390:11 27. 长沙新港M1:9

二，14），肩部略高。Ⅳ式有临湘义子山M8：6（图二，15），斜肩更高，肩部突出。Ⅴ式有津市王府山M1：2（图二，16），圆肩弧腹。Ⅵ式有衡东城关南朝墓：6（图二，17），器体变高，小斜肩斜腹。Ⅶ式有资兴南朝M499：2（图二，18），圆肩圆腹、低矮假圈足，器身饰有莲瓣纹，肩上系增多。

D型　斜肩扁腹，分四式。Ⅰ式有湘阴城关东吴墓图二：6（图二，19），斜肩，外凸。Ⅱ式有耒阳白洋渡M22：1（图二，20），斜肩折腹，肩腹转折明显。Ⅲ式有津市兰家湾M5：1（图二，21），肩部略下移，最大径在中腹。Ⅳ式有津市王府山东晋M2：1（图二，22），小斜肩斜腹，肩腹转折明显。

E型　筒腹，分二式。Ⅰ式有郴州苏仙桥J10：23（图二，23），上腹略外鼓。Ⅱ式有资兴M377：1（图二，24），中腹略外鼓。

2. 双系罐

出土较少，分三式。Ⅰ式以马鞍山朱然墓：15（图二，25）为例，圆肩较高，外凸。Ⅱ式有资兴西晋M390：11（图二，26），肩部略低，圆肩弧腹。Ⅲ式有长沙东晋新港M1：9（图二，27），小斜肩斜腹。

3. 盘口壶

分三型。

A型　腹部较高，分六式。Ⅰ式有湖北通城钱塘山M2（图三，1），圆肩较平。Ⅱ式有浏阳姚家园太康八年西晋墓（图三，2），圆肩斜腹，肩部较高。Ⅲ式有南昌火车站M5：3（图三，3），圆肩圆腹，最大径下移。Ⅳ式有耒阳白洋渡M6：9（图三，4），圆肩斜腹，器身变高。Ⅴ式有汨罗南朝M26：7（图三，5），口部变大，器身变高，斜肩直腹。Ⅵ式有耒阳白洋渡M1：4（图三，6），盘口变深，圆肩弧腹。

B型　腹部略扁，分八式。Ⅰ式以鄂钢饮料厂M1：5（图三，7）为例，器体矮扁，圆肩较平。Ⅱ式有湘阴城关东吴墓图二：2（图三，8），斜肩折腹，肩部突出。Ⅲ式有鄂城石山M1（图三，9），圆肩较平，弧腹。Ⅳ式以马鞍山霍里西晋晚期M2：1（图三，10）为例，弧肩下斜。Ⅴ式有津市兰家湾M2：4（图三，11），弧肩斜腹，器体略高。Ⅵ式有津市孽龙岗M1：11（图三，12），弧肩斜腹，器身变高。Ⅶ式有衡东城关南朝墓：9（图三，13），器体变高，颈部变长，小斜肩折腹。Ⅷ式有资兴M449：1（图三，14），器体修长，盘口变深，圆肩弧腹。

C型　侈沿折肩，分七式。Ⅰ式有马鞍山翠螺山东吴墓（图三，15），圆肩较平。Ⅱ式有马鞍山采石东吴墓：3（图三，16），弧肩下斜。Ⅲ式有资兴M545：4（图三，17），束颈，圆肩较高，外突。Ⅳ式有耒阳白洋渡M5：1（图三，18），束颈，斜肩折腹，最大径在中腹。Ⅴ式有耒阳城关M301：5（图三，19），器身变高，口部变大，弧肩斜腹。Ⅵ式有耒阳白洋渡M6：1（图三，20），颈部变长，斜肩折腹。Ⅶ式有衡东大浦M1（图三，21），口部更大，长颈小弧肩直腹，器体修长。

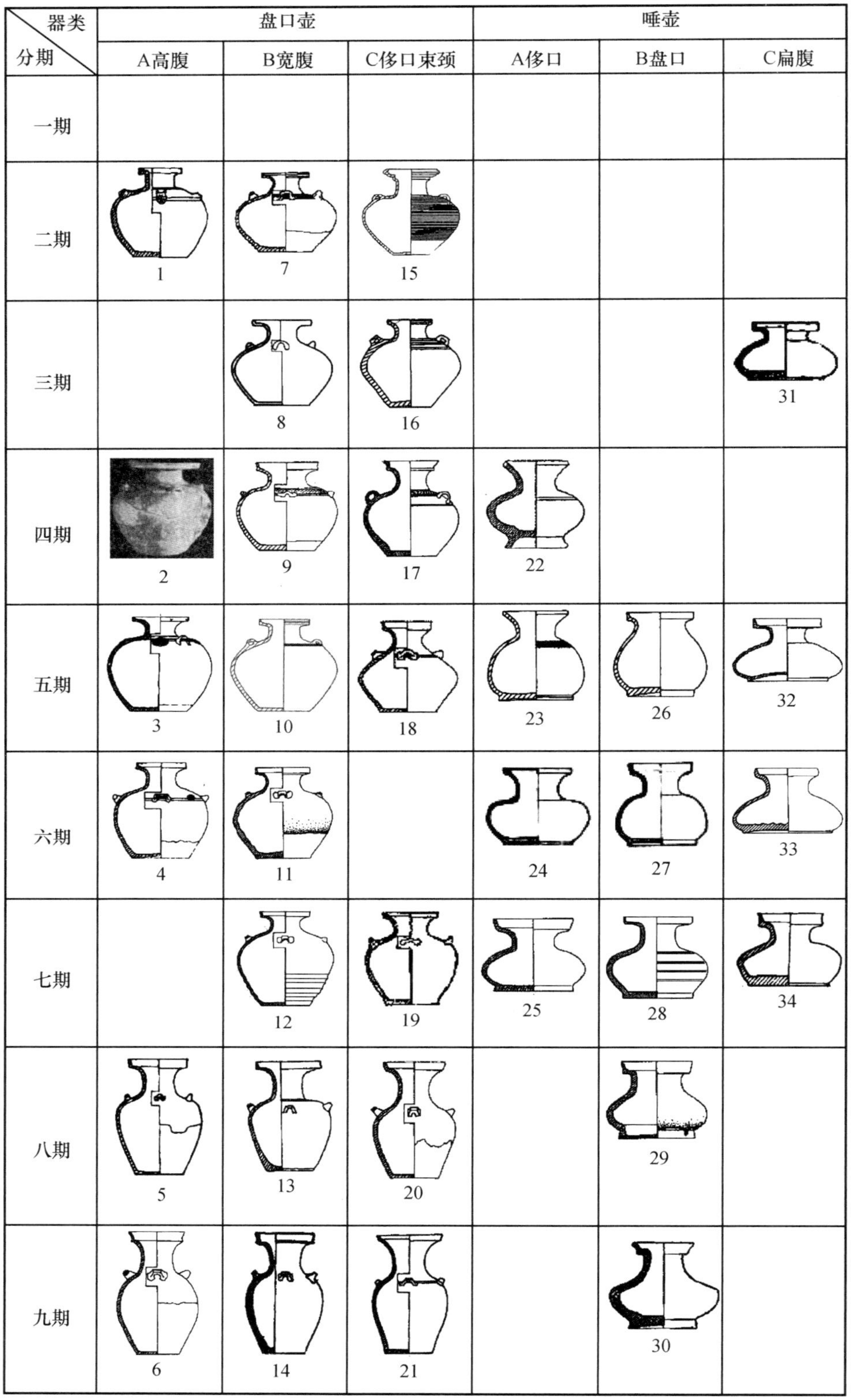

器类 分期	盘口壶			唾壶		
	A高腹	B宽腹	C侈口束颈	A侈口	B盘口	C扁腹
一期						
二期	1	7	15			
三期		8	16			31
四期	2	9	17	22		
五期	3	10	18	23	26	32
六期	4	11		24	27	33
七期		12	19	25	28	34
八期	5	13	20		29	
九期	6	14	21	30		

图三 湖南六朝器型演变示意图

1.通城钱塘山M2 2.浏阳姚家园西晋墓 3.南昌火车站M5∶3 4.耒阳白洋渡M6∶9 5.汨罗南朝M26∶7 6.耒阳白洋渡M1∶4 7.鄂钢饮料厂M1∶5 8.湘阴城关东吴墓图二∶2 9.鄂城石山M1 10.马鞍山霍里M2∶1 11.津市兰家湾M2∶4 12.津市孽龙岗M1∶11 13.衡东城关南朝墓∶9 14.资兴M449∶1 15.马鞍山翠螺山东吴墓 16.马鞍山采石东吴墓∶3 17.资兴M545∶4 18.耒阳白洋渡M5∶1 19.耒阳城关M301∶5 20.耒阳白洋渡M6∶1 21.衡东大浦M1 22.长沙西晋木椁墓 23.鄂城M2030∶2 24.株洲林学院东晋墓 25.津市沙儿岭M5∶2 26.鄂城M2030∶3 27.株洲林学院东晋墓 28.邵阳金称市东晋墓 29.津市果园M1∶4 30.资兴M413∶4 31.鄂城塘角头M2∶21 32.津市兰家湾M1∶13 33.津市兰家湾M2∶3 34.衡阳东晋M2

4. 唾壶

按口部和腹部的不同，分三型。

A型　侈口，分四式。Ⅰ式有长沙西晋木椁墓（图三，22），大敞口，扁腹外凸，矮圈足。Ⅱ式以湖北鄂城M2030：2（图三，23）为例，大敞口，鼓腹下垂，低矮圈足。Ⅲ式有株洲林学院东晋墓（图三，24），敞口，圆肩较平，平底。Ⅳ式有津市沙儿岭M5：2（图三，25），盘口微侈，短颈尖腹，饼形实足。

B型　盘口深腹，分五式。Ⅰ式以湖北鄂城M2030：3（图三，26）为例，浅盘口，垂腹，低矮圈足。Ⅱ式有株洲林学院东晋墓（图三，27），盘口，短直颈，扁鼓腹，饼形足稍内凹。Ⅲ式有邵阳金称市东晋墓（图三，28），浅盘口，直颈变长，斜肩折腹，平底。Ⅳ式有津市果园M1：4（图三，29），盘口，短直颈，尖腹外凸，假圈足。Ⅴ式有资兴M413：4（图三，30），尖腹上翘，矮圈足。

C型　盘口扁腹，分四式。Ⅰ式以鄂城塘角头M2：21（图三，31）为例，浅盘口，短颈，扁腹外凸，平底。Ⅱ式有津市兰家湾M1：13（图三，32），扁腹下垂，矮足内凹。Ⅲ式有津市兰家湾M2：3（图三，33），颈部略长，扁腹下垂，矮足稍内凹。Ⅳ式有衡阳东晋M2（图三，34），斜肩折腹，平底。

5. 鸡首壶

按口部和腹部不同，分三型。

A型　高腹，分六式。Ⅰ式有鄂城M4034：9（图四，1），小盘口短颈，圆肩圆腹。竖系下羽毛状刻划纹象征鸡尾和双翅，肩部有菱格纹装饰带。Ⅱ式有津市兰家湾M1：12（图四，2），短直颈，圆肩斜腹。执手较短，立于肩上部。Ⅲ式有攸县酒埠江M17：5（图四，3），颈部变长，圆肩弧腹。执手高出壶口，立于肩上。Ⅳ式有津市沙儿岭M5：1（图四，4），颈部较长，溜肩斜腹。执手弧形，上部与壶口平。Ⅴ式有长沙桂花坪M1（图四，5），器身变高，溜肩直腹。执手较长，超出壶口。Ⅵ式有长沙晋墓M3：22（图四，6），盘口变深，颈部细长，器腹圆鼓，执手更长更高。

B型　宽腹，分六式。Ⅰ式有马鞍山宋山东吴墓（图四，7），直口，短直颈，溜肩鼓腹。肩上有一周连珠纹带，上饰一鸡头和尾。Ⅱ式有鄂城M2058：7（图四，8），直口，溜肩斜腹。Ⅲ式有马鞍山马钢M1（图四，9），小盘口，束颈，溜肩斜腹。执手较短，立于肩上部。Ⅳ式有津市兰家湾M2：15（图四，10），斜肩折腹。执手高出壶口，立于肩上。Ⅴ式有长沙晋墓M2：25（图四，11），颈部略长，斜肩折腹，肩腹转折明显。执手弧形，上部与壶口平。Ⅵ式有耒阳城关M191：2（图四，12），颈部变长，斜肩折腹，器身变矮。执手较长，超出壶口。

C型　扁圆腹，分三式。Ⅰ式有安徽当涂刘山M1：2（图四，13），浅盘口，长直颈，扁鼓腹，假圈足。执手较长，与壶口平。Ⅱ式有株洲林学院东晋墓（图四，14），盘口微侈，颈部变短，扁腹，平底略厚。执手较长，高出壶口。Ⅲ式有津市擎龙岗M1：13（图四，15），颈部更短，器腹隆起，平底。执手较短，高出壶口。

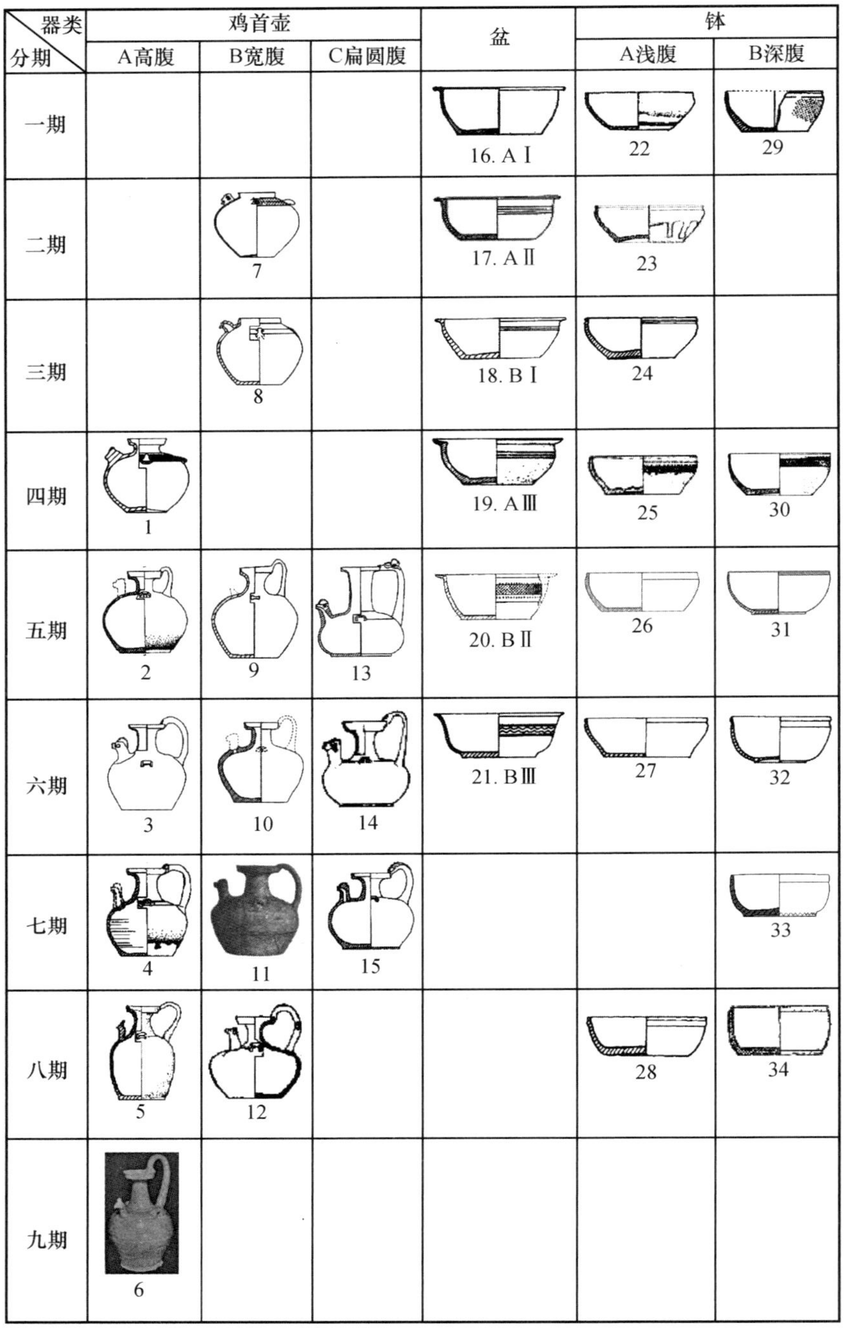

器类 分期	鸡首壶 A高腹	鸡首壶 B宽腹	鸡首壶 C扁圆腹	盆	钵 A浅腹	钵 B深腹
一期				16. AⅠ	22	29
二期		7		17. AⅡ	23	
三期		8		18. BⅠ	24	
四期	1			19. AⅢ	25	30
五期	2	9	13	20. BⅡ	26	31
六期	3	10	14	21. BⅢ	27	32
七期	4	11	15			33
八期	5	12			28	34
九期	6					

图四 湖南六朝器型演变示意图

1. 鄂城M4034：9 2. 津市兰家湾M1：12 3. 攸县酒埠江M17：5 4. 津市沙儿岭M5：1 5. 长沙桂花坪M1 6. 长沙晋墓M3：22 7. 马鞍山宋山东吴墓 8. 鄂城M2058：7 9. 马鞍山马钢M1 10. 津市兰家湾M2：15 11. 长沙晋墓M2：25 12. 耒阳城关M191：2 13. 当涂刘山M1：2 14. 株洲林学院东晋墓 15. 津市孽龙岗M1：13 16. 鄂城塘角头M4：2 17. 马鞍山朱然墓：40 18. 马鞍山采石东吴墓：2 19. 衡阳茶山坳M2：9 20. 马鞍山桃冲M3：1 21. 长沙新港M1：14 22. 长沙走马楼J22三②：122 23. 郴州苏仙桥J4：2 24. 鄂城塘角头M2：31 25. 郴州苏仙桥J10：16 26. 当涂来陇东晋墓 27. 长沙新港M1：10 28. 武昌石牌岭M1：3 29. 长沙走马楼J22三③：195 30. 资兴M545：6 31. 当涂新市M1：3 32. 长沙新港M1：2 33. 津市孽龙岗M1：26 34. 耒阳城关M96：6

6. 盆（洗）

按腹部不同，分二型。

A型　敞口平沿，曲腹，分三式。Ⅰ式有鄂城塘角头M4：2（图四，16），上壁较直，下壁斜内收。Ⅱ式有马鞍山朱然墓：40（图四，17），上壁较直，下壁弧曲。Ⅲ式有衡阳茶山坳M2：9（图四，19），上壁较直，下腹内曲较甚，平底稍内凹。

B型　敞口平沿，斜腹，分三式。Ⅰ式有马鞍山采石东吴墓：2（图四，18），斜腹内收，平底。Ⅱ式有马鞍山桃冲M3：1（图四，20），腹壁斜直，稍内收。Ⅲ式有长沙新港M1：14（图四，21），侈沿，弧腹较深，低矮实足。

7. 钵

分二型。

A型　浅腹，分七式。Ⅰ式有长沙走马楼J22三②：122（图四，22），直口，弧腹平底。Ⅱ式有郴州苏仙桥J4：2（图四，23），直口斜腹，平底内凹。Ⅲ式有鄂城塘角头M2：31（图四，24），直口，弧腹平底。Ⅳ式有郴州苏仙桥J10：16（图四，25），直口微敛，弧腹略内收。Ⅴ式有当涂来陇东晋墓（图四，26），敛口弧腹。Ⅵ式有长沙新港M1：10（图四，27），大敞口微敛，斜腹平底。Ⅶ式有武昌石牌岭M1：3（图四，28），大敞口，斜腹平底。该型钵的变化为腹壁内收较甚，到逐渐变得斜直。

B型　深腹，分六式。Ⅰ式有长沙走马楼J22三③：195（图四，29），直口，斜腹平底。Ⅱ式有资兴M545：6（图四，30），直口弧腹，平底内凹。Ⅲ式有安徽当涂新市M1：3（图四，31），弧腹，矮圈足。Ⅳ式有长沙新港M1：2（图四，32），深弧腹，壁略直，矮圈足。Ⅴ式有津市孽龙岗M1：26（图四，33），深腹，上壁近直，底较厚。Ⅵ式有耒阳城关M96：6（图四，34），深直腹，平底。

8. 碗

按口部不同，分四型。

A型　敞口弧腹，分六式。Ⅰ式有郴州苏仙桥J4：4（图五，1），直口弧腹，平底稍内凹。Ⅱ式有湘阴城关东吴墓图三：4（图五，2），弧腹，平底稍内凹。Ⅲ式有益阳梓山湖M3：1（图五，3），大敞口，弧腹平底。器身饰一周花蕊状纹带。Ⅳ式有枝江拽车庙永和元年墓（图五，4），大敞口，斜弧腹，圆饼形实足。Ⅴ式有耒阳城关M301：6（图五，5），敞口，弧腹，圆饼形矮实足。Ⅵ式有长沙烂泥冲齐永元元年墓（图五，6），大敞口，斜弧腹，矮圈足。

B型　敞口曲腹，分八式。Ⅰ式以鄂钢饮料厂M1：90（图五，7）为例，大敞口，弧腹平底。Ⅱ式有常德东吴墓（图五，8），弧腹平底。Ⅲ式有衡阳茶山坳M19：8（图五，9），弧腹平底。Ⅳ式有津市兰家湾M1：17（图五，10），敞口，斜壁折腹，饼形实足。Ⅴ式有津市兰家湾M2：16

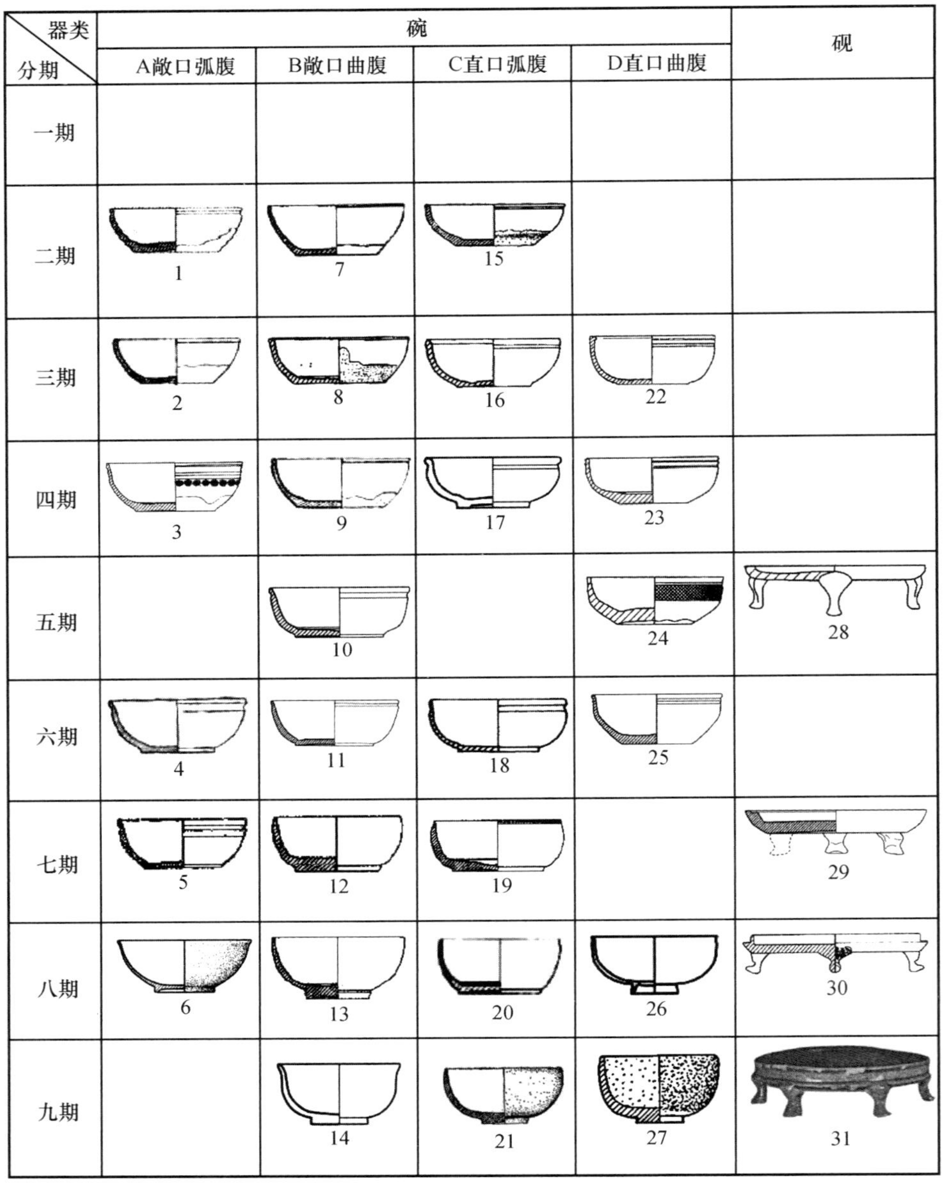

器类 分期	碗				砚
	A敞口弧腹	B敞口曲腹	C直口弧腹	D直口曲腹	
一期					
二期	1	7	15		
三期	2	8	16	22	
四期	3	9	17	23	
五期		10		24	28
六期	4	11	18	25	
七期	5	12	19		29
八期	6	13	20	26	30
九期		14	21	27	31

图五 湖南六朝器型演变示意图

1. 郴州苏仙桥J4∶4 2. 湘阴城关东吴墓图三∶4 3. 益阳梓山湖M3∶1 4. 枝江拽车庙东晋墓 5. 耒阳城关M301∶6 6. 长沙烂泥冲齐墓 7. 鄂钢饮料厂M1∶90 8. 常德东吴墓 9. 衡阳茶山坳M19∶8 10. 津市兰家湾M1∶17 11. 津市兰家湾M2∶16 12. 津市老屋嘴M1∶8 13. 津市果园M1∶1 14. 耒阳白洋渡M27∶6 15. 衡阳茶山坳M27∶3 16. 常德东吴墓 17. 长沙西晋木椁墓 18. 长沙新港M1∶20 19. 津市金鱼岭M5∶1 20. 长沙桂花坪M2∶2 21. 资兴M337∶9 22. 常德东吴墓 23. 益阳梓山湖M3∶8 24. 马鞍山霍里M1∶1 25. 攸县酒埠江M18∶2 26. 益阳羊舞岭墓 27. 衡东大浦M1∶2 28. 马鞍山马钢M1 29. 津市孽龙岗M1∶21 30. 当涂来陇M1∶6 31. 长沙南朝M3∶16

（图五，11），敞口弧腹，饼形实足。Ⅵ式津市老屋嘴M1：8（图五，12），弧腹较直，饼形实足加厚。Ⅶ式有津市果园M1：1（图五，13），腹变深，饼形实足变小。Ⅷ式有耒阳白洋渡M27：6（图五，14），腹部变深变直。

C型　直口弧腹，分七式。Ⅰ式有衡阳茶山坳M27：3（图五，15），直口，浅弧腹，平底。Ⅱ式有常德东吴墓（图五，16），弧腹略深，平底。Ⅲ式有长沙西晋木椁墓（图五，17），口微侈，弧腹，假圈足。Ⅳ式有长沙新港M1：20（图五，18），弧腹，饼形实足。Ⅴ式有津市金鱼岭M5：1（图五，19），尖唇弧腹，饼形实足。Ⅵ式有长沙桂花坪M2：2（图五，20），腹部变深，饼形实足。Ⅶ式有资兴M337：9（图五，21），深弧腹，圆饼形圈足。

D型　直口曲腹，分六式。Ⅰ式有常德东吴墓（图五，22），直壁，弧腹，平底。Ⅱ式有益阳梓山湖M3：8（图五，23），直壁，弧腹，底较厚。Ⅲ式有马鞍山霍里西晋M1：1（图五，24），直壁折腹，平底内凹。Ⅳ式有攸县酒埠江M18：2（图五，25），直壁折腹，腹变深。Ⅴ式有益阳羊舞岭墓（图五，26），直壁弧腹，小圈足。Ⅵ式有衡东大浦M1：2（图五，27），直壁折腹，腹变深，小圈足。

9. 砚

分四式。Ⅰ式以马鞍山马钢M1（图五，28）为例，弧腹，砚面较平，盘下三兽足。Ⅱ式有津市孽龙岗M1：21（图五，29），斜腹，砚面稍凸，盘缘下三蹄足。Ⅲ式有安徽当涂来陇南朝M1：6（图五，30），直领，砚面较平，盘下三兽足。Ⅵ式有长沙南朝M3：16（图五，31），直领，砚面高隆，盘下六蹄足。

10. 盏

按口部不同，分四型。

A型　直口曲腹，分四式。Ⅰ式有资兴M545：7（图六，1），直壁斜腹，小实足。Ⅱ式资兴M385：5（图六，2），直壁弧腹。Ⅲ式有株洲林学院东晋墓（图六，3），直壁斜腹，底略加高。Ⅳ式有耒阳城关M191：3（图六，4），直壁弧腹，饼形实足。

B型　直口折腹，分五式。Ⅰ式有衡阳茶山坳M27：2（图六，5），上壁短直，斜腹，小平底。Ⅱ式有鄂钢M30：19（图六，6），直壁斜腹，小平底。Ⅲ式有耒阳白洋渡M22：3（图六，7），短直壁，斜腹，平底。Ⅳ式有攸县酒埠江M17：3（图六，8），直壁斜腹，底略加高。Ⅴ式有襄樊韩岗南朝M24：4（图六，9），腹略变深。直口弧腹，矮实足。

C型　敞口弧腹，分六式。Ⅰ式有鄂钢M30：9（图六，10），尖唇，弧腹平底。Ⅱ式有郴州苏仙桥J10：21（图六，11），尖唇，弧腹平底。Ⅲ式有马鞍山桃冲M2（图六，12），口微侈，弧腹平底。Ⅳ式有攸县酒埠江M17：6（图六，13），尖唇，弧腹平底。Ⅴ式有耒阳白洋渡M26：8（图六，14），弧腹变深，弧腹略直，平底。Ⅵ式有汨罗南朝M35：2（图六，15），尖唇，圆弧腹，小圈足。

D型　敞口斜腹，分三式。Ⅰ式以鄂钢饮料厂M1：14（图六，16）为例，大敞口，腹壁较斜，

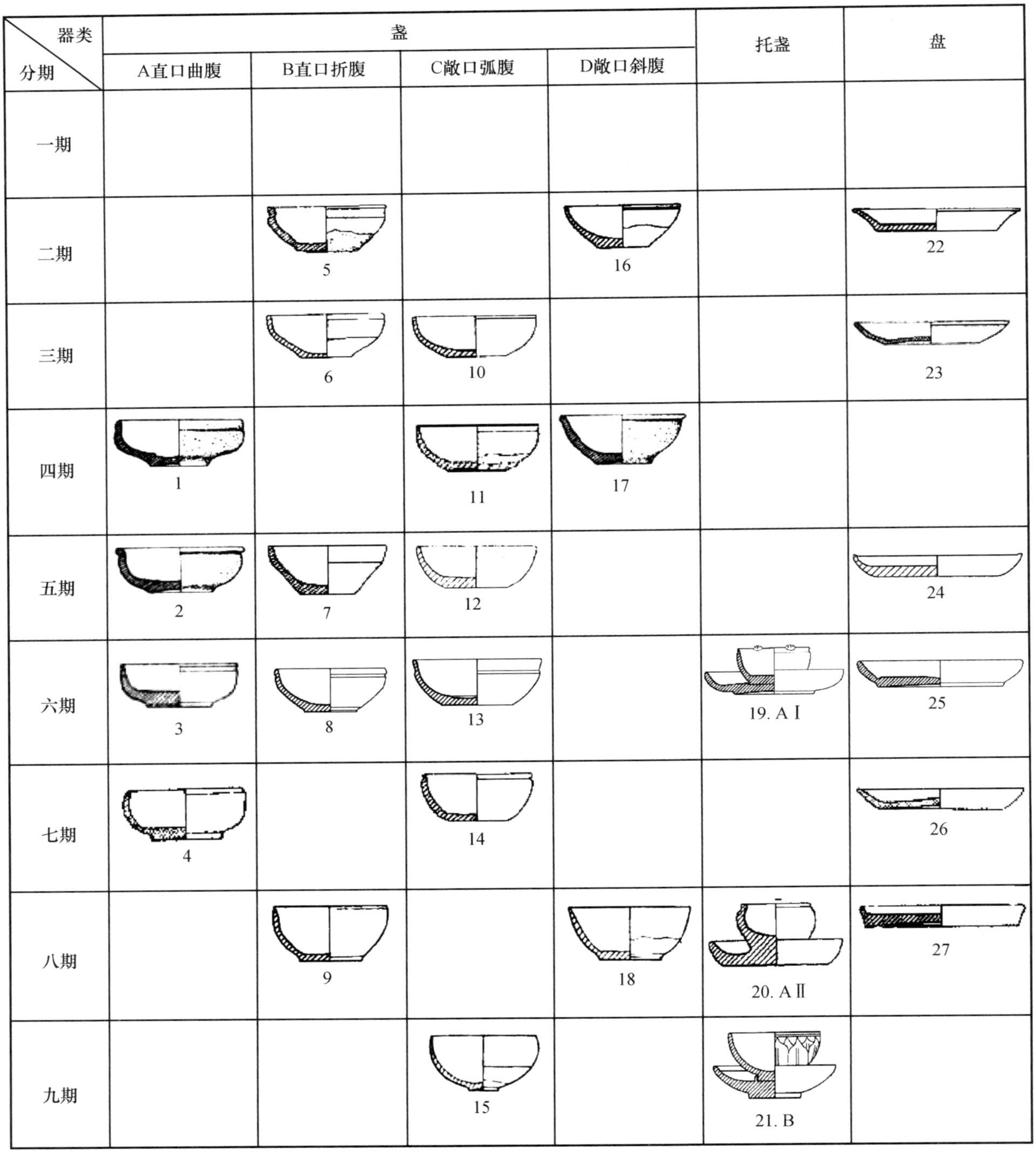

器类 分期	盏				托盏	盘
	A直口曲腹	B直口折腹	C敞口弧腹	D敞口斜腹		
一期						
二期		5		16		22
三期		6	10			23
四期	1		11	17		
五期	2	7	12			24
六期	3	8	13		19.AⅠ	25
七期	4		14			26
八期		9		18	20.AⅡ	27
九期			15		21.B	

图六　湖南六朝器型演变示意图

1. 资兴M545：7　2. 资兴M385：5　3. 株洲林学院东晋墓　4. 耒阳城关M191：3　5. 衡阳茶山坳M27：2　6. 鄂钢M30：19　7. 耒阳白洋渡M22：3　8. 攸县酒埠江M17：3　9. 襄樊韩岗M24：4　10. 鄂钢M30：9　11. 郴州苏仙桥J10：21　12. 马鞍山桃冲M2　13. 攸县酒埠江M17：6　14. 耒阳白洋渡M26：8　15. 汨罗南朝M35：2　16. 鄂钢饮料厂M1：14　17. 资兴M545：9　18. 汨罗M26：3　19. 津市兰家湾M2：7　20. 武汉齐M193　21. 当涂来陇M4：4　22. 鄂钢饮料厂M1：91　23. 湘阴城关东吴墓图三：7　24. 马鞍山马钢M1：12　25. 津市兰家湾M2：11　26. 长沙晋墓M2：26　27. 津市沙儿岭M4：1

小平底较厚。Ⅱ式有资兴M545：9（图六，17），斜腹，底较厚。Ⅲ式有汨罗南朝M26：3（图六，18），斜直壁，大平底，矮实足。

11. 托盏（盘盏）

依形态不同，分二型。

A型　盏、盘组合，两者连为一体，可分二式。Ⅰ式有津市兰家湾M2：7（图六，19），杯位于盘中心凹圈内。杯敞口弧腹壁平底，盘弧壁，平底，低矮圈足。Ⅱ式有武汉南朝齐永明三年M193（图六，20），杯敛口弧腹，盘斜壁平底。

B型　碗、托组合，两者可分离。以安徽当涂来陇南朝M4：4（图六，21）为例，盏敞口，弧腹，饼形小足。托敞口，弧腹，矮实足。

12. 盘

分六式。Ⅰ式以鄂钢饮料厂M1：91（图六，22）为例，大敞口，斜腹，大平底。Ⅱ式有湘阴城关东吴墓图三：7（图六，23），大敞口，浅弧腹，平底内凹。Ⅲ式有马鞍山马钢M1：12（图六，24），敞口，弧壁，平底。Ⅳ式有津市兰家湾M2：11（图六，25），斜腹，平底略内凹。Ⅴ式有长沙晋墓M2：26（图六，26），斜腹、平底内凹。Ⅵ式有津市沙儿岭M4：1（图六，27），斜壁较直，大平底稍内凹。

13. 槅（果盒）

依形状不同，可分二型。

A型　长方形，分三式。Ⅰ式以马鞍山朱然墓漆槅（图七，1）为例，盒长方形，为分七格，上排三格下排四格，矮圈足壸门状。Ⅱ式有马鞍山采石东吴墓：14（图七，2），盒内分十三格，左三中间七右三。Ⅲ式有湘阴城关西晋墓（图七，3），盒内分十三格，中间一大格，四周环绕十二小格。

B型　圆形，分三式。Ⅰ式有株洲林学院东晋墓（图七，4），盒面圆形，分内外圈共十格，内三外九，矮圈足。Ⅱ式有津市孽龙岗M1：6（图七，5），分内外圈共九格，内三外六，直壁平底。Ⅲ式有武昌石牌岭南朝M1：5（图七，6），分内外圈共十格，内三外七，斜直壁内收，平底。

14. 熏

由熏身、承柱、托盘组成，分二式。Ⅰ式有津市孽龙岗M1：15（图七，7），熏身矮扁，斜折腹，上腹有两排三角形熏孔。承柱较高，托盘较深，斜腹平底。Ⅱ式有津市金鱼岭M1：4（图七，8），熏身扁圆腹，上腹整齐分布三排三角形熏孔。承柱较矮，托盘较浅，斜腹平底。

分期\器类	榼	熏	灯	炉	虎子	
					A扁圆腹	B萤形腹
一期						
二期	 1. AⅠ					
三期	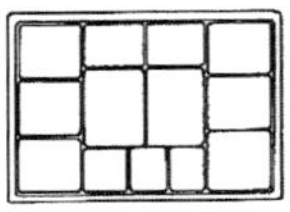 2. AⅡ		 9. AⅠ			
四期	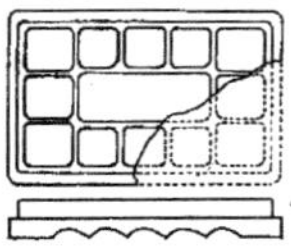 3. AⅢ		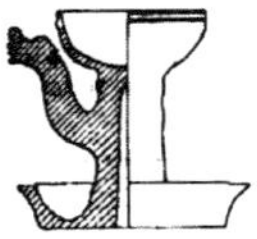 10. AⅡ		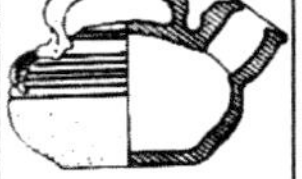 15	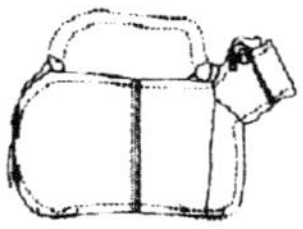 17
五期						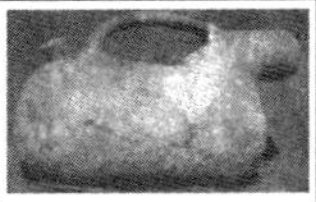 18
六期	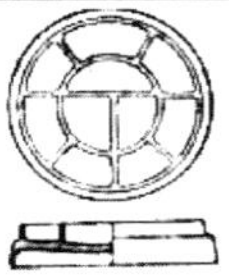 4. BⅠ				 16	
七期	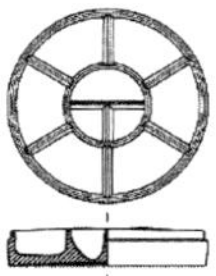 5. BⅡ	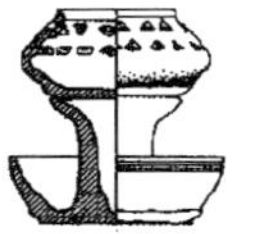 7	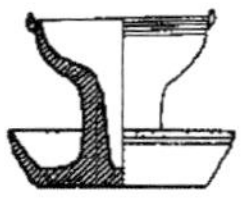 11. B			
八期	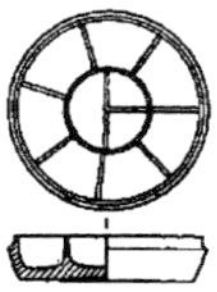 6. BⅢ	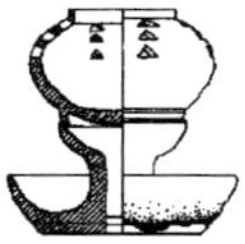 8	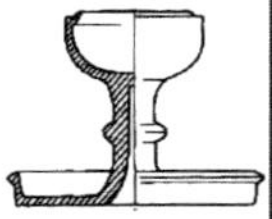 12. AⅢ	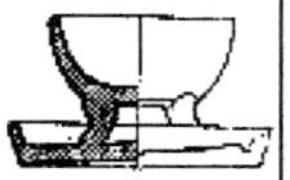 13		
九期				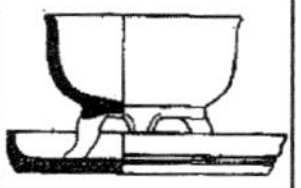 14		

图七 湖南六朝器形演变示意图

1. 马鞍山朱然墓漆榼　2. 马鞍山采石东吴墓：14　3. 湘阴城关西晋墓　4. 株洲林学院东晋墓　5. 津市孽龙岗M1：6　6. 武昌石牌岭M1：5　7. 津市孽龙岗M1：15　8. 津市金鱼岭M1：4　9. 湘阴城关东吴墓　10. 保靖四方城M11　11. 津市金鱼岭M5：2　12. 南京雨花台南朝M5：9　13. 长沙晋墓M9：2　14. 资兴M474：6　15. 衡阳茶山坳M19：1　16. 株洲林学院东晋墓　17. 郴州苏仙桥J10：1　18. 安乡刘弘墓

15. 灯

由灯盏、承柱、托盘组成，分二型。

A型 灯盏碗形，较小，承柱细高，分二式。Ⅰ式有湘阴城关东吴墓（图七，9），灯盏碗形，直口弧腹圜底，支柱细高，托盘较浅，弧腹平底。Ⅱ式有保靖四方城西晋M11（图七，10），灯盏略大，承柱变粗，柱上有龙形把手，托盘变深，斜腹平底。Ⅲ式有南京雨花台南朝M5：9（图七，12），灯盏敛口，直腹圜底，承柱较直变短，托盘较浅，直腹平底。

B型 灯盏较大，承柱较粗。津市金鱼岭M5：2（图七，11），灯盏与承柱连为一体，中空。灯盏敞口，弧腹，盏口有灯芯状泥突。承柱较直。托盘较深，斜腹平底。

16. 炉

由炉身、支足、托盘组成，分二式。Ⅰ式有长沙晋墓M9：2（图七，13），炉身敞口弧腹圜底，腹下三斜支足，托盘较浅，斜壁，平底略内凹。Ⅱ式有资兴梁天监四年M474：6（图七，14），炉身直口直腹平底，腹下三斜支足，托盘斜壁平底。

17. 虎子

依形态不同，分二型。

A型 扁圆腹，分二式。Ⅰ式有衡阳茶山坳M19：1（图七，15），扁圆腹，近盒形，大口斜流，弧形提梁。Ⅱ式有株洲林学院东晋墓（图七，16），扁腹较宽，斜流，拱桥形提梁。

B型 茧形腹，分二式。Ⅰ式有郴州苏仙桥J10：1（图七，17），茧形腹，四足低矮，形体浑圆，斜流兽首状，提梁缺。Ⅱ式有安乡刘弘墓（图七，18），茧形腹，平流，弧形提梁，尾部有气孔。

四、各类器物的分期与时代特点

湖南六朝时期所出的四系罐、双系罐、盘口壶、唾壶、鸡首壶、盆、钵、碗、盏、砚、托盏、盘、槅、熏、灯、炉、虎子等17类器物，不仅数量众多，而且型式多样。笔者依照湖南六朝墓葬出土器物的时代特征，并参考《鄂城六朝墓》的分期，将该时间段分为九期，其大致对应时间为：

一期，孙吴前期。自赤壁之战后刘备、孙权势力进入荆州地区起，到孙权还都建业止（208～229年），共计约21年。此间湖南地域归属可分两段，前段为208～219年，湖南大部归刘备所有；后段为219年孙吴袭荆州后，湖南全境入吴。

二期，孙吴中期。孙权在位的黄龙、嘉禾、赤乌、太元年间（229～252年），共计约23年。

三期，孙吴后期和吴晋之际。孙亮、孙休、孙皓统治时期（252～280年），共计约28年。

四期，西晋前期。武帝、惠帝时期（280～306年），共计约26年。

五期、西晋后期和东晋初年。西晋怀帝、愍帝、东晋元帝时期（307～323年），共计约16年。

六期，东晋前期。明帝、成帝、康帝、穆帝、哀帝时期（323～365年），共计约42年。

七期，东晋后期。废帝、简文帝、孝武帝、安帝、恭帝时期（366～420年），共计约54年。

八期，南朝前期。宋、齐时期（420～502年），共计约82年。

九期，南朝后期。梁、陈时期（502～589年），共计约87年。

各期器物的主要时代特征为：

孙吴时期器物胎质较粗，制作较随意，器形偏矮胖，从早到晚呈现出瓷器逐渐增多、陶器逐渐减少的态势。器类主要有四系罐、双系罐、盘口壶、盆、钵、碗、盏、盘、槅、熏、灯，明器有仓、井、灶、磨、家禽、畜圈、人物俑、镇墓兽等。典型器物的时代特点为，盘口壶为浅口、短颈、广肩下内收、扁腹平底。四系罐短直口、突肩、扁腹、小平底。此期壶、罐上多为横系，呈银锭状和半环状。碗、盏类上腹略内收、多曲腹、平底或略内凹。槅呈长方形，多为七格，器底壶门状。从早到晚的演变为盘口壶、四系罐的肩部慢慢下移，突肩愈发明显。碗、盏的腹部略为变深，由折腹向弧腹发展。此时的盘多为大敞口，平底或底内凹。孙吴早期的纹饰较简单，多为素面和弦纹，中晚期器物肩部和上腹的弦纹、菱形几何纹带逐渐增多。从湖南历史来看，孙吴前期是孙刘政权交替和巩固统治时期，其器物多沿袭东汉晚期传统，多陶罐类及仓储明器。中期随着政权的稳固和对南方的开发，逐渐形成了以四系罐、盘口壶、碗、盏为主的器类。晚期随着孙吴政权奢华之风盛行，其纹饰亦变得丰富华丽。

西晋时期器物器身厚重，较为规整。器类主要有四系罐、双系罐、盘口壶、唾壶、钵、碗、盏、槅、炉、灯，明器有仓、灶、屋、牛车、家禽、畜圈、骑俑、人物俑等。西晋前后期的器物有较大变化，盘口壶前期为短颈、圆肩、最大径在肩部、高腹平底，后期壶身最大径在上腹或中腹、其下斜收、平底。四系罐前期口部略微变长、器身变高、圆肩、最大径在肩或上腹、平底略内凹，后期器身矮扁、肩部突出、平底。此期壶、罐上仍多为横系，形状亦无变化，但银锭状系偏多。唾壶前期为高圈足、盘口不明显，后期盘口明显、腹径下移、矮圈足内凹。碗、盏类前期腹部较深、平底略内凹，后期下腹内收、平底或稍内凹。槅仍为长方形，但格数增加，器底瓦形。西晋时期纹饰丰富，多在器物肩腹部饰有弦纹、斜方格纹、细网格纹、水波纹、花蕊纹及贴塑人像，部分器物口沿上还饰有褐色点彩。从史书来看，西晋前期随着国家的统一，大量的社会财富迅速聚集到洛阳地区，由于奢侈浪费，其国力也迅速消耗。《晋书·志第十六》记载："世祖武皇帝太康元年，既平孙皓，纳百万而罄三吴之资，接千年而总西蜀之用……永宁之初，洛中尚有锦帛四百万，珠宝金银百余斛。惠后北征，荡阴反驾，寒桃在御，只鸡以给，其布衾两幅，囊钱三千，以为车驾之资焉。"西晋前后期器物的急剧变化正是当时社会现象的反映，只是湖南地处南方，较为安定，后期仍有诸多前期遗物残留。

东晋时期器物胎质细腻，器身变薄，造型规整。器类主要有四系罐、双系罐、盘口壶、唾壶、鸡首壶、钵、碗、盏、盘、砚、槅、熏、灯等，明器基本不见。典型器物的时代特点为，盘口壶器身变高，后期颈部逐渐拉长。四系罐较西晋晚期器身变高，肩部上移，到东晋后期则变为圆肩。唾壶颈部变长，东晋前期为扁圆鼓腹、矮圈足，后期腹部上移、变为方折。碗、盏类腹部变深，底部多为矮圈足或器底逐渐增厚。盘由孙吴时期的大敞口、底内凹演变为敞口、底稍内凹或较平。槅由西晋时期的长方形变为圆形，矮圈足亦变为平底。此期纹饰简单，前期碗盏上盛行凹弦纹，后期素面居多。据史料记载，东晋政权建立于风雨飘摇之中，故提倡节俭，并多有抚恤鳏寡孤独之举，器物上的纹饰从简也是这种社会心态的反映。东晋后期随着司马氏的擅权和社会矛盾的加剧，其器物制作也略显粗糙草率，如部分唾壶、钵、碗、盏的形态已没有前期工整。

南朝时期器物胎质紧密，釉层较厚，其整体形象为修长挺拔。湖南的地下水位较高，器物出土时多釉面脱落而露胎。器类主要有盘口壶、碗、盏、唾壶、四系罐、鸡首壶、盘、砚、槅、炉、灯、托盏等。盘口壶的盘口变深、高颈、深腹，前期壶身尚带曲折，后期壶身多为圆腹或椭圆腹，如衡东城关南朝墓壶身肩部尚宽，此后肩部变窄，腹部变为高圆。四系罐器身变高，出现圆腹莲花罐。此期壶、罐上横系多为有棱方形、呈直穿桥形，出现五系、六系。碗、盏类器壁变薄、腹部变深、假圈足逐渐增高。唾壶亦颈部变长、器底增高。鸡首壶为长颈、高腹、执柄甚高。盘由东晋时期的敞口演变为直壁微外斜。南朝早期的纹饰简单，多素面，齐梁时期随着佛教的昌盛而时兴莲瓣纹装饰。

五、结　　语

通过对湖南六朝墓葬形制和器物的分期研究，笔者发现湖南六朝文化具有以下几个特点。

（1）文化的多元化，表现为不同文化间的交流和融合。湖南六朝器物的类型和来源呈现多元化的特点，如四系罐、碗、盏、盘口壶、唾壶等主要器类都有多种类型，这或代表了文化的多源化，也代表了不同地区的文化输入。同样，在这个过程中，代表湖南文化的器物类型也可在其他地方找到，如分期表中部分器物在江苏南京，安徽马鞍山、当涂，江西南昌，湖北鄂城、武昌，广东韶关等地出现，这说明湖南的文化在交流过程中同样在向外输出。

（2）时间上的分期，从器物演变过程来看，湖南六朝历史或可分为两个大的阶段。孙吴到西晋是一个阶段，东晋到南朝为另一个阶段。吴晋时期应为革旧鼎新的阶段，在墓葬形制和随葬器物上都有一些东汉旧俗留存，而新的文化形态正在孕育形成，其多体现在内部矛盾的对立和统一，属变革时期；而东晋南朝时期则主要是南北文化的冲突和融合，在军事上体现为双方的战争状态，在文化上则是双方的对抗和竞争。在这个过程中，南方文化呈现出一种缓慢上升的状态，并在齐末至梁普通年间发展到顶峰，这一点可在当时的墓葬形制和器物形态上体现出来。此后发生的侯景之乱使得南方经济受到重大打击，并在此后的竞争中处于劣势。

（3）瓷业在六朝时期得到了极大的发展。六朝时期由于南方政权统治中心的南移，使得南方的经济得到较大发展，农业、手工业都有了很大进步。瓷业作为手工业的一个分支，也得到了蓬勃发展。瓷器不仅作为商品在流通，更是文化的载体，附加在瓷器上的地域文化，随着商品的流通而不断输出。可以说瓷业蓬勃发展的地区，也是文化昌盛的地区。长江下游是六朝瓷器的重要分布区，最具代表性的当属越窑青瓷。长江中游的六朝窑址，影响较大的有江西丰城窑址和湖南湘阴窑址。丰城窑址上层堆积为唐代瓷片，下层堆积与南昌、新干、清江、永修等地南朝墓出土的瓷器相同。丰城唐代属洪州，这里发现的南朝窑场，应是唐代洪州窑的前身。湘阴窑址位于湘阴县城郊一带，其瓷器与长沙、浏阳、湘阴、益阳、郴州等地发现的两晋南朝墓瓷器完全一致，其窑场后来更发展为唐代的岳州窑。

注 释

[1] 高至喜：《略论湖南出土的青瓷》，《中国考古学会第三次年会论文集》，文物出版社，1981年；彭芳：《津市出土六朝青瓷器试析》，《湖南省博物馆馆刊》第4辑，岳麓书社，2007年。

[2] 高至喜：《长沙南郊雨花亭附近的东汉、六朝、唐墓》，《考古》1956年第6期；湖南省文物管理委员会：《湖南长沙纸园冲工地古墓清理小结》，《考古》1957年第5期；张鑫如：《湖南长沙砚瓦池古墓的清理》，《考古》1957年第5期；罗敦静：《湖南长沙发现战国和六朝洞室墓》，《考古》1958年第2期；周世荣：《长沙容园西汉、六朝、隋、唐、宋墓清理简报》，《考古》1958年第5期；湖南省博物馆：《长沙两晋南朝隋墓发掘报告》，《考古学报》1959年第3期；高至喜：《浏阳姚家园清理晋墓两座》，《文物》1960年第4期；刘廉银：《湖南长沙左家塘西晋墓》，《考古》1963年第2期；湖南省博物馆：《长沙南郊的两晋南朝隋代墓葬》，《考古》1965年第5期；湖南省博物馆：《醴陵、株洲发现汉晋墓葬》，《湖南考古辑刊》第3集，岳麓书社，1986年；长沙市文物工作队：《湖南望城东吴墓》，《文物》1984年第8期；长沙市文物工作队：《长沙发现一座晋代木椁墓》，《考古学辑刊》第3集，岳麓书社，1986年；长沙市文物考古研究所：《长沙市新港晋墓的清理》，《考古》2003年第5期；长沙市文物考古研究所：《长沙市桂花坪印山坡东晋墓发掘简报》，《湖南省博物馆馆刊》第7辑，岳麓书社，2010年。

[3] 湖南省文物考古研究所、攸县文物局：《攸县酒埠江镇发现两座东晋墓》，《湖南考古辑刊》第11集，科学出版社，2015年。

[4] 益阳地区文物工作队等：《湖南益阳县晋、南朝墓发掘简况》，《文物资料丛刊》第8集，文物出版社，1983年；益阳地区博物馆：《益阳市桃花仑晋代砖室墓》，《湖南博物馆文集》，岳麓书社，1991年；湖南省文物考古研究所等：《湖南益阳梓山湖孙吴、宋墓发掘简报》，《湖南考古辑刊》第9集，岳麓书社，2011年。

[5] 衡阳市博物馆：《衡阳市发现东晋纪年墓》，《文物资料丛刊》第10集，文物出版社，1987年；衡阳市博物馆：《湖南衡阳茶山坳东汉至南朝墓的发掘》，《考古》1986年第12期；衡阳市文物工作队等：《湖南衡东城关南朝墓清理简报》，《江汉考古》1992年第2期；衡阳市文物工作队：《湖南耒阳城关六朝唐宋墓》，《考古学报》1996年第2期；衡阳市文物处等：《湖南耒阳白洋渡汉晋南朝墓》，《考古学报》2008年第4期；衡东县文物局：《湖南衡东大浦西晋南朝墓发掘简报》，《湖南考古辑刊》第8集，岳麓书社，2009年；湖南省文物考古研究所等：《衡南上门山东汉、南朝墓发掘简报》，《湖南考古辑刊》第8集，岳麓书社，2009年。

[6] 湖南省文物管理委员会：《湖南常德西郊区古墓葬群清理小结》，《文物参考资料》1955年第5期；津市文化馆：《津市孽龙岗东晋墓》，《湖南考古辑刊》第3集，岳麓书社，1986年；周能：《湖南常德东吴墓》，《考古》1992年第7期；安乡县文物管理所：《湖南安乡西晋刘弘墓》，《文物》1993年第11期；彭芳：《津市出土六朝青瓷器试析》，《湖南省博物馆馆刊》第4辑，岳麓书社，2007年；谭远辉：《湖南津市明道村东晋墓葬》，《湖南考古辑刊》第10集，岳麓书社，2014年。

[7] 湖南省博物馆：《汨罗县东周、秦、西汉、南朝墓发掘报告》，《湖南考古辑刊》第3集，岳麓书社，1986年；湘阴县博物馆：《湘阴县城关镇东吴墓》，《湖南考古辑刊》第4集，岳麓书社，1987年；湘阴县博物馆：《湖南湘阴城关镇西晋墓》，《江汉考古》1989年第4期；岳阳市文物工作队：《临湘县义子山东周、三国东吴墓发掘简报》，《湖南省博物馆文集》，岳麓书社，1991年；岳阳市文物考古研究所、汨罗市文物管理所：《湖南省汨罗市归州山东周、南朝墓发掘简报》，《湖南省博物馆馆刊》第5辑，岳麓书社，2009年。

[8] 湖南省博物馆：《湖南资兴晋南朝墓》，《考古学报》1984年第3期；郴州地区文物工作队：《湖南郴州晋墓》，《东南文化》1991年第5期；龙碧林：《临武县马塘三国墓葬清理简报》，《湖南考古辑刊》第6集，《求索》杂志社，1994年。

[9] 湖南省文物考古研究所：《湖南宁远淌塘汉晋墓发掘简报》，《湖南考古辑刊》第9集，岳麓书社，2011年。

[10] 邵阳县文化局等：《邵阳金称市东晋墓》，《湖南考古辑刊》第3集，岳麓书社，1986年；邵阳市文物局：《湖南邵阳南朝纪年砖室墓》，《文物》2001年第2期。

[11] 怀化地区文物工作队等：《湖南靖州鸬鹚江春秋、晋墓发掘简报》，《南方文物》1993年第3期。

[12] 湘西自治州文物管理处等：《保靖县四方城晋、唐、元墓发掘清理简报》，《湖南考古2002》，岳麓书社，2004年。

[13] 长沙市文物工作队等：《长沙走马楼J22发掘简报》，《文物》1999年第5期；湖南省文物考古研究所等：《湖南郴州苏仙桥遗址发掘简报》，《湖南考古辑刊》第8集，岳麓书社，2009年。

[14] 310国道孟津考古队：《洛阳孟津三十里铺西晋墓发掘报告》，《华夏考古》1993年第1期。

[15] 洛阳市第二文物工作队：《洛阳谷水晋墓（FM5）发掘简报》，《文物》1997年第9期。

[16] 南京博物院：《江苏宜兴晋墓的第二次发掘》，《考古》1977年第2期。

[17] 罗宗真：《江苏宜兴晋墓发掘报告》，《考古学报》1957年第4期。

[18] 常州市博物馆、金坛县文管会：《江苏金坛方麓东吴墓》，《文物》1989年第8期。

主要参考书目

南京大学历史系考古专业等：《鄂城六朝墓》，科学出版社，2007年。

王俊等：《马鞍山六朝墓葬发掘与研究》，科学出版社，2008年。

韦正：《六朝墓葬的考古学研究》，北京大学出版社，2011年。

附表　湖南六朝墓葬统计表

湖南六朝墓	三国	西晋	东晋	南朝	总数	备注
长沙地区					55	
长沙南郊雨花亭附近的东汉、六朝、唐墓			4	4	8	重复
湖南长沙纸园冲工地古墓清理小结		1			1	重复
长沙砚瓦池古墓的清理	1		1		2	重复
湖南长沙发现战国和六朝洞室墓			1		1	重复
长沙容园西汉、六朝、隋、唐、宋墓清理简报				4	4	重复

续表

湖南六朝墓	三国	西晋	东晋	南朝	总数	备注
长沙两晋南朝隋墓发掘报告		27		13	40	
湖南望城东吴墓	1				1	
长沙发现一座晋代木椁墓		1			1	
浏阳姚家园清理晋墓两座		2			2	
长沙南郊的两晋南朝隋代墓葬			5	1	6	
湖南长沙左家塘西晋墓		1			1	
长沙市新港晋墓的清理			1		1	
醴陵、株洲发现汉晋墓葬		1			1	
长沙桂花坪印山坡东晋墓发掘简报			2		2	
株洲地区					2	
攸县酒埠江镇发现两座东晋墓			2		2	
益阳地区					9	
湖南益阳县晋、南朝墓发掘简况		1	1	1	3	
益阳市桃花仑晋代砖室墓			3		3	
湖南益阳梓山湖孙吴、宋墓发掘简报	2	1			3	
衡阳地区					94	
衡阳市发现东晋纪年墓			1		1	
湖南衡阳茶山坳东汉至南朝墓的发掘	1	2	17	12	32	
湖南耒阳城关六朝唐宋墓	5	7	16	9	37	
湖南衡东大浦西晋南朝墓发掘简报		1		3	4	
湖南上门山东汉、南朝墓发掘简报				3	3	
湖南衡东城关南朝墓清理简报				1	1	
湖南耒阳白洋渡汉晋南朝墓			6	10	16	
常德地区					30	
湖南常德西郊区古墓葬群清理小结		7	4		11	
湖南安乡西晋刘弘墓		1			1	
津市孽龙岗东晋墓			1		1	
津市出土六朝青瓷器试析		1	12	4	17	孽M1重复
湖南常德东吴墓	1				1	
岳阳地区					9	
湘阴城关镇东吴墓	1				1	
湖南湘阴城关镇西晋墓		1			1	
汨罗县东周、秦、西汉、南朝墓发掘报告				2	2	
临湘县义子山东周、三国东吴墓发掘简报	1	2			3	
湖南省汨罗市归州山东周、南朝墓发掘简报			2		2	
郴州地区					29	
临武县马塘三国墓葬清理简报	1				1	

续表

湖南六朝墓	三国	西晋	东晋	南朝	总数	备注
湖南郴州晋墓		1			1	
湖南资兴晋南朝墓		22		5	27	
永州地区					1	
湖南宁远淌塘汉晋墓发掘简报		1			1	
邵阳地区					3	
邵阳金称市东晋墓			1		1	
湖南邵阳南朝纪年砖室墓				2	2	
怀化地区					4	
湖南靖州鸬鹚江春秋、晋墓发掘简报	4				4	
湘西地区					2	
保靖县四方城晋、唐、元墓发掘清理简报		2			2	
总计					238	

"舜葬九疑"考古系年

吴顺东

"（虞舜）践帝位三十九年，南巡狩，崩于苍梧之野，葬于江南九疑，是为零陵。"太史公融汇浮沅湘窥九疑获取的耆旧故实，验之以先秦文史简册，研磨淬炼，去伪存真，终于替一代圣帝明王的最终归宿做出了掷地有声万难质疑的总括（详《史记·五帝本纪》《史记·太史公自序》）。后来学者，无不因"江南九疑，是为零陵"的多元定位方式，及其决疑于千载之前，存确论于百世之后的深远用意，而对太史公心生高山仰止的倾慕。而笔者总觉得，太史公这段话中所包含的苦心孤诣，绝非仅此而已。巡狩时间与"江南"之义先且搁置不论，但看崩苍梧之与葬九疑的并列，才明白何为炼字，何为一丝不苟。《礼记·檀弓》曰："舜葬苍梧，二妃不从。"《山海经·海内南经》曰："苍梧之山，帝舜葬于阳，帝丹朱葬于阴。"《大荒南经》又云："赤水之东有苍梧之野，舜与叔均之所葬也。"是苍梧本自有别于苍梧之山或苍梧之野，前者属于山系总称，后者仅为庞大山系中的一座山峰而已！太史公深知个中三昧，所以亲赴苍梧，实地寻访舜冢所在，最终以崩葬分述的方式，完成了对帝舜葬处的确指：苍梧万山，广袤无际；帝舜驾崩，葬于九疑；九疑九疑，苍梧之间；山在何处？"江水"以南！笔者以为，这才是太史公借"崩于苍梧之野，葬于江南九疑"十二字所要表达的全部含义。魏晋以前，九疑作为苍梧山系构成元素之一的性质并未失真，因此魏文帝曹丕合诸儒之力汇编而成的《皇览》，仍有关于九疑的原真性注解，其文曰："舜冢在零陵营浦县。其山九溪皆相似，故曰九疑。"很明显，九疑仅为一座山的名称而已。这里还对《史记》未能体现的内容做了重要补充，足以让世人清楚知道帝舜葬处之所以称为九疑，实因其山本为形质相似的九支溪水的共同源头。应该说这是非常典型的地标了。方今九疑山中，其实也只有三分石足以荣膺"九溪相似，故曰九疑"的美誉（三分石下，潇江上源五溪发育自山之西面直至山之东北，恰好对山体北面形成整体环绕，因此深疑"江南九疑"之"江"，或者即实指此处之潇江而与长江无关；潇江五溪加上岿水、泡水、锦田水的上源，亦足占九溪之名实）。笔者曾据《国语·吴语》所载楚灵王"阙石陂汉，以象帝舜"的史实推定东周前后位置明确的舜陵即今三分石（又名舜公石。详《徐霞客游记·湖广日记》）；换言之，当今三分石的前身就是正宗地道的九疑山。相关论略已收入《九疑山舜帝陵庙沿革汇考》，此不赘述。"九溪相似"的九疑山通过简单的字词置换最终演变为令人迷惑的九疑山系，肇始于道元《水经注·湘水》的"罗岩九举"，而完备于元结《九疑山图记》的"九峰相似"，无论出于传抄讹误，或源于文学发挥，终究彻底背离了《史记》本旨，致使九疑与苍梧混淆莫辨，投机之学者有隙可入，争端一开，祸延千载，而积弊流布，令人扼腕！故先做九疑名实辨略置于篇首。纲举则目张，以下系年之文，无非征引排比，因果互证，期于眉目清楚，使读者诸君稍减"舜帝陵庙终究归宿不明"的叹恨而已。

一、古地图与迄今所见最早的舜帝陵庙

尽管"秦汉以来建庙山下"之类记载在各类文献中屡见不鲜，但在1972年马王堆汉墓发掘出土"长沙国南部地形图"（以下简称"地形图"）以前，九疑山舜帝庙的创始时间与始建地点问题始终苦于缺乏明证而悬停于疑信之境。这幅"地形图"堪称奇迹，虽然绘制于2100多年前的汉初，却运用了等高线式的测绘手法，因此无论江河湖泊山地丘陵还是道路城镇等主要图形要素，跟今图都能建立起良好的对应。唯一有所区别于今图的，是"地形图"在表现区域内重大名胜古迹时，所用写实手法夸张些。这就是图上最醒目的地标，有着九个东西向排列的柱状物、九柱之间有5个或7个屋宇状图形、旁注"帝舜"二字的纪念性建筑物。柱状物皆弧顶，顶端涂黑呈半月形，下端涂黑呈长方形，居中者又以黑带区分为两个仿佛为白底黑字的独立区间，据总体特征分析应为石碑，但也包含了人文始祖及古帝王身份的象征意味；屋宇状图形似乎运用了类似于透视法的绘图原理，因此有高低和宽窄的差别，同时也显示出这是带有偏角的侧视构图，即各屋宇图形基本属于其侧立面写实；"帝舜"二字不加方框或圆圈，表示并非地名标识。综合诸可见因素分析，可以肯定这是一座早期舜帝祠庙，且为坐北朝南格局。比照今图，判定该庙建于今三分石北面，当即文献所谓的"山下舜祠"之位置。而祠庙的年代下限不晚于"地形图"的绘制年代，即至少距今2100余年。当时建祠于此，实因三分石自先秦以来即是被确认无误的舜冢所在地，其正确的名字就叫九疑山！作为旁证，以山陵为名的"九疑观"在大唐贞观以前仍依三分石原址营缮的事实，也确切反映出三分石实即魏晋以前真正的九疑山（详《明文海》"记"部所录蒋鐄《重修九疑观碑记》）。

二、王朝兴替之际诞生的最高级别舜帝陵庙——虞帝陵园

西汉末年，安汉公王莽受禅登基，国号新。这一政治权利再分配的意外变故，造成了规格最高的舜帝陵庙的适时诞生。始建国元年（9年），王莽登基伊始，即迅速分派骑都尉嚣等为督办大使，前往上都桥畤、零陵九疑、淮阳、齐临淄、城阳莒、济南东平陵及魏郡元城，分别督建黄帝、舜帝、胡王、陈敬王、齐愍王、伯王、孺王等7座陵园（按所谓伯王者，名伯纪，王莽之高祖；孺王者，名翁孺，王莽之曾祖。庙共7座，合乎天子宗庙的七庙之制。事详《汉书·王莽传》）。为了表示对帝舜的极端尊崇，王莽还特别下诏改零陵郡为九疑郡。这种行政建置的变革历史，《汉书·地理志》"零陵郡"条下有明确记载，并在《水经注》《次山集》等文献中各有不同程度的反映。虞帝园建于何处，从王莽敕令为"零陵九疑"的确切地理指认看，自必仍依秦汉舜祠故址；但考虑到九疑舜冢一带的环境、交通等可变因素，则承担陵园营建使命的朝廷大臣又有可能因时权变，另觅新址。现有的考古线索则对这一可能性有所体现。2002年，湖南省文物考古研究所曾在玉琯岩遗址西南角有限的空闲地带内做过局部试掘，发现了一个口小底大、截面呈袋状的西汉晚期祭

祀坑，坑体很明显属于中原"灰坑"风格，其间沿坑壁等距离均衡放置同一件祭器不同部位残片的特殊埋藏方式，却与习见于洞庭湖区新石器时代的坎瘗遗迹大同小异；坑内填以纯净黄土并加粗夯，形成东端直达坑口、西半部低于坑口约20厘米的坎状构造，根据西半部坎坑上部积有纯净炭末且内藏半把铁匕首的情况分析，这是明显附加了禋祀方式的复合祭仪。在如此特殊的地理空间，竟出现风格如此独特的坎坑，推测只应与新莽遣官至九疑山营建虞帝陵园的事件相关，而这项复合祭仪则属于奠基时的告建或竣工时的告成仪式。不过，由于祭祀坑以东仍被"汉唐坪"自然村最集中的民居所占压而未实施有效的考古发掘，因此前述推断还得不到诸如建筑基址方面的直接支持。

三、东汉时玉琯岩升为象征性舜帝陵墓，而远朝九疑舜冢

东汉前期，舜帝祠庙仍建于玉琯岩前台地南部，这就是汉以来文献中所云之泠道舜祠。该祠至章帝时庙貌犹存，以故应劭《风俗通义》备载"汉章帝时，零陵文学奚景于泠道舜祠下得玉琯十二枚，献之朝"。玉琯岩也自此得名。近年玉琯岩考古发掘获取的东汉文化遗物较为丰富，遗迹的相对完整性也在遗址早期遗存中独占鳌头。2004年，曾在西汉晚期祭祀坑西面约10米处发现一列北端已到尽头、南端因当代民居占压尚未查明、由已知16个柱间距约1.1米的椭圆形柱坑构成的大型建筑遗迹，时代上限为东汉早期。由于该列柱坑两侧探方内完全不见任何有序甚或零散的东西向柱坑痕迹，而其间相当部分木柱又朽烂于东汉晚期废弃堆积内的情形分析，只应是牌楼一类性质的单体建筑，附属于当时的舜祠建筑主体，因此又可称之为"陵阙"。阙柱既呈南北向分布，则舜祠主体理应为坐东朝西格局。从方位照应看，祠宫北面的玉琯岩与建筑朝向设计间确有差距，但山丘卓然独立，本身宛如巨冢，南、东、北三面又有溪水环绕，总体上也差堪模拟九疑舜冢了。而玉琯岩盆地中央平旷，三面临水，四周环山，南有双峰如双阙，潇江若出其间，西面群峰连壁拱城，西北至正北为高峰低岭相形互补，自东北而至东南诸山连环布局差似玉玦，正东山顶有峰凹凸宛若巨人仰卧，有大小二水孕育于杨子岭下，潜行出无为洞口及南面岭脚，合流而南入潇江，由盆地西北蜿蜒远去，山水形胜与汉代风水堪舆之学的基本理念十分契合。祠宫东北、玉琯岩正西又见东汉双人合葬砖室墓1座，以砖墙中分为二室，甬道朝向杨子岭，以印纹硬陶大瓮为葬具，并有东汉早期青瓷随葬，推测墓主人为当时负责管理看护舜帝祠宫的守陵啬夫及其妻子。玉琯岩前东汉舜祠于文献无考。《水经注》所载位于［九疑］山之东北的泠道舜祠，或疑在玉琯岩，但方位既有不合，且在本遗址考古发掘中也暂未搜寻到相关线索，姑且存疑。

四、彼衰此盛：玉琯岩舜帝陵庙升格为九疑宗主

盛衰兴替，自然之道。依托九疑舜冢（按即三分石）的舜帝祠庙历经千载沉浮，至唐代终于画上了句号。永泰二年（766年），时任道州刺史的元结鉴于"秦汉以来置庙山下，年代寝远，祠宇不存"（《次山集·论舜庙状》）的现实情况，遂奏建新庙于新址，这就是道州城西的唐代舜庙。后亦湮废。中唐前后，玉琯岩舜祠曾因荒败而了无形迹。元结曾游历其间，观水无为洞，夜宿无为

观，诗文中竟无玉琯岩舜祠的只字片语，或者可为明证。有唐一代，玉琯岩前有明文记载的建祠举措发生于晚唐。据《九疑山志》，僖宗咸通年间胡曾试任延唐县令，"请复立于玉琯岩下，有敕建舜庙碑记"（按碑记当即胡曾所作《九疑图碑》，罗泌《路史》有载。宋时尚存）。此庙应该说属于比较典型的"回归"之作。近年玉琯岩陵庙考古曾发现晚唐舜庙建筑残迹和祭祀瓷器，可见其事不虚。

北宋初年，朝廷力行教化，议定国家祭祀常典，九疑山作为帝舜崩葬之地，其陵庙之营缮、守护及祭祀诸事与炎黄同制。祠庙仍建于玉琯岩前。自北宋至南宋，事实上经历了多次规模不一的营建或修缮：建隆初由刺史王继勋奉诏重修，知制诰张澹奉敕撰碑（详《九疑山志》）。宋太祖开宝年间的修缮虽无传世文献为凭，但据2004年考古发掘资料的综合分析，该阶段的主体工程是对祠庙两庑建筑的扩充；营建时间的推断则基于西侧廊庑废弃堆积内出土建筑陶瓷上的"开宝□□"年号铭文。第三次大规模的修缮完成于淳祐六年。时任郡守的潼川人李袭之董成其事，并撰文嘱同郡书法家李挺祖书丹勒石以纪其盛，文辞今存于玉琯岩右侧岩壁上，其中《蔡邕九疑山碑铭跋》有曰："九疑名昉离骚，祠庙古矣，乃无汉以来碑刻。阅欧阳询《艺文类聚》有蔡邕碑铭，然仅载铭词而碑文不著，惜也；他所遗逸多矣。袭之既考新宫，遂属郡人李挺祖书于玉琯岩，以补千载之阙云。淳祐六年秋八月郡守潼川李袭之题。""既考新宫"云云，类同《春秋·隐公五年》"考仲子之宫，初献六羽"，即指舜祠因循故址修缮已毕遂告成于舜帝之神的意思。

2004年考古揭示的玉琯岩舜帝陵庙宋代建筑群规模宏大、规制谨严、特征典型，比照宋人李诫《营造法式》所述，可厘定其规格属于成熟于北宋的大型殿阁建筑。从清理解剖的实际情况看，该建筑层面内包含了晚唐、北宋、南宋等三个前后延续、彼此基址布局未见严重偏移现象的主要建筑阶段。建筑群坐北朝南，中轴线上为一前一后两座大殿，正殿4进7间，面积876平方米，边长超2米的巨型磉墩40个，周回均有砖铺散水；寝殿3进5间，面积416平方米，边长超过1.6米的巨型磉墩24个，殿前设散水，并以连廊与主殿相通。前后主殿两侧均为开间大小不一的两进式配享殿。廊庑亦两进构架。依建筑体量的承力需求，柱基的营造方式主要包含了以砂石瓦砾逐层细夯的巨型磉墩和石础基本平齐地面的普通柱坑。结合勘探试掘资料，判定唐宋祠庙中心建筑基址南北长120、东西宽80米，总面积9600平方米。正南神道宽约10、残长约150米，因早年辟为农田并持续耕种之故，神道大部已面目全非。庙庭垣墙以西约100米，尚残存人工堆筑的半月形土丘，故老呼为社山，实即社稷坛；坛之东侧有砖铺便道连接祠庙。垣墙以外，还可见多处平面呈正方形的小型建筑遗迹，应为亭阁。唐宋三段舜庙建筑遗迹的重见天日，对于复现晚唐以来大型殿阁建筑之工艺、结构、布局等多个方面的历史映像，具有显而易见的学术意义。

玉琯岩舜帝陵庙在整个元代绝无大修之举。有两方面的原因：一是距离最近的一次重建时间太近，祠庙本身结构尚称坚固；二是元代朝廷仍将古帝王祀典集中于距京师较近的所在（《元史·世祖本纪》载，至元十二年二月，敕令"立后土祠于平阳之临汾，伏羲、女娲、舜、汤、河渎等庙于河中解州、洪洞、赵城"），再者统治南方的实际时间仅短短数十年，南方偏远山区诸如舜帝陵庙之类纪念性项目所得到的关注或曰影响自然相对不足。玉琯岩遗址发掘所见最晚一期以窄小条砖为墙基的建筑遗存，北方的研究者是肯定要将它列入元代的了，但在湖南，与有纪年依据的宋墓资料对比，就确实还只能视为南宋的制作，中庸一点，或许断为宋元之际也未始不可。笔者认为，只要不影响遗存根本属性的判断，有这点南北文化时间差的存在，对于研究视野的拓展，价值反而更大了。

　　写到这里，该循例略为总结。读者法眼当已洞察，前述诸节无不围绕考古发现这一主线，重在阐述相关陵庙已被考古发现所揭示的内容，及与文献记载之间的必然或可能的对应关系。而"江南九疑"真实主旨的破译，应该说直接关涉"舜葬九疑"问题的大是大非，这里也做了较为重点的剖析，但想要实现的目标，不是结论，而是寻求并考量某种尽可能合乎客观实际的理解方式。

佛国的盛筵

——孟加拉国毗诃罗普尔（Vikrampura）佛教遗址的发掘

柴焕波

孟加拉国位于南亚次大陆的东北部，是我国的友好邻邦。在中国古籍中，孟加拉被称作朋加剌、榜葛剌等。这里出土的公元前3000年左右的有肩石斧，在东南亚、长江流域、日本都有分布；源自西亚和印度河流域的琉璃珠、蚀花肉红石髓珠，通过孟加拉国北部的贸易小镇和滇缅古道，传入中国的云南、四川和南方地区；早期的佛教造像也由此道传入中国。中国伟大的僧人法显（335～422年）、玄奘（600～664年）都曾访问过孟加拉。明代以后，孟加拉成为中外交往史籍上出现最频繁的名字，明朝政府还在今孟加拉国的吉大港设立官厂，作为郑和船队的基地。孟加拉国成立以来，历届政府都奉行对华友好政策。由于地处海上和陆上丝绸之路的必经之地，孟加拉国还是"一带一路"战略的"支点型"国家。

毗诃罗普尔（Vikrampura）佛教遗址位于孟加拉国中东部，西北距首府达卡市区约34千米（图一）。行政区划属达卡专区的蒙希甘杰（Munshiganj）县。毗诃罗普尔遗址发现于2010年，孟加拉国考古学家在拉库罗普尔（Raghurampur）发掘区揭露出7个3.5平方米的小型僧侣房间以及相应的遗迹，发掘面积约300平方米，^{14}C测定年代990～1050年。2013年，考古学家又在纳提什瓦（Nateshwar）发掘区揭露出密集的古砖（图二），发掘面积344平方米。这项发掘工作是由Nooh-Ul-Alam Lenin博士领导的孟加拉国地方文化组织Agrashar Vikrampur基金会主持的，具体的业务工作由Sufi Mostafizur Rahman博士领导的Oitihya Onneswan考古研究中心承担。

在中孟关系史上，毗诃罗普尔是一个光辉的名字，这里是佛教大师阿底峡（982～1054年）尊者的出生地。1038年，阿底峡应藏王的邀请到达西藏，从事传教、著述、译经活动，奠定了藏传佛教后弘期显密双修以及严格的修习次第，阿底峡在西藏创立的噶丹派，影响深远，是现行达赖、班禅系格鲁派黄教的源头。由于这个特殊的因缘，主持这个项目的Agrashar Vikrampur基金会通过孟加拉国外交部，向中国驻孟大使馆提出了合作请求，希望得到资金和技术力量方面的援助，对此，中国各级政府给予了高度重视，在中国驻孟大使馆的精心安排下，2014年4月17～22日，湖南省文物局代表团访问了孟加拉国，实地考察了毗诃罗普尔遗址，并确定了中孟联合发掘的意向。2014年12月至2015年2月，湖南省文物考古研究所派出考古人员赴孟，和孟加拉国Agrasor Vikrampur Foundation聘请的Oitihya Onneswan考古研究中心组成联合考古队，对纳提什瓦发掘区进行了大规

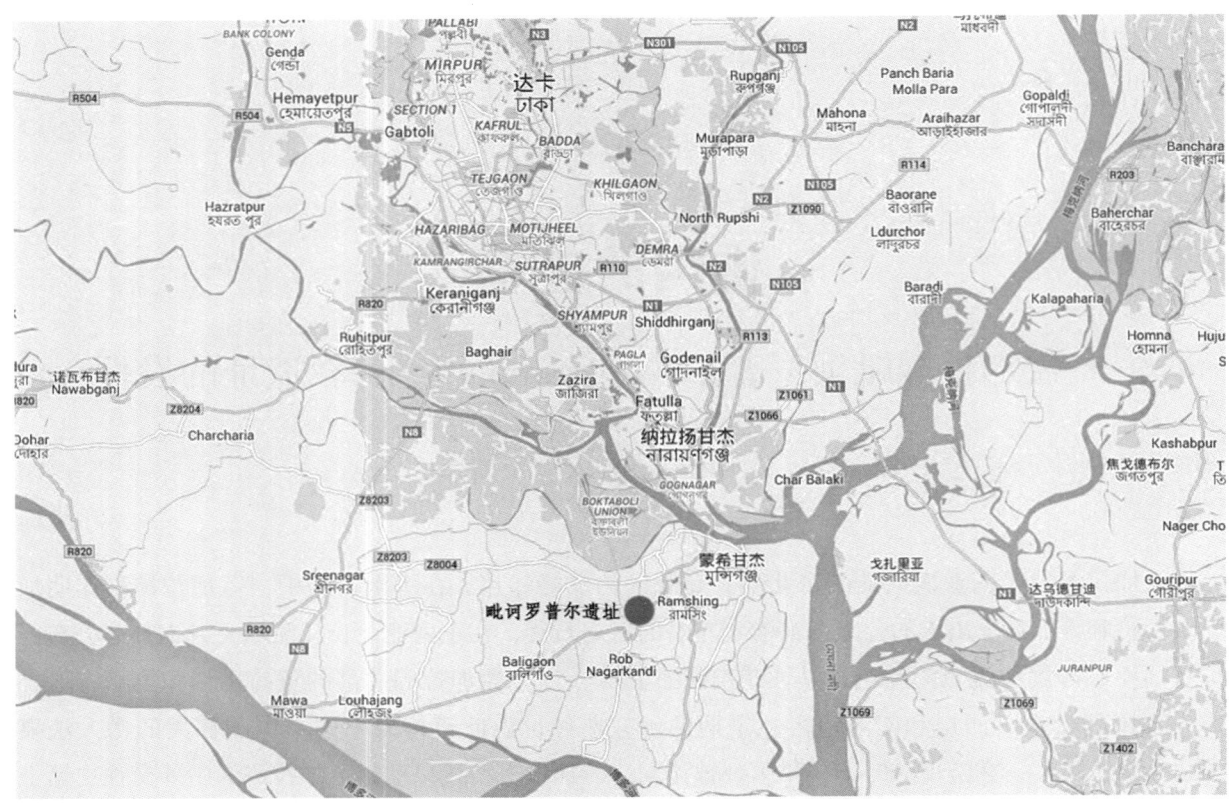

图一　毗诃罗普尔遗址地理位置图

图二　2013年发掘现场

模的考古发掘，历时70余天，发掘面积1746平方米（图三）。2015年6～7月，湖南省文物考古研究所再次派出考古人员赴孟，完成了对出土文物的整理和陶器的修复。2015年11月至2016年1月，湖南省文物考古研究所第三次派出考古人员，对纳提什瓦发掘区进行了大规模的联合发掘，发掘面积2122平方米（图四）。通过这次发掘，一个规模庞大的"十字形"中心圣地建筑得以重见天日。

图三　2014～2015年发掘现场

图四　2015～2016年发掘现场

这个项目的中方队长为湖南省文物考古研究所郭伟民所长，发掘领队为湖南省文物考古研究所柴焕波研究员，成员有莫林恒、李意愿、袁伟、贾英杰以及技术工人朱元妹、汪华英、付林英、谭何易、胡重等。孟方队长为阿哥拉萨维克兰普基金会Nooh-UI-Alam Lenin主席，发掘领队为贾汉吉尔诺戈尔大学Sufi Mostafizur Rahmna教授，主要队员为Oitihya Onneswan考古研究中心的Mamum、Himel、Shohrab等研究人员。

一、地层关系和时代分期

毗诃罗普尔遗址包括东、西两个发掘区，分别为拉库罗普尔和纳提什瓦。中孟联合发掘的纳提什瓦发掘区，位于蒙希甘杰县峒吉巴日乡（Tongibari）纳提什瓦自然村所在地，发掘区因此而命名。遗址中心基点坐标为北纬23°31′53.11″，东经90°28′10.67″。遗址东西长约200、南北宽约150米，面积约3万平方米。遗址区微地貌为平原中的一个馒头形土丘，高出周围地面2～3米，地势较为开阔，为当地的公共用地。土丘上栽种了香蕉树和少量蔬菜，围绕台子的四周有大量的高大树木，并有现代民居、水塘、菜地散布于土丘的边缘，再向外围则为村外的低地农田，一条呈南北走向的Mirkadim人工河渠从遗址西侧流经（图五）。

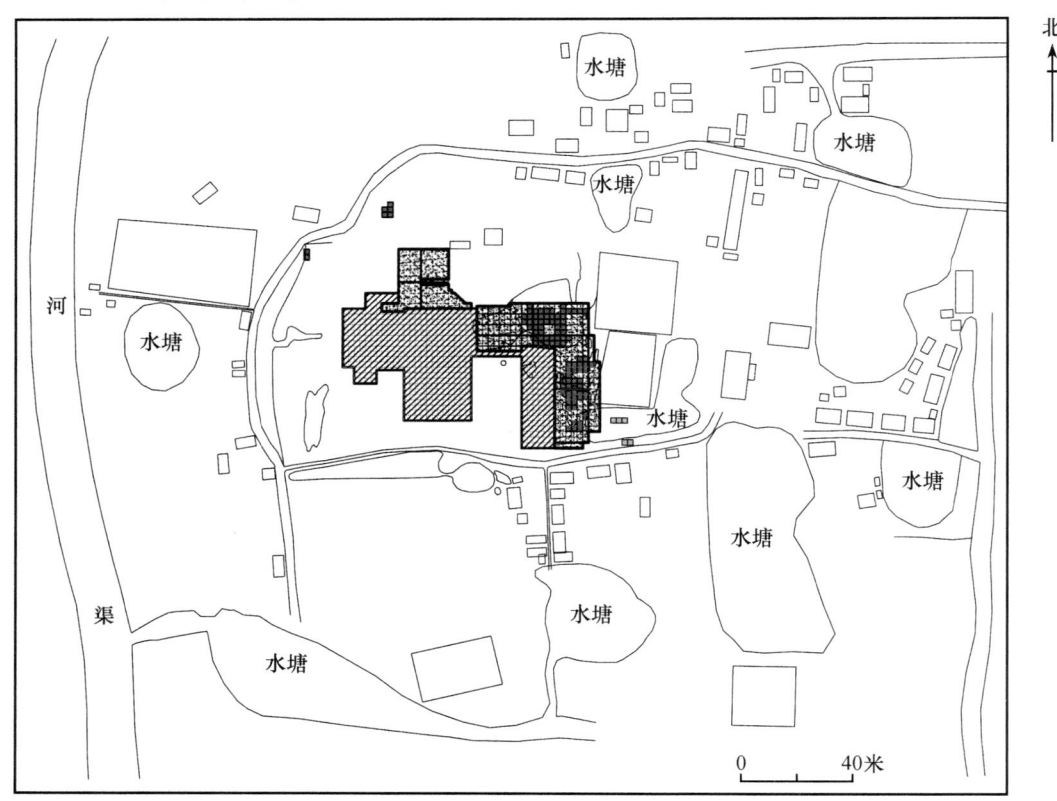

图五 纳提什瓦发掘区探方分布图

纳提什瓦发掘区文化层一般厚度在3~4米，堆积层次丰富，大部分呈坑状堆积，少部分呈水平或坡状堆积。通过反复推敲，终于破译出地层成因的两个关键："堆土建寺"（第4层）和"挖沟取砖"（第2层）。一切纷乱的头绪迎刃而解（图六）。

图六　纳提什瓦发掘区地层剖面图

根据纳提什瓦发掘区的地层和遗迹间的叠压关系，结合不同地层^{14}C测年数据，并依据孟加拉国的历史背景，我们得出纳提什瓦发掘区的分期和年代推测。

第一期：第一次佛教寺院时期。

推测年代：780~950年。所包含的地层为第5~7层。这一期的遗迹可以细分出早中晚三个不同的时间段。

根据孟加拉国相关史料，这个时期应为德瓦（Deva）王朝（750~800年）至旃陀罗（Chandra）王朝（900~1050年）的前期。德瓦王朝的势力范围主要在古代三摩达吒疆域内，统治中心在现在的库米拉（Comilla）地区，国都位于德瓦帕瓦吒（Devaparvata），即现今的拉尔迈-迈纳马蒂（Laimai-mainamati）区域。德瓦王朝时期佛教兴盛，迈纳马蒂是当时的佛教中心。

第一次佛教寺院的建筑过程发生在780年左右，最初，在水网之地开始修建寺院，最早的排水设施、道路几乎直接叠压在原始的淤泥堆积之上，这一时期的地面仅高于现在四周地面1米左右，考虑到孟加拉国泥沙不断淤积的情况，当年的地形高差可能比现在要大。这一时期的遗址中发现了佛堂、佛塔和僧侣的住房建筑，主体建筑分布在发掘区的东部和北部。

第二期：第二次佛教寺院时期。

推测年代：950~1223年。所包含的地层为第4层。根据孟加拉国相关史料，这个时期应为旃陀罗王朝后期、跋摩（Varman）王朝（1080~1150年）和犀那（Sena）王朝（1100~1223年）时期。这三个王朝，都曾建都于毗诃罗普尔。

第二期寺院的兴建年代，大抵在旃陀罗王朝第四任君主Srichandra（929~979年）时期。大规模的营造活动发生在950年前后，这次兴建是在前期建筑的废墟上进行的，就地以各种红砖碎块作为垫基，并大规模运入附近纯净的灰黄色河沙，完全覆盖了早期的废弃堆积，填土厚度达3米以上，从而大幅度抬升了地面。接着，在土台上开挖基槽，再用红砖砌筑墙体的基部。这个时期的主要建筑即为"十字形"中心圣地，此外还包括路面、多角形佛塔、多角围墙等附属设施。这一时期的活动地面，由于后期人类活动的干扰已经难以分辨，但在边缘的局部地方，还存在某些迹象，而现在揭露的遗迹，基本上均为建筑地面以下的地基部分，地面之上的建筑已不可考，但从地基的深度和体量仍可想见当年建筑的辉煌。

第三期：佛教寺院废弃以后。

1204年，Ikhtiaruddin Mohammad Bakhtiar Khalji打败了犀那王朝，于1205年在高达（Gauda）建立了穆斯林政权。1223年，穆斯林侵入毗诃罗普尔地区，穆斯林每到一地，捣毁佛寺，取其砖块修建伊斯兰教堂，使得这座圣地建筑遭受了灭顶之灾。自从佛教寺院废弃后，其作为宗教中心的性质已经消失，但仍有小股人群在此废墟上生活过。第三期遗存是指寺院废弃以后形成的堆积，所包含的地层为第1~3层，年代为1223年至近现代。从目前发掘的情况看，这一期还可以分出不同的时间段，有过多次人类活动所留下的遗存。此外，生活于此的印度教或穆斯林居民，有过多次严重的取砖行为，对遗址造成了巨大的破坏。据调查，晚近有许多印度教徒迁往印度，但仍有少数印度教徒生活在村子里。而数百年连续生活于此的佛教僧侣，只留下高出周围地面数米的废墟堆积，也就是发掘前的那处丘状土台。

二、主要遗迹

纳提什瓦发掘区揭露的遗迹，包括寺庙、"十字形"中心圣地建筑、佛塔、道路、排水设施、灰坑以及某些功能暂不清楚的砖结构。现将一些重要的遗迹介绍如下。

1. 寺庙1

寺庙1似为佛塔和寺庙的联合体，南北长9.4、东西宽9.1、残高2.6米，方向近正南北。东南西三面的外壁，采用几排弧状砖叠涩，局部用装饰砖砌成精致的花卉图案，从外形上酷似佛塔，但内部却是一个方形的室内空间，内围东西长5.8、南北宽5.6米，北面还有门的迹象（图七、图八）。从发掘情况看，寺庙前后有过两次修筑活动，后期建筑对前期的墙体有重修、加高的痕迹，使用的砖块也比早期略厚。后期建筑的四角，可能各安放有圜底大瓮，现发现2处，瓮1位于建筑的西北角，瓮2位于建筑的西南角，两者皆有一半掩埋在地面以下，瓮内各放置了数十件陶器，推测为当时僧侣使用的生活器皿（图九）。寺庙1的建筑年代属于第一期，具体的结构、性质有待进一步的发掘。

2. 道路3

道路3位于发掘区东部，保存较为完整，平面形状呈规则的长条形，东西两侧平行，方向为

图七　寺庙1西北壁

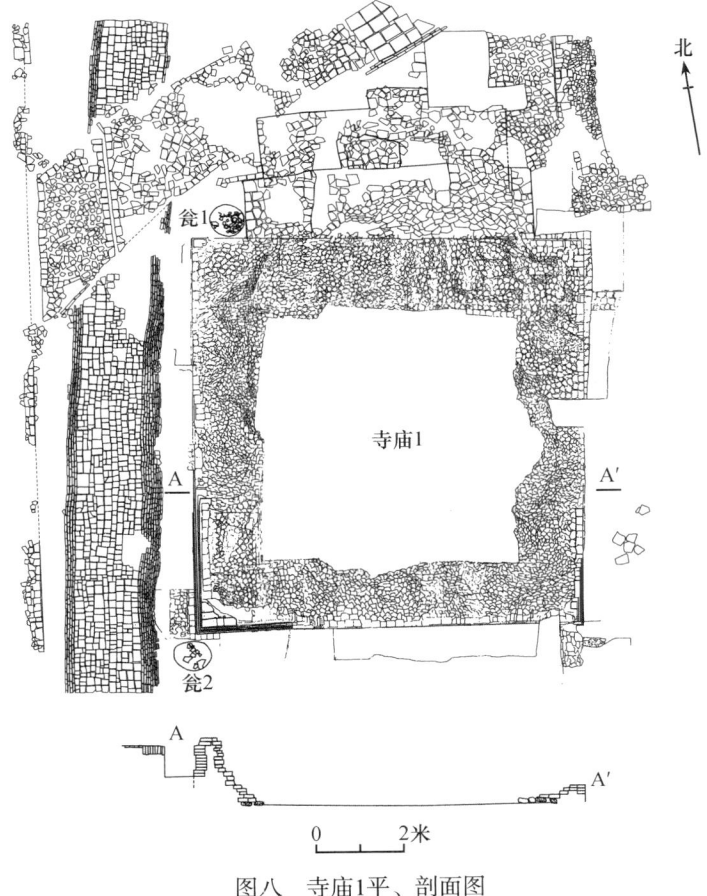

图八　寺庙1平、剖面图

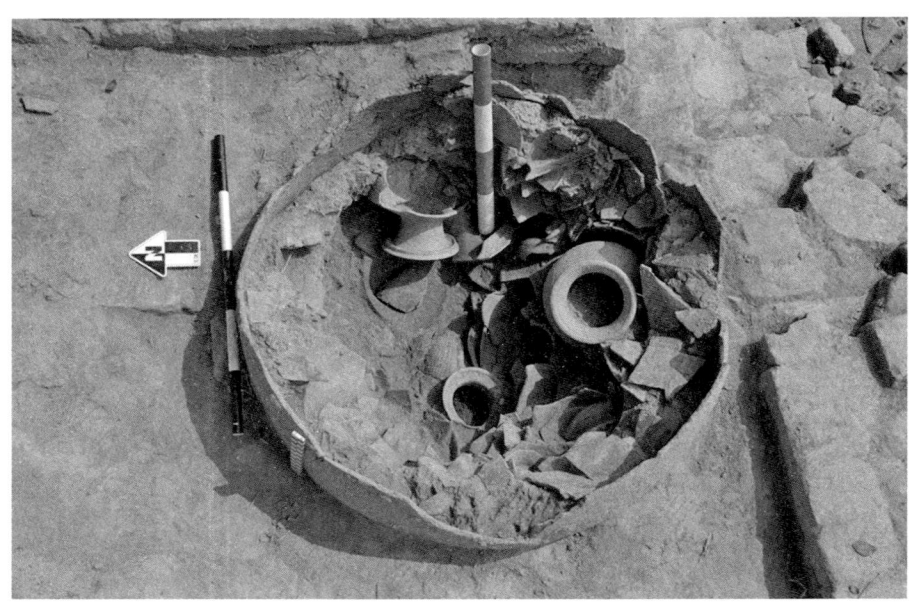

图九 瓮1出土时情景

10°。道路两端分别插入北部和南部未发掘区，已发掘部分长36、宽2.2米，上下厚度约0.25米。道路中间以8～10块砖平铺，两侧砌以竖砖，道路中部与另外两条砖铺道呈十字形交叉相接，交界处路面由横、斜、竖交错砖构成特殊的图案。路面上下有2层铺砖，上层铺砖较为整齐、平整，中心部位略高，两侧略低，横剖面略呈凸弧状，砖块之间形成的砖缝与道路的方向一致，砖的大小、形状并不统一，部分残缺砖也被使用；下层铺砖作为路面的基础，较为粗糙、稀疏。

道路3开口于第5层下，叠压在第6层之上，北部被道路4打破，年代为第一期。道路3与其东侧寺庙1的早期墙基较为平行，与晚期墙体不甚平行。从设计角度考虑，道路3可能与寺庙1同时修筑，当寺庙1扩建时，道路3仍在使用，并与寺庙周围分布的地面共同构成活动地面。从发掘情况推测，道路3为一条连接不同建筑间的重要通道，两侧可能有更多同时期的建筑和辅道有待进一步的揭露（图一〇）。

3. "十字形"中心圣地（Central Shrine）建筑

"十字形"中心圣地建筑分布在遗址所在土台的中部，东西宽62.3、南北长62.8米，遗迹残存最高点距地表-0.7米，最低基础砖距地表-6.2米，保存部分相对高度5.5米，总面积1980平方米，方向近正南北。地层关系上，整个"十字形"中心圣地建筑被第2层叠压，打破第4层，年代属于第二期。

2013年，孟加拉国Oitihya Onneswan考古研究中心的考古学家在发掘寺庙1时，在探方西壁剖面上观察到墙基的一角，因发掘面积有限，对其性质未做判断。2014年12月，中孟联合考古队在清理该处遗迹时，意外地发现了一段很长的砖墙，且形态规整，初步判断为一处大型建筑的墙基，遂将发掘区往西部扩大，以便找到该建筑墙基的四至。与此同时，在发掘区的西北部也发掘出一处回字形建筑墙基，通过比较，这两处遗迹呈犄角状分布，结构极其相似。由于建筑的性质尚不明朗，当

图一〇　道路3

时暂称为"塔院"遗迹。2015年11月，中孟联合考古队又在此两处遗迹的正对面，发现了形制与尺寸几乎一致的建筑体，这四个建筑体呈对称分布，之间还以四条墙基连接。通过发掘，还证明中心部位是一个八边形佛塔遗迹。所有这些遗迹构成了一个庞大的建筑整体，这显然是经过精心设计的，因此，将这个建筑整体命名为"十字形"中心圣地建筑（图一一、图一二）。

现将这4座对称的建筑称为"佛殿"，它们在平面上呈"十字形"分布。每个佛殿由长17米多、宽约4米的东、西、南、北四面墙基构成，平面呈封闭的"回"字形，墙基残高近3米，上宽下

图一一　"十字形"中心圣地建筑鸟瞰

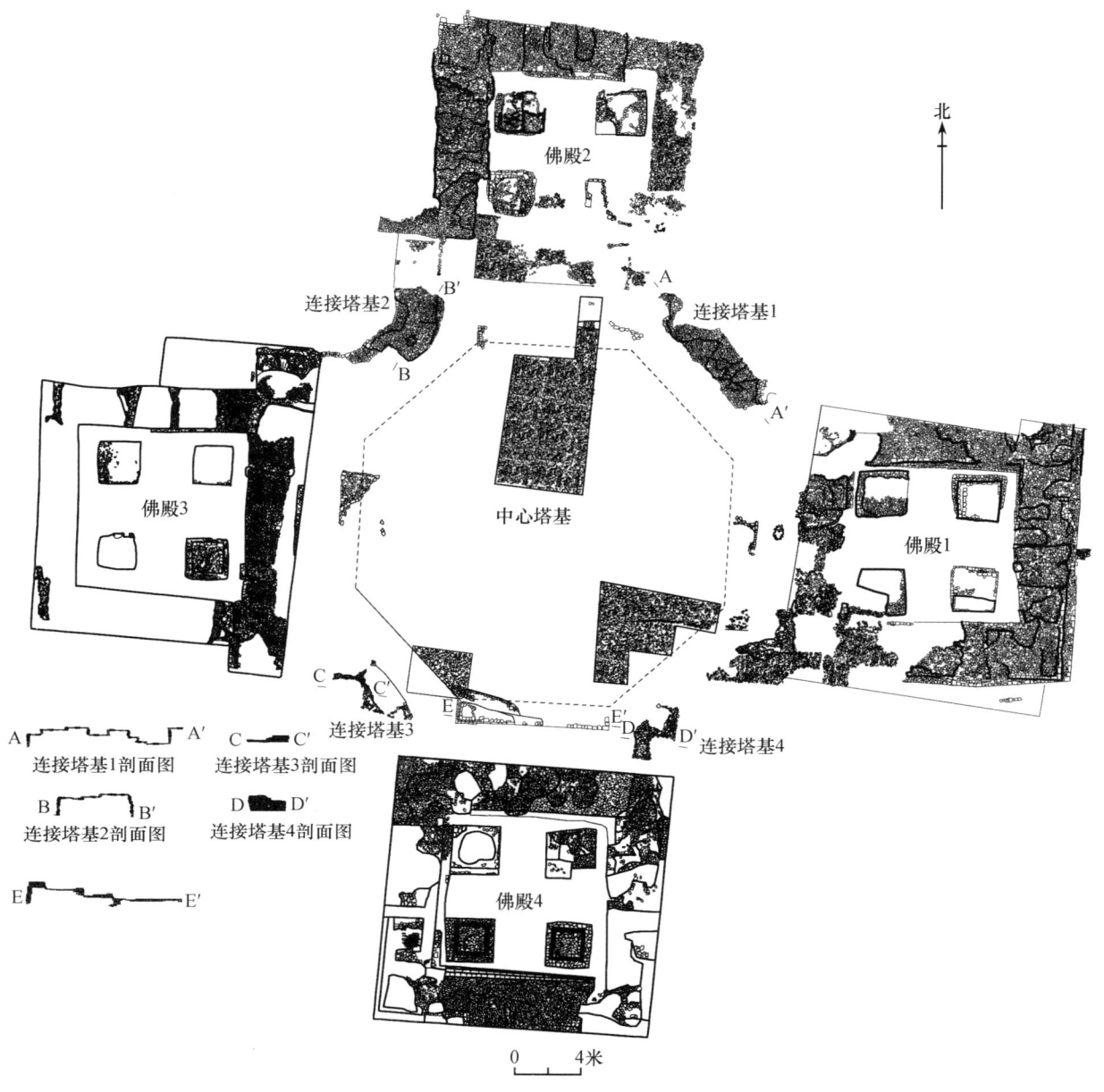

图一二 "十字形"中心圣地建筑平面图

窄，剖面略呈倒梯形，应与作为墙基的功能有关。墙基外壁不整齐，砖缝厚薄不一，较为粗糙，大部分砖块没有统一规格，形制、大小不一，且大部分为残损砖块，应是再次利用了早期建筑的旧砖。在墙基内的四角，等距分布着四个长宽均3米多、残高近3米的方形柱状物，结构由上、中、下三个部分叠涩砌筑而成，应为佛殿的柱基。四个佛殿的墙基、柱基的结构及砌筑方法大体一致（图一三）。

在四个佛殿之间，还发现四条"连接墙基"，将四个佛殿连接在一起。以连接墙基2为例，该墙基位于佛殿2与佛殿3之间，最底层基础砖距地表3.9米，与佛殿3墙基处于同一水平。连接墙基与佛殿墙基之间相互勾连的建筑方式，表明它们是统一设计、同时营建的（图一四）。

图一三　佛殿1全景

图一四　连接墙基2

中心塔基位于圣地建筑的中心部位，处在东、北、西、南4座佛殿及4条连接墙基所构成的近八角形的封闭空间内，是圣地建筑的核心部分。中心塔基的平面形状为八边形，在东、南、西、北四个正方位有长9.2、宽1.6米的向外凸出部分。中心部位的塔心区的砖基被后期完全取走，仅存平铺的底层砖，在塔基的四周边缘尚残存局部的墙基，以南部墙基保存最好，北部、西部和东部仅有零星的残存（图一五）。局部发掘显示，塔基底部有一层密集的基础砖，距地表约6.1米，低于佛殿墙基约2.6米，由大量棕褐色的火砖和红色的碎砖块铺垫而成，基本呈水平状，其上还残存部分砖块，显示塔基是直接从这个基础面上平铺砌筑的（图一六）。

图一五　中心佛塔南部墙基

图一六　中心佛塔底部基础砖

4. 多边形佛塔

多边形佛塔位于发掘区的东部，南北残长11、东西宽10.7、残高2米，方向与"十字形"中心圣地建筑一致，近正方向。佛塔外壁由几排弧状砖叠涩而成，中心部位还发现可能存放舍利等遗物的塔心室，佛塔的北部有一附属的房间，可能与冥想祈祷活动有关。这类佛塔在孟加拉国以前的发掘中较为罕见。从发掘情况看，佛塔存在两圈塔身，每一圈的塔身墙面都砌筑得很规整，说明佛塔经历过一次扩建活动，将原来的外壁向四周扩大了1.9米。佛塔周围还应有绕塔的道路。从地层关系分析，这座佛塔的年代属于第二期（图一七）。

图一七 多边形佛塔

三、出 土 遗 物

出土遗物以陶器为主，陶器皆为夹细砂的泥质陶，炊器和其他日用器之间没有明显的陶质区分。陶色分为红陶和黑陶两大系，由于火候不同，颜色深浅略有区别。第一、二期陶器颜色略显斑驳，可辨器形包括釜、钵、罐、壶、灯、瓮等；其中罐、壶、灯的种类较为丰富；陶器纹饰以方格纹和弦纹最为常见，此外，还有少量交叉纹、条状纹、叶脉纹、太阳纹等；釜、罐、壶类颈肩部多饰以弦纹，下腹部饰以方格纹。从目前整理情况看，第一、二期陶器的区别不是很大；第三期陶器颜色全为单纯的红色，未见黑色，器形以盆形釜、壶为主，陶系和器形都与第一、二期陶器有明显的区别。通过陶器研究，一方面可以看到古代寺庙生活的一个侧面；另一方面，通过不同时代的陶器组合，已经初步建立起陶器类型学的框架，填补了孟加拉国这一领域研究的空白（图一八；图版一五，1）。其他出土遗物还包括金佛像1件、少量石雕和陶塑造像残片、铁器、玻璃器等。

四、8～12世纪的宗教背景：金刚乘在西藏的传播

印度河文明最早流行的宗教，主要是对地母神、动植物（特别是牛）、林伽（性器官）和祖灵的崇拜，这在亚非大陆古代世界中带有普遍性，因此，佛教金刚乘的渊源可以追溯到史前时代。6～7世纪，印度教开始取得优势，金刚乘便是大乘佛教与印度教结合的产物。金刚乘比大乘佛教的优势在于，后者需要相当长时间甚至轮回几世才能达到，而前者是一条捷径。金刚乘所强调的"心和生命息"，触及生命中隐蔽而深邃的源泉，是神秘感受领域中深刻而新颖的贡献。随着金刚乘的传播，大乘的中观派、唯识派开始融合，形成中观瑜伽行派，为寺院知识阶层继承着，并作为金刚乘的世界观而继续存在。大约在7世纪中叶，金刚乘的基本经典《大日经》《金刚顶经》形成，它

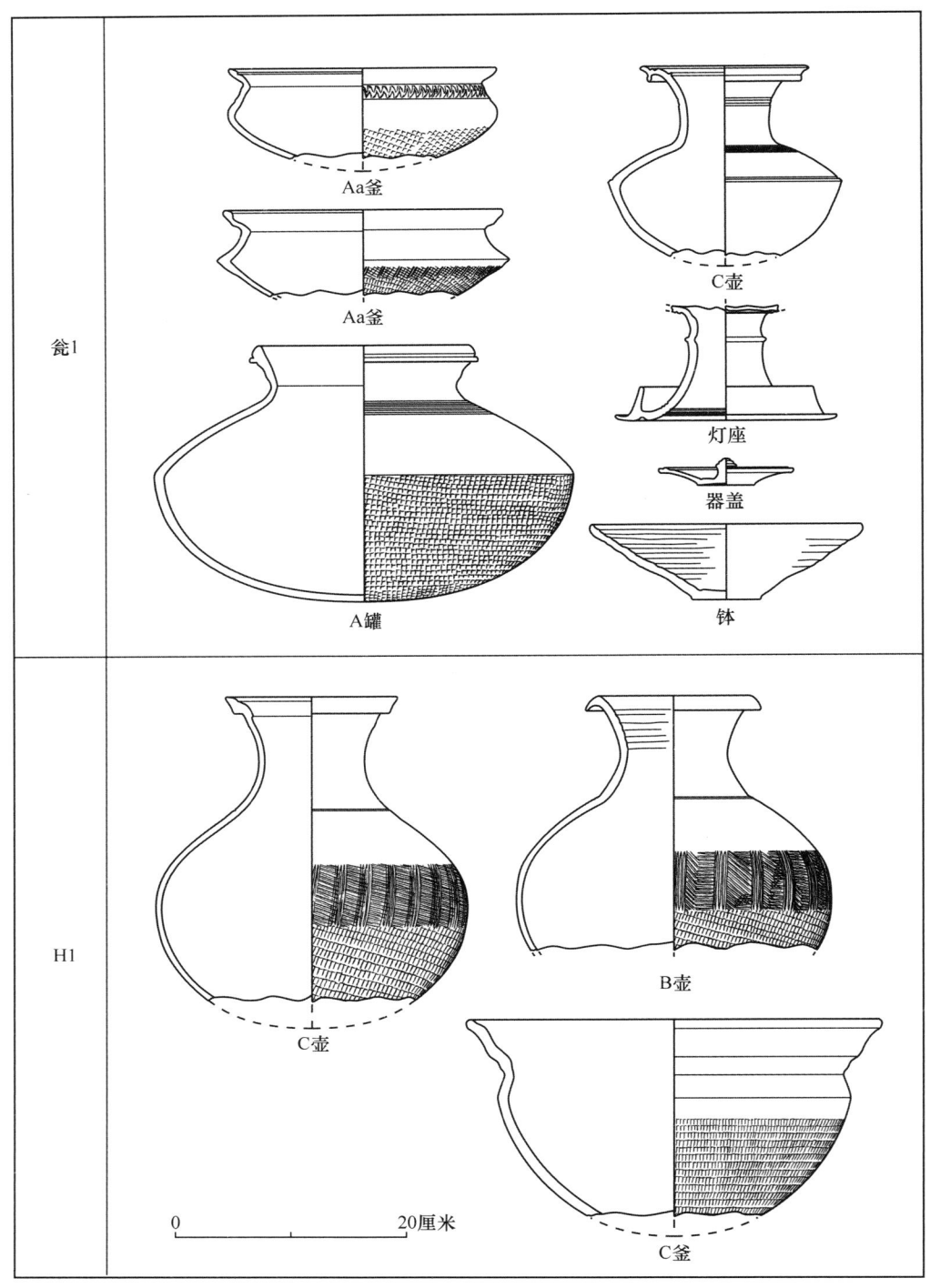

图一八　瓮1和H1出土陶器

所涉及的宇宙论、本体论，都是以大乘精髓作为理论支撑的。金刚乘是印度佛教最后一个辉煌时期，从8世纪一直持续到13世纪，传入西藏以后，又有近千年的传承和发展，成为佛教史上一个重要的阶段。

7世纪，松赞干布统一西藏，并创立文字，佛教在西藏开始了最初的传播。8世纪末叶，藏王赤松德赞亲政后，派大臣去印度礼拜大菩提道场和那烂陀，并迎请寂护、莲花生入藏，创建了西藏第一座寺庙桑耶寺，并建立正式的僧团，奠定了纯正佛教的基础。寂护是中观瑜伽行派的创建者，后经莲花戒、师子贤诸大师，用般若思想贯通中观瑜伽两派理论。他们的思想传入西藏后，对显教各派都有重要的影响。

值得注意的是，开创西藏前弘期的寂护、莲花戒和阿底峡一样，都来自孟加拉地区，都是萨霍尔（Zahor）地方的人。密宗大师莲花生出生于"乌仗那"（今巴基斯坦和阿富汗一带），在萨霍尔国的阿苏罗岩洞由比丘阿难陀剃度出家。这说明，包括孟加拉地区在内的东印度已成为当时的佛教中心。

895年，吉德尼玛衮的后代在阿里建立古格王朝，日巴衮据芒域建立拉达克王朝。978年，鲁麦·喜饶楚臣等在桑耶寺、噶迥寺授徒传法，佛教在西藏再度传播，史称后弘期佛教。此时，金刚乘密宗在东印度进入晚期，金刚乘在印度次大陆消逝之前，曾经历过两次复兴，即"时轮乘"和"俱起乘"。11世纪初，穆斯林侵入北印度，佛教、印度教为了对付共同的敌人，结合成时轮派。"时轮"即"时间终极的存在"，现实的存在像时间的车轮一样，倏忽即逝，只有相信宇宙的本初存在，或本初佛，才能从迷妄中解脱。时轮乘强调人与宇宙的统一性和同源性，宇宙已经包含在整个身体中了，时间的概念完全与生命息的各种形态及不断的变化有关。噶举派僧人将时轮乘的起源，归功于神通成就者笛洛巴和那若巴。"俱起乘"是一种超越了智力的、不可能以暗示之外的其他方式提及的真法之直观。据称，世人由于无法理解它，最终都从事一种形式化的、僵化的、表面化的和无益的宗教修习。

密宗金刚乘的这些思想被直接引入西藏，成了后宏期藏传佛教的重要基础。在后宏期之初，西藏各派创始人大多都有东印度超戒寺的学习经历，如萨迦派的卓弥译师、噶举派的玛尔巴译师、噶当派的阿底峡、希解派创始人当巴桑结。当时，东印度和西藏两地的僧侣往来频繁，无论从经文还是仪轨，都具有直接的传承关系。

五、阿底峡的历史贡献

大多数藏文史料记载，阿底峡诞生于古印度东部邦伽罗国萨诃罗（萨霍尔）王室。那措·崔臣杰瓦（1011~1064年）在对阿底峡的颂词中，这样描写他的出生地："东方萨霍尔（Zahor）殊胜地，坐落一座大城镇，名叫毗扎玛普热（Vikramapar，威德城），城中便是大王殿，宫殿辉煌宽又广，人称金色胜幢宫。"

1982年2月，在孟加拉国首都达卡举行了纪念阿底峡尊者诞生一千周年国际讨论会，来自12个国家的130多位佛教界人士出席。会后，在阿底峡出生地金刚瑜伽村，举行了阿底峡大师纪念柱奠基典礼。金刚瑜伽村即坐落在毗诃罗普尔遗址之上。

作为西藏佛教后宏期的开山祖师，西藏史家为阿底峡尊者保留了一席重要的位置。毗诃罗普尔作为阿底峡尊者的故乡，在西藏典籍中也具有了崇高的象征意义。《布顿佛教史》《青史》《汉藏史集》《后藏志》《土观宗派源流》《红史》《新红史》等大量西藏文献中，都有关于阿底峡的记述，藏王意希沃迎请阿底峡入藏的故事，已成为西藏家喻户晓的传奇。

《菩提道灯论》是阿底峡在托林寺写成的，他对大乘理想大加赞颂，提出了著名的"三士道次第"，以此融会了显密两宗。"三士道""次第"这些概念，并不是他的发明，但用于当时的西藏，确实起到了"对症下药"的作用。可以说，这篇短短千余字的《菩提道灯论》，塑造了藏传佛教的整体品格。

后来，阿底峡应仲敦巴之邀来到卫藏地区，他所传授的教法史称"上路宏法"。当人们都注目于密宗金刚乘时，阿底峡致力于众生的救度，一再提示"大悲心"的重要，他反对密宗内部的腐败、过分的性行为、仪轨性的杀戮，意在纠正佛教的堕落。他托付给仲敦巴的，并不是密教，而是大乘经论，在他圆寂之前，反复提示后继者，对于僧人而言，最重要的是"律"字，不然，犹如盲人射箭。因此，噶当派和后起的格鲁派，都带着浓重的显教色彩。但是，除了噶当派，其他各派的密宗色彩都很浓厚，即使在噶当派的本尊中，也将观音、度母、不动明王等，与释迦牟尼一起供奉。随着时间的推移，藏传佛教再次向密教方向倾斜，到了14世纪末，终于导致了宗喀巴的宗教改革。

阿底峡尊者于1054年圆寂后，安葬于拉萨附近的聂塘寺。1963年，孟加拉佛教复兴会会长维苏塔难陀长老在一次会议上，向周恩来总理提出，希望将阿底峡尊者部分灵骨奉迎回国供奉，周总理欣然应允，在两国共同努力下，阿底峡尊者的灵骨于1978年6月被迎请至孟加拉国达卡法王寺供奉。目前，在毗诃罗普尔遗址上，由中国援建的阿底峡纪念堂即将竣工（图一九），它将与已经发掘的考古遗址连为一体，成为孟加拉国一处独特的人文胜景。

图一九　正在修建的阿底峡纪念堂

六、建筑的象征

在纳提什瓦发现的"十字形"中心圣地建筑的精神实质，即为金刚乘中的曼陀罗，这是金刚乘对世界结构的想象，具体化为寺院建筑的形式。

所谓曼陀罗，又称坛城，是象征化的小宇宙，是摆脱了任何干扰的、封闭的地盘，这是整个亚洲的一种古老的宇宙模式。从曼陀罗形式出发，"十字形"建筑又与四阶梯（修行的步骤）、"五部佛"（佛的空间分布）的概念相配置。本尊毗卢遮那佛居于中心，相当于空；阿閦佛位于东方，相当于风；宝生佛位于南方，相当于火；阿弥陀佛位于西方，相当于水；不空成就佛位于北方，相当于地。修行者通过观想，将召到的神祇，分置于各自的空间中，金刚乘认为，人和宇宙之间存在着某种对应性，观想、修习的要旨，就在于使两个宇宙重叠。

经过发掘，纳提什瓦"十字形"建筑的中心是一个边长为9.2米的八边形塔基，如果进行遗迹复原，即为高耸的八边形巍峨佛塔，塔基应以实心为主，也可能存在塔心殿堂，供奉"五部佛"中的本尊毗卢遮那佛。中心佛塔是整个建筑的核心，由于体量极大，故其基础深度超过了环绕塔的四个佛殿的墙基。四个单体佛殿呈对称分布，佛塔和佛殿和连接墙基之间，有一条宽约2.36米的环形道，应是围绕佛塔的行经道。从每个佛殿通向中央佛塔，都会设立一门，通过这个门，就可以进入行经道，既可以拾级而上叩拜本尊佛，也可以通往其他各处的佛殿。四个佛殿除用于僧徒礼拜外，也可能用于集会、讲解教义、诵经等，殿内或有供奉的佛像，可能置于佛殿的中部，也可能嵌在四周的墙壁内，依照"五部佛"的概念，各个佛殿会依其方位供奉一位主供佛。佛殿内还有四个柱基，上面应安放岩石柱础，立柱以承担屋顶的重量。这样，整个建筑之间也就圆融有序了。

波罗（Pala）王朝（750～1161年）时期，佛教偏于孟加拉一隅，经历了近500年的发展，这一时期，金刚乘取得了压倒性的优势，成为佛教最后一个辉煌时期。以怛特罗为基础的宗教修习是当时最流行的宗风。在波罗、斯那王朝时期，一批按其教法和仪轨而修建的金刚乘中心诞生了。除了大乘中心那烂陀寺（Naranda）本身也是金刚乘中心外，护法王达摩波罗（Dharmapala，770～810年）创建了三座著名的金刚乘寺庙，超戒寺（Vikramacila）、奥丹塔普里寺（Odantapuri）和苏摩普里寺（Somapuri）。经考古发掘，超戒寺和苏摩普里寺都具有这种十字形建筑结构。

波罗王朝被认为是孟加拉国历史上的黄金时代，孟加拉族的荣耀和对外影响在这一时期达到了顶峰，"十字形"中心圣地建筑风格也传播到周边的许多地区。加德满都博达佛塔、西藏桑耶寺以及敦煌465窟的窟顶与窟室四披的壁画都具有这样的风格；此外，宿白先生曾正确地指出：建于10世纪末的阿里古格的托林寺朗巴朗则拉康，也是曼陀罗图式的例证。在东南亚，柬埔寨的吴哥窟、爪哇的婆罗浮屠佛塔（Borobudhur），也是这种"十字形"风格。

苏摩普里寺位于孟加拉国西北部拉杰沙希（Rajshahi）县的巴哈布尔（Pahapur），其"十字形"中心圣地建筑是这一时期曼陀罗的典型模式（图二〇）。经考古发掘，建筑中心部位也是高大的佛塔，佛塔四面是呈十字形分布的四个佛殿，佛殿内部也有四个柱基，其建筑形态与纳提什瓦所发掘的遗迹极为相似。通过对两者佛殿尺寸的比对，纳提什瓦的建筑规模要大于巴哈布尔，因此，它已成为孟加拉国规模最大的金刚乘建筑遗址。据^{14}C测定，其存在的年代为10～13世纪，正处在金刚乘最后的鼎盛时期，毫无疑问，作为南亚次大陆最后一个佛教中心的珍贵遗产，这个遗址将永载世界考古学的史册。

图二〇　巴哈布尔的苏摩普里寺复原图

七、造像的流衍

　　密宗金刚乘是常人通过修炼可以实行的宗教生活，修行者在曼陀罗坛城中，体验着向极乐世界升华的乐趣。僧侣从烦琐教义的宣传者变成了人和菩萨间的媒介人，具有了术士和神巫的性质。

　　寺院中的造像，作为观想、礼忏的重要对象，充满了召神之力。金刚乘造像是随着两大女神的出现而开始的，一是高贵的观音菩萨，一是平民化的救度母。观音是与"化身"概念连在一起的。救度母又称多罗（Tara）菩萨，源自印度教爱欲之神洛乞史茗（Laksmi），在早期大乘经文中找不到她。在事部密宗中，观音、金刚手、不动明王、救度母是最标志性的神祇，此处还包括真言、陀罗尼等。到行部和瑜伽续部，以毗卢遮那佛为代表的五佛成为最主要的神祇。无上瑜伽部包括生起次第和圆满次第，生起次第是观想本尊形象，在曼陀罗前，对本尊的面貌进行长年累月的观想，由于条件反射，本尊会出现在梦境中，如同真实一般，最终会将自己的身、口、意也修成如同本尊一样，自己也就变成了神祇。圆满次第是通过控制脉息，在男女交合中，"乐空双运"，入定悟空，达到"菩提"（觉）的境地，此境界即是"成佛"。金刚乘认为，思想、心理与生理是不能截然分开的，前者受后者的制约，这是身体修炼最基本的理由。其中，修法女伴与印度教性力派有密切的关系。佛教曾经极力排斥性行为，完全将它从僧侣生活中排除出去，金刚乘则非常注重身体，最大限度地利用它从事救度，让性欲迁移到一个比通常生理满足更高的次第。瑜伽和无上瑜伽部的主要神祇有密集、大威德、呼金刚、胜乐、时轮等，主尊正面拥抱着明妃，呈现为男女交合的双身像，为了行使降魔的职能，它们都具有好斗和狰狞的外貌，三只眼睛象征看穿世界的智慧，五颗头颅的头冠，意指"五智"。

　　在西藏寺庙中，笔者接触过数以百计的金铜双身像，年代一般都较晚，笔者见过的图像资料中，最早的双身像，见于敦煌465吐蕃窟的壁画，年代在吐蕃时期还是后宏期西藏密宗盛行时期，至今未有定论。印度加尔各答博物馆所藏上乐金刚金铜塑像，年代约在11世纪，据称其产地在波罗王朝时期的比哈尔，与敦煌465窟壁画显然属同一个粉本。除此之外，在相关南亚的佛教资料中，笔者再没有看到过这类造像。大盛于西藏的双身像，为何在印度鲜见踪影？笔者曾主观地认为，双身像是西藏式的创造。这两年在孟加拉国，有机会参观了不少博物馆，看到了孟加拉国出土的各类佛教造像，波罗时代的造像继承了印度悠久的传统，衣着饰物朴素，神态自然安详。笔者也特别留意双身像资料，一个偶然的机会，终于看到了Pahapur和附近Jagaddala出土的密宗双身像，年代都在8世纪以后，这显然是西藏双身造像的真正源头，它是与教义同时传入西藏的。也许，由于无上瑜伽是金刚乘的最后形态，在东印度存在的时间并不长，因此数量上比较稀少。在孟加拉国的一些博物馆中，笔者还看到了波罗时代的贝叶经插图，鲜红的色彩，柔软的线条，婀娜的身姿，体现了东印度柔美的绘画风格，为西藏后宏期壁画和唐卡中所常见。

孟加拉国是古代佛教繁荣的地区，包括孟加拉国在内的东印度，还是8~12世纪印度佛教的最后一个中心，它们正是藏传佛教的直接源头。孟加拉国的见闻，不仅让笔者获得了东印度佛教遗迹的新知，也丰富了对藏传佛教的旧识。我国藏学涉及东印度佛教资料时，大多引自西方学者的成果，从未有机会亲临佛教故地，触摸这个文明的核心，毗诃罗普尔遗址和东印度其他8~12世纪的佛教遗址，是西藏早期寺院的蓝本，无论从教义、建筑、造像，都渊源于此。毗诃罗普尔遗址的联合考古项目，也是中国与南亚次大陆之间的首度考古协作，如果以此为契机，建立长期的学术交流平台，必将会拓宽我们的视野，把我们的研究提升到新的境界。

八、景观和展望

在莫卧尔王朝以前，现今蒙希甘杰所在的毗诃罗普尔地区，可能是恒河和贾木纳河（在印度称布拉马普特拉河，在中国称雅鲁藏布江）的交汇之地。据孟加拉国学者考证，这一地域也是孟加拉旃陀罗、跋摩和犀那王朝的都城所在。毗诃罗普尔佛教遗址的发现，也印证着这座都城的存在。在纳提什瓦发掘区，两个时代的遗迹互相叠压，通过地层学和一系列测年数据，勾勒出遗址变迁的历史过程。在孟加拉国，800~900年的记载很少，人们对这段历史的认识也很模糊，因比，这个遗址中所获取的信息，对于建立孟加拉国的历史编年具有重要的意义。

毗诃罗普尔是孟加拉国历史上一个神秘的名字，长期以来，这里经常出土佛教石雕、砖雕、陶器、木船、钱币、铭刻文字等珍贵文物，成为国内外许多博物馆的收藏品（图二一~图二四）。当地村民在开挖池塘或房屋地基时，也经常发现古代的砖墙和遗物。毗诃罗普尔遗址目前包括拉库罗普尔和纳提什瓦两个发掘区，两者相距约2千米。拉库罗普尔发掘区为周匝绕置小居室（僧房）的僧院（vihara），这是东印度常见的僧院格局，在博格拉（Bogra）镇的莫哈斯坦（Mahasthan）、库米拉（comilla）县的迈纳马蒂（Mainamati）多有发现。7世纪松赞干布修建的大昭寺，也是一处小室绕置的内院式的方形僧舍。这种样式还发现在中国汉族地区的一些早期寺庙中。在纳提什瓦发掘区发现的"十字形"中心圣地建筑，是东印度金刚乘建筑的典范。据 ^{14}C 年代数据，拉库罗普尔和纳提什瓦这两处发掘区属于同一时期。这个规模庞大、具有不同功能分区的大型佛教遗址，正好与文献中的都城相匹配。一个埋没已久的中世纪神秘古城，已经从文献和传说中走向公众的视野。

图二一　毗诃罗普尔地区出土佛造像

图二二　毗诃罗普尔地区出土度母像

图二三　毗诃罗普尔遗址出土砖雕

图二四　毗诃罗普尔遗址出土砖雕

另外，纳提什瓦发掘区遗迹体量极为壮观，具备了建设考古遗址公园的良好条件，根据遗址的特点和保存状况，拟对这处遗址不采取回填、在地面上仿建的方式，而是更多地展示遗址的真实本体，以增加真实的观赏价值。作为附属的遗址博物馆，陈列内容除了介绍遗址本体外，还可包括中国历史文化、中孟交往史、阿底峡和藏传佛教文化等，使它成为传播中国文化和中孟友谊的一个窗口。它们与中国援建的阿底峡纪念堂结合在一起，将构成一道独特的人文胜景，一处当地民众的休闲场所和外国游客的观光目的地，它将是中孟友谊的又一里程碑。

（本文首次发表于《中国文物报》2016年1月1日，此次再刊，有较大修改和补充）

再论岳州窑

周世荣

2016年是我所诞生30周年纪念。尹检顺先生约笔者写一篇文章，笔者欣然承诺。30周年，笔者理当向文物界的领导和朋友汇报30年来的学习和工作情况。为此，特呈上拙作——《再论岳州窑》，以表寸心。

近30年来，笔者先后出版了三本"岳州窑"。分别是：

（1）《岳州窑青瓷》，台北渡假出版社有限公司，1998年。

——该书错把"岳州窑"写成"湖南陶瓷史"，似觉不妥。

（2）《岳州窑》，湖南美术出版社。2011年，该书将湘阴县的诸窑址全部收入，因而把"岳州窑"写成了"湘阴陶瓷史"，也觉不妥。

（3）《岳州窑新议》，延边大学出版社，2012年。该书把湘阴县境外的"长沙窑"也收入该书，而誉之为"岳州窑蝶变的长沙窑彩瓷"，仍觉不妥。

今通过认真思考有了新的认识，决意把"岳州窑"写成单一的"青瓷"，而把湘阴县境内唐以后其他瓷窑全部排除在外。本文所言"岳州窑"始烧于东汉，而终止于大唐的9世纪初，可分四期，按时间先后分别阐述各期陶瓷期的特点、种类和代表作等。

一、岳州窑名称的来历与主要瓷窑

"岳州窑"的名称见于唐·陆羽《茶经·四之器》。陆羽把诸窑所在地按"州"取名，唐代岳州窑主区位于湘阴县境内，因为湘阴隶属"岳州"，所以称之为"岳州窑"（图一）。"岳州窑"仅仅是唐代陆羽的称呼，严格地说，"岳州窑"就是"湘阴窑"。

经考古调查发掘，"岳州窑"主要有湘阴县境内的铁角嘴窑、湘阴窑、青竹寺窑、洋沙湖窑、樟树镇窑以及今长沙市望城区的石门矶窑和铜官窑（唐代铜官属潭州，按陆羽以"州"取的惯例因而又把"铜官"叫"潭州窑"）。

（1）铁角嘴窑——位于湘江下游，湘阴与长沙市望城区交界处，1952年调查发现，不久窑区开辟为草地（图二，1）。

梨园（图二，2）和水田，今岳址中的陶瓷器已荡然无存。笔者曾多次前往复查。仅获得残片数件，其中有唐代玉璧底青瓷碗（图二，3、4）、素胎擂钵（图二，5），东吴酱釉罐（图二，

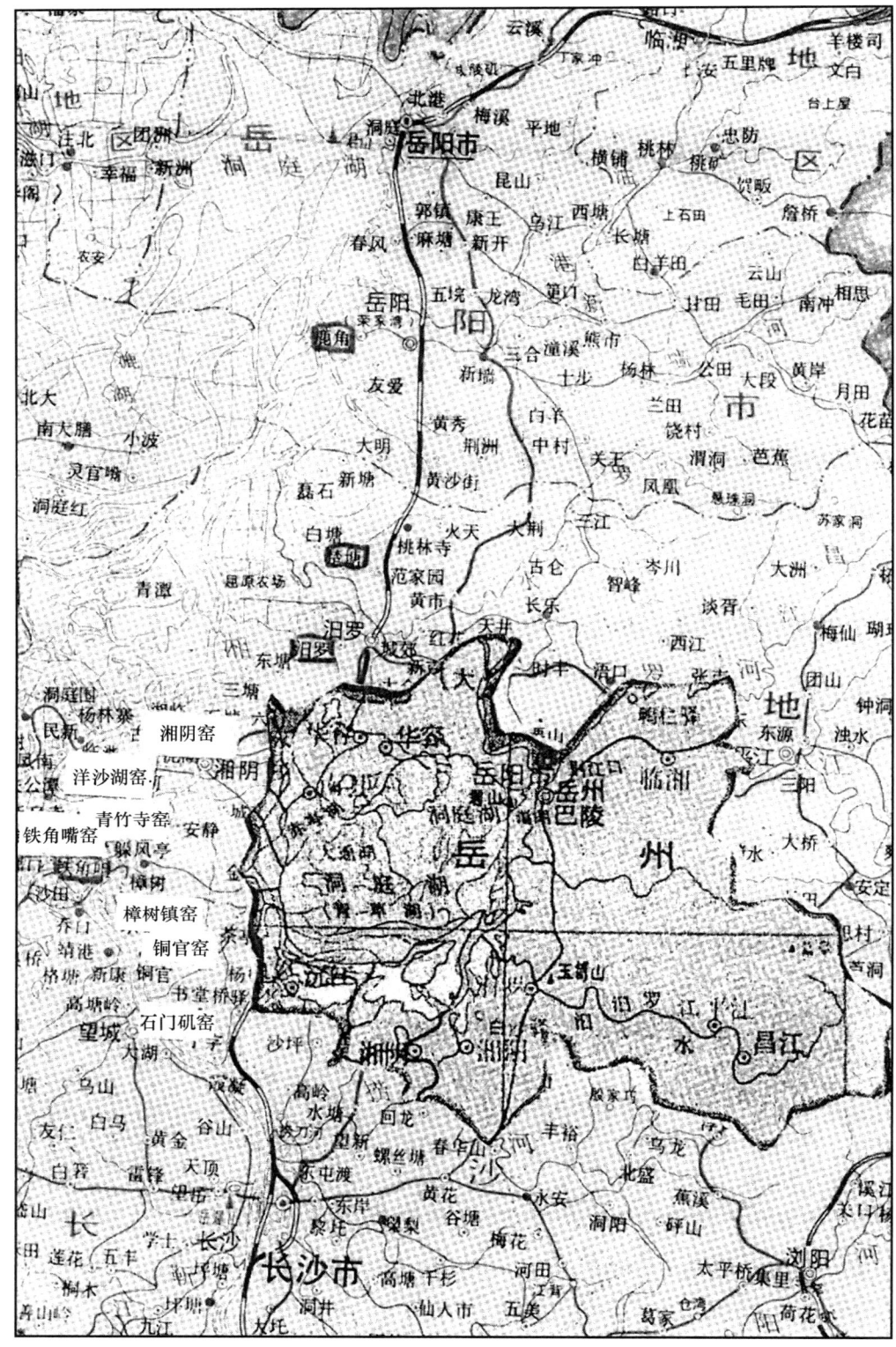

图一 唐代岳州与岳州窑窑址分布图

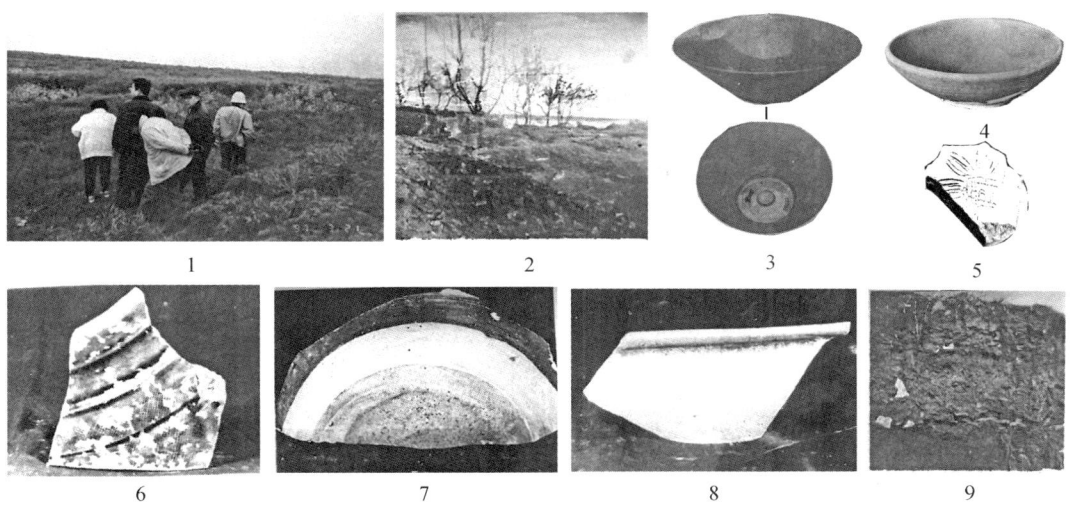

图二 湘阴铁角嘴窑青瓷

1. 笔者陪同日本考察团考察岳州窑 2. 湘阴铁角嘴窑窑头山窑区的梨园出土东汉三国时期的青瓷 3. 玉璧底褐釉碗（中唐） 4. 玉璧底青釉碗（中唐） 5. 素胎擂钵（中唐） 6. 酱釉罐残片（三国东吴） 7. 酱釉钵（三国东吴） 8. 青釉盆（三国东吴） 9. 窑址堆积层

6）、酱釉钵（图二，7）、青釉盆残片（图二，8）等，证明该处系唐代岳州窑可信。其上限年代似可早至三国东吴时期。但三国至大唐之间，出现空白期，说明此处存在两个不同时期的瓷窑。

（2）湘阴窑——该窑位于湘阴城关镇湘江堤垸闹市区胜利街一带，1975年首次进行抢救性发掘；1997年再次在马王堆一带进行抢救性发掘（图三，1），并发现隋代龙窑和牛祭等遗迹。该窑

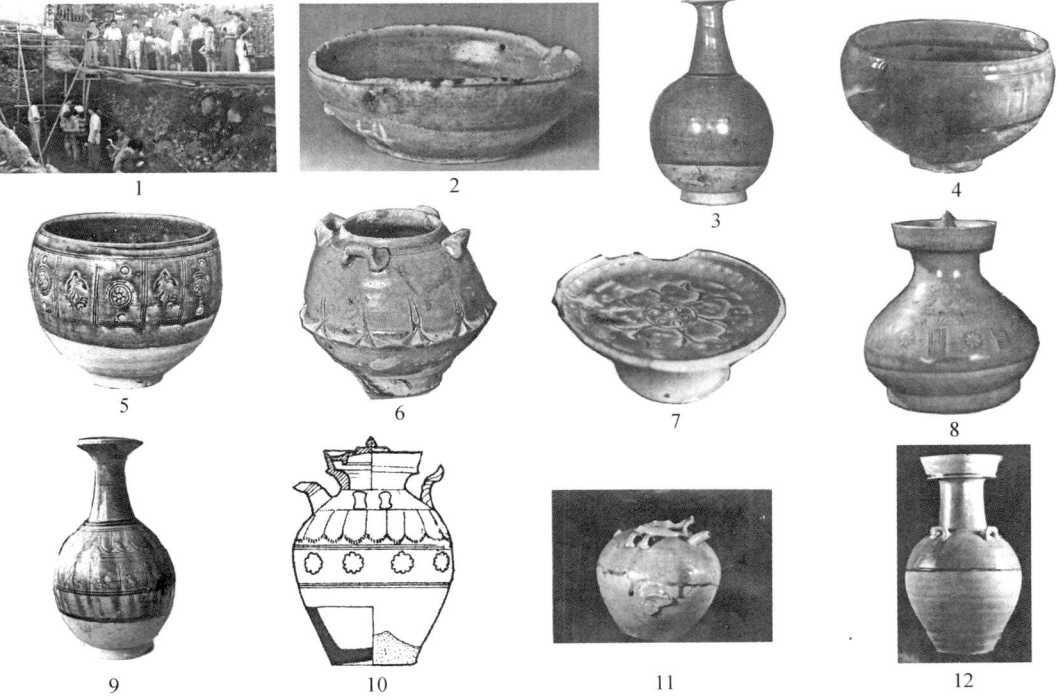

图三 湘阴窑青瓷

1. 1997年湘阴马王堆勘探发掘现场 2. 釉下酱彩平底碗（东晋） 3. 青釉喇叭口小颈瓶（南朝）
4. 青釉印花洗（南朝陈隋之际） 5. 褐釉印花洗（南朝陈隋之际） 6. 青釉四系莲纹罐（南朝） 7. 青釉莲花高足盘（隋）
8. 青釉盘口印纹壶（隋） 9. 青釉喇叭口印纹瓶（隋） 10、11. 青釉系纽印花莲纹壶（隋） 12. 青釉盘口系纽瓶（唐）

大致兴起于晋，一直延续至隋唐之际，其代表作有晋釉下酱彩平底碗（图三，2）、鸡首壶、象首壶，南朝青釉喇叭小颈瓶（图三，3），南朝陈隋之际青釉印花洗（图三，4）、褐釉印花洗（图三，5）、青釉四系莲纹罐（图三，6）、"上府"杯、"官"字杯、"太官"杯、乐府诗鸳鸯莲花盏，隋代青釉莲花高足盘（图三，7）、青釉盘口印纹壶（图三，8）、青釉喇叭口印纹瓶（图三，9）、青釉系纽印纹莲花壶等（图三，10，11）和青釉盘口系纽瓶（图三，12）等。

（3）青竹寺窑——该窑址位于湘阴县西南方6千米安静乡青竹湘村的青竹寺靠湘江湾河岸边的斜坡河滩一带（图四，1），是1988年为迎接中国古陶瓷学会在衡阳召开，便于代表们参观研究而试掘的，出土陶瓷器19000余件。器形有罐、钵、坛、瓮、碟、杯、盆、洗、釜、锅、酒鐎、壶、盏、盂和雕塑青蛙等。本文收录代表性青瓷有汉安二年（143年）方格印纹残片（图四，2）、篦划水纹碗（图四，5）、凹弦纹碗（图四，8）、同心圆敞口碗（图四，11）、篦划纹高足酒鐎（图四，10）、篦划连弧纹青色釉下酱彩碗（图四，4）、青釉盘口双纽高圈足壶（图四，3）、青白釉缥瓷碗（图四，6）、小方格印纹篦划双纽罐（图四，12）、小方格印纹水波篦划几何印纹系纽残片（图四，9）和灰胎雕塑青蛙（图四，7）等。

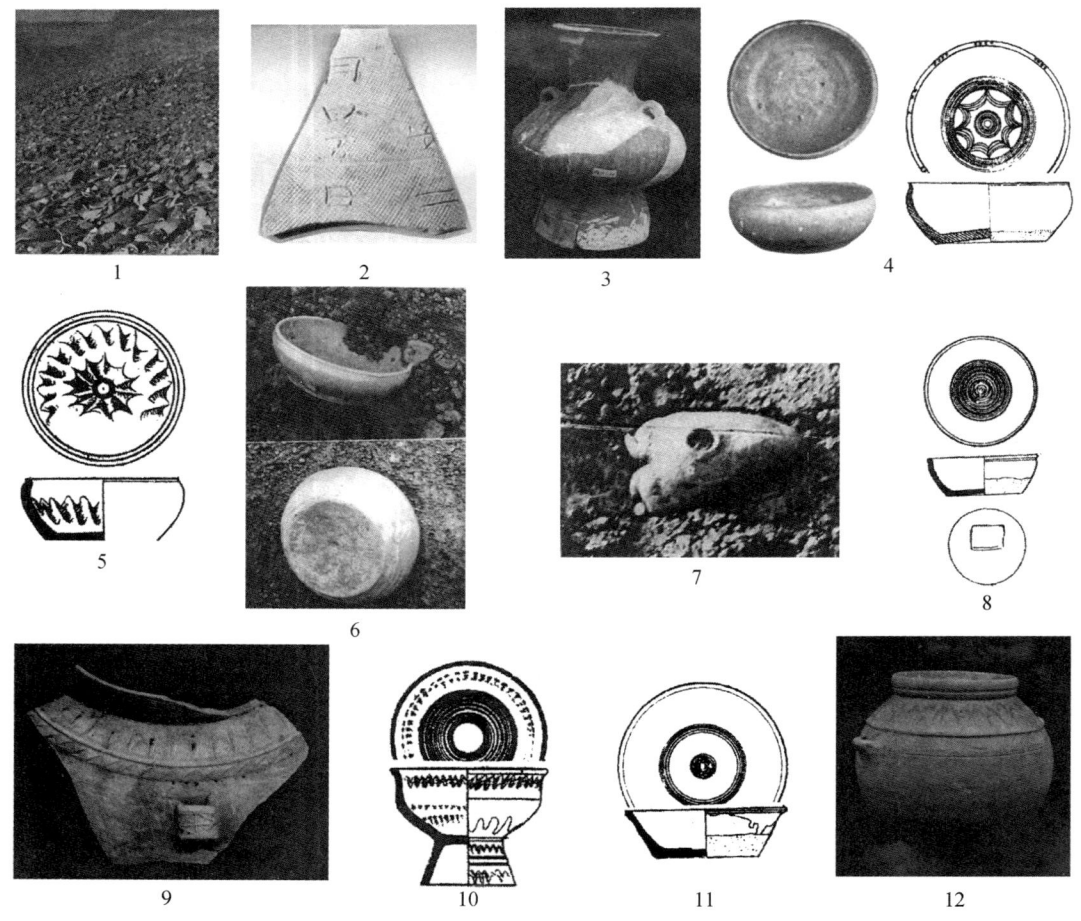

图四 东汉青竹寺窑青瓷

1.湘阴青竹寺窑 2."汉安二年"（143年）方格印纹残片 3.青釉盘口双纽高圈足壶 4.篦划连弧纹青色釉下酱彩碗 5.篦划水波纹碗 6.青白釉缥瓷碗 7.灰胎雕塑青蛙 8.凹弦纹碗 9.小方格印纹水波篦划几何印纹系纽残片 10.篦划纹高足酒鐎 11.同心圆敞口碗 12.小方格印纹篦划双纽罐

该窑出土"汉安二年"纪年瓷片，从而可以确证该窑的绝对年代不会晚于公元143年。

（4）洋沙湖窑——该窑位于湘阴县南郊3千米的洋沙湖湘江西岸一带（图五，1），目前尚未做详细调查。

该窑较早的青瓷器与青竹寺窑制品相类似。此外还发现新莽"大泉五十"货币印纹多种。所铸时代的年代很短暂，"大泉五十"的货币印纹装饰具有明显的时代特点，因而该窑的上限年代似可早至新莽东汉之际。此外还发现初唐时期的青瓷碗多种，如刻有"龙兴寺"三字的圆饼底青瓷碗残片（图五，2）和青釉、器心内外露胎的圆形凹底碗（图五，3）等。初唐时期的青瓷碗值得关注。"龙兴寺"位于湖南沅陵县城西北虎溪上，该寺建于唐贞观二年（628年），明清时多次修缮，其中主体构架及松柱、木质、半拱、彩绘等均保留了宋代建筑特点，具有唐代时期的风格。"龙兴寺"碗底残片当属唐代贞元时期的制品。

图五　洋沙湖窑青瓷

1.洋沙湖窑及湖边出土的陶瓷碎片及龙兴寺　2."龙兴寺"青釉碗残片（盛唐）　3.青釉器心内外露胎凹底碗（盛唐）

（5）樟树镇窑——位于湘阴县与长沙市望城交界的湘江东岸（图六，1），1988年试掘。出土青瓷器与青竹寺窑制品类似，青瓷标本有敞口露胎的平底碗（图六，2）和青釉直领系纽罐残片（图六，3）等。

图六 樟树镇窑和石门矶窑青瓷
1. 樟树镇窑 2. 青瓷敞口露胎平底碗 3. 青釉直领系纽罐残片
4. 石门矶窑出土三国东吴青釉四纽方格印纹罐（左）和青釉敛口钵（右）

（6）石门矶窑——位于长沙市望城区的湘江东岸。1987年发掘，据黄纲正介绍：出土瓷器有罐、洗、碗、杯等8类。胎质较细腻，多灰白色，亦有青灰色，火候较高。釉多青黄或蟹黄，少量豆青，均有小开片的冰裂纹。胎釉结合不好，釉层剥落现象较严重。又说："洗17件……器壁外面为麻布纹，腹部最大处有三条凹弦纹，内底中心为细线，重圈纹，圈外有篦纹组成的六角形图案，蟹青色釉，器内满釉，外壁釉不及底，其一高10、口径24、底径14.6厘米。"该式洗，在湘阴青竹寺中大量出土，又说："窑具仅垫墩和垫盘二种。"比青竹寺的窑具显得更先进。

又：石门矶发现馒头形窑炉。"窑室长2米，宽1.79米，顶部已坍塌，残高1~1.4米，火膛长1.4米，北夹与窑室同宽，往南逐步变窄至0.6米；底部较窑室低20厘米，顶部为厚约6厘米的红烧土券顶；北头高90厘米，往南逐渐变矮，南端残缺。窑室北端均匀排列三个烟囱，烟囱长约30厘米，宽15至20厘米；烟囱与窑室间用砖隔开，仅靠底部留出30厘米的排烟孔。窑室和烟囱均以生土为壁，未用砖砌，窑壁生土被烧成厚15至20厘米的红烧土；壁内侧有一层窑汗，底部有烧结层，火膛内残留大量窑灰。"[1]

其主要标本有青釉四纽方格印纹罐（图六，4左）和青釉敛口钵（图六，4右）。

（7）铜官窑——位于今长沙市望城区的铜官镇。《湖南省志·地理志》卷二，上册540页称："望城县治在湘江下游西岸的高塘峻。"又："铜官浦，在县治燕北15里，现设铜官镇……该地产陶器，历史悠久闻名于世。今铜官镇街道民房和渡船码头沿河一带到处发现青釉玉璧底碗。其胎釉造型与湘阴铁角嘴出土的玉璧底碗十分类似。该窑与对岸铁角嘴窑遥遥相望，笔者判断，湘阴铁角嘴岳州窑与铜官窑尚属同一窑系。"

二、岳州窑年代与分期

民间传说："湘阴县是个万窑窝，未有湘阴先有窑。"《湖南省志·地理志》第二卷上册573页："湘阴县治"在湘水下游东岸即今城关镇。湘阴县在西汉至东晋时为罗县，南北朝宋元徽二年（474年）才分益阳、罗等地设湘阴县，与罗县并存（见《宋书·州郡志》），隋时一度并入岳阳县，不久又改岳阳县为湘阴县（见《隋书·地理志》）。从而证实民间传说的："未有湘阴先有窑"又是可信的[2]。

岳州窑创烧于东汉，终烧于大唐安史之乱以后的9世纪初。可分为四期。

（1）创烧期——以青竹寺窑为代表（东汉三国）。

（2）繁荣期——以湘阴窑前期为代表（晋、南朝）。

（3）鼎盛期——以湘阴窑后期为代表（隋、唐初）。

（4）没落期——以铁角嘴窑为代表（中唐安史之乱以后）。

其主要特点有以下几项。

创烧期——陶瓷的装饰流行小方格印纹和篦划纹，器纽出现几何印纹，青瓷中有篦纹高圈足酒鏂。（篦划）纹釉下酱彩碗，青白釉"缥瓷"和具有纪年价值的刻字题记"汉安二年"方格印纹瓷片，陶瓷器则采用圆形垫片和壁形垫片等较为原始的瓷烧工具。

繁荣期——陶瓷器出现多齿状垫圈和首创匣钵较为先进的装烧工具。装饰图形中出现莲花刻画纹、莲花印纹、模印佛像贴片釉下点彩和"乐府诗"等。其代表作有盘、双纽鸡首壶釉下酱彩青瓷碗、盘口束颈印纹壶、敛口扁腹、刻花仰莲纹洗；圆饼底"太官"印文杯，圆饼底"上府"印文杯，"官"字印文杯和罕见的（乐府诗）鸳鸯莲花印纹盏等。

鼎盛期——隋代吸取了东晋垫具残留支钉痕的缺点而采取不用支垫，改用器底露胎和器心露胎的装烧法，为了提高产量，采用模印法将许多小印模组成多种图形而形成隋代独具特色的装饰，其代表作有青釉变形莲花印纹高足盘（图七，1）、褐釉变形莲花仰莲纹洗（图七，2）、青釉变形莲花印纹三足釜（图七，3）、青釉莲花印纹托盘多足器（图七，4）和青釉莲纹印花壶等（图七，5）。

没落期——产品趋向单一，不尚装饰，窑区内到处是玉璧底碗。

中国僧徒为探求梵本，寻访名师，瞻仰圣迹，开始发起西行求法运动。当时中亚和印度佛教徒来华传译佛典，常不完备，或非出原本，转译失真，为探求梵本佛经中国高僧决意西出玉门，前往印度求法[3]。

图七 隋代印花诸器
1. 青釉变形莲花印纹高足盘　2. 褐釉变形莲花仰莲纹洗　3. 青釉变形莲花印纹三足釜
4. 青釉莲花印纹托盘多足器　5. 青釉莲纹印花壶

《中外历史大事年表》记载：

（1）67年，明帝夜梦金人，傅毅指为西方之佛，明帝乃遣郎中蔡愔等赴天竺（即印度）求佛。蔡愔行至大月氏，迎回天竺沙乃迦叶摩腾，竺法兰。次年，明帝于洛阳建白马寺以居二僧。

（2）380年正月，晋孝武崇信佛教，于殿内立精舍。居沙门。名僧慧远于庐山建莲社。

（3）452年，北魏文成帝下诏恢复佛教，并亲自为沙门师贤祝发，任为"道人统"，佛教大兴。

（4）50年，梁武帝萧衍宣布以佛教为国教，并发愿归佛。

综上所述，自汉以来，帝王宗信佛教，并宣布佛教为国教，上行下效，从而岳州窑瓷器中也出现了模印贴花佛像图形的大口钵（图八，1）和多种莲纹装饰的碗、盘、壶、瓶诸器，因为佛教徒把"莲花"视为"圣花"，见到"莲花"好似见到了"佛"（图八，2）。

与此相类似的变形莲花，在古埃及的装饰图形中也很常见（图八，3）[4]。

《中外历史大事年表》："公元前115年，张骞出使西域回到长安，乌孙使者随同来亦，汉与西域开始直接交往，'丝绸之路'自此开通。"

岳州窑瓷塑作品种不仅出现了西域胡人身穿袒臂服、足穿长靴、手牵骏马或骆驼的胡商（图九，1），满头卷发、长靴、身穿袒臂骑马服的青年小伙子（图九，2）和深目高鼻、满腮胡须骑坐

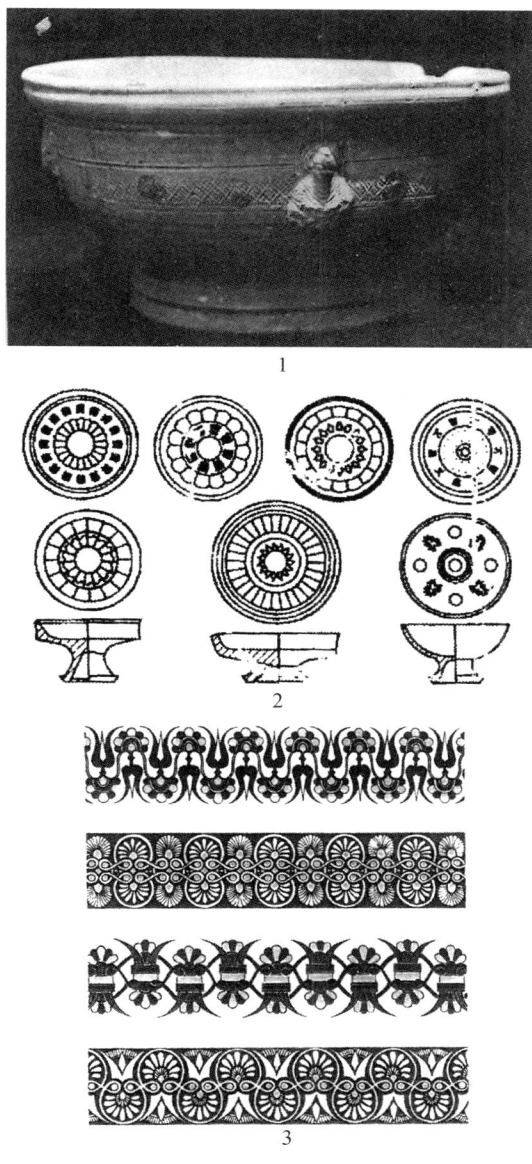

图八 佛教艺术
1. 青釉酱彩模印贴花佛像钵（西晋） 2. 多种莲花图形 3. 古埃及装饰图形中的变形莲花
（引自雷圭元、李骐：《中外图案装饰风格》，人民美术出版社，1985年，第141页）

骏马的胡人使者（图九，3）等。此外，还传来多种西方胡乐——手弹琵琶（图九，4）、手拨箜篌、口吹筚篥、手击羌鼓的乐队等（图一〇，1），其中"筚篥"，又叫"必栗""悲栗"或"觱篥"（音必栗）。筚篥是古龟兹国创造的吹奏乐器（图一〇，3），最初全部用芦苇制作，古诗中提到所谓的"胡笳"或"芦箜"就是它的前身。筚篥大致在汉代时，即是沿丝绸之路东传入中原，经过乐工改进，用竹子或木料加工制作，上开九个音孔，管的一端，插上芦苇制成的簧片，演奏时嘴含簧片，手按音孔箜吹。岳州窑出土的西晋骑马吹奏俑，吹管做弯曲状，似为较早的"芦管"或"筚篥"（图一〇，2）。

岳州窑青瓷乐队俑中也有手弹箜篌的（图一〇，1右二）。

图九 岳州窑瓷塑中的胡人和胡风
1. 身穿袒臂服、足踏长靴、手牵骏马或骆驼的胡商 2. 卷发、长靴、身着袒臂骑马服的小伙子手弹琵琶的乐俑
3. 深目高鼻，骑坐骏马的胡人使者 4. 头上双髻，身穿袒胸胡服俑

箜篌为竖琴前身，西汉武帝时，开辟西南，海路通向现在的越南、缅甸和印度，箜篌是从国外传入的。"箜篌"，作"空侯"，古拨弦乐器，分卧式、竖式两种，竖箜篌为竖琴前身，后汉时经西域传至中原地区。《旧唐书·音乐志》："竖箜篌……竖抱于怀，两手齐奏，俗谓之擘箜篌。"岳州窑青瓷乐队中把竖琴抱在怀中尚属"竖箜篌"[6]。古埃及壁画中绘有女乐师（图一〇，4），可以一睹西方箜篌演奏时的风采。

自从胡人来中国，大唐长安一带掀起了一股学习"胡风的热潮"，元稹《法典》有："自从胡骑起烟尘，毛毳（音催，鸟兽的细毛）腥膻（音闪，羊肉的气味）满城落，女为胡妇学胡妆，使进胡音各胡乐……胡骑与胡妆，五十年来竞纷泊。"说明开元、天宝以来胡风在长安一带盛行的情形。

唐代妇女的衣袖有窄有宽，但以窄袖居多，而以窄小视为时尚，唐代女子又喜效男子装束。《中华古今注》："至天宝中，士人之妻，著丈夫靴，衫鞭帽，内外一体也。"岳州窑的瓷塑中，出土有高髻、着鞭、披帛、身着长袖开胸花裙的美女俑（图一〇，5）和穿靴、身着窄袖开胸长裙的美女俑（图一〇，6）。

图一〇 岳州窑瓷塑中的美女俑和乐队

1. 头上高髻，身穿袒胸胡服的乐队　2. 口吹竽簧的骑马俑（西晋）　3. 新疆龟兹壁画上的"吹竽簧图"（引自栗斯编著：《唐代古文事续集》第二集，中国国际广播出版社，1988年，第2527页）　4. 古埃及壁画——女乐师　5. 穿靴、披帛、身着长袖开胸花裙的美女俑　6. 穿靴、身着窄袖开胸长裙的美女俑

三、各瓷传喜讯，盏中有好诗

2015年2月12日，张进从日本归来，欣喜地向笔者报告："周老师，湘阴出了乐府诗盏"，并画示意图说，"盏的内壁口沿处有一圈乐府诗。"笔者将信将疑。

2015年冬天，接近春节时，张进再次从日本归来，并拿出手机拍摄的实物照证实真有其事，但图片太小，既看不见器底更看不清诗文，笔者随即打电话给湘阴收藏岳州窑瓷器的泰斗胡宝民。胡说："真有其事，不过是一年前的事，盏底是小圆饼底，口径13.5厘米，收藏者不让拍照，但诗文我的一位朋友记下了。"顷刻，胡宝民的朋友来电说"周老师，诗文如下：市桃非我志，山水得余情；琴咏啼鸟叫，酒共落花情"。

诗的大意是说：种植千亩桃林，并不是追求盈利，但愿能换来青山、绿水、桃红和那个"情"字罢了！好山好水迎来了琴弦般成群鸟儿的歌声。痴情人举杯共饮，陶醉在飘红似海的落花之中。与此类似的"盏中诗"也见于唐·刘禹锡《元十一年自朗州召亦戏赠看花诸君子》的"咏桃"诗：

> 紫陌红尘拂面来，无人不道看花回；
> 立都观里桃乐树，尽是刘郎去后栽？

以上岳州窑"乐府诗"的出现在中国陶瓷史上具有重大的研究价值，因为它动摇了以往长沙窑首创"乐画"的结论。

张进返回日本时，给笔者留下了"乐府诗鸳鸯莲花纹盏"彩照两张，因未经本人许可，笔者不敢在本文发表，好在笔者当年发掘岳州窑采集有鸳鸯莲花纹盏残片，因为器形残缺不全，过去出版的三本关于"岳州窑"的专著中都没有用上，今将残片发表供读者一览风采（图一一，1）。

四、碎片值千金——"上底""官""太官"残片

岳州窑除了以上乐府诗鸳鸯莲花纹盏残片外，还有"上府""官""太官"杯等残片。

"上府"杯——"上府"的"上"字，是高、最、首、君之意，如"上下""高低""君臣"等。天上的帝王叫"上"；地上的帝皇叫"皇上"。因而"上府"乃政府高等官府，也可视为宫廷御府（图一一，2）。

"官"字杯——"官"代表"官方"，即中央或地方主管部门负责预购或生产的机构（图一一，4）。

"太官"杯——"太官"是政府"主管膳食"的属官（图一一，3）。"太官"杯是指宫廷专用的产品，而不是民间日用陶瓷。

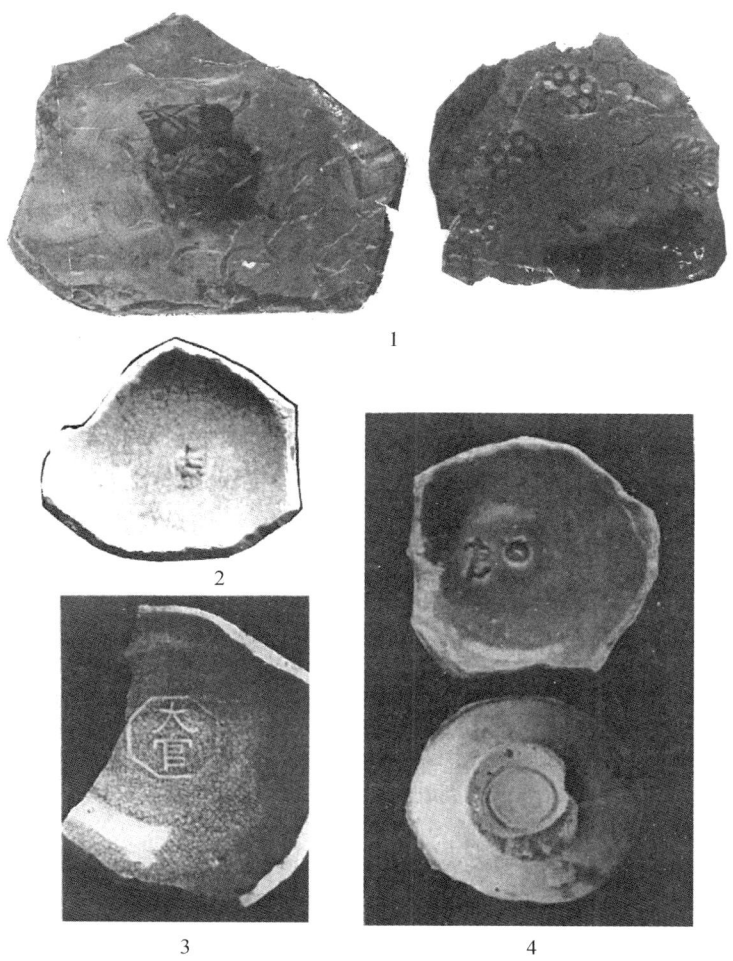

图一一 盏、杯残片（南朝陈隋之际）
1.青釉乐府诗鸳鸯莲花纹盏残片 2.青釉"上府"杯残片 3.青釉"太官"茶杯残片 4.青釉"官"字杯残片

注　释

［1］ 黄纲正：《石门矶窑址的发掘及有关长沙铜官窑的几个问题》，《中国古陶瓷研究》第4辑，紫禁城出版社，1997年，第226~232页。

［2］ 《湖南省志》编纂委员会：《湖南省志地理志》第二卷上册，湖南人民出版社，1982年。

［3］ 沈福伟：《中西文化交流史》，上海人民出版社，1985年。

［4］ 丁笃本：《中外历史大事年表》，湖南人民出版社，1998年。

［5］ 栗斯编著：《唐诗故事续集》第二集，中国广播公司出版社，1988年，第251页。

［6］ 雷圭元、李骐：《中外图案装饰风格》，人民美术出版社，1985年，第115页。

宋元时期湘江中游地区窑业遗存考察与初步研究

张兴国

宋元两代中国各地窑场林立，名窑辈出，海外贸易空前繁荣，瓷器作为主要贸易品，运销海外，中国传统的制瓷技术也开始大规模向外传播。就湘江流域而言，虽然长沙窑在湘江下游的石渚湖边开创了一片属于自己的天地，在晚唐五代的陶瓷产业中形成了"南青北白长沙彩"的三分天下之势，但湘江流域在宋元时期似乎没有产生具有全国影响力的著名窑口。但这并不妨碍湘江流域投入到宋元时期陶瓷生产的洪流之中，现已发现的云集窑、归阳唐家窑、大源窑等窑群的规模都不输中晚唐时期的长沙窑，且不乏独特的地域风格，它们以什么方式参与到宋元时期陶瓷产业的大发展之中呢？它们的产品是否也曾漂浮于这条波澜壮阔的"陶瓷之路"上？这一时期湘江沿岸的窑址比以往任何时期都要分布得密集，湘江中游尤为甚。虽然现存的这些窑址大都已在文物普查工作中登记在册，但对湘江中游地区宋元时期的这些濒危古窑址尚未进行过系统的专题调查和研究。为此，笔者在2008～2012年断断续续利用工作之便，先后在现衡阳、郴州、永州三市境内进行了虽然仓促却较为系统的考察，希望能在普查及过往工作的基础上，对宋元时期湘江中游地区与陶瓷产业有关的历史做一些更为深入的打捞工作。

湘江中游大致为现永州零陵至衡阳段的湘江干流，本次调查的范围包括零陵潇水入口至衡东洣水入口之间的湘江干流及主要支流流经区域，涉及湘江干流、潇水、舂陵水、蒸水、耒水、洣水等水域附近分布的古窑址以及相关遗址。基于第二次全国文物普查成果编撰而成的《中国文物地图集·湖南分册》[1]，载录了今衡阳、永州、郴州三个地区境内窑址数量共计185处，时代涵括汉代至清代，其中被界定为宋元时期（含唐宋、宋、宋元、元）的窑址共有155处，占总数的83.8%，如果加上新近发现的数处窑址这个比例还将增大。这155处宋元时期的窑址分布在衡阳市境内有88处，永州市境内有49处，郴州市境内有18处。本次调查基本覆盖了《中国文物地图集·湖南分册》所载录的155处窑址，同时还踏查了新近发现的一些窑址，如桂阳的瓦窑圩窑址、衡东的白沙洲窑址、永兴的彭家湾窑址。

一、窑址的分类与分布

陶瓷窑址的制作工艺是本次考察的主要着眼点，主要包括原料选择与处理、成型技术、装饰方法、装烧技术这四个主要方面，通过对这四个方面的考察我们可以把握宋元时期该地域陶瓷产品的基本面貌，依据制作工艺对窑址进行分类是进一步研究的基础。虽然草木荆棘的覆盖给我们的考察工作造成了一定的困难，所获信息也不可避免地不够全面和精确，但实地考察让我们获得了一种强烈的感官印象，即依据其工艺特征这些窑址从地表现存的窑业遗物看可以分为四大类（表一）。

表一　宋元时期湘江中游地区各类窑址窑业废弃堆积中的常见遗存

窑址类型	窑业废弃堆积中的常见遗存
第一类窑址	1. 2. 3. 4. 5. 6.
第二类窑址	7. 8. 9. 10. 11. 12. 13.
第三类窑址	14. 15. 16.
第四类窑址	17.

注：1. 黄阳司窑出土碗　2. 蒋家窑出土盘　3. 衡阳窑出土罐　4. 衡阳窑出土执壶　5. 湘江窑出土执壶　6. 蒋家窑出土匣钵　7. 衡山窑出土印花碗　8. 衡山窑出土彩绘碗　9. 宏财村出土盏　10. 青冲窑出土高足杯　11、12. 衡山窑出土执壶　13. 衡山窑出土钵　14. 虾塘村窑出土青白釉芒口碗　15. 虾塘村窑出土支圈与支圈垫　16. 虾塘村窑出土支圈组合窑具　17. 瓦子山窑址出土陶瓶

第一类，以简单印花、刻划和素青釉产品为主要特征的窑口，产品类型较丰富，以碗为主，另可见壶、碾轮、罐、盘、碟等，地表暴露大量匣钵和垫圈等窑具，碗类产品以垫圈间隔相叠，用匣钵装烧，使用龙窑烧制。这一类的代表性窑址有衡阳的衡阳窑址、蒋家窑址、云集窑址，永州的黄阳司窑址、糖榨屋窑址，郴州的暖水窑址。衡阳窑址、蒋家窑址现以衡州窑之名被认定为全国重点文物保护单位，考古工作相对充分，故以"衡州窑类型"统称第一类窑址是合适的。

第二类，以碗盘内的复杂印花与彩釉装饰为主要特征的窑口，青釉仍占很大比例，但除此之外还有大量的褐色釉、黑釉、绿釉、窑变釉等，色彩斑驳，化妆土在这类窑址中也是一种重要的装饰原材料。地表暴露的窑具有支钉、支柱、泥圈、垫饼等，以支钉和支柱为主，碗类用支钉间隔叠烧，窑炉使用龙窑或馒头窑，或是两者并用。此前粉地彩釉绘花器被视为这一类窑址的主要特征，但从本次调查情形看，粉底彩釉绘花器只是其产品中一个数量相对较少的种类，地表散落较多的是印花器，常见印花纹有双鱼、牡丹和"福寿嘉庆""金玉满堂""天下太平"等字纹。这一类的代表性窑址有衡阳的大源窑址、衡山窑址、青冲窑址，永州的唐家岭窑址、寨子岭窑址、白杜窑址和玉井窑址，郴州的瓦窑圩窑址。衡山窑是这类窑址中考古工作开展较早、资料较为完整的一个，第二类窑址可统称为"衡山窑类型"。

第三类，以芒口覆烧和青白釉为主要特征的窑口，地表暴露的窑具以支圈和垫钵为主；部分烧制青白瓷的窑口还用涩圈叠烧法仿烧龙泉窑以厚胎厚釉为特征的青瓷，一般使用龙窑烧制。由于窑址所在地蕴藏丰富且质优的瓷土资源，这些地方往往孕育着当地的青花瓷窑址，附近地区成为近现代陶瓷生产中心。例如，衡东南塘窑址仿烧龙泉窑以厚胎厚釉为特征的青瓷，南塘窑址附近的虎形山窑址则为烧制青花瓷的清代窑址，而不远的石湾镇至今还是较有影响的制瓷中心。另外衡东瑶里的瓦子坪窑址附近也有明清时期的青花瓷窑址。类似的情形在益阳羊舞岭窑址和醴陵地区窑场中也可以看到，羊舞岭窑址除在宋元时期烧制青白瓷之外部分窑场还仿烧龙泉青瓷，在明代则开始烧制青花瓷，醴陵地区在宋元时期也烧制青白瓷，明清时期烧制青花瓷并创烧釉下五彩瓷，成为湘江流域的一个瓷都。从目前的资料来看，湘江流域此类窑址深受景德镇窑、龙泉窑的影响，南宋末年甚至有江西窑匠的直接迁入，从地缘关系来看，湘江流域最早接受景德镇青白瓷技术的窑场可能就是醴陵地区的青白瓷窑场，2010年湖南省文物考古研究所在醴陵市唐家坳窑址进行了发掘，这也是目前湘江流域唯一一次对青白瓷窑址的正式发掘，故湘江中游地区的第三类窑址或可统称为"醴陵窑类型"。

第四类，以罐、坛、缸、壶等中大型粗胎存储器为主要产品的窑口，产品施釉一般较随意或不施釉，地表暴露的窑具较少，其装窑时采用的方法可能是对口烧或裸烧。这类窑址以衡东的白洲坪窑址为代表，可统称为"白洲坪窑类型"。

类似的印象在以往的考古工作中已经形成。周世荣先生为湖南陶瓷考古做了大量开创性的基础工作，他在1988年出版的《湖南陶瓷》中把两宋陶瓷分为青瓷窑址、彩瓷窑址和釉下粉彩窑址三大类，而元明清陶瓷器则主要分为青瓷窑址、青白瓷窑址、青花瓷窑址[2]；在2008年出版的《湖湘陶瓷》中，周先生更明确地把宋元时期的主要窑址分为以衡州窑为代表的青瓷窑址、以衡山窑为代表的粉地彩釉绘画瓷和以羊舞岭为代表的青白瓷窑址[3]。刘茂先生在《湘江中、下游地区三处古窑址调查》一文中以衡阳蒋家窑、衡山瓦子堆窑和汨罗营田窑的调查成果为依据，对具有代表性的青瓷与彩瓷窑址以及彩瓷窑址之间的关系进行了深入分析[4]。这些过往工作成果具有重要的指导意义，但由于缺乏系统整体，对湘江流域宋元时期的陶瓷产业，我们始终有种雾里看花的感觉，江河沿岸的窑址繁花似锦，却又面貌朦胧。依据上文的分类，笔者制作了湘江中游地区宋元时期窑址分布图，从图中我们可以发现这四类窑址在空间分布上有以下特征。

（1）第一类窑址（衡州窑类型）主要分布在湘江干流沿岸及主要支流的河谷平原地带。以衡阳市区为中心，在市区南北湘江干流两岸窑址分布密度极高。从舂陵水入江口到洣水入口处的湘江沿岸约100千米的范围内共有窑址20处，窑堆（窑址废弃堆积）数量超过100处，平均不到1千米就有窑堆分布。我们在这一片区域进行调查时，当地百姓有个说法是"窑场老板从八方一直烧到醴陵，一共烧了72口窑都没烧成功，最后没办法女儿跳进炉子里才终于烧成功"，这一传说在一定程度上印证了我们的调查结果（图一）。

（2）第二类窑址（衡山窑类型）相比第一类窑址更为分散，在衡州、道州与桂阳临近地区相对密集。不仅数量要超过第一类窑址，在规模和分布范围上也都比第一类窑址要广，在湘江干流、支流和偏远山地都有分布，有从湘江干流向主要支流及偏远山地扩展的趋势（图二）。

（3）第三类窑址（醴陵窑类型）数量较少，主要分布在湘东的衡东县和耒阳市境内的山地和丘陵地带，与主要河流相隔较远，如果考虑到宋元时期南方陶瓷业以水路运输为主的话，那这些窑址就显得相当偏僻，即便有现代公路交通的发达我们在调查这些窑址时也颇费周折（图三）。

（4）第四类窑址（白洲坪窑类型）数量也相对较少，点缀于前两类窑址之间，似乎处于配角的地位，但也是宋元时期该区陶瓷产业的重要组成部分（图四）。

这四类窑址的空间特征十分显著，在不同类窑址的相对年代得到确定后，其意义将会得到更充分的展现。

二、年代问题

对湘江中游地区窑址进行年代分期研究的专题论文不多，刘茂先生在20世纪80年代的《湘江中、下游地区三处古窑址调查》一文仍具有参考价值，该文以衡阳蒋家窑、衡山瓦子墩窑和汨罗营田窑调查所得标本为依据，通过分类排比，在器物类型分析的基础上，把这三处窑场的烧造时期划分为六期。

第一期为晚唐五代时期，衡阳蒋家窑址烧制的产品以青釉为主，以碗心模印菊花和刻划莲瓣仰覆莲装饰为主要特征，其部分器物造型和装饰方法与长沙窑有类似之处。

第二期为北宋早期，衡山瓦子墩窑开始烧造与蒋家窑址类似的产品，大部分产品仍延续第一期的特征，仍以青釉器为主，但在造型上有所变化，开始出现高圈足做法。

第三期为北宋后期，仍以素青釉瓷器为主，开始出现笔绘技法。

第四期为两宋之际，最明显的特征表现为釉色的复杂多变和丰富多彩的装饰。釉色有青、褐、黄、绿、蓝、黑等多种。装饰技法有划花、印花和绘花，模印花纹多装饰于碗盘之内。

第五期为南宋早期，突出特征是以釉下白粉绘牡丹花装饰各类器物。

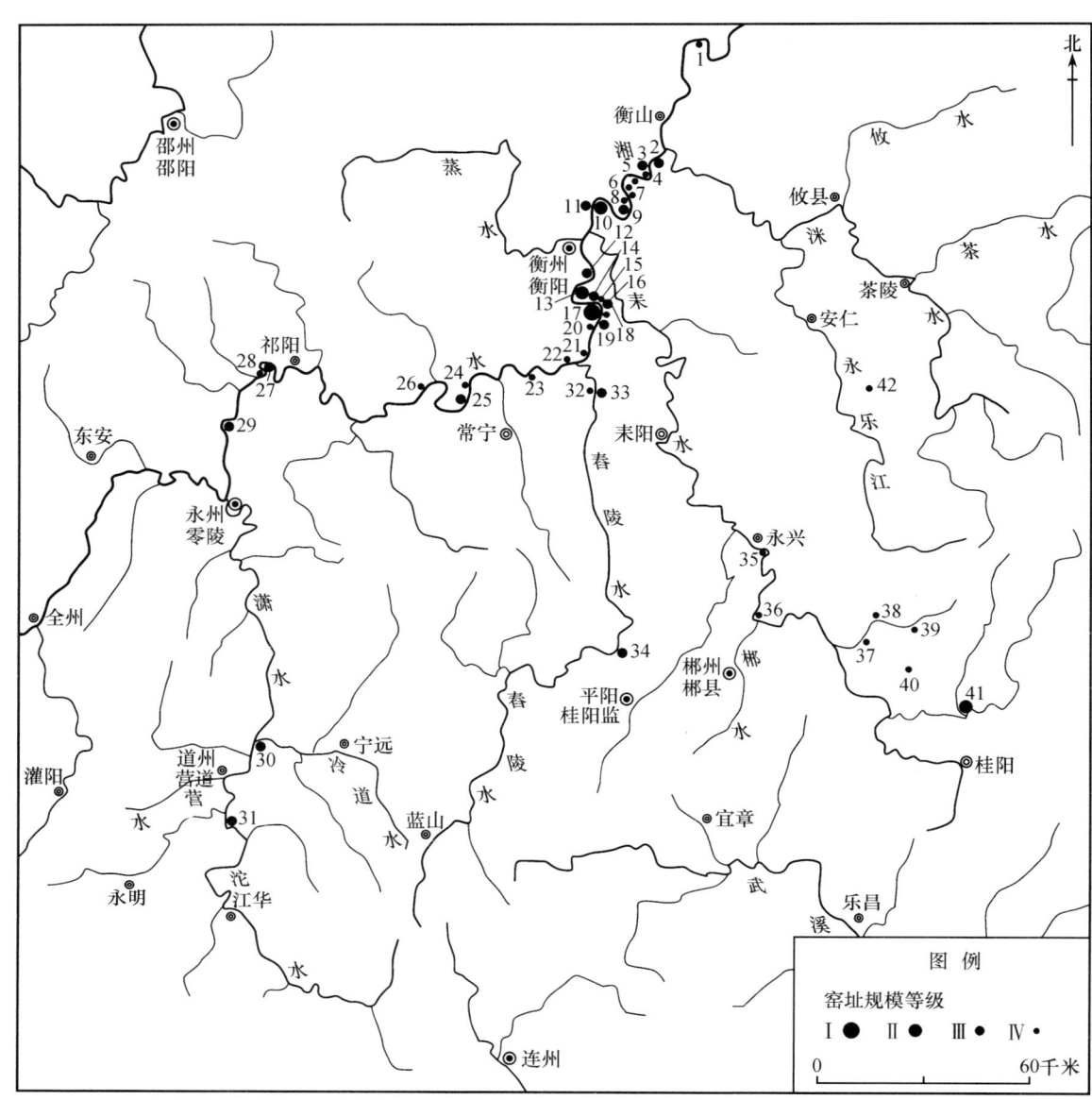

图一 宋元时期湘江中游第一类窑址（衡州窑类型）分布示意图

1. 集富窑址 2. 大源渡窑址 3. 瓦子岭窑址 4. 湘江窑址（衡山窑下层）5. 新砚窑址 6. 枫木塘窑址 7. 凤伏村窑址 8. 葫芦坝窑址 9. 白沙村窑址 10. 衡阳窑址 11. 三里窑址 12. 白沙窑址 13. 蒋家窑址 14. 沿江村窑址 15. 新屋窑址 16. 坪田窑址 17. 云集窑址 18. 新塘站窑址 19. 彭祠窑址 20. 瑶塘湾窑址 21. 潇湘窑址 22. 灶头窑址 23. 蔬菜村窑址 24. 沙洲园窑址 25. 屯丰窑址 26. 归阳唐窑 27. 黄阳司窑址 28. 细碗窑窑址 29. 三多亭窑址 30. 寨子岭窑址 31. 糖榨屋窑址 32. 向群窑址 33. 江家园窑址 34. 瓦窑圩窑址 35. 彭家湾窑址 36. 瓦窑坪窑址 37. 围子窑址 38. 何黎山窑址 39. 瓦窑塘窑址 40. 送塘窑址 41. 暖水窑址 42. 狮子冲窑址

（以谭其骧：《中国历史地图集》，中国地图出版社，1982年之北宋荆湖南路为底图绘制）

第六期为南宋末期或元初，白地彩绘技法为本期最明显的特征，主要有褐蓝绿彩、褐绿彩绘牡丹花或菊花纹。

刘文中的衡阳蒋家窑址属于本文分类中的第一类窑址，文中推定其烧造时期为晚唐五代至北宋早期；衡山瓦子墩窑址中既有第一类窑址，又有第二类窑址，烧造时间延续较长，上限从北宋早

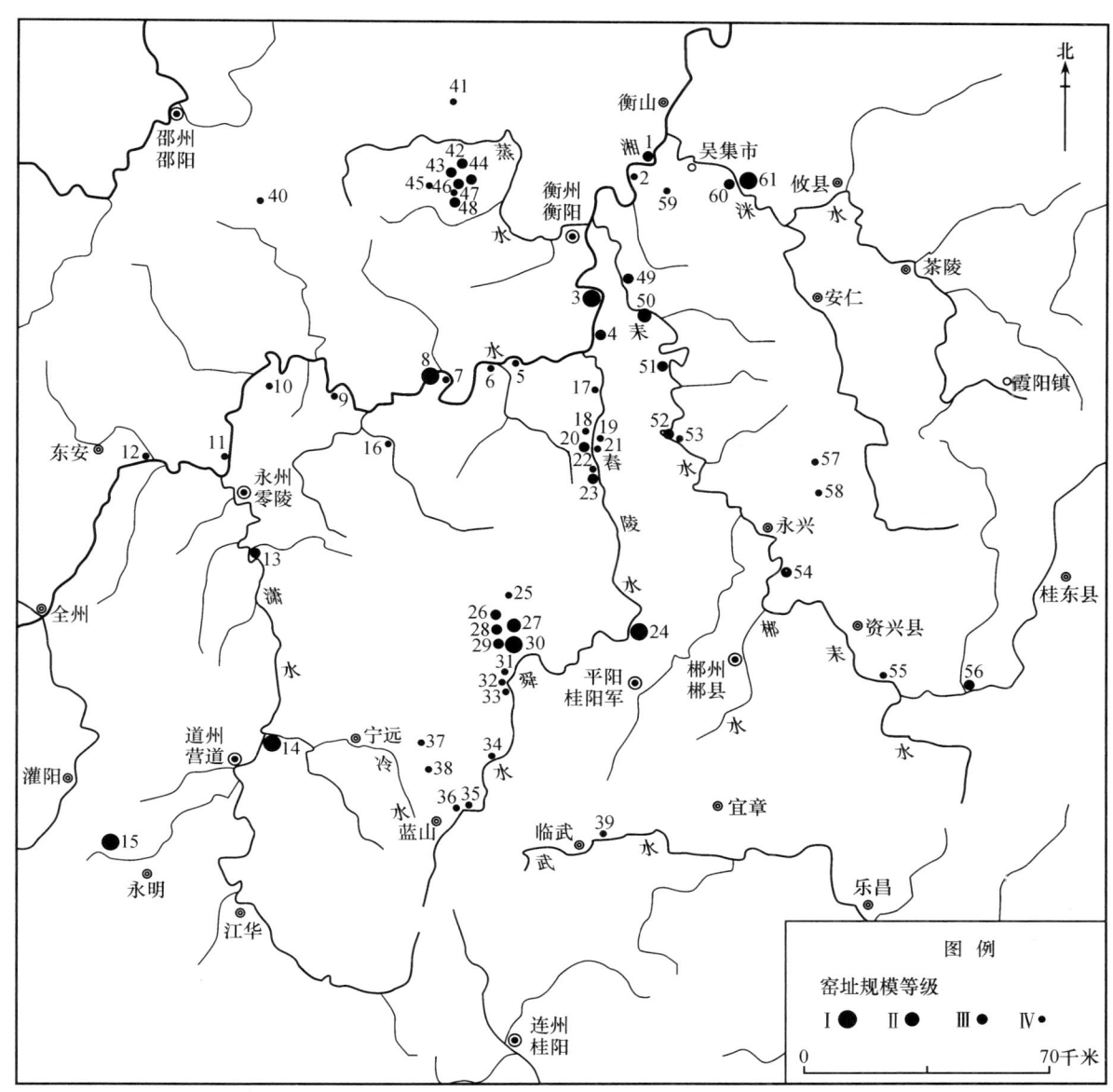

图二 宋元时期湘江中游第二类窑址（衡山窑类型）分布示意图

1. 衡山窑址 2. 渡江埠窑址 3. 云集窑址 4. 渔市窑址 5. 猪楼塘窑址 6. 吕坪村窑址 7. 庆塘窑址 8. 唐家窑址 9. 八尺窑址 10. 峦石山窑址 11. 巴洲滩窑址 12. 社塘窑址 13. 函底窑址 14. 寨子岭窑址 15. 玉井窑址 16. 同心村窑址 17. 瓦子坪窑址 18. 荫市窑址 19. 秀才山窑址 20. 龙西桥窑址 21. 白马窑址 22. 狗尾巴塘窑址 23. 新塘窑址 24. 瓦窑圩窑址 25. 乐塘窑址 26. 鹅岭窑址 27. 窑头窑址 28. 黄土岭窑址 29. 王家寨窑址 30. 白杜窑址 31. 西牛门窑址 32. 瓦猪岭窑址 33. 斗笠山窑址 34. 牛棚窝窑址 35. 窑头脚窑址 36. 上窑山窑址 37. 小沅湖窑址 38. 大井下窑址 39. 平头原窑址 40. 路止冲窑址 41. 东塘窑址 42. 油溪村窑址 43. 墟头牌窑址 44. 新塘村窑址 45. 斗米洲窑址 46. 下坪塘窑址 47. 陈公岭窑址 48. 杨家排窑址 49. 怡古村窑址 50. 青冲窑址 51. 周家窑址 52. 沙头窑址 53. 长胜村窑址 54. 茅坪上窑址 55. 米筛井窑址 56. 暖水窑址 57. 许家垅窑址 58. 坪头岭窑址 59. 祝家山窑址 60. 朱家桥窑址 61. 大源窑址

（以谭其骧：《中国历史地图集》，中国地图出版社，1982年之南宋荆湖南路为底图绘制）

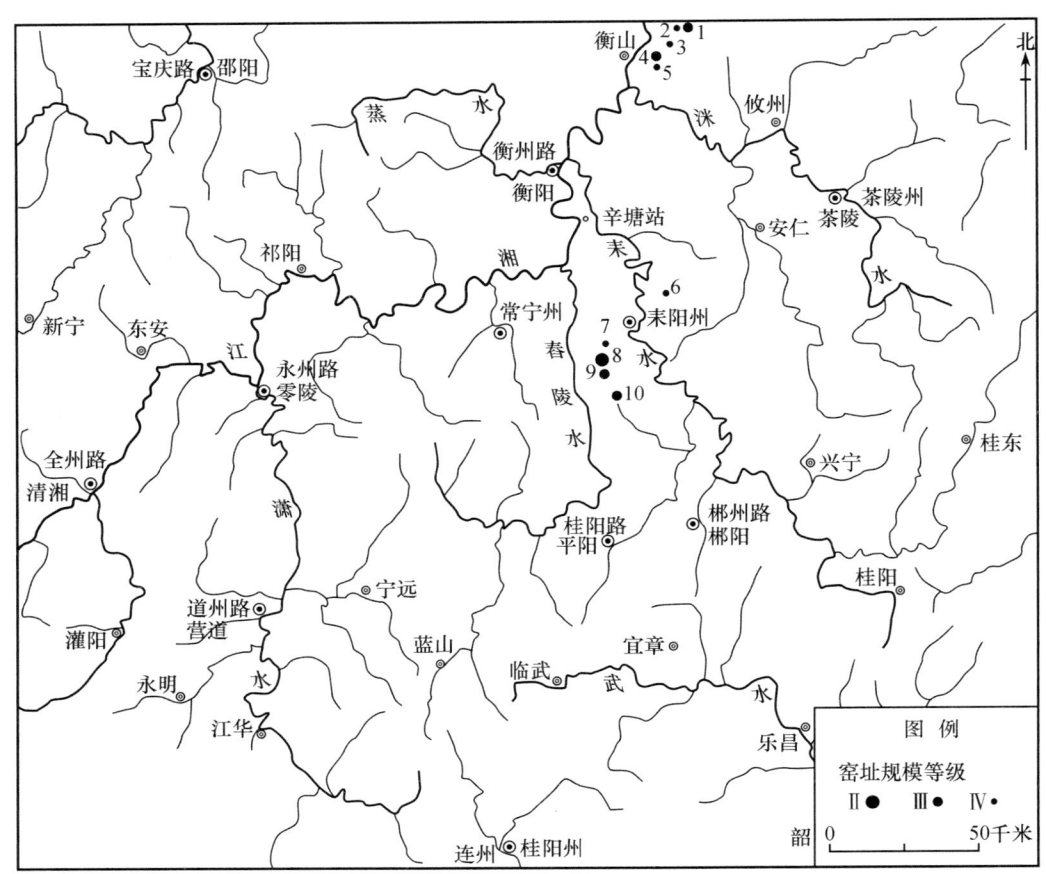

图三　宋元时期湘江中游第三类窑址（醴陵窑类型）分布示意图
1. 北斗岭窑址　2. 瓦子坪窑址　3. 谭家桥窑址　4. 南塘窑址　5. 麻园窑址　6. 利群窑址　7. 窑冲窑址　8. 虾塘村窑址
9. 三泉村窑址　10. 羊叶坳窑址
（以谭其骧：《中国历史地图集》，中国地图出版社，1982年之元代湖广行省为底图绘制）

期，下限在南宋末或元代；而汨罗营田窑址则属于第二类窑址，文中推测其烧制时间为北宋后期至南宋。如果依据刘茂先生的推测，则本文的第一类窑址大致烧制时期为晚唐五代至北宋早期，而第二类窑址的烧制时期则为北宋后期至元代。

20世纪80年代以来在湖南开展的考古工作为陶瓷研究积累了大量素材，特别是其中一些纪年器为明确各窑址的烧造时间提供了确凿的依据，使我们有机会更接近宋元时期湘江流域陶瓷产业的历史真实。为此本文收集了近年来发现的一些较为重要的纪年器（表二）。表二中的第一类窑址蒋家窑（即蒋家祠窑）所发现的纪年器最为丰富，从978～1118年，延续了整个北宋时期，其他第一类窑址黄阳司窑、衡阳窑、送塘窑也都在北宋后期仍有烧造。可见第一类窑址的下限可至北宋后期。

关于第一类窑址的上限，也有纪年材料及史料可供参考。周世荣先生在把蒋家窑"大中年六月初九日蒋子号记者不得有人持去"和"□平三年"的年款分别释定为辽圣宗太平三年和唐宣宗大中年间，进而把蒋家窑的盛烧年代定为9世纪后期至11世纪初[5]。向新民先生对年款的释定有异议，认为"□平三年"应该是北宋太平三年，而"大中年"应该是北宋大中祥符年的缩写[6]。笔者认为向文的释定更为合理，一则因为一处北宋时期南方窑场的工匠在窑具上刻上辽的年号不太合情理，二是因为虽然蒋家窑的产品有部分器物造型与晚唐长沙窑的产品有相似之处，但最常用的碗

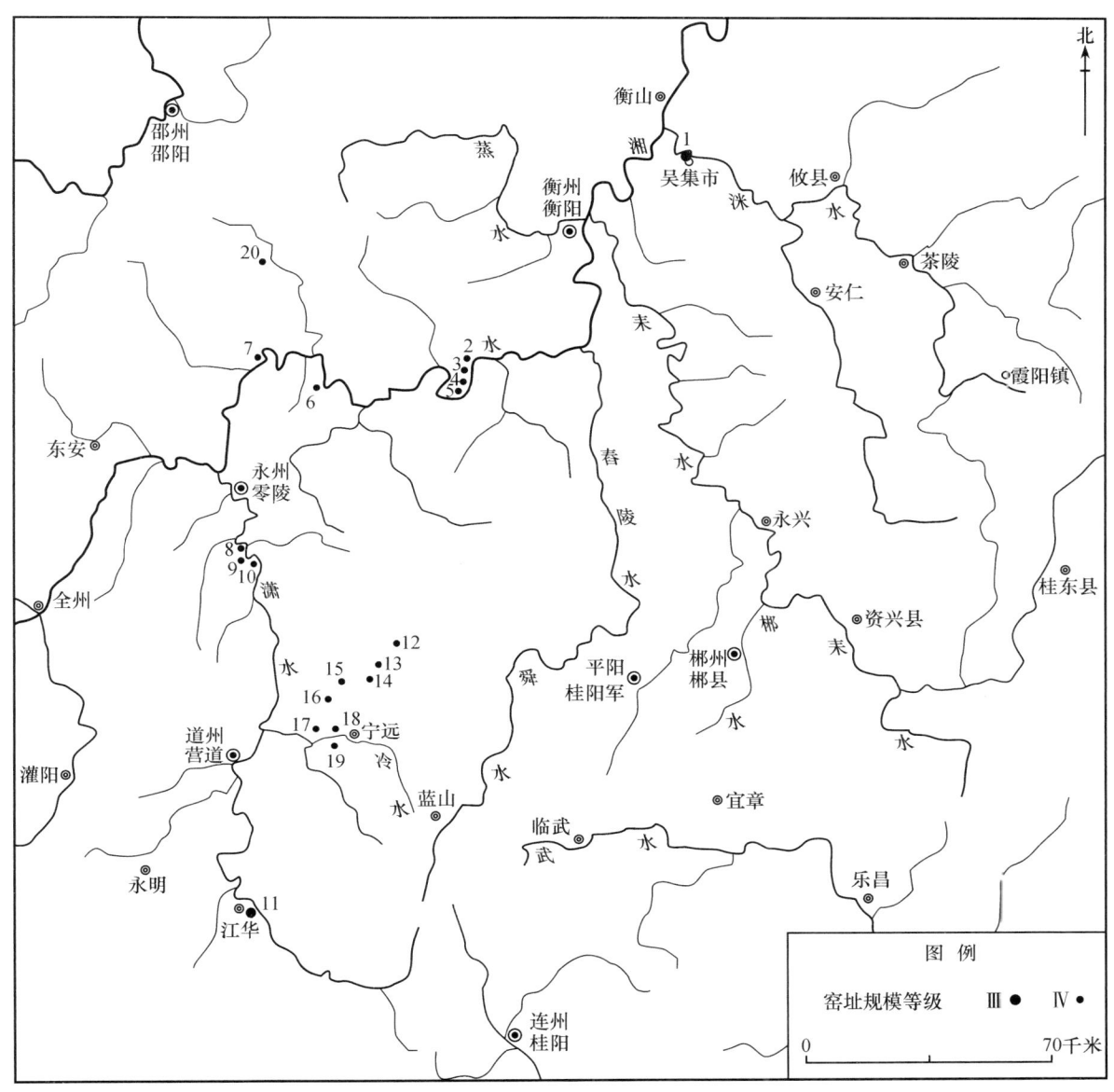

图四 宋元时期湘江中游第四类窑址（白洲坪窑类型）分布示意图

1. 白洲坪窑址 2. 安家村窑址 3. 瓦子山窑址 4. 袋子塘窑址 5. 月形山窑址 6. 容驷窑址 7. 新屋院窑址 8. 华江脑窑址 9. 瓦渣地窑址 10. 江边窑址 11. 阳华庙窑址 12. 朱家窑址 13. 新车窑址 14. 恩里窑址 15. 塘冲㵲窑址 16. 杉树脚窑址 18. 水楼里窑址 19. 唐家窑址 20. 上窑头窑址

（以谭其骧：《中国历史地图集》，中国地图出版社，1982年之元代湖广行省为底图绘制）

的造型却有较大区别，晚唐长沙窑所生产的碗大多为玉璧底，而蒋家窑生产的碗则大部分是圈足碗，蒋家窑的盛烧年代应该不能早到9世纪的晚唐时期。

清代朱琰《陶说》卷六《说器中·唐器》之"高足碗（原注：十国南平器）"条记："周羽冲《三楚新录》：高从诲时，荆南瓷器皆高足，公私竞置用之，谓之高足碗。"[7] 高从诲是929~948年的南平王，荆南即五代十国之一的南平，在今江陵一带。江陵一带尚不见有报道的五代窑址，这里"公私竞置用"的高足碗来自衡阳一带的可能性较大。云集窑、蒋家窑等第一类窑址所烧制的碗的圈足高约1厘米，相比晚唐时期盛行的玉璧底碗，谓之"高足碗"是恰当的，此外，蒋家窑出土的自名器"高足盘"更明确无误地说明这条重要文献的可信[8]，周羽冲留意到这种碗的特征并加以记述，说明这种碗在当时尚属较引人注目的新鲜制品。据此我们把第一类窑址的上限划定在10世纪初的五代时期应大致不差。

表二 湘江中游地区宋元时期窑址纪年材料登记表

窑址	类别	出土器物	纪年文字	年代	备注
云集窑	第一类、第二类并存	残器	刻划"太平兴国四年"	979年	1997年湖南省文物考古研究所发掘资料
		窑具	刻划"嘉熙元年上月三日"	1237年	收藏家藏品
蒋家窑	第一类	擂棒	刻划"□平三年"（咸平三年）	978年	向新民：《初论蒋家窑的擂棒——兼论太平三年之器的年号与定名》，《华夏考古》2001年第3期
		擂棒	北海子蒋□□记 此□常宁县取银土在□□□淳化元年□月初六日 造盐槌壹个 永保使用 不得有丢失者	990年	唐隆平：《解读民间收藏的衡阳窑带铭器具》，《收藏》2008年第5期
		擂棒	刻划"大中年六月初九日蒋子 记者不得有人持去"	1008~1016年（大中祥符年）	向新民：《初论蒋家窑的擂棒——兼论太平三年之器的年号与定名》，《华夏考古》2001年第3期
		擂棒	"大中祥府（符）元年"	1008年	向新民：《初论蒋家窑的擂棒——兼论太平三年之器的年号与定名》，《华夏考古》2001年第3期
		擂棒	刻划"至和二年记碗徐蒋大歌"	1055年	周世荣：《衡州窑与衡山窑》，湖南美术出版社，2012年，第34页
		宛钉	"政和八年宛钉"	1118年	衡阳市文物工作队：《湖南衡阳市蒋家窑址的再调查》，《考古》1996年第6期
黄阳司窑	第一类	窑具	"宝元二年"刻文	1039年	2005年湖南省文物考古研究所发掘资料
		碾轮	刻划"庆历五……其年乙酉岁"	1045年	周世荣：《湖南陶瓷》，中南大学出版社，2010年，第237页
衡阳窑	第一类	擂棒	北海子蒋□□记 此□常宁县取银土在□□□淳化元年□月初六日 造盐槌壹个 永保使用 不得有丢失者	990年	唐隆平：《解读民间收藏的衡阳窑带铭器具》，《收藏》2008年第5期
		擂棒	"至和贰年记块徐蒋大歌"刻文	1055年	周世荣：《湖南陶瓷》，中南大学出版社，2010年，第241页
		青瓷墩	山□□是元符元年六月十三日打造首忠上字计□□□字	1098年	唐隆平：《解读民间收藏的衡阳窑带铭器具》，《收藏》2008年第5期
送塘窑址	第一类		"政和"纪年器	1111~1118年	郴州地区文物工作队：《湖南郴州宋代窑址发掘》，《考古》1992年第9期

续表

窑址	类别	出土器物	纪年文字	年代	备注
渔市窑	第二类	印花模	乾道六年	1170年	《宋元时期湘江中游地区的陶瓷产业》课题调查资料
青冲窑	第二类	陶砚	"大德三年乙亥年造"刻文	1299年	《宋元时期湘江中游地区的陶瓷产业》课题调查资料
南塘窑址	第三类	擂棒	"延祐四年"刻文	1317年	第二次全国文物普查资料
怡谷窑	第二类	砚	"至正八年□十月欧十□□贰"刻文	1348年	第二次全国文物普查资料
衡山窑	第一类、第二类并存	碗	"政和通宝"碗底印纹	1111~1118年	鲁敬平、赵宋雍：《衡山窑粉地彩绘瓷赏》，《收藏界》2010年第5期
		酱釉瓷窑具	"绍兴二十四年"刻文	1154年	衡山窑国宝申报材料，现藏于衡阳市文物局
		残器	"至正八年"刻文	1348年	衡阳市博物馆藏；周世荣：《湖南陶瓷》，中南大学出版社，2010年，第266页

第二类窑址的一个最为显著的特征是碗内模印较复杂的牡丹等花纹和"福寿嘉庆""金玉满堂""天下太平"等吉祥语。虽然印花装饰在第一类窑址中已被广泛使用，但其时大多只是在碗心的小面积内用印花模压印小菊花或文字等，复杂印花装饰的盛行还要归功于耀州窑、定窑这些北方名窑。由于有成熟而精湛的刻画技术做基础，耀州窑的印花装饰在北宋中晚期取得飞速发展并成为最主要的装饰方法，在宋金两代广为流行。定窑的印花装饰是在晚唐五代受金银器的影响而出现的，但并未被广泛使用，北宋早、中期定窑印花器仍非常少见，直到北宋后期受益于定州丝织业的发达，定窑印花工艺才得以迅速发展，并成为定窑作为宋代五大名窑之一的主要成就。受北方名窑装饰风格的影响，南方的部分窑场在北宋后期也开始用精雕细刻的印花模在碗内压印花纹。湖南境内见诸报道的印花模材料较少，洪江烟口窑出土有一个缠枝菊花印模，该窑还出土了一个底部刻有"元祐肆年在烟口村作造艺瓦"（1089年）12字铭文的陶砚，本次调查在渔市窑附近村民家中发现一个刻有"乾道六年"年款（1170年）的缠枝花叶纹印模。临近的广西地区所发现的印花模数量较多，大部分为南宋时期印花模，最早一件是容县城关窑出土的，刻有"莫八郎元祐七年三月……花头"（1092年）[9]。在北宋后期，面对新装饰风格的流行，湘江中游地区进行主动技术改革的窑址并不多，在衡阳的云集窑、郴州汝城的暖水窑、桂阳的瓦窑圩窑、道县的寨子岭窑这些为数不多的大规模窑址群中我们发现了两类窑址的并存，这些大窑群里的部分工匠大胆地进行技术革新延续了其窑场的生命力，在小规模窑址中衡山窑是个例外，衡山窑也延续了自北宋以来的产业，并在后来成为本地区窑业技术创新的先驱之一。

第二类窑址的大量出现应在靖康之难以后，证据之一是大量馒头窑与第二类窑址相伴出现，一些窑场龙窑与馒头窑并存。馒头窑是北方最常用的陶瓷热工设备，适合与北方山少原多的地貌，而与南方依山而建的龙窑技术传统有显著区别。大量馒头窑何以会在并不太适宜其筑造的南方山区出现？靖康之难以后北方窑工的迁入是最合理的解释。大量印花模和纪年器告诉我们，第二类窑址在南宋时期是湘江中游地区窑业的绝对主流，而且在元代仍占有很重的市场份额。这一格局被南宋后期第三类窑址的出现打破了。

第三类窑址以支圈组合窑具覆烧青白瓷为主要特征，这一套覆烧窑具与定窑覆烧窑具有较大区别而与景德镇南宋中期以后盛行的支圈覆烧窑具相似，这类窑场所烧制的产品也与江西地区南宋中后期的大部分青白瓷窑址几乎没有区别[10]。第三类青白瓷窑址在醴陵和益阳境内有大量发现[11]，2010年湖南省文物考古研究所在醴陵市枫林市乡唐家坳村发掘了一处宋元时期的青白瓷窑址，笔者曾见有刻划"咸淳三年四月"（1267年）纪年的青白瓷窑具，这是推定湘江流域第三类窑址始烧于南宋后期的又一证据。此外我们的推论还可以从移民史中得到进一步确证。湘江流域青白瓷窑场的突然兴起应该与江西人口包括工匠的迁入和高质量瓷土资源的发现有关。据研究，湖南的实际人口从北宋崇宁元年（1102年）的670万极速增长到宋元之际的1000万，创造了一个人口高峰，这一高峰直到清代才被超越。《湖南氏族源流》所载宋以后各朝移居湖南的个案很多，其中入湘移民数量最多的是南宋后期；宋代移民从迁出地看以江西最多，占总数的75.1%[12]。南宋中后期景德镇一带的制瓷业因为上层瓷石的枯竭、繁重的赋税等方面的问题受到了重创，许多窑场停烧倒闭，迁入湖南这数量众多的江西移民中有一部分应该就是这些窑场的工匠，他们在湖南重新找到了希望，他们发现了新的瓷土矿，建造新的窑场，开辟并引领着青白瓷在湖南的新市场。

第四类窑址以生产罐、坛、缸、壶等大中型存储器为主，是日常生活中较为重要的一类存储器。这类器具在整个宋元时期都有烧造，从本地调查情况来看，其器物造型变化不大，在早期这类器物往往与碗、壶等需求量较大的日常器具在同一个窑场烧制，我们在第一类窑址中时常会发现碗壶与坛罐共存的情况，随着陶瓷产业的发展，陶瓷烧制出现了日益专业化的趋势，分工更为明确，特别是南宋以后，第四类窑址以越来越独立的姿态出现在各类窑址之间。

概言之，在相对年代上，前三类窑址存在承接关系，第一类窑址出现于五代时期，延续至北宋后期；第二类窑址出现于北宋后期，兴于南宋，并延续至元代；第三类窑址出现于南宋后期，盛于宋元之际，衰于元末。第一类窑址在南宋时期被第二类窑址取代，第三类窑址与第二类窑址在南宋后期与元代长期共存、分享市场。第四类窑址则在整个宋元时期都有烧制，是前三类窑址的重要补充，并在后期取得日益独立的地位。

三、窑址的规模与产品销售范围

规模是本次调查所考察的另一指标。窑址规模的大小不仅能直观地展示窑址生产量，还有助于对窑场性质的分析。但在实际工作中这一重要指标往往被忽视，甚至一些正式出版的大型窑址考古发掘报告中都对窑场的规模语焉不详。本文所言规模是指窑场生产空间的占地面积和生产量，但在实际调查中，窑址地表可见遗存除废弃堆积和挖泥形成的坑塘之外，其他遗存如不做重点勘探一般很难发现，所以本文最重要的参考指数是窑址废弃堆积的分布面积和窑堆（废弃堆积集中分布区），或窑炉的数量。在分析湘江中游地区制瓷聚落的规模之前，我们有必要先了解一下同时期其他地区重要制瓷聚落和主要城镇遗址的概貌（表三）。

表三 9~14世纪中国主要陶瓷手工业聚落与相关城市聚落概貌

聚落名称	现今位置	年代	极盛时期	面积	窑堆（或窑炉）数量	资料来源
上林湖越窑遗址	浙江省慈溪市桥头镇栲栳山北麓上林湖一带	唐—北宋	唐、五代	13平方千米	窑址110处	慈溪市博物馆：《上林湖越窑》，科学出版社，2002年
内丘邢窑遗址	河北省邢台市内丘县城关镇西关村一带	北朝—宋元	唐代	84万平方米	窑业堆积超过28处	内丘县文物保管所：《河北省内丘县邢窑调查简报》，《文物》1987年第9期；赵庆钢、张志忠编：《千年邢窑》，文物出版社，2007年，第13页
长沙铜官窑遗址	湖南省长沙市望城区彩陶源村石渚湖垸一带	中晚唐—五代、元、明	中晚唐	200万平方米	窑炉残迹74处	中国文物报社：《中国考古新发现年度记录2010》，2011年
涧磁村定窑遗址	河北省曲阳县涧磁村、北镇村一带	晚唐—元	北宋	117万平方米	瓷片堆13处	河北省文化局文物工作队：《河北曲阳县涧磁村定窑遗址调查与试掘》，《考古》1965年第8期，第394~412页
钧台钧窑遗址	河南省禹州市区钧台和八卦洞一带	北宋	北宋晚期	38万平方米	已发掘或发现窑炉超过17处	赵青云：《河南禹县钧台窑址的发掘》，《文物》1975年第6期；河南省文物考古研究所：《禹州钧台窑》，大象出版社，2008年
清凉寺汝窑遗址	河南省宝丰县大营镇清凉寺村、韩庄村一带	北宋—元	北宋晚期	70万平方米	至2002年共揭露窑炉24座及大量作坊遗迹	河南省文物考古研究所：《宝丰清凉寺汝窑》，大象出版社，2008年
黄堡耀州窑遗址	陕西省铜川市黄堡镇新村一带	唐—元	北宋中晚期	约100万平方米	至1997年已发掘宋代瓷窑超过22座	陕西省考古研究所：《陕西铜川耀州窑》，科学出版社，1965年；陕西省考古研究所、耀州窑博物馆：《宋代耀州窑址》，文物出版社，1998年
观台磁州窑遗址	河北省邯郸市磁县观台镇观台二街村一带	北宋—元	北宋中晚期	50万平方米	已发掘窑炉遗迹超过12座	李辉柄：《磁州窑遗址调查》，《文物》1964年第3期；北京大学考古学系等：《观台磁州窑址》，文物出版社，1997年
景德镇湖田窑遗址	江西省景德镇市竟成镇湖田村一带	五代—明	北宋晚期—元	40万平方米	残存窑业堆积24处	江西省文物考古研究所等：《景德镇湖田窑址》，文物出版社，2007年
永和吉州窑遗址	江西省吉安市永和镇一带	晚唐—元	宋代	280万平方米	现存窑包堆积24处	江西省文物工作队：《吉州窑遗址发掘简报》，《考古》1982年第5期；张文江等：《江西吉安吉州窑遗址调查勘探》，《中国文物报》2007年8月31日第2版

续表

聚落名称	现今位置	年代	极盛时期	面积	窑堆（或窑炉）数量	资料来源
大窑龙泉窑遗址	浙江省龙泉市小梅镇大窑村一带	北宋—明初	南宋晚期—元代早期	约5平方千米	现存窑址126处	朱伯谦：《龙泉大窑古瓷窑遗址发掘报告》，《龙泉青瓷研究》，文物出版社，1989年；胡小平：《琉华山下的窑火——龙泉大窑中心产区窑址调查》，《收藏界》2009年第7期；浙江省古建筑设计研究院：《大窑龙泉窑遗址保护总体规划》，2011年1月
北宋东京城	河南省开封市	北宋	北宋中晚期	52.675平方千米	人口约150万	刘迎春：《北宋东京城研究》，科学出版社，2004年
南宋临安城	浙江省杭州市	南宋	南宋	皇城遗址达30万平方千米，城区总面积约65万平方千米	人口约150万	陈修颖、孙燕、许卫卫：《钱塘江流域人口迁移与城镇发展史》，中国社会科学出版社，2009年，第223页
元大都	北京市	元代	元代早中期	约50平方千米	人口约110万	元大都考古队：《元大都的勘查与发掘》，《考古》1972年第1期；周继中：《元大都人口考》，《中国蒙古史学会论文选集1981》，内蒙古人民出版社，1986年
潭州城	长沙市。东浏城桥、南至城南路、西临湘江、北至湘春路	宋代		面积约300万平方米		黄纲正、周英、周翰陶：《湘城沧桑之变》，湖南文艺出版社，1997年，第84页
鼎州故城	常德市鼎城区石板滩乡古堤坪村西	宋代		平面呈长方形，南北残长约500、东西宽约300米。面积约15万平方米		国家文物局：《中国文物地图集·湖南分册》，湖南地图出版社，1997年，第195页
江华故城	江华瑶族自治县沱江镇老县村西	唐宋		平面呈长方形，东西残长约530、南北残宽约480米，面积约25万平方米		国家文物局：《中国文物地图集·湖南分册》，湖南地图出版社，1997年，第360页

表三中所列的窑址是在宋元时期陶瓷产业中有重大影响的大规模窑址，其中窑业遗存面积超过100万平方米的窑址有上林湖越窑遗址、长沙铜官窑遗址、涧磁村定窑遗址、黄堡耀州窑遗址、永

和吉州窑遗址、大窑龙泉窑遗址。但这些窑址的烧造时间跨度都较大，窑场可能在不同时期内有过迁移，我们要尽可能把时间跨度缩小，去了解一个窑场在同一时期的规模，这个指数才更有统计意义。湘江下游的长沙铜官窑遗址为晚唐五代时期窑址，以石渚湖为中心，可分为石渚湖北区和石渚湖南区，总面积达200万平方米，其中北区窑址分布密集，面积约68万平方米，这里共发现唐五代窑址61处[13]。越窑中心窑场上林湖窑共发现窑址110处，窑址保护面积达13平方千米，不同窑址烧造起始年代与延烧年代不一，有的仅存于唐代，有的延续至五代或北宋，有的始烧于五代和北宋，按年代统计则唐代窑址有56处、五代窑址47处、北宋窑址51处[14]。其余窑址规模在30万~100万平方米。河南禹县的钧台钧窑遗址东西长1100余米，南北宽约350米，总面积达38万多平方米，钧台窑遗址烧造时间较短，其规模指数更有参考价值[15]。从表三中可得知，这些大窑址的占地面积一般比同时期路郡治所的州城小，却比普通州城或县城大，普遍在30万平方米之上，而窑炉或窑堆数量一般都在20处以上。结合表三中信息和本次调查所获的数据，笔者对《中国文物地图集·湖南分册》所载录的155处窑址和新近发现的若干处窑址重新进行了统计分类，把一些类型相同且集中分布的窑址合并为一处窑群，共得窑址132处，按窑场的规模指数分为四个等级。

第一等，遗存面积在300000平方米以上者，窑堆数量在20个以上的巨型陶瓷聚落；

第二等，面积为20000~300000平方米，窑堆10~20个的大型陶瓷聚落；

第三等，面积为6000~20000平方米，窑堆3~9个的中型陶瓷聚落；

第四等，面积为6000平方米以内，窑堆1或2个的小型陶瓷聚落。

结合窑址规模与上文按工艺特征所进行的分类，我们得到了表四。这张表能告诉我们什么？如果综合考虑窑址的类别、空间分布、年代、数量和规模等级，那我们将会获取更多信息，得到更多的提示，让我们来一一解读。

表四　湘江中游宋元时期窑址规模统计表

窑址类别 \ 窑址规模	第一等 巨型陶瓷聚落（窑堆20个以上，面积300000平方米以上）	第二等 大型陶瓷聚落（窑堆10~20个，面积20000~300000平方米）	第三等 中型陶瓷聚落（窑堆3~9个，面积6000~20000平方米）	第四等 小型陶瓷聚落（窑堆1或2个，面积6000平方米以内）	总计
第一类（五代—北宋）	1	3	15	22	41
第二类（北宋后期—元）	7	3	19	32	61
第三类（南宋后期—元）		1	4	5	10
第四类（宋—元）			2	18	20
总计	8	7	40	77	132

第一类窑址共41处，其中一半以上分布在以衡州为中心的湘江左右两岸，3个大型陶瓷聚落中有两个分布在这一区域，而且唯一的1个巨型陶瓷聚落即云集窑也在这一区域，可以说，衡州是五

代至北宋时期湘江中游地区乃至整个湘江流域当之无愧的陶瓷生产中心。第一类窑址以简单印花、刻划和素青釉产品为主要特征，产品以素雅见长，其青釉产品有一部分与湘江下游的长沙铜官窑相似，可以视为长沙铜官窑之后湘江流域青瓷生产传统的后继者。

第二类窑址总数61处，超过第一类，是宋元时期陶瓷窑址中数量最多的一个类型，在数量上的变化中，最显著的是第一等级的巨型陶瓷聚落相比第一类增加了6处之多，而第二等级的大型陶瓷聚落的数量则没有变化。从空间部分看，这些大型和巨型陶瓷聚落不再集中于湘江干流的衡州段，虽然湘江干流衡州段的云集窑通过技术革新仍维持了其生产规模，但在其上游衡州与永州交界的归阳一带有了新的巨型陶瓷生产基地，即宏财村窑和唐家岭窑，这两处巨型陶瓷聚落隔河相望，据当地文物工作者提供的信息，这里两岸的窑场都曾出有"唐家作号"的刻文器，现在地名也仍有唐家岭，两者之间应有密不可分的联系，把这两处窑场合称为"唐家窑"或"归阳唐家窑"似无不妥。此外，在各主要支流也出现了巨型陶瓷聚落，成为各自流域的区域性生产中心，如洣水流域的大源窑、舂陵水流域的瓦窑圩窑和白杜窑、潇水流域的寨子岭窑。第二类窑址以其釉色和装饰方法的多样赢得了市场，全面占领了陶瓷生产空间，在南宋时期彻底淘汰了第一类窑址。

第三类窑址在数量和规模上都要逊于前两类窑址，未形成第一等级的巨型陶瓷聚落，唯一的一个大型陶瓷聚落是耒阳磨形的虾塘村窑址，不过羊叶坳窑址也值得注意，其规模可能比本次调查所见的要大，因为当地建有一水库，据说曾淹没不少青白瓷窑址。第三类窑址出现于南宋后期，从数量和规模上看，它们并没有撼动第二类窑址的主体地位，而是在南宋后期至元代与后者共享市场。但这类窑址却孕育着湘江中游地区陶瓷生产的新方向，等青花瓷技术成熟并传入之后，这类窑址所在地或附近由于蕴藏着高质量的瓷土原料，往往成为明清时期的青花瓷生产地。

第四类窑址数量也较少，分布极其分散，没有形成第一等级和第二等级的大规模窑场，在整个陶瓷生产格局中显然是处于附属地位的，但它们是前三类窑址不可缺少的补充，满足了民众在日常生活中对陶瓷产品的另一种需求。

我们再以规模等级为主轴来做比对。无论哪一类窑址，在数量上，都是第三、四等级的中小型陶瓷聚落占据着绝大多数，而且一般而言规模等级与此等级规模窑址的数量成反比关系，即规模越小则数量越多，规模越大则数量越少。但第二类窑址的第一等级陶瓷聚落反而比第二等级的要多，这一反常值得我们特别注意。第一等级巨型陶瓷聚落的"非正常"增长，有两种可能的解释：一是本地与周临地区人口急速增长带来了巨大的市场需求；还有一种可能是，这些窑址的产品参与了外销。

我们先来看看7处一等规模二类窑址的分布情况。这7处巨型陶瓷聚落分别是洣水流域的大源窑址（图二，61）、湘江干流的云集窑址（图二，3）、湘江干流的唐家窑址（图二，8）和庆塘窑址（图二，7）、舂陵水流域的瓦窑圩窑址（图二，24）和白杜窑址（图二，30）、潇水流域的寨子岭窑址（图二，14）。除了耒水之外，湘江干流和主要支流都分布有巨型一等规模的窑址，而事实上，耒水流域的青冲窑址（图二，50）规模也不小，仅在本次仓促的调查中就发现窑堆10余处，如果再做重点勘探可能会有更多窑堆和新窑场的发现。这些规模巨大的窑址有没有可能参与当时的外销呢？刘茂先生在《湘江中、下游地区三处古窑址调查》一文中，认为第三类窑址生产的印花器和彩绘器一般不用来随葬，怀疑有作为贡品或外销的可能，冯玉辉先生也撰文推测衡阳地区的瓷业应当是瓷器外销的需要而繁盛的[16]。现在看来，两位先生的推测论据尚不充分或过于笼统。2012年在湘潭县大鹏西路工程中发掘了一座单室竖穴土坑墓，在墓主头部两侧各放置粉底彩绘罐1个[17]。这类粉底彩绘器在大源窑、衡山窑、归阳唐家窑、青冲窑等较大规模的第三类窑址中都有生产。湘潭发掘的这一墓葬较简陋，两个粉底彩绘罐是其仅有的随葬品，可证这类粉底彩绘器是很受普通大众喜爱和看重的，不大可能为贡品。中国与海外的陶瓷贸易在中晚唐时期开始兴盛，形成了一条海上"陶瓷之路"，越窑青瓷、邢窑白瓷、长沙窑釉下彩青瓷、巩县窑三彩是唐代外销瓷贸易中的名优产品[18]，湘江下游的长沙窑以其绚丽的釉下彩绘青瓷占据了中晚唐外销瓷贸易中很大的份额，但到宋元，唐代生产外销瓷的主要窑址都先后衰败，外销瓷的生产格局发生了很大变化：一是销行量急剧增长；二是外销瓷产地向广东、福建、浙江等沿海一带集中；三是唐代参与外销的名窑都是兼顾内销与外销。到宋元时期，除了少数名窑内销外销兼顾之外，沿海一带出现了专门生产外销瓷的窑口。在这种格局下，把湘江中游地区宋元时期陶瓷产业的大发展归因于外销的需求是值得怀疑的，在没有充足的海外出土材料证据之时，我们更应该关注湘江流域本地人口与社会经济的发展。为此笔者主要依据王勇先生的《湖南人口变迁史》制作了表五。

表五 湘江流域历代人口统计表

年代	主要城市名称	潭州	衡州	永州	道州	郴州	桂阳	属今湖南人口统计/人	湖南实际人口数估计/万人
西汉元始二年（公元2年）	口数/人	226247		82761		83155		533962	90
	密度	3.01		3.09		2.94		2.70	
东汉永和五年（140年）	口数/人	983979		635615		266437		2125421	230
	密度	14.03		20.00		9.45		10.75	
西晋太康元年（280年）	口数/人	187744	151110	119993		78840		888932	100
	密度	7.10	8.29	6.84		3.67		4.21	
刘宋大明八年（464年）	口数/人	46313	28991	37081		22192		274950	85
	密度	2.05	1.02	4.22		1.03		1.35	
隋代大业五年（609年）	口数/人	73802	26202	26941		24123		271168	89
	密度	1.33	1.13	1.12		1.34		1.29	
唐贞观十三年（639年）	口数/人	40449	34481	27583	31880	49355		301249	
	密度	1.19	1.48	1.52	2.48	2.55		1.42	
唐天宝元年（742年）	口数/人	192657	199288	176168	139063	189429		1165724	190
	密度	5.69	4.26	9.68	10.82	9.79		5.51	
北宋崇宁元年（1102年）	口数/人	962853	308253	243322	86553	138599	115900	2646256	670
	密度	24.78	19.12	24.77	6.61	10.74	18.56	12.72	
元代至元二十七年（1290年）	口数/人	3083890	579336	284453	398672	313033	332441	9763157	1000
	密度	73.66	60.03	28.95	30.45	24.27	53.24	49.60	
明洪武二十四年（1391年）	口数/人	537000	272000	114000		112000		1846000	184.6
	密度	13.15	11.63	4.97		8.68		9.80	

续表

年代	主要城市名称	潭州	衡州	永州	道州	郴州	桂阳	属今湖南人口统计/人	湖南实际人口数估计/万人
明万历六年（1578年）	口数/人	427164	358916	141633		94390		1917052	500
	密度	10.46	15.35	6.18		7.32		9.74	
清嘉庆二十一年（1816年）	口数/人	4348883	2333784	1680052		1024809		18754259	2000
	密度	106.46	136.18	73.31		79.44		89.41	
民国三十六年（1947年）	口数/人	5035721	3052017	2387175		1601529		25557926	2870
	密度	171.84	130.10	106.48		81.45		118.51	
2010年	口数/人	7044118	7141462	5180235		4581778		65683722	7000
	密度	596	467	233		237		310	

从表五中我们得知，湖南实际人口在唐代天宝年间基本恢复到东汉永和年间的水平，并在宋元时期形成了一个人口高峰，这一高峰直到清朝才被超越。宋元时期湘江中游地区陶瓷业的大发展无疑与本地人口急速增长所带来的巨大的市场需求有关。在宋元时期湘江中游地区的衡州、永州、郴州、道州和桂阳这五个行政区划之中，从人口规模看，衡州始终是人口数量最大的一个，这与宋元时期陶瓷窑址以衡州境内数量最多是相符的。从人口密度看，宋末元初人口密度最大的是衡州与桂阳，其次是道州，这也合理解释了这一时期最为主要的第二类窑址在衡州以及桂阳与道州相邻地带最为密集的事实。与此相反，郴州是这一时期五个行政区划中人口密度最低、人口较少的一个，而郴州也正是唯一一个没有一等级二类窑址且窑址数量也较少的地区。巨型陶瓷聚落在各行政区划内的散状分布状态也表明它们以满足本地人口对陶瓷产品的需求为主。

在第二类窑址中，位于永州归阳的唐家窑犹如鹤立鸡群，它由隔江相望的宏财村窑址和唐家岭窑址组成了一个巨大规模的陶瓷生产中心，但永州此一时期的人口却是最少的，与北宋相比没有太多的增长。唐家窑不但满足了本地人口的需求，其产品还可能销往周临地区，是值得特别关注的一个重要窑址。

这种反差在北宋时期的永州与衡州之间也有表现。北宋时期最为主要的第一类窑址的分布状况与人口分布的密度在衡州与永州之间形成了巨大的反差。据表五，北宋崇宁年间衡州与永州的人口规模相差无几，处于湘江中游五个行政区划的前列，但衡州的人口密度比永州要低，这与北宋时期第一类窑址集中于衡州的情况有较大反差，永州的一类窑址数量甚至比不管人口数量还是密度都要小的郴州都少。这可以说明北宋时期衡州地区密集分布的窑址，其生产量之大不仅有能力满足本地区人口的需求，还可以满足永州等周临地区的需求，这其中规模庞大的云集窑、蒋家窑、衡阳窑是应重点关注的，其产品的销售范围可能较远，不排除有参与外销的可能。

总而言之，宋元时期湘江中游地区陶瓷产业是与本地区人口与社会经济的发展同步进行的，其产品也以满足本地区人口对陶瓷产品的需求为主，部分大规模窑址的产品可能还供应周临地区。如果说湘江中游宋元时期的陶瓷窑址在满足本地市场之外还有外销的可能，那么五代至北宋时期衡州境内以云集窑为代表的第一类窑址参与外销的可能性最大，因为相比其余几个行政单位，这一时期衡州窑址的分布密度与规模明显与其人口密度与规模不相当，但目前还没有充分的海外出土材料来证明这一点，本地窑址的生产情况也还有待更深入的考察研究。

四、宋元时期的市场体系与陶瓷手工业聚落的性质

上一小节所讨论的内容涉及窑址产品的内销与外销，无论内销还是外销，窑址所生产的陶瓷产品要顺利销售出去都得依赖交易市场。从晚唐开始，中国的商品经济开始慢慢活跃起来，成为以农为本的传统自然经济的重要补充，在众多交易货物中，陶瓷手工业聚落所生产的陶瓷器具是交易量非常庞大的一个种类，它们甚至远销海外，成为海上丝绸之路上的主要货物。它们的交易场所在哪呢，有怎样的一条销售链？关于宋元时期的市场体系，经济史学界有不少研究成果，除一些重要的港口城市如广州、泉州、扬州等货物集散地之外，市镇在宋元时期的市场体系中占有重要位置，而且市镇是与陶瓷手工业聚落有更直接联系的市场类型，值得我们给予特别关注。

宋代的市镇包括镇和草市两部分，都是在社会生产力的发展、社会分工的扩大以及商业市场活动的基础上发展起来的。在宋代文献中市镇的称谓极多，有"场""务""店""步""渡""虚""市"等名目，傅宗文先生在《宋代草市镇研究》中辑拾制作了《宋代草市镇名录》，罗列了荆湖南路有文献记载的市镇共65处[19]。据傅先生研究，这一时期的草市镇在市时、虚期、商品种类与市场形式等方面形成了各具特色的市场结构。宋代草市镇市的市时普遍选择在早晨；从虚期看一般是期日市，有三日一市或五日一市等不同周期，虚市周期有长有短，总的历史趋势是由长而短；从商品种类看，大部分乡村虚市的交易货物为附近村落村民用以互通有无的剩余用品，可分为生活用品、生产用品和文化用品，以粮油果蔬等生活用品为主，此外出现了大量带有专业倾向的以销售某一类手工业产品而著称的主题市场。大量主题市场的出现是商品经济发展的重要体现，陶瓷市镇是这一类主题市场的一个重要门类。

在陶瓷市镇这类主题市场中，陶瓷手工业与市镇从历史渊源看其关系不外乎两类：一类是因窑成市，一类是依市建窑。即一类是因为陶瓷生产与交易规模的扩大而形成草市乃至镇市，比如吉州庐陵县永和镇，五代时为一普通聚落，农民种田兼制瓷，后周显德初年，创建草市，设立"磁窑团"，50年后，随着陶瓷业的发展，真宗景德年中升为镇市，市区大为扩展，"辟坊巷六街三市，时海宇清宁，附而居者数千家"[20]。另一类是瓷窑建置于草市镇附近，依附于已有的市场，并最终推动它们走上以陶瓷为主业的道路，以景德镇为例，景德镇在东晋时已经有镇的建制，称东平镇，唐初又称昌南镇，从考古材料看，这里的陶瓷业是在五代时期才开始兴盛的，宋景德年间因所产青白瓷质地优良遂以皇帝年号为名置景德镇，最终成为中国瓷都。

永和镇吉州窑与景德镇湖田窑都是宋元时期非常有影响的重要窑场，都形成了自己的主题市场，历史文献和现有遗存证明了这一点。著名的"黑石号"沉船中有一件长沙窑彩绘碗，碗内青釉下用褐彩书有"湖南道草市石渚盂子有明樊家记"[21]，这明白无误地证明长沙窑在当时是以"草市石渚"之名而闻名天下的，"石渚"一名现在仍在沿用，而近年的考古勘探也表明，在现石渚湖塍北岸市场湖一带还存在与交易活动有密集关系的"市场区"和"生活区"[22]，可见，湘江下游

的长沙窑也是一处已形成了自己主题市场的大规模陶瓷手工业聚落。从表三中我们可知这一时期这些重要窑场的现存规模，如果拿湘江中游地区宋元时期窑址与之进行比对，我们有理由相信，湘江中游宋元时期同等规模的第一等窑址内或附近很可能也有自己的主题市场，要么因窑成市，要么依附于附近已有的市镇。

据本次调查，湘江中游宋元时期第一等规模窑址有8处：第一类窑址中的云集窑址，第二类窑址中的归阳唐家窑（宏财村窑址和唐家岭窑址）、云集窑址、大源窑址、瓦窑圩窑址、白杜窑址、寨子岭窑址。这些窑址中都或多或少存在一些与市镇或市场有关的线索，是值得我们再做深入田野工作的几个重要窑场。比如，归阳唐家窑址的分布以归阳古镇为中心；云集窑址的湘江对河岸有一名为新塘站的村落，新塘站村应该就是元代湘江水路的驿站之一——辛塘站；大源窑址紧邻文献有记载的南宋吴集市；瓦窑圩窑址据当地村民讲是一处历史悠久的圩场；白杜窑址位于白杜窑村，当地人称为百座窑村，加上附近尧头村、龙井塘村一带的窑址，这里古窑址数量庞大，是远近有名的烧窑专业村，据《湖南氏族迁徙源流》，当地杜姓至1948年已传31代，始祖于南宋因避乱自新田县迁居于此[23]；而寨子岭窑址所在的青口被当地人称为小道州，曾是一处舟来船往热闹非凡的人口聚集地，交易旺盛。

第二等规模的窑址共有7处：第一类的衡阳窑址、蒋家窑址、暖水窑址，第二类的玉井窑址、青冲窑址、尧头窑址，第三类窑址中的虾塘村窑址。这些窑址虽然不一定形成了自己的市场，但其生产量巨大，产品应该参与了远距离贸易，而不仅仅满足于周边农业聚落，是不依附于周边村落的大型陶瓷手工业聚落。而第三、四等规模的中小型陶瓷聚落则大多依附于附近农业聚落，产品投放附近农村虚市，主要供应周边村落。

总之，通过观察宋元时期的市场结构，并与同时期其他区域重要窑场进行对比，我们可以说，湘江中游地区陶瓷窑址中的少数大规模窑场与市镇有着重要联系，这些窑址要么在窑址区域内形成了自己以陶瓷为专业的主题市场，要么依附于附近已有的市镇，参与远距离贸易。而中小型窑址则主要依附于附近农业聚落，产品主要供应周边农业村落。

五、结　　语

本文以实地考察所获信息为基础，依据制瓷工艺特征对湘江中游地区宋元时期窑址进行了分类，对其相对年代、规模和空间分布特征进行梳理，同时结合宋元时期市场体系及湘江中游地区人口及社会发展等相关研究成果，探讨了五代北宋时期衡州地区第一类窑址参与外销的可能性，初步摸清了该流域窑址不同类型不同规模窑址的销售情况及其与宋元时期草市镇的关系。但是限于时间与人力，这样考察与分析仍很粗略，一些大规模窑址有必要开展更为精细的重点勘探和发掘工作，该区域陶瓷产业的内涵也还有待进一步发掘，宋元时期本区域陶瓷产业的大发展是基于什么样的时代背景？对本地传统技术的传承、对名窑的模仿及其自身的技术创新无疑是宋元时期湘江中游地区陶瓷产业走向兴盛的路径，但不同窑场之间技术交流的细节仍不很明晰，比如第一类窑址与长沙窑青瓷、繁昌窑青白瓷及越窑青瓷的关系，第二类窑址似乎吸收了北方耀州窑、定窑、磁州窑和钧窑的一些制瓷工业，第三类窑址应与江西境内景德镇湖田窑等青白瓷窑址有着密切联系，每一类型内各窑址之间还有一些细微的区别，既有地域的区别，也有不同年代的区别，这些都是有待进一步阐明的课题。

附记：本文得到了湖南省文物考古研究所所级课题资金支持，在实地考察中得到了衡阳市、永州市、郴州市文物部门同仁的支持和帮助，窑址分布图由李付平、胡重制作，在此敬表谢忱！

注　释

[1] 国家文物局：《中国文物地图集·湖南分册》，湖南地图出版社，1997年。

[2] 周世荣：《湖南陶瓷》，紫禁城出版社，1988年。

[3] 周世荣：《湖湘陶瓷》，湖南美术出版社，2008年。

[4] 刘茂：《湘江中、下游地区三处古窑址调查》，《中国古代窑址调查发掘报告集》，文物出版社，1984年，第251~265页。

[5] 周世荣：《衡州窑与衡山窑》，湖南美术出版社，2012年，第16页。

[6] 向新民：《初论蒋家窑的擂棒——兼论太平三年之器的年号与定名》，《华夏考古》2001年第3期。

[7] （清）朱琰：《陶说》卷六《说器中·唐器》，傅振伦译注本，轻工业出版社，1984年。

[8] 周世荣：《衡州窑与衡山窑》，湖南美术出版社，2012年，第28页。

[9] 韦仁义：《宋代广西的青白瓷》，《景德镇陶瓷》1993年第Z1期；李铧：《也谈宋代广西仿耀青瓷与耀州窑的关系》，《文博》1999年第4期；广西壮族自治区博物馆：《广西博物馆古陶瓷精粹》，文物出版社，2002年。

[10] 陈雨前：《宋代景德镇青白瓷的历史分期及其特征》，《中国陶瓷》2007年第6期；江西省文物考古研究所等：《景德镇湖田窑址》，文物出版社，2007年，第455~467页。

[11] 湖南省文物考古研究所、益阳市文物管理处：《湖南益阳羊舞岭窑址群调查报告》，《湖南考古辑刊》第8集，岳麓出版社，2009年，第127~142页。

[12] 王勇：《湖南人口变迁史》，湖南人民出版社，2009年，第308页。

[13] 中国文物报社：《中国考古新发现年度记录2010》，中国文物报社出版，第450~455页。

[14] 慈溪市博物馆：《上林湖越窑》，科学出版社，2002年，第7~15页"上林湖窑址调查表"。

[15] 赵青云：《河南禹县钧台窑址的发掘》，《文物》1975年第6期。

[16] 冯玉辉：《瓷器的外销和衡阳陶瓷业的繁荣》，《中国古外销陶瓷研究会1987年晋江年会论文集》，紫禁城出版社，1988年，第34页。

[17] 袁伟：《湘潭县大鹏西路、湘莲大道工程2012年度考古发掘》，《湖湘文化考古之旅2012》，第68页。

[18] 冯先铭：《元以前我国瓷器行销亚洲的考察》，《文物》1981年第6期。

[19] 傅宗文：《宋代草市镇研究》，福建人民出版社，1989年。

[20] 转引自傅宗文：《宋代草市镇研究》，福建人民出版社，1989年，第218页。

[21] 李辉柄：《长沙窑》，湖南美术出版社，2004年。

[22] 中国文物报社：《中国考古新发现年度记录2010》，中国文物报社出版，2011年，第450~455页。2006年、2010年长沙铜官窑遗址调查成果。

[23] 湖南图书馆：《湖南氏族迁徙源流》，岳麓书社，2010年，第143页。

益阳羊舞岭窑的窑业技术来源和发展阶段初探

——兼论景德镇窑、龙泉窑的兴衰对羊舞岭窑的影响

杨宁波

益阳羊舞岭窑址位于益阳市龙光桥镇、沧水铺镇的丘陵及坡地上，目前已发现有蜈蚣塘窑址、瓦渣仑窑址、高岭窑址等。1979年，益阳地区文物工作队（今益阳市文物管理处）、益阳县文化馆在进行文物普查时发现该窑场，并收获了一批标本，对窑址概况及产品特征有了一定的了解[1]。2008年，为充实羊舞岭窑的分布、产品特征等相关信息，湖南省文物考古研究与益阳市文物管理处对窑址进行了较为系统的调查，对窑址烧造的青白瓷、仿龙泉青瓷以及青花瓷的年代、产品特征、窑炉、窑具及历史背景等进行了报道[2]。2012年，益阳市文物管理处进行了补充调查，新发现多处古窑址[3]。

2013年8月至2014年7月，湖南省文物考古研究所与益阳市文物管理处等单位对羊舞岭窑进行了首次抢救性的考古发掘，分Ⅰ、Ⅱ两个发掘区[4]，总发掘面积近2000平方米，揭露出南宋晚期至元代龙窑5座，淘洗池、沉淀池、储釉池、制坯间、挡土墙、水塘、灰坑等遗迹90余处，出土了各个时期的瓷器标本及窑具数万件，其中有"咸淳三年"青釉盏托、"咸淳七年四月"利头、"壬戌四月初五日"陶拍、"大德八年五月"轴顶板盏纪年器，清晰地反映了羊舞岭窑从南宋晚期始烧青白瓷到元代转而仿烧龙泉窑青瓷的阶段性变化，对认识宋元时期羊舞岭窑的产品形态、装烧方法等有重要意义。作坊区出土的大量制瓷遗迹、木构遗存为我们了解宋元之际制瓷工艺流程等提供了重要的资料[5]。

一、羊舞岭窑的发展阶段

根据考古发掘成果，可以将羊舞岭窑的发展划分为三期5段。

（一）益阳羊舞岭窑的初创、兴盛和转折期

第一期，分前、中、后三段，是益阳羊舞岭窑的初创、兴盛和转折期，在这一阶段，羊舞岭窑以早禾为中心迅速发展，窑址数量急剧增多，在南宋后期达到了其发展的第一个高峰期。

第一期前段为南宋中期，是羊舞岭窑的初创期，这一时期羊舞岭窑的产品以烧青白瓷为主，兼烧少量青瓷。产品种类有碟、碗等，胎体略厚，釉色偏青黄。此时的羊舞岭窑产品以素面为主，基本不见装饰纹样。

羊舞岭窑瓦渣仑窑址Ⅱ区TN8W21⑨层出土的器物基本为素面，不见任何装饰纹样。最具代表性的器物是青白釉圈足碟，流行矮圈足（图一）。装烧方法上有涩圈叠烧法和支圈覆烧法两种，其中圈足碟使用涩圈叠烧法，这类器形口沿施釉，内底多涩圈一周，矮圈足不施釉，足墙和乳状旋突上残留着垫隔用的砂粒。芒口深腹碗采用支圈覆烧法烧制。两种装烧方法各有利弊。

图一　青白釉圈足碟（TN8W21⑨：1）

第一期中段，为南宋后期，即南宋咸淳至祥兴年间（1265～1279年），是羊舞岭窑的第一个繁盛期。这一时期的产品以青白瓷为主。与前段相比，这一时期，芒口青白瓷占绝对主导地位，涩圈器很少，另有极少量仿龙泉窑青瓷和酱釉产品。

青白瓷产品胎体变薄，修胎规整，内外壁满釉，裹足刮釉。前期出现的圈足碟这一时期仍有烧制，器形变大。这一时期羊舞岭窑的产品种类增多，数量剧增，有碗、盘、碟、盏、罐、炉、象棋子、灯盏等。典型器物有芒口深腹碗、芒口印花盘（图二）、平底碟、印花斗笠碗（图三）、鼓腹罐、折沿炉、圈足碟等。

此期素面仍占主导，但开始出现一定数量的印花器。芒口深腹碗、芒口平底碟、圈足盘、芒口斗笠碗等器物内壁常见有月影梅花、莲瓣纹、回纹、束莲纹等装饰纹样。

图二　青白釉芒口印花盘（TN7W19⑤：28）

图三　青白釉斗笠碗（TN7W19⑤：25）

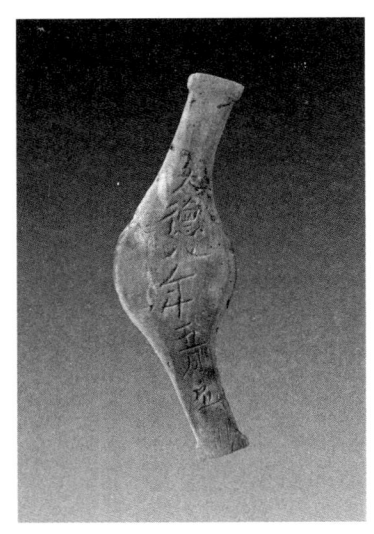

图四　H5出土的"大德八年五月"
轴顶板盏

装烧方法与前期相同，有支圈覆烧法和涩圈叠烧法两种。大量芒口青白瓷采用支圈覆烧法装烧，支圈覆烧法明显占主导地位，少量厚胎斜腹碗、鼓腹罐采用涩圈叠烧法装烧，涩圈叠烧法是这一时期的辅助性装烧方法。

从窑业技术来看，这一时期，羊舞岭窑受到了景德镇窑、定窑以及龙泉窑的影响。其中以景德镇窑的影响最深，大量的芒口深腹碗、矮圈足碟、平底碟在景德镇窑中都能找到相同的器形。羊舞岭窑由垫钵、支圈所组成的支圈覆烧法与景德镇窑无异。尤其值得注意的是，在瓦渣仑窑址出土的"大德八年五月"轴顶板盏（图四）、"咸淳七年四月"利头[6]、"饶州"铭垫钵更是充分证明了羊舞岭窑的青白瓷窑业技术直接来源于景德镇窑，更确切地说是从景德镇迁移过来的窑业工匠参与并指导了羊舞岭窑产品的制作，从而开创了羊舞岭窑青白瓷产品的全盛时期。

当然，羊舞岭窑的窑工在深度吸收景德镇窑窑业技术的同时，还从当时久负盛名的定窑、龙泉窑、建窑[7]等吸取经验，只不过这主要是羊舞岭窑业工匠通过市场流通的定窑和龙泉窑产品来模仿，其吸收的深度和广度远远不及景德镇窑。羊舞岭瓦渣仑窑址南宋后期地层出土的涩圈碗、鼓腹罐均光素无纹饰，但胎体厚重，釉色凝重，呈现出与青白瓷不同的取向，带有仿龙泉窑产品的痕迹（图五）。定窑对羊舞岭窑的影响主要体现在装饰纹样方面，南宋时期的定窑白瓷对南方的很多窑口都有影响，羊舞岭窑同样也在许多方面受到了定窑的影响，斗笠碗、印花盘、印花碟等器物造型与纹样都与定窑有相似之处，只不过这一模仿极有可能是通过景德镇窑这一窑业技术中转站来实现的。景德镇窑的印花盘、芒口印花碗在造型与纹样方面都与定窑有诸多联系，而且景德镇窑的青白瓷本身就是模仿北方定窑白瓷而开始烧制的，尤其是南方广为传播的景德镇窑支圈覆烧法追根溯源同样来自定窑。

第一期后段，即元代早期，是羊舞岭窑的转折期，产品仍主要是青白瓷，但部分器形已明显模仿龙泉窑。典型器物有矮圈足碟、饼足盏、芒口浅腹碗等。少量饼足盏内涩圈，盏内壁有四组[8]梅花点纹。新出现仿龙泉窑青白釉双系罐、芒口印花大盘、涩圈饼足盏、高足杯等。器形仍延续南宋晚期小型化的风格，但也有少量印花大盘（图六~图八）。

图五　青白釉鼓腹罐（TN7W21⑦：1）

图六　芒口浅腹碗（Y29③：5）

图七 平底碟（Y29②：10）

图八 高足杯（Y29③：22）

此时期的器物多数为素面，芒口器的装饰纹样已很少见，仅一小部分芒口碗内壁有"出筋"装饰以及芒口大盘内壁有莲瓣纹装饰，不见南宋晚期布局严谨、生动写实的植物纹样。少量青白釉饼足盏内壁饰四组梅花点纹。

装烧方法，支圈覆烧法仍占相当的比例，涩圈叠烧法的比例明显较上期增加。

（二）益阳羊舞岭窑的第二个高峰期

第二期，即元代中晚期，是羊舞岭窑的第二个高峰期，这一时期羊舞岭窑受景德镇窑的影响逐渐减少，受龙泉窑的影响程度加深，产品以仿龙泉窑青瓷为主，青白瓷的数量锐减，酱釉和黑釉瓷的数量明显增多。产品器形继续向大型化发展。

青瓷产品胎体多呈灰褐色，胎体厚重，修胎规整，内壁施釉，内底涩圈，外壁施釉不及底。也有一定数量的青瓷或黑釉、酱釉瓷内壁露胎呈椭圆形，显示出与前者不同的施釉方法。釉层较薄，多有积釉，玻璃质感强，多数有开片。与前期相比，胎质变粗，淘洗不精，由于多采用涩圈仰烧法，承重中心位于器物底部，导致下腹部胎体较厚，底足多为大圈足，足墙宽厚。涩圈叠烧法烧制的器物所造成的瑕疵较之芒口器有过之而无不及，涩圈以内施釉的地方因处于隔绝状态，导致釉层生烧现象严重，同一件器物内壁及内底的釉色截然不同的现象很常见。

此期的典型器物有深腹圈足碗、高足杯、浅腹圈足盘、圈足碟等（图九、图一〇）。与前期相比，器形大而厚重。

此期素面仍占一定比例，但有装饰纹样的器物已达到与素面器物平分秋色的格局。装饰纹样已基本不见印花，而是统一的刻划花。与南宋晚期刻画精细、形象生动的写实风格纹样相比，此时的装饰纹样已大大简化，流行莲瓣纹、刻划弧线纹等，纹样显得粗犷、大气。

装烧方法以涩圈叠烧为主，支圈覆烧法已大大缩减。此期产品中的碗、盘、碟、盏等大宗产品几乎都采用涩圈叠烧法烧制，仅有少量高足杯等沿用支圈覆烧法，且为了适应高足杯高度的需要，支圈的高度明显增加，支圈的尺寸变小（图九，4、11），环形支圈的量产效果大大降低[9]，这已大大偏离环形支圈的初衷。用涩圈叠烧法烧制的器物之间除了利用涩圈以外，还在涩圈部位垫上一层细砂。正因如此，这一时期不见其他垫隔具，仅有垫钵（图九，10）、垫柱等少量的支烧具。

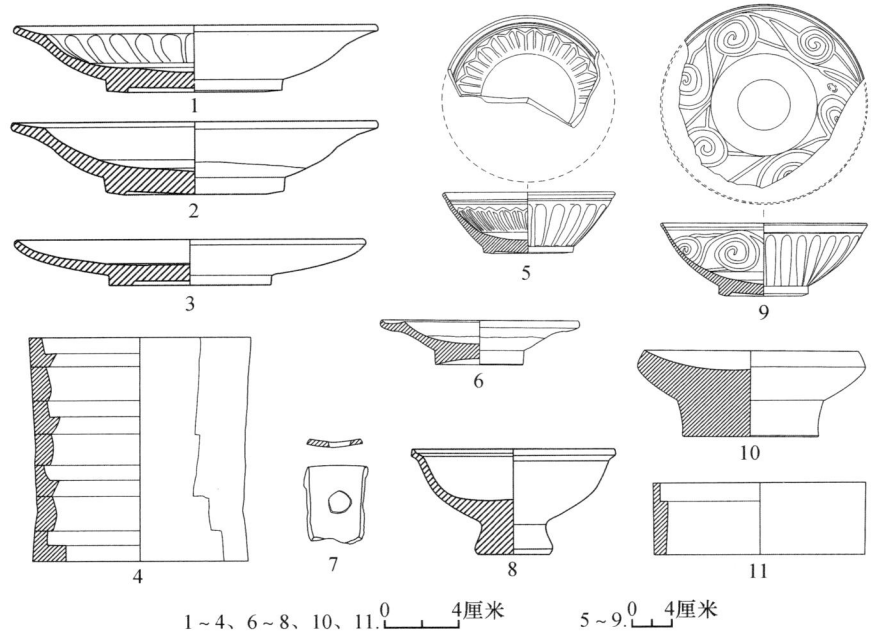

图九 Y51采集的部分瓷器及窑具

1、2.折沿盘（14YWLY51采：45、14YWLY51采：8） 3.敞口盘（14YWLY51采：115） 4、11.支圈（14YWLY51采：112、14YWLY51采：69） 5、9.涩圈划花碗（14YWLY51采：25、14YWLY51采：92） 6.折沿碟（14YWLY51采：97） 7.火照（14YWLY51采：126） 8.高足杯（14YWLY51采：124） 10.垫钵（14YWLY51采：85）

图一〇 Y51采集的仿龙泉窑涩圈青瓷碗

（三）益阳羊舞岭窑的衰落期

第三期，即元末明初，是益阳羊舞岭窑的衰落期。羊舞岭窑的衰落，从第二期后段已初见端倪，仿龙泉窑青瓷产品采用涩圈叠烧法烧制，放弃了原来使用的支圈覆烧法，选择的涩圈叠烧法相当于裸烧，其产品因涩圈留下的缺点更为突出，虽然从器物外形接近龙泉窑青瓷，但涩圈带来的缺点大大降低了青瓷的档次。

入明以后更是如此，仅存的几座窑址仍沿用涩圈叠烧法，用来烧制青花瓷器，其产品种类单一，有碗、盘、罐、执壶、香炉（图一一）等[10]，以碗为大宗，胎体厚重器形粗大，胎釉颜色暗

图一一 明代青花瓷炉（Y39∶37）

淡，料色青灰、淡蓝、淡墨或呈褐色，纹样模糊，内容稀疏简单[11]。有菊花水藻纹、卷草纹等，也有执壶、碗的外壁代以"福如东海""油壶"等文字装饰，显然产品定位为青花粗瓷，与南宋晚期至元代的羊舞岭窑青白瓷及青瓷已不可同日而语。从器物特征来看，许多深腹大碗仍保持着元代的特征，没有发现标志烧造年代的款识，这些均具有明早期青花瓷器的特征。

二、羊舞岭窑发展的历史背景

（一）赣人入湘及其对羊舞岭窑等地的开发和影响

北宋初年，南方各路的人口分布很不均衡，两浙、福建、江西、江东、成都府等路的部分府州人口密度较大，北宋中后期至南宋初期，这些地区人多地少的矛盾日益尖锐，逐渐成为南方土著人民的主要迁出区[12]。尤其是今江西省境，是宋代人口迁出较多的地区，其中吉州、饶州、袁州、信州、洪州尤甚。《宋书·地理志》说荆湖南路："有袁、吉接壤者，其民往往迁徙自占，深耕溉种，率致富饶，自是好讼者多矣。"湖南成为江西过剩人口的主要迁入区之一，当然从事不同行业的人口其迁移的原因也有所不同，对于从事农业的人口来说，迁移的原因主要是人口的急剧增长与耕地资源有限的突出矛盾。而对于从事手工业，尤其是制瓷业的窑业工匠来说，还有更深层的原因。江西景德镇窑自中唐烧制瓷器以来，广泛吸收各大名窑的先进窑业技术[13]，并不断创新，至北宋时期已步入名窑之列，进入了官方的视野。南宋时，地表的瓷石原料枯竭，贪官为了谋取私利，制定了"官籍丈尺，以第其税"的政策[14]，景德镇窑为了降低成本，提高烧成产品的成功率，一方面引进并改造定窑的支圈组合覆烧法，节省原材料；另一方面改进窑炉结构，窑炉越来越短，产品却越来越精，从而使一部分窑场渡过了难关。但仍有相当数量的窑场倒闭，景德镇南河流域宋代窑场停烧主要是南宋时期的原料危机所致[15]，这些在景德镇从事制瓷的窑业工匠因窑炉结构改革，窑业工匠需求减少以及窑场倒闭不得不开始迁往别处选择新的出路。对于与江西接壤，同样有着丰富的瓷土资源，但尚未被开发的羊舞岭及醴陵等地来说，这无疑是一次机遇，迁入的江西籍工匠带来了先进的制瓷工艺，加之其便利的水运、自然环境等条件，从而使羊舞岭在短时间内便烧制出了高质量的青白瓷。

（二）龙泉窑与景德镇窑的兴衰及其影响

如前所述，宋元时期，影响羊舞岭窑业技术的不止景德镇窑，还有定窑、龙泉窑、建窑，后三者中以龙泉窑最为突出。龙泉窑创烧于北宋时期，北宋初期，龙泉窑仍处于产品就地销售的小规模生产状态[16]，北宋中晚期，龙泉窑的产品仍以刻划花为主，虽已逐渐形成自己的特色，但在国内名气尚小，更不要论海外。与其相比，北宋时期的景德镇窑已有相当的知名度，北宋景德年间，北宋政府曾在景德镇征调瓷器，设司务所，景德镇窑的产品也因其土白胎薄，著行海外[17]。从景德镇地区的窑址分布更能看出景德镇窑业的兴盛，北宋中晚期，景德镇窑进入兴盛期，这一时期的窑业遗存分布在景德镇市区、近郊、南河、小南河一带，绵延近百里[18]。有学者指出，蒋祈在《陶记》中说"景德陶，昔三百座"，这里的"昔"当指北宋中晚期而言[19]。

1126～1127年，北宋王朝在"靖康之难"中覆灭，政府南迁定都临安给龙泉窑的发展带来了机遇。大量北人随着政府的南迁涌入南方，其中尚有许多文人和上层贵族，成为享用优质瓷器的主要人群。而且南迁的北人中还有许多从事瓷器、丝绸、酿酒等手工业生产和销售的工匠、商人[20]。

此时，龙泉窑的名气已不输给景德镇窑。在国内的许多遗址、墓葬、窖藏中，景德镇窑、龙泉窑产品成了非常固定的组合，甚至有些窖藏中龙泉窑产品的数量远远多于景德镇窑。正是因为如此，在南宋中晚期，景德镇窑除了生产一般的盘、碗、壶、罐之外，还生产大量香炉、文房用具等高档瓷器，且出现了许多仿青铜器造型的器物，这当是景德镇窑对龙泉青瓷的学习[21]。由于龙泉窑以釉色取胜，景德镇窑的产品有更丰富的装饰纹样，南宋中晚期两个窑口的产品不仅畅销国内，还远销海外。

到了元代，元朝政府将全国唯一专管瓷窑生产的机构"浮梁瓷局"设立于景德镇，处于官方视野下的景德镇成了名副其实的瓷都。但从当时产品销量及影响来说，景德镇窑已不及龙泉窑[22]，以四川地区为例，宋末元初的瓷器窖藏中，基本都有龙泉青瓷出土，并且往往时代越晚，龙泉窑青瓷所占的比例越高[23]。蔡小辉先生曾对元代窖藏瓷器中的景德镇窑产品与龙泉窑产品的比例做过统计，结果显示，龙泉窑青瓷产品占总数量的六成，表明元代龙泉窑产品对景德镇窑产区的影响要比景德镇窑产品对龙泉窑产区的影响更大[24]。不仅窖藏、遗址中龙泉窑的比例增加，国内外仿龙泉窑产品的地点不断增加，形成了"龙泉窑系"。

从目前掌握的资料来看，元代以降，在广西、广东、湖南[25]、福建[26]、江西[27]等省份均出现了一定数量的仿龙泉窑址，海外的日本、韩国、泰国等地也曾仿烧龙泉窑青瓷。广西宋代以来的青白瓷窑址在元军攻陷广西前后均告停烧，同时，在新的政权稳定当地局势以后，广西全州江凹里窑、柳城窑[28]、桂林上窑均审时度势地开始仿烧龙泉窑青瓷[29]。广东元明时期的惠州窑、潮州窑也曾仿烧一定数量的龙泉窑青瓷[30]。

在海外，龙泉青瓷的青睐程度丝毫不亚于国内，据统计，目前在西亚、南亚等地区的考古调查中发现的龙泉窑瓷器，年代主要为南宋至明代，其中数量最多的是元至明中期的产品[31]。林亦秋先生曾指出，13世纪以后，伊斯兰教在印度尼西亚传播开来，由于宗教渊源，他们对青色瓷器情有独钟，因此，宋元明时期龙泉青瓷曾在印度尼西亚风靡一时。满者伯夷（Majapahit）是14世纪时印度尼西亚最大的帝国[32]，林先生曾在该帝国的都城特鲁乌兰（Trwulan）遗址中，找到了许多元代景德镇窑、磁州窑的产品，但最突出的还是宋元时代的龙泉窑青瓷漫山遍野[33]。

景德镇窑与龙泉窑对南方窑业技术的影响从深度上来讲也有很大的不同。南方诸省烧制青白瓷的起因不仅在于景德镇窑青白瓷的一时风行，对于湖南等省份来说，另一方面的原因便是前面所提景德镇窑南宋时期多重困境所导致的工匠外迁，所以其对湖南青白瓷窑业技术的影响表现在整套窑业技术的传递[34]。而龙泉窑对南方诸省份窑业影响的原因主要是各地对龙泉窑青瓷产品的青睐，纷纷仿烧龙泉窑青瓷，但使用的窑业技术仍然是本地的传统技术，比如南宋晚期至元代羊舞岭窑仿烧龙泉窑产品，主要体现在器物形态及装饰纹样方面，装烧技术仍然使用支圈覆烧法或涩圈叠烧法。同样的现象在广西柳城窑、全州江凹里窑也表现得很明显，这几处窑址元军攻陷广西之前主要烧制青白瓷或者耀州窑系青瓷，以泥钉或支圈间隔，匣钵装烧，入元以后，改烧仿龙泉窑青瓷，仍沿用原来的窑业技术，以泥钉间隔。这些现象表明，龙泉窑青瓷技术的影响表现在器物釉色、形态特征及装饰纹样等方面，没有深入到深层次的窑业技术，不太牵涉窑业工匠的迁移。

三、结　　语

就目前对羊舞岭窑瓦渣仑窑址的发掘看，羊舞岭窑始烧于南宋中晚期，其肇始于南宋中晚期景德镇窑业工匠大量外流的历史背景下。迁入羊舞岭的窑业工匠带来了先进的窑业技术，从而使羊舞岭窑在不长的时间内烧制出了芒口印花等高档青白瓷，为羊舞岭窑的发展带来了第一个兴盛期。入元以后，随着景德镇青白瓷产品的整体衰退，龙泉窑青瓷产品抢占了景德镇窑在内陆和海外的部分市场。羊舞岭窑元代早期仍延续着景德镇窑的影响，烧制青白瓷，但部分器形开始仿烧龙泉窑，元代中期以后，青白瓷已很少见，开始仿烧龙泉窑青瓷[35]，但质量已与南宋晚期的青白瓷不可同日而语。元代末年的战争更使得羊舞岭窑受到重创，窑业工匠的减少等使羊舞岭窑的发展受到局限，明代虽仍有少量窑址烧制青花瓷，但产品粗糙，主要供应周边普通民众，并最终停烧。

株洲醴陵窑、益阳羊舞岭窑等窑址群开始烧制青白瓷的年代均集中于南宋中晚期，且其窑业技术与景德镇窑无异，正是因为南宋中晚期饶州籍工匠入湘，并沿湘、资、沅、澧进入益阳、新宁等地，带动了这些区域的开发和窑业经济的繁荣。

注　　释

[1] 盛定国：《湖南益阳县羊午岭古窑址调查》，《考古》1982年第4期；盛定国：《略谈湖南益阳发现的古瓷窑址》，《景德镇陶瓷》1984年第S1期。

[2] 湖南省文物考古研究所、益阳市文物管理处：《湖南益阳羊舞岭窑址群调查报告》，《湖南考古辑刊》第8集，岳麓书社，2008年。

[3] 此次考古调查成果尚未公布。

[4] 湖南省文物考古研究所、益阳市文物管理处：《湖南益阳羊舞岭瓦渣仑窑址Ⅱ区发掘简报》，《湖南考古辑刊》第11集，科学出版社，2015年。

[5]　Ⅰ区的发掘收获可参考《陶瓷考古通讯》2014年第3期。

[6]　轴顶板盏、利头的形态特征与景德镇湖田窑的同类器非常相似，而这两类与制坯、利坯相关的工具在其他窑口比较少见，更加证明了羊舞岭窑与景德镇湖田窑的密切关系。

[7]　在南宋晚期的地层中出土两三件兔毫盏残片，极有可能是羊舞岭窑的仿建窑产品，当然也不排除外来的可能。

[8]　极少数为五组褐彩梅花纹。景德镇窑青白釉饼足碗、黑釉饼足盏内壁饰四组对称的梅花纹，这种装饰纹样出现于元代早期。详见江西省文物考古研究所、景德镇民窑博物馆：《景德镇湖田窑址——1988~1999年考古发掘报告》，文物出版社，2007年。

[9]　南宋中晚期的环形支圈高度约在2.2厘米，且每一层环形支圈内侧都有一个承接覆烧器物口沿的"二层台"。至元代中期以后，原来使用支圈覆烧的大宗产品碗、盘、碟都转而用涩圈叠烧法，不仅支圈数量锐减，支圈形态也出现明显变化，不是每一层支圈内侧都有"二层台"，有的支圈完全是起到垫高的作用，甚至发现有单个支圈高度达到4厘米的情况，这与南宋晚期支圈充分利用窑内竖向空间、提高产量的量产意识完全不同，显然此时的环形支圈已完全退化，几乎失去了其原有的功能。

[10]　曹伟：《2014—2015湖南益阳羊舞岭窑址调查主要收获》，《陶瓷考古通讯》2015年第1期。

[11]　湖南省文物考古研究所、益阳市文物管理处：《湖南益阳羊舞岭窑址群调查报告》，《湖南考古辑刊》第8集，岳麓书社，2008年。

[12]　吴松弟：《中国移民史·第四卷·辽宋金元时期》，福建人民出版社，1997年，第171页。

[13]　张文江、崔涛、顾志洋：《景德镇南窑遗址考古发掘的重要收获》，《景德镇南窑考古发掘与研究——2014年南窑学术研讨会论文集》，科学出版社，2015年。发掘春明南窑始烧于中唐，衰落于晚唐，产品具有长沙窑、岳州窑风格，兼具洪州窑、越窑等特点。

[14]　即官方将窑炉尺寸登记入册，依照登记尺寸确定征收窑业税额。

[15]　刘新园、白焜：《高岭土史考——兼论瓷石、高岭与景德镇十至十九世纪的制瓷业》，《中国陶瓷》1982年增刊。

[16]　朱伯谦：《龙泉窑青瓷》，台北艺术家出版社，1998年。

[17]　江西省轻工业厅陶瓷研究所：《景德镇陶瓷史稿》，三联书店，1959年。

[18]　江建新：《景德镇宋代窑业遗存与相关问题的探讨》，《景德镇地区出土五代至清初瓷展》，香港大学冯平山博物馆，1992年，第72~98页。

[19]　裴雅静：《景德镇青白瓷分期研究》，《中国古陶瓷研究》第五辑，紫禁城出版社，1999年，第209~211页。

[20]　周丽丽：《有关龙泉窑两个问题的再认识》，《中国古陶瓷研究：龙泉窑研究》，故宫出版社，2011年。

[21]　裴雅静：《景德镇青白瓷分期研究》，《中国古陶瓷研究》第五辑，紫禁城出版社，1999年，第209~211页。

[22]　刘新园：《元代窑事小考（一）——兼致约翰·艾惕思爵士》，《陶瓷学报》1981年第1期。

[23]　陈扬：《四川地区宋元瓷器窖藏综述》，《文物春秋》2011年第5期。

[24]　蔡小辉：《窖藏出土宋元时期龙泉窑青瓷的相关研究》，《东方博物》第35辑，浙江大学出版社，2010年。

[25] 湖南仿烧龙泉窑青瓷的窑址除了羊舞岭窑之外，目前所知道的还有醴陵唐家坳马冲窑、汝城窑等，马冲窑详见国家文物局：《2010年中国重要考古发现》，文物出版社，2011年，第459~461页。

[26] 黄义军：《宋代青白瓷的历史地理研究》，文物出版社，2010年。福建闽南地区以德化碗坪仑窑上层遗存为代表的青白瓷产品受到了龙泉窑工艺的影响，釉料成分有所变化，多呈青灰色，胎釉较前期粗糙；孟原召：《宋元时期泉州沿海地区制瓷业的兴盛与技术来源试探》，《海交史研究》2007年第2期。南宋中晚期是泉州沿海地区制瓷业非常活跃的一个阶段。但就青白瓷生产来说，景德镇青白瓷对这一地区的影响逐渐衰微。与此同时，龙泉青瓷的影响力剧增，成为各地模仿的主要对象。南宋中晚期泉州港地位上升，泉州沿海地区制瓷业多以外销为主，对所模仿名窑的敏感性较之内陆区域更高，景德镇窑青白瓷与龙泉窑青瓷的兴衰交替对这一区域带来的产品结构调整也最先完成。

[27] 杨后礼：《谈景德镇仿龙泉青瓷》，《江西文物》1991年第4期；吴志红：《浅谈龙泉瓷和景德镇仿龙泉瓷》，《南方文物》1992年第4期；余家栋：《江西仿龙泉青瓷与浙江龙泉青瓷之间的相互关系》，《中国古陶瓷研究——龙泉窑研究》，故宫出版社，2011年；吴隽等：《景德镇仿龙泉青瓷与龙泉青瓷组成特征研究》，《光谱学与光谱分析》2013年第8期。

[28] 广西壮族自治区文物工作队、柳城县文物管理所：《柳城窑址发掘简报》，《广西考古文集》，文物出版社，2004年。

[29] 李铧：《桂林出土的龙泉青瓷及其对桂北青瓷窑业的影响》，《中国古陶瓷研究——龙泉窑研究》，故宫出版社，2011年。

[30] 黄静：《广东龙泉系青瓷浅析》，《中国古陶瓷研究——龙泉窑研究》，故宫出版社，2011年。作者指出，相对于北宋时期广东各窑场仿烧全国各大窑场的盛况来说，元、明时期广东生产仿龙泉窑青瓷的数量可谓大大逊色。这主要是南宋以来泉州港的地位上升、广州港的地位下降所造成的。

[31] 〔韩〕申浚：《浅谈西亚与南亚地区发现的元明龙泉窑瓷器》，《故宫博物院》2013年第6期。

[32] 满者伯夷建国于至元三十年（1293年），1350~1389年哈奄·务禄（Hajam Wuruk）统治时期，是满者伯夷王朝的强盛时期，印度尼西亚开始成为统一政权的封建国家和东南亚强大的海上帝国。

[33] 林亦秋：《寻找龙牙门——印尼宋元明龙泉青瓷的行踪》，《中国古陶瓷研究——龙泉窑研究》，故宫出版社，2011年。

[34] 黄义军先生曾指出，晚唐以来，白瓷在湖南不断被发现，但这一地区却迟至南宋时期才开始烧制青白瓷，显然不是出于窑工的自主选择。详见黄义军：《宋代青白瓷的历史地理研究》，文物出版社，2010年，第90页。

[35] 湖南、江西的许多青白瓷窑址都存在同样的现象，南宋晚期至元代早期是其最为鼎盛的时期，主烧青白瓷，元代中期开始仿烧龙泉窑青瓷，比如醴陵唐家坳窑、江西萍乡南坑窑等，这从侧面反映了景德镇窑青白瓷与龙泉窑青瓷产品的兴衰交替。

城头山土遗址土壤和水的化学分析研究

李梅英

城头山遗址位于湖南省澧县车溪乡城头山村，始建于6000~6600年前，是中国南方史前大溪文化至石家河文化时期的遗址。城头山遗址文化内涵丰富，发现有城垣、城门设施、环城壕、护城河、房址、陶窑、祭坛、道路、墓葬以及世界迄今所发现的历史最早、保存最好的水稻田遗址，是探索长江流域新石器文化、史前聚落、农业起步和发展等极为难得的聚落遗址。鉴于城头山遗址的重要性，2012年起开始对遗址进行保护，并建立了遗址博物馆。

图一为城头山遗址博物馆1号馆、2号馆和6号馆保护过程中的基本情况。由于城头山遗址四面被护城河包围，从图一中可以看到，3个馆内都有不同程度和范围的积水；在遗址保护的过程中，博物馆内不定期发生大面积苔藓、霉菌等生物病害。由于博物馆内陈列展出的除了城垣、祭坛、道路等遗址外，还陈列有骸骨等易降解的有机文物，这些病害的出现对于遗址本身及遗址内埋藏文物的保护显然是十分不利的[1,2]。

图一 城头山遗址博物馆1号馆、2号馆和6号馆概况

为了了解城头山遗址现状，我们对遗址博物馆内的土壤和环境水进行了调查研究。本工作对采得的土壤样品和水样进性了pH值、电导率、可溶盐、X射线粉末衍射、红外光谱、电感耦合等离子体发射光谱（ICP）、离子色谱等分析，对城头山遗址内土壤和水的现状以及对遗址博物馆保护可能产生的影响进行了初步分析和讨论。

一、实验方法

1. 仪器和试剂

仪器：pH计（OHAUS Starter3100）；电导率仪（雷磁DDS-307A）；水分测定仪（OHAUS MB23）；电感耦合等离子体发射光谱仪（美国PerkinElmer Optima 5300DV）；红外光谱仪（美国 Nicolet iS10）；X射线粉末衍射仪（日本 Rigaku Ultima-IV）；手持式X射线荧光光谱仪（英国牛津 X-MET7500）；离子色谱仪（美国 Dionex ICS-900）；超纯水机（德国 Millipore smart-D）。

试剂：碳酸钠（TCI，＞99%）；碳酸氢钠（TCI，＞99%）；所用标准物质均购自国家标准物质网。

2. 取样

本工作中的所有水样和土壤样品均取自城头山遗址博物馆，取样地点和编号列于表一。水样采用聚乙烯瓶取样后，于0～4℃冷藏保存。土壤样品于代表性遗址点取样后，用铝盒密封保存。

表一　城头山土遗址样品编号

样品编号	取样地点	样品材质
CTS-0-0	护城河	水
CTS-1-0	1号馆积水	水
CTS-2-0	2号馆积水	水
CTS-6-0	6号馆祭祀坑积水	水
CTS-1-1	1号馆探沟	土壤
CTS-1-2	1号馆南城墙	土壤
CTS-6-1	6号馆红烧土层	土壤
CTS-6-2	6号馆祭祀坑	土壤
CTS-6-3	6号馆水稻田	土壤
CTS-6-4	6号馆城墙	土壤
CTS-6-5	6号馆人骨旁a	土壤
CTS-6-6	6号馆人骨旁b	土壤

3. 样品处理

水样：水样无须前处理，可直接用于分析检测。

土壤样品：① 称取5g过筛风干土壤样品，加入50ml玻璃烧杯，向其中加入25ml去离子水，混匀，静置，过滤，得到的水浸提液用于电导率、ICP和离子色谱检测。② 称取10g过筛风干土壤样品，加入100ml玻璃烧杯，向其中加入10ml去离子水，混匀，静置，过滤，得到的水浸提液用于pH值检测。

4. 分析检测

pH：水样的pH值采用pH计直接测量。土壤样品水土比1∶1浸提液用于pH计测量。

电导率：水样的电导率采用电导率仪直接测量。土壤水土比5∶1浸提液用电导率仪进行测量。

含水率：将用铝盒采集的原生土壤样品，平铺于样品盘内，采用水分测定仪进行测量。

X射线衍射（XRD）：将采集的土壤风干过筛后，研磨，进行测量。测量角度：3°~75°；管电压：40kV；管电流：40mA。

傅立叶变换红外光谱（FTIR）：将采集的土壤风干过筛后，研磨，kBr压片，进行检测。

便携式X射线荧光光谱仪：对选定的遗址点进行原位检测，检测方法mining-le-fp，检测时间40s，检测次数1次。

电感耦合等离子光谱（ICP）：土壤水土比5∶1浸提液用于ICP测量。等离子体功率：1300W；雾化气流量：0.8L/min；辅助气流量：0.2 L/min；冷却气流量：15 L/min；试样进样量：1.5 mL/min；观测方式：轴向；观测高度：15 毫米。

离子色谱（IC）：土壤水土比5∶1浸提液用于离子色谱测量。色谱柱为IonPacAG22 RFIC分离柱，IonPacAG22 RFIC保护柱。淋洗液4.5 mmol/L Na_2CO_3、1.4 mmol/L $NaHCO_3$，流速1mL/min，进样量50 μL。

二、结果与讨论

（一）土壤固相

1. 土壤的pH值和含水率

土壤酸碱度是土壤重要的基本性质之一，大多数化学元素的存在状态与土壤的pH值有关。城头山遗址博物馆土壤样品的pH值如表二所示。从结果来看，城头山遗址博物馆的土壤为典型的南方酸性土壤，pH值分布5.66~6.39，差别不大，较为稳定。但土壤的另一重要基本性质，含水率的差别则较大，最低低至4.3%，最高达到22.1%。结合遗址博物馆的实际情况和取样地点，含水率的这种差异应是由于遗址剖面水平高度差别较大造成的。从图一可以看出，遗址博物馆内的地下水位是比较高的，从而在低洼的祭祀坑渗出形成了积水坑，积水坑内的水面可视为地下水水位高度。因此，水平高度相对低的点，如CTS-1-1（1号馆探沟）和CTS-6-3（6号馆水稻田），离地下水位距离近，含水率高；相反，水平高度相对高的点，如CTS-1-2（1号馆城墙）和CTS-6-6（6号馆骸骨旁），离地下水位距离远，含水率低。水稻田土壤较高的含水率水平（22.1%），揭示了遗址博物馆中苔藓生长的原因。

表二　城头山水样和土壤浸提液的含水率和pH值

样品	含水率/%	pH
CTS-1-1	14.7	5.66
CTS-1-2	4.3	5.43
CTS-6-1	10.3	5.58
CTS-6-2	14.7	6.39
CTS-6-3	22.1	5.15
CTS-6-4	17.6	6.33
CTS-6-5	10.2	6.15
CTS-6-6	9.3	5.74

2. 土壤矿物组成

图二和图三为城头山遗址博物馆土壤的典型X射线粉末衍射图谱和红外光谱图。由于所有样品的谱图基本一致，因此在此只列出其典型图谱。结合两种分析结果可以看出，城头山遗址博物馆土壤的原生矿物为石英、次生矿物为云母[3~9]。从图三的红外光谱图中，出现了位于

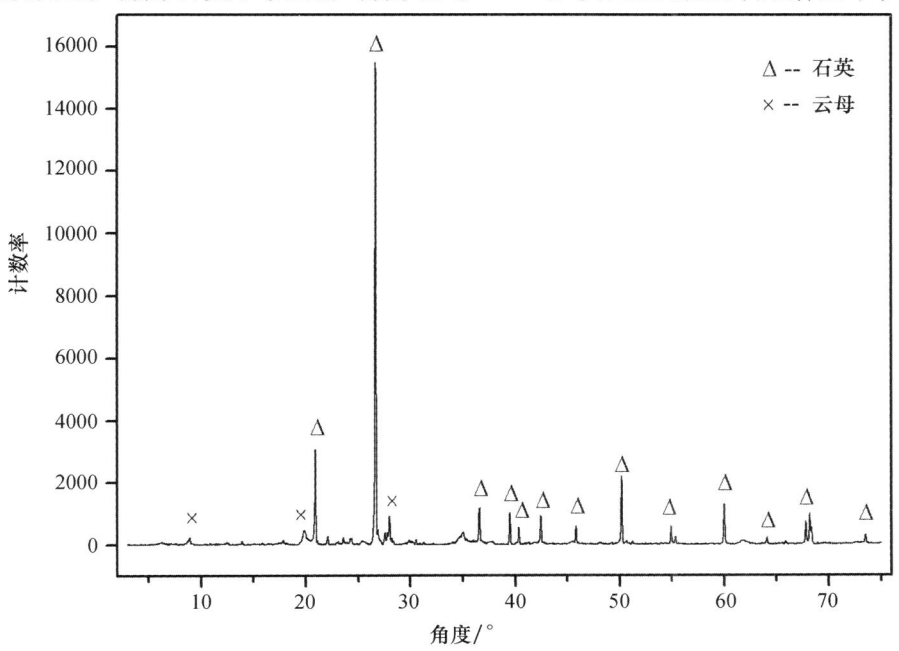

图二　城头山遗址博物馆土壤的典型X射线粉末衍射图谱

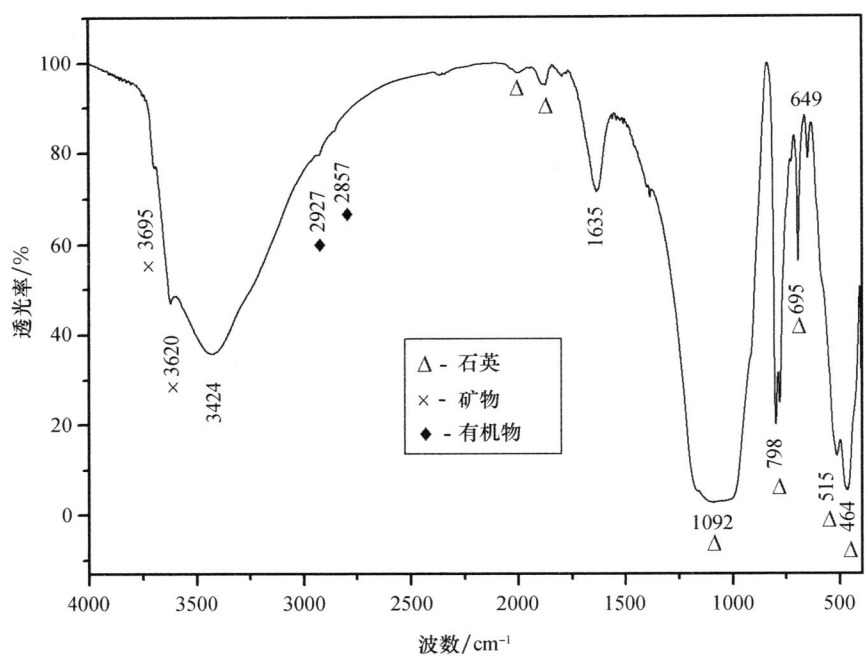

图三 城头山遗址博物馆土壤的典型红外光谱图

$2927cm^{-1}$和$2857\ cm^{-1}$的有机物的典型吸收峰[4]，表明土壤中存在一定含量的有机物，是微生物生长的潜在营养源。

3. 土壤元素组成

城头山遗址博物馆土壤的元素组成如表三的X射线荧光光谱结果所示。众所周知，土壤是由岩石风化而来。根据地球化学理论，各种化学元素在岩石风化过程中的迁移能力是不同的[10~14]。在化学风化过程中，硅铝酸盐中的碱金属和碱土金属（K、Na、Ca、Mg）等离子，与溶液中的Cl^-、SO_4^{2-}离子结合形成氯化物与硫酸盐，如NaCl、KCl、Na_2SO_4等。它们极易被溶解和迁移，大部分随水淋溶掉。氯化物最先被淋溶，酸硫盐次之；再次之是相对难溶的碳酸盐；最后是胶体状的SiO_2；最终残留下来的是难以迁移的铁铝化合物和石英。因此，土壤中最为稳定的是Si、Al、Fe三种元素。

表三 城头山遗址博物馆土壤的X射线荧光光谱结果（质量分数，%）

样品	Al	Si	P	S	Ca	Mn	Fe
CTS-1-1	7.4742	28.1872	0.3708	0.7825	0.7003	0.7682	10.0188
CTS-1-2	6.7098	31.3475	0.1984	0.4025	0.5528	0.245	7.4081
CTS-6-1	5.9172	33.4232	0.3604	0	0.6663	0.3007	8.3435
CTS-6-2	6.5394	29.9903	0.3813	0	0.5311	0.078	10.003
CTS-6-3	6.3306	30.5614	0.3076	0.1289	1.4874	0.1724	7.7698
CTS-6-4	7.0013	28.2796	0.2829	0	0.7339	0.3289	11.8611
CTS-6-5	5.9194	33.083	0.329	0.0641	0.6916	0.1722	5.6986
CTS-6-6	6.4115	32.8972	0.3072	0	0.7994	0.1825	5.1822

结合图一和表二中的含水率数据，可以发现，遗址博物馆中地下水的溶蚀作用是比较强的。含水率在一定程度上能反映水溶蚀作用的强弱，为了研究遗址博物馆中土壤的风化规律，以上述岩石化学风化理论为根据，将土壤的含水率对Si、Al、Fe三种元素尝试做了散点统计分析，结果如图四所示。图四中显示，含水率与土壤中Si、Al含量没有明显的相关性，但与土壤中Fe含量呈现出一定的正相关性，这表明水的溶蚀作用与土壤中的Fe呈现一定的相关性，溶蚀作用越强，土壤中残余Fe含量越高，风化程度越高。但是，由于取样量偏少，这一结论仍有待在以后的研究中进一步验证。

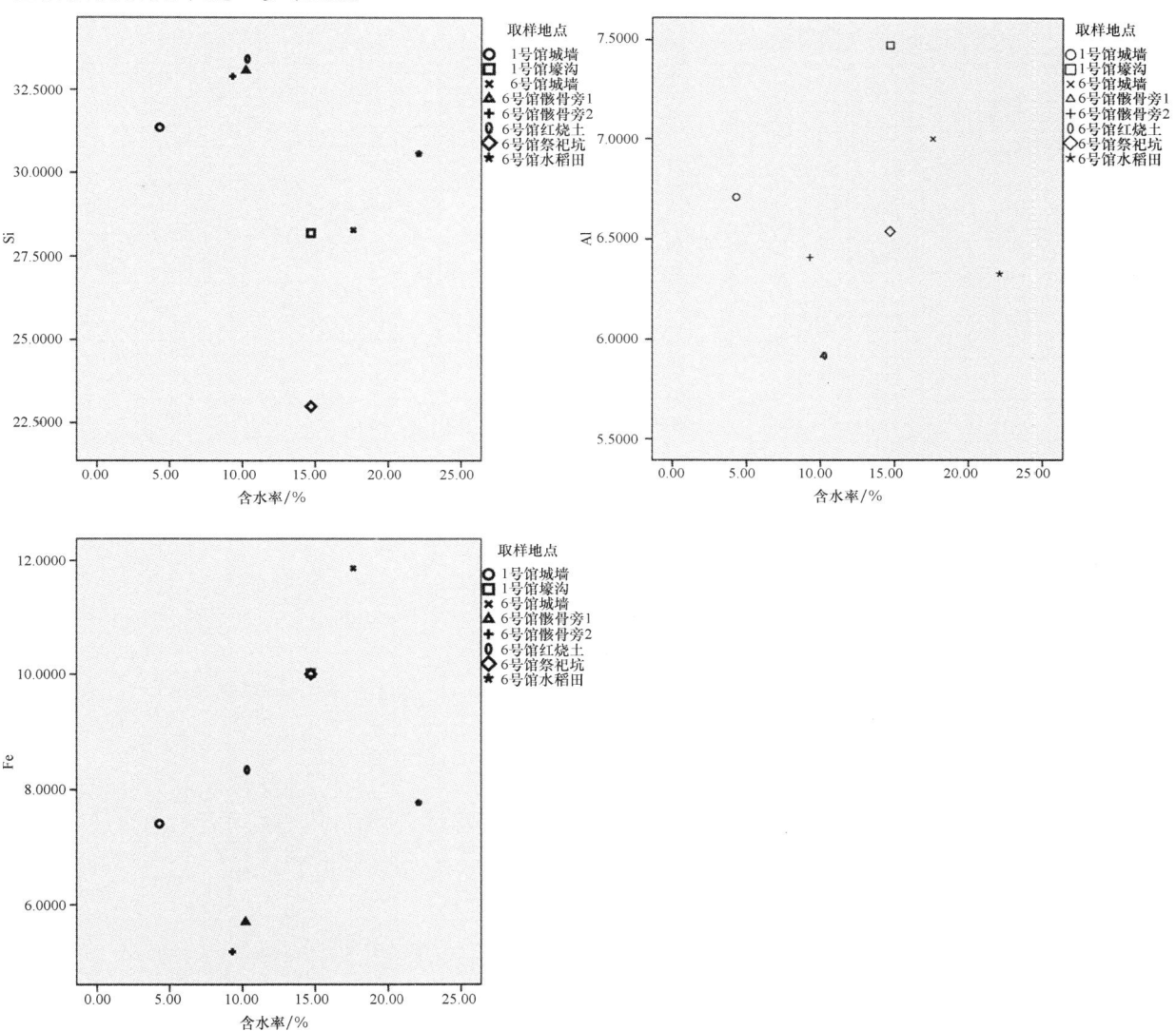

图四　城头山遗址博物馆土壤含水率对Si、Al、Fe的散点统计图

4. 土壤与骸骨的相互影响

骸骨的保护是城头山遗址保护中非常重要的一部分。为了了解遗址中骸骨的降解规律，对城头山遗址博物馆6号馆中展示骸骨和骸骨周围的土壤进行了XRF检测，结果如表四所示。人体的骨骼无机物主要成分为钙磷化合物，它们以结晶羟基磷灰石和无定形磷酸钙的形式分布于

有机介质中，正常Ca、P的含量约为25.6%和12.3%。从表四中可以看出，与正常骨骼相比，骸骨中股骨和骶骨的P含量大幅降低至3%左右，骨骼降解严重；而Si、Al、Fe的含量则远高于正常水平，表明土壤中的Si、Al、Fe发生了向骸骨的迁移和沉积。另外，值得注意的是，骸骨中Ca含量的变化有所不同：股骨中的Ca大量流失，含量仅为13.54%，而骶骨中的Ca却高于正常水平，提高至32.16%，这说明在股骨和骶骨这两处，骨骼中Ca的流失和土壤中Ca向骸骨的迁移情况是有所不同的。股骨中Ca的流失大于土壤中Ca的迁移，而骶骨中土壤Ca的迁移大于骨骼中Ca的流失。

表四　城头山遗址博物馆6号馆骸骨及周围土壤的X射线荧光光谱结果（质量分数，%）

样品	Al	Si	P	S	Ca	Mn	Fe
股骨	5.0998	22.7280	3.3649	3.4875	13.5364	0.4895	4.2751
骶骨	1.7561	10.0822	2.3998	6.4191	32.1602	1.6883	4.5401
检测点1	4.8206	27.2959	0.6756	4.3764	3.7096	0.3007	8.3435
检测点2	4.8140	30.2369	0.5992	0.2881	1.1517	0.3091	8.7982
检测点3	5.0264	29.3348	0.3955	1.3379	1.8092	0.3696	8.4499
检测点4	5.0633	29.0505	0.5147	3.8123	2.4984	0.9117	7.4133
检测点5	4.4614	28.0519	0.3988	1.8321	2.9622	0.3426	9.8489
检测点6	7.0694	30.5997	0.2773	0	0.8201	0.1579	7.0860

为了研究骸骨和周围土壤的相互影响，也对骸骨周围土壤进行了检测，检测点分布如图五所示。骸骨周围土壤（检测点1～5）中的S和Ca含量明显高于土壤正常含量（如检测点6），这应是由于人体组织降解时，皮肤、毛发、指甲中大量存在的S元素和骨骼中的Ca元素进入周围土壤中造成的，反映了S和Ca从骸骨向周围土壤的迁移。

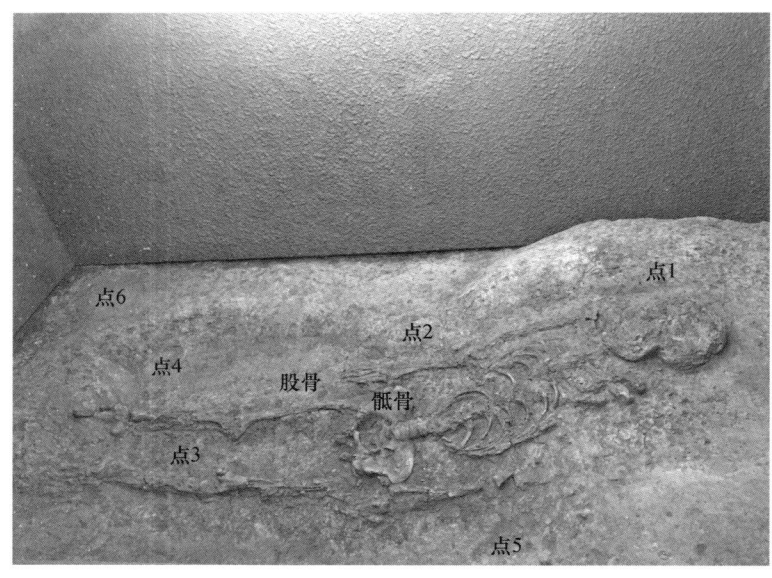

图五　城头山遗址博物馆6号馆骸骨的现场检测点分布

（二）土壤可溶盐

土壤溶液中所含盐分种类及含量对土壤遗址本身以及土壤中埋藏文物的保存均有重要影响。城头山遗址博物馆内1号馆和6号馆取样土壤浸提液的分析结果列于表五。数据显示祭祀坑（CTS-6-2）和水稻田（CTS-6-3）土壤浸提液中Fe和Al的含量分别为6.344mg/L、1.015mg/L和8.514mg/L、2.654mg/L，而其他土壤样品浸提液中Fe含量均为0，Al含量不高于0.602mg/L。土壤化学中，游离氧化铁和氧化铝的含量可用于衡量土壤的风化程度[2,3]，祭祀坑和水稻田土壤浸提液中远高于其他样品的Fe、Al含量，表明这两个样品中含有最高含量的游离Fe和游离Al，亦即祭祀坑和水稻田土壤的风化程度是最高的。表二的含水率数据可帮助我们对这一结果进行理解。祭祀坑和水稻田土壤的含水率分别为14.7%和22.1%，较高的含水率表明水对土壤的淋溶作用更强，土壤中离子迁移速率更快，从而使得土壤的风化水平更高。

表五　城头山遗址博物馆土壤浸提液检测结果

样品		CTS-1-1	CTS-1-2	CTS-6-1	CTS-6-2	CTS-6-3	CTS-6-4	CTS-6-5
电感耦合等离子光谱/（mg/L）	Al	0.074	0.123	0.085	8.514	2.654	0.602	0.074
	Ca	63.43	76.58	33.96	3.519	42.32	29.46	63.99
	Fe	0	0	0	6.344	1.015	0	0
	K	3.152	4.040	6.728	3.256	9.475	2.849	5.959
	Mg	31.91	60.58	8.793	1.432	12.21	8.106	30.77
	Na	21.18	18.85	13.30	4.438	9.534	13.44	14.00
	P	0.288	0.200	1.769	3.589	2.280	0.083	0.759
	Si	7.131	7.791	16.36	26.50	28.00	12.20	11.81
离子色谱/（mg/L）	Cl^-	52.665	610.275	107.36	20.235	108.3	45.325	124.5
	NO_3^-	124.72	628.225	174.41	57.06	98.73	97.115	58.19
	PO_4^{3-}	—	—	16.885	27.355	27.36	8.39	17.70
	SO_4^{2-}	1258.4	1258.4	401.665	56.6	530.62	320.31	111.01

另外，从表五还能看出，城头山遗址博物馆土壤浸提液中硫酸根离子的含量是较高的，1号馆样品的硫酸根含量高达1258.4 mg/L，6号馆土壤中的硫酸根含量最高也达到了530.62 mg/L。随着城头山遗址地下水位的变化，在土壤含水率反复升高降低的过程中，微溶的硫酸钙的反复溶解和析出，以及硫酸钙和硫酸钠等含结晶水化合物的结晶水的反复结合和失去所造成的体积变化，对土遗址本身和遗址中埋藏文物的保存都是十分不利的。

（三）环境水

从前面的分析可以看出，含水率是城头山土遗址土壤性质的重要因素。结合城头山遗址博物馆四面护城河环绕的实际情况，对城头山遗址博物馆的护城河以及1号馆、2号馆和6号馆内自然形成的积水坑进行了分析，结果如表六所示。以护城河水为参照，可以发现，1号馆、2号馆和6号馆内积水的电导率、所有元素和离子的含量都远高于护城河水样，表明地下水对城头山土遗址的土壤有很强的淋溶作用，土壤内离子大量流失。

表六 城头山遗址博物馆环境水检测结果

样品		CTS-0-0	CTS-1-0	CTS-2-0	CTS-6-0
pH		7.15	6.46	7.51	6.70
电导率/（μS/cm）		244	638	326	535
电感耦合等离子光谱/（mg/L）	Al	0.014	0.063	0.412	0.102
	Ca	38.15	75.11	43.57	62.35
	K	3.483	6.262	3.245	11.07
	Mg	7.216	29.32	17.49	18.82
	Na	5.497	23.99	5.518	17.88
	P	0.046	0.404	0.821	4.445
	Si	3.828	14.74	18.24	27.44
离子色谱/（mg/L）	Cl^-	7.078	53.90	38.34	66.51
	NO_3^-	4.086	61.73	65.56	103.11
	PO_4^{3-}	—	—	—	24.63
	SO_4^{2-}	34.52	309.03	104.63	162.36

三、结　　论

本工作通过对城头山土遗址博物馆内各区域土壤和环境水进行初步化学分析研究，得出以下结论。

（1）结果表明各区域土壤含水率和风化度差异大，其中6号馆水稻田和祭祀坑的风化度最高，保护措施宜有所区别。

（2）城头山土遗址土壤含水率与Fe含量呈正相关趋势，表明土壤含水率可能与土壤风化度相关，但由于样品量少，仍需大量数据验证；控制含水率对土遗址保护有重要意义。

（3）城头山土遗址博物馆内的骸骨降解严重，需要进行保护；土壤和骸骨的相互影响对遗址保护的意义需进一步研究。

参 考 文 献

[1] 夏寅，李蔓，张尚欣，等. 遗址博物馆内土遗址本体可溶盐和霉菌危害预防与治理的进展［J］. 文物保护与考古科学，2013，25（4）：114-119.

[2] 黄四平，李玉虎，肖娅萍，等. 生物病害对唐皇城含光门土遗址的危害及防治措施研究［J］. 文物保护与考古科学，2010，22（2）：6-11.

[3] Ko T H, Chu H. Spectroscopic study on sorption of hydrogen sulfide by means of red soil［J］. Spectrochimica Acta Part A, 2005, 61: 2253-2259.

[4] Tatzber M, Stemmer M, Spiegel H, et al. An alternative method to measure carbonate in soils by FT-IR spectroscopy. Environ Chem Lett, 2007, 5: 9-12.

[5] 甘化民，张一平. 陕西五种土壤红外光谱特征的初步研究［J］. 土壤学报，1992，29（2）：232-236.

[6] 苏伯民，李最雄，胡之德. PS与土遗址作用机理的初步探讨［J］. 敦煌研究，2000，63：30-35.

[7] 王玉，张一平，陈思根. 中国6种地带性土壤红外光谱特征研究［J］. 西北农林科技大学学报（自然科学版），2003，31（1）：57-61.

[8] 张虎元，刘平，王锦芳，等. 土建筑遗址表面结皮形成与剥离机制研究［J］. 岩土力学，2009，30（7）：1883-1891.

[9] 王思源. 中国南方红土磁学特征、起源及其成土过程关系研究［M］. 杭州：浙江大学出版社，2014.

[10] 波雷诺夫 B. B. 风化壳及其地球化学［M］. 陈静生译. 北京：商务印书馆，1959.

[11] 熊尚发，丁仲礼，刘东生. 南方红土元素千叶特征及其故环境意义［J］. 土壤学报，2001，38（1）：25-31.

[12] 李徐生，韩志勇，杨守业，等. 镇江下蜀土剖面的化学风化强度与元素迁移特征［J］. 地理学报，2007，62（11）：1174-1184.

[13] 李中轩，朱诚，王然，等. 湖北辽瓦店遗址地层中多元素指标对古人类活动的［J］. 海洋地质与第四纪地质，2008，28（6）：113-118.

[14] 张玉芬，李长安，熊德强，等. "巫山黄土"氧化物地球化学特征与古气候记录［J］. 中国地质，2013，40（1）：352-360.

材料表征技术在大遗址保护中的应用
——以老司城为例

肖 亚

大遗址是文化遗产的重要组成部分，是构成我国古代文明史史迹的主体，是人类的一笔不可再生的极为珍贵的历史、科学、艺术和文化的资源[1]。近年来，随着现代社会的飞速发展，大遗址遭受的人为破坏和自然侵袭的破坏越来越严重[2]，大遗址保护成为我国当前历史文化遗产保护的重要议题。保护大遗址的目的是为了制止对大遗址的人为损伤和破坏，尽量减轻或减缓自然力量的影响，使遗址所承载的历史信息能够真实长久的传承下去[3]。要正确理解大遗址的性质及其所蕴含的价值，并合理利用和有效保护大遗址，必须依靠以考古学为主的各学科对大遗址的学术研究和综合利用[4]。

本文将以老司城遗址为例，讨论材料表征技术在我国大遗址保护研究中的应用。老司城遗址位于我国湖南省永顺县境内，建于唐天授二年（690年），是我国西南少数民族地区最具代表性的民族古文化遗存。老司城遗址是一处分布密集且布局严整的古城遗址群，其遗址区内分布着宫殿区、衙署区、居住区、墓葬区、宗教祭祀区，还包括古街道、古遗址群、牌坊、小德政碑、摩崖石刻和古栈道等附属文物。老司城遗址所包含文物的多样性和复杂性决定了在遗址保护方面使用技术的多样性。本文结合多种材料表征技术，如X射线荧光光谱分析、扫描电镜能谱分析、X射线衍射分析、傅里叶变换红外光谱分析、光学显微及偏光显微分析、离子色谱分析，对构成老司城遗址的建造材料和老司城遗址文物病害情况进行了科学的分析。

一、试验样品及方法

老司城遗址地形复杂、建筑面积广、建造材料种类多、风化情况各具特殊性，针对这种情况，我们进行了较为系统和全面的取样工作。具体取样位置主要位于老司城遗址城墙及风化较为严重的小德政碑，取样信息见表一和图一。

表一 检测样品登记表

样品编号	样品名称	取样位置	样品描述
LSC-C1	基础扰土	宫殿区西城墙基础	杂填土，灰黄色，夹杂少量瓦质残片，紧密
LSC-C2	基础扰土	G10外墙基础（宫殿区南城墙）	杂填土，浅灰黑色，土质紧密
LSC-C3	勾缝灰浆	宫殿区西城墙下部基石间	因基础掏蚀，下层砌石外侧抹面已无，灰浆呈灰白色，坚硬，夹杂有瓦质残片
LSC-C4	抹面灰浆	宫殿区西城墙表面	坚硬，起翘，较薄
LSC-C5	勾缝灰浆	F10西部外侧墙体	外层灰浆厚1~2厘米，因风化脱落，露内层已酥碱的白色灰浆，质地松软
LSC-C6	抹面灰浆	F10西部外侧墙体表面	表面色显黄，坚硬，较薄
LSC-C7	抹面灰浆	衙署区西城墙表面	表面色显黄，坚硬
LSC-C8	抹面灰浆	正街外侧已搬迁民居废弃的民国孤立残墙	色灰白，发涩，较酥松，无光泽，较薄
LSC-C9	抹面灰浆	吴着坪耕地处墙体表面	色显黄，坚硬，较薄
LSC-C10	砌墙石块	宫殿区南城墙墙体	灰色，石质
LSC-C11	抹面灰浆	西门城墙外挡土墙灰浆	坚硬，白色，较厚，内含纤维
LSC-C12	抹面灰浆	西门城墙外G16右侧10米处	坚硬，较薄，外有显红色层
LSC-C15	表面析出物	西城墙墙体灰浆表面	白色析出物，质地酥松，极易脱落
LSC-C16	抹面灰浆	西城墙表面	坚硬，表面受周围环境污染严重，较厚
LSC-B1	石碑本体	小德政碑后侧本体材质	坚硬，青石，表面有颗粒感
LSC-B2	石碑表层	小德政碑表层物质	表面光滑，已成片状脱落
LSC-B3	粉状剥落	小德政碑右侧	呈白色，附着在石碑表面，呈粉状剥落
LSC-B4	白色附着物	小德政碑字体缝隙内	呈白色，质地松软，附着在石碑刻字缝隙内

注：LSC——老司城，C——遗址城墙，B——小德政碑

1　2　3

图一 主要取样区域

1. 宫殿区西城墙　2. 宫殿区南城墙　3. 小德政碑

采用的试验仪器和分析方法有：

（1）扫描电镜能谱仪（SEM-EDS）。日本日立TM3000扫描电子显微镜及德国布鲁克Quantax 70能谱仪。将样品干燥后取小块较平整的断面，观察面朝上粘贴在试样台上，喷金后放置样品仓中，真空测试环境，测试电压为15kV。

（2）X射线荧光光谱仪（XRF）。荷兰帕纳科Axios-Advanced波长色散型X射线荧光光谱仪。将样品干燥后，研磨成粉状，添加一定量的硼酸压成片，置于样品仓中进行测试，测试环境为真空。

（3）X射线衍射仪（XRD）。日本理学Rigaku D/max 2500PC型X射线衍射仪，铜靶，石墨单色器滤波。将样品干燥后利用玛瑙研钵研细，将粉末试样放进试样架并用玻璃板压平实，测试电压40kV，电流200mA。

（4）傅里叶变换红外光谱仪（FT-IR）。美国热电Nicolet 380型傅里叶红外变换光谱分析仪。样品测试前用玛瑙研钵研磨成粉，混合溴化钾（KBr）压片后进行测试，波长范围为400～4000cm。

（5）综合热分析仪（TG-DSC）。仪器型号为Netzsch STA 409 C，测试温度为20～900℃，加热速度为10℃/min，气流为氮气。

（6）光学显微镜。日本基恩士KEYENCE VHX-100系列数码显微镜。样品置于显微镜下直接进行观察分析。

（7）偏光显微镜（PLM）。Nikon E400 pol岩相显微镜。将石质样品切割磨片制成薄片样品，并用茜素红对样品进行染色，用偏光显微镜进行观察。

（8）离子色谱仪（IC）。美国戴安Ics 5000型离子色谱仪。将采集的土样浸泡在超纯水中24h，24h后取一定体积的溶液，用超纯水稀释一定的倍数，经精过滤后，抽取样本溶液装入进样管中进行测试。

二、结果与讨论

（一）遗址城墙建造材料及风化产物分析

1. 基础扰土

采用X射线荧光光谱仪对老司城墙体基础扰土（LSC-C1、LSC-C2）进行了成分分析测试，如表二所示。X荧光光谱法利用不同元素的X射线荧光具有各自特征的波长值来测定元素的种类。实际应用中，X射线荧光分析主要用途是做半定量分析，由于其具有分析速度快、重现性好、准确度高、分析范围广、试样制备简单、对文物损害小等优点，在文物材料研究方面具有广泛的应用[5]。

表二 老司城遗址城墙基础扰土XRF分析结果

试样编号	氧化物含量/%											
	SiO_2	Al_2O_3	Fe_2O_3	MgO	CaO	K_2O	P_2O_5	Na_2O	MnO	TiO_2	SO_3	其他
LSC-C1	65.850	17.552	5.556	3.865	2.558	2.058	1.090	0.401	0.114	0.735	0.061	0.160
LSC-C2	61.637	21.349	7.627	3.440	1.799	1.930	0.544	0.274	0.181	0.798	0.042	0.379

根据XRF测试结果可知，宫殿区西城墙和G10外墙基础扰土的化学成分组成基本相同，均以硅、铝为主，含有一定量的铁、镁、钙和钾，以及微量的磷、钠、锰、钛、硫。结合XRD分析结果可知（图二，1），宫殿区西城墙基础扰土与G10外墙基础扰土的矿物物相组成基本相同，主要有石英、白云石、云母和少量的赤铁矿。

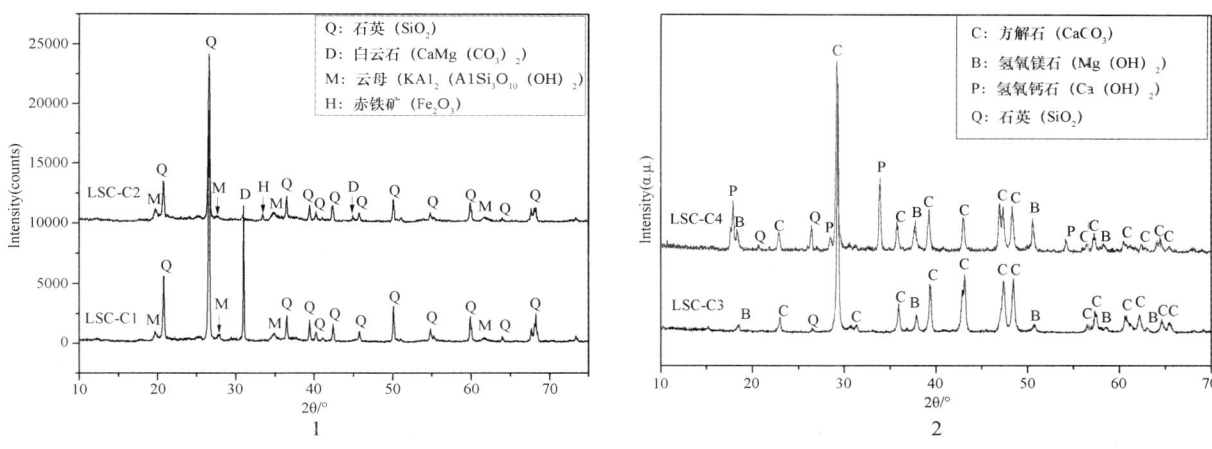

图二　遗址城墙基础扰土和宫殿区西城墙灰浆XRD分析结果
1. 遗址城墙基础扰土　2. 宫殿区西城墙灰浆

2. 遗址城墙砌筑石块

为了解遗址城墙砌墙石块（LSC-C10）的矿物组成、结构及构造等信息，采用偏光显微镜对岩石薄片的光性特征进行了鉴定，并按照GB/T17412.2-1998《沉积岩岩石分类和命名方案》对岩石进行了分类和命名。根据偏光显微分析结果可知（图三），岩石由白云石（含量100%）和石英（微量）组成，具中细晶结构，亮晶结构，鲕状结构，粒屑结构，碎屑结构，块状构造。胶结物（含量88%）为细晶白云石，胶结类型为基底式胶结。老司城遗址城墙砌筑石块经鉴定命名为中细晶白云岩。对比分析老司城遗址周围山体采集的岩石样品可知，老司城遗址城墙砌筑石块与周围山体岩石相同，建造时均就近取材。

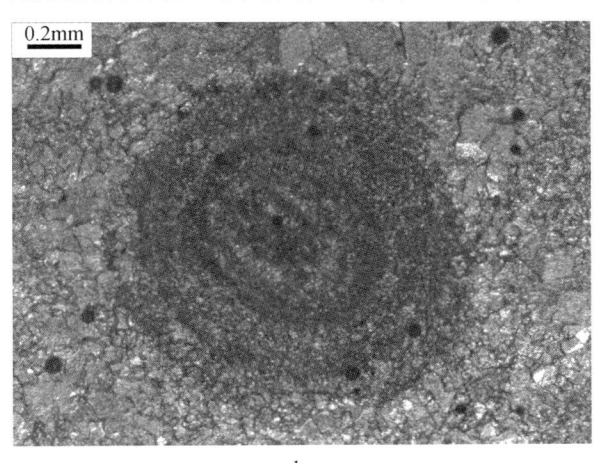
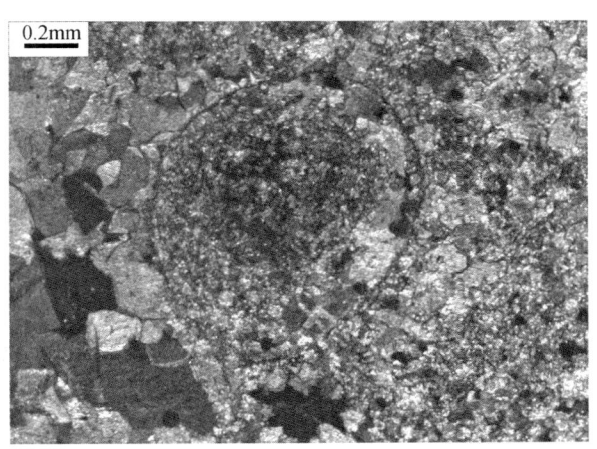

图三　偏光显微分析结果
1. 单偏光　2. 正交偏光

3. 遗址城墙灰浆

我国传统的糯米灰浆由于强度大、韧性强、防渗性能好等优点，在我国古代建筑中有着广泛的应用。碘与淀粉的显色反应非常灵敏，直链淀粉遇碘形成蓝色的络合物，支链淀粉遇碘则呈紫红色，糯米的主要成分即为支链淀粉[6]。为了检验老司城建筑灰浆样品是否为传统的糯米灰浆，本实验采用糯米粉和纯碳酸钙作为对比，向糯米粉、碳酸钙及其各灰浆样品中滴加碘酒溶液，实验结果如图四所示。

图四 碘-淀粉显色试验结果

根据实验结果可知，糯米粉滴加碘酒后，立即呈现出深紫色，而碳酸钙滴加碘酒后呈橘黄色，即保留碘酒的原始颜色不变。根据显色结果可知，其中，衙署区西城墙抹面灰浆（LSC-C7）、吴着坪耕地处墙体抹面灰浆（LSC-C9）、西门城墙外挡土墙抹面灰浆（LSC-C11）和G10右侧抹面灰浆（LSC-C12）、西城墙抹面灰浆（LSC-C16）显色明显，可以推断其灰浆中含有淀粉类有机物；而宫殿区西城墙勾缝灰浆（LSC-C3）和废弃民国孤立城墙抹面灰浆（LSC-C8）滴加碘酒后呈橘黄色，表明这几种灰浆中不含有淀粉类的有机物；其他灰浆样品滴加碘酒溶液后，显色反应不明显，还有待借助进一步的测试结果进行分析。

（1）扫描电镜能谱分析

扫描电子显微镜利用细聚焦电子束在样品表面逐点扫描，与样品相互作用，产生各种物理信号，这些物理信号经检测器接收、放大并转化为调制信号，最后在荧光屏上显示反应样品表面各种特征的图像，从而成为研究样品表面形貌的有效分析工具。配合EDX还可以在观察样品表面形貌的同时，测定特定区域的化学成分。实验采用SEM-EDX对灰浆样品进行了微观形貌和主要化学成分的分析，其中，宫殿区西城墙勾缝灰浆和抹面灰浆的SEM图如图五所示。从图五可以看出，抹面灰浆的微观结构比勾缝灰浆更为致密。

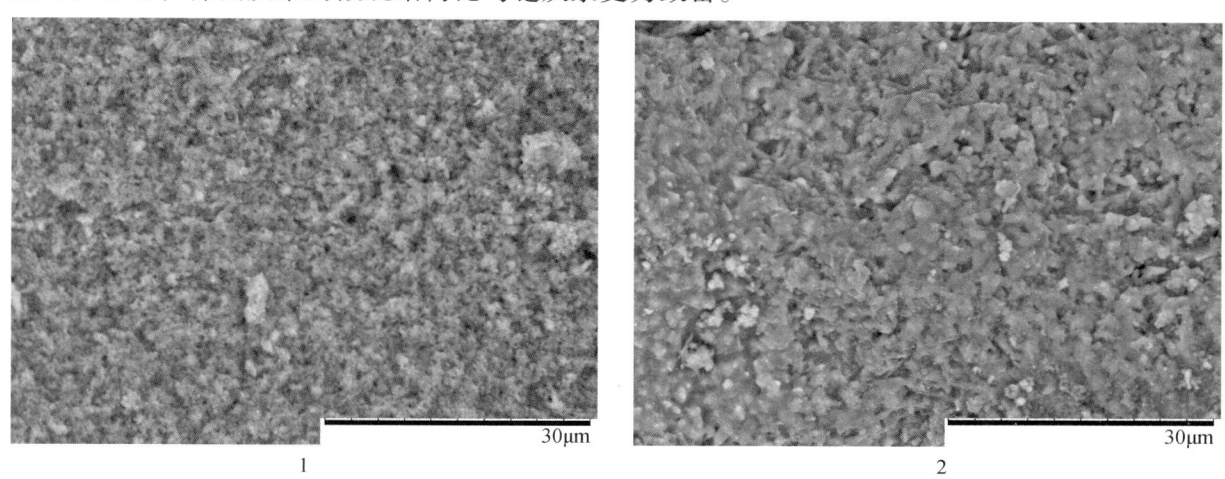

图五　宫殿区西城墙勾缝灰浆和抹面灰浆SEM分析结果
1.勾缝灰浆（LSC-C3）　2.抹面灰浆（LSC-C4）

（2）X射线衍射分析

物质的性质、材料的性能决定于它们的组成和微观结构。对于晶体，其特定的晶体结构在一定波长的X射线照射下，会形成自己特有的衍射峰图谱。每种晶体物质和本身的衍射峰图谱都是一一对应的，因此，根据试样的衍射峰图谱，对照标准图谱，我们可以得到组成试样的物相。实验在XRF和SEM-EDX对试样进行化学成分测定的基础上，采用XRD对老司城墙体基础扰土和城墙建筑灰浆进行了物相分析，分析结果如表三所示。其中，宫殿区西城墙勾缝灰浆和抹面灰浆的XRD图谱如图二，2所示。由分析结果可知，灰浆的矿物成分主要为方解石（$CaCO_3$）、氢氧钙石（$Ca(OH)_2$）、氢氧镁石（$Mg(OH)_2$）、菱镁石（$MgCO_3$）及石英等，不同部位的灰浆组成情况有一定的差异。其中，除废弃民国孤立残墙灰浆（LSC-C8），其主要成分为碳酸钙和碳酸镁外，其他灰浆中均含有少量的氢氧化钙、氢氧化镁及氧化钙等，表明不同灰浆其碳酸化程度不一样。结合碘淀粉显色实验结果和SEM-EDX分析结果可知，糯米灰浆的内部结构致密，CO_2的渗入量受到限制，因此，很难完全转化为碳酸钙（$CaCO_3$）和碳酸镁（$MgCO_3$）。这一结果也使得糯米灰浆长期保持在较强的碱性环境下，抑制了细菌和植物的生长，对糯米灰浆的保存具有重要的意义[7,8]。此外，部分灰浆样品中还发现了少量的草酸钙及其水合物，可能是灰浆表面生物矿化[9]作用形成的。

表三　老司城遗址城墙灰浆XRD分析结果

样品编号	样品名称	物相组成
LSC-C3	宫殿区西城墙勾缝灰浆	方解石，氢氧镁石
LSC-C4	宫殿区西城墙抹面灰浆	方解石，氢氧钙石，氢氧镁石，石英
LSC-C5	F10西部外侧墙体勾缝灰浆	氢氧镁石，方解石
LSC-C6	F10西部外侧墙体抹面灰浆	氢氧钙石，方解石，氢氧镁石
LSC-C7	衙署区西城墙抹面灰浆	方解石，氢氧镁石，一水草酸钙，石英
LSC-C8	民国孤立残墙抹面灰浆	方解石，菱镁石，石英
LSC-C9	吴着坪耕地处墙体抹面灰浆	方解石，石英，氢氧镁石，球霰石
LSC-C11	西门城墙外挡土墙抹面灰浆	方解石，氧化钙，氢氧钙石，氢氧镁石，石英
LSC-C12	西门城墙外G16墙体抹面灰浆	氢氧钙石，方解石，氢氧镁石
LSC-C13	西城墙抹面灰浆表面附着物	氢氧钙石，方解石，氢氧镁石
LSC-C15	西城墙墙体灰浆表面析出物	方解石，文石
LSC-C16	西城墙抹面灰浆	方解石，氢氧钙石，氧化钙

（3）综合热分析

物质在受热过程中，会发生脱附、熔化、化合、分解等物理或化学变化，伴随着会有热量和质量的改变。测定这一过程中质量和热量的变化值，可定性和定量的来研究物质的构成。采用热失重-差式扫描量热法（TG-DSC）研究了西城墙勾缝灰浆和抹面灰浆的成分组成，结果如图六所示。由图六，1可知，西城墙勾缝灰浆DSC曲线在95℃、400℃和733℃处出现了三个吸热峰，分别对应着灰浆中水分子脱附，氢氧镁石分解（$Mg(OH)_2 \rightarrow MgO + H_2O$）和方解石分解（$CaCO_3 \rightarrow CaO + CO_2$）的吸热峰。而图六，2的DSC曲线上在249℃和550℃附近出现了另外两个吸热峰，其中，550℃附近的吸热峰对应着氢氧钙石的热分解（$Ca(OH)_2 \rightarrow CaO + H_2O$）吸热峰[10]，而249℃附近的吸热峰则进一步验证了有机物的存在。

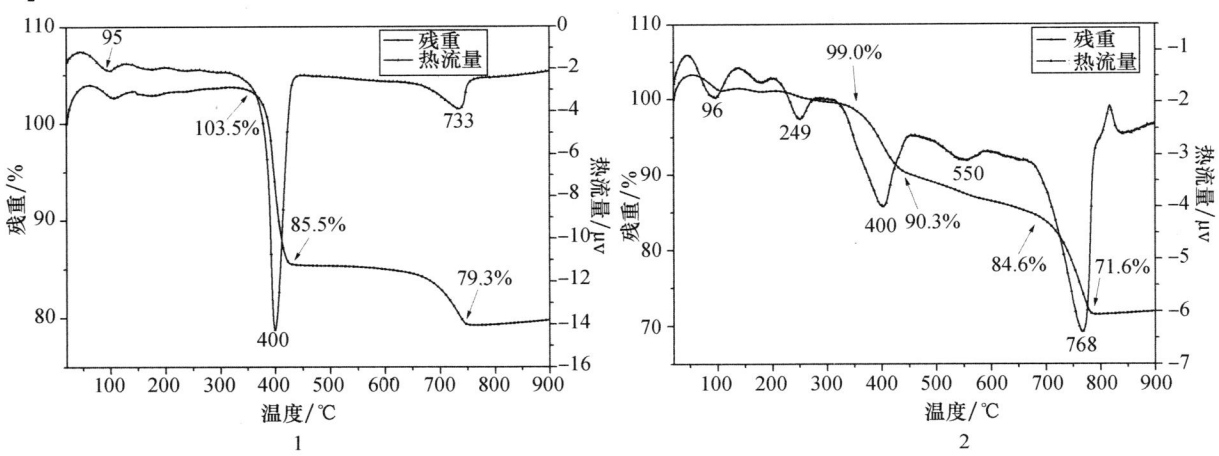

图六　TG-DSC分析结果
1. 宫殿区西城墙勾缝灰浆　2. 宫殿区西城墙抹面灰浆

（4）傅里叶变换红外光谱分析

当样品受到频率连续变化的红外光照射时，分子会吸收某些频率的辐射，发生分子的振动和转动，引起偶极矩的变化并发生能级的跃迁，使相应于这些吸收区域的透射光强度减弱，因此，红外光谱图可以通过分析分子的振动转动信息，从而了解分子的结构及样品的成分。

传统糯米灰浆中添加的糯米浆等有机物，其分子结构中含有的有机基团具有较大的红外活性，采用傅里叶变换红外光谱可以精确地分析灰浆的分子结构信息，从而了解灰浆中有机物的添加情况，分析结果如图七所示。

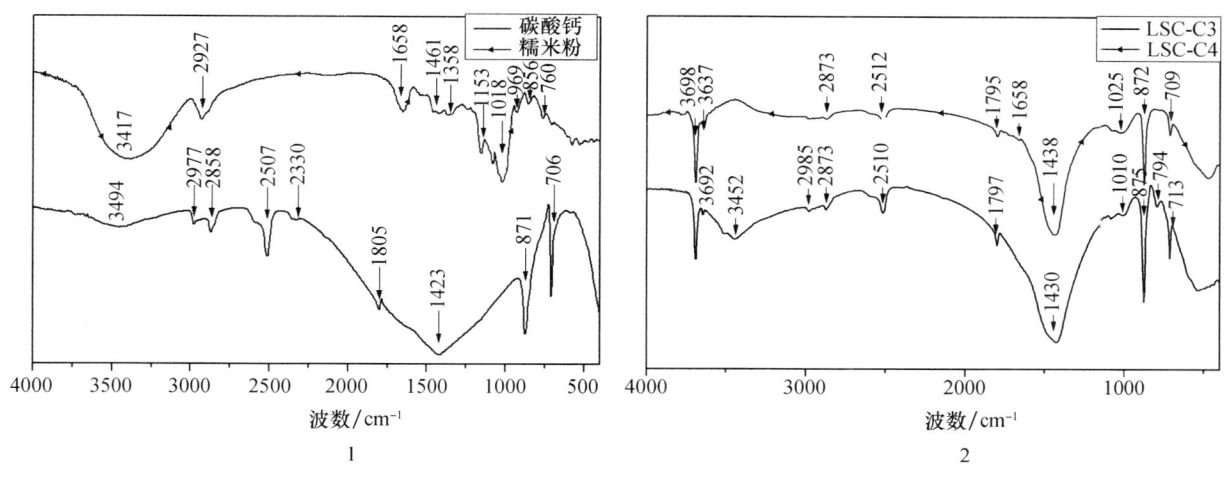

图七　FT-IR分析结果
1.碳酸钙与糯米粉　2.宫殿区西城墙灰浆

由以上碳酸钙和糯米粉的红外吸收光谱图可知，灰浆的主要成分碳酸钙和糯米粉的红外光谱图存在明显的区别。碳酸钙的红外光谱吸收峰分布较为分散，在$3494cm^{-1}$和$1423cm^{-1}$附近存在两个宽峰，在$2977cm^{-1}$、$2858cm^{-1}$、$2507cm^{-1}$、$2330cm^{-1}$、$1805cm^{-1}$、$871cm^{-1}$、$706cm^{-1}$附近存在锐锋。而糯米粉的红外吸收光谱则主要分布在$500\sim2000cm^{-1}$的范围，在$3417cm^{-1}$附近存在一个宽峰，为分子间O—H键的伸缩振动吸收峰；$2927cm^{-1}$和$1461cm^{-1}$附近的锐锋分别为—CH_2—中C—H键的伸缩振动吸收峰和弯曲振动吸收峰；$1658cm^{-1}$附近处的锐锋C=C键的伸缩振动吸收峰；在$1100cm^{-1}$附近存在一个由多个锐锋组成的宽峰，为C—O键的伸缩振动吸收峰。且在$400\sim800cm^{-1}$，存在多个较弱的有机官能团吸收峰。

由图七，2可知，宫殿区西城墙勾缝灰浆（LSC-C3）红外吸收光谱图中，$3692cm^{-1}$附近的吸收峰为氢氧镁石中羟基的吸收峰，$3452cm^{-1}$、$2985cm^{-1}$、$2873cm^{-1}$、$2510cm^{-1}$、$1797cm^{-1}$、$1430cm^{-1}$、$875cm^{-1}$、$713cm^{-1}$附近的吸收峰归结于方解石，$794cm^{-1}$附近的吸收峰则归结于石英，而$1010cm^{-1}$附近出现的较宽吸收峰为方解石中CO_3^{2-}的C—O键伸缩振动吸收峰，在$1658cm^{-1}$附近未见糯米浆中C=C键的特征吸收峰。在抹面灰浆（LSC-C4）的红外吸收光谱图中，除了氢氧镁石、氢氧钙石、方解石的红外吸收峰外，在$1658cm^{-1}$和$1025cm^{-1}$附近还出现了淀粉中有机基团的红外吸收峰。表明宫殿区西城墙勾缝灰浆为普通石灰灰浆，而抹面灰浆均为传统的糯米灰浆，且根据峰值的强度，表明其中淀粉含量很少。

（二）小德政碑本体材质及风化产物分析

小德政碑保存现状及其主要病害情况如图八所示。从小德政碑的保存状况来看，基本保存状况较差，表层出现严重的层片状剥落和粉状剥落，且字体间隙间存在较多的白色污染物。

 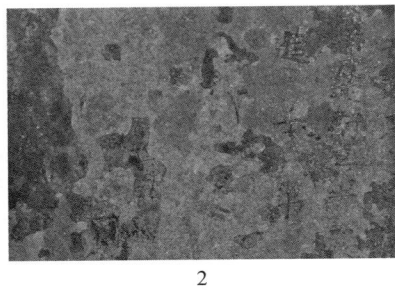 

图八　小德政碑保存现状及主要病害情况
1. 表面层片状剥落　2. 表面粉状剥落　3. 字迹间白色物质

采用SEM-EDX对小德政碑后侧本体材质（LSC-B1）、表层材质（LSC-B2）、右侧粉状剥落（LSC-B3）、字迹间白色附着物（LSC-B4）进行了微观结果和基本化学元素组成分析，分析结果如图九所示。

根据以上分析结果可知，小德政碑本体材质（图九，1）主要成分为O、Ca、Si、C，以及含少量的Al和Mg，呈碎屑结构。碑体表层与碑体本体材质明显不同，主要由内部结构致密的基体物质（图九，2）和分布不均匀的颗粒状物质（图九，3）组成。其中，基体物质与碑体本体材质基本成分相似，而颗粒状物质的主要成分应为钙盐，且主要分布在表面凹陷处。结合XRD分析结果（图一〇）可知，表层物质中的钙盐主要为方解石型碳酸钙。可推测，小德政碑的表层并非本体石材经过简单的打磨后而得到的较为光滑的表层，可能经过一定的人为处理，如在表面涂刷了一层含石灰的浆料。此外，结合小德政碑的病害情况分析可知，其左上角部位表层存在较为严重的层片状脱落，很有可能是由于表层材质与石碑本体材质的差异性，导致两者热膨胀系数及吸水系数不同，长期的冷热交替及干湿交替使结合面分离而出现层片状脱落[11]。

小德政碑表面右侧粉状剥落物质（图九，4）内部结构疏松，与石碑本体材质结构相比，其主要化学成分中含有很高的S，可能为硫酸盐。小德政碑表层字迹间白色物质则由纤维状（图九，5）和颗粒状（图九，6）两种形貌的物质组成，其主要成分均为Ca、O、C，但纤维状物质中含C量明显高于颗粒状物质，且含N量较高，可推测该纤维状物质可能为有机物，因此，白色物质可能为细菌或者生物生活痕迹。

为进一步了解小德政碑表层粉状剥落的原因，采用离子色谱仪对小德政碑右侧粉状剥落和表层物质进行了可溶盐种类及其含量的测定，测试结果如表四所示。根据以上结果可知，与表层物质相比，小德政碑粉状剥落中可溶盐含量较高，且主要以硫酸盐为主，阳离子中Ca^{2+}含量最高，阴离子中含量最高的为SO_4^{2-}，该粉状剥落应该为可溶盐的长期作用引起的[12]。

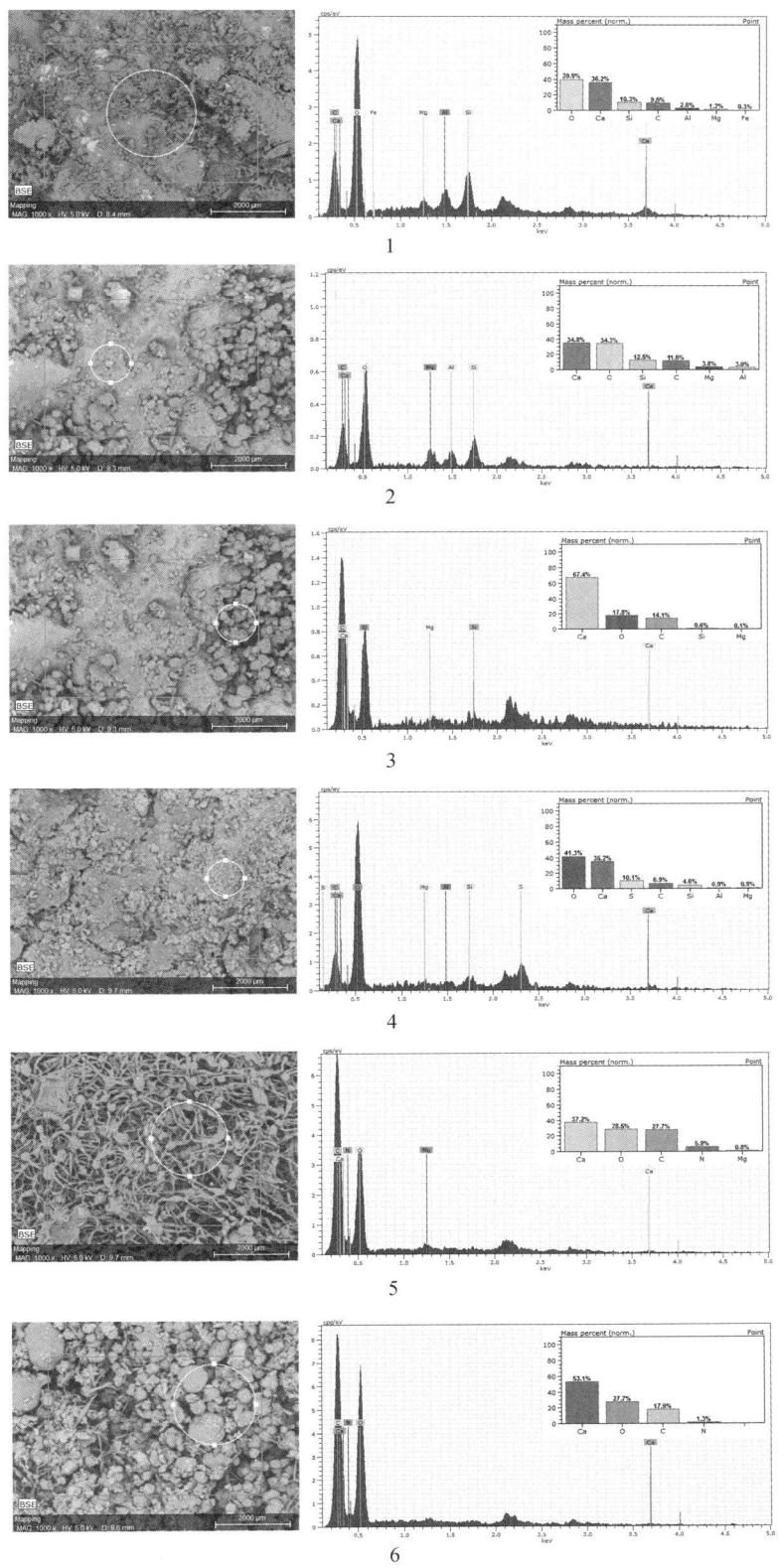

图九　小德政碑样品SEM-EDX分析结果

1. 小德政碑本体材质　2. 小德政碑表层物质（基体物质）　3. 小德政碑表层材质（不均匀颗粒状物质）　4. 小德政碑表面右侧粉状剥落　5. 小德政碑表面字迹间白色物质（纤维状物质）　6. 小德政碑表层字迹间白色物质（颗粒状物质）

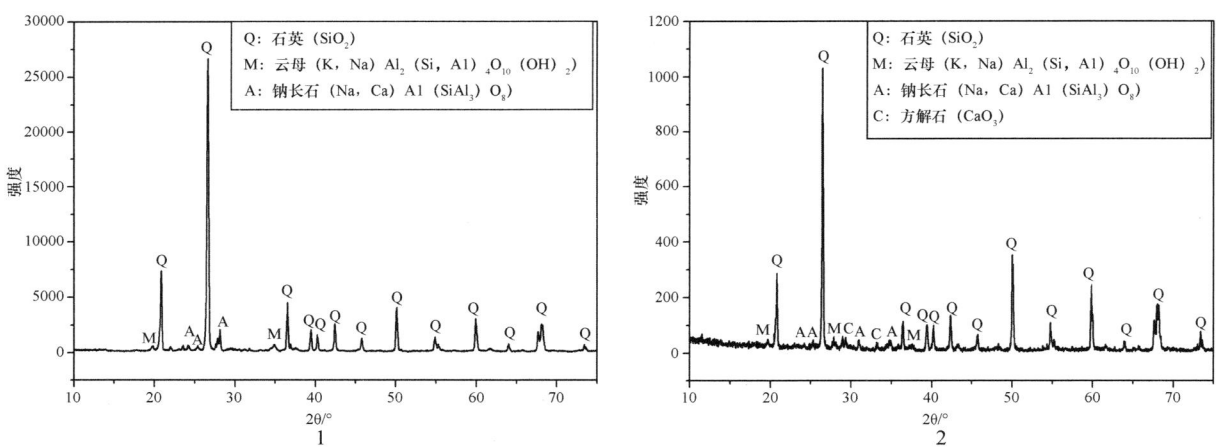

图一○　小德政碑本体材质及表层层状脱落样品XRD分析结果
1. 后侧本体材质　2. 表层层状脱落

表四　小德政碑表层物质及其右侧粉状剥落可溶盐IC测定结果

试样编号	试样名称	离子类别及其含量/（mg/g）						
		阳离子				阴离子		
		Ca^{2+}	K^+	Na^+	Mg^{2+}	SO_4^{2-}	NO_3^-	Cl^-
LSC-B2	表层物质	0.80	0.09	0.04	0.47	2.41	0.71	0.29
LSC-B3	粉状剥落	1.66	0.42	0.05	0.32	4.69	0.15	0.10

三、结　　论

本文采用多种材料表征技术对老司城遗址建造材料和风化情况进行了科学的分析。分析结果表明，老司城遗址城墙的基础扰土和砌墙石块均为就地取材，遗址城墙勾缝灰浆为普通的石灰灰浆，而抹面灰浆则为传统的糯米灰浆。糯米灰浆中含有一定量的碱性$Ca(OH)_2$，且微观结构更为致密，对老司城遗址城墙的保存起到了重要的作用。小德政碑表层材质并非简单的打磨而成，很有可能在表层涂覆了一层较薄的石灰浆料，其表面的层片状脱落则是由于表层材质与石碑本体材质的差异性，导致两者热膨胀系数及吸水系数不同，长期的冷热交替及干湿交替产生的，表面粉状剥落的主要原因为可溶性硫酸盐的破坏作用，字体间隙内的白色物质应该为细菌或者生物生活的痕迹。材料表征技术作为一种重要的科学手段，能够为大遗址的保护提供有效的基础资料，为大遗址保护方案的设计提供科学的依据。

参 考 文 献

［1］张忠培. 中国大遗址保护的问题［J］. 考古，2008，1：18-26.

［2］曲凌雁，宋韬. 大遗址保护的困境与出路［J］. 复旦学报（社会科学版），2007，5：114-119.

［3］李海燕，权东计. 国内外大遗址保护与利用研究综述［J］. 西北工业大学学报（社会科学版），2007，27（3）：16-20.

[4] 苏泊民. 国外遗址保护发展状况和趋势 [J]. 中国文化遗产. 2005, 1: 104-107.

[5] 朱剑, 毛振伟, 张仕定. X射线荧光光谱分析在考古中应用现状和展望 [J]. 光谱学与光谱分析. 2006, 26 (12): 2341-2345.

[6] 杨富巍, 张秉坚, 曾余瑶, 等. 传统糯米灰浆科学原理及其现代应用的探索性研究 [J]. 故宫博物院院刊, 2008, 5: 105-114.

[7] 杨富巍, 张秉坚, 潘昌初, 等. 以糯米灰浆为代表的传统灰浆——中国古代的重大发明之一 [J], 中国科学E辑: 技术科学, 2009, 39 (1): 1-7.

[8] Zeng Y Y, Zhang B J, Liang X L. A case study and mechanism investigation of typical mortars used on ancient architecture in China [J]. Thermochim Acta, 2008, 473(-2): 1-6.

[9] 张秉坚, 卢焕明, 尹海燕, 等. 石质文物古迹表面的天然保护膜研究 [J]. 杭州电子工业学院学报, 2000, 20 (3): 32-34.

[10] Irabien A, Viguri J R, Cortabitarte F, et al. Thermal dehydration of calcium hydroxide 2. Surface area evolution [J]. Ind. Eng. Chem. Res., 1990, 29(8): 1606-1611.

[11] Camuffo D. Physical weathering of stones [J]. Science of The Total Environment, 1995, 167(1-3): 1-14.

[12] Smith B J, Gomez-Heras M, McCabe S. Understanding the decay of stone-built cultural heritage [J]. Progress in physical Geography, 2008, 32(4): 439-461.

江永勾蓝瑶寨水龙祠壁画文物价值研究

符 炫

相对全国而言，由于气候条件的原因，湖南古代彩绘壁画的发现相对较少。然而，湘南一带，特别是地处偏远的永州山乡，却似是个例外，如道县田广洞村相公祠发现的《出征图》、江华宝镜乡何氏忠烈祠发现的《凯旋图》、道县新车乡八家村海龙庙的《祈雨图》等，尤其是江永县兰溪乡勾蓝瑶寨的总管庙、盘王庙、水龙庙等，均有古代壁画及其遗存发现。

2016年3月15～17日，笔者曾配合湖南省文史研究馆副馆长李跃龙，馆员陈先枢、龚笃清、左汉中等专家，对江永县兰溪瑶族乡大兴村水龙祠壁画进行了考察调研。考察期间，调研组与当地政府部门深入交流，走访了当地村民，掌握了大量相关资料，对该建筑和壁画的年代、艺术风格和价值，以及如何加强对壁画的修缮与保护，给出了一些基本的建议和意见。对水龙祠古建筑及壁画的断代、艺术内涵及其文物价值进行了初步探讨，这些都是目前社会关注度最多的方面。

一、基本情况

1. 水龙祠现状

水龙祠总面阔18.2、总进深49米，占地892平方米。原祠由门厅、牌坊、戏楼、天井、左右厢廊及正殿（或可称神殿）形成的合院式建筑群组成。主体建筑为砖木结构，明间中跨柱梁体系采用穿斗木榀架（疑经近期修缮已彻底改变），两次间为柱硬山搁檩造，屋面为青瓦干摆两坡顶，配置尖山式硬山墙或由观音兜演变而来的湖南习见的"猫弓背"山墙形式。

走访表明：历史上水龙祠有记载的大修有两次，一次在清嘉庆十五年（1810年），另一次在1949年重修。然而，近些年的局部性维修、改造工程却不断，如2008年神殿因木柱梁糟朽、房顶垮塌而大量更换过木构件；2012年再次重修过神殿。

现场勘察：重修后的门厅、牌坊门形制完全改变，原有的历史信息完全中断；神殿柱梁木构架大多新换，原有的木构件及祠内相当于明代早期的石质构件，已在修建中被淘汰（图一）。因此，可资鉴定、比对，用于断代的关键性构件基本无存。

这些仅存的神殿两山墙、后墙以及左厢廊道外墙，即被认定为水龙祠最早的"原状"，壁画就侥幸附着于这些尚未改动的墙面上（图二）。

图一 水龙祠更换下来的明早期石构件

图二 发现壁画的神殿外观

众所周知，古建筑往往是不同时代的修造积累。根据现存建筑墙体与遗构特征，比对当地明清时期建筑砌砖的常用规格，以及对砌筑灰浆、抹墙灰浆材料的综合分析，调研组将水龙祠目前建筑的相对年代上限定为明代晚期基本是适宜的。

2. 壁画保存现状

水龙庙壁画共计5铺，分别位于神殿前方的左厢廊、神殿内后墙面及神殿两侧墙面，高3、总长116米，总面积达348平方米。在遭受严重损毁后，仍保存有162平方米。壁画保存质量状况：

壁画第一铺，位于左厢廊内壁，画幅部分缺失。

壁画第二铺，位于神殿的明间后墙，内容基本完整。

壁画第三铺，位于神殿右次间，内容基本完整。

壁画第四铺，位于神殿左次间的山墙面上，画幅内容部分缺失。

壁画第五铺，位于神殿右次间的山墙面上，保存质量较差，漫漶不清。

值得提及的有三点：首先，根据壁画边框绘制方式，以及矿物颜料风化、衰褪程度的比较判断，五铺壁画的绘制年代基本同时；其次，根据壁画中的人群马队均按逆时针方向行进，且画幅框线的高度大体一致的规律，推测水龙祠壁画在其完整时期，可能出现交圈的情形；再次，经现场反复甄别，画面除少量被现代人为破坏外，基本可以排除壁画经后期添加、补绘的情况。

3. 壁画内容

据村民李成贵回忆，原祠大门内的第一间内塑有两条威猛的神虎；再进第二间里塑有李将军（名正当）、李仙娘（名三女、三娘）、黄将军（名庭龙）等三人神像；进入第三间曾塑有关帝爷神像；神殿正堂中塑玉皇大帝、王母娘娘等神像。因水龙祠经过多轮建设性破坏，上述形象无存，这些传说充其量仅供参考，不足为据。

从2011年起，先后有湖南大学岳麓书院、厦门大学、中山大学、中南大学师生纷至沓来，考察壁画的年代及其主题内容，得出过不同的结论。略梳理一下，有"招安入籍典礼"说、"祭祀龙神仪式"说、"斋天（玉皇）大典"说、"瑶民大起义"说，还有"蓝玉远征云南"说、"建文帝驾临"说，林林总总。见解多出，原因主要是基于画面实在是漫漶难辨，加之探寻者主观失察，或轻下结论，或各持一端，以偏概全所致。

以中南大学"中国村落文化研究中心"的观点具有一定的代表性，认为壁画属于勾蓝瑶祭祀仪式，较为接近史实。但认定目前水龙庙即始建于明代洪武年间的古庙，并以此推导壁画年代为明洪武年间的结论值得商榷。

根据现场各位文史专家、美术家对壁画内容的初步考察认定：

第一铺壁画，记录有各色古代戎装及仪仗队人物百余位，画面出现"敕封水龙庙""三军司令""番王进宝"及"回避、肃静"等字样（图版一六，1；图版一七，1）。

第二铺壁画，画幅中部绘以正面龙形象，配置海水、云气，下绘鲤鱼腾越图，四角点缀吉祥八宝图案。本铺壁画正处神殿中轴的最尊位置上，寓意特殊，给人的印象深刻（图版一六，2）。

第三铺壁画，位于神殿的左次间。主绘麒麟瑞兽，配云气纹，四角缀绘"兵书宝剑"等吉祥图案。

原神殿左次间推理应当也有壁画，因墙体重新维修而灭失。

第四铺壁画，画面人物多达500余位，场面宏大。依各色盔帽、军服、军械、车骑之分，可辨画中人物以各种戎装的马兵、步兵或仪仗兵为主，其间夹绘部分民间祭祀的活动场面，如出现"赏赐牛酒"乃至"献俘"的特定历史场面。画面左下侧所绘的水龙祠，对于帮助文物考古工作者追溯水龙庙的建筑历史，辨析原状外观形态尤为重要（图三；图版一七，2；图版一八，1、2）。

图三　现场遗弃的鳌鱼脊饰

从画面行进队列来看，大体分为左、中、右三队，基本按其军种、兵种排列。人物服饰似以明代特征为主调，甚至出现某些比明代更早的服饰人物，但也无可辩驳、清晰地出现有晚于明代的清朝服饰人物。为此，一度也是引起各界产生误解、断代混乱的一个主要方面。画面文字还出现"水龙祠""三军号令""三军司令""风调雨顺""五谷丰登""回避、肃静"等字眼。

第五铺壁画，由于该画面病害较多，颜料粉化、褪色严重，画面模糊而影响观察。粗略统计，第五铺画幅人物至少达400多位，主题内容应与第四铺的内容相去不远。

4. 壁画年代推断

瑶族本无自己的文字，勾蓝瑶内部也几无谱牒可鉴。由于水龙祠改建活动频繁，原生建筑构件大部分遭到裁汰，对仅存构件及墙砌体形制的判断，也只能提供一个相对准确的历史时段。

调研组通过对画面个别细节信息的解读，首先认定壁画主题为：皇帝敕封水龙庙暨瑶王向皇帝进献贡品的盛大庆典活动。壁画上出现"敕封水龙庙""番王进宝"字样，番王即指当地勾蓝瑶的某位敕封头人或其世袭后人。画者既可自诩"番王"，那么，在其祖庙见到龙、麒麟瑞兽的彩画也就不足为怪了（图版一八，3）。

根据壁画人物群中所出现的最晚形象，比如出现一定数量身着清代服饰的官员、将校、军士的形象，故将壁画上限推定为清代的早期作品似有一定道理。

二、水龙祠壁画文物价值研究

针对每一处文物新发现，文物价值的评估工作始终是置于保护程序之首位的。水龙祠壁画应包括历史价值、艺术价值、科学价值、社会价值和文化价值[1]。

1. 历史价值

历史价值是指文物古迹作为历史见证的价值。水龙祠壁画的价值在于它真实、形象地展现出清代湖南江永少数民族地区的重大历史事件。

（1）湖南本土历史告诉我们：明清时期湖南少数民族与中原中央集权政府之间，曾经不断地发生血腥征伐与反抗，导致少数民族不断分化，其中部分少数民族走向"归化"，最终出现民族融合的政治局面。画者以清朝皇帝使者"敕封水龙庙"及瑶族首领率部民"进宝"的重大历史事件为题材，直观、形象地描绘出满、汉、瑶人之间的互动场面，将庆典盛会与颂扬清王朝文治武功之伟业的宣传揉为一体，进行集中、放大，流传后世，达到长治久安，教化于民的政治目的（图版一九，1；图版二〇，2）。

（2）画中"番王"旗幡及番王乘车形象，似在说明封建国家正在操弄"水龙祠"升格为"水龙庙"的大典，充分体现出清王朝一统天下的国家意志。

（3）壁画中出现有绳牵带枷的赤身敌俘形象。这类政治题材在清代宫廷画中屡见不鲜，如《平定回部献俘图》《平定西域献俘礼图》等。水龙庙的庆典，完全有可能包括向朝廷宣示忠诚的"献俘""进宝"仪式在内。

（4）水龙祠壁画恰是兰溪瑶族历史画面的回溯。该村属平地瑶，即当地俗称的四大民瑶——勾蓝、古洞、清溪、扶林中的一支。据载[2]，明洪武年间，平地瑶被明政权招安，逐步发展成为高度汉化的瑶人部群。特别是进入清代后，随汉化进程的全面深入，勾蓝瑶人或可外出求学甚至做官[3]。

从大兴村目前保有的古建筑群规模来看，出现了大量的公共建筑，如祠堂、寺庙甚至学堂。据称其盛时，勾蓝全寨坐拥祠庙68座，寨中多有勒石为证。出现了公共交通空间，拥有官道、路亭、桥梁，出现了防御性砌石城墙。大量出现的地面式砖瓦建筑，一改瑶人干栏木结构，上盖树皮、稻草的传统形式；从建筑角度分析，瑶族木结构柱梁体系的演进，以及包括"硬山搁檩造"在内的中原建筑文化因素的出现，勾蓝瑶的建筑基本形成了以"居中为尊"的汉文化理念，证明了勾蓝瑶与外界文化相通时日已久，汉化演变根深蒂固。从建筑材料看，基本实现大规模使用烧砖和青瓦，与本地汉民建筑质量的差距进一步缩小。今天所看到的勾蓝瑶村寨建筑全貌，正是瑶族历史文化与时俱进和延续的结果。

2. 艺术价值

艺术价值是指文物古迹作为人类艺术创作、审美趣味、特定时代典型风格的实物见证的价值。

（1）水龙祠壁画保留面积162平方米，画面人物众多、场面宏大、内容真实、画工精美。作为勾蓝瑶历史进程中的重要截图，具有重大的艺术价值。

（2）纵观壁画，其艺术写实性强。画师似特别擅长史诗般宏大场面的创作，还比较善于刻画人物个性，准确传达人物之间细腻的情感交流（图版一九，2；图版二〇，1）；画师水平的起点高，博晓宋、元、明、清服饰，军械、什物、车骑，显然不同于同期本土画匠惯于花鸟虫鱼、梅兰竹菊；或八珍、八宝、暗八仙，或世俗化的小型题材作品的创作手法；更不屑于建筑外墙或檐口寥寥数笔的芝兰卷草，或几何纹形彩绘的简单复制。因此，推测画师并非当地土著人士，应是一位肩负文化传播或教化使命的文吏。

3. 科学价值

科学价值是指文物古迹作为人类的创造性和科学技术成果本身或创造过程的实物见证的价值。

（1）与湖南古代壁画常常不做地仗层，而是在建筑构件底层上直接作画之法不同，水龙祠壁画是在内墙面上抹5～8毫米厚的谷壳靠骨灰充作壁画的地仗层；在靠骨灰面层再揩1～2毫米厚的石灰面层，作为壁画颜料的载体。这种做法，显然比湖南其他地区的壁画绘制方法要先进，似与中原文化的传入有联系。

（2）由于水龙祠壁画属于写实性的艺术创作，因此，壁画内容对于历史考证具备一定的权威性和科学性而意义重大。比如，画面中描绘的马兵、步兵、番兵，各种材料制备的军装、服饰，各色盔帽；凡涉及的军器装备，详细到鸟枪、藤牌、虎衣帽裤，其绘制的准确程度似能从相关文献[4]里找到它们的蛛丝马迹。

（3）画面中几位从事祭祀的人物，完全着前朝（宋朝）服饰进行扮演活动。同时也出现大批不着满服，穿戴类似宋代幞头、明代头巾帽冠的人物形象，与清初男子剃头梳辫子穿马褂的严厉法令有明显冲突，似乎清初"剃头令"在南方少数民族聚集地区内有所松弛？壁画似能佐证这一历史事实的存在。

4. 社会价值

社会价值包含了记忆、情感、教育等方面的内容，体现了文物古迹在知识记录、传播、文化精神传承及社会凝聚力的产生等方面所具有的社会效益和价值。

（1）水龙庙壁画以其恢宏的气势、真切的内容展现了勾蓝瑶历史上的重大庆典活动，集中反映了江永瑶人部族世俗社全、宗教祭祀的文化多样性而具有重要的社会价值。

（2）湖南江永在确认千年古村上甘棠、千古之谜江永女书、千年瑶寨兰溪之后，水龙祠壁画又以其惊世震俗之慨跃然于世，对扩大江永瑶族文化的传播与影响，提振民族地区旅游经济的发展补充了新鲜血液，增加了新亮点，具有重大的社会现实意义和价值。

5. 文化价值

文化价值实际上包含了文化多样性、文化的延续及非物质文化遗产要素等内容。

（1）水龙祠神殿明间的海水云气及正面腾龙形象，次间的麒麟玉书以及吉祥八宝图案，均为汉民族在长期历史发展过程中，吸取演化多民族文化元素而形成的文化精髓，它们能够集中体现于勾蓝瑶的重要殿堂之上，生动证明了历史文化的融合及汉文化在少数民族地区内的传播与延续的事实。

（2）壁画宰牛、赐酒的场面给人印象深刻，与江永少数民族自古喜好的"椎牛歃血"传统，与"令有司岁犒牛酒"[5]的文献记载相印证。"椎牛歃血"的民俗传统活动，如同兰溪"洗泥节"一样，均有条件进入湖南非物质文化遗产名录，应当加以合理利用，并在瑶族地区受到一定的保护与尊重。

此外，壁画中几乎人手执一把折扇又蕴意何如？现场众专家学者竟也一时语塞。说明我们对壁画隐含的历史文化的研究工作才刚刚起步，对其间文化价值的探寻任重而道远。

三、几点建议

通过对水龙祠壁画文物价值的分析、评估，考定其历史、艺术、科学、社会及文化诸方面的价值，而且，壁画本身具有提升为国宝级珍贵文物的升值空间，远胜于水龙祠古祠目前的本身价值。

鉴于此，当前势必要加强对壁画的保护与管理，建议如下。

1. 提倡文物保护规划先行，应当在规划引导下开展文物保护工程

对于重要的历史传统村落，首先应考虑文物保护的需要，提倡文物保护规划先行。要在文物保护规划的引导下，开展一系列的文物保护工程（图四）。否则，极易造成因文物保护目标不清晰，保护措施不落实，价值认定不明确之类的漏洞。地方政府要衔接好传统村落建设与文物保护之间的关系，避免在新农村建设中，对文物建筑带来建设性或保护性的破坏。

2. 从保护文物的角度，加强对兰溪乡大兴村传统村落的文物管理工作

加强对文物古迹的管理，必须经历调查、评估、确定文物保护单位等级、制定文物保护规划、实施文物保护规划、定期检查文物保护规划及其实施情况[6]这六步工作程序。

以调查工作为例：调查包括普查、复查和重点调查。应将兰溪的历史遗迹、相关文献以及文物环境同列为调查对象。据信，对勾蓝瑶文物建筑修缮及历次改造情况，尚不完全掌控在文物主管部门手中；村寨之内，具有特殊社会价值的历史遗迹、附属文物，包括大量散佚的碑刻题记，尚未做好登记与造册，管理单位尚不能对这样的文物了然于胸，我们的管理工作无疑是缺失的。

图四　坍塌的水龙祠戏台

3. 应当迅速组织专业资质队伍，对水龙祠及其壁画进行保护和修复

工程重点是壁画的原址保护与修复；对壁画附着墙体的保护性修缮与加固；对周边文物环境、村落建筑环境的整治。

应当安置专项资金，用于壁画的后期保护和研究。

勾蓝瑶寨为湖南历史文化名村，被誉为湖南省最美村寨之一。水龙祠壁画是勾蓝瑶寨重要的历史文化资源和旅游资源，壁画留在原地，是保护当地瑶族文化延续性的需要，也有助于当地旅游产业的发展，具有惠及民生、落实精准扶贫的现实意义。

4. 壁画保护与维修必须强调对专业资质队伍的管理

水龙祠壁画所处环境复杂，必须聘请具有专业资质的文物保护工程公司承担勘察与施工。

目前对壁画首先应采取得当的防护措施。

要根据壁画的病害情况做专项研究，制定有针对性的保护方案。凡壁画保护中所有的保护措施，必须经过研究、分析和试验，保证切实有效。

应当加大《文物保护法》的宣传力度，要向村民讲清楚：只有在充分认识壁画退化机理的前提下，才能由具有文物专项工程资质人员进行清洗与加固，要避免好人好心办坏事的情况发生（图五）；任何人不可以信手添加、随意涂鸦，更不能进行所谓的复原。

壁画具有重要的历史和艺术价值，是具有独创性的艺术品。对已缺失部分进行所谓复原，只会降低壁画的历史信息，难以重现壁画的原有艺术价值，而且极有可能由于复原者的个人理解，影响壁画整体真实性的表达。因此，应避免对壁画缺失部分进行复原。

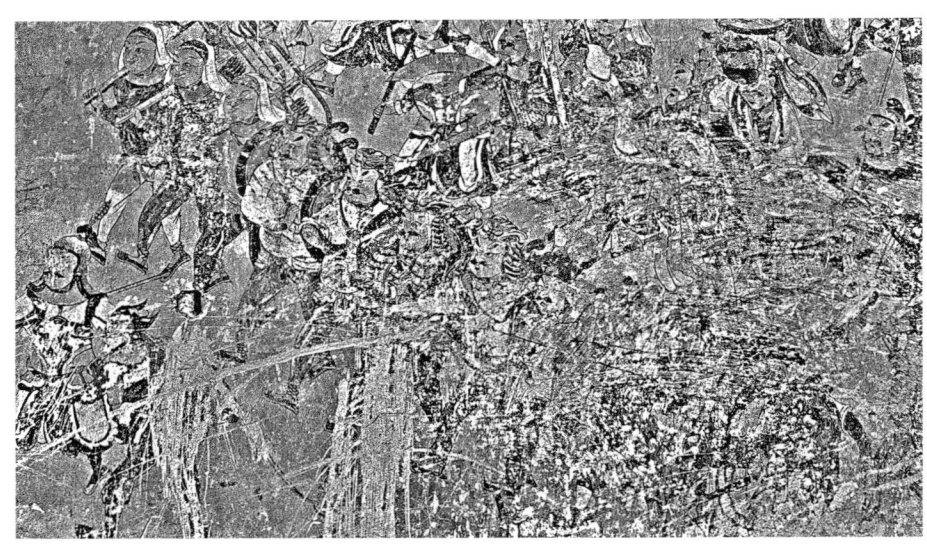

图五　有关番兵的珍贵画面遭到人为破坏

注　释

［1］　《中国文物古迹保护准则（2015）》第3条。
［2］　《道光永州府志·卷五下》：永明县瑶峒，清溪源、埠陵源、古调源、雄川瑶、唐王瑶、扶林峒、大畔瑶、勾蓝源、古泽源、冻青源、高泽源、大掩峒、大溪源，以上十三源自明洪武二十九年（1396年）规划皆为熟瑶。
［3］　《道光永州府志·卷五下》，永明县瑶峒：至我（清）朝恩德尤加，薄税免瑶，岁科两额职，新生一名。又于清溪古调设立新学给予廪饩。百数十来年，蒸蒸向化矣。
［4］　《道光永州府志·武备志》。
［5］　《道光永州府志·卷五永明县瑶峒》。
［6］　《中国文物古迹保护准则（2015）》第三章第16条。

文物保护工程竣工后的管理问题刍议

张 涛

近年来国家对文化遗产保护的重视程度不断提高，文物保护经费也较以往有了大幅度的提升，文物保护的形式更是日渐多样，世界文化遗产、大遗址、国家考古遗址公园、全国重点文物保护单位等在一系列的文物保护工程中，其价值的真实性和完整性得到了更为有效的保护。但由于受诸多因素的影响，工程完工后的管理问题也逐渐暴露出来，这些问题的积累，很可能导致原有文物保护工程的劣变，难以达到预期的保护目的。

本文讨论的中心是地下文化遗产工程竣工后，在地方政府、文物部门或其他相关利益者的复杂关系中，实施日常维护管理（保养维护）工作所面临的问题，以及应对这些问题的策略。

一、现状分析

目前，我国全国重点文物保护单位共有4295处，古文化遗址、古墓葬等地下文物占有相当大的比例。其中150处大遗址是我国文化遗产保护的重中之重，这些遗址中许多已经完成或正在进行保护工程，进入展示和利用阶段，其保护和管理理念、方法等在我国具有典范作用。例如，大地湾遗址、殷墟遗址、大明宫遗址、老司城遗址、元上都遗址、金沙遗址、良渚遗址、城头山遗址、高昌故城、交河故城遗址等，为我国古代灿烂的文明提供了珍贵的实物资料。

然而，在保护、展示和利用中，这些文化遗产因受保护理念、科技水平、管理体制、市场经济、工程队伍、工程资金等相关因素影响，存在许多不容忽视的问题，如日常维护技术失当、病害加剧、管理不到位等（图一～图一四），在日常维护管理中如不及时发现和处理这些问题，而是纵容它们的发展，可能会使我们取得的遗产保护成果一步步丧失。

这些问题的出现，主要受以下因素的影响。

1. 法律法规的不足

遗址管理应该采用常态化的管理模式，而这种管理很大程度需要依据相关的法律法规，我国的遗址管理都是遵照《中华人民共和国文物保护法》《中华人民共和国文物保护法实施条例》等法律法规及地方配套的相关条例进行管理。但是，纵观这些法律条款，多带指导性、普遍性，缺少专门

图一　集安高句丽遗址之一（2012年）
日常维护管理不当的状况（牛粪与杂草丛生的建筑基址）

图二　集安高句丽遗址之二（2012年）
日常维护管理不当的状况（牛粪与杂草丛生的建筑基址）

图三　老司城遗址维修后需保持的状况（2014年）

图四　老司城遗址（G30）杂草丛生的现状（2016年）

图五　老司城遗址维修后需保持的状况（2014年）

图六　老司城遗址（西门外）
未进行日常维护的状况（2016年）

图七 老司城遗址被杂草覆盖而未清理的西门遗迹

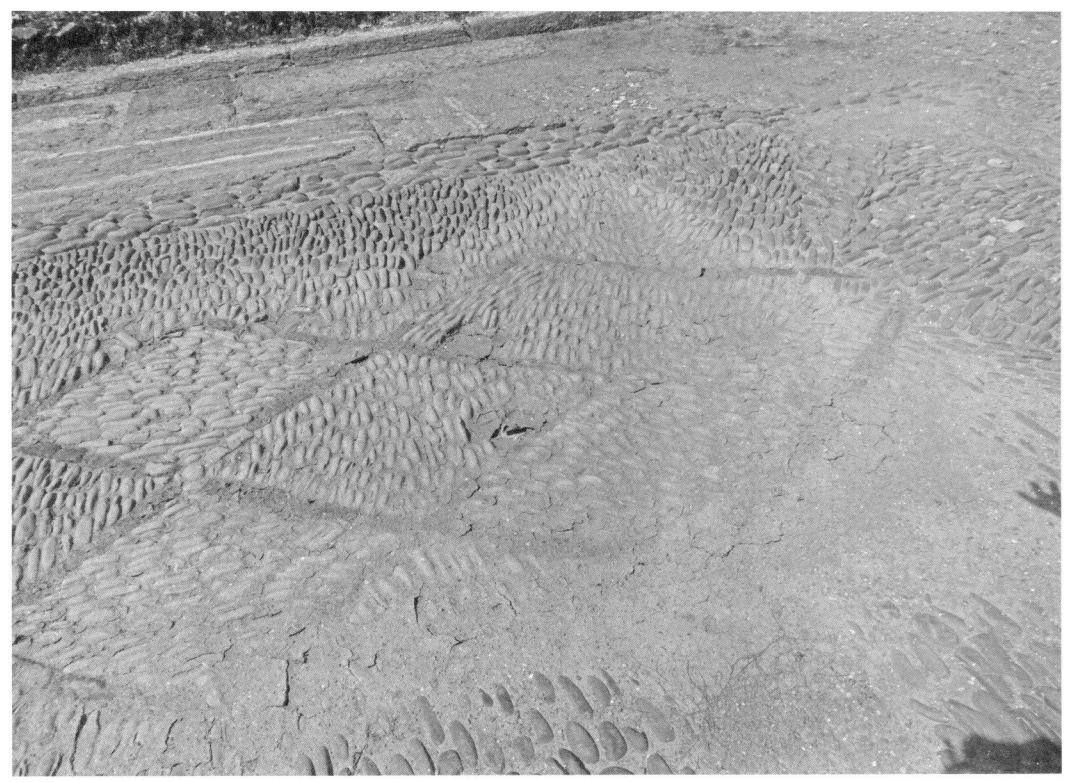

图八 老司城遗址（2016年）
遗迹表面降雨干涸后未经清理的泥层积淀

图九　高昌故城（2015年）
底部崩塌而未及时进行简易的支护

图一〇　高昌故城（2015年）
墙体雨蚀未进行日常维护

图一一　交河故城（2012年）
保护后未能进行日常维护而脱落的块状泥土

图一二　元上都遗址（2015年）
被杂草掩盖的车辙痕迹

图一三　金沙遗址（2012年）

干裂的考古遗址场地

图一四　金沙遗址（2012年）

苔藓丛生的考古遗址场地

性的遗址保护实施办法，实施性和操作性欠佳。至于遗址的日常维护，更没有足够的法律法规条款支撑。在遗址日常管理中出现问题，如日常维护保养及实施失当，法律上没有明确的责任要求，养成了管理人员的随意性和惰性[1]。

2. 管理部门文物保护意识薄弱

现行文物管理体制下，文物管理部门为行政岗位，大多地方的主要负责人专业不对口，许多从来都没有接触过文物保护的相关工作。

一般而言，工程竣工后，施工方需向管理方提交一份详细的《遗址日常管理操作办法》，管理方以此作为对遗址进行日常维护的主要依据。但是，因保护意识薄弱，这里面产生了两个问题：一是移交《操作办法》后，管理方认为工程完工，已具规模，且经验收，应无问题，便高枕无忧，指示下一级部门做好安全保护即可。二是管理方的具体实施者认为管理工序复杂，自作主张地将程序简化，甚至减半实施。

另外，地方管理机构大多存在一定的侥幸心理，一是认为保护工程刚刚完成，应该无须进行日常保养监测；二是认为即使文物受损，主要责任应该在设计方和施工方；三是认为遭受损失后可以再申请经费实施保护工程。在这种心理的影响下低估了文化遗产保护尤其是地下文物保护的难度，导致更大、更严重的问题不断出现。

因保护意识薄弱，导致管理机构和人员分配出现问题。从现在的情况看，管理体系不太完备，人员数量、构成、素质、设施设备以及管理模式等，与大遗址保护、管理的需要不相适应。

文物保护管理意识淡薄。遗址的保护与管理应该是遗址管理者应考虑的最重要的问题，这也需要在遗址日常工作中将其作为最重要的方面予以加强。但就某些遗址地的管理现状来看，遗址管理者的工作重心并非放在遗址保护管理上，而是放在宣传和工程两大块，遗址日常保护管理的重要性被低估，日常保护管理的需要被忽视。遗址地在宣传工作上全方位覆盖，手段多样，信息传播便捷，宣传攻势取得较好的成功，借由宣传的成功，遗址地短期内吸引了一定的团体游客。但从长远来看，这种浮华的背后是考古遗址的不可持续发展，遗址本体的保护现状令人担忧，如有些考古发掘的遗址展示区仅安排几名临时工来支撑着庞大的遗址日常管理维护，很难想象这些土遗址能够得到真正意义上的保护。

由此，管理者对问题的熟视无睹、任其发展，将导致土遗址的保护由简单的问题慢慢变得复杂化。

3. 管理人员遗产情感的缺失

关于遗产情感，涉及一种观念，即职业观。职业观是每个人看待职业的基本态度和根本观点。俗话说："做一行，爱一行。"积极正面的心态有助于我们工作效率的提高，而消极封闭的思维方式只会使工作原地踏步。不同的思维方式会产生不同的工作方法，不同的工作方法必然会产生不同的结果。只有选择了一项工作，并尽全力去做好这项工作，即使遇到难以忍受的挑剔和指责，也要时刻调整自己的心态，尽力克服，这才是我们应该具有的职业情感。

当前，遗产地尤其是大遗址开放地，为了工作所需招收较多管理人员，这些人员也只是为了得到一份有薪水的工作，有一个依存之所，大多并不了解遗址的重要性，也就是说对其不感兴趣，如此，很难奢谈他们对遗址有多少情感。遗产管理人员对遗产没有心理上的职业情感，工作中就难以按照工程移交后的后期维护要求进行管理，既不能及时发现遗址存在的问题，也无心对发现的问题寻找解决的方法。

只有把遗址的保护提升到爱护、呵护的高度，工程移交后的遗址才能真正保得下来，保得长久。

4. 管理部门人才的缺乏

各地遗址所处的自然环境、气候条件迥异，面临的问题也各有不同，其保护、展示、利用所采取的方式、手段也有较大区别。值得提及的是，土遗址的保护完全不同于古建筑的保护，二者之间的日常维护相差太远。古建筑等日常维护工作主要是巡视检查、记录、制度管理、保洁管理、应急管理、资料管理、小修保养（对古建筑进行屋面维护、简易修整补配，支顶加固、疏通水道、庭院整理等经常性的小修保养，维持古建筑的良好状态）。而土遗址的日常维护工作除了以上工作外，还要求工作人员了解土质土色的结构状况、土壤含水量的变化状况、温湿度对遗址表面的影响、空中尘埃的变化规律、土遗址病害表现形式，甚至需要掌握日常的土壤含水量的变化并适时把控土壤湿度的变化。同时，需要掌握各种生物病害对土体的影响并适时处理，且不损害土壤结构，长期保持考古发掘后文化层的土质土色原状。这些知识，不但包括物理、化学、生物、材料工程、考古、文物保护等相关学科知识，而且涉及管理、控制、研究。

土壤的脆弱性与周边环境大量的不稳定因素（如风、水、温湿度、生物）决定了土遗址的变化远较古建筑复杂。目前为止，即使一些高素质从事文物保护并装配着先进设备的队伍，也难以对土遗址有一个较为成熟的保护方法。

大遗址保护工程完工后，依然面临种种难题，概括地讲主要是技术层面的问题，这一层面面临的问题是多方面的、多学科的。缺乏成功的典范和经验。需要专业人员长期的实践，总结相关经验，并将这些经验适时地用于遗址的日常维护管理。如此，遗址的管理依仗于专业化的人才团队，而现有文物管理部门普遍存在行政级别较低、专业工作人员严重缺乏的现象，对遗址的保护、管理、维修力不从心。

遗址管理部门人员构成复杂，但各地均缺乏专业的遗址地管理人才和专业的文物保护人员。遗址管理处成为独立部门多数是县级政府从各部门和事业单位抽调人员进行组织，因而导致遗址管理处专业人才的缺失，这种缺失不仅仅是专业的考古及文物保护人才的不足，也体现在对专业人才的安排欠妥，并未就其专业来妥当安排与其专业相关的工作，导致其在长久的办公室工作中缺失了对遗址保护的相关了解和实践。仅湖南而言，世界文化遗产地——老司城遗址、国家考古遗址公园——里耶遗址、炭河里遗址等，目前没有一名具有考古学或文物保护学专业毕业的人员。国家考古遗址公园——城头山遗址，尽管引进了3名考古、文物保护、博物馆专业毕业的硕士，但1名安排在市场开发岗位，1名在办公室，仅存1名专业人员，所学专业与遗址保护又存在一定的出入，且没有经过应有的专业培训，对遗址的保护与修复工作缺乏规范化指导，即使在日常维护中发现问题也不知如何应对，很难满足专业的遗址日常维护所需。

具体行使遗址管理的部门，基本在各省的相关市县受各种因素的局限，管理部门对遗址保护未能有一个整体认识，加之遗址后期管理维护理论和模式问题，由于工作起步较晚，很少见诸这方面的理论研究，尤其是考古发掘后的土遗址保护，虽有部分文章见及，但在实践中因各种因素影响，以及土遗址保护的难度，涉及具体遗址点的诸多问题仍难以解决，如方式方法、后期维护的思路和模式、维护技术与其他文化遗产的不同等，这些问题，在学界尚有争议，到了地方的管理部门，更是判断不准，难以把握。

离开了他们，仅靠地方管理部门去实施日常管理，只能是奢望。

5. 现行模式导致保护和管理的脱节

遗址保护不同于现代建筑的建设。遗址保护是集考古、文物保护、化学、物理、岩土工程、地质、微生物等众多学科相互配合而达到保护的目的。这一工程的实施，包含了较多学科、较多学者的联合努力。但现行体制中，遗址保护工程是通过招投标的形式得到的项目，在较短的时间内，工程施工方根据设计方案完成工作后，将现有的初步成果移交给管理方去实施管理。而大多数管理方并没有相应的管理人员在知识体系、专业素养、思想意识上达到与设计方、工程方相统一的高度。这样的结果，导致了遗址在正常的保护过程中产生了脱节。

遗址保护是一个相当复杂的过程，其保存环境主要表现为露天和保护棚。不能说露天的保护就一定比保护棚的保护难度大，纵观各地的保护现状，都有其自身特点，其土壤成分、包含物、孔隙率、密度、色泽、含水率等，都各不相同。这些不同点决定了在实施文物保护过程中所采取的物理、化学方法的差异。当文物保护工程在各种复杂的检测、监测、试验、物理加固、化学固化等过程中得到初步成果后，接踵而至的便是当地政府、管理部门急促的催促，根本不按照保护规律行事，几年才能解决的工作非要在短短几个月内解决，否则影响政绩。随后的专家验收、移交完成后，实施保护工程的乙方单位便基本不再对遗址的管理做更多的保护工作，完全由遗址管理方自行承担这项长期日常维护的任务。但管理方所具有的人员很难有相应素质，其实施日常管理的难度可想而知，用不了多久，在展示利用的遗址便会病害复发，直接威胁着遗迹的寿命。

遗址保护缺乏管理体制支持。在遗址保护管理体制上，突出表现在大遗址规格较高但保护管理层次太低。许多大遗址是国家级的遗产，有些甚至是世界级的遗产，但是从管理的层次看，无论从管理的人才还是从管理的水平来看，明显低于大遗址的规格。遗址的直接管理者为地方文物局或者管理处，称为"管理方"，遗址管理从人事和财政上直接受地方政府节制，这一层属于管理方，他们同时兼有保护的职责。但这种管理方的保护水平是初级的，而保护的时间是长期的，其自身难以独立完成遗址的整体性、永久性保存。

另一类则是设计与工程施工方，称为"保护方"，他们的保护理念、保护水平已远远超越了"初级"这一概念，与管理方相比较，达到了一定的高度。工程的结果表明了工程竣工后，设计、施工单位（即保护方）基本上不再现场介入。而地方文物局或者管理处（即管理方）对移交的遗址只能做被动的保护，因专业素养所致，监测、检测数据存在硬盘上，却无人对出现的问题做分析总结，不能发挥其用途。

6. 管理资金的短缺

大遗址的日常维护需要有稳定的维护资金支撑，然而经费的不足是困扰日常维护不善的重要原因。

文化遗产管理资金来源主要包括公共财政投入（中央财政投入和地方财政投入）、文化遗产单位经营收入、民间资金投入、国际援助四大部分，但从我国文化遗产现行管理体系来看，文化遗产的管理资金主要靠中央、地方财政投入和单位经营收入，或多或少都存在着管理资金短缺的问题，从我国多达40万处不可移动文物来看，"十一五"期间我国文化遗产不包括专项经费的投入为78.89亿元，平摊到各遗址保护单位则捉襟见肘的现象已是司空见惯，而由此管理资金的短缺现象则变得越发普遍[2]。相对于工程完工后遗址的日常维护管理，在资金上更难有突破。

另外，根据国家文物局下拨的大遗址保护资金，动辄上千万元，经过县里重新预算、财评后，砍下一大截，真正用到本工程的资金有的甚至不足50%，而剩下的资金尽管三令五申依规办理，大部仍用到了别的项目，而真正在日常维护过程中所需要的资金，却没有来源，这也是大遗址日常维护过程中资金不能到位的重要原因之一。

国家文物局用于大遗址保护的资金经过数道预算程序，经认定后下拨，相对来说，对遗址的项目保护应该是能得到满足的，然而，下拨的资金进入地方政府后需要重新进行另一系列的运行过程，施工图设计、预算、财评、审计，在这里，下拨的资金便急剧降低，基本上能剩下相当一部分资金。难以理解的是，根据方案预算，国家文物局的预算大多基本符合情理，应该能基本满足该项目工程的资金所需，但到了地方，同样是根据该方案设计的施工图，经过地方政府所属机构预算、财评后，资金却大打折扣，有些甚至减掉50%以上，但许多文物保护工程企业对这些工程仍蜂拥而至，且工程同样能够顺利完工并通过验收，悬殊如此之大，原因何在？问题出在哪里？是国家文物局预审资金富余？是地方政府所属财评、审计部门不懂文物保护工程需求？是文物保护工程单位对待工程短斤少两？还是验收人员熟视无睹？

二、日常维护管理的必要性及国内外管理理念

1. 日常维护管理的必要性

（1）文物古迹是中华民族多元文化的组成部分，必须精心呵护。

（2）日常维护管理的失误，会更大程度加剧文化遗产的破坏力度。

（3）日常维护管理水平是体现当地政府部门和文物管理部门管理水平高低的标尺。

（4）对文物古迹的有效保护能间接地影响地方经济建设的发展。

2. 我国遗址管理的相关办法

文物保护工程是实现遗址保护与展示的第一步，遗址保护能减少病害，维持考古发掘时的原状，但文物保护工程并非一劳永逸，我国大遗址多是土遗址且日复一日地遭受流水与风蚀的消磨，埋藏在地下也要遭受植物根系、动物等的袭扰，经发掘后这种破坏因素将越加活跃。因此对遗址的保护不能仅仅依靠一开始的文物保护工程，它应该是一个长期化的过程，必须依靠长效的管理机制运行。

威尼斯宪章中强调要对古迹遗址进行专门性的照管，同时提出古迹保护至关重要的一点便是其日常的维护工作[3]。这也就说明遗址管理是遗址保存历史价值和历史信息的关键。一般来说，越是复杂的遗址，其后期维护的难度越大；越是范围大的遗址，其后期维护也越大。但从另一方面来讲，复杂且遗存范围大的遗址相对于单一遗址和小范围遗迹，在研究和后续发展上面的潜力要较大。

我国对古文化遗址实施管理与保护的主要法律依据是《中华人民共和国文物保护法》，然而，我国的文物保护法多只进行原则性的定性，具体实施中很难落到实处。

（1）《中华人民共和国文物保护法》"保护为主，抢救第一；合理利用，加强管理"的文物工作方针。

（2）《中国文物古迹保护准则》第23条[4]："管理，是文物古迹保护的基本工作。管理包括通过制定具有前瞻性的规划，认识、宣传和保护文物古迹的价值；建立相应的规章制度；建立各部门间的合作机制；及时消除文物古迹存在的隐患；控制文物古迹建设控制地带内的建设活动；联络相关各方和当地社区；培养高素质管理人员；对文物古迹定期维护；提供高水平的展陈和价值阐释；收集、整理档案资料；管理旅游活动；保障文物古迹安全；保证必要的保护经费来源。"

阐释：

管理是为文物古迹保护、实现文物古迹的价值进行的协调和组织工作。包括确定文物古迹保护目标，制定规章制度，组织对文物古迹的研究，阐释文物古迹的价值，实施对文物古迹的保护、监测，管理文物古迹中的旅游活动，建立高素质的管理队伍。文物古迹管理者应根据相关法规和文物古迹自身特点制定规章制度，规范与文物古迹相关人员的行为。

《中国文物古迹保护准则》第25条："保养维护，是文物古迹保护的基础。保养维护能及时消除影响文物古迹安全的隐患，并保证文物古迹的整洁。应制定并落实文物古迹保养制度。"

3. 国外相关遗址管理办法

国外诸多国家在文化遗产的管理上，已探寻多年，尽管管理各异，但其经验总体来看，主要表现在：①具有先进的理念和方法；②严格的法律体系和制度；③专业高效的管理体制；④多元化资金保障；⑤良性的市场运作；⑥充分重视文化遗产保护中"人"的因素；⑦对文化遗产实行整体保护；⑧文化遗产保护的国际化倾向；⑨数字化管理与文化遗产保护[5]。

根据区域性特点，本文从北美洲、亚洲、欧洲等选取几个国家，通过了解他们的文化遗产保护模式，以期对我国的遗址保护提供有用的参考和借鉴。

（1）美国[6]

美国的世界遗产体系主要由国家公园（由内务部国家公园管理局管理）、国家森林（由农业部林业局管理）、国家野生动物保护区（由内务部鱼和野生动物管理局管理）、国土资源保护区（由内务部土地管理局管理）、州立公园（一般由各州政府的自然资源部管理）和某些博物馆等组成，其中的国家公园体系规模最大、制度最早、最完善，且包括了文化资源和自然资源。

第一，国家层次的立法、决策、执行机构划分明确。国会根据宪法中的财产条款（property clause）所赋予的权力制定适用于各州的国家公园管理法规，如著名的《国家公园基本法》及其历次修正案。国会或总统有权颁布授权令，即明确某一国家公园的地域边界，并阐述它的重要性和其他有关该国家公园管理的内容。

第二，国家公园管理局的机构组成实现了中央与地方的关系协调。由于其下设的中央执行机构与地方执行机构都同时向局长负责，所以各机构之间在行政地位和行政力度上是平等的。不存在上下级之间的简单的命令与服从关系，一旦中央执行机构与地方执行机构之间或是同级机构就某一问题发生争执，可以由局长组织相关部门负责人员进行协商，让大家充分发表意见，最后提出解决问题的方法。这样做的最大好处就是避免了以行政级别的高低来最终确定决策和执行权的归属，从而防止高一级行政机构人员因不了解具体情况而做出错误判断并损害国家公园的任何资源。

第三，在资金机制之上，24部联邦法律，62种规则、标准和执行命令保证了美国国家公园体系作为国家公益事业在联邦经常性参政支出中的地位，确保了国家公园主要的资金来源，使国家公园管理机构能够维持其非营利性公益机构的管理模式。

第四，在管理机制上，由于普遍采取了垂直管理模式，加之管理者对自身角色准确的定位，管理者自身的收益来自岗位工资，既排除了地方政府的干扰，也避免了由于管理者自身原因产生的保护与利用之间的矛盾。

第五，在监督机制上，做到了依法监督和公众参与。美国的遗产保护建立在完善的法律体系之上，几乎每一个国家公园都有独立立法，国家公园管理局的各项政策也都是以联邦法律为依据。同时，遗产管理部门的重大举措必须向公众征询意见乃至进行一定范围的全民公决，这使主管部门的决策不得不考虑多数人的利益最大化而非部门利益最大化，也使管理机构本身几乎没有以权谋私的空间。

（2）日本

日本的国家公园由国家环境厅长官主管，自然保护委员互济协管；保护和利用法规由国家环境厅制定，每5年修订一次，颁布了以《自然保护法》《自然公园法》《文化财产保护法》为代表的16项国家法律，形成了日本自然保护和管理的法律制度体系。所有的国家公园都依照《自然公园法》进行规划管理。

日本的自然公园体系包括三个级别：国立公园是能够代表日本自然风景的地域，并由国家制定并直接管理；准国家公园具有与国立公园相同的自然风景地域，国家规定由都道府县进行管理；都道府县自然公园是能够代表都道府县的自然风景地域，由都道府县制定并直接管理。

（3）希腊[7]

希腊的遗产地管理特点包括以下几点。

第一，希腊的遗产地保护与管理依靠的是健全的法律法规体系进行，这不仅体现在完善的《希腊文物法》，针对遗址的保护区划亦是以行政法令的形式予以公布，如迈锡尼考古遗址的保护区和缓冲地带都直接通过1964年的《行政法令》2160号进行公布，这直接为遗址的管理提供了切实可行的法律基础。

第二，希腊遗址的专业管理在于专业化的遗产保护管理团队直接管理，如梯林斯遗址的直接管理权就属于以两位考古学家为遗址监护人的史前和古典古迹理事会第四服务队这种专业性的管理组织。

第三，希腊遗址的专业管理在于遗址保护与管理的核心地位的确立。这种确立不仅体现在专门化的遗产管理机构进行管理，也体现在旅游部门只是对文化遗产进行包装和促销，并不参与遗产地的直接管理，以专业遗址保护管理为主导可以有效地防止遗址过度商业化造成的遗址破坏问题。

（4）加拿大[8]

第一，完善的法律体系：涉及遗址的法律较多，直接相关的法律就包括《历史遗址与文物法》《加拿大遗产部法》，而涉及遗址保护与管理的其他法律则更多，如《加拿大国家公园法》《加拿大国家公园管理局法》《文物进口法》等。

第二，职权统一的遗址管理部门：加拿大文化遗址的直接管理部门为遗产部，遗产部下设多个机构直接负责各地遗产管理，另外，国家级的国家公园管理局，负责部分世界遗产及其他国家公园的管理。而国家公园管理局职员中多直接分布于全国460个工作点，这些人员直属于国家公园管理局，因此能够保证遗址管理不受其他部门与地方政府的干涉，保证了遗址管理运行的统一性和专业性。

第三，以园区形式运营形成利用与保护管理的良性循环。

（5）韩国[9]

第一，专业化的文化遗产保护管理决策体系和高效化的文化遗产保护管理实施体系。

第二，具有可实施性的法律法规体系，这种法律体系主要体现在《文化财保护法实施规则》中。

三、应对策略

古文化遗址"日常维护管理"一环具有长期性、延续性，是遗址保护和存续的关键，面对以上问题，实施积极的应对策略，将充分提高我国遗产的管理水平。

1. 建立健全法律法规体系和与此体系相适应的管理制度

我国文化遗产立法保护与世界其他发达国家相比，还有很大的差距，现有的关于文化遗产保护的法规只有一部《中华人民共和国文物保护法》，它对"保护"的规定过于宽泛，细节不足，工作中太多问题难以实施，随意性太强，尤其是不能涵盖所有的文化遗产类型，对于如何保证文化遗产的原真性和完整性没有任何提及，也没有提及文物的"日常维护管理（保养维护）"。从法律上、制度上尚处于盲点。要将文化遗产管理尤其是"日常维护管理（保养维护）"纳入法律法规体系中，并保障其可操作性，还有很多路要走。

根据其他国家的先进经验，将文化遗产的"日常维护管理"划分为国家和地方两种性质，48处世界文化遗产和150处大遗址在行政、人事、财务上由国家统一管理，所有权代表必须由中央政府来承担，建立向上集权的独立组织作为单一主体来管理遗产资源的体制，改变政出多门的产权结构。其他全国重点文物保护单位由国家、地方共同管理，是符合我国文化遗产保护要求的。

为此，建立适合其发展现状和趋势的产权制度和保护激励机制尤为重要。

2. 充分结合国家的战略思维，平衡国家政策与地方实际，促使管理部门职权统一和责任担当

对于国外管理体制中的先进内容，如统一管理、政企分开、完善立法、公民参与要积极借鉴吸收，我国本着因地制宜的原则可从改革发展中寻找新的管理体制。

建立世界文化遗产、大遗址的国家直接管理机制，减少遗址管理其他部门与地方政府的掣肘，保证文化遗产保护管理决策体系的专业化和管理实施体系的高效化。

世界遗产和大遗址由国家统一实施管理，遗产资源都是国家拥有主要的土地权和相关设施的财政权，国家文物局代表国家享有对遗产资源的绝对支配权，能够有效杜绝外来干扰，充分实施正常的"日常维护管理"工作。

3. 促进各部门工作的协调，改善管理人员的构成，引进有专业知识的人才

遗产保护管理机构主要的任务是保护遗址的安全工作，在此基础上，才应考虑如何更好地利用。为此，单位工作的重心当以遗址的保护为主，相对于行政部门、市场开发部门等，遗址本体保护部门在学科、技术、知识结构等方面都应该是最强势部门。

优化管理人员内部结构，促进遗产的科学合理保护和利用，在日常的保养维护中提升遗产保护的管理水平。

协调机制的缺失或不规范等易成为横向和纵向协调力度和效果不佳的重要难题。这些问题造成在短期内难以形成"统一、规范、高效"的管理新格局。日常维护管理亟须建立"管理与问责"的新模式。

4. 调整文物保护经费的下拨模式，以防止经费的浪费

优化管理经费的使用，国家文物局应将全国重点文物保护单位的保养维护资金纳入预算之中，由专家委员会根据实际情况对保养维护经费进行评审，以促进具体的保护管理机构能持续运转。

建立独立的内部财务机构，严格财务、财经制度，严格预决算和各项经费的管理，接受上级部门财务监督、审计的管理体制，每一项下拨的经费使用情况必须进行审计，剩余经费必须严格按照规定进行管理或收回，防止国家投入了足够的经费而真正用于保护和管理的费用又不足，从而造成保护工程的偷工减料和遗产管理水平的低下。

5. 强化主管部门职责

要支持文物行政部门依法履行职责,加强文物行政机构设置,优化职能配置。文物保护,基础在县。县级人民政府应根据本地文物工作实际,明确相关机构职能,承担文物保护管理职能。各级文物行政部门要深化行政体制改革,转变职能,强化监管,守土尽责,敢于担当[10]。

6. 建立预防性机制,做好保护预案的编制与演练

面积较大的遗址常因周边防护的不当和人员的不足,对遗址的日常保养维护感到力不从心,极易因不察或漠视一些突发破坏现象的发生,从而威胁到遗址的安全,因此建立预防性的管理机制对应对突发状况具有重要的意义。

以实时数据库、历史数据库、集成信息库为支撑,整合遗产管理信息、文物基础信息资源。

注　释

[1]　胡杰飞:《中国世界文化遗产立法与管理体制初探——以北京市六处世界文化遗产为例》,《法制与经济》2011年第3期。

[2]　任思蕴:《建立有效的文化遗产保护资金保障机制》,《文物世界》2007年第3期。

[3]　《国际古迹遗址保护与修护宪章(威尼斯宪章)》,第二届历史古迹建筑师及技师国际会议,威尼斯,1964年5月25日。

[4]　《2015中国文物古迹保护准则》,国际古迹遗址理事会中国国家委员会,2015年。

[5]　方彦富:《世界文化遗产管理的经验和教训》,《福建论坛(人文社会科学版)》2009年第8期。

[6]　陈琳:《世界遗产保护与开发管理模式研究》,西北大学硕士学位论文,2007年。

[7]　王志超:《希腊世界文化遗产的管理与保护经验研究——兼及对我国的借鉴意义》,《山西农业大学学报(社会科学版)》2014年第2期。

[8]　季发:《加拿大世界文化遗产的保护与利用》,山东大学硕士学位论文,2008年。

[9]　杨琳曦:《中韩世界文化遗产管理制度比较及其影响研究》,四川师范大学硕士学位论文,2008年。

[10]　《国务院关于进一步加强文物工作的指导意见》(国发〔2016〕17号),2016年3月4日发布。

规划视野下的遗址环境研究

李 说 彭 婷

2005年，国际古迹遗址理事会（International Council on Monuments and Sites，ICOMOS）第15届大会在西安召开，会议上发表的《西安宣言》被公认为文化遗产领域的一份历史性文献，"宣言"所提出的对历史建筑、古遗址或历史地区"环境"（setting）的保护得到了文化遗产界的广泛赞同，"环境"遂成为遗产不可或缺的构成部分。

"环境"也是我国文物保护规划编制中的重要内容和影响因素，由于规划对象面临的环境复杂多变，在规划中涉及环境的内容常常存在混乱、重复的现象，本文尝试从规划角度，对"环境"概念进行梳理，并厘清规划对象面临的环境系统，提出规划实践中可以采取的解决办法。

一、"环境"的概念及相关问题

1. 对setting的理解与界定

《西安宣言》开宗明义，第1条和第2条便是对"setting"概念的界定：

> 1. 历史建筑、古遗址或历史地区的环境（setting），界定为直接的和扩展的环境，即作为或构成其重要性和独特性的组成部分。除实体和视觉方面含义外，环境还包括与自然环境之间的相互作用；过去的或现在的社会和精神活动、习俗、传统知识等非物质文化遗产方面的利用或活动，以及其他非物质文化遗产形式，它们创造并形成了环境空间以及当前的、动态的文化、社会和经济背景。
>
> 2. 不同规模的历史建筑、古遗址或历史地区，包括建筑个体、规划空间、历史城镇、陆地景观、海洋景观、文化线路和考古遗址，其重要性和独特性来自于人们所理解的其社会、精神、历史、艺术、审美、自然、科学或其他文化价值，也来自于它们与其物质的、视觉的、精神的以及其他文化的背景和环境之间的重要联系。

第1条和第2条内容相关联，其核心部分均是对setting与遗产价值（即重要性和独特性）的关系进行表述：

历史建筑、古遗址或历史地区的环境（setting）……即作为或构成其重要性或独特性的组成部分；这种重要性和独特性来自于人们所理解的其（历史建筑、古遗址或历史地区）……价值，也来自于它们与其……背景和环境之间的重要联系。

从中可以看出，setting包含了两层意义：①setting构成了遗产价值的一部分；②其价值来源于setting与遗产本体之间的关系。前者说明setting与遗址本体一样具有作为价值载体的作用，后者则说明了这种载体须依托于遗址本体才有意义。以此为基础，我们可以确定setting的界定标准，即与遗产的价值相关联，这包含两种情况：一是其自身有一定价值，且这种价值与遗产的价值相关联；二是其自身不具价值，但它与遗产本体的关系使之与遗产价值相关联。反之，凡与遗产价值无关联的环境，则不能称之为setting。

这种理解，也为其他学者的观点做了注解，如朱晓东先生认为："古迹遗址与其背景环境的关系可以简单地比喻为演员和舞台的关系，'setting'一词应该译作'特定背景'，指物质和精神或称为有形和无形的含义。"[1]"演员"的"表演"（价值）须在"舞台"之上来展现，"舞台"也必须有"演员"的"表演"才有其价值。

2.《西安宣言》中几个"环境"概念的辨析

"setting"一词是《西安宣言》中所涉及的核心概念，但在将它译成中文时，遇到了很大困难，一开始翻译为"周边环境"，然而发现其含义相差甚远，最后的解决办法是，在中文本使用"环境"一词但加以诠释，以便准确地理解其意义[2]。问题在于，"环境"一词在中文中的内涵和外延都相当丰富（特别是当它从《西安宣言》定义的语境中抽离出来的时候），而且"环境"一词在英文中除setting外，还有许多意义对应或相近的单词，若没有足够明确的限定词，就容易形成混乱。这个问题直接表现在，《西安宣言》中文本中不同地方涉及"环境"这一词语时，却在英文本中对应着不同的词汇，我们要理解这些词汇的确切含义与区别，就要到英文的语境中去认识。表一中列举了setting与其他三个与环境有密切关系的词语的对比，包括environment、context、surround。

（1）setting和environment

从语义上说，两者在中文语义中都译为"环境"，但是概念范畴不一样，从英文表述中可以看出，setting只是environment中构成遗产价值的那一类"环境"，这种环境可以是直接的或间接的，也可以是实体的或非实体的。换言之，environment中还有除setting以外的其他类别的环境存在。

（2）setting和context

context在《西安宣言》中均译为"背景"，也蕴含着"环境"之意。从英文语义上看，这里所称的context一般是指文化的或社会经济等的背景，是非实体的，从概念范畴上看，context则可大可小，既可能是setting的一部分，又可能指称涵盖setting的一种大的背景环境，在这种情况下，它所指称的概念也接近于抽象化。

（3）setting和surround

《西安宣言》中仅出现一次"surrounds"，它在正式稿的《西安宣言》中并未被翻译出来，在初稿的《西安宣言》中它被翻译成"周边环境"。

依据《韦氏词典》中对surround的释义[3]：它在英文语境中有四种基本含义：

作为名词时，surround的解释是：a border or an area that is around the outside edge of something.（环绕于某物边缘之外的边界或区域）；

作为动词时，surround的解释有三个：

表一　《西安宣言》中"环境"相关概念的对比

词汇	《西安宣言》中文本	《西安宣言》英文本
setting & environment	1. 历史建筑、古遗址或历史地区的环境，界定为直接的和扩展的环境，即作为或构成其重要性和独特性的组成部分。除实体和视觉方面含义外，环境还包括与自然环境之间的相互作用……以及其他非物质文化遗产形式，它们创造并形成了环境空间以及当前的、动态的文化、社会和经济背景	1. The setting of a heritage structure, site or area is defined as the immediate and extended environment that is part of, or contributes to, its significance and distinctive character. Beyond the physical and visual aspects, the setting includes interaction with the natural environment ... and other forms of intangible cultural heritage aspects that created and form the space as well as the current and dynamic cultural, social and economic context
setting & context	2. 不同规模的历史建筑、古遗址或历史地区……其重要性和独特性……也来自于它们与其物质的、视觉的、精神的以及其他文化的背景和环境之间的重要联系	2. Heritage structures, sites or areas of various scales ... They also derive their significance and distinctive character from their meaningful relationships with their physical, visual, spiritual and other cultural context and settings
setting & context	5. 环境的可持续管理，必须前后一致地、持续地运用有效的规划、法律、政策、战略和实践等手段，同时还须反映这些手段所作用的当地的或文化的背景	5. The implementation of effective planning and legislative tools, policies, strategies and practices to sustainably manage settings requires consistency and continuity in application, whilst reflecting the local or cultural contexts in which they function
setting & context	理解、记录和阐释不同背景下的环境	Understand, document and interpret the settings in diverse contexts
setting & surround	3. 理解、记录和阐释环境对于界定和评价任何建筑、遗址或地区的遗产价值十分重要。环境的界定须了解遗产资源所包含的历史、演变和特点。环境的界定是一个需要考虑各种因素的过程，包括现场体验和遗产资源本身的特点等。 （《西安宣言》初稿）对周边环境进行定义，需要了解遗产资源周边环境的历史、演变和特点。对周边环境划界，是一个需要考虑各种因素的过程，包括现场体验和遗产资源本身的特点等	3. Understanding, documenting and interpreting the setting is essential to defining and appreciating the heritage significance of any structure, site or area The definition of setting requires an understanding of the history, evolution and character of the surrounds of the heritage resource. Defining the setting is a process of considering multiple factors to include the character of the arrival experience and the heritage resource itself

a）to be on every side of (someone or something)
【围住】

b）to move close to (someone or something) on all sides often in order to stop a person from escaping
【引申义：包围】

c）to be closely related or connected to (something)
【引申义：紧密联系】

因此，surround的含义中主要包含周边、闭合的意义。这意味着，surrounds一般应指称有明确边界的实体。从概念范畴上看，surround中的内容既可与遗址价值有关，也可与遗址价值无关。这样，它与setting就是一个有交集的概念。

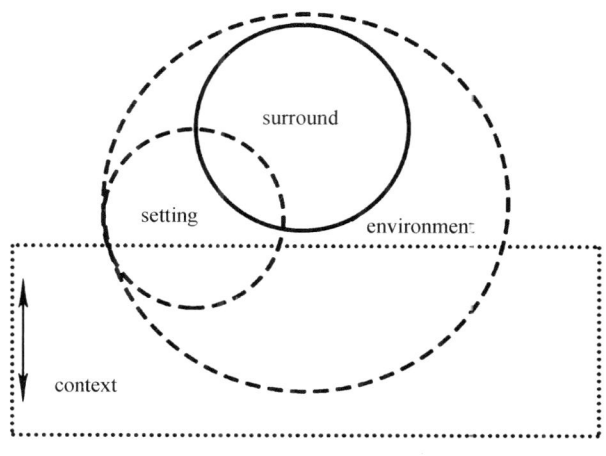

图一 "环境"相关概念关系模型

这四个概念中，遗址的environment是相对较大的概念，它包含的内容是实体的或非实体的；遗址的setting是遗址的整个environment中的一部分，它也包含着一系列直接的、间接的或非实体的内容，它的限定条件是与遗址的重要性和独特性相连；surround是environment中拥有实体边界的那一部分，其中与遗址价值相关的周边环境也是组成遗址setting的一部分；context则是一个动态概念，它一般只是指非实体的或接近抽象的背景，它的涵盖范围可以随着具体阐述对象的不同而有所变化，既可以是包涵整个遗址甚或多个遗址的environment的大背景，也可以是只指setting中非物质实体。它们的关系可以用图一所示的模型表现出来。

需注意的是，这个模型表现的是其概念范畴之间的关系，而非地理空间上的关系。毫无疑问，在规划实践中，一个具体保护对象可能同时面临两种或两种以上的环境，它们在空间的表现上可能呈现出相互混杂的复杂情况，这就需要利用概念工具将这些不同类别的"环境"识别出来，并针对不同类别的"环境"采取不同的措施，以达到规划目标。

3.《中国文物古迹保护准则》中的"环境"概念

《中国文物古迹保护准则》（简称《保护准则》）是以中国的具体国情和文物保护经验为基础，参照《威尼斯宪章》确定的基本原则来制定的，是当前我国编制文物保护规划最基本的指导文件之一。在2000年版的《保护准则》中就已经提出了对"环境"的保护要求，并对"环境"概念进行了明确和深化。其第2条具体提出了"环境"的概念，第9条中有关"环境"的阐释有助于加深对这一概念的理解（黑体为正文，楷体为阐释）。

第2条 准则的宗旨是对文物古迹实施有效保护。<u>保护是指为保存文物古迹及其环境和其他相关要素进行的全部活动</u>。保护的目的是通过技术和管理措施真实、完整地保存其历史信息及其价值。

……

文物古迹的环境既包括体现文物古迹价值的自然环境，也包括相关的人文环境。相关要素包括附属文物、非物质文化遗产，工业科技遗产的设备、仪器等。

第9条 不改变原状：是文物古迹保护的要义。它意味着真实、完整地保护文物古迹在历史过程中形成的价值及其体现这种价值的状态，<u>有效地保护文物古迹的历史、文化环境</u>，并通过保护延续相关的文化传统。

文物古迹的原状主要有以下几种状态：4.文物古迹价值中所包涵的原有环境状态。

不改变文物原状的原则可以包括保存现状和恢复原状两方面内容。

必须保存现状的对象有：8.没有重大变化的<u>历史环境</u>。

可以恢复原状的对象有：6.能够体现文物古迹价值的<u>历史环境</u>。

如图二所示，在《保护准则》中保护的对象分为文物古迹、文物古迹之环境和其他相关要素三个部分，其中文物古迹即对应遗产之本体，文物古迹之环境即对应遗产之setting，其他相关要素则是指遗产中缺乏实物遗存或地点要素的那一类存在，它们是遗产本体的直接组成部分，只是不满足文物古迹作为不可移动文物的要求。

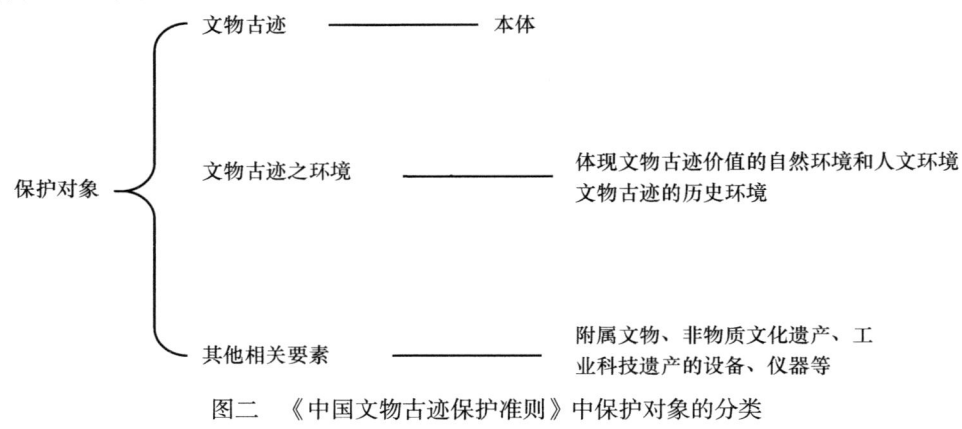

图二 《中国文物古迹保护准则》中保护对象的分类

从"文物古迹之环境"的定义看，《保护准则》与《西安宣言》一样，将其主要界定标准确定为与文物古迹（即遗产）的价值相关。在第9条中，《保护准则》称这种"环境"（setting）为"历史、文化环境"，并将其纳入"文物古迹的原状"的一部分。因此遗产的环境（setting）具有"原状"的属性，换言之，它也同遗产本体一样具备真实性和完整性的评估要件。同时，这也表明，在以价值保护为核心的中国文化遗产保护理论体系中，遗产的环境（setting）与遗产的本体应作为遗产价值的共同载体进行保护。

综上所述，我们可以得出以下几点结论。

（1）不论是在中文还是英文语义中，"环境"概念都是多重的，它们之间的关系随着使用场合和具体对象的不同而产生复杂的情形。就一个具体的保护对象而言，这些"环境"是共存的、混杂的。

（2）不同的"环境"需要分别进行识别，针对不同的"环境"，由于其性质不同，应分别采取相应的措施进行处理，而不能进行"一刀切"式的处理。

（3）setting是一种与遗产（文物古迹）价值密切相关的存在，在与遗产本体能够清晰分开的前提下，它的主要界定标准是与遗产价值相关联。

（4）在保护对象面临的多种"环境"中，只有setting这类环境，才与遗产价值相关联，具备价值载体的属性，并被视为文物古迹的保护对象。

（5）setting需要保存或恢复其原状，说明它具有真实性和完整性，在不利情况下setting也会出现变质或缩小。

二、遗址保护规划中"环境"相关内容的讨论

从前文中有关"环境"概念的梳理可以看出，文物古迹面临的环境是相当复杂的，对这些"环境"的不同处理方式会影响规划的方向和效果。本文主要以遗址类保护规划为例进行讨论，在保护规划编制过程中与"环境"（setting，为行文方便并使概念清晰，后文均参照《保护准则》，以"历史环境"称之）相关的内容主要包括建设控制地带、环境评估和环境规划及展示利用规划等几个部分。

1. 建设控制地带

建设控制地带是保护区划的重要内容，也是保护规划的核心内容之一。顾名思义，建设控制地带就是需要对建设活动进行控制的区域，一般认为它应属于"缓冲区"的范畴，或是"缓冲区"的一种表现形式。缓冲区是保护历史环境（setting）较为常见的一种办法，《西安宣言》第6条："应规定在其周围设立保护区域或缓冲地带，以反映和保护其环境的重要性和独特性。"在《全国重点文物保护单位保护规划编制要求》（后文简称《编制要求》）中，对保护区划是这样表述的：

> 文物保护单位保护规划应根据确保文物保护单位安全性、完整性的要求划定或调整保护范围；根据保证相关环境的完整性、和谐性的要求划定或调整建设控制地带。

可以看到，建设控制地带的相关规定要松于保护范围内的相关规定。现在的遗址保护区划的划定大多数也是将遗址本体纳入保护范围，而将遗址的相关环境纳入建设控制地带中。

这种方式实际上是将遗址所面临的各种"环境"不加区分地纳入一个规定区域中，在这个区域里，既要顾及对历史环境（setting）的保护，又要考虑与周边环境的协调。然而，如前文所述，历史环境与周边环境是两个不同层面的事物，有着完全不同的措施要求。

历史环境（setting）与遗址价值紧密联系，它如遗址本体一样具有真实性和完整性，对历史环境（setting）的保护就是要保护这种真实性和完整性，避免造成其变质或缩小。正如有学者指出的："世界遗产中将周边环境看作是与遗产共同'作为或构成其重要性和独特性的组成部分'，更倾向于将周边环境也用遗产的真实性与完整性理念来框定，即意图将其作为扩大的遗产本体。"[4]在

这种前提下，笔者认为，应将遗址的历史环境当作"扩大的遗产本体"，以保护遗址本体的要求高度来保护遗址的历史环境（尽管并不一定采取同样的规定或措施）。因此，在划设保护区划时，应尽量使遗址的历史环境能够独立地进行保护，如纳入保护范围的范畴，或设置分级的保护区等。

在这个基础上再来划定遗址的建设控制地带，它的意义则完全不同。在这种情况下，建设控制地带是在历史环境已得到完整保护的前提下，使遗址周边的环境（environment或surround）与遗址本体及历史环境（setting）相和谐而划设的区域，这个区域内进行的建设活动不会对"历史环境本体"造成影响，那么就能够使其在更大的视野下考虑区划范围的划定和范围内的管理规定的问题，如遗址所在的大的背景环境（context或environment）的限制等，现在有些规划中所设的环境协调区主要充当了这样的作用。

参加《西安宣言》讨论的赫布·斯多沃教授（Herb Stovel）提出："应考虑删除缓冲区的引用。实际上，在世界遗产提名时，缓冲区的使用使指定的具有遗产价值的地点周围形成了半不毛之地，而不是保护该遗址所处的重要的'环境'，这是一个大问题。缓冲区会使环境成为一种'半不毛之地'。"[5]这就从另一个角度提示我们，追求保护历史环境（setting）的建设控制地带或许能够成功地使遗址本体和其环境的协调，但未必就能保证其与周边背景环境（context或environment）相协调。

2. 环境评估和环境规划

环境评估与环境规划是遗址保护规划中与"环境"直接相关的章节。有关环境规划的内容在《编制要求》中有比较具体的规定：

（一）提出环境治理与保护要求：
环境治理内容包括禁止开山采石、保持视线通廊、空间景观整治、道路修建改建、居民搬迁调控、不协调建造物的拆除或整饰要求等。
环境保护内容包括编制环境质量标准、垃圾处理方式和污染治理等要求。
（二）提出生态保护要求：
生态保护内容包括维护地形地貌、防止水土流失、策划水系疏浚、防治风蚀沙化、农业综合治理等。
（三）编制景观保护规划：
参考历史环境资料，提出与文物保护单位环境相和谐的景观保护设计要求，包括环境风貌、视通廊、空间景观等内容；同时结合生态保护要求，确定植被类型与品种要求，编制绿化景观规划。

在这三项规定中，并没有将遗址面临的"环境"内容进行明确的区分，也未提出明确的历史环境（setting）保护要求，而是从环境治理、生态保护和景观保护（设计）三个角度提出环境规划的导向。这就使得环境的具体规划既与遗址历史环境的保护有关，又与遗址周边环境的和谐有关。如有的学者认为，遗址保护规划中强调的环境整治工作绝不能被简单地理解为环境化妆术，对于大遗址环境的整治也必须考虑到遗址历史环境的真实性问题[6]。就是这种思维的反映。

笔者认为，由于遗址的历史环境（setting）是价值载体，也有自身真实性和完整性的要求，因此，对遗址历史环境的主要措施是进行"保护"，保护的对象是其真实性和完整性。具体措施则是去除历史环境中夹杂的干扰元素。

而从《编制要求》中有关环境规划的内容来看，其主要目标是在整治与遗址或其历史环境（setting）不和谐的环境（如环境治理内容），创造和保护与遗址或遗址环境（setting）相和谐的环境（如环境保护、生态保护和景观保护的内容），而且主要指的是实体环境。对应上述环境相关概念的模型，环境规划的范围就是周边环境（surround）中与历史环境（setting）不相交的那一部分。

不可否认，在面对具体的保护对象时，历史环境中的干扰元素也常常属于不和谐的环境要素，这使得历史环境的保护与环境整治等措施存在一定交集，但两者的性质是不一样的，而且遗址历史环境的干扰元素中常常也存在与环境相和谐的要素，如当地传统风格的民居。

《编制要求》未对环境评估的内容做具体规定，但基于与环境规划的对应性，环境评估与环境规划的涵盖范围应是相同的，它是从和谐/不和谐的角度来进行评估。历史环境（setting）评估的内容则应是对其真实性和完整性进行的评估。

3. 展示利用规划

遗址的展示利用规划是遗址保护规划中的一个重要部分，展示规划不仅要求对遗址本体采取适当的方法进行展示，同时也要积极开展遗址的环境保护和营造，以对遗址氛围进行烘托，若遗址本体出于保护的理由或展示条件不佳，必须进行填埋，那么遗址的环境就变成了表达遗址价值的唯一途径。因此，遗址展示与环境是密切相关的（在这一点上，环境规划与展示规划可能存在重叠）。在遗址展示规划中，遗址本体、历史环境（setting）和其周边环境（surround）都是作为景观的一部分纳入展示范围。因此遗址展示规划中承担着双重压力：一方面需要保护历史环境的真实性，不能对遗址的价值载体和原生环境风貌造成破坏；另一方面要满足遗址的可读性和观赏性要求，有效地传达遗址的价值。

同时需要指出的是，部分遗址在废弃—埋藏—遗址空间再利用这个长久而持续的过程中，由于自然环境的变化和人类活动的影响，遗址本体内部的空间关系及其与环境的关系都发生了扭曲和残缺（分层、叠压、打破等），我们今天所看到的只是遗址及其环境在发展历程中的一个时间断面上所呈现的状态，这在一定程度上造成了遗址与其环境之间关系的割裂。这种割裂表现在：①遗址的原生环境不复存在；②遗址历史环境（尤其是微观环境）还原的理据存在不足；③即使理据充足，遗址历史环境也无法被模拟或还原；④遗址本体与其历史环境在景观上不和谐。因此，一方面，并不是每一个遗址都存在与其价值相关联的历史环境；另一方面，遗址历史环境的界定标准在于它与遗址本体的价值关联，而并非所有遗址的历史环境在景观上都是和谐的。

因此，展示规划中的真实性和观赏性要求有时会是矛盾的，如果过度追求真实性而忽视观赏性，则遗址得不到好的利用，最后还可能会反过来对遗址形成破坏；如果过度追求观赏性而忽视真实性，则会对遗址环境甚至本体造成破坏，产生"过度"展示的问题。在展示规划中，如何在这两项需求中实现平衡，就成为问题的关键。笔者认为，应当通过认定遗址展示目标的底线和高线来进行限制。

以环境的真实性和观赏性为要求，遗址的展示条件可分为四类：①真实性好，且观赏性好；②真实性好，而观赏性差；③真实性差，而观赏性好；④真实性差，且观赏性差。其中①、④两项为极端条件，我们可以利用这两个极端条件来分析遗址展示所需要达到的最高和最低目标。

真实性好，且观赏性好：在这种条件下，遗址环境自身即已具备展示基础，利用各种展示手段充分展示遗址的价值则成为必然要求，其中最理想的境界就是能够通过全面展示历史环境的原状来实现遗址价值的完整传达，这也就是展示的最高目标。

真实性差，且观赏性差：在这种条件下，一方面遗址的历史环境所承载的价值有限；另一方面也缺乏展示基础，只能以保护残存的历史环境为主要目标，在此基础上，通过展示手段引导遗址的历史环境和周边环境的融洽。

应该注意的是，在这里，虽然将真实性和观赏性两者并置，但遗址及其环境的保护才是保护规划的核心，以环境融洽为遗址展示的最低目标，是要使历史环境得到保存的同时，来实现景观的和谐，因此，实际上它的技术要求恰恰是最高的。

三、结论和不足

本文对《西安宣言》中确定的"setting"概念及与之相似的"环境"概念进行了梳理和对比，提出"setting"概念的界定标准是其与遗产价值相关联，其他与遗产价值无关联的环境俱不属于保护对象范畴。

规划是保护遗产环境（setting）的重要手段之一，《西安宣言》专章提出了"通过规划手段和实践保护和管理环境"。本文以遗址类保护规划为基础，探讨了我国规划相关指导文件中有关"环境"的界定与规定，并对保护规划中与"环境"相关的内容进行了讨论。通过论述可知，在保护规划中，保护对象面临着一个复杂的环境系统，规划应对遗址历史环境（setting）提出一套识别、保护、管理、展示的综合对策，使之与周边环境（surround或environment）在保护和利用上相区别，在展示景观上相和谐。

本文是对处于理论条件的环境或遗址环境展开的讨论，旨在厘清规划中常常面临的与"环境"相关的概念矛盾，并尝试在此简化的基础上提出相应的解决方向。在实际情况下，遗址或其他保护对象面临着许多具体问题的掣肘，如环境的识别、环境边界的划定、环境变化的控制手段、环境的管理权、景观和谐的标准以及相关规划的衔接等，对环境的研究还有很大的拓展空间。

注　释

[1] 朱晓东：《古迹遗址背景环境（setting）的界定及意义》，《考古学研究》（七），科学出版社，2008年，第586~590页。

[2] 郭旃：《〈西安宣言〉——文化遗产环境保护新准则》，《中国文化遗产》2005年第6期，第6、7页。

[3] http://www.merriam-webster.com/dictionary/surround，2015年5月16日。

[4] 刘祎绯：《认知与保护城市历史景观的"锚固—层积"理论初探》，清华大学博士学位论文，2014年。

[5] 郭旃：《〈西安宣言〉——文化遗产环境保护新准则》，《中国文化遗产》2005年第6期，第6、7页。

[6] 王新文：《考古遗址公园三论》，《东南文化》2013年第3期，第19~25页。

五里坪古墓群考古勘探及发掘中测绘技术的应用

徐佳林

五里坪古墓群位于永州市蓝山县城东北，距县城约1.5千米。墓葬密集分布于南至城腹村，北过五里村，东至舜水河东岸，西至和平圩村，方圆约6平方千米的区域内，是一处规模较大的古墓群，且很多墓葬封土堆在地表犹清晰可见。墓群南侧不足1千米处即为汉南平城故址，长沙马王堆3号墓帛画地图上对此城曾有标注（图一）。为配合县工业园的建设，我所于2011年对五里坪古墓群

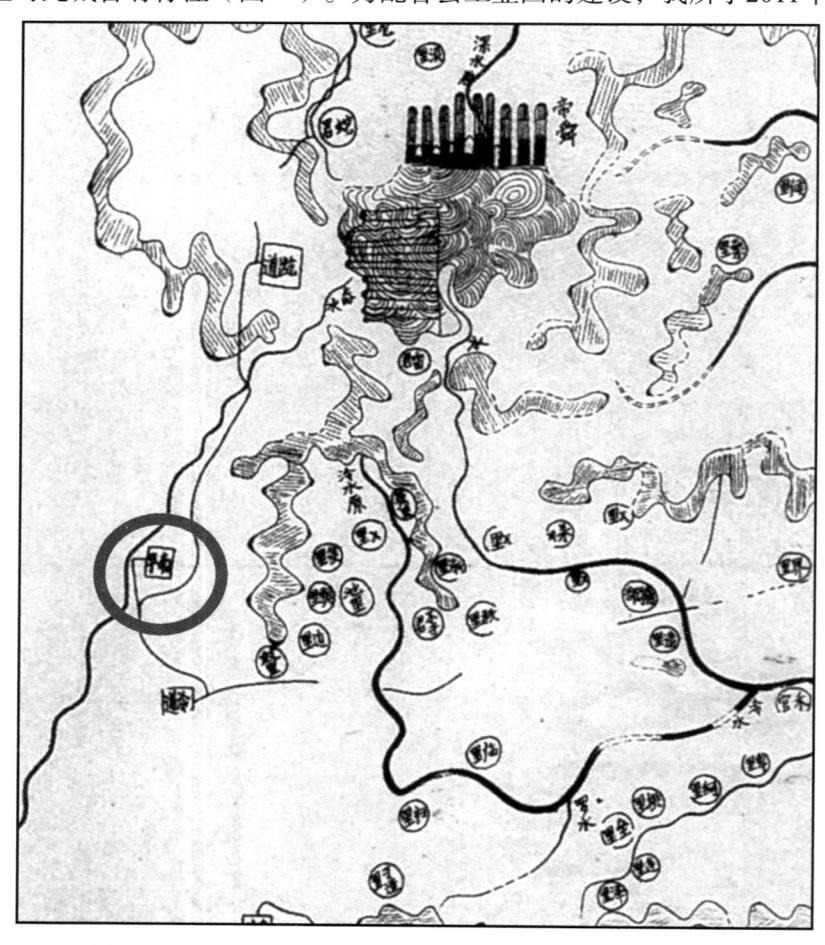

图一　马王堆汉墓出土汉长沙国南部地形图上标示出之南平城

进行了勘探调查,2012年至今仍在该墓群进行大规模发掘工作。本文拟对测绘技术在该墓葬勘探及发掘中的应用进行详细阐述,总结得失。

在科技发展日新月异的今天,现代科技越来越多地应用在了传统考古之中,极大地提高了田野考古数据记录的精确性和工作效率,成为发掘空间内信息搜集的利器,高精度电子测绘仪器就是其中非常重要的一种工具,被越来越多地使用于现代田野考古之中,如大型遗址发掘的现场测量、墓葬群总平面图测绘以及遗址发掘探方内出土小件坐标记录等,它们具有精度高、采点速度快的优势,且具有强大的数据采集、存储、处理功能。

高精度电子测绘仪器的介入取代了拉皮尺看罗盘的传统布方方法,使大型工地实现数字网格化管理模式;摈弃了单个探方、墓葬手工绘图的陈旧模式,将发掘工地纳入全国统一坐标系,重要遗迹、遗物的国家地理坐标、海拔高程均有据可查。本次五里坪墓群的发掘中我所共投入使用了全站仪和RTK两种测绘仪器,两者交互配合使用,对约21000平方米的古墓葬区域进行了勘探发掘测绘,主要应用于勘探中测量封土堆位置、发掘中布设探方、墓葬清理后平剖面的测绘等方面工作。

一、2011年勘探概况

2011年4月中旬,我所开始对五里坪墓群征地范围进行勘探调查。当地测绘局提供了附近两个国家地理坐标控制点。此两点采用北京54坐标系,分别为点1"北:10854.59、东:21509.67、高程:268.6";点2"北:10922.78、东:21283.06、高程:268.7"。我们以此两点为基准,在工地周围及住宿地创建五个控制点以形成控制网(后因需要再在工地南部建立11个控制点),以保证发掘过程中对探方分布与墓葬测量的有效控制。

2011年的工作主要是对工业园红线范围内进行勘探调查。我们首先用全站仪对东方大道北部及南部地表之上的封土堆进行测量定位,并绘制成图。经测绘,北部约有46座大小不等明显可见的封土堆,南部地面上则共有150余座明显封土堆(图二)。

由于所有墓葬定位均以国家地理坐标为基准,因此无论此后地貌是否被破坏或发生变化。我们也能通过测绘仪器准确找到每个已测量的墓葬坐标地点。

至此,2011年对五里坪墓群的勘探调查工作告一段落。

二、2012年发掘概况

2012年7月,我所开始对五里坪墓群北部工业园厂房建设用地红线范围进行抢救性考古发掘工作。以探方法进行发掘。我们使用电子测绘仪器RTK在地表布设探方。首先在墓群北部设立一基点定义为探方总基点。其坐标为"北:10972.94、东:21667.94、高程:265.56"。日后五里坪墓群发掘所有探方均以此基点为原点按象限布方法布设10米×10米的探方。探方布设完成后,开始墓葬清理工作。至9月底,墓群第一阶段发掘工作基本结束,共发掘墓葬48座,其中砖室墓16座、土坑墓32座。通过对所有墓葬的测量绘制成图,可以得知已发掘墓葬位置与2011年勘探调查封土堆位置

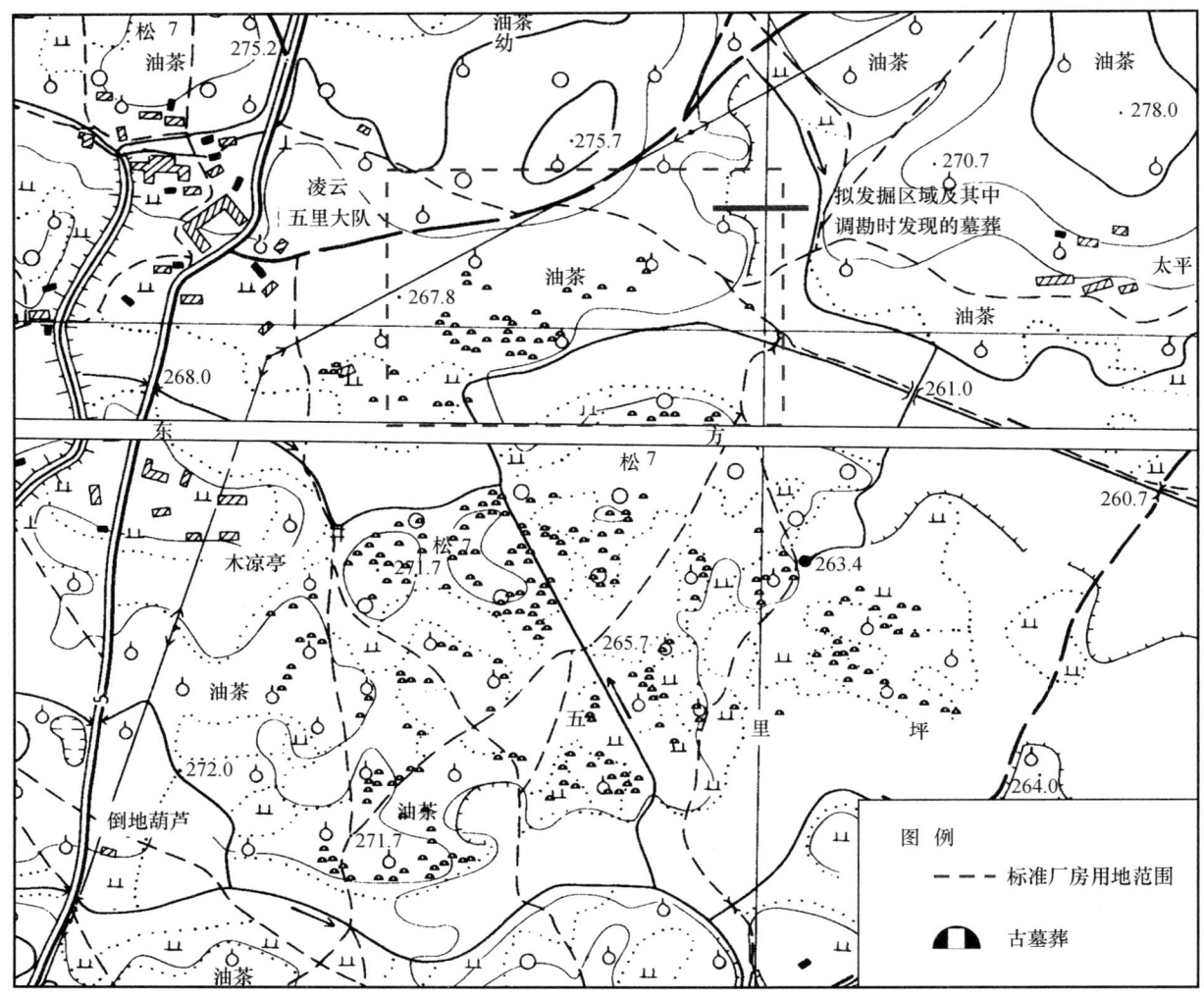

图二　五里坪古墓群封土堆位置分布图

基本无误。2012年发掘布方及墓葬位置见图三。

介于墓葬发掘中封土堆必将首先被挖掘，故此我们在所有的墓葬发掘前先对封土堆顶进行了测量，以便于掌握封土堆顶至墓坑底的高度，墓葬清理后早已被清除的封土堆地层关系、墓葬开口位置等数据在剖面图上也能得到准确的恢复，一目了然。这对日后墓葬记录以及墓葬绘图都极为重要。其效果见图四。

三、2015年发掘概况

2015年，为配合蓝山县德晟工业园和湘江源皮具厂的建设，我所于2015年5月开始对五里坪墓群南部进行大范围的抢救性发掘工作。本次发掘依然采用10米×10米探方发掘方式，分区域全面揭露。探方的布设仍然以2012年总基点为原点，按照象限布方法布设。探方号与2012年所布设探方保持一致。这样保证了整个工地的探方号都统一建立在一个有序的坐标系内。南北两区探方之间互

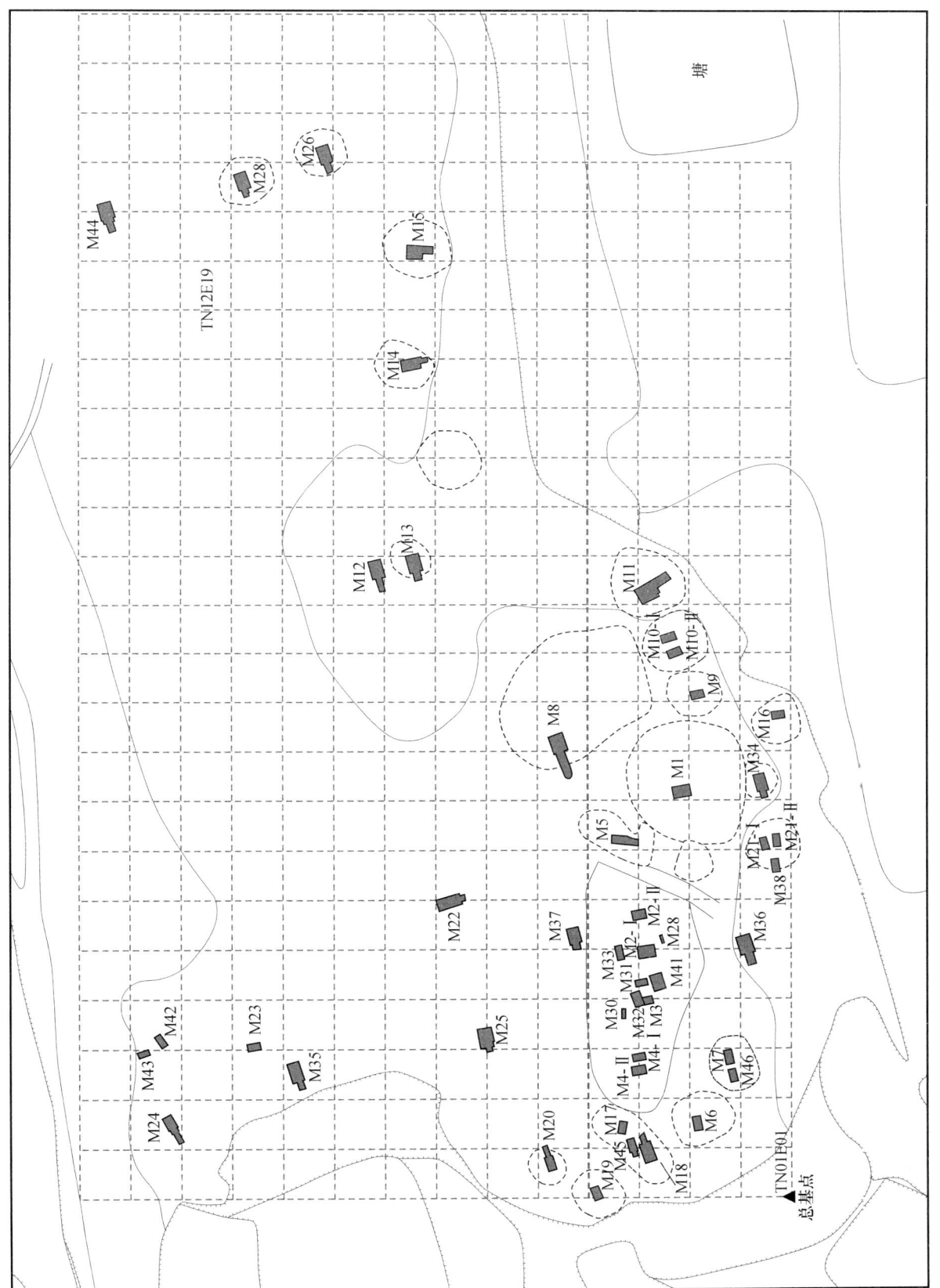

图三　2012年墓葬发掘总平面图

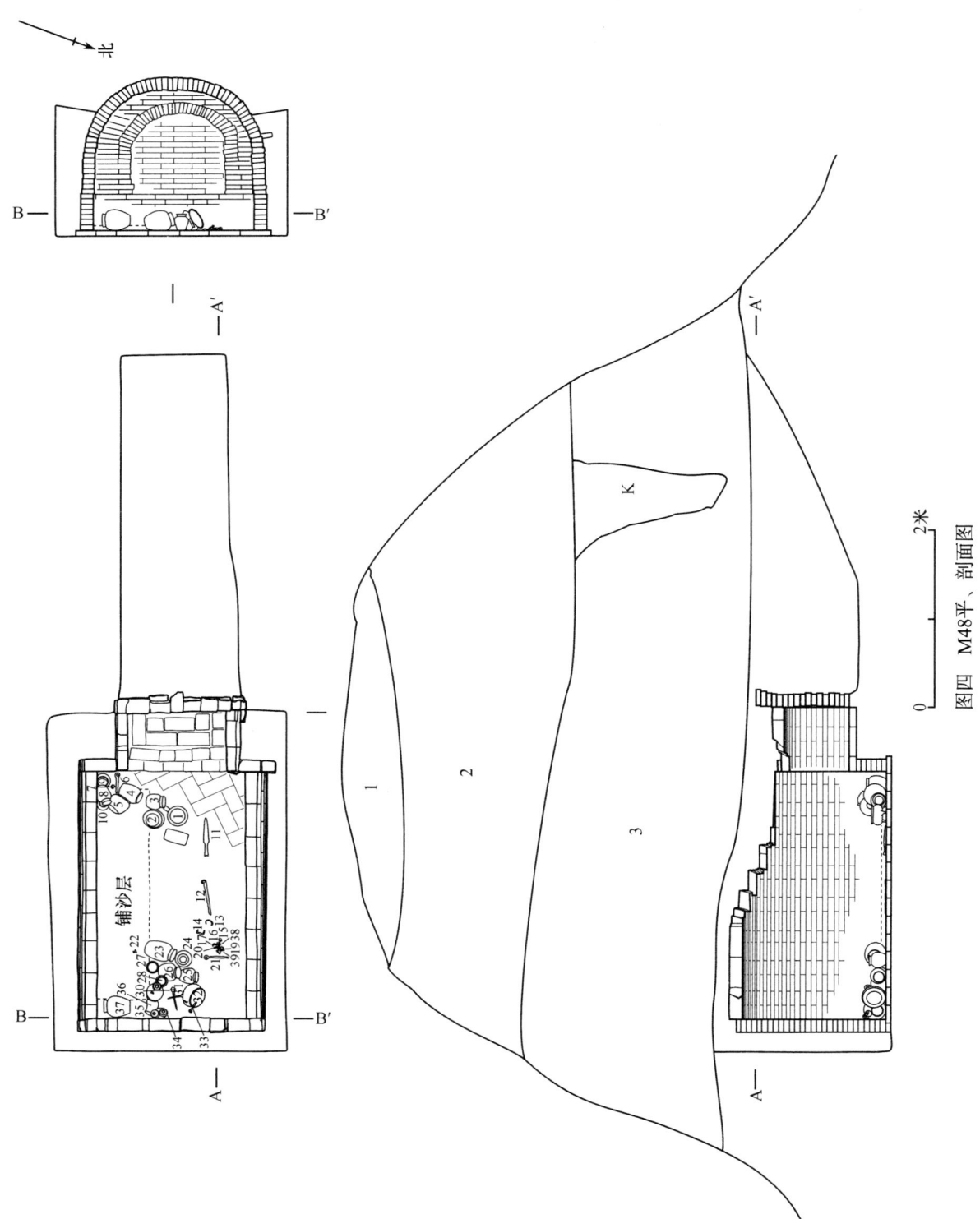

图四 M48平、剖面图

有关联，同时墓葬编号也与2012年清理墓葬编号保持了延续性，为收集与记录资料带来极大便利。使两区之间探方和墓葬流水号记录不会出现冲突。也方便了工地发掘领队在工地结束后资料的整理及简报撰写的一致性。

至2015年年底，五里坪墓群南部共抢救发掘近20万平方米，揭露墓葬227座，完成清理188座，其中砖室墓28座、土坑墓160座。我们依然第一时间对每座清理完成的墓葬进行了测绘。并将总平面图与2011年勘探调查平面图进行比对，发现墓葬位置基本一致。南部墓葬总平面图见图五。

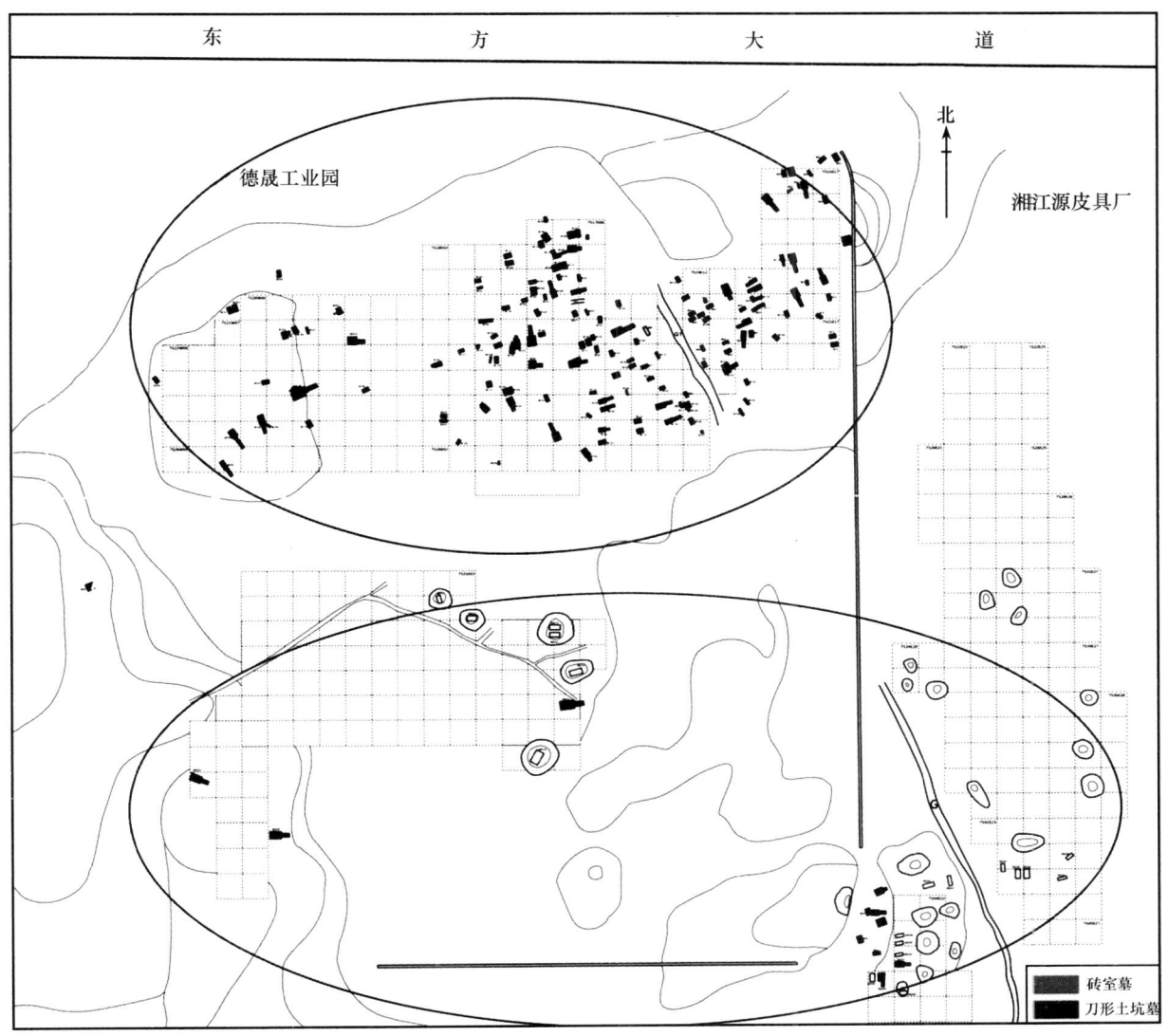

图五　2015年墓葬发掘总平面图

五里坪墓群作为南平古城的墓葬区，二者地理位置相对关系极为重要。为了更进一步明了墓群与古城的关系。2015年发掘期间我们对南平古城进行了测绘。测量结果为：古城主体呈南北向长方形，城址区域地势比周围略高。整个城址特别是城墙皆被居民房屋所压。南端护城河被压于公路之下，已不可见。其余三面或被辟为水田或被隔为池塘，形状仍可分辨。城址主体南北长为260、东西宽为210米，护城河宽度为12～20米。五里坪墓群南部与南平古城北端的直线距离约为850米，方位角158°。墓葬区海拔265~267米，南平古城海拔261~265米，两者高程基本一致。古城测绘图如图六所示。

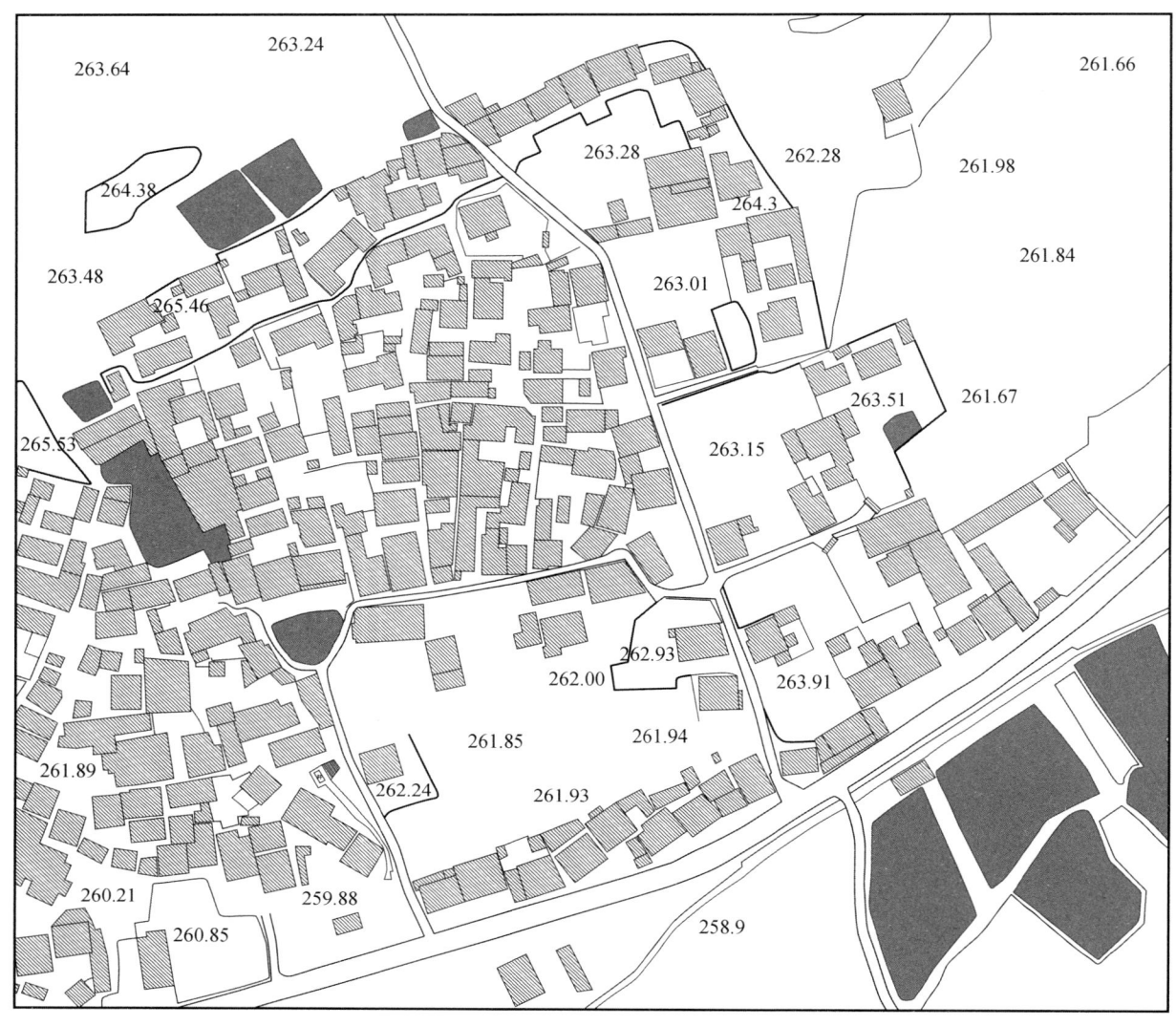

图六　南平古城现状测绘图

四、结　语

五里坪古墓群的特点：①发掘面积大（北部约为51715平方米，南部至今发掘面积约为118345平方米）；②发掘延续时间长（自2011年至今已近5年）；③南平古城故址与之相隔不足1千米，亟须了解古城与墓群的关系。故此，勘探与发掘过程中测绘技术的使用十分重要。下面笔者总结一下测绘技术在五里坪古墓群考古勘探发掘中应用的体会与收获。

首先，控制网的建立。相对于传统考古方法，高精度测绘仪器的介入使得整个工地的发掘能以国家地理坐标系统为基准。我们在古墓群周围建立了多个控制点，以达到将整个工地有效控制在国家大地坐标系统内的目的。在五里坪古墓群发掘时间跨度这么长，甚至中断一两年的情况下，仍然能够很好地进行工地探方布设、墓葬测量工作。有效地避免了重复工作甚至资料混淆不清，使得整理工作事半功倍。即便早期布设好的探方或一些固定基点被不可预知情况毁掉，因为控制网已建成，所以仍可根据坐标数据通过从附近控制点引站的形式将其恢复。当然任何测量都会存在一些误差。不过比之全凭记忆重新布方找点，这点误差可以说是微不足道了。

正因为控制网的有效建立，故此在调查勘探过程中，在当地地形、地貌复杂的情况下，我们依然对墓葬位置的测绘达到了精度高、采点速度快、制图准确等优势。

其次，五里坪墓群的发掘采用的是探方发掘方式，故此探方布设的准确性尤为重要。测绘仪器布方是基于国家大地坐标系统放点，且不受时间与空间环境影响。能够很好地解决大型工地布设探方统一性的问题。整个工地的探方号都统一建立在一个有序的坐标系统内。使得几个不同地域中的探方彼此有关联且距离单位统一，为收集与记录资料带来极大便捷，且不会出现几个区之间探方流水号记录可能带来的冲突。并预留了将来也许出现的扩方问题（扩方只需用测绘仪器在地面上按坐标点补充进去，不会对整个探方序号造成冲突），同时也方便了工地发掘领队在工地结束后资料的整理工作。

再次，传统考古绘图中对墓葬方向的判断都是使用罗盘来测量。在现代精密测量工具发展的今天，这种方法存在明显的滞后与局限性。首先罗盘存在一定的磁偏角，即与正北方向有一定的误差角度，而这个误差角度是不固定的。其次罗盘自身存在误差。更甚者还可能出现工作人员使用罗盘不当而造成的墓葬方向的错误问题。在一个大型工地中这些误差集中在一起最终的结果可能造成墓葬总平面图出现较明显的错误。而电子测绘仪器是以国家地理坐标为基准，测绘出的墓葬图像均存在于一个坐标系统内。墓葬方向基本准确、误差极小且相对关系绝对统一。

最后，通过对古墓群和南平古城的测绘明确了二者的距离、方位角和海拔。得以从宏观角度来分析两者之间的联系。

综上所述，五里坪墓群发掘中测绘技术的广泛应用使得考古信息资料的采集更加统一、有序、高效、准确。当然，任何新兴科技产品都只是作为传统基础考古的一种辅助手段，一个考古工地的成功与否还是决定于发掘领队扎实的考古基础知识应用。随着科技的高速发展，希望精密电子测绘仪器能为考古发掘提供更多的帮助。由于笔者才疏学浅，文中难免有许多疏漏，敬请批评指正。

浅谈三维建模于考古领域的应用与发展前瞻

贾英杰

传统的考古资料是由图表、文字、照片及视频组成的，随着科技的不断发展，考古资料的新载体也随之出现，三维建模作为新的技术相比传统的线图更具优势，近年来，受到考古界的广泛关注。

一、三维建模的应用

三维模型是物体的多边形表示，是点和其他信息的集合。根据其特点，我们可以充分利用于考古领域。

（1）矢量性，我们通过用全站仪、RTK等测绘仪器设置控制点，可以查询虚拟模型长宽高及坐标等三维数据，后期通过软件生成正摄影像、数字表面模型（图一）、任意剖面的剖切，从而描绘线图，生成等高线，分析剖面数据等，加强考古研究者的分析能力，并提高考古绘图的绘图精度，减轻绘图工作者的负担。

（2）可编辑性，利用3dmax、Photoshop、maya等3D贴图软件，可以虚拟复原遗迹的基本原貌，在不破坏遗迹现象的条件下进行多次编辑分析，为考古研究与文物保护工作提供强有力的支持。

（3）信息量巨大，三维模型拥有传统图表、视频或图片无可比拟的信息量，能够真实还原出土遗迹及器物的形态，作为存储的载体，可以永久保存遗物刚出土的状态（图二、图三），遗迹回填或遭到破坏后，考古人员依旧可以利用模型继续研究。

三维建模技术对考古研究提供了强有力的帮助，传统的绘图、拍照耗时耗力，而基于图像的三维建模只需要几个小时就能采集完毕，大大提高了田野考古的效率。

图一　数字表面模型

图二　三维模型展示遗迹细节
（宁乡狮北墓群M10）

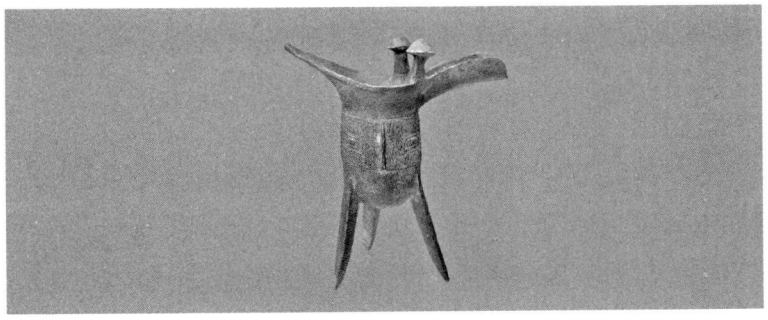

图三　出土器物三维建模

二、三维建模的发展前瞻

三维概念自诞生以来，一直活跃于各个领域，对于考古来说，也是一次进步，它提高了考古人员对遗迹信息的掌握程度，进一步提高了其分析能力。三维模型在考古中已经有一些方向的发展，未来将会有更广泛的应用前景。

（1）3D打印机，即快速成型技术，是一种以数字模型文件为基础，运用粉末状金属或塑料等可黏合材料，通过逐层打印的方式构造物体（图四）。如今3D打印于医疗以及建造业已经有许多成功的案例，我们把重要的或者保存比较完好的遗迹通过三维建模记录下来后，可以用3D打印机按所需比例打印出来，以便进一步做研究及保存。

（2）VR技术，即虚拟现实，综合利用计算机图形系统和各种现实及控制等接口设备，在计算机上生成的、可交互的三维环境中提供沉浸感觉的技术（图五）。通过VR技术能使我们以第一人称视角行走在模拟化的三维遗迹中，这种技术对于公众考古领域意义重大，我们可以建立一个三维模型数字化网络系统，让大家在家中戴上VR设备，足不出户，就可以体验真实的考古现场。

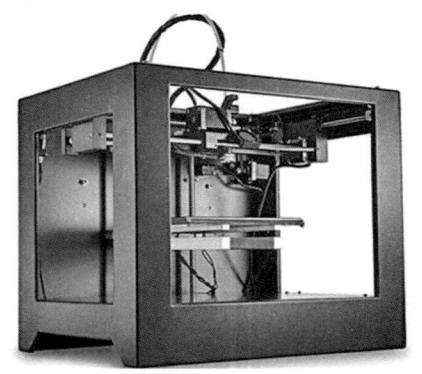

图四　3D打印设备
（图片源自网络）

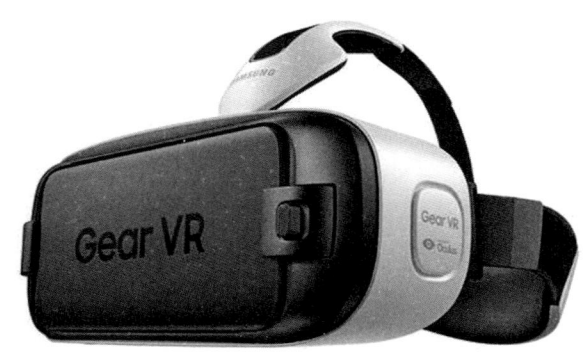

图五　VR设备
（图片源自网络）

图六　3D全息投影
（图片源自网络）

（3）3D全息投影，是一种利用干涉和衍射原理记录并再现物体真实的三维图像，无需配戴眼镜的3D技术（图六）。此技术不需要如3D打印机的材料，可以方便及时使用，对于演示汇报、博物馆展示、教学应用具有重要意义。

三、结　　语

三维重建技术毋庸置疑将是未来的应用方向，我们一方面应当关注三维科技的发展动态、加强建模技术的学习；另一方面我们应当积累遗迹三维模型的资源，为将来的应用打好坚实的基础，力争上游。

1949年以来中国文物古迹保护原则的制度化进程

刘颂华

一、缘　　起

文物古迹保护原则是用于指导文物古迹保护业务工作的框架性规定。中国现今拥有着数量为世界排名第二的世界文化遗产，在对文物古迹的认定、日常保养维护和监测、勘察设计和施工、环境治理、文物利用、文物管理中，客观需要一套行业准则来指导文物保护工作。当前集大成的文物古迹保护的指导性文件为2015年版《中国文物古迹保护准则》[1]。

已经有不少学者对中国文物古迹保护的原则进行了研究，这些成果的研究关注点主要集中在三个方面：中国文物古迹保护准则出台的背景[2]、中国文物古迹保护面临的中国特色问题[3]、中国文物古迹保护准则和国际宪章的关系[4]。另有不少学者专门对中国文物古迹保护准则中的"不改变原状"[5]"不应重建"[6]问题进行了专门探讨，还有一些学者对文化遗产的"真实性"[7]和"完整性"[8]进行了研究。但这些研究普遍是从国际遗产保护思想史的角度来开展的，没有对中国文物古迹保护原则的国内制度基础进行过考察。

本文将从制度追溯的角度来观察我国文物古迹保护原则的制度化进程。这些制度限于国家层面（考虑到我国地方立法权力的实际情况，本文收集的制度仅包含国家及中央各部委，不包含地方）的法律法规、条令、通知、公告。不包含国际条约和宪章，也不包含在中国举行国际和国内的行业性会议发布的共识、宣言等。本文制度收集的起止时间为1949~2016年。

二、各保护原则的制度化进程

当前通用的2015年版《中国文物古迹保护准则》规定了中国文物古迹保护的七条原则。在探讨各原则的制度化进程前，有必要先分析一下七条原则的内在逻辑关系（表一）。

由表一的分析可知，七条原则之间都存在交叉关系。往往是这条原则包含了另外几条原则的内容，以至于无法用某一固定的标准将这七条原则进行分类。这也导致了在下文的制度化进程分析时，我们只能完全根据2015年版《中国文物古迹保护准则》中自身对其原则的阐释来决定制度追溯的具体内容。

表一 2015年版《中国文物古迹保护准则》各保护原则间的内在逻辑

条项	各原则间的关系	包含的原则
第9条	不改变原状：通过维持真实性和完整性、最低限度对文物古迹进行干预、仍保护流传至今的文化传统、使用恰当的保护技术、使用防灾减灾手段以实现不改变文物古迹原状的目标	9、10、11、12、13、14、15
第10条	真实性：通过不改变文物原状、维持文物古迹的现有格局、最低限度对文物古迹进行干预、仍保护流传至今的文化传统、使用恰当的保护技术、使用防灾减灾手段保持文物古迹的真实性	9、10、11、12、13、14、15
第11条	完整性：通过不改变文物原状、维持文物古迹的真实性、最低限度对文物古迹进行干预、仍保护流传至今的文化传统、使用恰当的保护技术、使用防灾减灾手段让体现文物古迹价值的要素得到完整保留	9、10、11、12、13、14、15
第12条	最低限度干预：通过尽量不改变原状，维持真实性和完整性，仍保护传承至今的文化传统，使用恰当的保护技术和防灾减灾手段实现最低限度干预的目的	9、10、11、12、13、14、15
第13条	保护文化传统：流传至今的文化传统也是文物古迹价值的一部分，尽量不改变原状的延续它。流传至今的文化传统同时是文物古迹真实性和完整性的体现，尽量保持文化传统的原生状态，必要时再进行最小干预	9、10、11、12、13
第14条	使用恰当的保护技术：目的是不改变原状，维持真实性和完整性，通过使用恰当的保护技术以实现最低限度干预。在保护工程中，通过尽量使用传统技术、传统工艺以保护文化传统。防灾减灾、岁修小修也是能实现最小干预的恰当保护技术的一种	9、10、11、12、13、14、15
第15条	防灾减灾：目的是尽量不改变原状，维持真实性和完整性，实现最低限度干预。使用恰当的保护技术能实现防灾减灾的目的	9、10、11、12、14、15

下面逐一对这七条原则的制度化进程进行分析。

1. 原则一：不改变原状

2015年版《中国文物古迹保护准则》称：不改变原状"意味着真实、完整地保护文物古迹在历史过程中形成的价值及其体现这种价值的状态，有效地保护文物古迹的历史、文化环境，并通过保护延续相关的文化传统"。

该原则指出：真实而完整的文物本体、附属文物及文物载体，以及与文物古迹直接相关的文物环境、非物质文化遗产都是文物古迹原状的有机构成部分，都需要保护。

1950年《中央人民政府政务院关于保护古文物建筑的指示》[9]第二点要求在使用建筑遗产时，"应尽量保持旧观"；1961年《国务院关于进一步加强文物保护和管理工作的指示》[10]第二点提出对于建筑遗产，"主要是保护原状""必须注意尽可能保持文物古迹工作的原状"；1961年《文物保护管理暂行条例》[11]第十一条提出：在使用建筑遗产时，要严格遵守"不改变原状的原则"；1963年《革命纪念建筑、历史纪念建筑、古建筑石窟寺修缮暂行管理办法》[12]第三条提出：在保护工作中"贯彻保持现状或者恢复原状的原则"，第九条提出在使用中对建筑和附属文物"均不得改变原状";1974年《国务院关于加强文物保护工作的通知》[13]第一点提出"修缮时,要严格注意保持原有建筑和周围环境的原貌"。第二点提出:保护古代建筑,要"保持原状或恢复原状";1980年《国务院批转国家文物事业管理局、国家基本建设委员会关于加强古建筑和文物古迹保护管理工作的请示报告的通知》[14]第二点提出:在需要修缮的时候,必须严格遵守"保持现状或恢复原状的原则"。第四点提出"重要古建筑必须坚持原地保存的原则";1982年版《文物保护法》[15]第十四条提出在进行修缮、保养、迁移的时候,必须遵守"不改变文物原状"的原则。第十五条提出在使用文物时,也必须严格遵守"不改变文物原状的原则";1986年《纪念建筑、古建筑、石窟寺等修缮工程管理办法》[16]第三条提出了修缮工程应严格遵守"不改变原状"的原则,但将该原则解释为"不改变始建或历代重修、重建的原状""修缮时应按照建筑物的法式特征、材料质地、风格手法及文献或碑刻、题名的记载,鉴别现存建筑物的年代和始建或重修、重建时的历史遗构,拟定按照现存法式特征、构造特点进行修缮或采取保护性措施;或按照现存的历代遗存,复原到一定历史时期的法式特征、风格手法、构造特点和材料质地等,进行修缮";1987年《国务院关于进一步加强文物工作的通知》[17]第二点提出"对于文物古迹的修缮和保养,要坚持不改变原状的原则"。

从此之后,历经2000年版《中国文物古迹保护准则》[18]、2002年版《文物保护法》[19]、2003年《文物保护工程管理办法》[20]、2008年《历史文化名城名镇名村保护条例》[21]、2013年《世界文化遗产申报工作规程(试行)》[22]等关键法规,直至2015年版《中国文物古迹保护准则》将"不改变原状"推举为"文物古迹保护的要义"。

由此可知,"不改变原状"这一原则最早可追溯到1950年,但在1961年才开始正式确立。1961~1982年第一版《文物保护法》之前,该原则经历了"保持现状或者恢复原状"的犹豫期。1982年第一版《文物保护法》重新确立了这一原则。但该原则又在1986年的《修缮工程管理办法》中出现过短暂的徘徊,曾提出不改变原状也包括"风格式修复"(按:作者总结)。1986年以后,"不改变原状"的原则一直得到坚持,直到当前的《中国文物古迹保护准则》将该原则确立为我国文物古迹保护的最基础、最重要原则。

2. 原则二:真实性

2015年版《中国文物古迹保护准则》称:真实性"是指文物古迹本身的材料、工艺、设计及其环境和它所反映的历史、文化、社会等相关信息的真实性。对文物古迹的保护就是保护这些信息及其来源的真实性。与文物古迹相关的文化传统的延续同样也是对真实性的保护"。

最早涉及真实性的制度,可追溯到2000年版《中国文物古迹保护准则》。该准则第二十三条[23]提出:文物古迹的审美价值主要表现为它的"历史真实性";2002年《关于加强和改善世界遗产保护管理工作的意见》[24]第三点提出"切实保障世界遗产的完整和真实";2003年《文物保护工程管理办法》[25]第三条提出"全面地保存、延续文物的真实历史信息和价值";2003年《文物保护法实施条例》[26]第九条第一次明确提出"确保文物保护单位的真实性和完整性"。

随后,真实性原则在2004年《关于加强我国世界文化遗产保护管理工作的意见》[27]、2008年

《历史文化名城名镇名村保护条例》[28]、2013年《世界文化遗产申报工作规程（试行）》[29]等关键法规条令中得到延续，直到2015年版《中国文物古迹保护准则》里将其确立为文物古迹保护的第二条保护原则。

可见，真实性原则最早可追溯到2000年的《中国文物古迹保护准则》，在2003年《文物保护法实施条例》将其第一次明确为保护原则后，一直沿用至今。

3. 原则三：完整性

2015年版《中国文物古迹保护准则》称：完整性"是对其价值、价值载体及其环境等体现文物古迹价值的各个要素的完整保护。文物古迹在历史演化过程中形成的包括各个时代特征、具有价值的物质遗存都应得到尊重"。

该原则规定了文物古迹的完整价值体现在时间和空间两个方面。从时间角度而言，文物价值蕴含在从文物的始建年代延续至今的各时代文物痕迹之中。从空间角度而言，文物价值蕴含在文物本体的各构成要素、附属的可移动文物、相关的非物质文化遗产及其文物载体、烘托文物的环境之中。

与完整性原则相关的制度，最早可追溯到2002年《关于加强和改善世界遗产保护管理工作的意见》[30]。该意见第三点称：要"切实保障世界遗产的完整和真实"。2003年《文物保护法实施条例》[31]第九条第一次明确提出"确保文物保护单位的真实性和完整性"。随后，该原则一般与真实性原则并列，在与文化遗产保护相关的大量关键制度中出现，直到2015年版《中国文物古迹保护准则》里将其确立为文物古迹保护的第三条原则。

4. 原则四：最低限度干预

2015年版《中国文物古迹保护准则》称：最低限度干预是指"应当把干预限制在保证文物古迹安全的程度上。为减少对文物古迹的干预，应对文物古迹采取预防性保护"。

该原则有两层意思：首先尽量通过预防性手段保护文物，以实现不需要对文物本体进行干预就能保护文物的目标。如果通过预防性保护手段不能有效保护文物而不得不进行干预时，则仅进行最低程度的干预。干预力度以仅需能保证文物古迹的安全为标准。

1961年《国务院关于进一步加强文物保护和管理工作的指示》[32]第二点提出"除少数即将倒塌的需要加以保固修缮以外，一般以维持不塌不漏为原则，不要大兴土木"，"不应当大拆大改"，"那样做既浪费了人力、物力，又改变了文物的历史原貌，甚至弄得面目全非，实际上是对文物古迹的破坏"；1974年《国务院关于加强文物保护工作的通知》[33]第二点提出"在修缮中要坚持勤俭办事业的方针"，"不要大拆大改，任意油漆彩画，改变它的历史面貌"；1983年《关于制定系统内全国重点文物保护单位维修和安全保护规划的通知》[34]提出"仍应坚持'不漏不塌'原则"；2000年版《中国文物古迹保护准则》第十九条正式确立了该原则；该原则在2016年《国务院关于进一步加强文物工作的指导意见》[35]中亦得到认可，"重视岁修，减少大修"。

由此可知，最低限度干预的思想最早可追溯到1961年，不过当时这样规定的出发点首先是为了避免人力物力的浪费，其次才是为了避免改变文物原状。这是由当时我国较弱的经济实力决定的。

直到2000年版《中国文物古迹保护准则》第一次明确规定了这一保护原则，规定这一原则的首要目的也变成了"延续（按：文物）现状"。

5. 原则五：保护文化传统

2015年版《中国文物古迹保护准则》称："当文物古迹与某种文化传统相关联，文物古迹的价值又取决于这种文化传统的延续时，保护文物古迹的同时应考虑对这种文化传统的保护"。

自1949年以后，要求对文化传统进行保护的制度首见于2005年《关于加强我国非物质文化遗产保护工作的意见》[36]。该意见第一点提出"非物质文化遗产是各族人民世代相承、与群众生活密切相关的各种传统文化表现形式和文化空间"。该意见第二点中提出"（非物质文化遗产）工作指导方针：保护为主、抢救第一、合理利用、传承发展。坚持非物质文化遗产保护的真实性和整体性。在科学认定的基础上，采取有力措施，使非物质文化遗产在全社会得到确认、尊重和弘扬"。该意见第三点提出"对非物质文化遗产的物质载体也要予以保护，对已被确定为文物的，要按照《中华人民共和国文物保护法》的相关规定执行"；2005年《国务院关于加强文化遗产保护的通知》[37]第一点提出"文化遗产包括物质文化遗产和非物质文化遗产"；2011年《非物质文化遗产保护法》[38]第四条提出"保护非物质文化遗产，应当注重其真实性、完整性和传承性"。2015年版《中国文物古迹保护准则》第一次确立了"保护文化传统"这一原则。

从上文的分析可以看出，我国对以文化传统为主的非物质文化遗产（另还有少量属于非物质文化遗产组成部分的实物和场所）的保护起步较晚。保护文化传统原则的制度可追溯至2005年，确立于2015年。在法律层面，物质文化遗产和非物质文化遗产的保护分属于《文物保护法》《历史文化名城名镇名村保护条例》和《非物质遗产保护法》三部法规，并没有整合到一部法律里面。根据前述的不改变文物原状、完整保护两个原则，有的文物古迹仍保留有延续至今的属于非物质文化遗产的文化传统，该文化传统也构成了文物价值的一部分。在某些情况下，文化传统甚至是文物古迹的主要价值所在，如保留了完整祭祀传统的全国重点文物保护单位：内蒙古成吉思汗陵[39]。

6. 原则六：使用恰当的保护技术

2015年版《中国文物古迹保护准则》称：使用恰当的保护技术是指"应当使用经检验有利于文物古迹长期保存的成熟技术，文物古迹原有的技术和材料应当保护。对原有科学的、利于文物古迹长期保护的传统工艺应当传承。所有新材料和工艺都必须经过前期试验，证明切实有效，对文物古迹长期保存无害、无碍，方可使用"。

该原则包含两层意思：第一，优先使用原技术、原材料。利于文物长期维持原状的原工艺应当传承。第二，在无法使用原技术原工艺的情况下，谨慎使用新技术新工艺。

1963年《革命纪念建筑、历史纪念建筑、古建筑石窟寺修缮暂行管理办法》[40]第五条提出：抢救加固工程系临时性的措施，其目的在于保固延年，但"应考虑到不妨碍以后的彻底修理修复工作"。之后的文物保护相关制度均没有提出与该原则相同或近似的思想。直至2000年版《中国文物古迹保护准则》第二十一条提出："一切技术措施应当不妨碍再次对原物进行保护处理；经过处理的部分要和原物或前一次处理的部分既相协调，又可识别。"第二十二条提出"按照保护要求使用保护技术。独特的传统工艺技术必须保留。所有的新材料和工艺都必须经过前期试验和研究，证明是最有效的，对文物古迹是无害的，才可以使用"。2013年《世界文化遗产申报工作规程（试行）》[41]第五条提出：最小干预，"因地制宜"，确保文化遗产的真实性、完整性和展示利用的可持续性。该原则在2016年的《国务院关于进一步加强文物工作的指导意见》[42]中亦得到认可："防止因维修不当造成破坏。"

由此可知，使用恰当的保护技术这一思想可追溯到1963年。当时仅规定了抢险加固所使用的技术应当是临时措施、应当具有可逆性。1963~2000年，并没有任何涉及这一原则的制度出现，直至2000年版《中国文物古迹保护准则》确立了这一原则。就这一原则将2015年版《中国文物古迹保护准则》和2000年版《中国文物古迹保护准则》的相关内容进行比较，两者的主要内容基本相同，唯一不同是2015年版《中国文物古迹保护准则》仅要求继承那些利于文物长期保存的传统技术。这就暗示着：对那些已被时间证明了的、不利于文物长期保存的传统工艺可以用改进过的或全新的工艺来替代。而2000年版《中国文物古迹保护准则》并没有指明这一点。

7. 原则七：防灾减灾

2015年版《中国文物古迹保护准则》称：防灾减灾是指"及时认识并消除可能引发灾害的危险因素，预防灾害的发生。充分评估各类灾害对文物古迹和人员可能造成的危害，制定应对突发灾害的应急预案，把灾害发生后可能出现的损失降到最低程度。对相关人员进行应急预案培训"。

1950年《关于保护古文物建筑的指示》[43]第二点提出"不得堆存有容易燃烧及有爆炸性的危险物"；1961年《关于进一步加强文物保护和管理工作的指示》[44]第二点提出"对于革命纪念建筑和古建筑，主要是保护原状，防止破坏"；1984年《古建筑消防管理规则》[45]第三条提出"古建筑的消防工作，要贯彻从严管理、防患未然的原则"；1987年《国务院关于进一步加强文物工作的通知》[46]第二点提出"防止和控制自然力对文物的损害"；1997年《国务院关于加强和改善文物工作的通知》[47]第二点提出"应把控制和减轻自然力对文物的损害作为重要课题"；2000年版《中国文物古迹保护准则》[48]第二十七条"预防灾害侵袭"；2003年《关于采取切实措施加强世界文化遗产地保护管理工作的通知》[49]第四点提出"制订和完善世界文化遗产地内文物安全防范制度，根据不同文物的安全保护特殊需要，落实具体的安全防范措施"；2003年《文物保护法实施条例》[50]第十二条提出"应当建立健全规章制度，采取安全防范措施"；2011年《文物消防安全检查规程（试行）》[51]第二条提出"文物消防安全检查工作贯彻'预防为主、防消结合'的方针，坚持'从严管理、防患未然'的原则"；2012年《关于加强和改进文物安全工作的指导意见》[52]第三点提出"增强防范能力、治理安全隐患"。2012年《历史文化名城名镇名村保护规划编制要求（试行）》[53]第三十七条提出"在不改变街道空间尺度和风貌的情况下，提出历史文化街区内基础设施改善和消防等防灾规划措施"；2012年《国家考古遗址公园规划编制要求（试行）》[54]第十一条提出"专项规划内容包括综合防灾规划等"。

从上述可知,防灾减灾一直以来都是文物古迹保护的重要原则。这一原则最早可追溯到1950年。从50年代的防火防爆,发展到80～90年代的防止自然力破坏,到2000年全面提出既防天灾又防人祸。既通过添置硬件设施来防灾,又通过制定应急预案、加强日常管理等软性措施来防灾。可见该原则也历经了制度化、全面化的过程。

2015年版《中国文物古迹保护准则》将该原则由2000年版《中国文物古迹保护准则》的"预防灾害侵袭[55]"修订为"防灾减灾"。笔者认为:将"防灾"和"减灾"合在一处似有不妥。因为预防灾害侵袭是预防性保护的手段,减少灾害侵袭则是在灾害发生之后、使用合适的技术手段来减轻灾害的损伤。其目的是尽量不改变原状。从这个角度来说,减灾的内容已经完全被包括在"使用恰当的保护技术"这一原则中了。

8. 图表显示下的制度化进程

可将前述分析总结为图一。

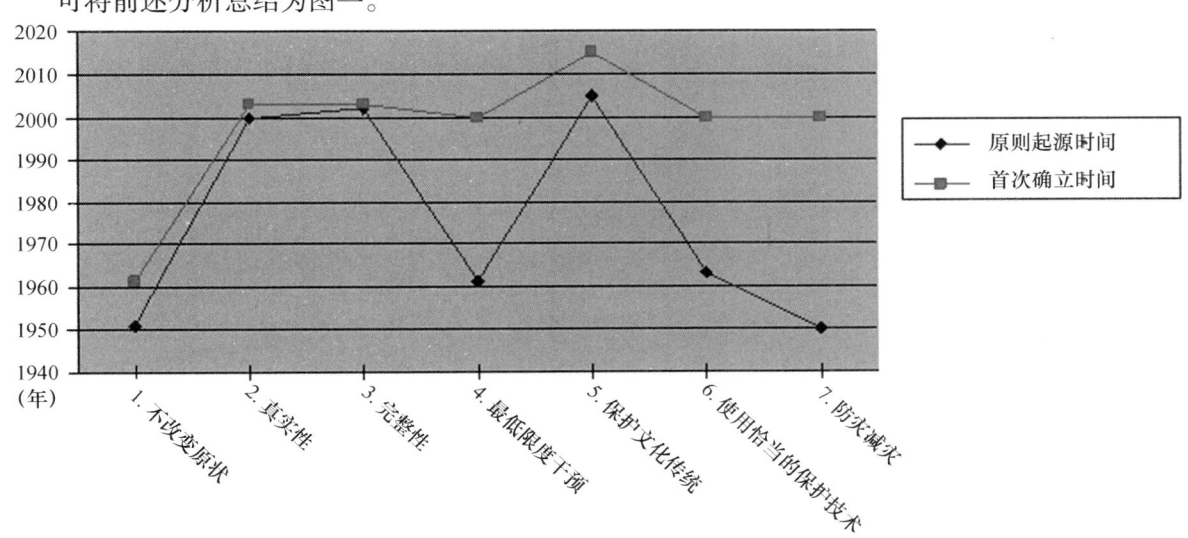

图一 保护原则的制度化进程

三、结 语

将某项原则写进制度,意味着该原则已具有普遍意义,具有通用性。通过前文对我国文物古迹保护原则的制度追溯,可总结出我国文物古迹的制度化进程具有以下特点。

第一,从起源时间来看,七条保护原则中有四条起源于20世纪50～60年代,另外三条起源于21世纪初。

第二,从确立时间来看,七条保护原则中仅有一条确立于20世纪60年代,其余五条均确立于21世纪初,还有一条起源于21世纪10年代。

第三,20世纪50～60年代是我国文物古迹保护原则的最集中起源期。21世纪初是保护原则的另一个密集起源期,同时也是绝大多数保护原则确立的高峰期。

注 释

备注：以下未注明出处的文献，均来自于国家文物局：《中国文化遗产事业法规文件汇编（1949—2009）》，文物出版社，2009年。

[1] 国家古迹遗址理事会中国国家委员会：《中国文物古迹保护准则》（2015年修订），文物出版社，2015年。

[2] 叶扬：《中国文物古迹保护准则研究》，清华大学硕士学位论文，2005年；吕舟：《〈中国文物古迹保护准则〉的修订与中国文化遗产保护的发展》，《中国文化遗产》2015年第2期。

[3] 罗哲文：《关于建立有中国特色的文物建筑保护维修理论体系问题》，《营造》第一辑（第一届中国建筑史学国际研讨会论文选辑），北京出版社、文津出版社，2001年；《关于中国特色的文物古建筑保护维修理论与实践的共识——曲阜宣言》，《古建园林技术》2006年第1期；陆地：《〈历史性木结构保存原则〉解读》，《建筑学报》2007年第12期；刘长春：《解读〈曲阜宣言〉——与〈中国文物古迹保护准则〉相关问题之比较研究》，《古建园林技术》2012年第4期。

[4] 吕舟：《〈威尼斯宪章〉的精神与〈中国文物古迹保护准则〉》，《建筑史论文集》2002年第1期；张成渝：《从国际宪章和中国案例评〈中国文物古迹保护准则〉》，《2005年云冈国际学术研讨会论文集·保护卷》，文物出版社，2006年；吕舟：《中国文物保护原则的演变与发展》，《中国文化报》2016年4月4日第8版。

[5] 郭宏：《论"不改变原状原则"的本质意义——兼论文物保护科学的文理交叉性》，《文物保护与考古科学》2004年第1期；高天：《中国"不改变原状"理论与实践初探》，《建筑史》2012年第1期。

[6] 徐嵩龄：《文化遗产保护中的重建问题：兼评中国重建实践与理论》，《第三国策：论中国文化与自然遗产保护》，科学出版社，2005年，第125页；童明康：《关于文物建筑原址重建的几点思考》，《中国文物报》2009年12月25日第3版。

[7] 徐嵩龄：《文化遗产保护中的"原真性"概念》，《第三国策：论中国文化与自然遗产保护》，科学出版社，2005年，第103页；张成渝：《"真实性"和"原真性"辨析》，《建筑学报（学术论文专刊）》2010年增刊第2期。

[8] 阮仪三、林林：《文化遗产保护的原真性原则》，《同济大学学报》2003年第2期；张松、镇雪峰：《遗产保护完整性的评估因素及其社会价值》，《和谐城市规划——2007中国城市规划年会论文集》，黑龙江科学技术出版社，2007年。

[9] 《中央人民政府政务院关于保护古文物建筑的指示》（1950年7月6日），第7页。

[10] 《国务院关于进一步加强文物保护和管理工作的指示》（1961年3月4日），第28页。

[11] 《文物保护管理暂行条例》（1961年3月4日），第30页。

[12] 《革命纪念建筑、历史纪念建筑、古建筑石窟寺修缮暂行管理办法》（1963年8月27日），第54页。

[13] 《国务院关于加强文物保护工作的通知》（1974年8月8日），第65页。

[14] 《国务院批转国家文物事业管理局、国家基本建设委员会关于加强古建筑和文物古迹保护管理工作的请示报告的通知》（1980年5月15日），第104页。

[15] 《中华人民共和国文物保护法》（1982年11月19日），第140页。

［16］《纪念建筑、古建筑、石窟寺等修缮工程管理办法》（1986年7月12日），第206页。

［17］《国务院关于进一步加强文物工作的通知》（1987年11月24日），第220页。

［18］《中国文物古迹保护准则》（2000年10月），第385页。

［19］《中华人民共和国文物保护法》（2002年10月28日），第455页。

［20］《文物保护工程管理办法》（2003年5月1日起生效），《中国文化报》2003年4月25日第2版。

［21］《历史文化名城名镇名村保护条例》（2008年7月1日），第665页。

［22］《世界文化遗产申报工作规程（试行）》（2013年8月28日），国家文物局官方网站http://www.sach.gov.cn/art/2013/9/12/art_1325_97064.html，文物保函〔2013〕1595号。

［23］《中国文物古迹保护准则》（2000年10月），第385页。

［24］《关于加强和改善世界遗产保护管理工作的意见》（2002年4月25日），第439页。

［25］《文物保护工程管理办法》（2003年5月1日起生效），《中国文化报》2003年4月25日第2版。

［26］《中华人民共和国文物保护法实施条例》（2003年5月18日），第479页。

［27］《关于加强我国世界文化遗产保护管理工作的意见》（2004年2月25日），第509页。

［28］《历史文化名城名镇名村保护条例》（2008年7月1日），第665页。

［29］《世界文化遗产申报工作规程（试行）》（2013年8月28日），国家文物局官方网站http://www.sach.gov.cn/art/2013/9/12/art_1325_97064.html，文物保函〔2013〕1595号。

［30］《关于加强和改善世界遗产保护管理工作的意见》（2002年4月25日），第439页。

［31］《中华人民共和国文物保护法实施条例》（2003年5月18日），第479页。

［32］《国务院关于进一步加强文物保护和管理工作的指示》（1961年3月4日），第28页。

［33］《国务院关于加强文物保护工作的通知》（1974年8月8日），第65页。

［34］《关于制定系统内全国重点文物保护单位维修和安全保护规划的通知》（1983年9月13日），第156页。

［35］《国务院关于进一步加强文物工作的指导意见》（2016年3月4日），《中华人民共和国国务院公报》2016年第9期。

［36］《关于加强我国非物质文化遗产保护工作的意见》（2005年3月26日），第521页。

［37］《国务院关于加强文化遗产保护的通知》（2005年12月22日），第543页。

［38］《中华人民共和国非物质文化遗产保护法》（2011年6月1日），李树文等：《非物质文化遗产法律指南》，文化艺术出版社，2011年。

［39］马晓林：《元代国家祭祀研究》，南开大学博士学位论文，2012年。

［40］《革命纪念建筑、历史纪念建筑、古建筑石窟寺修缮暂行管理办法》（1963年8月27日），第54页。

［41］《世界文化遗产申报工作规程（试行）》（2013年8月28日），国家文物局官方网站http://www.sach.gov.cn/art/2013/9/12/art_1325_97064.html，文物保函〔2013〕1595号。

［42］《国务院关于进一步加强文物工作的指导意见》（2016年3月4日），《中华人民共和国国务院公报》2016年第9期。

［43］《中央人民政府政务院关于保护古文物建筑的指示》（1950年7月6日），第7页。

［44］《国务院关于进一步加强文物保护和管理工作的指示》（1961年3月4日），第28页。

［45］《古建筑消防管理规则》（1984年2月28日），第159页。

［46］《国务院关于进一步加强文物工作的通知》（1987年11月24日），第220页。

［47］《国务院关于加强和改善文物工作的通知》（1997年3月30日），第316页。

［48］《中国文物古迹保护准则》（2000年10月），第385页。

［49］《关于采取切实措施加强世界文化遗产地保护管理工作的通知》（2003年3月28日），第474页。

［50］《中华人民共和国文物保护法实施条例》（2003年5月18日），第479页。

［51］《文物消防安全检查规程（试行）》（2011年9月20日），《中国文物报》2011年9月23日第2版。

［52］《关于加强和改进文物安全工作的指导意见》（2012年9月24日），《中国文物报》2012年11月23日第1版。

［53］《历史文化名城名镇名村保护规划编制要求（试行）》（2012年11月16日），住房和城乡建设部、国家文物局，建规〔2012〕195号文件。

［54］《国家考古遗址公园规划编制要求（试行）》（2012年12月24日），国家文物局官方网站http://www.sach.gov.cn/art/2012/12/28/art_8_100015.html，文物保函〔2012〕2285号。

［55］《中国文物古迹保护准则》（2000年10月），第385页。

20世纪50年代湖南考古工作回眸

吴铭生

20世纪50年代的湖南考古工作，在我省的考古事业史上虽处于起步阶段，却做了不少的工作，也做出了一定的贡献，有着不可低估的作用。它可分为三个阶段：首先是1951年中国科学院考古研究所著名专家夏鼐率队来长沙发掘古墓葬；其次是1952年省文物管理委员会临时组建"长沙近郊古墓葬抢救工作队"，由中南文化部文物科科长顾铁符率五省文物考古干部来长沙支援；然后于1953年正式成立"湖南省文物清理工作队"，担负全省的考古发掘工作。这三个阶段时间加起来虽然不到10年，却配合基本建设工程清理了大量古墓，出土了不少的珍贵文物，尤其是楚文物的闻名于世，使湖南成为当时研究楚文化的中心和基地，具有较为重要的意义。

这段短暂历史，了解的人不多，尤其是一些内情鲜为人知，作为知情人的我，有必要记录下来，以免遗缺。

第一阶段：夏鼐率工作队来长发掘古墓

新中国成立伊始，百废待兴，作为湖南省会的长沙在近郊开展基本建设，大兴土木工程，因此在平地和取土烧砖过程中，发现不少古墓，但是我省缺乏考古技术力量进行抢救，导致地下文物遭受损坏。鉴于这种情况，中国科学院考古研究所于1951年10月派遣由夏鼐为队长的工作队，来长沙配合工程发掘古墓葬，工作队的成员还有安志敏、王伯洪、石兴邦、王仲殊、陈公柔、钟少林6位同志。此外，南京博物院宋伯胤、王文林两同志也来参加发掘，我省博物馆筹备处的陈鹤轩同志也奉命协助工作。当时所雇用的发掘工人，就是有名的长沙"土夫子"。工作队在市郊五里牌、徐家湾、伍家岭、识字岭、陈家大山等处共发掘了战国、两汉及唐宋时期古墓葬162座，出土的珍贵文物有战国时期的铜兵器、漆器、木俑、竹简、铜镜、玉璧、丝织品、铁工具等，西汉的铜印、铜镜、琉璃器、木简、车船模型器等。通过这次发掘，我们对长沙地区的战国和汉代墓葬形制、棺椁制度等有了具体的了解。同时，出土遗物中的漆器、木俑、竹简、丝织品、铜兵器等，为当时北方地区所少见；特别是西汉后期墓葬中出土的船、车模型，成为研究古代交通史的重要资料。总之，这次发掘的成果颇丰，对研究楚文化和湖南地方古代历史首次提供了可贵的实物史料。除上述的学术性重要意义外，它的意义还在于：一是开湖南考古工作之先河，为科学发掘古墓揭开了序幕；二是规范了"土夫子"发掘古墓的操作程序和方法，为今后的科学发掘创造了有利条件。

工作队在长沙发掘古墓的时间只有3个多月，于翌年2月7日结束，所发掘出的文物和资料全部带回北京整理。1957年8月出版了《长沙发掘报告》，这部报告在编写体例和研究方法上对我省以后的考古报告编写工作起到了重要的指导作用。

第二阶段：长沙近郊古墓葬抢救工作队

1952年春，在中国科学院考古研究所长沙工作队将文物带回北京后，当时的省文物管理委员会副主任陈浴新很有意见，错误地认为长沙出土的文物应归本地所有，不应由考古研究所带走。于是，一方面写信向中国科学院告状，另一方面在不报请中南文化部批准的情况下，擅自组成"长沙市郊古墓葬抢救工作队"，雇用"土夫子"采取"挖宝式"的粗暴发掘方式。由于当时只要文物，既不绘图照相，又无文字记录，使所发掘的200余座古墓受到破坏，出土文物的研究价值大大降低。这种单纯挖"古董"的违法行为，受到中南军政委员会的通令批评。中南局《长江日报》以《爱护和保护历史文物》为题发表短评，严厉批评湖南省文物管理委员会领导这种缺乏国家观念的行为，指出其存在着狭隘的地方主义，应做出深刻检讨。在这种情况下，中南文化部遂从所辖各省有关单位调集文物考古干部，由文物科科长顾铁符率领来长沙支援，配合基建工程清理古墓葬，并进行业务培训。参加支援工作的有中山大学商承祚教授（任顾问），广西大学黄文宽、方一中，中国历史博物馆陈佩馨（女），湖北省的刘启益、程欣人、谭维四、王富国，广东省的李晋乾，江西省的何国维等。我省文物管理委员会戴亚东、蔡季襄等同志也奉命协助工作。那时，省文化事业管理局胡真局长十分重视，为了培养本省的考古人员，借此契机将吴铭生、李正光、罗敦静同时调入，作为"学徒"培训。我（吴铭生）等3人那是都是20多岁的年轻人，原从事文工团工作，具有高中文化，但对文物考古知识毫无基础，对文物保护的重要意义亦无认识，只是服从组织的分配而接受安排。当时，工作队不在局关祠省文物管理委员会办公，而在文星桥租用一家旅社作为临时工作地点。我去报到时，见到旅社门口贴着"长沙近郊古墓葬抢救工作队"的单位名称，心里感到冰凉，认为在这个挖"祖坟"的单位工作，名声很不好，不仅没有前途，而且找对象也会成问题，情绪非常低落，很不乐意。我就到省文化局向胡真局长要求换个工作岗位，他不同意，并说"服从工作需要，有思想问题自己解决"。我十分无奈，只好无条件服从，抱着既来之则安之的心态工作。

来队之后，顾铁符先生对我们要求很严格，晴天随同他们上工地，学习古墓清理操作程序和基本技术，首先是学写标签和照相，然后学绘图和文字记录。至今我还记得在沙湖桥工地第一次学绘西汉土坑墓夯土层剖面图时，从识别层次到量尺，我画了一上午才完成，初次领会到考古绘图的准确性和难度。学绘随葬物平面图时，困难就更大了，李政光和罗敦静两人有美术特长，画得又快又好，我却不行，只好苦练基本功。雨天我就在室内用粉笔画成框框作为"墓坑"，将陶器摆成各种不同的位置，不断地画，逐渐熟悉了画图的方法和各种陶器的形制。通过不断的学习和实践，也学会了照相、测量和文字记录。顾铁符先生写的古墓发掘记录非常认真，条理清晰、内容翔实，为我们起了示范作用，我从中受益匪浅。如今凡是查阅过20世纪50年代墓葬资料的同仁，都对他的记录称赞不已。为了使我们这些"学徒"获得入门的知识，在雨天或晚上，顾先生就请商教授为我们讲课，讲些古文字、青铜器、玉器等基本知识，使我既感到考古学的深奥，又觉得自己无知。例如，商周青铜器的名称，有些难字不认得，内心深感不安。于是，我暗下决心要努力学习，常常借阅《商周彝器通考》这本书，反复阅读，看图识字，熟悉器形和名称，并时常求教于外省的师兄，这样才使知识逐步得到积累。随着不断对古墓葬进行发掘，出土了不少的珍品，如锋利的铜兵器、绚丽的漆器、精美的铜镜及织造细致的丝织品等，这些文物使我感受很深，开始认识到它们不仅是我国悠久历史的见证，而且是古代高度物质文明的载体，从而使自己增强了文物保护意识，树立了专业思想。

这支来长沙支援的考古队伍，工作时间虽然只有半年之久，但在顾铁符先生的具体领导下，配合基建工程用科学方法发掘了战国两汉以来的古墓葬共400余座，出土文物3700余件。尤其是仰天湖（M25）楚墓出土的竹简，字迹较为清晰，保存较好，其内容具有重要的研究价值。此外，在何国维同志（江西）的具体指导下，我俩初步调查了湘阴"岳州窑窑址"，并在短时期内发表了调查报告，这是我省首次在《文物参考资料上》发表的考古简报。

这个阶段的工作，收获很大、成绩可观。除了为湖南发掘了更多的古墓，出土了更多的楚文物，为研究楚文化和地方古代史提供了更多的实物史料外，更重要的贡献是，为我省日后培养了更多的考古工作人员，播下了种子，为今后的考古力量由小到大的日益发展，奠定了基础。

作为当时"学徒"的我，如今回顾一生能为考古事业尽些绵薄之力，应该归功于当年顾铁符先生和商承祚教授对我的启蒙教诲，以及各位师兄的帮助。昔日育人之情，没齿不忘。

第三阶段：湖南省文物清理工作队

1953年1月，省文化事业管理局正式批准成立"湖南省文物清理工作队"。该队仍归省文物管理委员会领导，全面负责我省的文物考古工作，并任命戴亚东同志为副队长（戴是北京大学第一届考古工作人员训练班的学员）。建队伊始的两大任务，一是扩大队伍，二是业务培训。当时的省文化事业管理局胡真局长对工作队的建设极为重视，从各方面调集干部来充实队伍，先后调来的有罗少牧、周世荣、郭雄（1956年任队长）、高至喜（1956年任副队长）、文道义、陈海波、杨桦、柴永贤、张欣如、彭青野、吕含卷（女）、龙婉如（女）、阎德民（女）、罗张、张中一、林国珊等，加上原有的队员李正光、罗敦静、吴铭生及蔡季襄等，共20余人。此外，还正式录用了任全生、何炳初、苏春兴、相佑卿、王菊生、王作霖、李光远、漆孝忠、彭德奎、唐荣富、谢绍初、沈福生、胡德兴、石明初及王赵等为发掘技工。此外，还聘请了蔡季襄之子——蔡修焕为我队绘图，他技术精良，是绘图高手。为了培训干部，提高业务能力，领导又将戴亚东、陈海波、罗敦静、吴铭生、高至喜、周世荣、郭雄、罗少牧、文道义、张欣如等同志，先后送到由文化部社会文化事业管理局中国科学院考古研究所和北京大学举办的第一、二、三、四届考古训练班学习。这些同志经过课堂学习和田野发掘实习，增长了专业知识，进一步掌握了科学发掘的操作程序和方法，更为重要的是巩固了专业思想，树立了热爱文物考古工作的观念。在当时的情况下，湖南的考古力量，无论在数量还是业务素质方面都足以胜任全省文物考古工作的重任，是一支有发展前途的队伍。

那时，我们配合基建清理古墓的任务非常繁重，有时一天要跑几个工地，无论严寒酷暑、无论假日节日都是与发掘工人在工地忙着。大家虽然感到辛苦，但屡有新的发现。最使我难以忘怀的一件事是1954年发掘左家公山（M15）战国楚墓时，墓口已被取土工程破坏，坑内已露出白膏泥层（图一）。为了防止盗掘，当晚由郭雄、罗少牧和我三个人值班。我们就在墓坑上铺几块木板，上面用雨布搭起人字棚，坐着守夜，谁也不怕"鬼"，谁也不感到苦，只是期望有重要的发现（次日清理时，果然出土了十分惊人的手笔）。这种吃苦耐劳的工作精神，至今还给我们留下了美好的回忆。晴天上工地，雨天整理资料，这是我们当时规定的制度。每逢雨天，彼此自觉地在办公室整理图纸、照片和文字记录，及时向《文物参考资料》或《考古通讯》写出简报或报道，使考古资料不积压。工作队对出土文物和资料的管理制度很严格，每天发掘的文物，概由发掘工人当天送回入库，不得外寄；图纸照片由专人保管，整理时借出使用，绝不容许放在个人手里。由于管理制度严格，杜绝了资料的混乱或遗失。

图一　发掘人员正在清理墓坑的白膏泥
（1954年在长沙市南大十字路附近左家公山发掘一座完整的战国木椁墓）

那时，田野发掘工作十分劳累，生活也非常艰苦，我们每天早出晚归，中餐补助两角钱，只好在路边茶馆买几个包子或是吃碗米粉，再泡上一杯茶在店里小憩。如此生活方式，日复一日，年复一年，过惯了就习以为常，也无怨言。这样的艰苦生活，今天当然不能仿效，但其精神仍值得肯定。

在我的印象中，当时工作最苦而奉献最大的是发掘工人，他们分散住在自己家里，不论工地多远，每天按时带着工具上班，从不迟到。中餐没有补助费，只好带着饭盒在工地拾柴煮饭吃，工地有时加班也无报酬。每天下午四点钟之后，他们轮流将出土文物挑回队里，工地路程远的达10余里。雨天集中到队里，清洗陶器上架或装箱，忙个不停。他们清理墓葬随葬物时，非常细致，哪怕是细小的琉璃珠或印章都逃不过他们的眼睛，抢救了不少的珍贵文物，为我省文物考古事业做出较大的贡献。如今，他们大多数已作古，他们的工作精神值得我们怀念和学习。

几年来，我们除重点发掘古墓外，还做了一些调查工作，如长沙烟敦冲新石器时代遗址、长沙铜官窑窑址、乌龙嘴宋代窑址、零陵古塔、南岳文物等。同时，我们还做了大量的文物保护宣传工作，曾在《新湖南日报》上陆续撰文介绍楚文物，又在烈士公园设立文物图片宣传窗，还举办了楚墓出土文物展览，观众达数万人，影响极大（图二）。更值得提及的是，协助衡阳市人民政府制定了"坚决保护历史文物"的具体办法，并在《文物参考资料》刊载，起到了推广的作用，这是我省地方政府首次出台的保护文物的法规，其意义较为深远。

图二　观众冒雨参观的情景

（1954年，省文物清理工作队在长沙市烈士公园驻地举办左家公山、仰天湖、湘家湾三座大型战国木椁墓出土文物展）

在"省文物清理工作队"四年多期间，我们在长沙、衡阳、常德、耒阳等地配合基建工程先后清理了古墓千余座，其中长沙左家公山（M15）和杨家湾（M6）战国楚墓出土的毛笔、天平砝码、兵器、漆器等大量珍贵文物，引起国内外考古界的高度重视。我们曾在文物考古刊物上发表了数十篇有研究价值的简报和报告，其中以楚文物居多，为学术界研究楚文化发挥了较大的作用。此时，我队已成长为一支敬业精神较强、成绩显著且受全国考古界注目的专业队伍。然而，好景不长，在20世纪50年代以阶级斗争为纲的政治路线指导下，我们当中有些同志相继成为斗争对象，有的被错划为"历史反革命"，有的成为"右派分子"，有的受到迫害，其他人员也不断下放到农村劳动。这支队伍因此而瓦解，结束了它的历史使命。

在反右斗争后的1958年，省文物管理委员会被撤销，下属的"省文物清理工作队"就成为省博物馆的"考古部"，所发掘的文物及资料全部移交。从此，由高至喜同志负责，开始主持我省的考古工作。

附记：本文在写作过程中参考了《长沙发掘报告》和《湖南省博物馆开馆三十周年纪念文集（大事记）》。

（原载《湖南考古辑刊》第9集，岳麓书社，2011年）

图　版

图版一

1. 盘（T3G1②：67）

2. 盘（M41：1）

3. 盘外底纹饰（M41：1）

4. 杯（T3G1②：64）

5. 罐（H35：5）

6. 罐肩部纹饰（H35：5）

桂阳千家坪遗址出土白陶

图版二

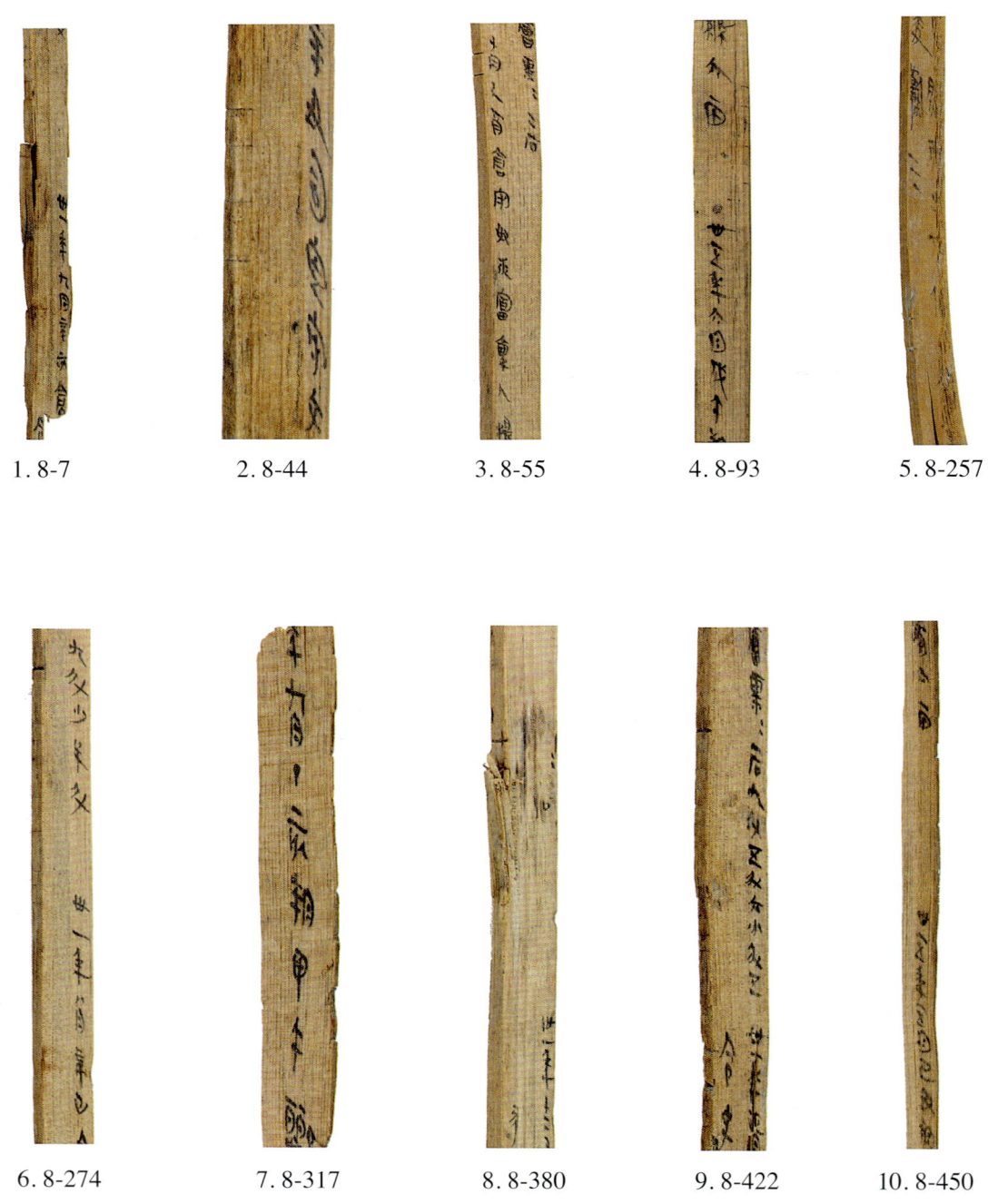

1. 8-7　　2. 8-44　　3. 8-55　　4. 8-93　　5. 8-257

6. 8-274　　7. 8-317　　8. 8-380　　9. 8-422　　10. 8-450

里耶第8层出土刻齿简

图版三

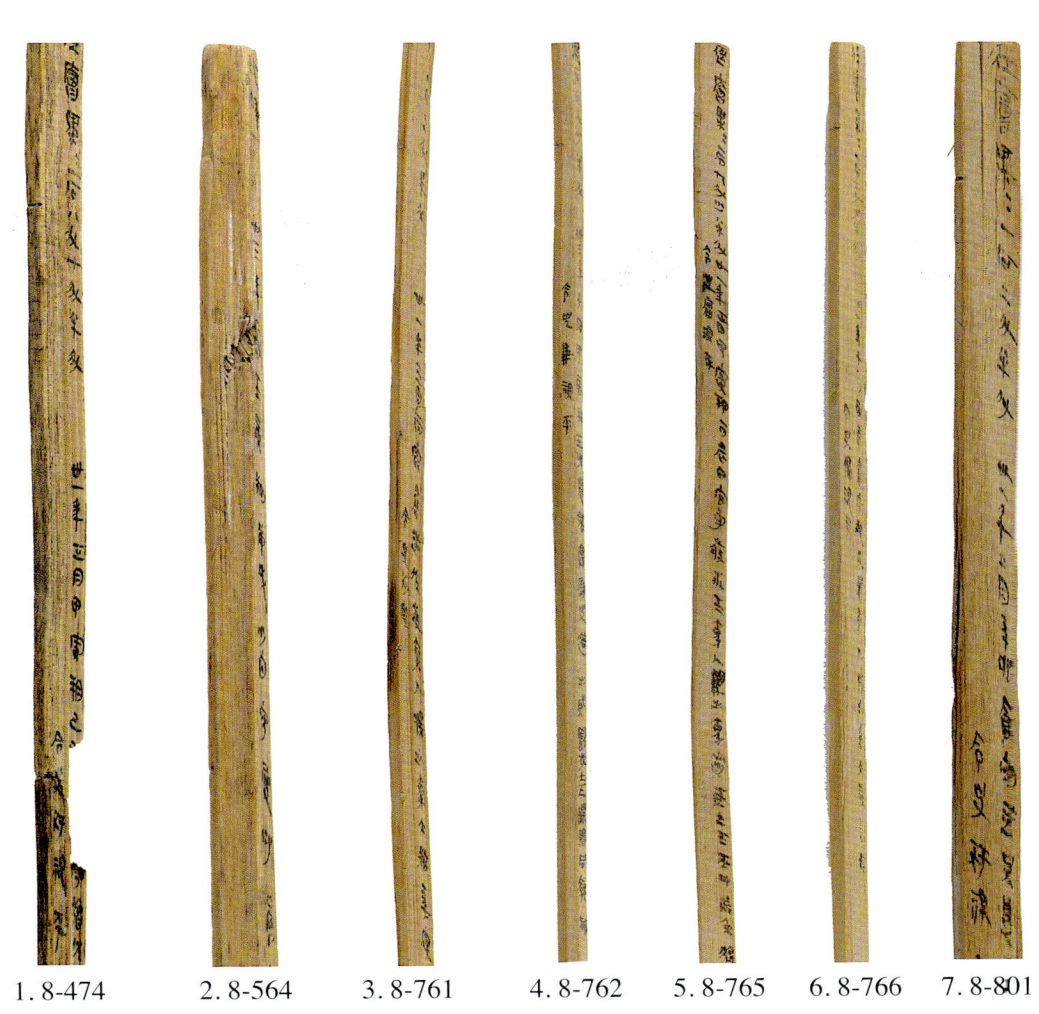

1. 8-474　　2. 8-564　　3. 8-761　　4. 8-762　　5. 8-765　　6. 8-766　　7. 8-801

里耶第8层出土刻齿简

图版四

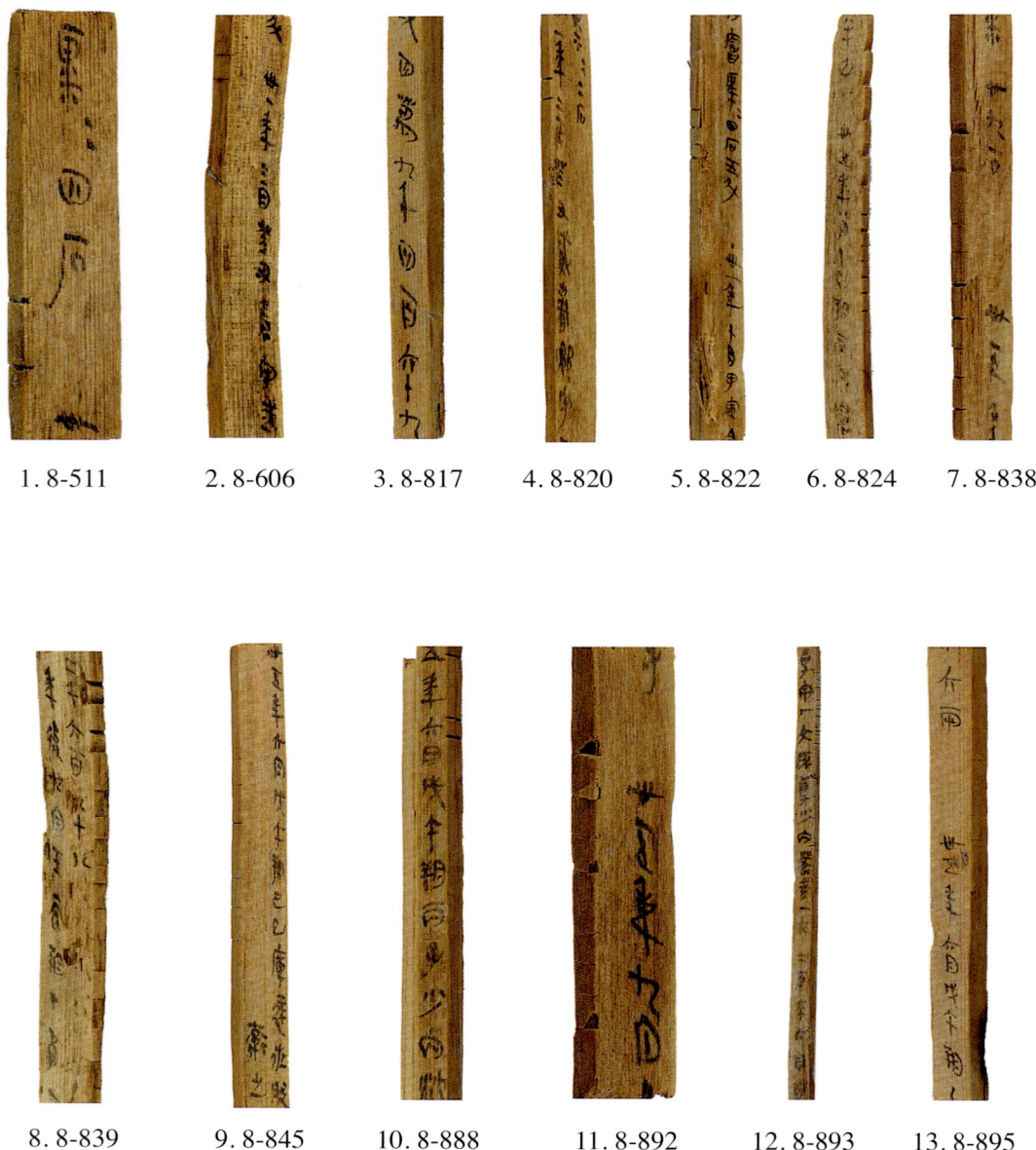

里耶第8层出土刻齿简

图版五

里耶第8层出土刻齿简

图版六

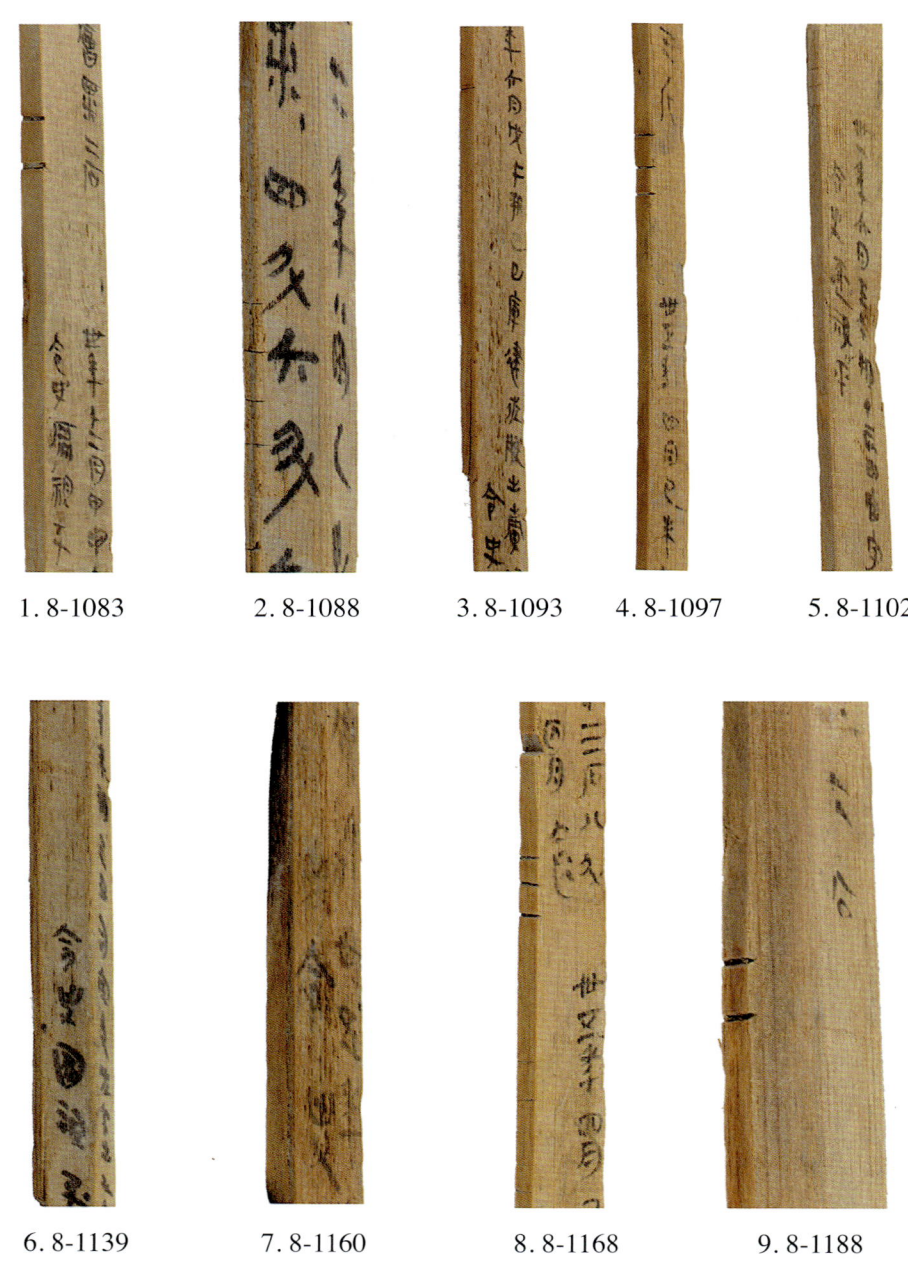

1. 8-1083　　2. 8-1088　　3. 8-1093　　4. 8-1097　　5. 8-1102

6. 8-1139　　7. 8-1160　　8. 8-1168　　9. 8-1188

里耶第8层出土刻齿简

图版七

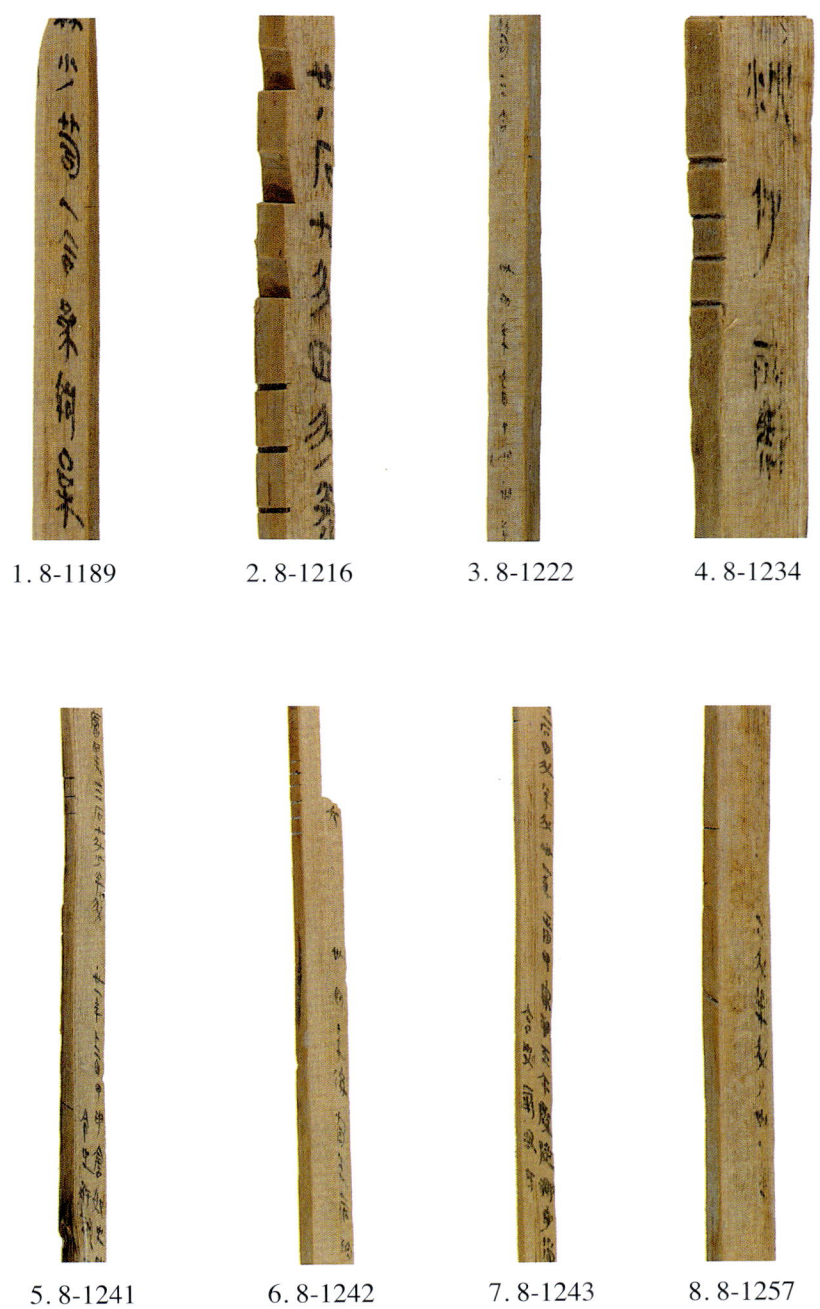

1. 8-1189　　2. 8-1216　　3. 8-1222　　4. 8-1234

5. 8-1241　　6. 8-1242　　7. 8-1243　　8. 8-1257

里耶第8层出土刻齿简

图版八

1. 8-1263　　2. 8-1269　　3. 8-1286　　4. 8-1324

5. 8-1309　　6. 8-1335　　7. 8-1339　　8. 8-1341　　9. 8-1347

里耶第8层出土刻齿简

图版九

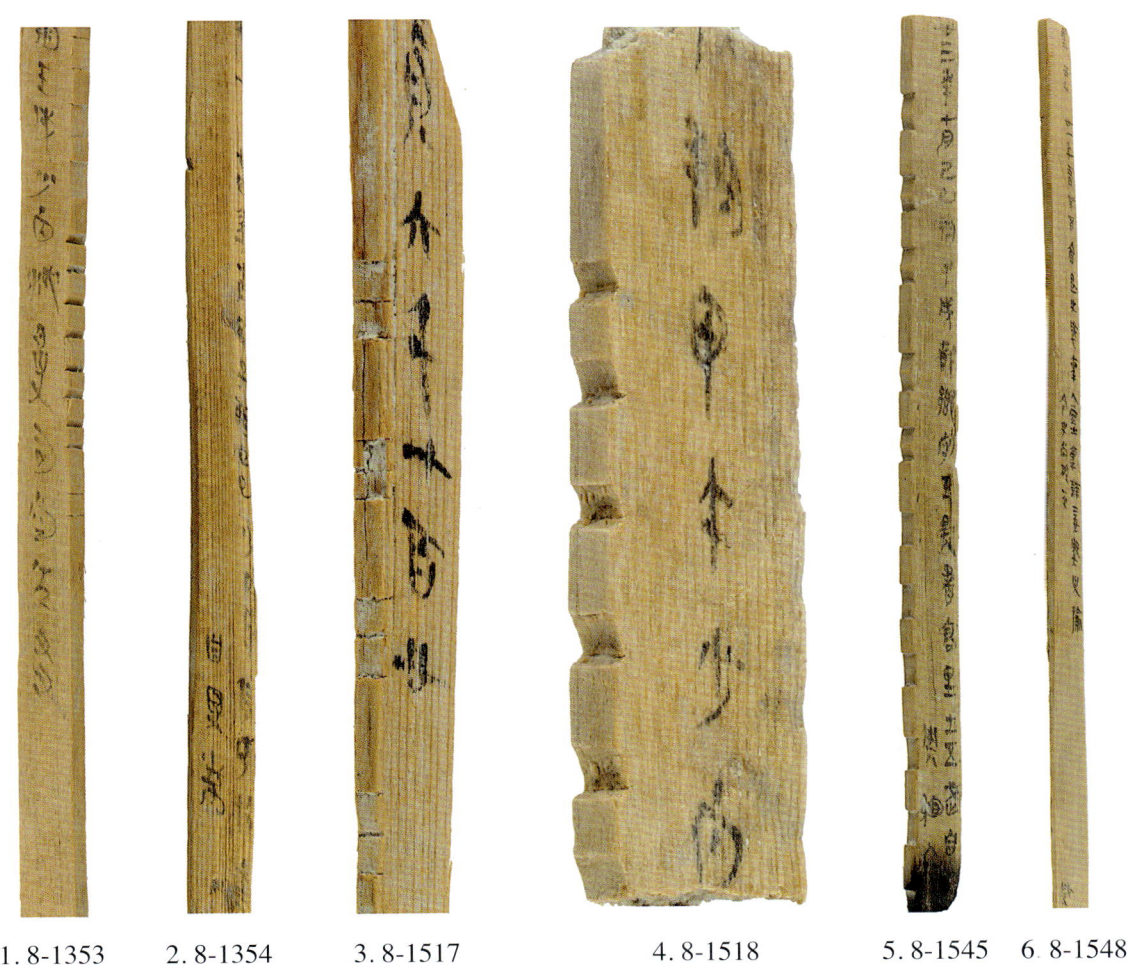

1. 8-1353　　2. 8-1354　　3. 8-1517　　4. 8-1518　　5. 8-1545　　6. 8-1548

里耶第8层出土刻齿简

图版一〇

1. 8-1552　　2. 8-1553　　3. 8-1557　　4. 8-1558　　5. 8-1559　　6. 8-1562　　7. 8-1565　　8. 8-1581　　9. 8-1585

里耶第8层出土刻齿简

图版一一

里耶第8层出土刻齿简

图版一二

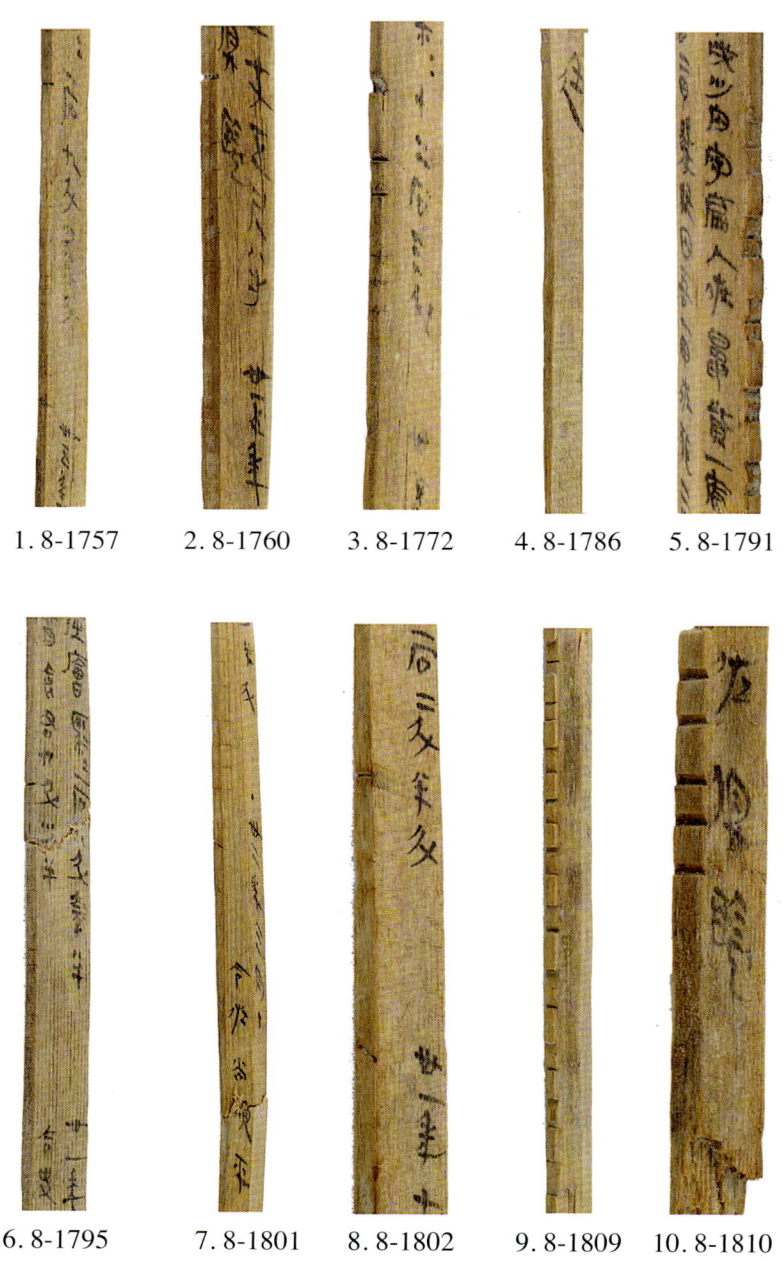

1. 8-1757　　2. 8-1760　　3. 8-1772　　4. 8-1786　　5. 8-1791

6. 8-1795　　7. 8-1801　　8. 8-1802　　9. 8-1809　　10. 8-1810

里耶第8层出土刻齿简

图版一三

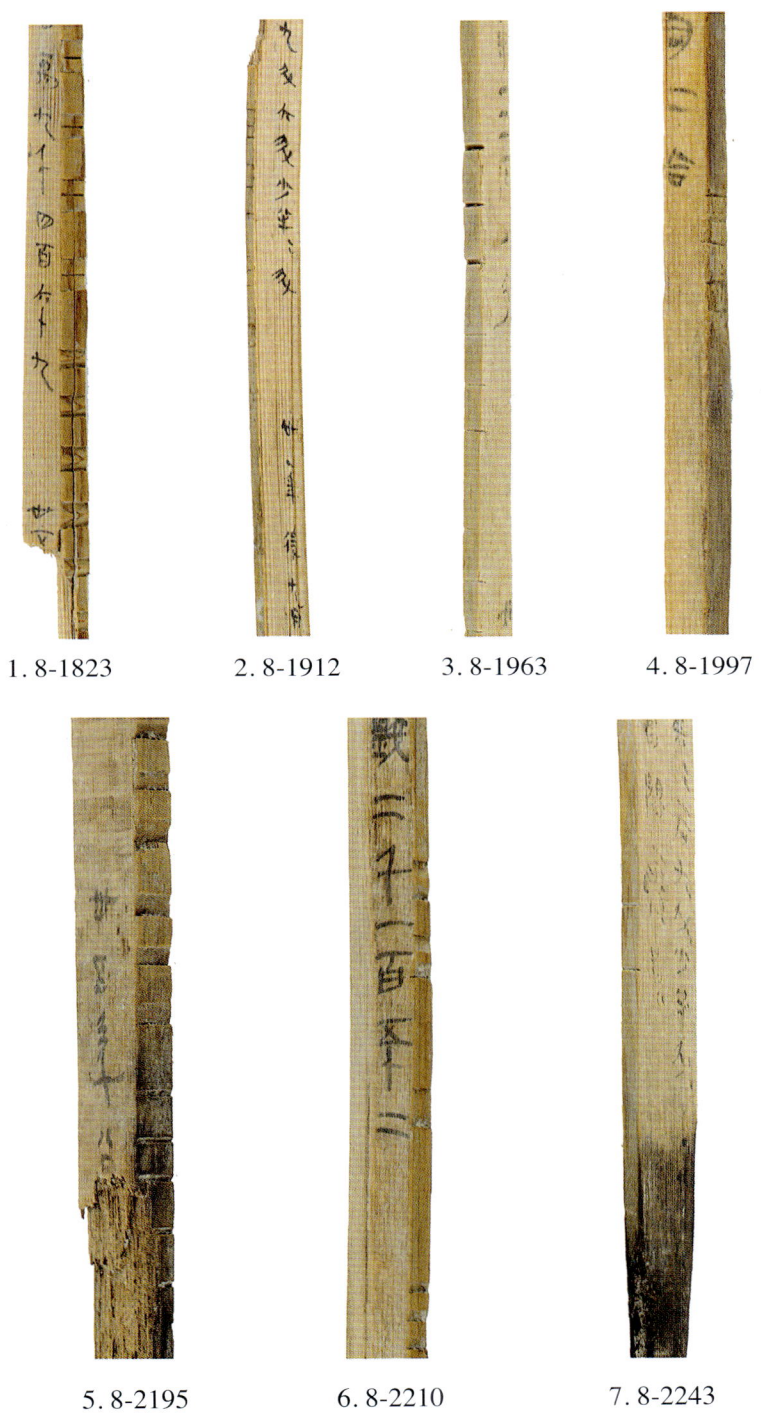

里耶第8层出土刻齿简

图版一四

1. 8-2253　　2. 8-2256　　3. 8-2257　　4. 8-2258

里耶第8层出土刻齿简

图版一五

1. 毗诃罗普尔遗址纳提什瓦发掘区出土陶器

2. 杉龙岗遗址炭化米在T2地层中的分布

毗诃罗普尔遗址纳提什瓦发掘区出土陶器和杉龙岗遗址炭化米在T2地层中的分布

图版一六

1. 番王进宝、三军司令

2. 神殿龙纹、海水、云气等

江永勾蓝瑶寨水龙祠壁画

图版一七

1. 正装清军骑校与杂色头饰的番兵

2. 赤身敌俘及梳辫戴凉帽着马褂的清朝官吏

江永勾蓝瑶寨水龙祠壁画

图版一八

1. 赏赐牛酒 三官赐福

2. 水龙祠山门、牌楼多次出现鳌鱼脊饰

3. 坐辇车的瑶人头领——番王

江永勾蓝瑶寨水龙祠壁画

图版一九

1. 对文治武功的彰显

2. 军士与三官赐福扮演者在交流

江永勾蓝瑶寨水龙祠壁画

图版二〇

1. 人物个性的描绘

2. 清军与火铳

江永勾蓝瑶寨水龙祠壁画

(K-2517.01)
www.sciencep.com

ISBN 978-7-03-051097-6

定 价:328.00元